湖北省統計年鑑
（1937—1943）
（上）

湖北省政府 編印
王 平 點校

荊楚文庫編纂出版委員會
華中科技大學出版社

湖北省統計年鑑(1937—1943)
HUBEISHENG TONGJI NIANJIAN(1937—1943)

圖書在版編目（CIP）數據

湖北省統計年鑑：1937—1943 / 湖北省政府編印. -- 武漢：華中科技大學出版社，2024.10. --（荊楚文庫）. -- ISBN 978-7-5772-0929-6

Ⅰ. C832.63-54

中國國家版本館CIP數據核字第20244JV830號

項目編輯：余曉亮　周清濤
責任編輯：李　鵬
整體設計：范漢成　曾顯惠　思　蒙
責任校對：封力煊
責任印製：周治超
出版發行：華中科技大學出版社
地　　址：武漢市東湖新技術開發區華工科技園華工園六路
電　　話：027-81321913　郵政編碼：430223
排　　版：武漢正風天下文化發展有限公司
印　　刷：湖北新華印務有限公司
開　　本：720 mm×1000 mm　1/16
印　　張：76.75　插頁：6
字　　數：1103千字
版　　次：2024年10月第1版　2024年10月第1次印刷
定　　價：398.00元（全三冊）

ISBN 978-7-5772-0929-6
9787577209296

《荆楚文庫》工作委員會

主　　　任：王蒙徽

副　主　任：諸葛宇傑　琚朝暉

成　　　員：黄泰巖　余德芳　何麗君　劉海軍　周　峰
　　　　　　李述永　夏立新　謝紅星　劉仲初　黄國斌

辦公室

主　　　任：蔡静峰

副　主　任：董緒奎　唐昌華　周百義

《荆楚文庫》編纂出版委員會

主　　　任：王蒙徽

副　主　任：諸葛宇傑　琚朝暉

總　編　輯：郭齊勇　馬　敏

副總編輯：熊召政　劉海軍

編委（以姓氏筆畫爲序）：　朱　英　邱久欽　何曉明
　　　　　　周百義　周國林　周積明　宗福邦　陳　偉
　　　　　　陳　鋒　張良成　張建民　陽海清　彭南生
　　　　　　湯旭巖　趙德馨　蔡静峰　劉玉堂

《荆楚文庫》編輯部

主　　　任：周百義

副　主　任：周鳳榮　周國林　胡　磊

成　　　員：李爾鋼　鄒華清　蔡夏初　王建懷　鄒典佐
　　　　　　梁瑩雪　丁　峰

出版說明

湖北乃九省通衢，北學南學交會融通之地，文明昌盛，歷代文獻豐厚。守望傳統，編纂荆楚文獻，湖北淵源有自。清同治年間設立官書局，以整理鄉邦文獻爲旨趣。光緒年間張之洞督鄂後，以崇文書局推進典籍集成，湖北鄉賢身體力行之，編纂《湖北文徵》，集元明清三代湖北先哲遺作，收兩千七百餘作者文八千餘篇，洋洋六百萬言。盧氏兄弟輯錄湖北先賢之作而成《湖北先正遺書》。至當代，武漢多所大學、圖書館在鄉邦典籍整理方面亦多所用力。爲傳承和弘揚優秀傳統文化，湖北省委、省政府決定編纂大型歷史文獻叢書《荆楚文庫》。

《荆楚文庫》以"搶救、保護、整理、出版"湖北文獻爲宗旨，分三編集藏。

甲、文獻編。收錄歷代鄂籍人士著述，長期寓居湖北人士著述，省外人士探究湖北著述。包括傳世文獻、出土文獻和民間文獻。

乙、方志編。收錄歷代省志、府縣志等。

丙、研究編。收錄今人研究評述荆楚人物、史地、風物的學術著作和工具書及圖册。

文獻編、方志編錄籍以1949年爲下限。

研究編簡體橫排，文獻編繁體橫排，方志編影印或點校出版。

《荆楚文庫》編纂出版委員會
2015年11月

前　言

　　《湖北省統計年鑑（1937—1943）》於民國三十二年（公元1943年）由當時的湖北省政府編印，並由時任省政府主席王東原作序。本次點校根據湖北省檔案館藏原刊本進行。

　　統計工作是政府機關搜集、整理、分析各類統計資料而進行的專門活動，此類統計資料更是政務資訊資源的重要組成部分，是治國理政、推行政務的重要基礎。民國十七年（1928年）四月，湖北省政府成立，在省政府秘書處第二科下設有統計股，專門負責處理統計文件及辦理統計調查與編纂。民國二十二年（1933年）八月將統計事務併入第三科編審股兼辦。同年11月依照行政院下令頒發的《地方統計組織暫行規則》，另行設立湖北省政府統計委員會，作爲推進統計業務的輔導機關。民國二十三年（1934年）九月一日，省政府實行合署辦公，開始設立統計室，配備專職工作人員四人。全省統計業務的推進，基本上是利用統計委員會的機構，聯絡各機關負責辦理統計的人員共同進行。抗戰期間，省府鑑於統計工作的重要性，舉辦了統計訓練班，培訓的學員全部充實統計室。統計室主任先後由倪德剛、陳鴻謨擔任。民國三十六年（1947年）七月，統計室改組爲湖北省政府統計處，並派闞家駱代理統計長。闞於同年七月三十日到職並於同日啟用印章。民國三十八年（1949年）三月，湖北省省級機構簡化，統計、人事等六處一律裁併，統計處改爲統計室，隸屬於省政府秘書處，負責指揮監督全省各級統計工作，統計室主任由原統計處第一科科長陳鴻謨代理。

　　民國二十六年（1937年）六月，湖北省政府秘書處統計室編印出版《湖北省年鑑（第一回）》，首開鄂省編印統計年鑑之先河。《湖北省統計年鑑（1937—1943）》基本沿襲《湖北省年鑑（第一回）》體例，取材自民國二十六年（1937年）七月至民國三十二年（1943年）十二月，全書分黨務、政治、經濟、文化四大部門，再就資料性質分爲黨務、團務、土地、人口、縣治沿革、政務、財政、糧政、社會、訓練、衛生、警保、兵役、司法、民意機關、農田水利、礦業、畜牧、交通、合作、金融、工業、商業、物價、教育五年計劃、教育經費、國民教育、中等教育、高等教育、社會教育、文化事業等三十一類。本書所列資料對於瞭解和探究戰時鄂政概貌具有十分重要的價值。

  由於本年鑑取材時間正值抗戰時期，省府西遷恩施，境内有多地淪陷，統計資料之獲取無法涵蓋鄂省全境，較之《湖北省年鑑（第一回）》有更多缺憾之處。

  本次點校遵循《荆楚文庫》編輯部統一要求，對表格内文字進行重新標點。原稿如有明顯錯誤，則徑予改正，如"宣傳大剛"直接改爲"宣傳大綱"；原稿模糊不清，則以注釋說明；排印中的明顯錯誤亦根據題意予以更正；缺漏文字則以［ ］標注；原稿缺損而無法考據者，以□標示；原稿中"徵"與"征"，"谷城"與"穀城"等時常混用，一仍其舊，未作更改。

浙東鄞州王平謹識於武漢盤龍城寓所

目 錄

序	1
編輯例言	3
甲　黨務部門	5
第一類　黨務	7
1. 本省各級黨務組織系統	7
2. 本省各級黨務概況	8
3. 各級黨部歷年經費	19
第二類　團務	21
4. 三民主義青年團湖北支團部各級組織系統	21
5. 三民主義青年團湖北支團部所屬各級組織概況	22
6. 全省團員	28
7. 各級團隊月支經費	30
8. 湖北支團部恩施青年招待所入所及出所人數	31
乙　政治部門	33
第三類　土地	35
9. 全省疆界	35
10. 各縣疆界	42
11. 各縣縣城經緯度	75
12. 已測定衝要地點之經緯點	77
13. 各縣地勢	82
14. 主要山脈系統	90
15. 主要山脈分佈地區及高度	91
16. 主要河流系統	98
17. 本省境內江漢兩幹流長度	99

    18. 江漢重要支流長度及面積 …………………………………… 104
    19. 全省主要湖泊 ………………………………………………… 106
    20. 各縣市面積 …………………………………………………… 107
    21. 各重要市鎮面積 ……………………………………………… 112
    22. 各縣耕地面積 ………………………………………………… 113
    23. 各縣荒地面積 ………………………………………………… 119
    24. 本省面積與各省比較 ………………………………………… 124

第四類　人口 ……………………………………………………… 127
    25. 本省歷年戶口 ………………………………………………… 127
    26. 各縣保甲戶口 ………………………………………………… 129
    27. 各縣壯丁 ……………………………………………………… 138
    28. 各縣戶量性比暨密度 ………………………………………… 144
    29. 各縣戶口分組 ………………………………………………… 153
    30. 省會警察局轄區戶口 ………………………………………… 157
    31. 本省人口與各省人口比較 …………………………………… 160
    32. 外僑及敵僑 …………………………………………………… 162

第五類　縣治沿革 ………………………………………………… 165
    33. 縣治沿革 ……………………………………………………… 165

第六類　政務 ……………………………………………………… 175
    34. 省政府組織系統 ……………………………………………… 175
    35. 省政府各級機關組織系統 …………………………………… 176
    36. 省政府各級機關編制 ………………………………………… 188
    37. 新湖北建設計劃 ……………………………………………… 190
    38. 省政府三十年度行政計劃 …………………………………… 213
    39. 省政府三十一年度施政計劃 ………………………………… 221
    40. 省政府三十二年度施政計劃 ………………………………… 235
    41. 省政府三十年度施政成績 …………………………………… 271
    42. 省政府三十一年度施政成績 ………………………………… 330
    43. 省政府委員會歷屆委員 ……………………………………… 368
    44. 省政府各廳處行署歷任長官 ………………………………… 370

45. 省屬各機關主要人員 ·················· 375
　46. 省政府委員會歷次議案分析 ············ 425
　47. 歷次行政督察區劃分 ················ 456
　48. 三十二年度各縣政府編制 ············ 460
　49. 各縣區署 ·························· 463
　50. 歷年聯保（鄉鎮）數 ················ 467
　51. 省政府及各廳處局室近六年職員數 ······ 471
　52. 省政府及各廳處局室職員分析 ·········· 474
　53. 各專署縣府員額 ···················· 480
　54. 近五年專員縣長異動 ················ 487
　55. 近五年縣長獎懲 ···················· 488
　56. 本府收發文件 ······················ 489

第七類　財政 ·························· 494
　57. 本省二十六年至三十一年歲入歲出預算 ·· 494
　58. 本省三十一年度單位預算構成 ·········· 496
　59. 本省三十二年度單位歲出預算 ·········· 498
　60. 各縣地方二十六年至三十二年預算 ······ 499
　61. 三十一年度縣地方預算構成 ············ 505
　62. 三十二年度縣地方預算構成 ············ 507
　63. 本省三十二年度中央分撥各縣國稅 ······ 508
　64. 省地方二十五年至三十年實收實支 ······ 510
　65. 省地方三十一年度實收實支 ············ 513
　66. 省地方三十二年度實收實支 ············ 514
　67. 近五年各縣田賦額徵與實收 ············ 515
　68. 近五年各縣營業稅實收數 ·············· 522
　69. 各縣歷年契稅額徵與實收 ·············· 528
　70. 咸豐等縣土地陳報稅地面積及稅額 ······ 536
　71. 各縣自治財政三十年度三十一年度收入 ·· 538
　72. 通城等縣三十二年度自治財政收入 ······ 541
　73. 武昌等縣三十一年度公產收益估計 ······ 543

- 74. 石首等縣公共造產收入概數 …… 545
- 75. 石首等縣公營事業收入概數 …… 547
- 76. 石首等縣清理公學產款收入概數 …… 549
- 77. 本省籌募三十一年公債配額 …… 552
- 78. 本省各種公債還本付息概況 …… 558

第八類　糧政 …… 559

- 79. 三十一年度各縣公購稻穀數 …… 559
- 80. 三十一年度各縣隨賦帶徵積穀數 …… 563
- 81. 三十一年度各縣隨賦帶徵縣級公糧數 …… 567
- 82. 三十一年度田賦及地價稅徵實 …… 571
- 83. 三十一年度巴東等縣糧食增產 …… 574
- 84. 平價物品供應處食鹽部運輸鹽量 …… 576
- 85. 平價物品供應處食鹽部配銷鹽量 …… 580
- 86. 撥發中等以上學校鹽量 …… 581

第九類　社會 …… 583

- 87. 本省救濟機關系統 …… 583
- 88. 本省救濟機關概況 …… 584
- 89. 本省兒童教養院概況 …… 585
- 90. 墾殖事業 …… 586
- 91. 歷年賑款分配 …… 587
- 92. 各縣災害概況 …… 589
- 93. 各縣風俗禮尚 …… 597

第十類　訓練 …… 603

- 94. 省幹訓團歷年經費 …… 603
- 95. 省幹訓團各班期訓練人數 …… 604
- 96. 省幹訓團各班期學員年齡 …… 605
- 97. 省幹訓團各班期學員籍貫 …… 608
- 98. 省幹訓團各班期學員學歷 …… 612
- 99. 省幹訓團各班期學員來源 …… 615
- 100. 省幹訓團各班期學員性別 …… 617

- 101. 省幹訓團各班期課程時間比較表 …… 619
- 102. 各區訓練經費 …… 623
- 103. 各區訓練人數 …… 623
- 104. 各縣縣訓練所訓練人數 …… 624
- 105. 各縣訓練所經費 …… 627

第十一類　衛生 …… 629
- 106. 衛生行政系統沿革 …… 629
- 107. 本省各衛生機關經費 …… 630
- 108. 各衛生機關歷年治療人數疾病分類 …… 633
- 109. 本省各縣現有服務醫師人員 …… 636
- 110. 各縣現有服務醫事人員 …… 638
- 111. 各縣現有自由開業醫事人員 …… 640
- 112. 最近四年各衛生機關工作分類 …… 641
- 113. 本省疫情概況 …… 643
- 114. 各縣現有私立醫院診所藥房 …… 645

第十二類　警保 …… 647
- 115. 全省保安團隊指揮系統 …… 647
- 116. 保安團隊編制 …… 648
- 117. 保安團隊歷年經費 …… 651
- 118. 保安團隊械彈數 …… 654
- 119. 保安團隊游擊戰績 …… 658
- 120. 保安團隊策動偽軍反正及協同國軍作戰成績及次數 …… 661
- 121. 保安團隊協助人民耕作 …… 662
- 122. 省縣各級警察概況 …… 669
- 123. 三十二年度警務處處理軍法案件 …… 673
- 124. 三十二年度警務處執行人犯數 …… 673
- 125. 近三年來省會警察局處理違警案件及人犯數 …… 674
- 126. 近三年來省會警察局假預審案件及人犯數 …… 677
- 127. 歷年警察概況比較 …… 679
- 128. 抗戰以來本省徵用民伕 …… 680

129. 抗戰以來敵機空襲損害（甲、時間別） ………………… 684
130. 抗戰以來敵機空襲損害（乙、縣別） ………………… 689

第十三類　役政 ……………………………………………… 692

131. 軍管區組織及歷次變遷 ………………………………… 692
132. 各縣市國民兵團編制 …………………………………… 694
133. 歷年月徵壯丁（甲） …………………………………… 698
134. 歷年月徵壯丁（乙） …………………………………… 704
135. 歷年月徵壯丁累積 ……………………………………… 708
136. 本省歷次配賦兵額比較 ………………………………… 712
137. 歷年免緩禁停役壯丁 …………………………………… 713
138. 三十年度免緩禁停役壯丁 ……………………………… 714
139. 歷年樂服兵役壯丁 ……………………………………… 714
140. 歷年額外徵撥壯丁 ……………………………………… 716
141. 各縣歷年已訓未訓壯丁比較 …………………………… 718
142. 各級兵役幹部訓練 ……………………………………… 728
143. 各縣國民兵團國民訓練 ………………………………… 730
144. 歷年中等以上學生集訓及格人數 ……………………… 731
145. 後方二十八縣後備隊 …………………………………… 731
146. 恩施等二十七縣國民兵預備隊各種任務班數及人數 … 733
147. 各縣呈報各級兵役協會組織情形一覽 ………………… 736

第十四類　司法 ……………………………………………… 739

148. 本省司法機關系統 ……………………………………… 739
149. 各級法院現有員額 ……………………………………… 740
150. 各級法院管轄及組織 …………………………………… 742
151. 各縣司法處現有人員 …………………………………… 745
152. 歷年民刑事案件 ………………………………………… 748
153. 歷年各審民事案件 ……………………………………… 749
154. 歷年各審刑事案件 ……………………………………… 750
155. 歷年離婚案件 …………………………………………… 753
156. 近三年來監獄人犯疾病及死亡人數 …………………… 755

157. 近二年軍法案件 ……………………………………… 757
第十五類　民意機關 ……………………………………… 759
　　158. 本省臨時參議會組織系統 ……………………………… 759
　　159. 本省參議會歷屆參議員分析 …………………………… 760
　　160. 省參議會歷次建議案件 ………………………………… 763
　　161. 省參議會歷次建議概況 ………………………………… 764
　　162. 恩施等三十五縣參議員分析 …………………………… 796
丙　經濟部門 ……………………………………………… 801
第十六類　農田水利 ……………………………………… 803
　　163. 各縣農戶 ………………………………………………… 803
　　164. 耕地及農戶 ……………………………………………… 810
　　165. 本省耕地面積與各省比較 ……………………………… 814
　　166. 本省農戶與各省比較 …………………………………… 816
　　167. 主要農產品常年產量 …………………………………… 817
　　168. 各縣常年棉田面積及皮棉產量 ………………………… 823
　　169. 本省歷年棉田面積及皮棉產量 ………………………… 826
　　170. 本省皮棉產量與各省比較 ……………………………… 827
　　171. 各縣蔴類面積及年產量 ………………………………… 828
　　172. 三十二年度各縣墾殖荒地概況 ………………………… 830
　　173. 各縣常年茶園面積及茶產量 …………………………… 833
　　174. 各縣植桐面積及桐油產量 ……………………………… 835
　　175. 本省植桐面積及桐油產量與各省比較 ………………… 837
　　176. 各縣產漆數量 …………………………………………… 838
　　177. 省屬各場圃歷年育苗概況 ……………………………… 839
　　178. 省屬林場歷年育苗造林推廣概況 ……………………… 840
　　179. 省辦荒山造林概況 ……………………………………… 842
　　180. 近三年各縣造林比較 …………………………………… 845
　　181. 恩施歷年天氣狀況 ……………………………………… 848
　　182. 恩施歷年降雨日數 ……………………………………… 850
　　183. 恩施歷年雨量 …………………………………………… 851

184. 恩施歷年氣溫	853
185. 恩施清江水位	855
186. 恩施清江流量	857
187. 恩施歷年蒸發量	862
188. 本省各河流通航概況	864
189. 揚子江中流八大口最大流量統計	866
190. 清江通航里程	867
191. 恩施清江小渡船含沙量	868
192. 鄂西鄂北農田水利工程概況	869
193. 各縣興修小型農田水利貸款	870
194. 各縣辦理小型農田水利成果	872
195. 本省各縣推廣車水工具	876

第十七類　礦業　878
196. 礦産分佈	878

第十八類　畜牧　887
197. 各縣耕牛估計	887
198. 武昌等三十六縣馬匹估計	891
199. 各縣豬隻估計	893
200. 漢陽等四十四縣家禽估計	896

第十九類　交通　899
201. 本省公路里程	899
202. 公路現有車輛	901
203. 本省公路橋樑涵洞	902
204. 本省現有公路里程	903
205. 本省公路票價	905
206. 本省現有航綫	908
207. 本省現有船駁	909
208. 航務處歷年營業收支	911
209. 三斗坪至樂山航綫里程	913
210. 本省長途電話綫路損失概況	914

- 211. 本省長途電話路綫 …… 919
- 212. 本省長途電話歷年架設綫路 …… 921
- 213. 本省電話機件數量 …… 929
- 214. 本省電話所業務概況 …… 930
- 215. 鄂西鄂北人行道概況 …… 931
- 216. 本省驛運幹綫概況 …… 933
- 217. 川鄂驛運幹綫萬恩綫里程 …… 934
- 218. 鄂西北縣鄉道里程 …… 935
- 219. 本省郵政局所信櫃統計 …… 944
- 220. 本省郵政業務概況 …… 945
- 221. 本省軍郵段局所站統計 …… 946
- 222. 本省郵路里程 …… 947

第二十類　合作 …… 948

- 223. 歷年合作社組織進度 …… 948
- 224. 最近各縣合作社組織 …… 950
- 225. 單位合作社分類比較 …… 954
- 226. 歷年合作貸款 …… 958
- 227. 各縣合作貸款 …… 959
- 228. 合作貸款貸放機關比較 …… 963
- 229. 合作金庫概況 …… 964
- 230. 合作貸款各類比較 …… 965
- 231. 平價物品供應處換入物品 …… 966
- 232. 平價物品供應處換出物品數量 …… 968
- 233. 平價物品供應處省會各食堂供應人數（甲） …… 970
- 234. 平價物品供應處省會各食堂供應人數（乙） …… 971
- 235. 平價物品供應處配售公務員及民家肉類數量 …… 973
- 236. 平價物品供應處配售民家物品數量 …… 974
- 237. 省級各機關員役及眷屬人數（省會） …… 975
- 238. 省級各機關員役及眷屬人數（外縣） …… 979
- 239. 省營事業機關員役及眷屬人數 …… 984

240. 省會中央機關員役及眷屬人數 …………………………… 985
241. 各縣縣級機關員役及眷屬人數 …………………………… 988
242. 省級機關憑證分配物品年需量（省會） …………………… 995
243. 省級機關憑證分配物品年需量（外縣） …………………… 999
244. 省事業機關憑證分配物品年需量 ………………………… 1004
245. 各團隊警察官兵數及年需量 ……………………………… 1005
246. 省會中央機關憑證分配物品年需量 ……………………… 1006
247. 各縣自衛隊官兵數及年需量 ……………………………… 1009
248. 省立中等以上各學校學生數及年需量 …………………… 1013
249. 各縣縣立初級中學學生數及年需量 ……………………… 1015

第二十一類　金融 …………………………………………… 1018

250. 湖北省銀行分支行處 ……………………………………… 1018
251. 湖北省銀行歷年業務概況 ………………………………… 1019
252. 湖北省銀行歷年發行券額 ………………………………… 1022
253. 湖北省銀行歷年儲蓄 ……………………………………… 1024
254. 湖北省銀行節約建國儲蓄 ………………………………… 1025
255. 湖北省銀行歷年資產負債 ………………………………… 1026
256. 湖北省銀行歷年損益 ……………………………………… 1032
257. 湖北省銀行儲蓄部歷年資產負債 ………………………… 1035
258. 湖北省銀行儲蓄部歷年損益 ……………………………… 1038
259. 儲蓄部歷年資產負債 ……………………………………… 1039
260. 儲蓄部歷年損益 …………………………………………… 1040
261. 湖北省銀行農貸部歷年資產負債 ………………………… 1041
262. 湖北省銀行農貸部歷年損益 ……………………………… 1043
263. 湖北省銀行信託部歷年資產負債 ………………………… 1045
264. 湖北省銀行信託部歷年損益 ……………………………… 1047
265. 本省各縣縣銀行概況 ……………………………………… 1049

第二十二類　工業 …………………………………………… 1052

266. 省營工廠概況 ……………………………………………… 1052
267. 省營工廠三年來營業概況 ………………………………… 1057

- 268. 各縣籌設縣營及合營工廠概況 …………………………… 1060
- 269. 各縣民營工廠概況 …………………………………………… 1064
- 270. 各縣手工業概況 ……………………………………………… 1065

第二十三類　商業 …………………………………………………… 1068
- 271. 恩施縣城區商業概況 ………………………………………… 1068

第二十四類　物價 …………………………………………………… 1070
- 272. 恩施等三地躉售物價指數 …………………………………… 1070
- 273. 恩施縣躉售物價指數 ………………………………………… 1075
- 274. 利川縣躉售物價指數 ………………………………………… 1080
- 275. 襄陽縣樊城鎮躉售物價指數 ………………………………… 1085
- 276. 恩施等三地零售物價指數 …………………………………… 1090
- 277. 恩施縣零售物價指數 ………………………………………… 1095
- 278. 利川縣零售物價指數 ………………………………………… 1100
- 279. 襄陽縣樊城鎮零售物價指數 ………………………………… 1105
- 280. 恩施公務員生活費指數 ……………………………………… 1110

丁　文化部門 ………………………………………………………… 1113

第二十五類　教育五年計劃 ………………………………………… 1115
- 281. 中等學校設校增班及招生分年進度 ………………………… 1115
- 282. 國民教育設校增班及招生分年進度 ………………………… 1127

第二十六類　教育經費 ……………………………………………… 1129
- 283. 各年度省縣教育文化費比較 ………………………………… 1129
- 284. 各年度省教育及文化費分類比較 …………………………… 1130
- 285. 各年度省教育文化費與各項歲出經費比較 ………………… 1132
- 286. 各年度縣教育文化費與各項歲出經費比較 ………………… 1136

第二十七類　國民教育 ……………………………………………… 1138
- 287. 各縣小學兒童數及教職員數 ………………………………… 1138
- 288. 各縣小學學校數及班級數 …………………………………… 1150
- 289. 各縣小學畢業生數 …………………………………………… 1157

第二十八類　中等教育 ……………………………………………… 1161
- 290. 本省中等學校學校數及教職員數 …………………………… 1161

291. 本省中等學校班級數及學生數 …………………………… 1163
第二十九類　高等教育 …………………………………………… 1168
　　292. 本省各學院教職員人數 ……………………………………… 1168
　　293. 本省各學院各科系學生人數 ………………………………… 1169
　　294. 本省各學院學生籍貫 ………………………………………… 1171
　　295. 國立大學鄂籍肄業學生數 …………………………………… 1177
第三十類　社會教育 ……………………………………………… 1183
　　296. 各縣社會教育概況 …………………………………………… 1183
　　297. 各縣民衆學校班級數及學生數 ……………………………… 1185
　　298. 各縣民衆教育館概況 ………………………………………… 1189
第三十一類　文化事業 …………………………………………… 1192
　　299. 科學館現有儀器 ……………………………………………… 1192
　　300. 科學館現有圖書 ……………………………………………… 1196
戊　附錄 ………………………………………………………… 1197
　　湖北省政府統計室職員 …………………………………………… 1199
　　湖北省各級機關統計人員 ………………………………………… 1203

序

《湖北省年鑑（第一回）》刊布以來，於今八年。中華民國三十二年十二月續編年鑑畢，稱爲《湖北省統計年鑑》。全書分爲黨務、政治、經濟、文化四門，都三十一類，三百目；所載統計數字有加於前，起自二十六年七月，以時計之，後先相接也！

古建邦土地之圖與人民之數，皆掌於司徒。辨土名物，畿疆而封溝之，治其政令，合其軍旅，條目甚明。史遷作爲八書，以紀禮、樂、律、曆、天官、封禪、河渠、平準諸端。後之典志，代有作者。湖北擅江漢之饒，綰轂南北，聲名文物，蔚爲大邦，自倭寇内侵，全省淪陷過半，往時典籍，頗多喪亡。然而政事之推移，其擴張之度，方且與抗戰大業日進而未已。陳辭修先生主政四年，受命於艱危板蕩之中，振鄂西一隅，以當頑悍之敵，從容舉措，整齊其大故，吏民便足，無貧瘠之虞，而有政成之美。至其卓絶特起，屹然嶽峻之姿，以藩陪都，尤爲全國之人所崇仰，凡所施設，多可取法。昔張文襄在鄂，興學教士，文武並作；及武昌首義而國内景從。蓋治教政令，將以應時事之宜，發而善，久之而日彰，鬱爲風尚，習成固然。譬如四序隨行順乎大化，雖一節之效，流澤所被，汪洋無際，要非始事時所及料也！

今湖北連歲經兵，政繁而任重。猥以菲質，寵受成命。幸規模之既立，程督而授事，致力以就列，得以收功於衆論之餘。夫事有常經，而從政者每視其位如逆旅，人存政舉，否則息。又或好異喜新，昧於原始要終之義。方茲大戰正酣，聯合數十國之力，以圖人世久遠和平之基。而吾國首當倭寇，征戰已久，舉國奮起於支離破碎之中。所謂抗戰建國，繼往開來之業，恒寄諸一省一縣之間，上下相維之義，體國敵愾之心，可以互見。善讀是篇者，當務爲政之大體，美成而繼起焉；若夫史實之徵，則篇中所列甚詳，亦典章文獻之一助也！

全椒　王東原　三十四年三月

編輯例言

一、本年鑑賡續二十六年《湖北省年鑑（第一回）》編製，其體裁大致相同，以期一貫。

二、本年鑑編輯目的在顯示黨政設施，與社會經濟文化狀態，提供推行新湖北建設之參攷，內容數字力求充實，於重要資料，更盡量詳細刊列。

三、本年鑑材料範圍，以包括全省多數縣份為原則，其資料性質特別重要者，雖限於戰時情勢不能搜集齊全，亦酌予編列。

四、本年鑑材料來源，大部份根據各主管機關及各縣造送本府之報告，與本府派往各縣實地調查人員之調查報告，加以補充修正。

五、本年鑑取材時期以自二十六年七月至三十二年十二月底為原則，遇有較近資料仍盡量補充，其不及三十二年十二月底者，則向前遞推，以較近之資料為準。

六、本年鑑內容分黨務、政治、經濟、文化四大部門，再就資料性質分為黨務、團務、土地、人口、縣治沿革、政務、財政、糧政、社會、訓練、衛生、警保、兵役、司法、民意機關、農田水利、礦業、畜牧、交通、合作、金融、工業、商業、物價、教育五年計劃、教育經費、國民教育、中等教育、高等教育、社會教育、文化事業等三十一類，其資料過少不能專列一類者，則分別併入性質較近之各類。

七、本年鑑以統計資料為主，內容首重數字，文字次之。

八、凡實際上缺乏數字者在表內用橫綫（一）表明之。

九、本年鑑於三十二年十二月脫稿，因印刷困難，延至最近始行出版，雖於排印期間迭經補充，惟遺漏之處，在所不免，希讀者正之。

湖北省政府統計室　三十四年三月

甲　黨務部門

第一類　黨　務

1. 本省各級黨務組織系統

三十一年十二月

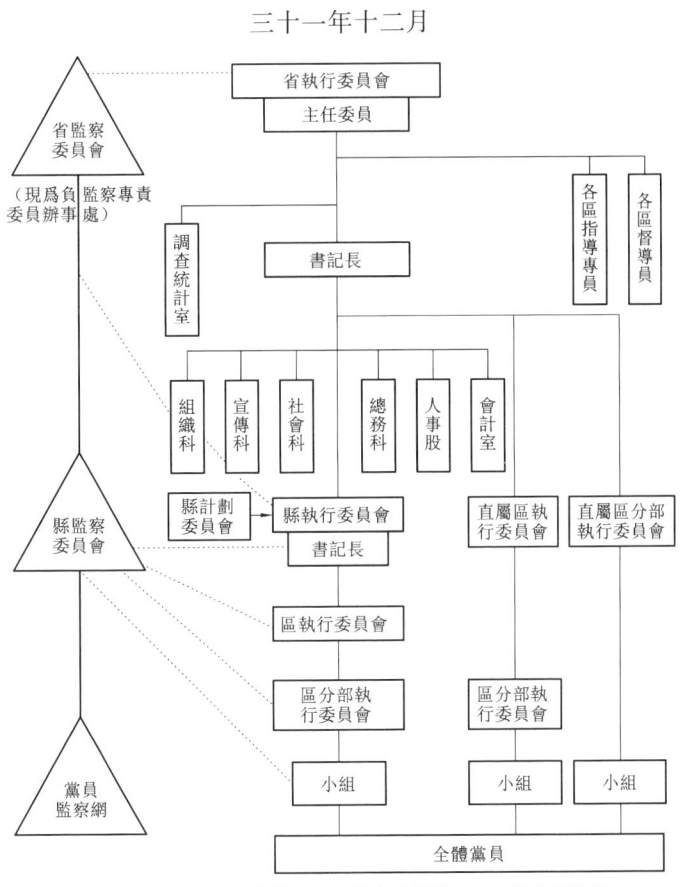

說明：1. ── 係表示隸屬　2. ⋯⋯ 係表示聯繫　3. ── 係表示監督

2. 本省各級黨部概況

三十一年十二月

黨部別	員額 共計	縣 書記長	黨 執行委員	部 幹事	助理幹事	錄事	區黨部數	區分部數	小組數	黨員數	月支經費數（元）
總計	577	70	240	127	70	70	236	1 578	4 763	94 064	38 190
共計	887	70	—	127	70	70	236	1 578	4 768	88 175	36 250
甲等縣黨部	70	14	—	28	14	14	67	458	1 236	25 578	9 560
大冶縣黨部	5	1	—	2	1	1	4	27	36	927	600
黃岡縣黨部	5	1	—	2	1	1	4	33	259	2 321	600
蘄春縣黨部	5	1	—	2	1	1	5	29	50	1 255	600
隨縣黨部	5	1	—	2	1	1	6	22	39	689	600

續表

黨部別	員額						區黨部數	區分部數	小組數	黨員數	月支經費（元）
	共計	書記長	執行委員	幹事	助理幹事	錄事					
鍾祥縣黨部	5	1	一	2	1	1	8	24	94	1 199	600
公安縣黨部	5	1	一	2	1	1	3	36	106	1 489	600
江陵縣黨部	5	1	一	2	1	1	3	10	55	1 924	600
襄陽縣黨部	5	1	一	2	1	1	8	61	135	2 520	800
光化縣黨部	5	1	一	2	1	1	6	29	30	2 808	1 000
宜昌縣黨部	5	1	一	2	1	1	8	32	128	2 015	600
恩施縣黨部	5	1	一	2	1	1	5	38	68	2 570	1 000
巴東縣黨部	5	1	一	2	1	1	4	26	42	1 498	750
均縣黨部	5	1	一	2	1	1	3	36	75	1 468	600
鄖縣縣黨部	5	1	一	2	1	1	10	55	119	2 895	600
乙等縣黨部	215	43	一	86	43	43	135	818	2 874	45 567	21 500
武昌縣黨部	5	1	一	2	1	1	5	40	99	158	500

续表

党部列	员额 共计	书记长	执行委员	干事	助理干事	录事	区党部数	区分部数	小组数	党员数	月支经费数（元）
汉（沔）阳县党部	5	1	—	2	1	1	……	……	……	9	500
嘉鱼县党部	5	1	—	2	1	1	1	9	25	658	500
咸宁县党部	5	1	—	2	1	1	……	5	10	261	500
蒲圻县党部	5	1	—	2	1	1	8	3	14	850	500
通城县党郁	5	1	—	2	1	1	3	12	103	1 046	500
通山县党部	5	1	—	2	1	1	4	23	32	524	500
阳新县党部	5	1	—	2	1	1	5	19	65	559	500
浠水县党部	5	1	—	2	1	1	5	31	143	1 777	500
广济县党部	5	1	—	2	1	1	4	27	50	907	500
黄梅县党部	5	1	—	2	1	1	4	23	43	1 338	500
英山县党部	5	1	—	2	1	1	10	38	112	1 688	500
罗田县党部	5	1	—	2	1	1	……	1	9	1 547	500

续表

党部别	员额						区党部数	区分部数	小组数	党员数	月支经费数（元）
	共计	书记长	执行委员	干事	助理干事	录事					
麻城县党部	5	1	—	2	1	1	3	15	33	676	500
黄安县党部	5	1	—	2	1	1	3	10	34	1 118	500
黄陂县党部	5	1	—	2	1	1	……	3	7	86	500
孝感县党部	5	1	—	2	1	1	……	……	……	219	500
汉川县党部	5	1	—	2	1	1	3	10	30	39	500
应城县党部	5	1	—	2	1	1	……	……	……	11	500
安陆县党部	5	1	—	2	1	1	3	14	23	275	500
应山县党部	5	1	—	2	1	1	5	12	24	367	500
京山县党部	5	1	—	2	1	1	1	10	9	429	500
天门县党部	5	1	—	2	1	1	5	24	120	1 117	500
沔阳县党部	5	1	—	2	1	1	5	18	37	432	500
潜江县党部	5	1	—	2	1	1	3	18	24	750	500

续表

党部别	员额 共计	书记长	执行委员	干事	助理干事	录事	区党部数	区分部数	小组数	党员数	月支经费数（元）
监利县党部	5	1	—	2	1	1	4	20	72	1 010	500
松滋县党部	5	1	—	2	1	1	3	22	129	1 620	500
荆门县党部	5	1	—	2	1	1	5	27	54	791	500
宜城县党部	5	1	—	2	1	1	3	21	54	1 177	500
穀城县党部	5	1	—	2	1	1	3	21	47	2 007	500
保康县党部	5	1	—	2	1	1	1	30	190	2 328	500
南漳县党部	5	1	—	2	1	1	3	39	148	3 063	500
当阳县党部	5	1	—	2	1	1	2	21	37	731	500
宜都县党部	5	1	—	2	1	1	3	29	359	1 790	500
兴山县党部	5	1	—	2	1	1	4	15	105	2 191	500
秭归县党部	5	1	—	2	1	1	3	25	27	947	500
五峰县党部	5	1	—	2	1	1	2	35	68	2 625	500

续表

黨部別	員額						區黨部數	區分部數	小組數	黨員數	月支經費數（元）
	共計	書記長	執行委員	幹事	助理幹事	錄事					
宣恩縣黨部	5	1	—	2	1	1	3	21	62	1 067	509
咸豐縣黨部	5	1	—	2	1	1	1	10	56	1 094	500
利川縣黨部	5	1	—	2	1	1	2	22	50	2 106	500
建始縣黨部	5	1	—	2	1	1	3	35	198	2 019	500
房縣黨部	5	1	—	2	1	1	7	47	126	1 442	500
竹谿縣黨部	5	1	—	2	1	1	3	13	46	680	500
丙等縣黨部	52	13	—	13	13	13	34	302	653	17 030	5 200
崇陽縣黨部	4	1	—	1	1	1	……	……	……	667	400
鄂城縣黨部	4	1	—	1	1	1	1	3	8	705	400
禮山縣黨部	4	1	—	1	1	1	3	14	23	737	400
雲夢縣黨部	4	1	—	1	1	1	3	28	63	217	400
石首縣黨部	4	1	—	1	1	1	1	15	46	1 542	400

续表

党部别	员额					区党部数	区分部数	小组数	党员数	月支经费（元）
	共计	书记长	执行委员	干事	助理干事	录事				
枝江县党部	4	1	—	1	1	1	5	71	129	1 511	400
襄阳县党部	4	1	—	1	1	1	2	20	96	1 832	400
远安县党部	4	1	—	1	1	1	3	23	80	1 902	400
长阳县党部	4	1	—	1	1	1	3	30	88	1 088	400
鹤峯县党部	4	1	—	1	1	1	3	21	40	1 702	400
来凤县党部	4	1	—	1	1	1	……	10	20	1 788	400
竹山县党部	4	1	—	1	1	1	6	30	35	1 126	400
鄖县党部	4	1	—	1	1	1	4	37	25	2 213	400
共计	70	—	70	—	—	—					
省政府区党部	7	—	7	—	—	—	—	—	……	3 535	1 200
省干训团区党部	7	—	7	—	—	—	—	—	……	89	150
							—	—	……	1 747	200

直属区党部

续表

党部别	员额						区党部数	区分部数	小组数	党员数	月支经费数（元）
	共计	书记长	执行委员	干事	助理干事	录事					
巴咸公路区党部	7	一	7	一	一	一			……	96	150
鄂东行署区党部	7	一	7	一	一	一			……	7	100
施南警察局区党部	7	一	7	一	一	一			……		100
榖城手纺工厂区党部	7	一	7	一	一	一			……		100
省公路鄂北段区党部	7	一	7	一	一	一			……	18	100
第二区干训班区党部	7	一	7	一	一	一			……	773	100
湖北省党部区党部	7	一	7	一	一	一			……	767	100
省立第二高中区党部	7	一	7	一	一	一			……	38	100

直 属 区 分 部

共计	170	一	170	一	一	一			……	2 354	740
省立农学院区分部	5	一	5	一	一	一			……	3	20
农学院附设高农区分部	5	一	5	一	一	一			……	15	20

续表

党部别	员额 共计	书记长	执行委员	干事	助理干事	录事	区党部数	区分部数	小组数	党员数	月支经费数（元）
省立第一高商区分部	5	—	5	—	—	—	—	—	……	92	20
省立第六高中区分部	5	—	5	—	—	—	—	—	……	104	20
省立第七高中区分部	5	—	5	—	—	—	—	—	……	28	20
省立第八高中区分部	5	—	5	—	—	—	—	—	……	44	20
省立第四女高区分部	5	—	5	—	—	—	—	—	……	10	20
省立第七女高区分部	5	—	5	—	—	—	—	—	……	46	20
省立第七师范区分部	5	—	5	—	—	—	—	—	……	187	20
省立第八师范区分部	5	—	5	—	—	—	—	—	……	……	20
省立第九师范区分部	5	—	5	—	—	—	—	—	……	20	20
省立第一高工区分部	5	—	5	—	—	—	—	—	……	3	20
省立第一女高职区分部	5	—	5	—	—	—	—	—	……	93	20
省立第一女师区分部	5	—	5	—	—	—	—	—	……	38	20

續表

黨部別	員額 共計	書記長	執行委員	幹事	助理幹事	錄事	區黨部數	區分部數	小組數	黨員數	月支經費（元）
恩施初中區分部	5	—	5	—	—	—	—	—	……	……	20
巴東初中區分部	5	—	5	—	—	—	—	—	……	……	20
建始初中區分部	5	—	5	—	—	—	—	—	……	7	20
利川初中區分部	5	—	5	—	—	—	—	—	……	70	20
宣恩初中區分部	5	—	5	—	—	—	—	—	……	36	20
咸豐初中區分部	5	—	5	—	—	—	—	—	……	20	20
來鳳初中區分部	5	—	5	—	—	—	—	—	……	130	20
鄖縣初中區分部	5	—	5	—	—	—	—	—	……	3	20
長陽初中區分部	5	—	5	—	—	—	—	—	……	7	20
秭歸初中區分部	5	—	5	—	—	—	—	—	……	15	20
松滋初中區分部	5	—	5	—	—	—	—	—	……	……	20
五峯初中區分部	5	—	5	—	—	—	—	—	……	……	20

續表

黨部別	員額						區黨部數	區分部數	小組數	黨員數	月支經費（元）
	共計	書記長	執行委員	幹事	助理幹事	錄事					
均縣初中區分部	5	—	5	—	—	—	—	—	……	11	20
第三區幹訓班區分部	5	—	5	—	—	—	—	—	……	328	40
第四區幹訓班區分部	5	—	5	—	—	—	—	—	……	401	40
鄂北區幹訓班區分部	5	—	5	—	—	—	—	—	……	636	40
新湖北文藝委員會區分部	5	—	5	—	—	—	—	—	……	2	20
武漢日報社區分部	5	—	5	—	—	—	—	—	……	……	20
湖北審計處區分部	5	—	5	—	—	—	—	—	……	5	20
農業改進所區分部	5	—	5	—	—	—	—	—	……	……	20

資料來源：根據湖北省黨部檢送材料編列。

說明：1. 直屬區黨部及區分部，各以執行委員兼任書記長，餘分任組訓與宣傳工作，不設幹事等職。
2. 直屬區黨部區分部小組數目，以材料不全，概未列入。

3. 各級黨部歷年經費

黨部別	二十八年度下半年			二十九年度			三十年度			三十一年度		
	單位數	月支預算數 共計	單計	單位數	月支預算數 共計	單計	單位數	月支預算數 共計	單計	單位數	月支預算數 共計	單計
總計	90	9 140	—	100	17 500	—	107	21 600	—	116	39 000	—
甲級縣黨部	9	1 440	160	9	2 340	260	8	2 720	340	14	8 400	600
乙級縣黨部	25	3 500	140	26	5 720	220	31	9 300	300	43	21 500	500
丙級縣黨部	20	2 400	120	35	6 300	180	32	8 320	260	13	5 200	400
丁級縣黨部	16	1 600	100	—	—	—	—	—	—	—	—	—
直屬聯中區分部	20	200	10	24	480	20	—	—	—	—	—	—
直屬公路黨部	—	—	—	6	300	50	—	—	—	—	—	—
直屬區黨部	—	—	—	—	—	—	3	150	50	9	900	100

續表

黨部別	二十八年度下半年			二十九年度			三十年度			三十一年度		
	單位數	月支預算數		單位數	月支預算數		單位數	月支預算數		單位數	月支預算數	
		共計	單計		共計	單計		共計	單計		共計	單計
直屬區分部	—	—	—	—	—	—	33	660	20	29	580	20
直屬各區幹訓班區分部	—	—	—	—	2 360	—	—	—	—	8	320	40
各級黨部預備費	—	—	—	—	—	—	—	450	—	—	2 100	—

第二類　團　務

4. 三民主義青年團湖北支團部各級組織系統

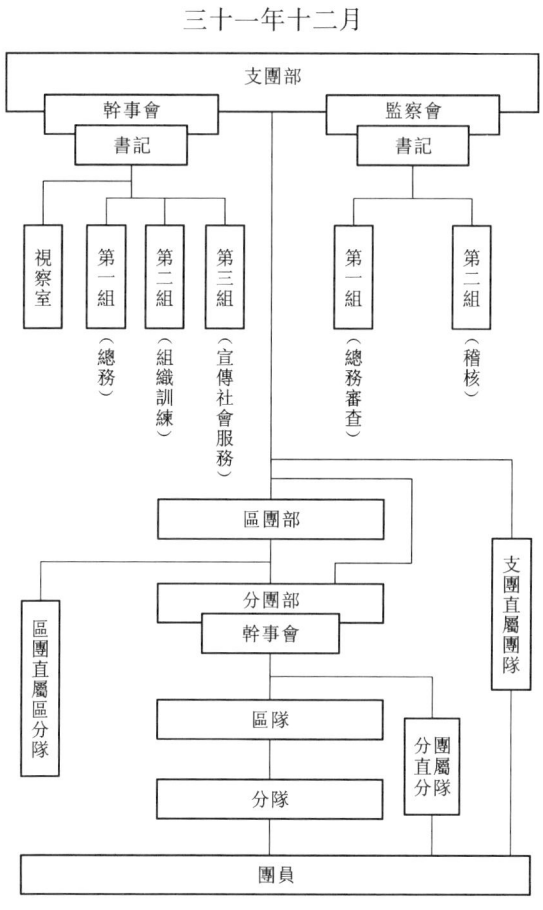

5. 三民主義青年團湖北支團部所屬各級組織概況

三十一年十二月

<table>
<tr><th rowspan="2">名稱</th><th rowspan="2">等級</th><th rowspan="2">轄區</th><th colspan="2">團隊數</th><th colspan="3">團員人數</th></tr>
<tr><th>區隊</th><th>分隊</th><th>共計</th><th>男</th><th>女</th></tr>
<tr><td>湖北支團部</td><td>甲</td><td>區團 3，分團 40，直屬區隊 43。</td><td>320</td><td>1 614</td><td>27 802</td><td>26 238</td><td>1 564</td></tr>
<tr><td colspan="3">地　方　團　隊</td><td></td><td></td><td></td><td></td><td></td></tr>
<tr><td>共　　計</td><td>甲</td><td>漢口等九分團</td><td>256</td><td>1 240</td><td>20 631</td><td>20 147</td><td>484</td></tr>
<tr><td>江漢區團部</td><td>—</td><td>—</td><td>79</td><td>361</td><td>5 296</td><td>5 153</td><td>143</td></tr>
<tr><td>直屬區隊</td><td>特</td><td>漢口市漢陽縣</td><td>1</td><td>11</td><td>672</td><td>658</td><td>14</td></tr>
<tr><td>漢口分團部</td><td>乙</td><td>監利</td><td>5</td><td>21</td><td>376</td><td>370</td><td>6</td></tr>
<tr><td>監利分團部</td><td>甲</td><td>潛江</td><td>6</td><td>37</td><td>582</td><td>575</td><td>7</td></tr>
<tr><td>潛江分團部</td><td>甲</td><td></td><td>14</td><td>59</td><td>754</td><td>730</td><td>24</td></tr>
</table>

续表

名稱	等級	轄區	團隊數		團員人數		
			區隊	分隊	共計	男	女
沔陽分團部	乙	沔陽	8	48	436	432	4
京山分團部	乙	京山 安陸	9	30	638	584	54
漢川分團部	丙	漢川 應城 雲夢	10	45	615	606	9
天門分團部	乙	天門	14	50	480	474	6
黃陂分團部	乙	黃陂 孝感	6	38	428	405	18
石首分團部	乙	石首	6	22	320	319	1
荊宜區團部	甲	江陵等六分團	83	399	7 576	7 380	136
直屬區隊	—	—	11	35	1 103	1 032	71
江陵分團部	乙	江陵 沙市	9	47	795	784	11
公安分團部	乙	公安	13	55	1 165	1 129	35
松滋分團部	乙	松滋	16	96	1 915	1 902	13
宜都分團部	甲	宜都	14	63	1 117	1 076	41

續表

名稱	等級	轄區	團隊數		共計	團員人數	
			區隊	分隊		男	女
枝江分團部	乙	枝江	14	51	847	839	8
宜昌分團部	特	宜昌	6	52	684	618	16
鄂南區團部	甲	通山等六分團	55	228	3 066	3 041	25
直屬區隊	—	—	1	3	42	41	1
通山分團部	乙	通山	10	39	452	450	2
崇陽分團部	丙	崇陽	8	40	513	500	13
武昌分團部	甲	武昌	9	31	367	387	—
通城分團部	丙	通城	12	41	668	668	—
咸寧分團部	乙	咸寧	6	48	653	650	3
陽新分團部	乙	陽新	9	26	371	365	6
直屬分團	—	—	28	139	3 492	3 419	73
恩施分團部	特	恩施	5	31	949	920	29

續表

名稱	等級	轄區	團隊數			團員人數		
			區隊	分隊	共計	男	女	
七高區隊	第三等	第七高中	1	19	275	275	—	
高農區隊	〃	高級農業	1	12	140	140	—	
高工區隊	〃	高級工業	1	12	213	213	—	
高商區隊	〃	高級商業	1	10	357	357	—	
二女師區隊	〃	第二女師	1	18	106	2	104	
護職區隊	〃	高級護職	1	4	45	13	32	
女職區隊	〃	女子職業	1	5	74	5	69	
建初區隊	〃	建始初中	1	12	252	252	—	
利初區隊	〃	利川初中	1	19	321	321	—	
秭初區隊	〃	秭歸初中	1	⋮	⋮	⋮	—	
咸初區隊	〃	咸豐初中	1	13	209	209	—	
長初區隊	〃	長陽初中	1	6	73	73	—	

續表

名稱	等級	轄區	團隊數			團員人數		
			區隊	分隊	共計	男	女
恩初區隊	第三等	恩施初中	1	12	287	287	—
巴初區隊	〃	巴東初中	1	11	96	96	—
來初區隊	〃	來鳳初中	1	18	190	190	—
五初區隊	〃	五峯初中	1	4	37	37	—
松初區隊	〃	松滋初中	1	4	20	20	—
宣初區隊	〃	宣恩初中	1	20	397	397	—
四師區隊	〃	第四師範	1	……	……	……	—
來鳳縣訓所區隊	〃	來鳳縣訓所	1	……	……	……	—
秭歸縣訓所區隊	〃	秭歸縣訓所	1	……	……	……	—
機			團	隊			
	—	—	12	38	557	517	40
直屬團隊							
郵政管理局分團部	第五等	湖北郵政管理局	1	6	62	62	—

续表

名称	等级	辖区	团队数			团员人数		
			区队	分队	共计	男	女
支团部区队	第五等	湖北支团部	1	4	49	41	8
恩施青年招待所区队	〃	恩施青年招待所	1	1	13	12	1
青训团恩施分团区队	〃	恩施青年训导团	1	3	61	46	15
麻纺厂区队	〃	省麻纺厂	1	3	53	49	4
造纸厂区队	〃	省造纸厂	1	3	32	31	1
长话管理局区队	〃	长途电话管理局	1	3	42	42	—
湖北省公路区队	〃	湖北省公路局	1	3	68	68	—
机械厂区队	〃	省机械厂	1	3	35	35	—
农业改进所区队	〃	农业改进所	1	3	60	51	9
电报局区队	〃	电政管理局	1	3	28	27	1
湖北日报社区队	〃	新湖北日报社	1	3	54	53	1

6. 全省團員

三十一年二月

甲、性別

性別	人數	百分比
總計	27 802	100.00
男	26 238	94.37
女	1 564	5.63

丙、學歷

類別	人數	百分比
總計	27 802	100.00
大學	3 076	11.06
高中	8 258	29.70
初中	13 795	49.97
小學	20 673	9.27

乙、年齡

年齡別	人數	百分比
總計	27 802	100.00
16	902	3.24
17	1 734	6.24
18	2 621	9.45
19	2 962	10.65
20	3 788	13.62
21	3 264	11.74
22	2 456	8.83
23	2 995	10.77
24	2 764	9.94
25	1 685	6.06
26	488	1.75
27	158	0.56
28	110	0.39
29	164	0.57
30	117	0.41
31	462	1.65
32	324	1.16
33	242	0.87
34	229	0.88
35	145	0.52
36 以上	192	0.69

丁、籍貫

籍貫別	人數	百分比
總計	27 802	100.00
湖北	26 757	96.38
湖南	215	0.77
四川	118	0.44
江蘇	87	0.32
江西	84	0.30
浙江	79	0.28
安徽	67	0.27
廣東	63	0.22
河南	61	0.21
河北	45	0.16
福建	35	0.13
遼寧	31	0.12
山西	24	0.08
廣西	24	0.08
山東	20	0.07
雲南	20	0.07
陝西	15	0.05
貴州	12	0.04
吉林	4	0.01

戊、職業

類別	人數	百分比
總計	27 802	100.00
農業	2 490	8.96
工業	492	1.76
商業	3 842	13.81
黨團	833	2.99
軍警	1 416	5.09
政界	3 546	12.75
教育	1 254	4.56
學生	7 504	26.99
訓練團班	3 237	11.64
社會服務	543	1.95
民眾團體	306	1.10
交通員工	224	0.80
自由職業	619	2.23
失業	334	1.20
其他	1 159	4.17

7. 各級團隊月支經費

團隊			月支經費（元）	
名稱	等級	個數	共計	每單位月支數
總計			81 825	
支團部	甲	1	11 985	11 985
區團	甲	3	6 120	2 040
分團	特	3	6 810	2 270
分團	甲	5	9 750	1 950
分團	乙	15	24 450	1 630
分團	丙	5	6 900	1 380
學校分團	甲	10	1 600	160
區隊	甲	1	80	80
區隊	乙	2	80	40
區隊	丙	13	390	30
機關區隊		2	120	60
地方區隊	甲	11	880	80
青年服務隊		1	1 500	1 500
青年服務隊		3	2 400	800
青年服務社		1	800	800
青年招待所		1	6 960	6 960
青年劇場		1	500	500
女青年工作隊		1	500	500

說明：1. 表列數字係三十一年度預算數。

2. 各團隊月支經費包括戰時生活補助費在內。

8. 湖北支團部恩施青年招待所入所及出所人數

三十一年

月別	入所			出所										
	共計			共計			升學			就業			其他	
	共計	男	女	計	男	女	計	男	女	計	男	女	計	男	女
總計	1 174	1 114	60	839	778	61	557	500	57	189	189	—	93	89	4
元月	80	80	—	41	41	—	26	26	—	9	9	—	6	6	—
二月	66	66	—	80	80	—	62	62	—	10	10	—	8	8	—
三月	90	90	—	37	37	—	29	29	—	4	4	—	4	4	—
四月	142	142	—	134	134	—	90	90	—	18	18	—	26	26	—
五月	58	58	—	93	93	—	62	62	—	26	26	—	5	5	—
六月	94	63	31	31	31	—	7	7	—	23	23	—	1	1	—

續表

月別	入所			出所											
	共計	男	女	共計			升學			就業			其他		
				計	男	女	計	男	女	計	男	女	計	男	女
七月	91	87	4	80	50	30	33	3	30	41	41	—	6	6	—
八月	156	147	9	87	80	7	65	58	7	15	15	—	7	7	—
九月	164	162	2	155	145	10	115	105	10	22	22	—	18	18	—
十月	89	87	2	44	37	7	31	24	7	6	6	—	7	7	—
十一月	67	64	3	45	44	1	35	34	1	10	10	—	—	—	—
十二月	77	68	9	12	6	6	2	—	2	5	5	—	5	1	4

乙　政治部門

第三類　土　地

9. 全省疆界

邊縣	邊界或附近地名	鄰接省縣 省	鄰接省縣 縣	界綫經過
竹谿	雞心嶺、小關子、東界嶺、光頭山、竹葉關	陝西	鎮平	自竹谿西南界之雞心嶺，蜒蜿北行
竹谿	鬧陽坪、會家壩、火龍埡、秋水卞、鬧埡子、老陽山、財神埡、小界嶺、銅錢關		平利	
竹山	東篷山、西篷山、界嶺坡		洵陽	自銅錢關，轉向東行
竹山	四莊平、聖母山、站房、吉陽關、左吉關		白河	至吉陽關附近，復折向西
鄖縣	太平店、石子門、石板寨、沙溝		白河	
鄖西	老關廟、甲河關、金蘭山、觀音灘、大泥溝、吳家渡		白河	
鄖西	藍河鋪、雙廟子、牛心石、關防鋪、陝西廟、天池嶺		洵陽	
鄖西	湖北口（湖北關）、坎子山、將臺、七里砭		鎮安	至湖北口轉向北行

續表

邊縣	邊界或附近地名	鄰接省縣 省	鄰接省縣 縣	界綫經過
鄖西	漫川關（山南山脈）、東任嶺（東任山脈）、七葉山、接官廳、老水井		山陽	循山南山脈折向東行
鄖縣	城牆埡、界牌埡、石門關、二龍潭、劉家山		商南	至界牌埡折向東行
鄖縣	楊溪鋪、韓成溝、白浪坪、江峪、古窰保、盤道保	河南	淅川	至白浪坪折向東南
均縣	火龍觀、楊峪河、賈家寨、玉皇頂、李家河		淅川	
光化	三尖山、老泉埭、二劈山		淅川	自三尖山向東，略偏南
光化	鴻盤寨、冢子岡、吉家嶺、孟家樓、秦家集、楊家營		鄧縣	
襄陽	老趙集、金灣		鄧縣	
襄陽	黃渠鋪、黃家集、上泥河、鄢家埠		新野	
棗陽	狗皮店、湖河鎮、紫微山、岷山、天封山、石佛寺、黑石山、北砦		唐河	
棗陽	赤眉山、老龍峽		桐柏	
隨縣	界牌口、桐柏山、盛家砦、固成山、顏家河、出山店、淮河店、王家莊、上河口、朱華莊		桐柏	至桐柏山折向南，復折向東北
應山	仰天窩、大石包山、四皇山、長嶺岡、黃蓬坳、彭家灣、平靖關、北界嶺、武勝關、雞公山、大孤山		信陽	自仰天窩蜿蜒向東南行

续表

邊縣	邊界或附近地名	鄰接省縣 省	鄰接省縣 縣	界線經過
禮山	黃龍砦、界牌岡		信陽	至黃龍砦向東行
	九里關（羅山境）、鐵舖集（羅山境）、跋馬崖、定遠店		羅山	
	紅石崖、劉家冲		經扶①	至紅石岸南下
黃安	老君山、記魚嶺、天台山、黃石砦、柏樹岡、虎山、毛畈、孤獨砦		經扶	
麻城	羚羊山、木陵關、烟台、青山、鳳林山、黃土關、修善關、齊頭山、青峯嶺		經扶	至齊頭山折向東北
	小界嶺、大界嶺		光山	至小界嶺向東行
	馬家嶺、九歇山		商城	至馬家嶺向東南
	黃檗山、隘門關、長嶺關	安徽	立煌②	
羅田	松子關、檀香山、銅鑼關、黃石嶺、青苔關		立煌	至松子關折向東北
	甕門關、樊家山、僧塔寺		霍山	至青苔關南下
英山	西界巔、中界嶺、東界嶺		霍山	至西界嶺，復向東北過東界嶺南下
	多夫尖		潛山	
	明堂山、土門河、隘口河		太湖	過明堂山，偏向西南
蘄春	將軍山、羅浮山、白洋關、甘羅尖、桐山冲、上界嶺、王家砦		太湖	至桐山冲向東南
	長和卡、無氣嶺、土坡砦		宿松	

① 今河南省新縣。
② 今安徽省金寨縣。

續表

邊縣	邊界或附近地名	鄰接省縣		界線經過
		省	縣	
黃梅	回施山、長溪山、界嶺、踏石澗、蕭家鋪、陶家嶺、柴家嶺、松梅嶺、感湖		宿松	至蕭家鋪南下
	楊穴鎮、清江、二套口、園洲、陳家洲	江西	九江	過楊穴鎮溯江西上
廣濟	新洲、上龍坪、中廟、武穴		瑞昌	
陽新	上巢、黃橋鋪、大德山、黃嶺山、下馬關、小巷		瑞昌	自上巢南下,至黃橋鋪轉向西南
	洋港、黃圭洞、金竹尖、太平山、石艮山、冕陽山、黃陵洞		武寧	
通山	皇婆嶺、愛頭山、太陽山		武寧	
	黃荊嶺、龍頭石山、金紅山、三界尖		修水	
崇陽	大原山、居北山、小界山、大盤山		修水	
通城	仙樓山、南樓嶺、黃龍山、天岳關		修水	
	幕阜山、棋盤山、伏龍山、古崙峯	湖南	平江	至幕阜山折向西行
	雲陽山、照明關、摩天嶺		岳陽	自古崙峯轉而蜿蜒北上
	楚門界山、大界、和事嶺		臨湘	
崇陽	馬頸、雲車嶺		臨湘	至新店鋪折向西
蒲圻	羊樓崗、廖平鋪、羊樓市、楊家山、銅質山、花里畈、長山、新店鋪、石頭嶺、象山、黃蓋湖		臨湘	

續表

邊縣	邊界或附近地名	鄰接省縣 省	縣	界綫經過
嘉魚	月堂嘴、陳家湖		臨湘	
監利	王宗堡、鴨南矶、螺山、白螺市		臨湘	過鴨南矶折向西南
	荆家垴、觀音洲、東茅嶺、荆河淤道、何家埠、宏廟、尺八口、孫家鋪、廣興洲		岳陽	過東茅嶺轉向東北，循荆河淤道折向西北，過孫家鋪，折向西南，至廣興洲市，復折向東北
	殷馬洲、車灣、新南洲、天鵝洲、艾家洲		華容	至車灣蜿蜒西行
石首	塔市驛、古井口、江坡渡、補湖口、梅田湖、上三叉河		華容	過塔市驛，折向西南，復蜿蜒而西過補湖口，折向西南過上三叉河，復向東北
	白湖口、晃湖市、黃田湖		安鄉	過白湖口，轉向東北
公安	山頭、大門土地、楊家廠、何家潭、甘家廠、虎渡河		安鄉	
	牛浪湖、界溪橋、關山鋪		澧縣	
松滋	官橋、鄧家鋪、敖家嘴、界澧山、暖水街、烏溪溝、泗潭河		澧縣	
	指南坪、界山、向家坪		石門	
五峯	船山、大峯埡、謙敬坪、清水灣、壺瓶山、大東坪、白家坪、麻池、帥家山、黃楊山、柏木山、香花山		石門	過船山漸折向西，至黃楊山折向西南

續表

邊縣	邊界或附近地名	鄰接省縣 省	鄰接省縣 縣	界綫經過
鶴峯	下洞堡、南北墩、細沙坪		石門	過下洞堡折向東南過細沙坪南行
鶴峯	范彭砦、江口、山羊隘、天屋山、摁埡		慈利	過范彭砦，蜿蜒而西
鶴峯	桐木山、野山埡、公望溪、川星坪、杉木界		桑植	至杉木界，復蜿蜒折向西南
宣恩	黃連界、燕家山		桑植	
宣恩	樂哥坪、經歷砦、野熊關、勝水關、李家河		龍山	
來鳳	官渡口、紅岩沱、旗彭砦、灣塘、佛雲河、漫水、界址溝、望遠峯、雞籠灘		龍山	
來鳳	智勇關、苗溶、梅子坳、仁育關	四川	酉陽	過智勇關、仁育關，乃折而蜿蜒北上
來鳳	蕭洞、漫水塘、白岩山		黔江	
咸豐	深溪關、新場、苟家營、几山子、朝陽寺、鉗子口、大路壩		黔江	
咸豐	龍盤溪、土黃埡		彭水	
利川	彭頭場		彭水	
利川	黃土池、石門坎、白羊塘、魚錢口、冷槽口、烏梢溪		石柱	
利川	雞鳴關、羅葡店、白龍灘、白洋渡、上毛槽、得勝場、太平壩、南坪、營上、水角干、小箐、黑洞		萬縣	過羅葡店，復蜿蜒折向東，過太平壩，折向東南，至黑洞復轉向東北

續表

邊縣	邊界或附近地名	鄰接省縣		界綫經過
		省	縣	
恩施	雙水井、瀑布水、新橋板、郭路水井、新開壩、石乳關		奉節	
建始	當陽山、千丈崖		奉節	
	十字路、黑灣、鋼鼓凸、官渡河、飯碗堆、大岩嶺、黃鵠嶺		巫山	
巴東	石久廠、關口山、培石場、鯿魚溪、萬流驛、砲台口、界嶺		巫山	過石久廠折向北上
房縣	夜人塘、卸甲套、陰條嶺		巫山	
	烏雲頂		巫山	至烏雲頂折向西北
竹山	黃龍山		巫溪	
竹溪	鳳凰山、轉角橋山、轎頂山、梁家山、界埡、蕭家坡		巫溪	過轎頂山復蜿蜒北上，與雞心嶺接

說明：本表所用之參考資料，爲丁文江等合編之《中華民國新地圖》、陸地測量局繪制之《四十萬分之一湖北省輿圖》、亞新地學社繪制之《四十二萬分之一湖北省形勢圖》《中華析類分省圖》《湖北分縣詳圖》、湖北省政府民政廳編印之《湖北新政概況》、各邊縣縣政府繪制之縣地圖及有關湖北整理行政區域之檔案等。

10. 各縣疆界

縣別	縣城位置		四周界綫或附近地名	鄰接縣市
	東經	北緯		
武昌	114°15′	30°32′	東——白滸山、新店街、梁子湖（吳家嶺）、蕭家塘、龍井、熊家灣、三汊港	鄂城
			南——三汊港、晏家灣、劉家灣、潘里鋪、黃塘湖	咸寧
			西南——斧頭湖、嘉魚港（高頭壩、新墩）、界牌	嘉魚
			西——長江（赤磯山、金口、白沙洲）	漢陽
			西北——長江	漢口
			北——長江（青山）	黃岡
			北——長江（下八吉、張家墩、東港、西港）	黃岡
漢陽	114°14′	30°31′	東——長江（朝關、大小軍山、鹽埠頭山、鯿魚套）	武昌
			東南——長江（鄧家口、窰頭港、新灘、小林夾）	嘉魚
			西南——大沙湖、張市亭、張家台、響水港、遄夾湖、白坊	沔陽
			西——西河尹承河、橫山、斗坡頭、高觀舖、催家舖、旋海湖、水（白湖）	漢川
			北——漢水	漢口

第三類　土地　43

續表

縣別	縣城位置		四周界綫或附近地名	鄰接縣市
	東經	北緯		
嘉魚	113°55′	29°58′	東——黃塘湖、(草洲、風帽咀)	咸寧
			南——老杭湖、西良湖、董家灣、周家橋、羅家橋、茶嶺舖、北洲嘴、舒橋舖、洪水舖、大岩山、金家舖、錦湖、柳山湖、滄湖	蒲圻
			南——……	湖南臨湘
			西——長江 (穀花洲、清江、島口、赤壁山、寶塔洲)	沔陽
			北——長江 (花口、簰洲、下新洲、復興洲)	漢陽
			東北——嘉魚港 (蔡家店)、斧頭湖 (草洲)	
咸寧	114°20′	29°55′	東——三汊嶺、高橋河 (楊堡、高橋)、石竹嶺	鄂城
			東南——桃花尖、北山	陽新
			南——北山、悛水嶺、蓮荷嶺	通山
			——蓮荷嶺、苦竹嶺、金龍尖	崇陽
			西——石街、汀泗河 (汀泗橋)、西良湖	蒲圻
			西北——黃塘湖	嘉魚
			北——黃塘湖、賀勝橋、虎形山、陳家灣、胡家灣、三汊嶺	武昌
蒲圻	113°57′	29°46′	東——西良湖、汀泗河 (亭塘)、鄭家山	咸寧
			南——大竹山、曲尺嶺、東泉嶺、駱家山、分龍嶺、洪下、桃花岩、屏山舖、東流港、青伏嶺、北山、高家灣、金紫山、分水坳、水桐嶺、千字坳	崇陽
			西——……	湖南

續表

縣別	縣城位置 東經	縣城位置 北緯	四周界綫或附近地名	鄰接縣市
			北——滄湖、柳山湖、錦湖、馬家莊、郎當山、龔家村、茗山、大橋水、鮑家村、中石街、大橋、西良湖、老杭湖	嘉魚
崇陽	14°31′	29°36′	東——蓮荷嶺、綠林山、白羊山、界頭塘、鞋嶺、水村、雨山、黃鶯尖、界首山、靈女山、茶山、石獅山、北山、三界尖	通山
			東南—— ……	江西
			南——麻嶺、黃茅山、九曲嶺、三陽峯、雷柱峯、堰市白馬舖、油隴港、鐵東港、豐城嶺、中臺嶺、拖石溝	通城
			西—— ……	湖南
			北——十字坳、水桐嶺、分水坳、金紫山、北山、青伏嶺、東流舖、屏山舖、大霧坪、葛仙山、東泉嶺、曲尺嶺、金雞坪	蒲圻
			東北——老虎岩、金龍尖、苦竹嶺、蓮荷嶺	咸寧
通城	113°54′	29°17′	東—— ……	江西
			南—— ……	湖南
			西—— ……	湖南
			西北—— ……	湖南
			北——拖石溝、中台嶺、平市、豐城嶺、水口舖、傅家舖	崇陽
			東北——黃台港口、瓦渣棚、神株坳、思義坳、九曲嶺、雞鳴嶺、荻田舖、黃茅山、麻嶺	崇陽

續表

縣別	縣城位置		四周界綫或附近地名	鄰接縣市
	東經	北緯		
通山	114°30′	29°38′	東——小坳、西隴山、板橋舖、曹鄧山、大田舖、蛇嶺、韓家山、鮑家檔山	陽新
			南——……	江西修水
			西——三界尖、北山、石獅山、茶山、靈女山、界首山、黃鶯尖、雨山、石門山、鞋嶺、十里塘、白羊山、綠林山、蓮荷嶺	崇陽
			北——蓮荷嶺、寺嶺山、浚水嶺、鄭家山、小坳山、白山、黃家山、盧家山、西隴山、南山、富水、曹鄧山、火成山	咸寧
陽新	115°9′	29°51′	東——長江（海口水塘、黃顙口、葛蒲港、半壁山、富池口）	廣濟
			南——……	江西
			西南——雨林山、白馬山、河坪、南山、石屋坑、小坳山	通山
			西北——桃花尖、大地山、北山	大冶
			——大頭坳、王彩山、關口、金竹尖、大腦山、分水坳	鄂城
			北——分水坳、王家村、花荻、樹市、三教山、大和山、徐山嶺、南湖南、金湖、漳源湖、漳源港	大冶
			東北——長江（沙池口水塘）	蘄春

續表

縣別	縣城位置		四周界綫或附近地名	鄰接縣市
	東經	北緯		
大冶	114°56′	30°5′	東南——漳源港、漳源湖、金湖、南灞（縣城）、徐山嶺（姜橋市）、徐家山、葛布山、老虎山、分水坳	陽新
			西北——分水坳、楊家嶺、張家舖、七項山、大茗山、大王山、象鼻山、保安鎮、保安湖、吳王堡、蓮子塘、長嶺腦市大興山、葛山、腰子山、華家湖	鄂城
			東——長江（石灰市、道市伏）	蘄春
鄂城	114°53′	30°23′	東——長江（象鼻嘴、潘家橋、平山磯、黃石港）	浠水
			——華家湖、火盆山、葛山、澤林嘴、大興山、河涇湖（屬大冶）、長嶺市、保安湖、象鼻山、大王山、大茗山、高家舖、七項山、陳家灣、官才坳、熊家舖、分水坳	大冶
			南——分水坳、金竹尖、王彩山、大頭坳（李家舖）	陽新
			西南——王英岩、高橋河（高橋市）、三汊領	咸寧
			西——三汊嶺、何家灣、涂家坳、駱家坳、梁子湖（梁子市、南塘市）、暴虎山、新店街、白滸山	武昌
			北——長江（白鹿磯、趙家磯、三江口）、馬橋湖、淡陽湖、水口舖、路口、下馬家河、夏蔣湖、樊山、長江（縣城）	黃岡

續表

縣別	縣城位置 東經	縣城位置 北緯	四周界綫或附近地名	鄰接縣市
黃岡	114°52′	30°26′	東——巴水（但店、上巴河、孫家嘴、三汊街）	浠水
			南——長江（桑林舖、楊林舖、長折舖）、長港、得勝洲、淡湯湖（平安舖）、長江（濫泥廟、矮劉舖）	鄂城
			西南——長江（陽邏）	武昌
			西——武湖、倉子埠、牽牛岡、塔耳岡、兩路口	黃陂
			西北——石橋灣、董家涼亭、李家港、雨頭山、官山砦	黃安
			北——宋家冲、嘉魚村、三店河、李家岡、天水封、梅家店、九姑廟、張家塘、沙河舖、劉廟山、大崎山、龍獅墖、捏頭嘴、大屋河、打八石河	麻城
			東北——巴水（闞□舖）	羅田
浠水	115°18′	30°26′	東——大長山、田家山、張家砦、女人砦、龍王廟、羅河砦、蘄陽坪河、唐家河、界山（劉家舖）、方家河、許家河、苞茅橋、泥河、六廟舖、露山、界山、茅山湖、策湖	蘄春
			南——長江（新港、巴河市）	鄂城
			西——巴河（西陽河、竹瓦店、小河口、團陂鎮）	黃岡
			北——楓林河、潭水河（柳林舖 歇唐舖）、觀音石河、沈家河	羅田
			東北——雞兒河	羅田

續表

縣別	縣城位置		四周界綫或附近地名	鄰接縣市
	東經	北緯		
蘄春	115°22′	30°1′	東——……	安徽宿松
			東南——黃林岡、烟波山、呆木尖、火餤尖、大耳坪山	黃梅
			南——净地山、棹面上、橫岡山、曾家街、界嶺（高山舖）、高陽山、界牌嶺、菩提壩、馬家山、雨湖	廣濟
			西南——長江（縣城）	陽新
			西——長江（茅山港、羅伍、王伍）	大冶
			北——日興灣、策湖、茅山湖、界山（茅山市）、靈山、涼亭市、長石廟、泥河、苞茅橋、許家河（長塘角）、方家河、界山（羅漢砦）、唐家河、蘄陽坪河、三泉砦、羅漢岩、龍王廟、女人砦（獅子口）	浠水
			東北——……	安徽
廣濟	115°39′	30°5′	東——雞公嶺、迴龍山、雙城驛、鄭公塔、大白湖、大竹嶺	黃梅
			南——……	江西
			西——長江（武穴、盤塘、田家鎮）	陽新
			北——馬家山、崇山、界牌嶺（楊林舖）、栗木橋、高陽山、界嶺（固城舖）、寺門村、橫岡山、棹面山（女兒城）、蛇山	蘄春

續表

縣別	縣城位置		四周界綫或附近地名	鄰接縣市
	東經	北緯		
黃梅	115°53′	30°1′	東——……	安徽
			南——……	江西九江
			西——三家店、大白湖（秒羅嘴）、姚家坳、四祖河、考田鎮	廣濟
			北——黃齡洞、望江山、金寺尖、白石洞、金竹菴	蘄春
英山	115°42′	30°38′	東——隘口嶺	安徽
			南——雞鳴河	浠水
			西——落栗河	羅田
			北——界嶺	安徽
羅田	115°28′	30°53′	東——樂利河	英山
			南——浠水（七里冲、上仙坳）、大士閣、沈家河、觀音石河、朱家河、駱駝坳市（嚴家舖）、潭水河、楓樹河	浠水
			西南——巴水	黃岡
			西——東義洲河（平湖河市、夾河嘴、滕家堡、洗兒市、檀樹店）	麻城
			北——……	安徽
麻城	115°7′	31°12′	東——東義洲河、（龔家舖、新舖）	羅田
			南——打八市河、大屋河、魏家山、捏頭嘴、龍獅墖、大崎山、石頭舖、對面山、田家舖、姚家畈、蘇家岡、喻家岡、三店河、老河口、會龍店	黃岡
			西——九螺山、石家大山、廟山、松溪河、賀家砦山、大木山、土門山、界林石山、盧鳳山、尖祿山、大平砦	黃安
			北——……	河南

續表

縣別	縣城位置		四周界綫或附近地名	鄰接縣市
	東經	北緯		
黃安	114°43′	31°19′	東——大平砦、雞冠砦、馮家坳、界林石山、土門山、大木山、松溪河（陳家廟、張清砦）	麻城
			南——雨頭山、李家港、高林舖、三記菴	黃岡
			西——方家岡、阮家岡、鯿魚山、分水嶺、洪山界、駱駝砦、馬口砦、界嶺、蓮花山、張果老山、灄水（馬頭舖、大城潭）	黃陂
			北—— ……	河南
黃陂	114°29′	30°54′	東——灄水、張果老山、土門沖、紅茅砦、馬口砦、駱駝砦、分水嶺、洪山界、長嶺岡、艾家店	黃安
			——石界牌、兩路口、胡家灣、倉子埠、武湖	黃岡
			南——長江（稀泥灘、桂花洲）	武昌
			——灄水（灄口）	漢口
			西——白水湖、孫家港、界河（祝家灣、朱家舖、仙人洞）、獅子山（泉水店）、黃股石、小悟山、大界嶺、大悟山、白馬石岡	孝感
			北——朱家灣、胡家榜、馬家店	禮山
禮山	114°13′	31°31′	東——河口鎮	黃安
			西——十里舖、王家店	應山
			南——蔡店、金磐店	黃陂
			北—— ……	河南

續表

縣別	縣城位置		四周界綫或附近地名	鄰接縣市
	東經	北緯		
孝感	113°55′	30°56′	東——白馬石岡、大悟山、大界嶺、小悟山、獅子山、界河（東陽岡、太平鎮、祝家灣車站）、白水湖（江家田、楊家咀、方家咀）	黃陂
			南——白水湖、野豬湖（大張家咀）、大河灣、新星、楊家壪、四汊河	漢陽
			西南——新安渡、新口局	漢川
			西——潭口、大布街、興家寺、朝陽店、西陸岡埠、金神庵、陳家橋、萬安舖、嚴家店	雲夢
			——陳家店、伍家店、斗山廟、李家田、孫家店、尖山	安陸
			西北——王家店、嚴家灣、李家灣、河北灣、十八里灣	應山
			北——觀音砦、五斗田、游風嶺	禮山
雲夢	113°44′	31°1′	東——女兒港、鳳凰會、壘壁山、李家湖、王漢湖	孝感
			南——東西台湖、涢水（螺絲港、下馬會、上馬會、王家灣）	漢川
			西——田子潭、隔蒲潭、官渡河（土門舖）、柴店	應城
			北——涢水（史家會、胡金店、竹排會）、高家店、界牌店、王家灣、石馬會	安陸

續表

縣別	縣城位置		四周界綫或附近地名	鄰接縣市
	東經	北緯		
漢川	113°48′	30°37′	東——漢水（田家台、魏家台）、榔頭集、何家灣、棗樹灣、羅家台、北河集、江家集	漢陽
			南——廣口、油榨嶺、夾河、曾家台、南河、漢水、脈旺嘴、夾河（劉家台、楊家台、迴龍集、張池口）	沔陽
			西——城隍台河（楊家灣、田二河）、三星台、羅家堰、清寧湖、堈塚集、同興集、台山灣	天門
			北——五龍河、刁汊湖	應城
			——溳水（官莊舖、魯家台）、東西台湖	雲夢
			東北——九和院、汪家院、陳家台、姚家台、沙角港	孝感
應城	113°33′	30°54′	東——官渡河（吳家灣、朱家灣）、盧家坡、艾家灣、長江埠	雲夢
			南——長江園、刁汊湖（蔡家灣、魏家灣、何嶺、荷花堰、李苗圃、鼎新集）、五龍河（汪家集、何家咀）	漢川
			西南——唐家灣、張家灣、胡家灣	天門
			西——曹家場、劉家灣、楊家店、有明店、車埠、陳家灣、王家台	京山
			北——王家灣、汪家店、粟樹集、聚石舖、馬口堰、古峯集、胡家灣	安陸

續表

縣別	縣城位置 東經	縣城位置 北緯	四周界綫或附近地名	鄰接縣市
安陸	113°42′	31°16′	東——尖山、吉陽城、吉陽山水、石頭壩、徐家砦、關王廟、黃家灣	孝感
			東南——陳家溝、新店、董店、十廖灣、田家灣、溳水	雲夢
			南——漳水（兩河口）、馬家灘、楊家河、胡家山、熊家灣	應城
			西南——易家灣、漳水（鐵石墩、白馬墩、雙合店）、王家台、晏家灣、劉家砦	京山
			北——金家壋、蜜蜂砦、花鼓尖山、清水河（自由山、李家畈）、杜家店、青龍潭	隨縣
			——望何店、和尚冲、洪山、蔡家店、觀音坡、徐家冲、吉楊山、猪嘴山	應山
應山	113°52′	31°37′	東——郭店、張家屋、蕭家店、大孤山、黃沙河、楊家砦、仙人洞、江家山、尖山、半山坡、永定寺、金家畈	孝感
			南——大平鎮、吉陽山（紅廟）、陳家港、蔡家店、洪山	安陸
			西——溳水（平林市、土舖潭、長嶺岡、宿家嶺、馬平港）、螺絲河（軍山、嚴家舖）、徐家店、分水嶺、潥水（新店）、馬鞍山、香爐山、漿溪店	隨縣
			北—— ……	河南

續表

縣別	縣城位置 東經	縣城位置 北緯	四周界綫或附近地名	鄰接縣市
隨縣	113°23′	31°42′	東——岳家窰、馬鞍山、潦水、分水嶺、華陽山、螺絲河（王家嘴）、浿水（孔家畈、紫石舖、石門舖、閣家河、白家灣、周家垠）	應山
			南——曹家畈、清水河（新樂城、潘家嘴）、洛陽店、花鼓尖山、分水嶺、同興鎮	安陸
			——蕭家店、聖場市、兩河口、大陽寺、牛角尖	京山
			——大洪山、席家店、橫嶺、望湖山、界山、娥皇洞、三界山	鍾祥
			西——隨陽埡、牧馬嶺、龍頭山、黑石山、石虎山、陳家舖、聖龍山、界嶺、二朗廟、藕塘、土界山、分水嶺、隨陽埡①、汪家集、汪家店、三合店	棗陽
			北——……	河南
鍾祥	112°35′	31°10′	東——猴兒砦、王家山、保福砦、東橋鎮、梅子塘、長墙埠、鄭家集、花港舖、公議場	京山
			南——漢水（舊口鎮）、鄧家湖、周家嶺、萬山嘴、陳家坪	荆門
			西——拖刀嶺、七里舖、牛尾山、雙河	荆門
			北——土地嶺、紗帽山、快活舖、蠻水漢水（王家嘴）、都留砦、龍山	宜城
			——龍山、關門山、三界山	棗陽
			東北——三界山、娥皇洞、界山、望湖山、橫嶺、三泉店	隨縣

① 此處疑爲衍文。

續表

縣別	縣城位置		四周界綫或附近地名	鄰接縣市
	東經	北緯		
京山	113°7′	31°2′	東——興隆鎮、棗樹嶺、馬店鎮、雙河岩、顧家場、曹家場	應城
			南——市集、國家集、龍泉鎮、牛山、錢家場、瓦廟集、郭家坡、金河灘	天門
			——孫家台、楊隉灣、李蕰場、漢水（多寶灣）	潛江
			西南——漢水（渡船口）	荆門
			西——周家場、南河集、唐家橋、吴家集、長灘埠、劉家嶺、陳家山、王家岩、羅家集、東橋團、蒲家團、保福岩、田家團、摩天嶺	鍾祥
			北——南頭山、分水嶺、埠下團、汪家山、毛家岩、平壩鎮	隨縣
			——漳水（平壩、夫子廟）、興隆鎮、興陽寺	安陸
天門	113°15′	30°39′	東——臥龍街、六合場、同心集、蕭家湖、劉家集、交筆亭、蔣家場、張家場、城隍台河（乾灘鎮）	漢川
			南——沈湖、多祥團、漢水（中和場）、代家團、磨盤洲、官湖團、西隄拐、李家店、銅柱舖、秋家灘、洛江河	沔陽
			西——洛江河、永豐寺、馬直舖、黑流渡、官吉口、大興場、岳港、觀音湖	潛江
			北——打網溝、朱溫台、柱橋湖、周家新場、萬家灣、張家嘴、福興鎮、袁家山、新場	京山
			東北——楊台嶺、皂市	應城

續表

縣別	縣城位置		四周界綫或附近地名	鄰接縣市
	東經	北緯		
沔陽	113°22′	30°10′	東——雙剅、何家幫、鄭家河、潘家灣、大沙湖	漢陽
			南——長江、談口邊、榮華寺、竹林磯、王家洲、烏林磯、毛埠、新堤	嘉魚
			西——汪家洲、傅家灘、西灣、客子塘、三墩潭、河家冲、催家灣、長夏河、螺縣灘、賀家灣、古黃金河	監利
			西北——顧家灣、抱船埠、金家場、謝家場	潛江
			北——洛江河、石牌舖、毛家場、磚子舖、朱磯市、漢水、多祥河市、沈湖	天門
			東北——馬子院、張池口、石流溝、黃家院、脈旺嘴、荒洲院、雁子院、吳家山、三益坑、天長院	漢川
潛江	112°55′	30°25′	東——朱家橋、岳港、榨灣、孔家嶺、永和場、楊林口、洛江河	天門
			——陳家場、劉家場、七里新場、梁泗院	沔陽
			南——濫泥湖、沙長河、童家院、楊羅院、東荊河	監利
			——東荊河、么屋嶺、熊口、張家湖、返灣湖、彭家塘、雙剅溝、柴東西院、殷家剅、俞潭舖、南長洲	江陵
			西——彭家灣、趙家台、界河（荊河坳）、熊家剅、五東港、董家店、陳家場、伍家場、長腦、四院、橋頭集、關公場	荊門
			北——漢水（上光澤洲、長腦鎮）、車老舖、胡家廟、張家場、夏家場、火橋溝	京山

續表

縣別	縣城位置		四周界綫或附近地名	鄰接縣市
	東經	北緯		
監利	112°56′	29°49′	東——姚家嘴、北口市、古黃金河、黃家嘴、劉家台、新築院、長夏河、車林院、出水院、五家台、孫家灘、向家台、高树、劉林、王家墩、鄭家峯、永家峯、小口市	沔陽
			南——……	湖南
			西——長江（窑灣、壺瓶套、船灣洲、狗頭灣、新洲、黃羊洲）、秦家舖、七坦垸、劉家溝	石首
			西北——車湖港、吳家路、鄒家集、張家集、王家林、白鷺湖、靴尖嘴、羅塘港	江陵
			北——東荆河、獅子坳、漁陽鎮、沙塲河、石家橋、預備隄、張公嶺、楊林市關、楊林老街、濫泥湖	潛江
石首	112°27′	29°48′	東——劉家溝、長江、史家院、塔市驛	監利
			南——……	湖南
			西——薦子溪（柯家嘴、蕭家嘴、薦子溪鎮、柳口）雲霧嘴、唐田湖雲霧嘴、陸遜湖（楊林市）、西嶺、橫堤市、新開舖、阮陵洲	公安
			北——蕭家洲、陳家台、張惠院、沙溝	江陵

續表

縣別	縣城位置		四周界綫或附近地名	鄰接縣市
	東經	北緯		
公安	112°2′	20°56′	東——謝家嶺、轎馬口、任家潭、陸遜湖、唐田湖、薦子溪（錢家嘴、朱家橋、王家壩、墨溪湖）	石首
			南——	湖南
			西——三汊港（東獄廟）、象鼻嘴、毛家廠、鄭家岡、王家大湖、申津渡、余家坪、癸巳湖、徐洞	松滋
			北——三佛寺、普化觀、屠陵驛、東獄廟、長江（馬來嘴、康家灣、古油口、窰頭舖、叫湖堤、李家渡）	江陵
松滋	111°46′	30°20′	東——甘家台、癸己湖（斯家塘、周家嘴）、□□坪、紙廠河市、王家大湖、何家灘、何家台、三汉港	公安
			南——	湖南
			西——嶮山、誥賜山、起龍山、彭家嶺、紫梅坡、鞍子嶺	宜都
			——八眼泉、俞家嶺	枝江
			——長江（石撤舖、虎嶺舖）	宜都
			北——長江（縣治）龍潭、朱家舖、江亭、長江（龍革舖、采穴舖、福興市、王家街）	枝江
			東北——長江（張家灣、浣市、史成舖）	江陵

續表

縣別	縣城位置 東經	縣城位置 北緯	四周界綫或附近地名	鄰接縣市
枝江（江北部）	111°32′	30°17′	東——吳家港、草埠街、汪家湖、鄭家台、保寧院、天興院、李家樓、沮水（蕭家店）	當陽
			——沮水（宋家台、王家渡）	江陵
			南——長江（晒谷總、鸕子口、棉絮洲）、許家樓、胡家台、等戒寺、苦草洲、長江	松滋
			西——滄茫溪（董市）、匡家嶺、張家嶺、羅家店、彭家店	宜都
			——賈店、花鼓店、馬家村	荊門
			北——紫荊沖	宜都
			——石子嶺、劉家冲、龍珠市、仙人掌、王家棚、方家河（大平山、新場）	當陽
江陵	112°13′	30°16′	東——三界場、龔家場、葉家屋、熊家場、蔣家灣、包家灣、李家場、方家灣、王家場、長湖（王家灣、龍口舖、朱家場、天心觀、小白洲）	荊門
			——丫角廟河、西洋院、東洋院、雙剅溝、返灣湖、張家湖（黃莊）、周家溝、羅家場黃家橋、龍泉寺、吳家場、直路河、東荊河	潛江
			東南——老新口、公議場、周家場、羅塘港、伍家場、白露湖、吳家墩、甘家村、葉家台、拖茅埠	監利
			南——荷葉洲、金果寺、羊耳洲	石首

續表

縣別	縣城位置 東經	縣城位置 北緯	四周界綫或附近地名	鄰接縣市
江陵	112°13′	30°16′	——魯家埠頭、李家渡、白脚洲、新淤湖、白沙州、長江（馬家岩、二聖洲）、西湖廟、熊良工、竹枝院	公安
			——裝八湖、蔡家洲、古樁舖、長江（鴨子口、石套子）	松滋
			——滄港舖、沮水（上魚埠頭、方城、來福寺、新橋舖）	枝江
			西北——東岳廟、陳家臺、胡家灣、郭家坡、唐家墩、張家口、鎮頭山、新興舖、三界塚	當陽
荊門	112°4′	31°1′	東——雞公店、臘木廟、戴家灣、張家集、張樹舖、王家集、八角廟、伯夷山、斷山、龍山、李家集、沈家集、萬家店、馬良、漢水、劉家集、姚家集	鍾祥
			東南——橋頭集、李家市、新河鎮、周家塝、界河（樊家場）	潛江
			南——長湖、棗陵舖、花栗舖、麻石橋、四方舖、九汊河、彭家場	江陵
			西——王家灣、董家岡、蘇家店、周家集、界山、烟墩集、馬家店、黃家集	當陽
			東——漢水（開口、沙洋、新城舖）	京山
			東北——分水嶺	宜城
			西——羅家集、姜家埫、鹽池廟	遠安
			西北——仙居、仙居寺、天星岩、丁家灣、劉猴集、丹天觀、董家集	南漳

續表

縣別	縣城位置 東經	縣城位置 北緯	四周界綫或附近地名	鄰接縣市
宜城	112°15′	31°44′	東——汗泉（田家集）、瀁水、臥牛山、龍山	棗陽
			南——龍山、黎家觀、流水溝、漢水、蠻水、破河腦、金家灣、土地嶺	鍾祥
			——分水嶺	荆門
			西——火石山、雞子山、青龍寨、北界山、小尖山、朱家嘴、彌陀寺	南漳
			北——潼河（小河口）下王家集、排山、萬家山、鐵洞山	襄陽
棗陽	112°44′	32°10′	東——汪家店、隨陽岩、分水嶺、土界山、隨陽店、王城舖、陳家店、界嶺、聖龍山、（資山店）石虎山、黑石山、（清潭鎮）龍頭山、牧馬嶺、隨陽埡、三界山	隨縣
			南——三界山、吳家集、關門山、龍山	鍾祥
			西南——龍山、平山頂、汗泉、纓源市、纓水	宜城
			西——淳河（襄陽）蔡陽舖、官莊、南長河、老街、萬家塝、徐寨、廖莊	襄陽
			北——……	河南
襄陽	112°4′	32°1′	東——石台湖、程家河、羅家灣、黃觀寺、張家集、滚河、黃龍場、淳河（耿家集）	棗陽
			南——鐵洞山、萬家山、龍居寺、漢水、張家嘴、潼河（歐家廟、楊家集）	宜城
			西南——楊家集、吳家集、走馬嶺、雙河店	南漳

續表

縣別	縣城位置		四周界綫或附近地名	鄰接縣市
	東經	北緯		
襄陽	112°4′	32°1′	西——緱羊山、茨河、磚城橋、玉政站、李家集、趙家集	谷城
			西北——石橋鎮、黑龍集、老趙集、泰山廟	光化
			北——……	河南
光化	114°40′	32°42′	東——……	河南
			南——青龍店、尚家寺、楊家集、陡溝舖、漢水（陳家埠、下渦口、王家河市、中渦口）、界牌溝水（唐家埭）、葫荻山	谷城
			西——葫荻山、白廟嶺、羊皮灘、陳家港、田家灣、分水嶺	均縣
			北——……	河南
谷城	111°35′	32°17′	東——史家廟、崔家營、姚家河、劉家河、茨河、范家集	襄陽
			南——久安山、李家大山、岳家坡、漆園	南漳
			西南——三關石、西邦、施家店、大山寨、馬腦觀、南河、會香觀	保康
			西——月兒嶺、木盤山、白步梯、武家山	房縣
			西北——瑤峯嶺、大界山（王家舖、紅馬廟）、土關埡	均縣
			北——界牌埡、界牌溝、漢水（冷家集、張家河、安家舖、蔣家洲）、仙人渡、張家集	光化

续表

縣別	縣城位置		四周界綫或附近地名	鄰接縣市
	東經	北緯		
保康	111°17′	31°57′	東——梅子埡、三關石、廟子埡、銅磬寺	南漳
			東南——司空山（觀音堂）界山、官昌山	南漳
			南——仙姑廟、段江山、黃坪河	宜昌
			西——冷盤埡、望夫山、天花坪、受陽坪、南河（台口）永安舖、永盛舖、永寧舖、蔣口塘、永隆集、龍鬚套	房縣
			西南——騎龍埡、黃界、張風埡、□家山、冷盤埡	興山
			東北——會香觀、南河（瓦房灘、青灘、清吉觀）、東莊峪、茨灘、梅子埡、大歧山	谷城
南漳	111°43′	31°48′	東——石河舖、九仙觀、万家堰、潘易坪、北界山、灘頭畈	宜城
			東南——分水嶺、太平街、香鑪山	荆門
			——呼兒山	當陽
			南——穿山洞、峽口集、紫山岩、八仙洞	遠安
			西南——店子口、白臘坪、雲歧山	宜昌
			西——馬良坪、官昌山、界山（麻坪、龍眼坪、三景莊）、圭坪、司空山、六房灣、三關石	保康
			北——大坪、主山、李家大山、久安山（泰家店）	谷城
			東北——緜羊山、走馬嶺、丁家集	襄陽

續表

縣別	縣城位置 東經	縣城位置 北緯	四周界綫或附近地名	鄰接縣市
遠安	111°33′	31°6′	東——新龍集、鹽池廟、羅家樓	荊門
			南——百里河、月溪、鄧家灣	當陽
			西南——三界嶺、百里荒、楓香嶺、甘霖洞、茅金洞、松山、荷花店、大河口、沙底坡、天佛山、何家場、將軍岩、金箱疊、郝梘舖、馬胡山	宜昌
			北——悌兒岩、望山坡、杉奇埡、白岩	南漳
當陽	111°41′	30°52′	東——聚兒園、觀音寺、太石坪、徐家廟、鴻橋舖、嚴家廟	荊門
			東南——三界塚、鎖頭山	江陵
			南——方家河（江家店）、唐家畈、七心店、金子山、孫家冲	枝江
			西南——紫金市、陳家廟、白虎包	宜都
			西——普陀寺、界牌嶺、鳳凰山、界牌口（馬家舖）、三角嶺	宜昌
			西北——界山、李家灣、金牛嶺、三界嶺	遠安
			北——呼兒山	南漳
宜都	111°29′	30°24′	東——蔣家灘、曹家村、觀音橋、王家閣、滄范溪	枝江
			東南——長江（林家渡、熊家棚、羅家河、吳家港、關洲）	松滋
			——長江（堆窩灘）、石版舖、丫角嶺、望佛山、解家冲、蕭家險、趙家壋、紅廟子、楊家坳	枝江

續表

縣別	縣城位置		四周界綫或附近地名	鄰接縣市
	東經	北緯		
宜都	111°29′	30°24′	——鞍子嶺、紫梅坡、彭家嶺、蘇家院、起龍山、誥賜山、劉家坡、江家灣、松木坪、洛溪河、余家腦、麻石坡、界正橋	松滋
			西南——苦水坪、□風口、龍潭河、何家坳、帽子岩、高峯岩、獅子口、北嶺、紅石板、顏家灣	五峯
			西——涼水井、彭家灣、北□埡、柳□□、枇杷樹、□家店、雨河口、□□溪河、護陽河、黃□□、天花坪、雨艮山	長陽
			北——王爺嶺、李家灣、西灣、尖山、仙人溪（瓦廟子）彭家店、樓子店、馮家村、蕭家廟、西公棚、春雲山、張村、回龍觀	宜昌
			東北——馬鞍山、大和場、毛山	當陽
宜昌	111°17′	30°42′	東——張家坡、棚樹店、謝家坡、天佛山、黃土坡、宋家咀、黃拍、紫雲山、松山、對馬山、棋盤山	遠安
			東南——三界嶺、界牌口、鳳凰山、界牌嶺（天峯舖）、鴉雀嶺	當陽
			——張家堰、胡家灣、夏家灣、張家坡、找兒嶺、獅子石、易山、朱家冲、邱家店、鄧家河、藍家店、孫家冲、馬鬃嶺、厚子坪、張家山、仙人溪、五爺嶺	宜都

續表

縣別	縣城位置		四周界綫或附近地名	鄰接縣市
	東經	北緯		
宜昌	111°17′	30°42′	西南——文佛山、雞冠岩、千佛山、銅貝山、望州山	長陽
			西——黃牛驛、十二華山、紅岩子、三斗坪、長江（太平溪、白水溪、黑岩）、馬家山、關門山	秭歸
			西北——天竹山、界嶺（霧渡河）、廣華山、仁家村、羊角山、騎龍埡	興山
			北——墳塘、十二團山、龍坪河、雲岐山	保康
			東北——雲岐山、黃柏河	南漳
興山	110°49′	31°12′	東——騎龍埡、白石河、羊角山、三柱山、鐵爐埡（龍泉寺）、圈椅墡、界嶺、王龍觀、千劬園、天竹山	宜昌
			南——小峽、游家河、獅子坪、石板溝、胡家坪、玉皇埡、西流水、雙地埡、南埡、仙女山	秭歸
			西——仙女山、土地埡、獨木阡、雞心尖、千家坪	巴東
			北——天地埡、神龍稼、蓼子坪、草坪、石燕洞、田家埡、黎花坪、橫山、橫斷溝、馬鹿廠、高白岩、冷盤埡	房縣
			東北——冷盤埡、鳳凰井、厲家山、張風埡、黃界（板廟）、仙人洞、騎龍埡	保康

續表

縣別	縣城位置 東經	縣城位置 北緯	四周界綫或附近地名	鄰接縣市
秭歸	110°40′	30°59′	東——胡家坪、關門山、馬家山、柳林磧、長江（茅坪）紅岩子、馬蘭坡	宜昌
			南——高山卡子、界山、雲台荒、香爐山	長陽
			西——天寶山、五木溝（移龍成鄉、六坪）、歸仁鄉、長江、石門山、茅壩、龔家橋、仙女山	巴東
			北——仙女山、梅子園、香爐坪、南埡、獅子坪、雙土地埡、西流水、玉皇埡	興山
長陽	111°11′	30°29′	東——雨艮山、長陽河（板橋舖磨市）、中溪河、枇杷樹（峯山）、柳埡、北風埡、蔡家坪、石滾塪	宜都
			南——櫻桃山、龍坑、常家冲、三角山、團凸嶺、黃草坪、南坡尖、滑膏嶺、界嶺、天地河、木蘭、廣福坡、茶莊、馬鹿池、金雞山	五峯
			西——金黛山、焦莊、龍潭、李田窑、戴家冲、董家山、下灣、斷腰埡、雞留城山、救苦坪、八字嶺	巴東
			北——香爐山、雲臺荒、界山、高山卡子	秭歸
			——望州山（天里舖）、銅寶山、千佛山、雞冠岩、文佛山	宜昌

續表

縣別	縣城位置		四周界綫或附近地名	鄰接縣市
	東經	北緯		
五峯	110°38′	30°12′	東——楊家山、雙坪、龍黃埡	松滋
			南——……	湖南
			西——牛鼻孔、檜桿坪、核桃坳、傅家林、三渡河、牛鹿頭山、馬鹿台、界牌樹、閻王鼻、七星店、金山、玉華砦、上望界、晒坪、金雞山	鶴峯
			北——金雞山，城牆口、金鉤山、後荒、天地河、界嶺、滑骨嶺、菖蒲溪、將軍山、三岔溪、蜡蠋山、團凸嶺、三角山、蒿坪、金岡嶺櫻桃山	長陽
			東北——漁陽關、望家山、北嶺、獅子口、帽子岩、當家坪	宜都
鶴峯	119°51′	29°53′	東——金雞山、上望界、雲霧村、玉華砦、催家埡、三陡坪、牛鹿頭山、百順橋、鳳凰里、儀則里、水竹園、下洞坪	五峯
			南——……	湖南
			西——……雪落砦、容美界、將軍山、奇峯山、分水嶺	宣恩
			西北——楊柳池、青岩坪	恩施
			北——麻溪堡、中營坪、長望岡、韮菜壩、黃花坪、巴葉山、長寮河	建始
			東北——茶寮河（鄔陽關）、鷹嘴砦、金雞山	巴東

续表

县别	县城位置		四周界线或附近地名	邻接县市
	东经	北纬		
宣恩	109°29′	29°59′	东——金碧山、分水岭（杨二溪）、将军山、罗戈川、容美界、鸳鸯峡、雪落砦	鹤峯
			南——……	湖南
			西南——两河口、天圣石柱、滴泉山	来凤
			西——板栗关、白果坪、黄草坝、大平坝、狲子岭、土鱼塘、大蒜坝	咸丰
			北——青山塘、广阳坝、到冈塘、鹦子岩、岩子坪、椒园、香花岭、抱木垭、叠翠山、万砦、中峯山、仙女池、椿木营、铜钟山	恩施
来凤	109°24′	29°34′	东——……	湖南
			西南——……	四川
			西北——薄刀岭、旋垞、天山坪、三刀林、水田坝、滴水关、老鸦关	咸丰
			东北——天圣石柱、老鹰坡、小河坪	宣恩
咸丰	109°9′	29°44′	东——黑洞、石人坪、狗耳石、自果坝、龙坪、板栗关	宣恩
			东南——老鸦关、滴水关、分水岭、東林坳、高滩洞、镲鼓坪	来凤
			西南——……	四川
			西——……	四川
			北——鱼泉口、雷音山、云头山、龙嘴河、小村、黑洞卡、五穀坪	利川
			东北——巴西坝、毛鸡公石	恩施

續表

縣別	縣城位置		四周界綫或附近地名	鄰接縣市
	東經	北緯		
利川	108°55′	30°20′	東——椿木廠、老土地、清江、石板頂（長慶）、道東坪、偏荃、土洞河、馬流岡	恩施
			南——張家壩、兩河口、黑洞下（毛壩）、喜生坡、咸服溪、雲頭山、雷音山、張高、大卞、雁坎、石龍堡、大堡山、魚泉口	咸豐
			南——……	四川
			西——……	四川
			北——……	四川
恩施	109°29′	30°17′	東——龍駒河（太陽河、白果坪）、迴龍觀、大灣塘、壩頭、大石嶺、石梯子、王公渠、清江、施州塘、掛槽山、天鵝坪、紅土溪、黃牛亮	建始
			東南——狐狸坪、白礜溪	鶴峯
			南——鸚子岩、桅桿堡、抱木埡、黃泥塘、王家村、萬砦、小箐口、忠建河、虎城村、松園、石灰窰	宣恩
			西南——大吉場、星斗山	咸豐
			西——祖師殿、甑子岩、羅團岩、清江、石板嶺（羅針田）、白果壩、大平山、見大壩、柘林溪	利川
			北——……	四川

續表

縣別	縣城位置 東經	縣城位置 北緯	四周界綫或附近地名	鄰接縣市
建始	109°44′	30°41′	東——黃鵲嶺、石板廠、榨樹坪、剪子口、龍潭坪、玉蘭坪、龍洞鄉、川東坪、高店子、野三河（楊家壩、平家灣、楊家臺）、野山河口、龍村、黃家灣、連天關	巴東
			南——茶寮河（珠耳）、白河坪、照東坪、門壩岩	鶴峯
			西——陳家包、大面坡、五花寨、綿羊口、丁家壩、箱子嶺、板廠、石梯子、龍駒河（天井壩、風吹嶺、雲霧觀）	恩施
			北—— ……	四川
巴東	110°24′	31°2′	東——仙女山、水峽、龍會觀、蔡家垭、長江、悟源洞、向家灣、三朝水、五木溝（安居、長湯嶺）霧觀店、南莊坪、紅石馬、古樓山、天皇山	秭歸
			東南——八字嶺、黃連坪、賴子溝、譚家灣、龍王沖、鹽池河、黃家灣、護河堡、石柱關、金雞山	長陽
			南——金雞山、茶寮河	鶴峯
			西——連天關、三友坪、官居口、友岡、野三河（清太平、朝陽觀、觀音堂）、大支坪、鷂鷹坪、黃鵲嶺	建始
			——……	四川
			北——太平山、水田梁子、神農稼	房縣
			東北——板桑坪、跑馬坪、仙女廟	興山

續表

縣別	縣城位置 東經	縣城位置 北緯	四周界綫或附近地名	鄰接縣市
房縣	110°45′	32°6′	東——易家河、沖天舖、椰口、中台口、三里坪、南河、長嶺頭、麻黎灣、天花坪、南河、望夫山、冷盤埡	保康
			南——冷盤埡、八架袍、后山坪、田家埡、桃李坪、黎花坪、神龍稼、天池埡	興山
			西南——神龍稼、水田梁子、太平山	巴東
			——……	四川
			西——東溪井、南溪井、官坪、九道梁、麥浪坪、中壩、界山、普陀寺、化峪河、化口、□□峪	竹山
			北——老莊子山、龍盤岩、陡嶺岩（磬口市）、安陽灘、岳州關、板橋舖、桃林舖、紅葉觀、分水嶺、麻嶺關	鄖縣
			——上觀坪、界牌埡、毛突山、分水路、古路嶺、水田坪	均縣
			西北——栗子坪、百步梯、萬家店、沙河店、易家河	穀城
均縣	111°8′	32°42′	東——分水嶺、沙陀營、三官殿、白廟嶺（金銀鄉）、葫荻山	光化
			東南——上關埡、大界山（管驛）、瑤峯嶺	谷城
			南——界牌埡、白果榻、分水嶺、黃草坡、古路嶺、箔羅岩	房縣

续表

县别	县城位置		四周界线或附近地名	邻接县市
	东经	北纬		
均县	111°8′	32°42′	西——赛武当山、观音山、十二连山、大柳树、白浪塘、柯家垭、白水井、八畝地、黄连垭（花栗树）、白石坪、远河口、南山、刘家冲、界牌岭、青龙山、界牌垭、火龙山	郧县
			北——……	河南
郧县	110°48′	32°49′	东——大竹园、火龙山、界牌垭、青龙山、界牌岭、刘家冲（龙门塘）、南山（安阳口）、廖池塘、万家坪、白石坪、鸳鸯寺、柯家垭、梯子石 ——马路坎、黄莲垭、伏龙口、十二连山、观音山、寨武当山、钟鼓庙	均县
			南——麻岭关、分水岭、白果石、岳洲关、陡岭岩（叶滩）、盘龙岩（观音滩）、老庄子山	房县
			——雷峯垭、界岭（齐家坪）、西界岭（简池）、栗水坪	竹山
			西南——……	陕西
			西——羊尾山市、雷家店、将军河口、黄土坡、谢家坪、过风楼、火煤沟、天河口、问风沙、青铜铺、界牌关、方山岩、田山、坡墙垭	郧西
			北——……	陕西
			——……	河南

續表

縣別	縣城位置		四周界綫或附近地名	鄰接縣市
	東經	北緯		
竹山	110°21′	32°14′	東——放馬洞、對峙河、化峪河、界山、香爐山、回頭寨、三和寨、油坊坪、黃木埡、白松坪、杉木灣、小石岩	房縣
			南—— ……	四川
			西——雞籠山、天埡子、豬耳寨、雙河口、女媧山堡、長嶺岡、三岌埡、黃金寨、四方嘴、母豬嘴、九灣子、南天門、中柱山、平峯寨、摩天嶺、青龍坡、徐家坪、大廟塘	竹谿
			北—— ……	陝西
竹谿	109°52′	32°21′	東——張家河、縣河舖、水田壩、堵水、樊家河、長嶺岡、山雞埡、牛頭寨、瓦桑河、查峪河、公祖河、青龍坡、鳳皇嶺	竹山
			南—— ……	四川
			西—— ……	陝西
			北——青畢山、雞簧山、麻河	竹山
鄖西	110°22′	32°4′	東——天河口、觀音堂、過風樓、板橋鎮、羊尾鎮、馬家台、田山、方山砦、界牌關、沙風洄	鄖縣
			南—— ……	陝西
			西—— ……	〃
			北—— ……	〃

說明：1. 本表所列地名中，注有"……"者係與鄰縣之全部共同界綫，注有"——"者係與鄰縣之部［分］共同界綫，無記號者係與鄰縣無共同界綫之邊境附地名，至共同界綫附近較重要地名，亦附列於其後，以資查對。

2. 各邊與鄰省之疆界，已詳前表，故本表中不再列入，以省篇幅。

11. 各縣縣城經緯度

縣市	東經 度(°)	分(′)	北緯 度(°)	分(′)	縣市	東經 度(°)	分(′)	北緯 度(°)	分(′)
武昌	▲114	15	▲30	32	麻城	115	7	31	12
漢陽	114	14	30	31	黃安	114	43	31	19
嘉魚	113	55	29	58	黃陂	114	29	30	54
咸寧	114	20	29	55	禮山	114	13	31	31
蒲圻	113	57	29	46	孝感	113	55	30	56
崇陽	*114	3	*29	34	雲夢	113	44	31	1
通城	113	54	29	17	漢川	113	48	30	37
通山	114	30	29	38	應城	113	33	30	54
陽新	115	9	29	51	安陸	113	42	31	16
大冶	114	56	30	5	應山	113	52	31	37
鄂城	114	53	30	23	隨縣	113	23	31	42
黃岡	*114	52	*30	26	鍾祥	▲112	35	▲31	10
浠水	*115	18	*30	26	京山	113	7	31	2
蘄春	*115	22	*30	1	天門	113	15	30	39
廣濟	*115	39	*30	5	沔陽	113	22	30	10
黃梅	*115	58	*30	1	潛江	112	55	30	25
英山	*115	42	*30	38	監利	*112	56	*29	49
羅田	*115	28	*30	53	石首	*112	27	*29	43
公安	112	2	29	56	長陽	*111	11	*30	29
松滋	111	46	30	20	五峯	110	38	30	12
枝江	111	32	80	17	鶴峯	109	51	29	53

續表

縣市	東經度(°)	分(′)	北緯度(°)	分(′)	縣市	東經度(°)	分(′)	北緯度(°)	分(′)
江陵	112	13	30	18	宣恩	▲109	29	▲29	59
荊門	112	4	31	1	來鳳	109	24	29	34
宜城	▲112	15	81	44	咸豐	*109	9	*29	44
棗陽	112	44	32	10	利川	*108	55	*30	20
襄陽	112	4	32	1	恩施	109	29	30	17
光化	111	40	32	24	建始	*109	44	*30	41
穀城	111	35	32	17	巴東	▲110	24	▲31	2
保康	111	17	31	57	房縣	110	45	32	6
南漳	111	43	31	43	均縣	*111	8	*32	42
遠安	111	33	31	6	鄖縣	110	48	32	49
當陽	111	41	30	52	竹山	*110	21	*32	14
宜都	▲111	29	▲30	24	竹谿	*109	52	*32	21
宜昌	▲111	17	▲30	42	鄖西	110	22	33	4
興山	110	49	31	12	漢口市	▲114	17	▲30	33
秭歸	▲110	40	▲30	59					

說明：1. 本表所列經緯度，除武昌採用陸地測量局精測之數字，及禮山縣根據陸地測量局《四十萬分之一地圖》推算外，其餘均係採用中華民國新地圖內所載，據稱精確程度，略分三種，本表分別說明如次：

▲係曾經應用天文方法測定之經緯點，精確可靠。

＊係利用各種較精地圖，或實測路綫，由圖解方法推算，精確程度次之。

無號係由該新地圖量出精確程度又次之。

2. 按清康熙時，命天主教士製一統輿圖，即以測量經緯度爲首務，曾於康熙五十三年十一月，命學習算法官員，分往各省測北極高及日景，此實爲大規模之經緯測量，六七年間，測定六百三十處之多。湖北各縣之經緯，即在當時測定，其數字詳載通誌，唯詳加核對，則與《中華民國新地圖》內所列天文測定之數，略有出入，此當係因施測地點不同，或技術有精粗之故。茲以新地圖內所列，係曾經搜集多數資料參證，故採用之。

12. 已測定衝要地方之經緯點

縣市別	地點	東經 度(°) 分(′) 秒(″)			東經 度(°) 分(′) 秒(″)			附註
武昌	蛇山	114	15	1.24	30	32	41.51	
	陸地測量局內天文台	114	14	50.72	30	32	11.63	
	珞珈山	114	18	33.28	30	32	14.57	
	南湖毛家港	114	14	31.12	30	29	36.72	
	青山	114	21	51.54	30	39	6.59	
	紙坊鎮西八分山	114	14	4.94	30	21	42.88	
	豹子海鎮西老虎山	114	28	30.18	30	27	37.00	
漢口	劉家廟	114	15	48.88	30	37	53.98	
	戴家山	114	15	25.28	30	40	40.90	
漢陽	龜山	114	12	41.34	30	33	25.74	
	黃陵磯鎮西珠山上	114	1	40.44	30	25	28.62	
	金口對江大軍山	114	8	16.34	30	21	57.72	
嘉魚	縣城外馬鞍山	113	52	27.94	29	59	45.00	
	寶塔洲	113	39	26.48	29	56	54.80	

續表

縣市別	地點	東經 度(°)	分(′)	秒(″)	東經 度(°)	分(′)	秒(″)	附注
陽新	縣北門外夏家壠	115	10	37.33	29	51	47.91	
	富池口	115	21	10.76	29	51	46.24	
大冶	縣城內天花宮	114	54	18.76	30	5	44.49	
	道士袱	115	6	5.79	30	12	46.92	
鄂城	葛店白滸山	114	32	24.94	30	38	17.82	
黃岡	陽邏鎮潘家墩	114	30	3.48	30	38	50.74	
浠水	縣北門外白石山	115	12	31.64	30	30	5.86	
蘄春	縣城西北龍章寺	115	16	45.17	30	5	47.76	
	鎮河西張塝（天子凹）	115	42	43.41	30	24	31.94	
廣濟	縣城西官山寨	115	29	55.12	30	8	13.88	
	武穴鎮北馬尾山	115	28	25.91	29	52	52.77	
	田家鎮北陽城山	115	23	22.80	29	55	21.93	
黃梅	孔壠鎮西廣王廟	115	50	16.32	29	52	59.82	
	胡世柏	115	42	23.69	29	52	46.92	
羅田	縣城外老塔山	115	22	5.16	30	46	4.28	
麻城	縣城東門外望城岡	115	0	13.22	31	11	13.08	
	宋埠汽車站旁	114	44	59.25	31	3	57.20	

續表

縣市別	地點	東經 度(°)	分(′)	秒(″)	東經 度(°)	分(′)	秒(″)	附注
黃安	縣城東北大山寨	114	35	26.06	31	18	12.38	
黃陂	縣城東門外雙鳳亭	114	19	38.60	30	52	14.25	
	灄口	114	17	34.80	30	42	28.48	
	橫店	114	14	13.41	30	48	18.60	
禮山	南新店	113	56	42.82	31	19	52.66	
孝感	縣城外文昌閣	113	51	28.76	30	54	50.49	
漢川	縣城外仙女山	113	45	43.74	30	38	41.86	
應山	縣城西門外團山頂	113	43	51.16	31	37	20.99	
	馬坪	113	30	19.33	31	35	45.80	
隨縣	陽和門外	113	19	1.91	31	42	40.34	基綫端點
	厲山城外牛王廟	113	13	57.24	31	51	2.28	
	唐縣鎮小南門城樓	113	3	22.78	31	58	48.72	
	淅河鎮南岸老虎山	113	23	52.12	31	40	0.25	
鍾祥	小東門外半頭街口	112	32	45.32	31	9	39.78	基綫西點
沔陽	新堤	113	23	11.16	29	48	7.16	
	峯口	113	16	17.63	30	5	18.55	
	沙湖鎮外寶塔	113	37	31.24	30	10	15.96	

續表

縣市別	地點	東經 度(°) 分(′) 秒(″)			東經 度(°) 分(′) 秒(″)			附注
公安	東門外	112	1	18.62	29	55	4.12	基綫北點
松滋	西門外	111	38	15.84	30	21	11.62	基綫東點
枝江	西門城樓	111	29	38.27	30	18	5.46	
江陵	草市楊泗廟西堤上	111	10	10.97	30	21	20.12	
荊門	團林舖北大路西坟園内	112	7	16.52	30	53	28.93	
襄陽	樊城鎮內天主堂	112	5	23.70	32	2	34.02	
棗陽	三里汊縣城北門外	112	41	52.74	32	9	32.26	
	齊家集集北	112	36	36.17	32	9	37.56	
	七房崗鎮西	112	29	33.94	32	13	23.82	
	官莊鎮北	112	26	57.78	32	10	25.20	
光化	老河口城東三里	111	37	36.54	32	22	25.26	
宜都	詹王宮南門外	111	26	0.62	30	23	51.45	
宜昌	茶庵嶺城東慈雲寺	111	15	21.77	30	42	51.94	
興山	小李溪南門外	110	41	46.67	31	12	50.92	
秭歸	香溪嶺川漢鐵路王姓旁	110	41	21.62	30	57	53.92	
長陽	觀音閣縣城外	111	10	28.67	30	28	31.91	
	資坵鎮向王灘岩上	111	42	59.12	30	25	11.31	
	青崗坪街頭	110	50	29.27	30	37	54.02	

续表

县市别	地点	东经 度(°) 分(′) 秒(″)	东经 度(°) 分(′) 秒(″)	附注
五峯	南门外	110 36 34.37	30 11 59.87	
	渔洋关镇西宫庙前	111 2 14.87	30 10 38.15	
鹤峯	东门外关帝庙	109 58 30.32	29 53 20.66	
宣恩	县署东头	109 23 31.79	29 59 29.55	
	沙道沟	109 27 50.57	29 41 34.94	
	李家河	109 21 36.17	39 35 19.46	
来凤	城隍庙庙前	109 18 34.22	29 30 32.19	
咸丰	县署旁边	109 1 45.62	29 40 55.42	
利川	县署左侧	108 50 36.77	30 17 47.03	
恩施	东门外天娥宫	109 22 30.32	30 15 13.35	
	崔家坝武圣宫旁	109 46 27.32	30 30 24.15	
建始	龙潭河谭姓屋前	110 9 45.62	30 46 22.03	
	高店子火星庙侧	110 0 59.72	30 39 44.50	
巴东	县署东	110 20 16.82	31 2 3.95	
均县	北门外下关门	111 5 16.87	32 40 52.08	
郧县	东门外王家岭	110 46 48.62	32 47 57.92	

资料来源：本表系根据陆地测量局二十六年元月抄送之资料编列，其数字系由天文测量测定。

13. 各縣地勢

武昌	本縣位長江中游，境內湖泊遍佈，金水貫於南，長江繞於西，地勢高低不一
漢陽	縣西北多山，東南多水，境內湖港交錯，大江環抱東南，漢水合沌水、沔水，會於縣北，漲則潮漫於諸湖，為低窪田地之患，境內山佔十分之二，土田屋舍佔十分之三，水則居其半
嘉魚	縣西北濱江，境內山澤各居其半，高深隱現，互相縈帶，阡陌繡錯其間。山由蒲圻北來，越舒橋舖、菜嶺、棗園、高家山，直趨石井舖、五里牌、□沂江流，迴旋蟠鬱
咸寧	東南多山，崎嶇險阻，西北平衍，田疇廣闊，故河川均自東南流向西北；潴為湖泊，用之用最大者，為塗水，源出縣內峻水嶺，及桃花泉，合支流官埠港、赤口港，匯為紫潭，入於釜頭湖；山之最大者，為桃花尖山，在縣東南六十里，為諸山之祖
蒲圻	東南多山，岡陵起伏，西北平衍，湖港交錯，水道縱橫，故地勢略向西北傾斜。陸水自崇陽南來，橫貫縣境至嘉魚注入大江
崇陽	四周崇山環繞，中土平衍，儼如天城，故有天城鄉之稱
通城	本縣四週岡陵起伏，中展平曠
通山	四境大山環繞，層崖疊嶂，平原甚少
陽新	西南北三方崇山浚嶺，重巒疊巘，概屬幕阜山脈。東濱大江，湖港交錯，長水由通山東來橫貫中部，合境內諸水，注入大江
大冶	縣境界江湖之間，縣城偏於東南邊境，東南西三面環湖，北面大江，內地湖汊甚多，岡陵起伏，山脈蜿蜒
鄂城	梁子湖橫亙腹部，外鄉濱江，地多湖汊，內鄉多為山地，土質較為肥沃

續表

黃岡	縣處大江北岸，巴水流於東，爲本縣與浠水天然界，紫潭河流于西，舉河則直灌中部，縣境東北多山，皆屬大別山脈，故地勢東北高于西南。張渡湖在本縣西南爲省內大湖之一
浠水	縣境東北多山，西南與江水相接，中有浠水河一道。由英羅經縣城出蘭溪入江，西有巴水一道，會縣西諸水，注入大江
蘄春	縣治襟江帶湖，全境作長方形，西南濱江，地勢平衍，東北多山，地勢高阜
廣濟	縣西北多山，東南多水，田家鎮、武穴龍坪均濱臨大江與本省陽新、江西瑞昌劃成天然界限，當入贛趨皖之衝，爲軍事所必爭，尤以田家鎮爲最險要，兩岸高山陡絕，峽流奔騰，爲沿江要塞之一
黃梅	南濱大江，北枕叢嶺，位本省之極東。水鄉居全縣之半，感湖在縣東南，受境北諸水，大白湖在縣西南，容境西諸水
英山	全境山嶺重疊，清流曲繞，關塞嶺卡，多稱險要
羅田	縣境東北，萬山重疊，如松子、銅鑼、甕門諸關，均爲軍事險要，天然形勝。巴水發源於縣北青苔關，西南流經牌形地市至夾河咀，會義洲河流入黃岡；尤河發源於縣東北石柱山麓，西南流至大何岸舖，會東安河水，經縣城南流至螺絲嘴，再北折流入巴水。浠水河由英山來，經縣境南入浠水縣
麻城	縣東北多山，峯巒起伏，桐柏山脈，橫亙縣北，爲豫鄂交界處，巴水、舉水、倒水、垂山水，俱發源於此。東南則田原平曠，但無大河湖港
黃安	境內惟縣南地勢平衍，東西北三面多山，金牛山由縣西至北，接老君山、天台山，爲桐柏山之支脈，屬巒嶂峙，林壑深邃。倒河自河南來，流經七里坪、縣城、中和司、八里灣等地方，入黃岡境，河身全部沙多水淺，不利行舟，貨物運輸，係用竹篺
黃陂	北部列岫攢峯，地勢高阜，南則湖汊交錯，地勢平衍。灄水由北南來，經姚家集、長軒嶺、泊沫港、王家河、下石港，至縣城東，再南流經黃澔、何家店、灄口，至諶家磯入江，境內諸水，皆爲其支流。武湖在縣境東南，爲本縣之最大湖

續表

禮山	地勢屬巒疊嶂，土質磽确，境內無大河流，灄水西源在縣境中部，南流至河口鎮入黃陂
孝感	縣西北多山，東南平原，湖港交錯，為豫鄂通衢
雲夢	全境皆平原，土質肥沃，無高山大湖，縣古為雲夢澤，地多漥下，除北境外，常患水災
漢川	全境地勢平衍，無高山，襄河由脈旺嘴入境，流經楊林集城隍港、縣城，至田家台出境，汈汊湖在縣北，為境內最大湖泊，凡佔全縣三分之一。周圍河汊交流，密如蛛綱，致常遭水患
應城	境內川原平曠，岡阜周環，崎山之脈聳於北，太平、三台諸湖繞於南。富水由京山來，直貫中部
安陸	全縣形勢，西北接隨縣大洪山脈，蜿蜒經縣境西部，北折入應山境，層巒密邃，林壑幽深，東部承山脈餘波，岡陸起伏，南部逼狹，衍成平原。溳水自隨縣來，流經縣城西部，合境內諸水，流入雲夢，為縣內水之最大者
應山	大巴山脈，由北南來，分東西兩支，直貫縣境。武勝關、平靖關在縣北，為通豫要路，形勢險要，為軍事上必爭之地。黃沙河在縣東，流經太平鎮，上通豫境，下達孝感，東部諸水皆會之。溳水在縣極西，西部諸水會之，為應隨兩縣之界
隨縣	境內北部岡嶺起伏，沙多土薄，南部則田原平曠，土質肥沃，所有山脈，皆發源於大巴山脈，其支脈北為太白山，西南為大洪山。最大河流為溳水，發源于大洪山西麓，北流至環潭，再東折流經船鎮舖、安居店，枕縣城南，至淅河店、孔家店入應山鏡，澴水、溠水、均水、漂水，均為其支流
鍾祥	縣由東迤北至於西，羣山繞峙，勢如缺環，漢水由北南來，直貫中部，東南西南地勢平衍，田疇交錯
京山	縣境三面阻山，山高谷廣，南方瀕湖，地勢平坦，北部多山，地較高阜
天門	縣地勢平衍，河堤交錯，無高山之險，漢水自官吉口入境，蜿蜒東南流，經黑流渡、漁泛澤、岳口、麻洋潭至曾家嘴，流入沔陽

续表

沔陽	本縣南臨大江，北濱漢水，東荊河由潛江澤口直灌腹地，地勢低窪，爲古雲夢澤，河川四通八達，湖沼星羅棋布，凡荊門、江陵、潛江、監利，諸縣之水，悉匯於此，每遇夏秋水漲，江潰則湮東南，漢決則没西北，故有沙湖沔陽洲，十年九不收之諺，受災之重，常爲本省冠。洪湖在縣境西南，湖面廣闊，約佔全縣面積六分之一，爲本省最大湖泊
潛江	地勢低窪，土質松薄，無高山大湖，漢水自荊門入境，橫貫北部，東荊河自與監利交界之拉市起，至縣境吴家改口入襄河，故沿河一帶，常患水災
監利	縣地勢低窪，湖港交錯，平原居多，長江繞於南，東荊河貫于北，沿岸堤坑日高，内部形成釜底，致常遭水患，東南沿江一隅有小山盤亘，上曰白螺磯，中爲楊林山，下爲螺山，與隔江之馬鞍山相對，爲軍事上必争之地
石首	境内田原平曠，湖池周理，馬鞍山、龍蓋山峙於前，繡林山、楚望山環於後。長江自江陵南來，蜿蜒曲折，在境内大灣凡四，故水勢湍急，崩淤相循，河床日高
公安	縣濱大江南岸地勢平衍，境内多湖泊，著名者有淤泥湖、崇湖、牛浪湖、王家大湖等
松滋	縣處大江南岸，地勢高低不一，中部及東北，土地平曠，河湖交錯，西南則岡巒起伏，地勢高阜，山之著者有誥賜、起龍、文公，諸山爲武陵山脈石門支餘脈，紙廠河由湖南東來，合縣南之水至紙廠河市入公安境，沿途紙碾筒車甚多，均藉水力，以推動軸轤
枝江	縣依江分南北兩部，江北多平原，江南多山地，百里洲居大江之中，獨成一區，大江至此，分流爲二，南爲外江，北爲内江。金紫山在縣城西北，向東蜿蜒至洋溪鎮東止，成半圓形，爲松枝宜三縣天然界限
江陵	境内平坦，湖港交錯，著者有長湖、三湖、鼓湖、白露湖、返灣湖、菱角湖。西北多岡阜，但不甚高，大江由石套子入境，斜貫縣境西南，沮漳河由萬城至沙市入大江

续表

荆门	本县地当鄂中，居汉水西岸，西北高阜，山岭重叠，东南低漥，湖河纵横，其余则地势平旷，邱陵溪河，错综其间。县境诸山，由西北来，均属荆山山脉，山之著者有胜境山、西堡山、仙居山、内方山。湖泊以长湖最大，周围百余里，能通舟楫至沙市。其余小江湖、邓家湖、彭塚湖、借粮湖，近已大半淤塞，土质肥沃，宜于耕种
宜城	汉水由西北流向东南，直贯全境，县分为河东西两部，河东多山，河西多高阜，惟沿河一带，则属平衍，蛮水由南漳来，经孔家湾、破河脑至倒口市入襄河。瀯水由枣阳来，合河西诸水，至垭口市入襄河
枣阳	县东南多山，险阻为固，西北平漫，道路交错，山脉由河南桐柏山西支来，包围县东北、东南、西南三面，上连唐柏，东接随县，下入钟祥宜城，峯峦险峻，林壑幽深。水道则汉水支流滚河合境内潐水、白水、昆水西流入襄阳，山环水抱之间，中陆平衍，田畴广阔
襄阳	县西部多山，系由大巴山脉荆山支脉所构成，东南部亦丘陵起伏，系大洪山脉之余脉所构成。汉、白、唐诸水沿岸则系平原，汉水由西北入境，东南流至县城西绕其三面，南流入宜城，境内诸水，均为其支
光化	县西北部高于东南，东为冈阜，南为平原，由西至北，山脉连绵，层峦叠出，山之大者为三尖山，发源于河南之洞儿山，为河东诸山之主干，绵亘深远；次为唐庙山，自武当来，为境内山之最高者。汉水由羊皮滩入境，西南流经县城至陡沟铺出镜，除此而外，县内无大河流
穀城	县境西南，翠山环拱，道路崎岖，东北地势平坦。主要山系分南、北、中三支，均属荆山山脉，南支在粉水之南，中支在粉水筑水之间，北支在筑水之北，汉水自西北来，南流经冷家集、龚家河，入襄阳境，在境内凡一百四十里，粉水（南河）筑水，合境内诸水，包围县城，会合注入汉水
保康	县全境皆山，地多硗瘠，平原甚少，约占十分之一，无湖港，主要山脉为望天山，共分三支，盘亘全境。南河自房县入境，流经本县一百八十里至穀城，其余霸王河、歇马河、蛮河诸水，均流入南漳境
南漳	境内多山，平原甚少，基隆山由保康入境，自西来而东迤，绵亘二百一十五里，界限南北，为本县山脉之主干，正支旁支，分佈东南西三面。主山由穀城来，分佈于县之北部，均属巴山山脉荆山支，主要河流有鄢、漳、沮水，惟河床甚高，除鄢水在桃汛时，由武安镇至县城一段通航外，其余均无舟楫之利

續表

遠安	縣地勢傾斜，山嶺重疊，沮水自北而南，直貫縣境中心，沿河兩岸，山勢平緩，形成南北狹長平原。荊山山脈由南漳入境，自西北至西南，迤邐百餘里，迄當陽宜昌之界爲止，東則紫山山脈綿亙數十里，亦北而南，直達當陽之北境，故全境平地甚少
當陽	境內多山，平原甚少，沮水由遠安入境，自西北而東南，直貫縣境中部；漳水經鍾祥邊界入境，由北而南與沮水相會於兩河口，南流至沙市入江，但水勢微弱，僅能行駛較小帆船
宜都	縣江南多山，江北平衍，土質肥沃，大江自宜昌東流入境，經古老背、紅花套繞縣城經白洋、羅家河入枝江境；清江自長陽來，至茶店合漢陽河水注入長江；瑪瑙河由宜昌南來，經安福市入江。以上諸水爲境內較大河流
宜昌	處長江上游，上控巴夔，下引荊襄，四境多山，大江界其中，北爲大巴山脈之荊山山脈，南爲武陵山脈之荊門支脈，境內諸水，在江北者，多由北南注，其著者如黃柏河、靈渡河、羅佃溪、南陀溪、下牢溪，在江南者多由西面而東注，其著者如石碑溪、松門溪等。較平之地，多在東部
興山	本縣地處鄂西邊陲，峯巒連亙，高者恆數千尺，山勢壁立，形勢險要，全縣無湖港，小平原僅限於縣城與鄒家嶺二處。境內山脈共分四支，以水爲界，皆出自縣西北之神龍架山。水之著者爲香溪，匯境內諸水南流至秭歸入江
秭歸	縣全境皆山，大江中瀉，水勢兇險，長江險要盡在於此，新灘洩灘均爲著名之大灘，江流至此衝激成漩，且江心有石，阻截中流，船行至此，觸之即碎，實爲交通上之大碍。香溪自興山南來，直貫縣境東北，至香溪鎮入江
長陽	全境多山，絕少平原，無湖沼而多溪澗灘河。溪以長陽溪、麻柳溪爲最著，均爲清江支流。清江由九灣沱入境，流經都鎮灣、資坵，繞縣城西南東三面至分水嶺入宜都，流長約三百華里，橫貫縣境中部。惟水淺灘多，僅資坵以下，可通民船，沿岸多山峽，少灌溉之利。境內諸山在西北及中部者，爲巴山山脈，在極南與五峯交界處則屬武陵山脈

续表

五峯	縣僻處本省邊陲，地形橢圓，境內萬山叢錯，絕少平原，山之最大者爲壺瓶山，境內諸山，均由此分支而來。境內之水，在東北部者均爲清江支流，在南部者則南流入湘，注入澧水
鶴峯	境內山嶺崇峻，絕少平地，土質極爲惡劣。境內諸山，均屬武陵山脈之石門支，漊水發源于境北之長望岡，東南流會境內之三岔口水、南渡江、水流溪、大典河，經江口市，入湖南澧水
宣恩	縣境萬山環列，均屬武陵山脈之石門支。水之大者爲貢水，自咸豐東來，枕縣城南，合境北諸水，北流入恩施。酉水發源於東鄉之觀音坪，合境南之李家河、冉大河、高羅河南流入來鳳。平原之地，僅限於縣城周圍附近
來鳳	縣西北多山，岡嶺起伏，武陵山脈，自西向東，橫亙縣境。東北與東南，則田園平曠，農產甚豐。酉水自宣恩南來，枕縣城東南出境，注入湖南沅水，水淺灘多，無舟楫之利
咸豐	境內多山，道路碌确，平原不及十分之四，山之著者爲青龍山、雲霧山、二仙崖、十三盤、積玉口，均屬武陵山脈。龍潭河自利川南來，會境內之南河、馬河入四川黔江
利川	全縣山嶺叢錯，地勢險峻，境內諸山均屬武陵山脈，其主要者有齊岳、星斗、都亭三系，都亭西自石柱之大丫口入縣境石門坎，東行一百零五里，折而北六十里至船山抵萬縣境，齊岳自大丫口東入境，橫亙五百六十餘里，入奉節縣境，星斗山自咸豐入縣境，爲咸、恩、利三縣天然界線。清江發源於縣西之都亭山，東流至恩施。龍咀河爲縣南最大之水，合前後江及南河之水，入咸豐
恩施	全縣山川綿亙，形勢嶔奇。清江自利川北來，繞郭轉東，流過縣境，入建始縣。境內諸水，均爲其支流
建始	全縣高山稠疊，如海濤怒立，僅縣城附近，茅田區屬之三里壩、中坦坪、望坪，及花果坪等地帶爲有限之平原。境內諸山，均屬武陵山脈之荊門支。河之大者爲清江，西自恩施來，東流至野三河口入巴東，境內之馬水河、野三河均爲其支流

續表

巴東	縣境萬山叢錯，土地磽瘠，無平原湖泊。長江自四川巫山來，流經縣城北，至牛口出境。山在江北者，屬大巴山脈，在江南者，則屬武陵山脈。清江西自建始入境，橫貫縣境南部東流至長陽
房縣	本縣爲川陝豫鄂要隘，鄂北門戶，有山林川澤之饒，四塞險固，深鎖若房。全縣層巒疊巘，岡陵起伏，平地僅限於城廓附近，湖泊甚少
均縣	本縣居荆襄之上游，漢水橫貫，武當諸脈，環繞於東南境内，崇山峻嶺，層迭起伏，道路崎嶇，絕少平原。漢水由鄖縣之遠河入境，至東與光化縣交界之羊皮灘出境，歷二百餘里，中經大灘數處，皆兩山夾流，水勢漂疾。丹江由豫淅川入境，南流至江口注入漢水，在本縣境内者約六十華里。浪河由鹽池、蕭房二小河會注，迤邐北行，直注入漢水。響河在縣北十里，發源於湖家山西南，經板橋爲板橋河，西流至漢水，長四十餘里
鄖縣	本縣境内，岩石起伏，遍地皆山，較大者爲東部之大龍山，西部之白馬山，及迷昏帳。漢水由白河入境，流經縣城入均縣堵河，由房縣與本縣交界葉灘入境，北流經黃龍灘注入漢水，兩河均可通航
竹山	境内四面皆山，平原殊少，城東之霍山，自西向東南傾斜，山勢高峻，在東南者隅爲天台山，西方之觀音山，爲西部最高之山峯。縣北之茶亭嶺，山勢峻險，蜿蜒曲折。境内最大之河流爲堵水，由南北流，匯合縣境之水，經縣城入鄖縣境
竹谿	本縣南北多山，東西地較平坦，境内諸山由西南走向東者，分爲五大支，均屬大巴山脈，境内之水俱以此爲分水脊焉
鄖西	本縣處鄂北極邊，三面毗陝，全境皆山，西北部高於東南，地勢斜長，其形如舟。縣城外周圍數里，萬山環列，形如釜底，主要山系有紅岩山及嵩山，均係終南支脈。紅岩山拔海一千五百公尺，分佈于本縣西北；嵩山拔海七百公尺至一千公尺左右分佈于西方。漢水自川藍鄉碑記石入境，下流一百七十華里至黃龍埡出境，其支流天河、夾河皆發源于陝西山陽縣，南流注入漢水

14. 主要山脈系統

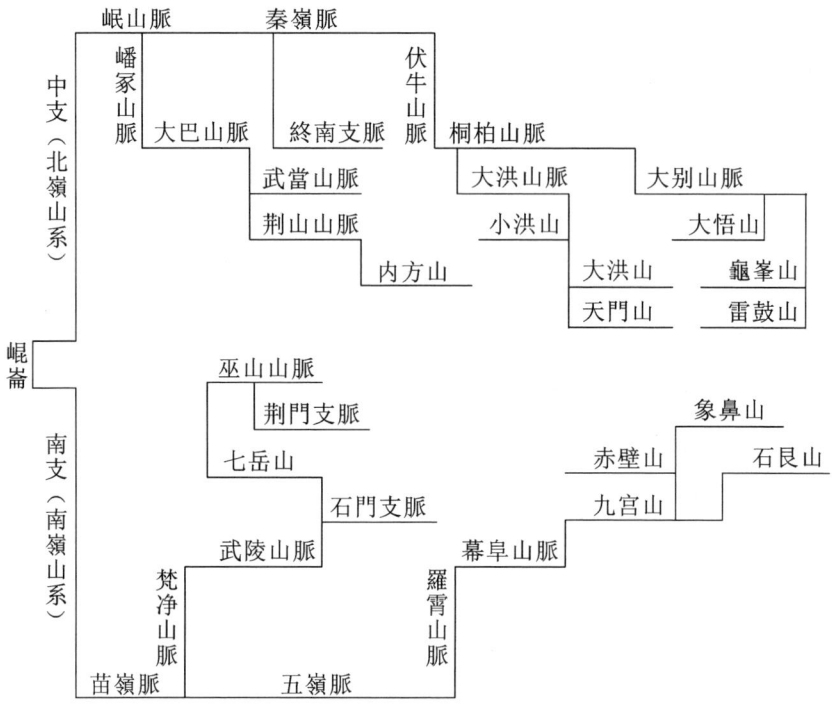

説明：上圖係根據亞新地學社繪制之《湖北省形勢輿圖》《中華析類分省圖》，陸地測量局繪制之《湖北省輿圖》，及丁文江等合編之《中華民國新地圖》等項資料參合繪列。

15. 主要山脈分佈地區及高度

山脈系統	主要山名	分佈地方	高度（高出海面公尺）
大巴山脈入鄂正幹	雞心嶺	竹谿南部與川陝交界地方	1 645
	鳳凰嶺	竹谿南部與四川交界地方	1 500—2 000
	烏雲頂	房縣西南部與四川交界地方	2 000—2 500
	長峯	巴東西北房縣西南	2 400
	珍珠頂	巴東北房縣西南	2 100
大巴山脈北出小支	摩天嶺	竹山西南竹谿東南	1 000—1 500
	同慶山	竹谿西部	700
	蓬山	竹谿西北部	700—1 000
	聖母山	竹山北部	700—1 000
	梁家山	竹山東北部	700—1 000
大巴山脈南出小支	仙女山	巴東東北與興山秭歸交界地方	1 000
	五寶山	巴東北部	700—1 000
大巴山脈武當支	沙子嶺	房縣西南珍珠嶺北	1 500—2 000
	關門山	房縣東南粉青河北	1 000—1 500
	武當山	均縣南	1 600
	界山	鄖縣東南與均縣交界地方	1 500—2 000
	鳳凰山	鄖縣南	400—700

續表

山脈系統	主要山名	分佈地方	高度（高出海面公尺）
大巴山脈武當支	摩天嶺	房縣東與穀城保康交界地方	700—1 000
	土地凹	均縣東南與光化交界地方	400—700
	臥牛山	光化西	200—400
	四祖山	穀城西南	200—400
大巴山脈荊山支	將軍山	房縣東南興山北	1 500—2 000
	望佛山	保康西南	1 000
	馬鞍山	保康西南	700
	集龍山	保康東南南漳西南	1 000—1 500
	荊山	南漳南	1 000—1 500
	紫山	南漳南	400
	五指山	興山東南宜昌西北	1 000—1 500
	香爐山	宜昌西北	1 000—1 500
	鳳陽山	宜昌東北遠安西南	1 000—1 500
	隆中山	襄陽西	200—400
	虎頭山	襄陽南	200—400
	覆船山	宜城西南及與鍾祥、荊門、南漳交界地方	200—400
	尖山	宜城南與荊門交界地方	200—400
	獅子山	鍾祥西	200—400
	三尖山	鍾祥西	200—400

续表

山脈系統	主要山名	分佈地方	高度（高出海面公尺）
大巴山脈荆山支	羅漢山	荆門西北	200—400
	東山	荆門東	200—400
	內方山	荆門東南	50—200
終南支脈	紅岩山	鄖西西	1 000—1 500
	嵩山	鄖西西	700—1 000
	新開嶺	鄖西北鄖縣西北	700—1 000
	雲臺山	鄖縣北	400—700
	青龍山	鄖縣東	700—1 000
桐柏山脈	太白山	隨縣北與河南交界地方	700—1 000
	七尖山	隨縣北	400—700
	晃山	隨縣北	200—400
	霸山	棗陽東	200—400
	應山嶺	隨縣東應山北	200—400
	□武山	隨縣東北	200—400
	兩仙山	隨縣東	200—400
大洪山脈	石虎山	棗陽東南隨縣西	200—400
	大峯山	襄陽東南與棗陽、宜城交界地方	400—700
	排山	襄陽東南與宜城交界地方	200—400
	小洪山	襄陽東南與宜城交界地方	200—400
	鳳凰山	宜城東	200—400

續表

山脈系統	主要山名	分佈地方	高度 （高出海面公尺）
大洪山脈	戴紫山	鍾祥北與隨縣交界地方	400—700
	大洪山	隨縣西南鍾祥東北交界地方	400—700
	紗帽山	鍾祥東北	200—400
	大尖山	京山西	200—400
	七寶山	京山西南	200—400
	大脊山	京山西南	200—400
大別山脈	雞公山	應山東北與河南交界地方	200—400
	朝天山	禮山北	400—700
	中華山	應山東北	200—400
	錫山	應山西南	200—400
	壽山	應山西南	200—400
	大悟山	禮山南與孝感交界地方	400—700
	黃草山	黃安西	400—700
	仙居山	黃安西北與禮山交界地方	400—700
	木蘭山	黃陂北	400—700
	鯉魚山	麻城西北與黃安交界地方	200—400
	紫雲山	黃安東與麻城交界地方	200—400
	玉閣山	麻城西南	200—400
	龜峯山	麻城東南	1 500—2 000
	茅城山	羅田西北與麻城交界地方	400—700

續表

山脈系統	主要山名	分佈地方	高度（高出海面公尺）
大別山脈	望省山	黃岡東北	50—200
	五峯山	英山東北	700—1 000
	雷鼓山	羅田東與英山交界地方	700—1 000
	望家山	黃梅北	700—1 000
	紫雲山	黃梅北	1 000—1 500
幕阜山脈	大原山	崇陽東南與江西交界地方	700—1 000
	九宮山	通山東南與江西交界地方	700—1 000
	石艮山	陽新西南與江西之界地方	700—1 000
	象鼻山（陽新）	陽新東南	400
	大墓山	陽新西與咸寧、鄂城交界地方	400—700
	紫荊山	陽新西南	400
	青鴉山	鄂城西南與咸寧交界地方	50—200
	沼山	鄂城西南大冶西	200—400
	金山	大冶西	200—400
	象鼻山（大冶）	大冶西北	200—400
	青山	武昌東北	200—400
	雲山	武昌南	50—200
	九嶺	通城西南	200—400

續表

山脈系統	主要山名	分佈地方	高度（高出海面公尺）
幕阜山脈	梧桐山	通城西南	400—700
	蒻姑山	崇陽西南與湖南交界地方	1 000—1 500
	赤壁山	嘉魚西南	50—200
武陵山脈	仙人山	來鳳西南	1 000—1 500
	南木山	來鳳南	1 000—1 500
	大頭山	咸豐西北	1 500—2 000
	景山	咸豐西	1 500—2 000
	白岩山	利川南	1 500—2 000
	五馬山	利川西南	1 500—2 000
	七岳山	利川西	2 000—2 500
武陵山脈石門支	雲霞山	利川西南與恩施交界地方	1 500—2 000
	石板頂	利川西與恩施交界地方	1 500—2 000
	鴛鴦頂	鶴峯西北	1 000—1 500
	石寶山	鶴峯東北	1 000—1 500
	橫壁山	宣恩東與恩施交界地方	700—1 000
	董家荒	巴東南	2 000—2 500

續表

山脈系統	主要山名	分佈地方	高度（高出海面公尺）
武陵山脈石門支	白峯埡	五峯西南	1 500—2 000
	壹瓶山	五峯南與湖南交界地方	700—1 000
	黃柏山	長陽西南	1 000—1 500
	三角山	長陽西南	1 500—2 000
	馬鞍山	長陽南	1 100
	麻石坡	五峯東與枝江交界地方	1 500—2 000
	告①賜山	宜都東南	200—400
武陵山脈荊門支	筆架山	恩施西北	2 000—2 500
	黃鵠嶺	建始東北	1 000—1 500
	九龍山	巴東西南與建始交界地方	1 000—1 500
	巴山	巴東南（縣治附近）	400—700
	百里荒	秭歸南	2 000—2 500
	荊門山	宜昌東南與宜都交界地方	200—400

說明：本表所列山名及高度係採用丁文江等合編之《中華民國新地圖》內所載。

---

① 疑為"誥賜山"。

16. 主要河流系統

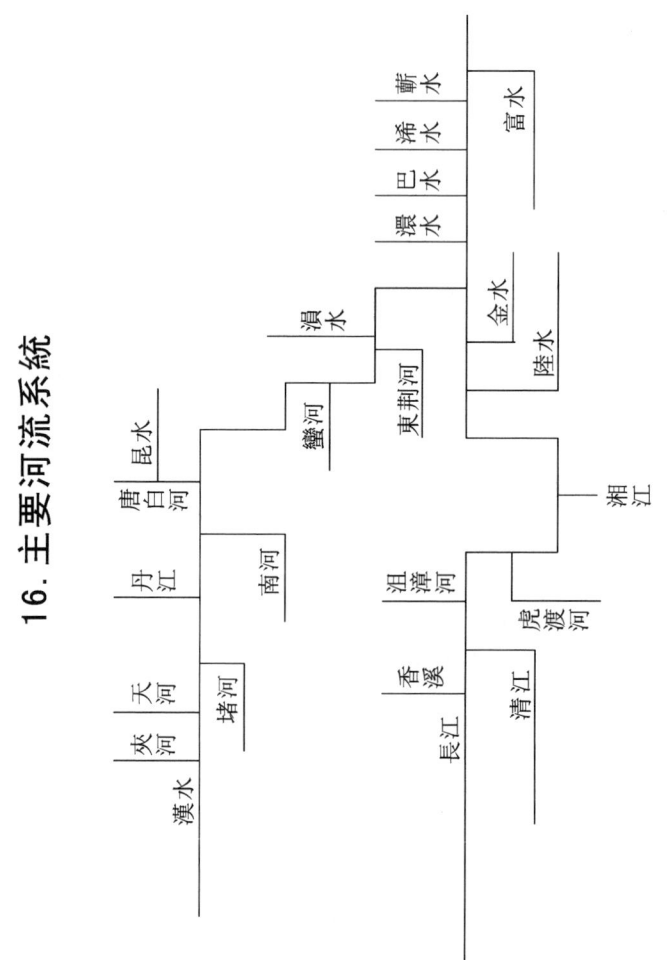

說明：本圖僅為略示梗概，故分流小支概未繪入。

17. 本省境内江漢兩幹流長度

	長江			漢水	
地點	各段長度（公里）	距漢口長度（公里）	地點	各段長度（公里）	距漢口長度（公里）
培石場		855	仙河口		886
巴東	44①	841	冷水河	19	867
牛口鎮	13	828	夾河關	15	852
洩灘	19	809	白河縣東	12	840
沙鎮溪	13	796	將軍河口	13	827
秭歸	10	786	天河口	17	810
太平溪	62	724	曲遠河口	23	787
三斗坪	10	714	堵河口	12	775
平善壩	37	677	鄖縣城	26	749
宜昌	21	656	神定河	9	740
古老背	18	638	遠河口	23	717
紅花套	7	631	曾口	32	685

① "各段長度"一列數字表示上一行中的地點至該行中地點的距離。

續表

長江			漢水		
地點	各段長度（公里）	距漢口長度（公里）	地點	各段長度（公里）	距漢口長度（公里）
宜都	13	618	浪河口	17	668
枝江	15	603	丹江口	19	649
洋溪	7	596	老河口	27	622
董市	14	582	南河口	20	602
江口	16	566	太平店	16	585
涴市	23	543	茨河市	8	577
沙市	24	519	竹簇舖	16	561
觀音寺	12	507	泥咀鎮	3	558
卧湖堤	19	488	樊城	11	547
馬林嘴	6	482	張家灣	8	539
郝穴	15	467	東津灣	5	534
新廠	14	453	宜城	34	500
藕池	19	434	倒口	37	463
石首	12	422	鍾祥	61	402
調弦口	57	365	沙洋	105	297

續表

長江			漢水		
地點	各段長度（公里）	距漢口長度（公里）	地點	各段長度（公里）	距漢口長度（公里）
塔市驛	37	328	多寶灣	11	286
監利	11	317	長陀坑	16	270
車灣	39	278	張磯港	28	242
洪水港	17	261	岳口	23	219
新堤	88	173	彭市河	20	199
太平口	13	160	蔴洋潭	11	188
陸溪口	13	147	多祥河	10	178
寶塔洲	3	144	仙桃鎮	10	168
龍口	6	138	雞鳴場	14	154
嘉魚	13	125	脈旺嘴	12	142
簰州	48	77	分水嘴	12	130
窯頭溝	14	63	城隍港	14	116
天嘴	16	47	繫馬口	28	88
金口	17	30	漢川	11	77
漢口	30	0	新溝	23	54

續表

長江			漢水		
地點	各段長度（公里）	距漢口長度（公里）	地點	各段長度（公里）	距漢口長度（公里）
五通口	19	19	蔡甸	22	32
陽邏	13	32	漢口	32	0
葛店	15	47			
趙家磯	11	58			
團風	15	73			
西河埠	8	81			
三江口	3	84			
黃州	11	95			
鄂城	5	100			
巴河	14	114			
蘭溪	12	126			
黃石港	12	138			
石灰窯	5	143			
毛山	10	153			
漳源口	10	163			

續表

	長江			漢水	
地點	各段長度（公里）	距漢口長度（公里）	地點	各段長度（公里）	距漢口長度（公里）
圻州	12	175			
田家鎮	20	195			
武穴	19	214			
碼頭鎮	4	218			
龍坪	13	231			
二套口	35	266			
九江	6	272			
楊穴鎮	17	289			
本省境內共長1 174公里			本省境內共長886公里		

說明：1. 本表所列長江各段之長度，自九江至巴東，係根據内河航輪管理局二十五年五月編製航綫圖内所載之數字；自巴東至培石場，及自九江至楊穴鎮兩段，則係根據陸地測量局《四十萬分之一地圖》略算。

2. 漢水各段長度，自鍾祥以下，係採用内河航輪管理局航綫圖内所載之數字，自老河口以上，係採用江漢工程局查勘報告内所載之數字，自老河口以下至倒口，則係參照兩項資料填列，其中彼此所列數字，互相出入之處，留待以後校正。

3. 江漢兩流，在本省境內長度與其全長之比如次：

　　　　全長（公里）　　在本省境內長度（公里）　　境內長佔全長百分比
　　長江　5 890　　　　1 174　　　　　　　　　　20
　　漢水　1 500　　　　886　　　　　　　　　　　59

18. 江漢重要支流長度及流域面積

河流別	重要支流名稱	長度（公里）	流域面積（方公里）	備注
長江	清江	420	20 800	
	沮漳河	319		沮河長約232公里 漳河長約194公里 兩河合流至入江長約87公里
	漢水	1 500	175 800	就全長約計上游部份在陝西境內
	陸水	170	3 000	
	巴水	170	5 000	
	浠水	160	4 360	
	蘄水	110	2 000	
	富水	145	4 800	
漢水 湖北境內入漢支流	澴水	309	11 680	支流漳水長134公里
	東荊河	298		
	蠻河	135	4 380	
	昆水	130	3 100	
	唐白河	320	26 000	上游在河南境

續表

河流別		重要支流名稱	長度（公里）	流域面積（方公里）	備註
漢水	湖北境內入漢支流	南河	209	8 760	
		丹江	524	15 200	大部份在陝西及河南境內
		堵河	298	15 330	
		天河	100	3 760	
		夾河	110	7 490	
	陝西境內入漢支流	洵河	200	6 500	
		閶河	94	1 400	
		黃洋河	80	900	
		月河	65	2 160	
		嵐河	73	2 600	
		任河	160	5 500	
		西鄉河	95	2 960	
		子午河	93	3 240	
		湑水河	88	2 250	
		太白河	110	3 700	
		寧羌河	82	1 230	

說明：1. 本表係根據江漢工程局勘查各河流報告編列，除漢水自嵐河以上之支流，其長度及流域面積，係根據《江漢水道圖》計算外，其餘均係根據勘查隊之調查。惟東荊河長度，則係根據水準測量隊之實測。

2. 按江漢工程局查勘河流工作，尚未完竣，如長江流域之澧水，亦屬重要支流之一，本表以現在尚無查報數字可用，故付闕如。

19. 全省主要湖泊

名稱	地點
洪湖	沔陽南，長江北岸
長湖	荊門南，江陵東北，兩縣分轄，長江北岸
武湖	黃陂南，長江北岸
黃塘湖	咸寧北，嘉魚東，武昌南，三縣分轄，長江南岸
黃蓋湖	蒲圻西，长江南岸，與湖南臨湘共有
梁子湖	武昌東，鄂城西，兩縣分轄，長江南岸
汈汊湖	漢川西北，與應城毗連，漢水北岸
張渡湖	黃岡西，長江北岸
東湖	武昌東，長江南庫
魯湖	武昌西南，長江南岸
大沙湖	沔陽東南，漢陽西南，兩縣分轄，長江北岸
排湖	沔陽北，漢水南岸
白鷺湖	江陵東南，監利北，二縣分轄，長江北岸
白水湖	孝感東南，與漢陽北之東西湖連接
東湖	漢陽北，漢水東岸，與白湖連
西湖	
沉湖	天門東南，沔陽東北，二縣分轄，漢水北岸
漳源湖	大冶東南，陽新西北，兩縣分轄，长江南岸
保安湖	大冶西北，長江南岸

說明：各湖之面積及深度，現乏數字根據，暫從略。

20. 各縣市面積

縣市別	面積		百分比
	方公里	方市里	
總計	186 363.48	745 453.92	100.00
第一區	20 755.51	83 014.04	11.14
武昌	2 605.50	10 422.00	1.40
漢陽	2 226.50	8 906.00	1.20
嘉魚	1 383.50	5 534.00	0.74
咸寧	1 325.10	5 300.40	0.71
蒲圻	1 564.75	6 259.00	0.84
崇陽	1 952.90	7 811.60	1.05
通城	1 096.10	4 384.40	0.59
通山	1 460.70	5 842.80	0.78
陽新	3 770.83	15 083.32	2.02
大冶	1 530.00	6 120.00	0.82
鄂城	1 837.63	7 350.52	0.99
第二區	25 160.81	100 643.24	13.50
黃岡	2 950.59	11 802.36	1.58

续表

縣市別	面積		百分比
	方公里	方市里	
浠水	1 939.31	7 757.24	1.04
蘄春	2 657.75	10 631.00	1.42
廣濟	1 552.79	6 211.16	0.83
黃梅	1 784.99	7 139.96	0.96
英山	1 295.14	5 180.56	0.70
羅田	2 331.90	9 327.60	1.25
麻城	4 651.04	18 604.16	2.50
黃安	2 218.55	8 874.20	1.19
黃陂	2 158.28	8 633.12	1.16
禮山	1 620.47	6 481.88	0.87
第三區	28 297.82	113 190.28	15.18
孝感	2 634.00	10 526.00	1.41
雲夢	620.40	2 481.60	0.33
漢川	1 464.48	5 857.92	0.79
應城	1 024.00	4 096.00	0.55
安陸	1 401.36	5 605.44	0.75
應山	2 615.65	10 462.60	1.40

續表

縣市別	面積		百分比
	方公里	方市里	
隨縣	6 847.96	27 391.84	3.67
鍾祥	5 495.88	21 983.52	2.95
京山	3 905.29	15 621.16	2.10
天門	2 288.80	9 155.20	1.23
第四區	23 482.99	93 931.96	12.60
沔陽	4 678.18	18 712.72	2.51
潛江	1 451.24	5 804.96	0.78
監利	2 594.23	10 376.92	1.39
石首	1 656.22	6 624.88	0.89
公安	1 690.34	6 761.36	0.91
松滋	2 359.88	9 439.52	1.26
枝江	1 176.47	4 705.88	0.63
江陵	3 537.51	14 150.04	1.90
荊門	4 338.92	17 355.68	2.33
第五區	18 828.48	75 313.92	10.10
宜城	1 551.62	6 206.48	0.83
棗陽	3 590.18	14 360.72	1.93

续表

縣市別	面積		百分比
	方公里	方市里	
襄陽	3 981.83	15 927.32	2.14
光化	986.97	3 947.88	0.53
穀城	2 361.31	9 445.24	1.27
保康	2 282.20	9 128.80	1.22
南漳	4 074.37	16 297.48	2.18
第六區	19 243.89	76 975.56	10.33
遠安	1 580.95	6 323.80	0.85
當陽	2 502.54	10 010.16	1.34
宜都	1 543.02	6 172.08	0.83
宜昌	3 982.38	15 929.52	2.14
興山	2 011.97	8 047.88	1.08
秭歸	1 828.88	7 315.52	0.98
長陽	3 579.61	14 318.44	1.92
五峯	2 214.54	8 858.16	1.19
第七區	23 509.84	94 039.36	12.62
鶴峯	3 532.97	14 131.88	1.90
宣恩	2 085.33	8 341.32	1.12

续表

縣市別	面積		百分比
	方公里	方市里	
來鳳	2 233.44	8 933.76	1.20
咸豊	2 479.29	9 917.16	1.33
利川	2 970.30	11 881.20	1.59
恩施	4 468.55	17 874.20	2.40
建始	2 820.88	11 283.52	1.51
巴東	2 919.08	11 676.32	1.57
第八區	26 952.43	107 809.72	14.46
房縣	7 405.58	29 622.32	3.94
均縣	3 661.72	14 646.88	1.97
鄖縣	5 968.67	23 874.68	3.20
竹山	2 669.13	10 676.52	1.44
竹谿	2 634.47	10 537.88	1.42
鄖西	4 612.86	18 451.44	2.49
漢口市	133.71	534.84	0.07

21. 各重要市鎮面積

市鎮別	面積	
	市畝	方市里
漢口	174 187	464
武昌城區	16 788	45
漢陽城區	5 665	15
沙市	8 890	24
宜昌城區	27 361	73
武穴	2 025	5
樊城	2 445	7
新隄	2 520	7
沙洋	2 684	7
老河口	4 330	11

資料來源：根據本府民政廳編印之《湖北省地政工作概要》。

22. 各縣耕地面積

單位：千市畝

縣市別	全縣面積	耕地面積		水田		旱地	
		共計	佔全縣面積百分比	面積	百分比	面積	百分比
總計	279 560	57 080		33 367		23 713	
第一區	31 150	6 968		5 154		1 814	
武昌	3 910	1 080	27.62	977	90.46	103	9.54
漢陽	3 340	1 260	37.72	1 205	95.63	55	4.37
嘉魚	2 080	450	21.63	325	72.22	125	27.78
咸寧	1 990	540	27.14	298	55.19	242	44.81
蒲圻	2 350	550	23.40	500	91.00	50	9.00
崇陽	2 930	320	10.92	133	41.56	187	58.44
通城	1 640	388	23.66	126	32.47	262	67.53
通山	2 190	840	15.53	240	70.59	100	29.41
陽新	5 660	810	14.31	300	37.04	510	62.96

續表

縣市別	全縣面積	耕地面積		水田		旱地	
		共計	佔全縣面積百分比	面積	百分比	面積	百分比
大冶	2 300	670	29.13	550	82.10	120	17.90
鄂城	2 760	560	20.29	500	89.30	60	10.70
第二區	37 760	7 930		5 484		2 446	
黃岡	4 430	1 200	27.09	960	80.00	240	20.00
浠水	2 910	830	28.52	660	79.52	170	20.48
蘄春	3 990	710	17.79	560	78.87	150	21.13
廣濟	2 330	560	24.03	190	33.93	370	66.07
黃梅	2 680	670	25.00	600	89.55	70	10.45
英山	1 940	250	12.89	158	63.20	92	36.80
羅田	3 500	360	10.28	247	68.61	113	31.39
麻城	6 980	1 180	16.91	592	50.17	583	49.83
黃安	3 330	590	17.72	384	65.08	206	34.92
黃陂	3 240	1 160	35.80	970	83.62	190	16.38
禮山	2 430	420	17.28	163	38.81	257	61.19

续表

縣市別	全縣面積	耕地面積					
		共計	佔全縣面積百分比	水田		旱地	
				面積	百分比	面積	百分比
第三區	42 440	15 760		8 804		6 956	
孝感	3 950	1 380	34.94	550	39.86	830	60.14
雲夢	930	420	45.16	311	74.05	109	25.95
漢川	2 200	1 600	72.73	533	33.31	1 067	66.69
應城	1 540	700	45.45	490	70.00	210	30.00
安陸	2 100	390	18.57	310	79.48	80	20.52
應山	3 920	690	17.60	280	40.58	410	59.42
隨縣	10 270	3 880	37.78	1 633	42.09	2 247	57.91
鍾祥	8 240	1 790	21.65	1 160	64.80	630	35.20
京山	5 860	2 700	46.08	1 350	50.00	1 350	50.00
天門	3 430	2 210	64.43	2 187	98.96	23	1.04
第四區	35 230	12 800		8 391		4 409	
沔陽	7 020	3 750	53.42	1 880	50.13	1 870	49.87
潛江	2 180	1 140	52.29	493	43.25	647	56.75

续表

縣市別	全縣面積	耕地面積					
		共計	佔全縣面積百分比	水田		旱地	
				面積	百分比	面積	百分比
監利	3 890	1 110	28.53	780	70.27	330	29.73
石首	2 480	560	22.58	453	80.89	107	19.11
公安	2 540	870	34.25	691	79.43	179	20.57
松滋	3 540	1 060	29.94	214	10.19	846	79.81
枝江	1 760	420	23.86	340	80.95	80	19.05
江陵	5 310	2 390	45.01	2 340	97.90	50	2.10
荊門	6 510	1 500	23.04	1 200	80.00	300	20.00
第五區	28 240	5 050		2 263		2 787	
宜城	2 330	381	16.35	219	57.48	162	42.52
棗陽	5 390	1 293	23.99	420	32.48	873	67.52
襄陽	5 970	1 432	23.99	616	43.02	816	56.98
光化	1 480	410	27.70	106	25.85	304	74.15
穀城	3 540	464	13.11	155	33.41	309	66.59
南漳	6 110	720	11.78	500	60.45	220	30.55

续表

县市别	全县面积	耕地面积					
		共计	占全县面积百分比	水田		旱地	
				面积	百分比	面积	百分比
保康	3 420	350	10.23	247	70.57	103	29.43
第六区	28 850	3 050		1 677		1 373	
远安	2 370	260	10.97	240	92.31	20	7.69
当阳	3 750	660	17.60	560	84.85	100	15.15
宜都	2 310	360	15.58	240	66.67	120	33.33
宜昌	5 970	570	9.55	402	70.53	168	29.47
兴山	3 020	280	9.27	70	25.00	210	75.00
秭归	2 740	330	12.04	87	26.36	243	73.64
长阳	5 370	350	6.52	58	16.57	292	83.48
五峰	3 320	240	7.23	20	8.33	220	91.67
第七区	35 270	2 680		774		1 906	
鹤峰	5 300	180	3.40	58	32.22	122	67.78
宣恩	3 130	220	7.03	20	9.10	200	90.90
来凤	3 350	280	8.36	130	46.43	150	53.57

續表

縣市別	全縣面積	耕地面積					
		共計	佔全縣面積百分比	水田		旱地	
				面積	百分比	面積	百分比
咸豐	3 720	390	10.48	135	34.62	255	65.38
利川	4 460	450	10.09	107	23.78	343	76.22
恩施	6 700	480	7.16	180	37.50	300	62.50
建始	4 230	360	8.51	62	17.22	298	82.78
巴東	4 380	320	7.31	82	25.63	238	74.37
第八區	40 420	2 732		780		1 952	
房縣	11 110	490	4.41	109	22.24	381	77.76
均縣	5 490	486	8.52	156	33.33	312	66.67
鄖縣	8 950	520	5.81	160	30.77	360	69.23
竹山	4 000	360	9.00	113	31.39	247	68.61
竹谿	3 950	340	8.61	113	33.24	227	66.76
鄖西	6 920	554	8.01	129	23.29	425	76.71
漢口市	200	110	55.00	40	36.36	70	63.64

23. 各縣荒地面積

單位：市畝

縣別	荒地面積			荒地中宜墾地面積		
	共計	山	地	共計	山	地
總計	1 747 099	704 084	477 813	599 861	136 902	462 959
第一區	488 919	32 409	147 333	145 147		145 147
武昌	4 312	1 237	3 075	1 500		1 500
*漢陽	260 352			……		
嘉魚	123 250	17 150	106 100	105 100		106 100
*咸寧	16 327		16 327	16 327		16 327
蒲圻	32 956	11 125	21 831	21 220		21 220
*崇陽	14 192			……		
*通城	5 428			……		
*通山	7 170			……		
*陽新	15 492			……		
*大冶	6 543			……		
鄂城	2 897	2 897		……		
第二區	17 877	580	430	330		830

續表

縣別	荒地面積			荒地中宜墾地面積		
	共計	山	地	共計	山	地
*黃岡	470			……		
浠水	1 010	580	430	330		330
*蘄春	3 530			……		
*廣濟	4 142			……		
*黃梅	……			……		
*英山	461			……		
*羅田	949			……		
麻城	……			330		
*黃安	553			330		
*黃陂	1 043			330		
*禮山	4 419			330		
第三區	380 128	170 145	1 194	180		180
*孝感	553			……		
雲夢	327	31	296	……		
*漢川	3 681			……		
應城	170 663	169 944	718	……		
安陸	350	170	180	180		180

續表

縣別	荒地面積			荒地中宜墾地面積		
	共計	山	地	共計	山	地
*應山	3 511			……		
隨縣	……			……		
*鍾祥	57 416			……		
*京山	137 914			……		
*天門	5 714			……		
第四區	491 971	228 715	263 256	264 106	1 050	263 056
沔陽	……			……		
潛江	……			……		
監利	5 000		5 000	5 000		5 000
石首	59 356	1 400	57 956	58 956	1 000	57 956
公安	1 000		1 000	1 000		1 000
松滋	80 615	115	80 500	80 350	50	80 300
枝江	……			……		
江陵	……			……		
荊門	346 000	227 200	118 800	118 800		118 800
第五區	104 500	45 832	54 241	42 493	87	42 406
宜城	11 350		11 350	11 350		11 350

續表

縣別	荒地面積			荒地中宜墾地面積		
	共計	山	地	共計	山	地
棗陽	1 030	306	724	731	87	644
襄陽	15 000		15 000	15 000		15 000
光化	62 600	35 500	27 100	15 300		15 300
谷城	10 000	10 000		……		
保康	193	26	167	112		112
*南漳	4 327			……		
第六區	30 762	4 006	204	3 014	2 810	204
遠安	2 930	2 810	120	2 930	2 810	120
*當陽	669	585	84	84		84
*宜都	26 081			……		
宜昌	……			……		
興山	611	611		……		
秭歸	……			……		
*長陽	461			……		
*五峯	……			……		
第七區	223 363	217 553	5 805	137 466	131 080	6 386
鶴峯	3 890		3 890	3 890		8 890

续表

县别	荒地面积			荒地中宜垦地面积		
	共计	山	地	共计	山	地
宣恩	1 384	1 384		1 384		1 384
来凤	1 720	1 120	600	1 680	1 080	600
建始	13 500	13 500		……		
咸丰	……			……		
利川	569	54	515	512		512
恩施	2 300	1 500	800	……		
巴东	200 000	200 000		130 000	130 000	
第八区	10 089	4 839	5 520	7 125	1 875	5 200
房县	647	647		……		
均县	3 100		3 100	3 100		3 100
郧县	2 353	1 478	875	2 350	1 475	875
竹山	1 629	914	355	355		355
竹谿	1 320	400	920	1 320	400	920
郧西	1 400	1 400		……		

说明：1. 本表系根据本府民政厅调查及后方各县三十年下季呈报本府之数字编列。

2. 表中注有 * 号县份其荒地面积，因无调查，均系摘录本省民国二十六年第一回年鉴所载数字。故分类面积及宜垦地面积，皆付阙如。

24. 本省面積與各省比較

地域別	方公里	方市里	百分數	各省面積對本省百分數
總計	11 562 538	46 250 329	100.00	6 204.31
湖北	186 364	745 454	1.61	100.00
江蘇	103 926	435 703	0.94	58.45
浙江	104 037	416 148	0.90	55.82
江西	173 089	692 356	1.50	92.88
湖南	205 591	822 364	1.78	110.31
四川	431 809	1 725 235	3.73	231.43
安徽	140 687	562 747	1.22	75.49
青海	697 194	2 738 776	6.03	374.10
福建	118 738	474 953	1.03	73.71
廣東	221 307	885 229	1.91	118.75
廣西	218 924	875 694	1.39	117.47
雲南	403 680	1 614 720	3.49	218.68
貴州	179 478	717 913	1.55	96.35

續表

地域別	方公里	方市里	百分數	各省面積對本省百分數
遼寧	321 823	1 287 291	2.78	172.69
吉林	283 380	1 133 518	2.45	152.06
黑龍江	449 623	1 789 491	3.89	240.05
西康	371 600	1 486 393	3.21	199.36
河北	140 258	561 031	1.21	75.26
山東	146 074	584 294	1.26	78.38
山西	156 420	625 680	1.35	83.93
河南	162 390	649 559	1.40	87.14
陝西	187 409	749 635	1.62	100.56
甘肅	391 596	1 565 024	3.39	210.08
熱河	192 430	769 720	1.76	103.25
察哈爾	278 957	1 115 829	2.41	149.68
綏遠	347 529	1 390 116	3.01	186.48
寧夏	274 910	1 099 638	2.38	147.51
新疆	1 823 418	7 313 670	15.81	981.10
蒙古	1 621 201	6 484 803	14.02	859.91

續表

地域別	方公里	方市里	百分數	各省面積對本省百分數
西藏	1 215 788	4 303 151	10.51	562.37
南京	466	1 863	0.01	0.25
上海	893	3 573	0.01	0.48
北平	707	2 828	0.01	0.38
天津	55	218	不及萬分之一	0.03
青島	749	2 996	0.10	0.40
西京	15	59	不及萬分之一	0.01
威海衛行政區	663	2 652	0.10	0.36

資料來源：根據國民政府主計處統計局編印之《中華民國統計提要（二十九年輯）》。

第四類 人口

25. 本省歷年戶口

年別	戶數	口數 計	口數 男	口數 女	發表機關
民國元年	4 843 892	29 590 308	15 899 980	13 690 348	內政部
民國二年	5 755 957	30 017 258	16 155 110	13 862 148	內政部
民國三年	5 261 965	30 093 699	16 196 947	13 895 752	內政部
民國四年	5 301 200	26 934 382	14 892 422	12 041 960	內政部
民國五年	……	27 245 426	15 097 062	12 148 364	內政部
民國六年	5 090 682	25 939 148	14 343 439	11 595 709	內政部
民國七年	5 062 983	25 939 336	14 353 401	11 585 935	內政部
民國八年	5 399 396	26 206 844	14 483 354	11 723 490	內政部
民國十七年	5 490 715	26 699 126	14 753 306	11 945 820	內政部
民國廿一年	……	26 937 296	……	……	內政部

續表

年別	戶數	口數			發表機關
		計	男	女	
民國廿二年	……	25 042 654	……	……	民政廳
民國廿三年	……	25 137 732	……	……	民政廳
民國廿四年	4 787 704	26 367 475	13 738 178	11 629 291	省政府
民國廿五年	4 734 000	25 531 008	……	……	省政府
民國廿六年	4 533 384	25 445 835	13 706 190	11 739 645	省政府
民國廿七年	4 472 694	25 280 189	13 602 993	11 677 196	省政府
民國廿八年	4 456 809	25 229 027	13 553 276	11 675 751	省政府
民國廿九年	4 566 738	24 620 005	13 184 206	11 435 799	省政府
民國三十年	4 240 578	24 190 257	12 916 138	11 274 119	省政府
民國卅一年	4 229 659	23 745 765	12 693 539	11 052 226	省政府
民國卅二年	4 295 157	23 593 033	12 501 942	11 091 091	省政府

說明：本表所列三十二年之數字係七月份之數字。

26. 各縣保甲戶口

三十二年七月

縣市別	區數	鄉鎮數	保數	甲數	戶數	人口數 共計	人口數 男	人口數 女	壯丁數	查報年月
總計	72	1 758	31 479	388 692	4 295 157	23 593 033	12 501 942	11 091 091	4 038 480	
漢口市					146 287	743 434	424 591	318 343	115 483	27 6
武昌城區					59 565	296 405	170 922	125 483	63 752	27 6
漢陽城區					22 936	110 004	62 111	47 898	26 127	27 6
恩施警區			53	400	13 092	75 453	43 918	31 583	17 729	32 7
第一區	5	185	3 208	41 775	477 675	2 289 058	1 222 561	1 066 497	396 108	
武昌	—	18	207	7 343	82 371	211 897	112 305	99 592	58 630	31 5

續表

縣市別	區數	鄉鎮數	保數	甲數	戶數	人口數 共計	人口數 男	人口數 女	壯丁數	查報年月	
嘉魚	—	19	267	3 028	34 679	143 400	74 318	69 097	32 149	26	11
咸寧	—	13	284	2 169	27 882	153 551	83 032	70 519	28 800	27	6
蒲圻	2	22	250	3 169	33 571	136 211	72 191	64 020	24 965	31	1
崇陽	—	15	253	3 382	38 604	194 000	102 820	91 180	26 359	29	7
通城	—	10	101	1 583	22 361	171 086	89 859	81 227	28 211	31	11
通山	1	10	132	1 185	12 746	79 312	42 186	37 126	15 707	26	7
陽新	2	19	392	4 587	61 555	345 243	178 476	167 767	39 293	32	1
大冶	—	38	741	7 248	77 462	403 059	215 772	187 287	70 350	26	12
鄂城	—	21	616	8 081	86 445	450 299	251 607	198 692	61 144	26	8
第二區	9	349	6 482	61 015	745 844	5 279 148	2 873 965	1 405 183	953 284		

續表

縣市別	區數	鄉鎮數	保數	甲數	戶數	人口數			壯丁數	查報年月
						共計	男	女		
黃岡	2	38	642	8 961	128 014	873 424	466 994	406 480	106 671	32 3
浠水	2	38	659	5 040	64 077	478 832	258 588	220 244	68 157	32 2
蘄春	1	27	556	5 996	69 120	488 288	256 964	222 324	75 493	32 2
廣濟	—	20	532	4 187	51 149	309 791	164 203	145 588	28 203	32 2
黃梅	—	23	335	5 685	72 196	403 916	205 975	197 941	96 357	32 2
英山	1	12	182	1 421	21 947	204 731	108 283	96 448	21 696	32 2
羅田	1	12	126	1 414	19 446	204 060	153 672	50 288	36 147	32 2
麻城	1	39	646	4 884	46 320	467 835	257 208	210 627	64 549	32 4
黃安	—	13	564	2 325	27 930	307 492	153 720	157 772	17 848	32 6
黃陂	—	54	956	8 946	100 734	689 414	374 229	315 185	122 426	27 5

續表

縣市別	區數	鄉鎮數	保數	甲數	戶數	人口數 共計	人口數 男	人口數 女	壯丁數	查報年月 年	查報年月 月
禮山	1	14	334	2 461	35 753	214 214	121 538	92 676	214 215	32	3
孝感	—	59	950	9 695	109 158	637 151	343 591	293 560	106 472	27	1
第三區	9	335	6 656	67 536	759 091	4 042 949	2 117 187	1 925 762	608 829		
雲夢	—	22	336	3 319	34 049	222 794	121 338	101 456	46 994	32	1
漢川	—	37	797	7 662	76 302	889 901	206 642	188 259	66 103	25	6
應城	1	31	522	5 101	54 945	299 397	160 995	138 402	49 142	26	12
安陸	—	26	353	4 535	51 914	300 803	162 433	138 370	54 455	31	8
應山	—	29	710	6 604	73 804	358 012	190 374	162 638	50 415	26	11
隨縣	2	73	858	8 414	113 744	721 585	375 813	345 772	69 476	32	1
鍾祥	2	31	776	8 132	93 454	496 847	258 141	238 706	68 988	26	8

續表

縣市別	區數	鄉鎮數	保數	甲數	戶數	人口數 共計	人口數 男	人口數 女	壯丁數	查報年月
京山	1	60	802	9 655	103 559	487 574	250 583	236 991	71 611	32 4
天門	3	26	1 502	14 114	157 320	771 036	390 868	380 168	131 640	26 8
第四區	6	290	6 127	64 736	723 207	3 944 784	2 031 143	1 913 641	555 552	
漢陽	—	39	616	6 032	71 624	446 064	227 431	218 633	63 234	27 6
沔陽	—	67	1 477	14 633	158 629	798 851	413 838	385 013	128 433	26 1
潛江	—	20	662	6 640	74 680	366 733	184 520	182 213	43 106	27 6
監利	1	21	882	8 514	94 429	516 014	272 098	243 916	58 562	26 8
石首	1	14	400	2 766	34 216	214 543	110 455	104 038	34 353	31 12
公安	—	34	444	3 999	43 651	252 396	129 662	122 734	47 490	31 12
松滋	1	33	684	5 918	70 750	442 454	225 209	217 245	87 223	31 12

續表

縣市別	區數	鄉鎮數	保數	甲數	戶數	人口數 共計	人口數 男	人口數 女	壯丁數	查報年月	
枝江	1	18	401	3 800	41 117	222 783	113 512	109 271	15 987	30	3
江陵	2	44	561	12 434	134 111	684 946	354 418	330 528	82 164	26	10
第五區	9	185	3 176	89 668	446 327	2 328 490	1 220 543	1 107 947	414 809		
荊門	1	5	55	8 556	97 024	480 952	250 709	230 243	85 740	26	12
宜城	1	13	333	2 703	28 627	152 617	80 897	71 720	27 715	32	1
襄陽	1	26	559	2 914	41 284	325 822	173 165	152 657	73 004	32	1
棗陽	3	37	467	60 113	95 516	450 793	235 032	215 761	97 686	32	4
光化	—	24	289	2 872	31 914	161 312	87 494	73 818	24 453	32	1
穀城	—	43	588	3 776	59 572	267 522	139 893	127 629	46 150	32	2
保康	1	13	190	1 815	22 726	115 401	60 057	55 344	21 492	32	1

續表

縣市別	區數	鄉鎮數	保數	甲數	戶數	人口數 共計	人口數 男	人口數 女	壯丁數	查報年月
南漳	2	24	695	6 916	69 764	374 071	193 296	180 775	38 533	32 1
第六區	10	146	2 141	26 893	310 247	1 684 578	854 078	830 500	848 983	
遠安	1	17	172	1 587	19 987	120 539	61 282	59 257	21 221	31 10
當陽	—	10	284	4 031	34 394	279 428	143 511	185 917	75 448	32 1
宜都	—	19	185	5 156	54 351	308 839	161 494	147 345	57 889	27 10
宜昌	3	27	454	6 806	80 394	321 525	148 473	173 052	46 167	31 2
興山	2	11	140	1 263	18 825	100 156	51 766	48 390	38 700	32 3
秭歸	1	25	330	3 257	41 551	239 770	124 090	115 680	42 390	32 1
長陽	1	25	40	3 261	42 958	228 463	119 544	108 919	36 519	31 12
五峯	2	12	168	1 532	17 787	85 858	43 918	41 940	30 649	32 1

續表

縣市別	區數	鄉鎮數	保數	甲數	戶數	人口數 共計	人口數 男	人口數 女	壯丁數	查報年月
第七區	13	136	1 749	17 873	310 022	1 485 532	774 508	771 024	309 656	
鶴峯	2	9	96	1 012	13 322	71 484	36 208	35 276	27 160	32 1
宣恩	—	13	160	1 549	20 749	114 838	55 593	59 245	18 797	32 4
來鳳	1	11	155	1 481	20 796	126 668	64 744	51 924	19 719	32 1
咸豐	1	15	188	1 910	97 629	153 784	82 979	70 805	16 282	32 1
利川	2	16	248	2 372	38 186	240 130	125 604	114 526	81 168	31 12
恩施	2	32	329	3 718	41 509	320 116	166 796	153 320	58 960	32 1
建始	2	22	298	3 191	39 695	241 842	129 801	112 521	48 158	32 1
巴東	3	18	280	2 640	38 136	216 670	113 263	103 407	39 412	32 1
第八區	11	132	1 892	18 796	280 864	1 313 198	706 415	606 788	243 218	

续表

县市别	区数	乡镇数	保数	甲数	户数	人口数 共计	人口数 男	人口数 女	壮丁数	查报年月
房县	4	25	334	3 861	42 953	228 463	119 544	108 919	36 519	32 1
均县	—	21	227	2 667	37 854	183 544	98 718	84 826	35 956	32 3
郧县	2	29	477	4 001	61 787	334 244	178 826	155 418	70 788	32 3
竹山	2	18	279	2 703	49 793	187 365	101 605	85 760	39 580	32 1
竹豁	1	19	254	2 487	54 344	167 202	91 703	75 564	37 578	32 1
郧西	2	20	321	2 877	34 125	212 310	116 014	96 295	22 797	32 1

资料来源：根据各县报表编列。

27. 各縣壯丁

三十二年七月

縣市	口數	各縣人口佔全省人口之百分數	男子數	壯丁數	壯丁佔男子之百分數
總計	23 593 033	100.00	12 501 942	4 048 480	32.34
漢口市	743 434	3.15	424 591	115 483	27.20
武昌城區	296 405	1.26	170 922	63 752	37.30
漢陽城區	110 004	0.47	62 111	26 127	42.07
恩施警區	75 453	0.32	43 918	17 729	40.36
第一區	2 289 058	9.70	1 222 561	386 108	32.40
武昌	211 897	0.89	112 305	158 630	52.21
嘉魚	143 400	0.62	74 313	32 149	43.26
咸寧	153 551	0.65	83 032	28 880	34.69
蒲圻	136 211	0.56	72 191	24 965	34.58
崇陽	194 000	0.82	102 820	26 359	25.63
通城	171 085	0.73	89 859	28 211	31.36
通山	79 312	0.34	42 186	15 707	37.23

續表

縣市	口數	各縣人口佔全省人口之百分數	男子數	壯丁數	壯丁佔男子之百分數
陽新	346 243	1.47	178 176	39 293	22.33
大冶	403 059	1.71	215 772	70 850	32.84
鄂城	450 299	1.91	251 607	61 144	24.30
第二區	5 279 148	22.37	2 873 965	953 234	36.17
黃岡	873 424	3.70	466 994	106 671	22.84
浠水	478 832	2.03	258 588	63 157	24.56
蘄春	488 288	2.07	256 964	75 493	29.38
廣濟	309 791	1.31	164 203	28 203	17.18
黃梅	403 916	1.71	205 975	96 357	45.24
英山	204 731	0.87	108 283	21 698	20.04
羅田	204 060	0.86	153 672	36 147	23.54
麻城	467 835	1.98	257 208	64 549	25.09
黃安	307 492	1.30	153 720	17 848	11.61
黃陂	689 414	2.93	374 229	122 426	32.71
禮山	214 214	0.91	121 538	214 215	17.63
孝感	637 151	2.70	343 591	106 472	31.05

續表

縣市	口數	各縣人口佔全省人口之百分數	男子數	壯丁數	壯丁佔男子之百分數
第三區	4 042 949	17.14	2 117 187	608 829	28.76
雲夢	222 794	0.94	121 338	46 994	38.73
漢川	389 901	1.65	206 642	66 108	31.99
應城	299 397	1.27	160 995	49 142	30.25
安陸	300 803	1.27	162 433	54 455	34.02
應山	353 012	1.50	190 374	50 415	26.46
隨縣	721 585	3.06	375 813	69 476	18.49
鍾祥	496 847	2.11	258 141	68 988	27.53
京山	487 574	2.07	250 583	71 611	27.99
天門	771 036	3.27	390 868	131 640	33.68
第四區	3 944 734	16.72	2 031 143	555 552	37.35
漢陽	446 064	1.89	227 481	68 234	27.80
沔陽	798 851	3.39	413 838	123 438	29.83
潛江	366 738	1.55	184 520	43 106	28.36
監利	516 014	2.19	272 098	58 562	21.52
石首	214 543	0.91	110 455	34 358	31.10

續表

縣市	口數	各縣人口佔全省人口之百分數	男子數	壯丁數	壯丁佔男子之百分數
公安	252 396	1.07	129 662	47 490	36.63
松滋	442 454	1.88	225 209	87 223	38.78
枝江	222 783	0.94	113 512	15 987	14.08
江陵	684 946	2.90	854 418	82 164	23.18
第五區	2 328 490	9.87	1 220 548	414 809	38.99
荊門	480 952	2.04	250 709	85 740	34.20
宜城	152 617	0.65	80 897	27 751	33.06
棗陽	325 822	1.38	173 165	73 004	52.16
襄陽	450 793	1.90	235 032	97 686	41.51
光化	161 312	0.68	87 494	24 453	27.94
穀城	267 522	1.13	139 893	46 150	82.99
保康	115 401	0.50	60 057	21 492	35.61
南漳	374 071	1.59	193 296	38 533	19.98
第六區	1 684 578	7.13	854 078	343 983	40.28
遠安	120 539	0.51	61 282	21 221	34.63
當陽	279 428	1.18	143 511	75 448	52.57

續表

縣市	口數	各縣人口佔全省人口之百分數	男子數	壯丁數	壯丁佔男子之百分數
宜都	308 839	1.31	161 494	57 889	35.85
宜昌	821 525	1.36	148 473	46 167	37.83
興山	100 156	0.42	51 766	83 709	65.11
秭歸	239 770	1.02	124 090	42 390	34.16
長陽	228 463	0.97	119 544	36 519	30.55
五峯	85 858	0.36	43 918	80 649	69.78
第七區	1 485 532	6.30	774 508	309 656	39.98
鶴峯	71 484	0.30	36 203	27 160	75.01
宣恩	114 888	0.49	55 593	18 797	33.81
來鳳	126 668	0.54	64 744	13 719	34.23
咸豐	153 784	0.65	82 979	16 282	19.62
利川	240 130	1.02	123 604	81 168	64.62
恩施	320 116	1.35	166 796	58 960	35.35
建始	241 842	1.03	129 321	48 158	37.24
巴東	216 670	0.92	113 263	39 412	34.80
第八區	1 313 198	5.57	706 415	243 218	34.42

續表

縣市	口數	各縣人口佔全省人口之百分數	男子數	壯丁數	壯丁佔男子之百分數
房縣	228 463	0.97	119 544	36 519	30.55
均縣	183 544	0.78	98 718	35 956	36.42
鄖縣	334 244	1.42	178 826	70 788	39.58
竹山	187 365	0.79	101 605	39 580	39.54
竹谿	167 272	0.71	91 708	37 578	40.96
鄖西	212 310	0.90	116 014	22 797	19.65

資料來源：根據各縣報告編列。

28. 各縣戶量性比暨密度

三十二年七月

縣別	戶數	口數	平均每戶口數	男子數	女子數	每百女子所當男子數	面積（方市里）	平均每方市里人數	戶口查	報告年月
總計	4 295 157	23 593 033	5	12 501 942	11 091 091	118	745 453.92	32		
漢口市	146 287	743 434	5	424 591	318 843	133	534.84	1 390	27	6
武昌城區	59 565	296 405	5	170 922	125 483	136	85.56	3 464	27	6
漢陽城區	22 936	110 004	5	62 111	47 893	129	28.56	3 852	27	6
恩施警區	13 092	75 453	6	43 918	31 535	139			32	7
第一區	477 675	2 289 058	5	1 222 561	1 066 497	115	74 022.48	31		
武昌	82 371	211 897	3	112 305	99 592	113	10 336.44	20	31	5

续表

县别	户数	口数	平均每户口数	男子数	女子数	每百女子所当男子数	面积（方市里）	平均每方市里人数	户口查报年月	
嘉鱼	34 679	143 400	4	74 313	69 089	111	5 534.00	26	26	11
咸宁	27 882	153 551	6	88 032	70 519	118	5 300.40	29	37	6
蒲圻	33 571	136 211	4	72 191	64 020	113	6 259.00	22	31	1
崇阳	38 601	194 000	5	102 820	91 180	113	7 811.60	25	29	7
通城	22 361	171 086	8	89 859	81 227	111	4 384.40	38	31	11
通山	12 745	79 312	6	42 186	37 126	127	5 842.80	14	26	7
阳新	61 555	346 243	6	178 476	167 767	106	15 083.32	23	32	1
大冶	77 462	403 059	5	215 772	187 287	115	6 120.00	66	26	12
鄂城	85 445	450 299	5	251 607	198 692	127	7 350.52	61	26	8
第二区	745 844	5 279 148	7	2 873 965	1 405 183	205	111 179.24	47		

续表

縣別	戶數	口數	平均每戶口數	男子數	女子數	每百女子所當男子數	面積（方市里）	平均每方市里人數	戶口查	報年月
黃岡	128 014	873 424	7	466 994	406 480	115	11 802.26	74	32	3
浠水	64 077	478 832	7	258 588	220 244	117	7 757.24	62	32	2
蘄春	69 120	488 288	7	256 964	222 324	116	10 631.00	46	32	2
廣濟	51 149	309 791	6	164 203	145 588	118	6 211.16	50	32	2
黃梅	72 196	403 916	6	205 975	197 941	103	7 139.96	57	32	2
英山	21 947	204 731	9	108 283	96 448	112	5 180.56	42	32	2
羅田	19 446	204 060	10	153 672	50 388	305	9 327.60	22	32	2
麻城	46 320	467 835	10	257 208	210 627	122	18 604.16	25	32	4
黃安	27 930	307 492	10	153 720	157 772	97	8 874.20	29	32	6
黃陂	100 734	689 414	7	374 229	315 185	119	8 633.12	80	27	5

續表

縣別	戶數	口數	平均每戶口數	男子數	女子數	每百女子所當男子數	面積（方市里）	平均每方市里人數	戶口查報年月	
									年	月
禮山	35 753	214 214	6	121 538	92 676	131	6 481.88	33	32	3
孝感	109 158	637 151	6	843 591	293 560	117	10 536.00	60	27	1
第三區	759 091	4 042 949	5	2 117 187	1 925 762	110	102 655.28	89		
雲夢	34 049	222 794	7	121 338	101 456	120	2 481.60	90	32	1
漢川	76 302	389 901	5	206 642	183 259	113	5 857.92	67	26	6
應城	54 945	299 397	5	160 995	138 402	116	4 096.00	73	26	12
安陸	51 914	300 803	6	162 433	138 370	117	5 605.44	54	31	3
應山	73 804	353 012	5	190 374	162 638	117	10 462.60	34	26	11
隨縣	118 744	721 585	6	375 813	345 772	109	27 391.84	26	32	1
鍾祥	98 454	496 847	5	258 141	238 706	108	21 983.52	23	26	8

续表

縣別	戶數	口數	平均每戶口數	男子數	女子數	每百女子所當男子數	面積（方市里）	平均每方市里人數	戶口調查	報告年月
京山	103 559	487 574	5	250 583	236 991	106	15 621.16	31	32	4
天門	157 320	771 036	5	890 868	380 168	103	9 155.20	84	26	8
第四區	723 207	3 944 784	5	2 031 143	1 918 641	106	95 453.22	45		
漢陽	71 624	446 064	6	227 431	218 633	104	8 877.44	50	27	6
沔陽	158 629	798 851	5	413 838	385 013	107	18 712.72	12	26	1
潛江	74 680	366 733	5	184 520	182 213	101	5 804.96	68	27	6
監利	94 429	516 014	5	272 098	248 916	112	10 376.92	50	26	8
石首	34 216	214 543	5	110 455	104 088	106	6 624.88	33	31	12
公安	48 651	252 396	6	129 662	122 734	106	6 761.86	43	31	12
松滋	70 750	442 454	6	225 209	217 245	104	9 439.52	45	31	12

續表

縣別	戶數	口數	平均每戶口數	男子數	女子數	每百女子所當男子數	面積（方市里）	平均每方市里人數	戶口查	報告年月
枝江	41 117	222 783	5	113 512	100 271	104	4 705.88	47	30	3
江陵	134 111	684 946	5	354 418	330 528	107	14 150.04	48	26	10
第五區	446 327	2 328 490	5	1 220 543	1 107 947	110	92 669.60	25		
荊門	97 024	480 952	5	250 709	230 243	109	17 335.68	28	26	12
宜城	28 627	152 617	5	80 897	71 720	113	6 206.48	28	32	1
襄陽	41 284	325 822	8	173 165	152 657	113	14 360.72	27	32	1
棗陽	95 516	450 793	3	235 032	215 761	114	15 927.32	29	32	4
光化	31 914	161 812	5	87 494	73 818	119	3 947.88	41	32	1
穀城	59 572	267 522	4	139 893	127 629	120	9 445.24	32	32	2
保康	22 726	115 401	5	60 057	55 344	109	9 128.80	12	32	1

續表

縣別	戶數	口數	平均每戶口數	男子數	女子數	每百女子所當男子數	面積（方市里）	平均每方市里人數	戶口查	報年月
南漳	69 764	374 071	5	193 296	180 775	101	16 297.48	28	32	1
第六區	310 247	1 684 578	4	854 078	880 500	103	76 975.56	22		
遠安	19 987	120 589	6	61 282	59 257	103	6 323.80	20	31	10
當陽	34 394	279 428	8	143 511	135 917	106	10 010.16	26	32	1
宜都	54 351	308 889	6	161 494	147 346	110	6 172.08	46	31	10
宜昌	80 394	321 525	4	148 473	173 052	86	15 929.52	20	27	2
興山	18 825	100 156	5	51 766	48 390	107	8 047.88	12	31	3
秭歸	41 551	239 770	6	124 090	115 680	107	7 315.52	35	32	1
長陽	42 958	228 463	5	119 544	108 919	110	14 318.44	18	32	12
五峯	17 787	85 858	5	43 918	41 940	106	8 858.16	10	32	1

續表

縣別	戶數	口數	平均每戶口數	男子數	女子數	每百女子所當男子數	面積（方市里）	平均每方市里人數	戶口查報年月
第七區	310 022	1 485 532	5	774 508	771 024	100	94 089.36	16	
鶴峯	13 322	71 484	5	36 208	35 276	103	14 131.88	50	32 1
宣恩	20 749	114 838	6	55 593	59 245	95	8 341.32	14	32 4
來鳳	20 796	126 668	6	64 744	61 924	106	8 933.76	14	32 1
咸豐	97 626	153 784	2	82 979	70 815	117	9 917.16	16	32 1
利川	38 186	240 130	6	125 604	114 526	110	11 881.20	20	31 12
恩施	41 509	320 116	8	166 796	153 320	109	17 874.20	18	32 1
建始	39 695	241 842	6	129 321	112 521	115	11 283.52	21	32 1
巴東	38 136	216 670	7	113 263	103 407	110	11 676.32	19	32 1
第八區	280 864	1 313 198	5	706 415	606 783	116	167 809.72	12	

續表

縣別	戶數	口數	平均每戶口數	男子數	女子數	每百女子所當男子數	面積（方市里）	平均每方市里人數	戶口查報年月
房縣	42 958	228 463	5	119 544	108 918	110	29 622.32	8	32 3
均縣	37 854	183 544	5	98 718	84 826	116	14 646.88	13	32 3
鄖縣	61 787	334 214	5	178 826	155 418	115	23 874.68	14	32 3
竹山	49 794	187 365	4	101 605	85 760	118	10 676.52	18	32 1
竹谿	54 344	167 202	3	91 708	75 564	121	10 537.88	16	32 1
鄖西	34 125	212 310	6	116 014	96 296	120	18 451.44	12	32 1

資料來源：根據各縣報告編列。

29. 各縣户口分組

甲、户數分組

户數分組	分佈縣名	分佈縣數
共計		71
10 000—20 000	通山、羅田、遠安、興山、五峯、鶴峯	6
20 000—30 000	咸寧、英山、通城、黃安、宜城、保康、宣恩、來鳳	8
30 000—40 000	嘉魚、蒲圻、崇陽、興山、雲夢、石首、光化、當陽、利川、建始、巴東、均縣、鄖西	13
40 000—50 000	麻城、公安、枝江、棗陽、秭歸、長陽、竹山、房縣	8
50 000—60 000	廣濟、應城、安陸、穀城、宜都、恩施、竹谿	7
60 000—70 000	陽新、浠水、蘄春、南漳、鄖縣	5
70 000—80 000	大冶、黃梅、漢川、應山、潛江、松滋	6
80 000—90 000	鄂城、宜昌	2
90 000—100 000	漢陽、鍾祥、監利、荆門、襄陽、咸豐	6
100 000—110 000	黃陂、孝感、京山	3
110 000—120 000	隨縣	1
120 000—130 000	黃岡	1

續表

戶數分組	分佈縣名	分佈縣數
130 000—140 000	江陵	1
140 000—150 000	漢口市、武昌	2
150 000—160 000	天門、沔陽	2

乙、人口分組

人口分組	分佈縣名	分佈縣數
共計		71
50 000—100 000	通山、五峯、鶴峯	3
100 000—150 000	嘉魚、蒲圻、保康、遠安、興山、宣恩、來鳳	7
150 000—200 000	咸寧、崇陽、通城、宜城、光化、咸豐、均縣、竹山、竹谿	9
200 000—250 000	英山、羅田、禮山、雲夢、石首、枝江、秭歸、長陽、利川、建始、巴東、房縣、鄖西	13
250 000—300 000	應城、公安、谷城、當陽	4
300 000—350 000	陽新、廣濟、黃安、安陸、棗陽、宜都、宜昌、鄖縣	8
350 000—400 000	漢川、應山、潛江、南漳、恩施	5
400 000—450 000	黃梅、大冶、松滋	3
450 000—500 000	鄂城、浠水、蘄春、麻城、鍾祥、京山、荊門、襄陽	8

續表

人口分組	分佈縣名	分佈縣數
500 000—550 000	武昌、監利	2
550 000—500 000	漢陽	1
600 000—550 000	孝感	1
650 000—700 000	黃陂、江陵	2
700 000—750 000	漢口市、隨縣	2
750 000—800 000	天門、沔陽	2
800 000—850 000	黃岡	1

丙、人口密度分組（三十二年七月）

平均每方里人數	分佈縣名	分佈縣數
共計		71
0—10	五峯、鶴峯、房縣	3
10—20	通山、保康、遠安、宜昌、興山、長陽、宣恩、來鳳、咸豐、利川、巴東、均縣、鄖縣、竹山、竹谿、鄖西	16
20—30	嘉魚、咸寧、蒲圻、崇陽、陽新、羅田、麻城、黃安、隨縣、鍾祥、荆門、宜城、棗陽、襄陽、南漳、當陽、恩施、建始	18
30—40	通城、禮山、應山、京山、石首、谷城、秭歸	7

續表

平均每方里人數	分佈縣名	分佈縣數
40—50	武昌、蘄春、廣濟、英山、漢陽、沔陽、監利、公安、松滋、枝江、江陵、光化、宜都	13
50—60	黃梅、安陸	2
60—70	大冶、鄂城、浠水、孝感、漢川、潛江	6
70—80	黃岡、黃陂、應城	3
80—90	雲夢、天門	2
90 以上	漢口市	1

資料來源：根據各縣報表編列。

30. 省會警察局轄區戶口

三十二年九月

區域別		保數	甲數	戶別								人口數		
				共計	普通戶	商戶	工廠	旅棧	外僑	寺廟	公共處所	共計	男	女
總計		53	401	13 955	11 540	1 872	25	154	1	7	356	79 331	49 282	29 949
第一分局	計	22	179	6 895	5 482	1 164	8	74	—	3	164	36 313	22 279	14 037
	城廂	7	69	3 264	2 246	910	—	30	—	—	78	14 957	8 721	6 236
	官坡	3	20	718	606	79	3	7	—	3	20	4 615	2 791	1 824
	大橋	2	21	826	738	62	3	11	—	—	12	3 804	2 334	1 470
	舞陽壩派出所	1	3	334	290	33	2	—	—	—	9	1 773	1 117	656

續表

區域別		保數	甲數	戶別							人口數		
				共計	普通戶	商戶	工廠	旅棧	外僑	寺廟	公共處所	共計	男	女
第一分局	高橋壋派出所	2	19	510	488	7	—	2	—	—	13	2 817	1 632	1 185
	譚家壋派出所	2	16	506	460	28	—	2	—	—	16	4 517	3 411	1 106
	鴨子塘派出所	2	14	301	281	2	—	11	—	—	7	1 813	1 170	643
	天橋	3	17	436	373	43	—	11	—	—	9	2 017	1 100	917
	計	14	71	3 448	2 958	349	4	22	1	2	112	21 284	13 135	8 149
第二分局	土橋壋	2	14	1 139	968	120	3	4	1	1	42	7 596	5 003	2 593
	七里坪	4	18	578	379	170	—	12	—	—	17	2 993	1 722	1 271
	龍洞	2	13	437	417	5	—	—	—	1	14	2 224	1 269	955
	核桃壋派出所	1	10	319	302	7	—	—	—	—	10	2 087	1 030	1 057

第四類 人口

续表

区域别		保数	甲数	户别							人口数		
				共计	普通户	商户	工厂	旅栈	外侨	寺庙	公共处所	共计	男	女
第二分局	金子堝	3	9	653	592	38	1	3	—	—	19	4 813	3 222	1 592
	朱家坳派出所	2	7	822	300	9	—	3	—	—	10	1 571	889	682
	计	17	151	3 612	3 100	359	13	58	—	2	80	21 634	18 871	7 763
第三分局	篭凤堝	6	54	1 185	930	203	1	21	—	—	30	6 288	3 694	2 594
	兽栏	2	18	722	578	102	3	10	—	—	27	4 901	3 391	1 510
	向家村	4	27	598	546	36	5	12	—	—	4	2 590	1 403	1 187
	小龙潭	8	23	471	443	9	—	10	—	1	8	2 797	1 792	1 005
	方家堝	2	29	636	603	9	7	5	—	1	11	5 058	3 591	1 467

资源来源：根据警察局报表编列。

31. 本省人口與各省人口比較

省別	口數			編注
	計	男	女	
湖北	23 593 033	12 501 942	11 091 091	三十二年數
浙江	21 721 861	11 775 072	9 946 789	三十年數
安徽	22 704 538	12 447 393	10 257 145	二十九年數
江西	13 704 159	7 127 100	6 667 059	二十九年數
湖南	23 248 525	14 726 765	13 521 760	三十一年數
西康	1 755 542	890 874	864 668	二十九年數
陝西	9 739 617	5 243 808	4 555 809	二十九年數
甘肅	6 255 517	3 280 954	2 974 563	二十九年數
青海	1 512 823	764 653	748 170	二十九年數
福建	11 990 441	6 451 010	5 539 431	二十九年數
廣西	14 254 609	7 579 730	6 674 879	二十九年數
貴州	10 487 368	5 308 564	5 178 804	二十九年數
寧夏	765 763	398 949	336 814	二十九年數
四川	46 403 003	24 806 204	22 096 802	二十八年數

續表

省別	口數			編注
	計	男	女	
河南	31 805 621	16 961 066	14 844 555	二十八年數
廣東	32 338 795	17 490 033	14 848 762	二十八年數
雲南	10 853 359	5 539 494	5 313 865	二十八年數
江蘇	36 469 321	19 424 205	17 045 116	二十五年數
察哈爾	2 035 957	1 174 649	861 317	二十五年數
綏遠	2 083 693	1 259 020	824 673	二十五年數
河北	28 644 437	15 485 351	13 159 086	二十四年數
山東	38 099 741	20 446 808	17 652 933	二十四年數
山西	11 601 026	6 557 422	5 043 604	二十三年數
新疆	4 360 020	2 429 854	1 930 166	二十二年數
熱河	2 184 723	1 202 923	981 800	二十年數
遼寧	15 253 694	8 457 175	6 796 519	十九年數
吉林	7 354 459	4 150 071	3 204 388	十八年數
黑龍江	3 749 367	2 124 964	1 624 403	十八年數

附注：除湖北省人口數係本府發表數字外，餘均根據內政部統計處編印之戶政統計中數字填列。

32. 外僑及敵僑

甲、外僑
三十二年八月

國別	人數			傳數區域
	計	男	女	
總計	71	35	36	
美國	5	2	3	恩施
	3	1	2	南漳
	3	1	2	棗陽
	4	1	3	襄陽
	3		3	樊城
比國	4	4		長陽
	2	2		興山
	2	2		利川
	3		3	巴東
	4	4		建始

续表

国别	人数			传教区域
	计	男	女	
挪威	5	2	8	郧县
	11	3	3	光化
	9	5	4	谷城
	3	1	2	房县
	3	1	2	均县
	1	1		樊城
英国	2	2		随县
瑞士	1	1		襄阳
芬兰	2	1	1	光化
加拿大	1	1		樊城

乙、敌侨

三十二年八月

国别	入境人数			集中区域
	计	男	女	
总计	37	21	16	
德国	1	1		谷城

续表

國別	入境人數			集中區域
	計	男	女	
義國	7	7		穀城
	24	10	14	光化
	3	1	2	鄖縣
	1	1		鄖西
	1	1		均縣

資料來源：根據各縣報表編列。

第五類　縣治沿革

33. 縣治沿革

  武昌　唐虞夏前屬荆州域，周爲鄂王城，春秋時稱鄂諸[①]，及三國改爲武昌郡，魏黄初築城沙羡稱邑，晉爲江夏郡，後改爲汝南縣，迨南北朝之南齊稱爲郢州，梁爲北新州，隋改名鄂州，旋改爲江夏縣，嗣後各朝皆因之，民國二年改爲武昌縣，現隸第一行政督察區。

  漢陽　古時屬《禹貢》荆州域，秦稱南郡，漢置江夏郡，三國時吴立石陽縣，晉改爲曲陵，後改沙羡，又稱汝南，梁爲梁安郡，西魏稱魏安郡，隋爲漢津縣，大業二年改稱漢陽，宋初爲漢陽軍，元初復稱縣，旋改爲府，明初改縣，併隸武昌，清屬漢陽府，民國廿一年劃屬第一行政督察區，現暫隸第四行政督察區。

  嘉魚　古荆州地，至漢併入沙羡，晉始定名爲沙羡縣，梁升爲州，隋廢入蒲圻爲鮎瀆鎮屬鄂州，南唐改鎮爲場，升場爲縣，始改嘉魚縣，元改鄂州爲武昌路以嘉魚屬之，明改路爲府，嘉魚屬府爲縣，清仍之，民國置縣，現隸第一行政督察區。

  咸寧　古爲荆州地，漢屬江夏沙羡，吴屬武昌郡，西晉屬蒲圻，東晉屬汝南，南北朝屬郢州及北新州，隋屬鄂州，至唐復屬江夏，改置永安鎮，南唐復升爲縣，宋景德四年，避永安陵名，改爲咸寧縣，元屬武昌路，明改路爲府，仍屬之，現隸第一行政督察區。

---

  ① 應爲"鄂渚"。

蒲圻 在唐虞三代隸荊州，春秋戰國屬楚，秦爲南郡，兩漢稱沙羨，三國吳赤烏中，始名蒲圻，晉初屬長沙郡，旋改隸武昌郡，東晉屬汝南，梁爲上儁郡，隋屬江夏郡，唐稱莼川，宋隸武昌軍，元改武昌路，明屬武昌府，清分湖廣爲兩省，蒲圻隸湖北武昌府，民初屬江漢道，現隸第一行政督察區。

崇陽 《禹貢》爲荊州域，春秋屬楚，漢稱下儁，三國時屬吳，隸南郡，所謂下儁，係併崇陽通城而言，迨南梁，始析爲二，唐置唐年縣，五代改崇陽，宋開寶八年，始名崇陽，元屬武昌路，明屬武昌府，清因之，現隸第一行政督察區。

通城 周屬楚，秦屬南郡，漢置下儁縣，屬長沙，六朝以降，或隸巴郡，或改儁州，唐置唐年縣，設通城鎮，宋改爲崇陽，屬鄂州，熙寧五年，始升鎮爲縣，元明及清屬武昌府，民國初屬江漢道，現隸第一行政督察區。

通山 漢爲下雉縣，屬江夏郡，吳析置陽新縣，隸武昌郡，六朝因之，隋併爲永興縣，唐仍之，南唐爲通羊鎮，宋初改通山縣，隸江南道，旋改羊山，尋復稱通山，隸興國軍，元隸興國路，明改興國府，清隸武昌府，民初屬江漢道，二十一年隸第二行政督察區，二十五年改隸第一行政督察區，現因之。

陽新 初名下雉，西漢時始置縣，屬江夏郡，三國析爲下雉、陽新隸武昌郡，晉併下雉，入陽新，宋齊梁因之，隋改名富川、永興，唐及五代沿用永興，而隸屬不一，宋置興國軍，元升爲興國路，隸江西，旋割隸湖廣行省，明降爲州，清仍之，屬武昌府，民元改稱陽新，三年屬江漢道，二十一年屬第二行政督察區，現隸第一行政督察區。

大冶 在《禹貢》屬荊州域，春秋爲楚地，周稱鄂，秦屬南郡，漢屬下雉，晉隋各代，隸屬紛更，南唐始置大冶縣，隸鄂州，宋置興國軍，大冶屬焉，明洪武間改興國州，領大冶通山二縣，屬武昌府，清仍之，後改直屬武昌府，民初屬江漢道，二十一年屬第二行政督察區，現隸第一行政督察區。

鄂城 唐爲樊國，夏爲鄂郡，殷爲鄂國，漢時稱爲鄂縣，三國及兩晋南宋梁陳均稱武昌郡，隋唐五代及宋初，均稱武昌縣，旋改爲壽昌軍，元明以來，武昌壽昌之名，迭經改易，民國初始定今名，二十一年劃屬第二行政督察專員管轄區，二十五年改隸第一行政督察區。

黃岡 禹貢爲荆州域，在周爲弦子國，併於楚，曰邾城，秦改爲邾邑，屬南郡，漢分南郡爲江夏郡治，西陵、西陽、邾縣屬焉，魏晋六朝，時有變更，隋改梁安曰木蘭，改南安曰黃岡，唐併木蘭入黃岡，宋元明清迄今，皆仍之，民國二十一年劃歸第四行政督察區管轄，二十五劃入第二行政督察區，二十八年劃歸鄂東行署管轄，三十年仍劃爲第二行政督察區管轄。

浠水 春秋戰國屬楚地，秦屬九江郡，南北朝以豫部蠻民置浠水蘄水等十八縣，嗣後即沿浠水之名，唐時更名蘭溪，嗣改稱蘄水，迄民國二十二年六月，仍復浠水之名，二十五年隸第二行政督察區，二十八年歸鄂東行署管轄，現隸第二行政督察區。

蘄春 爲《禹貢》荆州域，春秋戰國皆屬楚，秦屬九江郡，漢屬江夏郡，東漢屬蘄春國，厥後爲郡，爲路，爲府，爲縣，爲州析合不常，明清兩代均爲州，民國改置縣，原屬第二行政督宗區，廿八年歸鄂東行署管轄，現隸第二行政督察區。

廣濟 漢爲蘄春地，至唐德武四年，析蘄春置永寧縣，天寶年間更名廣濟，宋屬蘄春郡，紹興初廢縣爲鎮，尋後置，元屬蘄州路，明初屬蘄州，清屬黃州府，民國十五年前屬江漢道，二十八年劃歸鄂東行署管轄，現隸第二行政督察區。

黃梅 漢爲尋陽縣，屬廬江郡，南朝時名永興，隸齊昌郡，隋開皇改永興爲新蔡，十八年改名黃梅，屬蘄州，清仍之，隸黃州府，民國初年屬江漢道，二十一年屬第三行政督察區，二十五年改隸第二行政督察區，二十八年歸鄂東行署管轄，三十年復改隸第二行政督察區。

英山 宋咸純初年始置縣，隸廬州，元明仍舊，清初改隸六安州，此後隸皖隸鄂，時有變更，於民國二十一年十一月，復改隸鄂，現隸第二行政督察區。

羅田 在《禹貢》屬荊州境，春秋爲黃國地，戰國屬楚，漢隸江夏郡，三國屬蘄春郡，至隋始置縣，宋以石橋鎭升爲羅田縣，明清均隸黃州府，民初屬江漢道，二十五年屬第二行政督察區，二十八年劃歸鄂東行署管轄，現復改隸第二行政督察區。

麻城 夏商時屬荊州域，春秋爲弦黃二國地，秦置邾縣，漢置西陵縣，三國時魏置西陽縣，晉置西陽國，屬豫州，後趙石虎使其將麻秋築城，爲麻城命名之始，南宋置西陽郡，隋置麻城縣，爲麻城建治之始，唐初名亭州，又改陽城縣、仙居縣，後仍改爲麻城，五代及宋元明仍之，清屬黃州府，二十一年屬第四行政督察區，二十五年改屬第二行政督察區，二十八年劃歸鄂東行署管轄，現改隸第二行政督察區。

黃安 漢爲西陵，屬江夏郡，晉屬弋陽郡，南北朝屬齊安郡，唐屬淮安節度，宋屬淮安路，元屬黃州路，隸河南行省，明洪武時，屬黃州治，嘉靖時始設黃安縣，割麻城之泰平、仙居三鄉二十里甲，黃陂之潊鄉八里甲，黃岡之上和鄉十二里甲屬焉，前清屬黃州府，民國二十一年屬第四行政督察區管轄，幾經改隸，至三十年始劃歸第二行政督察區管轄。

黃陂 春秋爲黃國，魏晉爲石陽，以黃陂名邑，自北齊始，隸黃州府，清雍正七年，改隸漢陽府，民國十五年以前屬江漢道，二十一年屬第四行政督察區，現隸第二行政督察區。

禮山 向爲豫鄂兩省邊區，於民國二十二年元月劃湖北之黃安、黃陂、孝感，及河南之羅山等四縣各一部，置縣，隸第四行政督察區，二十五年改隸第二行政督察區，二十八年第二行政督察區裁撤，歸鄂東行署轄，三十年復隸第二行政督察區。

孝感 漢爲安陸縣地，南北朝宋武孝置孝昌縣，嗣後名稱隸屬，屢有變更，至唐朝始改名孝感，相沿至今，秦時屬南郡，漢屬江夏郡，隋屬荊州，清屬漢陽府，民國十五年前屬江漢道，二十五年屬第三行政督察區，三十年屬第二行政督察區，現暫歸第五行政督察區管轄。

雲夢 古爲澤藪，春秋戰國皆屬楚，西魏大統十六年置縣，隋以後屢行廢置，或隸安陸，或隸應城；明洪武十年始復舊，清屬德安府，民國十五年前屬江漢道，二十一年屬第五行政督察區，二十五年改隸第三行政督察區。

漢川 古爲澤藪，本漢江夏郡地，梁置梁安郡，西魏改魏安郡，置江州，北周置甑山縣，唐德武四年，析置漢川縣，五代周隸安州，宋初曰義川，後改漢川，元明清因之，清屬漢陽府，民國十五年前屬江漢道，現隸第三行政督察區。

應城 周爲軫鄖二國，又爲蒲應地，南北朝始析安陸南境，置應城縣，唐省入雲夢，自宋後復置縣，清屬德安府，民國十五年前屬江漢道，二十一年屬第五行政督察區，二十五年改屬第三行政督察區。

安陸 古爲雲夢澤，漢置安陸縣，屬江夏郡，隋改稱吉陽，唐稱安州，元爲安陸縣，明清均爲德安府置安陸縣，民國屬江漢道，二十一年屬第五行政督察區，二十五年改隸第三行政督察區。

應山 漢爲鄳縣，晉爲義陽縣，劉宋爲永陽縣，梁大同二年，分置永陽縣，兼置隨州，隋開皇十八年，改縣爲應山，相沿至今，清隸德安府，民國初屬江漢道，現隸第三行政督察區。

隨縣 周初建國千八百，見於《春秋》經傳者六十有五，而隨稱大，秦漢而後，爲郡爲州，建置不一，而隨之名，歷久未易，清爲隨州屬德安府，民國改爲隨縣，今屬第三行政督察區。

鍾祥 《禹貢》時屬荆，春秋爲楚郊郢，秦時隸南郡，漢爲郢縣，晉置竟陵郡，西魏長壽，歷周隋，迄明初，雖州郡之制屢更，惟縣名仍舊，明嘉靖十年始設鍾祥縣，迄清無改，民國初屬襄陽道，現隸第三行政督察區。

京山 古爲荆州域，三國屬魏，曰角陵，隋改京山隸安州安陸郡，元升爲府，縣隸如故，明改安陸爲隸州，清順治時屬荆西道，康熙時改轄荆南道，民國十五年前屬襄陽道，現改隸第三行政督察區。

天門 古爲風國，周名竟陵，秦始置縣，漢晉宋齊梁因之，西魏改名霄城縣，後周復名竟陵，五代天福初改名景陵，宋元明因之。清初雍正四年改名天門隸安陸府，民國初屬襄陽道，現隸第三行政督察區。

沔陽 梁置沔陽郡，唐改爲復州，宋爲沔陽縣，明改爲沔陽州，清承其舊，民国復稱沔陽縣，屬江漢道，現隸第四行政督察區。

潛江 古稱潛沱，肇於《禹貢》，春秋戰國皆屬楚，古稱安遠鎮，宋乾德三年建縣，清隸安陸府，民國十五年前屬江漢道，現隸第四行政督察區。

監利 周以前爲州國，漢名華容，屬南郡，迨三國吳，始改今稱，宋齊屬巴陵郡，後周廢郡爲縣，屬復州，梁宋隸江陵，元爲中興路，明清屬荊州府，民國十五年前屬荊南道，現隸第四行政督察區。

石首 古爲荊州域，《禹貢》屬雲夢澤，商屬荊楚，商末爲淮國，周時屬楚地，秦滅楚改爲南郡，西漢屬荊州，併入華容縣，晉武帝時始析華容爲石首、監利、華容三縣。縣境有山突出江流，如石之首，故名，隋改隸荊州，唐復置縣，自後因之，民國十五年前屬荊南道，現隸第四行政督察區。

公安 古稱屠陵，兩漢時屬荊州，建安十四年改名公安屬南平郡，晉改江安，梁復舊名，沿稱至今，民初屬荊南道，現隸第四行政督察區。

松滋 在春秋戰國時皆屬楚，東晉始置縣隸河東郡，隋以後改隸荊州府，初名茲方、祝茲、鳩茲、言程、上明、樂鄉、高成，後因宿松縣流民進兵至此，日見繁盛，改名松滋，民國初屬荊南道，現隸第四政行督察區。

枝江 爲楚開基地，漢始置縣，中間縣治屬遷，今之縣治即宋所遷下沱也，清屬荊州府，民國十五年前屬荊南道，現隸第四行政督察區。

江陵 春秋時爲楚郢都，秦分郡置江陵縣，漢時改江陵縣爲南郡治，晉爲荊州治，劉宋蕭齊因之，隋爲南郡治，唐爲江陵府治，五代宋元因之，明爲荊州府治，清仍之，民國十五年以前屬荊南道，現隸第四行政督察區。

荊門 周屬周南之羅都，春秋爲楚權國，秦漢屬南郡，晉隸荊州，迨六朝均置縣更稱不一，隋名長林屬荆州鎮，唐貞觀八年，始立荆門縣，五代稱荆門軍，元改爲府，嗣改爲州，明初仍置縣，清改爲直隸州，民國復稱縣，隸襄陽道，後屬第三行政督察區，旋改隸第四區，現因交通關係，撥歸第五區。

宜城 古屬豫州，夏屬邧國，周爲羅鄀鄢等地，後併於楚，秦置鄢縣，漢惠帝時改名宜城，隸南郡，迄南北朝，宋改稱華山，西魏名爲漢南，自後名稱屢更，唐復稱宜城，隸襄州襄陽郡，宋明清因之，民國屬襄陽道，現隸第五行政督察區。

棗陽 周以前屬豫州域，周屬唐國，併於楚，秦置蔡陽縣，漢改爲襄鄉縣，魏稱安昌縣，晉宋齊梁復名襄鄉，至隋始改名棗陽，沿稱至今，現隸第五行政督察區。

襄陽 古爲襄國，春秋戰國皆屬楚，秦以漢北爲南陽郡，置南郡，號襄陽爲北郡，漢初置襄陽縣，晉六朝唐五代因之，宋改隸襄陽府，元爲總管府，旋復舊，明清均沿稱襄陽縣，屬襄陽府，民十五年屬襄陽道，現隸第五行政督察區。

光化 古爲陰國，夏屬豫州，置鄖縣，隋置陰城縣，宋置光化軍，熙寧五年，廢軍改爲光化縣，元明清仍之，民國初屬襄陽道，現隸第五行政督察區。

穀城 在周代爲穀國，嗣爲楚所滅，秦平鄢鄀，置筑陽縣，隋代改爲穀城，相沿至今，民國初屬襄陽道，今隸第五行政督察區。

保康 舊屬房縣，宋初置保康軍，明置保康縣，清沿明稱隸鄖陽府，民初屬襄陽道，今隸第五行政督察區。

南漳 春秋時爲盧羅二國併於楚，秦置南郡，漢隸荆州，晉改上黃，南北朝曰思安，隋開皇十八年始改稱南漳，隸襄陽郡，唐隸襄州，宋隸襄陽府，元隸襄陽路，明清均屬襄陽府，民國初屬襄陽道，今隸第五行政督察區。

遠安 西漢置臨沮縣屬南郡，晉置高安縣屬襄陽郡，劉宋初屬漢陽郡治，後周改爲遠安，始隸峽州，以後屢有變更，或隸彝陵，或隸峽州，或隸荊州，清時升荊門爲直隸州，遂隸荊門，民國十五年前屬襄陽道，今隸第六行政督察區。

宜都 後漢爲夷道，屬南郡，三國魏置宜都郡轄宜道、巫山、秭歸、彝陵等四縣，隋以夷道屬彝陵郡，唐改夷道爲宜都縣，屬峽州，明屬荊州彝荊州，清屬荊州，民國十五年前屬荊南道，現隸第六行政督察區。

當陽 春秋時爲楚境，秦置郢縣屬南郡，漢析江陵地，別置當陽，魏隸荊南州，晉改長林，南朝時復名當陽，自唐以後旋改旋復，隸屬迭有變更，而名稱則未之易，民國初屬襄陽道，現隸第六行政督察區。

宜昌 在《禹貢》屬荊州域，商時爲楚地，秦置南郡，漢置彝陵屬南郡，蜀漢稱宜都，晉改稱夷陵縣，至梁改爲宜州，西魏爲拓州，後周爲峽州，隋改爲夷陵郡，此後各州對峽州夷陵郡名輒有變更，郡路府縣代置制均不同，清初稱夷陵州隸荊州府，雍正間升爲宜昌府，民國初始府廢爲縣，現隸第六行政督察區。

興山 古爲楚始封地，後爲夔國，漢置秭歸縣，吳分秭歸之北界置興山縣，周爲長寧縣，隋改隸秭歸，唐分置興山，宋復合为秭歸，元初復分置，明初併入巴東，宏治①間再置縣，清因之，屬宜昌府，民國十五年前屬荊南道，現隸第六行政督察區。

秭歸 古名夔國，春秋爲夔子國，楚滅夔，乃屬楚，秦郡縣天下，置秭歸縣隸南郡，縣爲屈原故鄉，原被放姊女姿聞而來歸，故名，漢晉宋齊仍沿此稱，自後名屢更改，至民國復名秭歸縣，十五年前屬荊南道，現隸第六行政督察區。

長陽 古爲楚地，漢置佷山縣，屬武陵郡，蜀改隸宜都郡，吳因之，晉平吳改興山，尋復爲佷山，隋始定今名，屬南郡，唐宋屬峽州，五代及宋元因之，明改並陵州，領長陽縣，清初仍明制，後改隸宜昌府，民初屬荊南道，現隸第六行政督察區。

五峯 前屬土司管轄之地，至清雍正十三年，改土歸流，撥長樂、

---

① 應爲"弘治"。

石門、松滋、枝江、宜都五縣之地立爲縣治，取名長樂，隸宜昌府，民國三年始改今名，屬荊南道，現隸第六行政督察區。

鶴峯 縣經匪亂，志佚無存，詳細沿革待考，據傳清以前，均爲土司地，稱容美司，雍正十三年改土歸流，始置鶴峯州，民初改縣，十五年前屬荊南道，現隸第七行政督察區。

宣恩 古爲廩君國，周屬夔子國，春秋爲巴國界，戰國屬巫郡地，秦改屬黔中，漢屬南郡，三國屬新城，唐先後爲舞州、鶴州、珍州、夜郎縣、龍皋縣、東源縣、港溪縣諸稱，宋改西高州，元時土酋佔據，乃設十五土司，明及清初因之，雍正十三年率土歸流，始置縣治，屬施南府，現隸第七行政督察區。

來鳳 上古爲蠻夷國，唐虞夏商爲巴子國地，秦隸黔中郡，漢屬武陵郡，晉屬夜郎郡，隋隸施州，唐隸清化郡，宋時爲富州、柔遠州，並改置散毛司，元明及清初，均分置各宣撫司，乾隆元年先後歸流，始廢各司爲來鳳縣，隸施南府，民國復屬荊南道，現隸第七行政督察區。

咸豐 古屬蠻夷國，周初爲巴子國，後爲夔子國地，戰國屬楚巫郡地，秦屬黔中郡，漢屬武陵郡，三國迄晉屬建王郡，唐爲清江縣，迨宋歷改爲富州，羈縻柔遠州、懿州、安定州，元廢州爲散毛府，明爲大田所，清雍正間改土歸流始設咸豐縣，今隸第七行政督察區。

利川 古爲南郡蠻地，後周爲鹽水縣亭州，隋爲清江郡，唐省入清化郡，五代爲清江縣，元爲都亭鄉，明爲施州衛都亭里，置三司一所，清雍正十三年始併各土司，置利川縣，隸施南府，民國初屬荊南道，今隸第七行政督察區。

恩施 古爲巴子國地，後爲夔子國地，戰國屬楚，三國吳爲巫縣地，晉宋時爲沙渠縣，信陵縣，齊梁爲巴山縣，後周爲鹽水縣、烏飛縣江州，隋唐宋元爲清江縣，明置施州衛，轄領各司，清康熙三年，改土歸流，雍正六年始稱施縣，後設施南府，置邑於此，今隸第七行政督察區。

建始 古爲廩君國地，晉始置建始縣，後周改爲業州，隋時廢州，復稱建始，唐及後五代仍之，宋元屬四川夔州府，明屬施州衛，清乾隆元年，撥歸施南府，民國改元屬荊南道，現隸第七行政督察區。

巴東 《禹貢》屬荊州域，周爲夔子國地，復入楚，秦置巫山縣，隸南郡，漢隸荊州南郡，晉隸建平郡，梁置信陵郡，後周曰樂鄉縣，隋始名巴東縣，隸信州，唐府①山南東道，宋隸巴東郡，元設行中書省，明改彝陵州，清雍正間改隸宜昌府，現隸第七行政督察區。

房縣 古稱房陵，唐虞時爲房子國，周爲召南，秦置房陵縣，晉爲魏新，旋復稱房陵，惟隸屢易，唐建房州，宋初稱保康軍，嗣仍置縣，元復名州，明建鄖陽府房縣隸焉，清仍明制，現隸第八行政督察區。

均縣 古屬《禹貢》豫州域，周爲楚北境，戰國時爲均陵，秦屬南陽郡，自漢至晉爲武當縣，後魏爲豐州，隋改爲均州，縣名始此，唐仍之，歷五代以及宋元無異，明成化時州隸襄陽府，清因之，現隸第八行政督察區。

鄖縣 古爲麋國，春秋錫穴，前漢析爲錫及長利二縣，後漢省長利，晉改鄖鄉，明建鄖陽府，置鄖縣，清因之，民國初屬襄陽道，現隸第八行政督察區。

竹山 古爲庸國，春秋併入楚，秦置上庸縣，漢末置郡，中屢變更，至宋齊仍復郡制，梁析上庸置安城、新豐，西魏改安城曰竹山，又析置羅州，改新豐爲上庸，迨宋始省上庸入竹山，隸房州，明洪武初省竹山入房州，後復舊置，成化年建鄖陽府，竹山屬焉，清因之，民國初屬襄陽道，現隸第八行政督察區。

竹谿 古庸國地，春秋屬於楚，復併入秦，至明成化十二年，以竹山尹店社置縣，稱竹谿屬鄖陽府，民國初屬襄陽道，現隸第八行政督察區。

鄖西 古爲麋商二國之地，春秋屬晉爲晉陰，戰國時麋屬楚，商屬陰，漢置長利，南北朝爲上津縣，隋改商州，宋元復爲上津縣，明置鄖西縣隸鄖陽府，清因之，民国十五年前屬襄陽道，現隸第八行政督察區。

---

① 疑爲"屬"之誤。

第六類 政　　務

34. 省政府組織系統

三十二年十二月

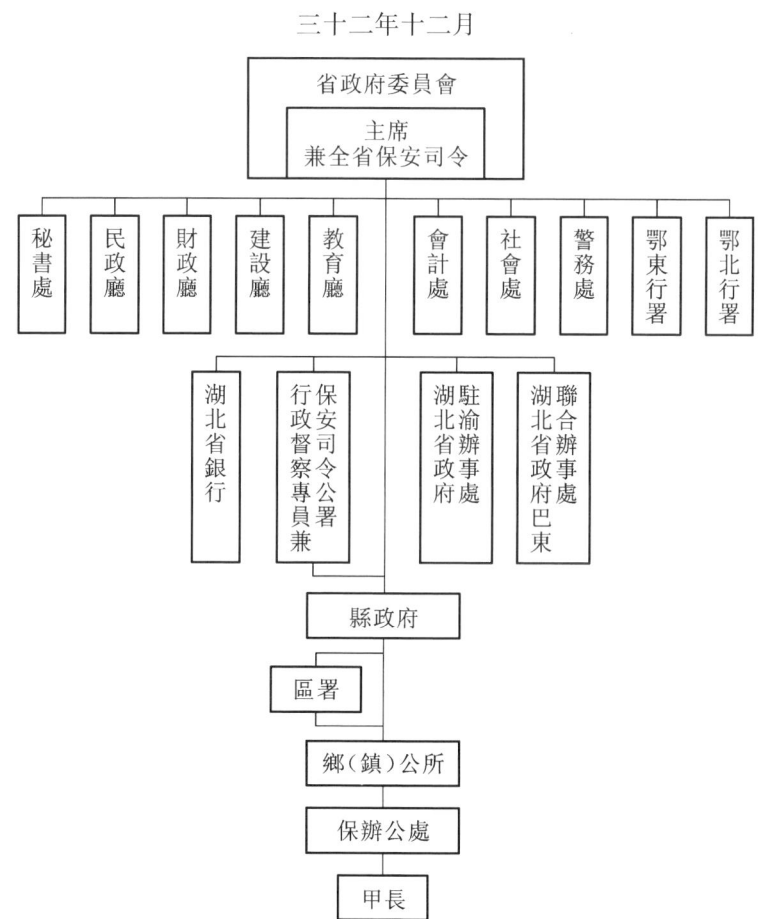

35. 省政府各級機關組織系統
三十二年十二月

甲、秘書處組織系統

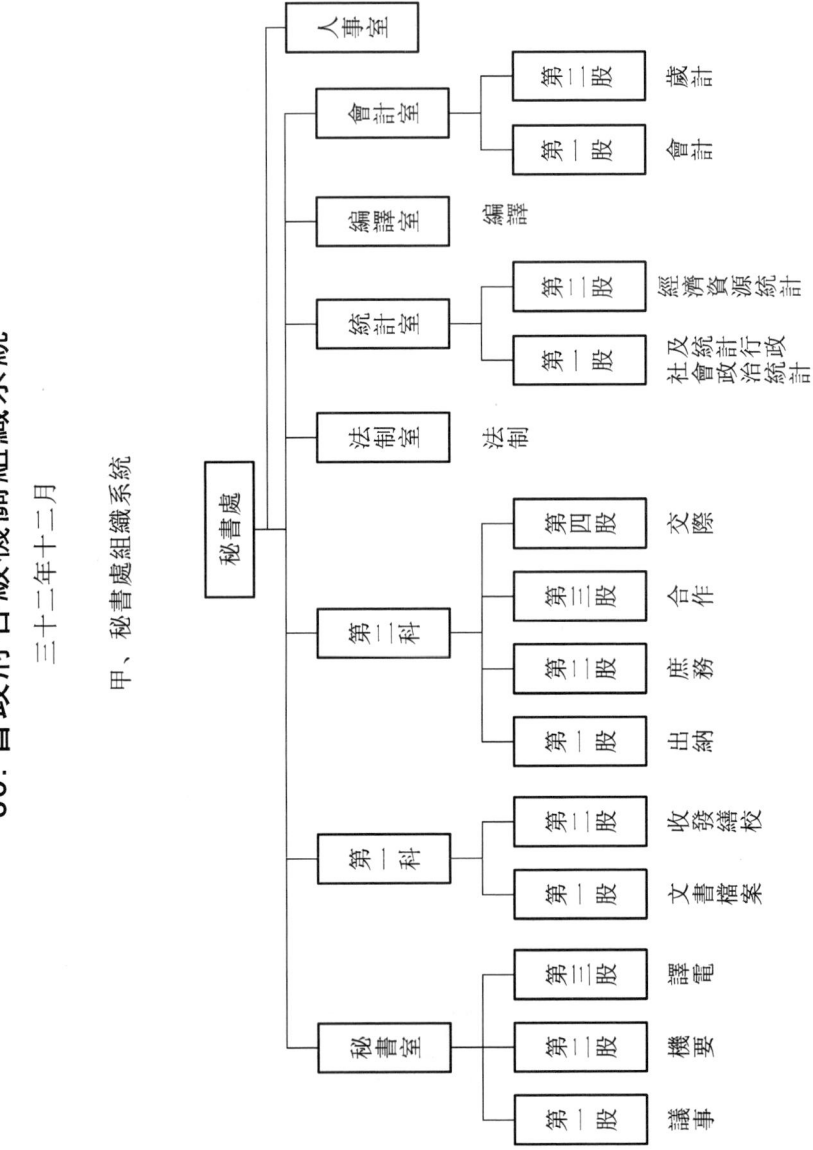

乙、民政廳組織系統

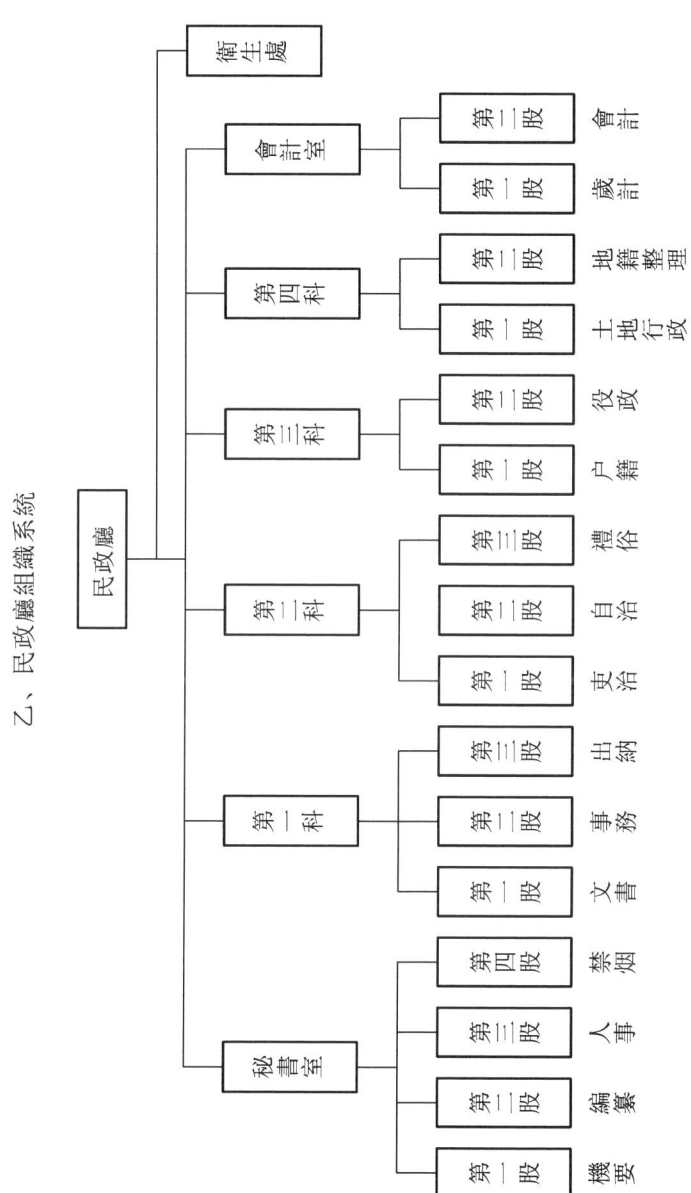

丙、財政廳組織系統

```
                                    財政廳
    ┌──────┬──────┬──────┬──────┬──────┬──────┬──────┬──────┐
   秘書室  第一科  第二科  第三科  第四科  第五科  會計室  視察室
```

秘書室：第一股（機要）、第二股（編纂統計）、第三股（人事）

第一科：第一股（事務）、第二股（文書）、第三股（出納）

第二科：第一股（租稅）、第二股（自治財政收入）、第三股（自治財政支出）

第三科：第一股（交代）、第二股（國家支出之審議）

第四科：第一股（庫款收入）、第二股（庫款支出）、第三股（撫卹）

第五科：第一股（省糧分配）、第二股（鹽務行政）、第三股（生活必需品分配）、第四股（金融公債）

會計室：第一股（歲計）、第二股（公務會計及公庫會計）

各區財政處　各縣稅務局

丁、教育廳組織系統

```
                                    教育廳
                                      │
  ┌──────┬──────┬──────┬──────┬──────┬──────┐
 秘書室  第一科  第二科  第三科  第四科  督學室  會計室
  │       │       │       │       │               │
┌─┼─┐   ┌─┼─┐   ┌─┼─┐   ┌─┼─┐   ┌─┼─┐           ┌─┴─┐
第 第 第  第 第 第  第 第 第  第 第 第  第 第 第        第   第
一 二 三  一 二 三  一 二 三  一 二 三  一 二 三        一   二
股 股 股  股 股 股  股 股 股  股 股 股  股 股 股        股   股
│ │ │   │ │ │   │ │ │   │ │ │   │ │ │         │   │
機 文 人  經 事 出  高 中 職  師 國 縣  民 社 衛        會   歲
要 書 事  費 務 納  等 等 業  範 民 教  眾 會 生        計   計
               教 教 教  教 教 育  教 文 教
               育 育 育  育 育 行  育 化 育
                            政
```

省立各學院　省立各中學　省立各小學　省立民眾教育館　省立實驗民眾教育館　省立圖書館

戊、建設廳組織系統
三十二年元月

- 建設廳
  - 秘書室
    - 第一股：機要
    - 第二股：編纂統計
    - 第三股：人事
  - 第一科
    - 第一股：文書
    - 第二股：出納
    - 第三股：庶務
  - 第二科
    - 第一股：路政
    - 第二股：電政
    - 第三股：航政
  - 第三科
    - 第一股：工業
    - 第二股：礦政
    - 第三股：商業
  - 第四科
    - 第一股：農林
    - 第二股：水利
    - 第三股：營建
  - 會計室
    - 第一股：歲計
    - 第二股：會計
    - 第三股：成本會計
  - 技術室

所屬機構：
- 萬縣麻織廠
- 咸豐第一化工廠
- 咸陽紡織廠
- 恩施手紡織工廠
- 農業改進所
- 水利工程處
- 恩施煤礦廠
- 交通事業管理處
  - 咸豐修車總廠
  - 巴東機械廠
- 萬縣機械廠
- 萬縣造紙廠
- 巴東煉油廠
- 穀城手紡織廠
- 恩施造紙廠
- 利川硫酸廠
- 興秭煤礦管理處
- 寶雞民康毛棉廠

己、會計處組織系統

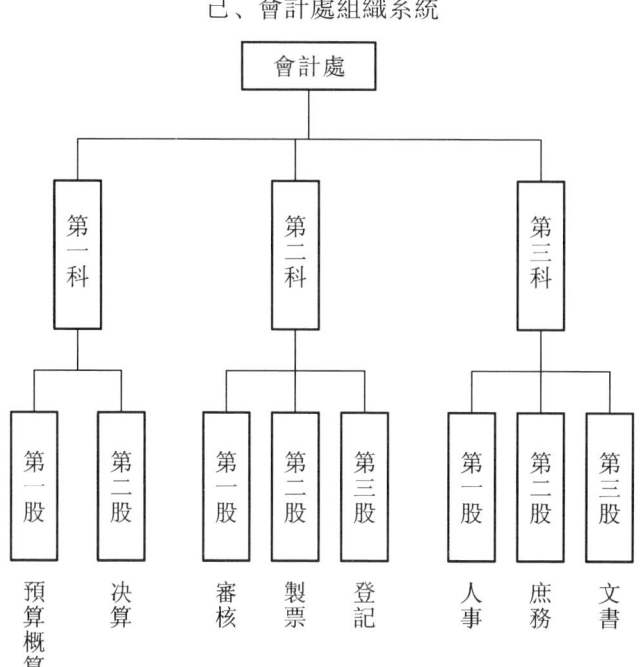

庚、社會處組織系統

```
                              社會處
    ┌─────────┬─────────┬──────┼──────┬─────────┬─────────┐
  秘書室     第一科     第二科        第三科     第四科     會計室
  ┌─┼─┐    ┌─┼─┐    ┌─┴─┐      ┌─┼─┐    ┌─┴─┐    ┌─┴─┐
 第 第 第   第 第 第   第   第     第 第 第   第   第    第   第
 一 二 三   一 二 三   一   二     一 二 三   一   二    一   二
 股 股 股   股 股 股   股   股     股 股 股   股   股    股   股
  │  │  │   │  │  │   │    │     │  │  │   │    │    │    │
 機 編 人  文 出 事   民   社    分 合 合  臨   經   歲   會
 要 纂 事  書 納 務   訓   會    配 作 作  時   常   計   計
                      及   福       金 業  救   救
                      社   利       融 務  濟   濟
                      會
                      運
                      動
```

| 土橋壋國醫診所 | 曬坪墾牧區 | 西流水墾牧區 | 機民配置區 | 各難民收容所 | 各兒童教育院 | 辦事處三斗坪戰地聯合 | 應處各合作社物品供 |

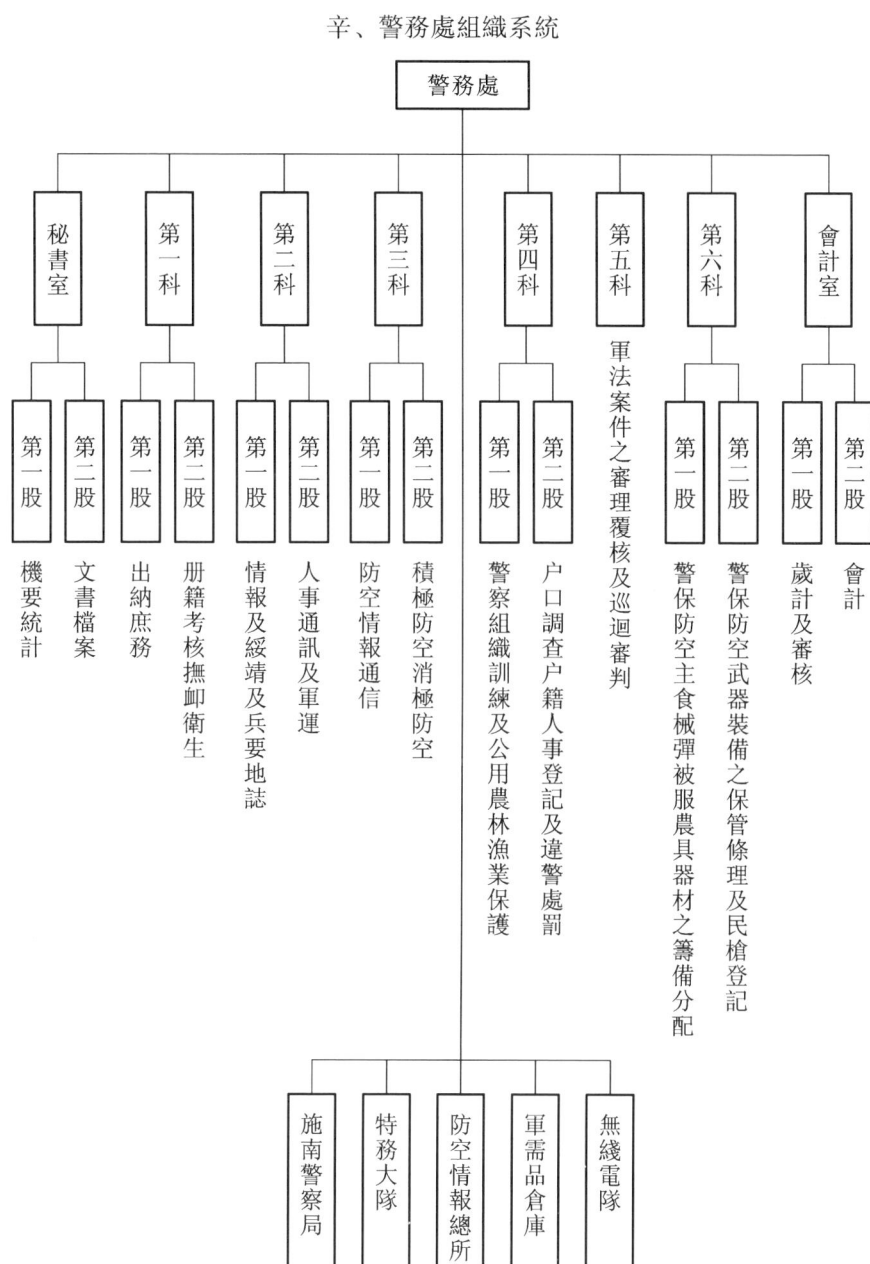

王、衛生處組織系統

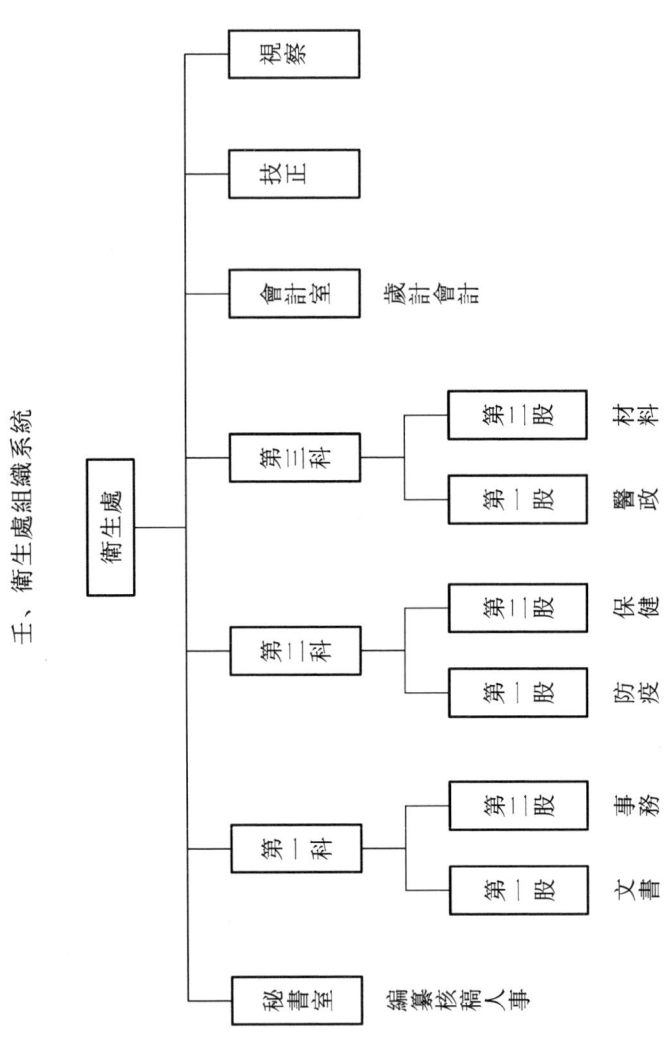

第六類 政務

癸、鄂東北行署組織

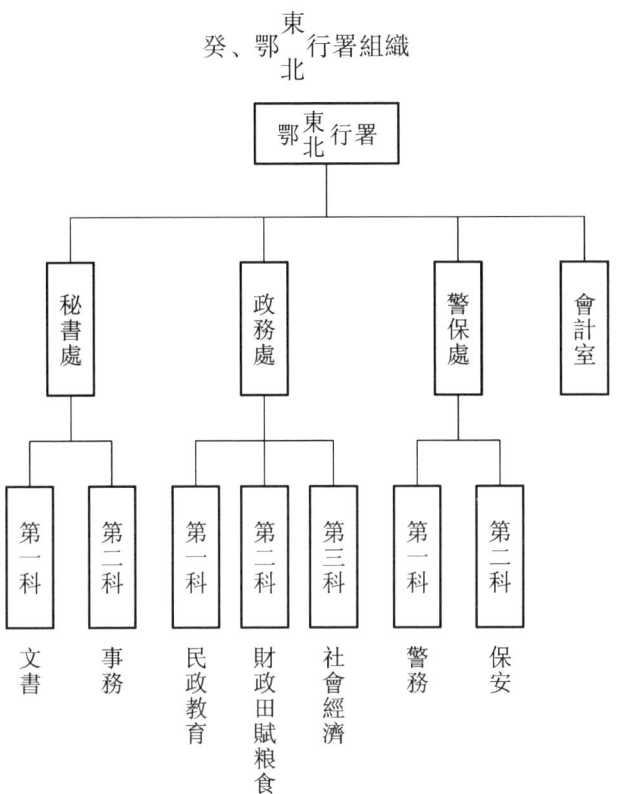

子、專員公署組織系統

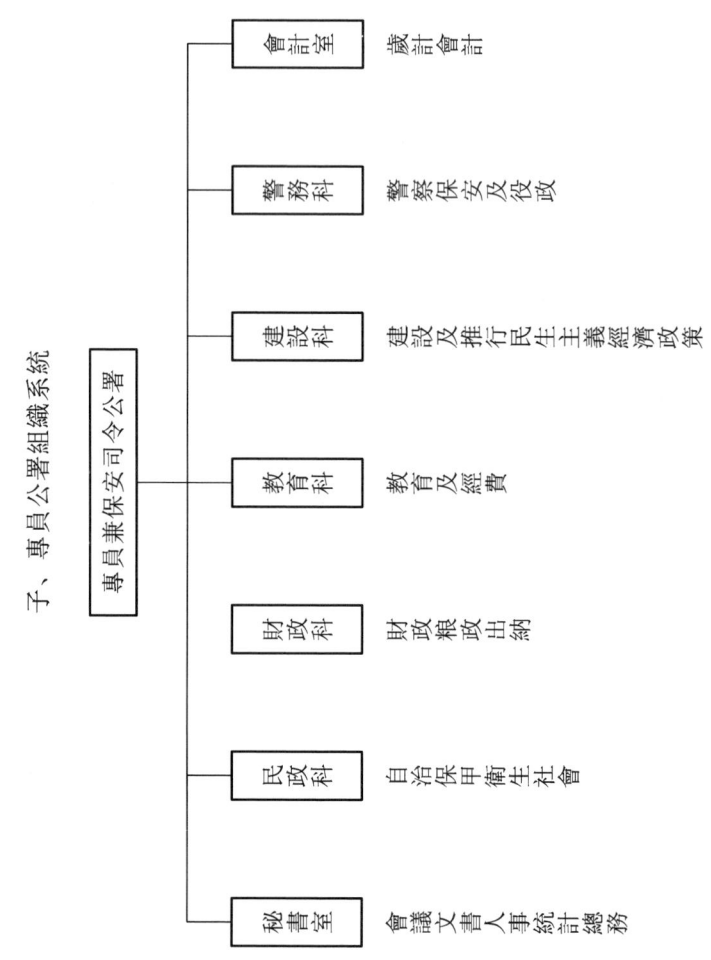

```
專員兼保安司令公署
├─ 會計室 —— 歲計會計
├─ 警務科 —— 警察保安及役政
├─ 建設科 —— 建設及推行民生主義經濟政策
├─ 教育科 —— 教育及經費
├─ 財政科 —— 財政糧政出納
├─ 民政科 —— 自治保甲衛生社會
└─ 秘書室 —— 會議文書人事統計總務
```

丑、縣各級組織系統

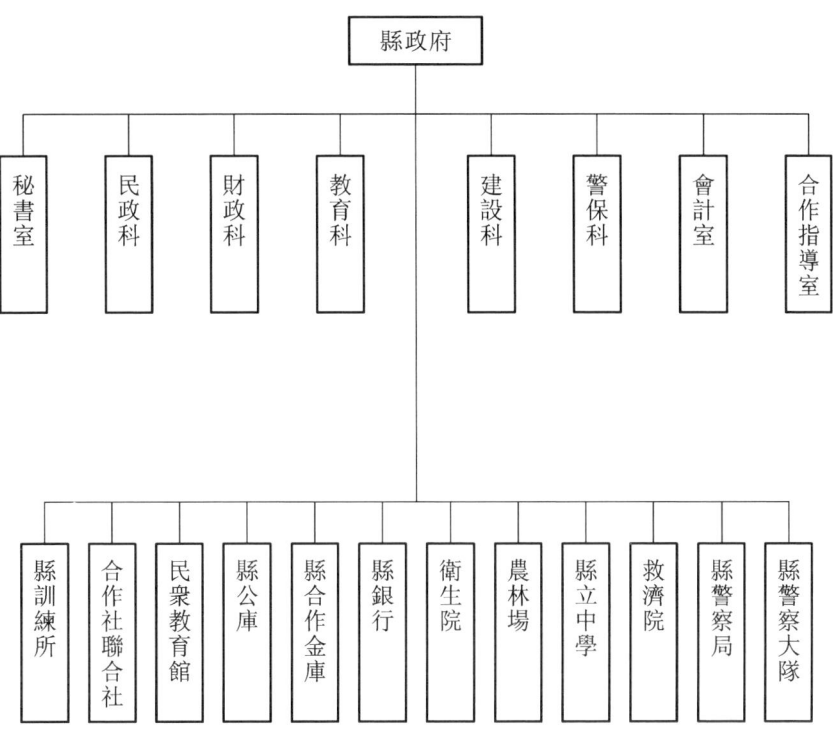

36. 省政府各級機關編制

三十二年元月

機關別	員額				雇用
	共計	簡任	薦任	委任	
省政府秘書處	170—178	2	81	137—145	
省政府民政廳	80	1	9	70	
省政府財政廳	135	1	13	121	
省政府教育廳	90	1	9	80	
省政府建設廳	116	1	15	94	
省政府警務處	85	1	13	71	12
省政府社會處	74	1	8	65	
省政府會計處	45	1	3	41	8
省政府民政廳衛生處	50	1	9	40	
省政府財政廳田糧管理處	148	1	17	130	
省政府鄂東行署	40—50	4	11—12	25—34	
省政府鄂北行署	40—50	4	11—12	25—34	
各專員兼保安司令公署	37—47	1	14	20—30	

續表

機關別			員額				雇用
			共計	簡任	薦任	委任	
各縣政府	縣區完整	一二等 三四等	73 67		1 1	72 66	14 13
	大部能行使政權	一四①等 三二等	58 51		1 1	57 50	10 10
	小部能行使政權		32		1	31	4

說明：1. 各級機關雇用人員無明確規定者均未列。

2. 人事室員額，列入秘書處內。

---

① 原文如此。

37. 新湖北建設計劃

總綱

壹、要義　1. 澈底奉行三民主義以為一切工作之準繩。2. 嚴格遵照中央之國策與命令。3. 依據全省實際之需要。

貳、任務　1. 開發資源，增進生產。2. 加強訓政，推行自治。3. 普及教育，倡導學術。

叁、范圍　遵照總裁行政三聯制之規定，再就本省實際需要，將全部計劃體系，在橫的方面分為政治、經濟、文化三大部門，使其緊密相接，成為一體；在縱的方面，除有關國防之軍需工業屬於中央之外，分為全省建設計劃、各縣建設計劃、各鄉鎮建設計劃三級。

肆、資本　由政府負責籌備與分配。暫定為工業百分之四十，農業百分之三十，礦業、交通、文化各百分之十。

伍、期間　本計劃以五年為第一期，自民國三十一年起至三十五年止。

甲　經濟部門

方針

一、經濟建設的最高原則，為民生主義，故必需遵照總理實業計劃，配合中央整個國防經濟建設之要求，並針對本省目前環境及戰時人民生活需要，以為實施之標準。

二、經濟建設之中心政策，為逐漸"實行統制經濟以調節物資之生產消費"，而樹立"施行計劃經濟之基礎"。

三、關於生產之經營，則分國營、省營、縣營、民管、合管五種。

四、縣以下之地方事業，實行人民造產以合作系統經營之，期達成民有民治民享之目的。

五、在本省經濟建設中採取農業與工業相互促進、配合發展之政策，以求經濟全面的發展。

六、工業之建設，以發展機器工業為主；並扶植手工業之生產，以補機器工業之不足。

七、工業建設中選擇廠址之原則，除斟酌交通原料勞力等條件外，並須依據國防軍事及本省經濟普遍發展之需要，予以適當之分配。

八、經濟建設中農工礦業各部門之生產，應集中力量於若干種本省主要特產物品，增進其質量。

九、在運銷方面，凡與國防有關及本省民生切需之物資，得由政府委託省營經濟機關及合作系統，加以適當之統制，以達調節供應之目的。

十、促進勞資合作，實施勞資仲裁。

十一、現時省有之各項經濟事業及其管理機構，務須充實健全，在產銷管理各方面，均應與全般計劃相配合，以期增進效率。

類別	綱別	目別	備考
（一）工業（擬斟酌國計民生之需要，於五年內次第興辦各種工廠一百所）	子、冶金工業	鋼鐵廠一	除整理大冶原有鐵廠外，擬請中央在本省設立鋼鐵廠一所
	丑、電氣工業	一、電機廠一	製造各種電氣機械
		二、水電廠一	預計擴充武昌水電廠發電至兩萬千瓦
		三、發電廠三十	擬於五年內，在各重要城市設立發電廠三十所
	寅、機械工業	一、機械廠一	擬設規模較大之機械廠一所，製造各種動力機器及作業機器
		二、五金廠一	製造各種五金器材
		三、農具	預計五年內製造改良鍬耙各五十萬具，犁三十萬具，灌溉用具及農用車輛各十萬乘，並造其他新式農具

續表

類別	綱別	目別	備考
（一）工業	卯、化學工業	一、製酸廠一	擬於沙市設廠一所，預計年產硫酸三百六十噸
		二、製碱廠一	擬於應城設廠一所，預計年產燒碱一千五百噸
		三、酒精廠三	擬於漢口、沙市、樊城各設一廠，預計年共產酒精五十萬加侖
		四、顏料廠二	擬於漢口、沙市各設一廠，利用本省出產之靛五倍子烏桕等加工改製
		五、日用化工廠六	分區設立製造普通化學日用品
		六、搾油廠三	
		七、油漆廠二	擬設年產一萬市擔之油漆廠二所
		八、陶瓷廠三	擬就本省陶土手工業加以改良，設廠三所
	辰、糧食工業	一、麵粉廠五	擬分區設立麵粉廠五所
		二、碾米廠四	米廠獎勵民營為原則，由政府設立四廠示範
		三、農產加工廠二	製造各種日用罐頭及農產品之乾製釀造蜜餞等
		四、製茶廠四	擬設年產五萬箱之茶廠四所
	巳、被服工業	一、紡紗廠四	擬分產設立五萬之紗廠四所，並附設布廠及被服廠
		二、蔴機廠二	

續表

類別	綱別	目別	備考
（一）工業	巳、被服工業	三、絲織廠一	擬於襄河流域設絲織廠一所
		四、毡呢廠一	
		五、製革廠一	擬於漢口設立年產各種皮革二十萬公斤之廠一所
	午、居室工業	一、水泥廠二	除整理大冶原有水泥廠外，擬於鄂西增設一廠，預計二廠年產一百萬桶
		二、磚瓦廠八	擬分區設立八所
		三、鋸木廠一	擬於鄂北設立大規模之鋸木廠一所
	未、行動工業	一、造車廠二	製造現時急需之各種人力獸力用車，並裝修各種車輛
		二、造船廠一	預計每年製造大小輪舶五十艘
	申、印刷工業	一、造紙廠一	預計年產各種用紙四千噸
		二、印刷廠四	擬分區設立規模較大之印刷廠四所

续表

類別	綱別	目別	備考
（二）農林	子、農業	一、農作物	1. 稻　擴充雙季稻及再生稻之栽培面積共五十萬畝，推廣良種水稻四百萬畝，陸稻三十萬畝；2. 麥　擴充小麥栽培面積一百萬畝，推廣良種小麥三百萬畝；3. 雜糧　擴充冬季夏季雜糧栽培面積五百萬畝；4. 麻類　增闢鄂西麻田五十萬畝，推廣全省良種五萬畝；5. 油料作物　擴充油料作物栽培面積三百萬畝；6. 糖料作物　擴充蔗田五萬畝，推廣P.O.J.良種蔗一萬畝，並試種甜菜；7. 菸草　推廣良種燻菸六十萬畝；8. 染料　擴充染料作物
		二、園藝	1. 柑橘　繁殖良種二十萬株，並改善原有品種推廣貯藏及運銷方法；2. 核桃　繁殖三十萬株；3. 板栗　繁殖五十萬株；4. 柿　繁殖十萬株；5. 蔬菜　推廣優良品種
		三、棉業	1. 擴充棉田一百五十萬畝；2. 設立育種場四所；3. 設立繁殖場十所；4. 推廣良種四百萬畝
		四、茶葉	開闢新茶園十萬畝，並整理茶園，改良茶樹品種
		五、蠶業	1. 育成優良桑苗二千萬株；2. 分區開闢專用桑園五萬五千畝，兼用桑園五千畝；3. 設立製種場十所，製造改良蠶種二十五萬張；4. 推廣秋蠶飼桑

續表

類別	綱別	目別	備考
（二）農林	子、農業	六、病蟲害	1. 繁殖除蟲菊兩萬畝，及薄荷常山根試驗南蚊藤及其他藥用植物；2. 設廠製造各種病蟲菊藥劑藥械
		七、土壤肥料	1. 預計五年內完成二十縣之土壤調查，並完成全省肥力測驗；2. 提倡綠肥栽培；3. 預算三年內研究肥料處理方法，並於五年內指導五十萬家之農戶實行改良；4. 肥料廠二，製造過磷酸石灰，並提倡民營骨粉廠；5. 堆肥廠四，利用都市垃圾下水污泥製造
	丑、林業	一、森林	造經濟林木三百萬株，保安林二百萬株，國防林一百萬株，整理開發天然林一百六十萬畝
		二、桐油	植桐一萬萬株
		三、漆	在鄂西鄂北植漆一百萬株
		四、藥物	培植厚樸二萬株，杜仲五萬株，增產黃連二萬擔，黨參三萬擔，稻子五萬擔
	寅、畜牧業	一、畜牧	1. 牛　設置畜場十所，增殖牛一百萬頭；2. 羊　增殖羊四百萬頭，並引入綿羊畜種設種畜場二，改良畜種；3. 騾馬　增殖馬匹一萬頭，騾五千頭，並設種畜場四所；4. 豬　設種畜場十所，改良品種；5. 雞鴨鵝　改良品種
		二、獸醫	1. 家畜防疫　成立防疫中心區七十處，每區附設診療所一；2. 血清製造　製造血清三千五百萬立方公分，疫苗一千萬立方公分；3. 家畜保險成立家畜保險社七十所

续表

类别	纲别	目别	备考
（二）农林	卯、渔业	一、鱼头养殖所二	拟设大规模之养殖所二处，示范推广
		二、鱼类食品工厂二	选各湖产鱼中心，设鱼类食品工厂二所，珍品装罐，常品腌咸乾制
		三、塘鱼	普遍提倡塘鱼增产
	辰、垦殖		预计一年内将全省荒地调查完竣，五年内开垦三百万亩，可供大规模农垦者并实行集体农场之经营
（三）水利	子、河道	一、扬子江	应遵照总理实业计划之规定，请中央整治其航道，并疏松滋太平藕池调弦四口，维持该江与洞庭湖之密切联繫
		二、汉水	因河槽不足灾患频仍，应于上游整理南河、堵河、天河、夹河、蛮河、丹江及唐白河各支流，节制来源；中游自襄阳至锺祥一段，施以束江工程；下流开疏西荆牛蹄通顺三废河，增开出路
		三、清江	自恩施屯堡至长阳贡邱一段，计长约二百五十公里，设法整理通航，并谋水力之发展
		四、酉水	自来凤至石堤一段，计程约二百公里，应使通航而达湘省之沅陵
		五、便河	遵照总理《实业计划》之规定，疏濬沙市沙洋间便河，以沟通江汉

續表

類別	綱別	目別	備考
（三）水利	丑、湖泊		1. 開鑿武昌大冶間湖泊，使之通航；2. 限制武泰武豐金口樊口等處水閘啓閉，俾必要時仍有消洪功用；3. 對於江漢有消洪功用之湖泊，應勘定湖界嚴禁圍墾；4. 與消洪無關之湖泊，應清理湖田，獎勵人民養魚飼鴨栽藕植菱
	寅、農田水利		1. 修復江漢江岸決口及潰口，逐年加培堤身；2. 修□並添修江漢兩岸護岸工程；3. 普遍督邇人民挖塘築壩開渠鑿井，並推廣車水工具以防旱潦；4. 規模較大之灌溉工程由政府派員勘測設計督導，人民利用農貸施工
	卯、水力		凡各種河道經勘測後發現有水力可資利用時，應即充份利用，以發展各種動力
（四）礦業	子、柴煤	一、恩施柴煤礦	擬繼續開採，估計現時需要每日約十噸左右可足供應
		二、宜都松木坪柴煤礦	運銷宜沙一帶，預計年產十萬至十五萬噸
		三、大冶炭山灣柴煤礦	本礦原爲省營官礦，加以整理擴充，預計年產八萬至十二萬噸，運銷沿江及武漢
	丑、烟煤	一、興山煙煤礦	興山香溪流域可計擴充至年產一萬噸
		二、萍鄉煙煤礦	江西萍鄉煙煤區以備武漢大鋼鐵廠燃料之用，預計年產最高額可達六十萬噸

续表

類別	綱別	目別	備考
（四）礦業	寅、鐵礦	一、大冶鐵礦	當統一開採，每年產額可由二十萬增至四十萬噸
		二、鄂城縣及西北鐵礦	在大冶不敷供應時，擬開採鄂城等處鐵礦補助之
	卯、膏鹽礦	應城膏鹽礦	一面指導改良舊有礦井，一面設立新礦區，預計每年增產二百萬公斤
	辰、探測各種礦產		擬由採礦隊分區探測，自鄂西而鄂北鄂東次第施行
	巳、扶助民營礦業		特別注重煤鐵等各山礦業，予以技術指導，產銷貸款逐漸達到各地燃料自給，督飭各地民礦完成設權手續
（五）交通	子、鐵路		本省鐵路除平漢粵漢外，擬遵照總理《實業計劃》中所訂之九綫，請求中央分期修築，此外並按本省實際需要，擇其具有經濟價值者於五年內開始修築川漢花孟襄沙宜沙四綫，共約一六七八公里，以便利物資之開發運輸
	丑、公路	一、國道	本省已成國道綫一五〇〇公里，未成國道綫二五〇公里，擬照中央規定繼續完成，已完成不合規定者加以改善
		二、省道	本省已成省道綫一七〇〇公里，未完成省道綫者約四〇〇〇公里，擬於五年內繼續完成並改善，使每一縣城及重要市鎮均可通行汽車

續表

類別	綱別	目別	備考
（五）交通	丑、公路	三、縣鄉道	本省各縣已成縣道八〇〇公里，擬於五年內修治縣道及鄉道一萬五千公里，使能通行手車騾馬車或馱運
	寅、橋梁		武漢大鐵橋前已勘測橋墩地質深度，擬照原定計劃與交通部合力築成之
	卯、電訊及廣播		1. 架設本省幹支電報電話綫；2. 各縣市政府配置無綫電台；3. 省會設置廣播電台一座，各縣機關及重要鄉鎮設置收音室
	辰、航運		長江漢水及其他通航之河道，均應於五年內一律通航，以利運輸
（六）合作	子、樹立健全機構		1. 保合作社三九四二九所；2. 鄉鎮合作社二三四四所；3. 縣市合作聯合社七一所；4. 省合作社聯合社一所；5. 各種專營合作社按實際需要隨時設立
	丑、完成合作金融系統		1. 除已設合作金庫之縣外，繼續成立各縣市合作庫；2. 省合作金庫一所，指導合作組織辦理生產信用運銷消費等業務
（七）金融			充實省銀行，資力於三年內增加資金五百萬元。並增設分支行處，於全省各縣及各重要市鎮，按實際需要籌設各縣縣銀行

乙、政治部門

方針

一、政治建設之最高原則爲民權主義，即由實施訓政，完成地方自治開始憲政，以達到民權主義之目的。

二、本省政治建設，應以新縣制爲中心，嚴格奉行中央之規定，次第完成。

三、加强行政組識以增進行政效率。

四、確立人事制度，使全省公務員之訓練、任用、管理、考核，均有完整之系統。

五、省縣各級衛生機構、設備、人員，均需力求充實，務期廣大農村之保健工作，能配合新縣制之推行，而普遍發展。

六、減租，嚴禁高利貸，取消苛難，必須澈底執行，以解除人民痛苦。

七、平均地權，爲本黨既定之政策，本省必須對於土地之測量、登記、地價稅，及上地增值稅等照遵土地法製定方案，切實施行，而對於將來淪陷區收復之土地整理，須事前妥爲策劃。

八、必須做到澈底的粮食管理制度，以期供求相應。

九、改良入伍壯丁待遇及優待出征軍人家屬，必須規定切實辦法，嚴厲執行，期收實效。

類別	綱別	目別	備考
（一）人事	子、製訂法規		擬於第一年度初，厘訂本省人事管理之各種詳細法規
	丑、分期實施		就全省公務員之類別，分期實施考選任用、考績保障等辦法
	寅、完成標準		預計五年以內完成全省人事之統一管理制度

續表

類別	綱別	目別	備考
（二）訓練	子、省幹訓團		全省鄉鎮以上行政人員及各專門技術人員共五萬人
	丑、縣幹訓所		全省保辦公處職員十二萬人，甲長三十七萬人
（三）機構	子、縣政府		除恩鄖兩縣於三十年度完成外，其餘六十八縣按新制分期成立民政、財政、教育、建設、軍事、地政、社會等七科
	丑、區署		在鄉鎮公所成立時，分別調整裁撤一百七十三署，存留九十五署，並按新制規定充實其組織
	寅、鄉（鎮）公所		於三十一年度完成新制組織，其幹部每年調整四千人
	卯、保辦公處		與鄉鎮公所同年完成
	辰、各級民意機關		除恩鄖兩縣於三十年度成立外，其餘六十八縣於三十一年度起分期成立
（四）人口	子、調查戶口		遵照戶籍法規，分期澈底調查完成戶籍人事登記
	丑、獎勵生育		制定獎勵生育辦法並厲行婦女保健期，於五年內恢復戰前之人口數
	寅、移民		擬將東南過密之人口分期移殖西北開墾荒地

续表

類別	綱別	目別	備考
（五）地政	子、減租		實行土地法規定租率，於三年分期分區完成
	丑、土地測量	一、城市土地	已經舉辦測量者視情形或重加整理或舉辦登記，限於兩年內完成
		二、全境土地	於第二年起開始測量，於第五年內完成圖根測量
	寅、土地重劃		因災變毀滅或面積狹小奇零不整不合經濟使用者，即重行劃分
（六）財政	子、改賦稅制度	一、征收地價稅	在實施測量之前，先辦土地陳報，同時改征地價稅，於四年內辦理完竣，並準備征收地價增益稅。兩稅開征後，原有田賦及契稅一律停止
		二、改進營業稅	調整現行營業稅率，同時改訂稅制，採用累進稅率，並於改制後停征原有之商捐及其他與營業稅同一性質、同一稅源之稅捐，於三年內完成
	丑、公有財產	一、清查經界	依據原有圖冊清查省有各項公產界址，以杜侵佔，於一年內辦理完竣
		二、整理租務	查明原有各項公產使用情形，進行核定租價分別發租，於三年內辦理完竣

續表

類別	綱別	目別	備考
（六）財政	寅、縣（鎮）財政	一、稅源	省縣稅源除已依照規定劃分外，對於改征土地價稅各縣再行劃分，於五年內實行
		二、縣公有財產	依照"湖北省清理各縣公學產款暫行辦法"，於兩年內完成清查工作後並督促切實管理之
		三、造產及公營事業	依照"湖北省建立各縣鄉鎮財政辦法大綱"內所舉事項，督促各縣按實際情形利用民力和土地舉辦
	卯、財務行政及監督	一、各級財務機構	依分工合作原則使收支存核權分立，同時配合新縣制實施之進度次第完成
		二、預決算制度	限於一年內，督促各級機關完全依照預決算法規定管理
		三、公庫制度	依照本省金融網建設進度，督促各縣次第完成
		四、會計制度	凡本省省庫收支及營業之機關，其款項收支均遵照會計制度次第推行，於五年內普遍完成

续表

類別	綱別	目別	備考
（七）役政	子、徵募		1. 恢復武昌、蒲圻、天門、隨縣四個團管區
			2. 調查征募補充戰區各縣壯丁，於兩年以內完成
			3. 各縣鄉鎮建設壯丁招待所，於五年以內完成
	丑、編練	一、地區組織	1. 地區組織與年次編組，各縣依戰況之進展決定施行之步驟
		二、縣後備隊	2. 縣後備隊於兩年內完成
		三、戰區各級隊	3. 戰區各級隊預定二年內完成
		四、國民兵身份證	4. 國民兵身份證於年次編組完畢時一年內辦竣
		五、國民兵訓練	5. 國民兵訓練預計全省在五年內完成一百廿萬
		六、各級幹部	6. 各級幹部凡高中以上受軍訓合格之學生，限五年內普遍任充

續表

類別	綱別	目別	備考
（八）社會福利	子、減息		按照取締重利盤剝辦法，嚴禁高利貸最高不得超過年息二分，月息一厘五，於三年內完成
	丑、救濟院	一、省區救濟院	
		二、縣救濟院	已設立者整理充實所需經費，列入縣地方預算
		三、兒童救濟院三所	收容流落無依兒童
	寅、民生工廠		重要市鎮各設一所，收容貧民難民及殘廢軍人，辦理各種小手工業
	卯、托兒所		在有大工廠及平民工廠處，酌量設置
	辰、職業介紹所		重要市鎮各設一所，登記失業民眾介紹職業，必要時予以職業訓練
	巳、平民新村		視各地需要分別設置

續表

類別	綱別	目別	備考
(九) 衣食儲備	子、糧食管理		實行管理食糧調節盈虛，使供求相應
	丑、建倉積谷		全省於五年內積糧一千萬市石
	寅、生活必需品		儲備棉花布疋食鹽等之生活必需品，以足敷全省一年之用為標準
(十) 衛生	子、保健	一、省立醫院九所	省府所在地及每行政區各設一所
		二、縣衛生院五十五所	本省七十縣每縣一所，三十年度已設立十五所
		三、區衛生所一百五十五所	每縣設兩所
		四、衛生稽查二百一十人	每縣三人
		五、地方病撲滅隊三十五隊	每兩縣一隊，專司診治地方病如癩莉疥瘡氣泡頸等

續表

類別	綱別	目別	備考
（十）衛生	丑、防疫	一、防疫隊廿隊	
		二、滅蟲站廿站	
		三、花柳病防治所	重要市鎮各設一所
		四、隔離病院	重要市鎮各設一所
（十一）警政	子、縣區警察		原有各縣政府警察組織酌量加強，設置區署警察所，並充實之
	丑、鄉鎮警察		各鄉鎮之警察遵照中央規定次第設立，完成全省警察網

丙、文化部門

方針

一、文化建設之最高原則爲心理建設，其目的在創造三民主義的文化教育，並按本省之實際需要，培植建設新湖北之人才。

二、文化文化建設之範圍爲教育、編譯、印刷、書店、報紙、圖書館、學術研究、藝術、體育及博物館等，均須根據三民主義抗戰建國綱領，及本省實際需要，制定實施方案。

三、實施計劃教育。本省中等以上學校，以採公費制度爲原則，凡學生之就學、升學與就業，均由政府按實際需要，及其本身之智能，統籌分配，加以嚴格之管理，並舉行教育人員總登記，由政府統籌分派，以調節全省之師資。

四、除國民教育遵照新縣制之規定切實執行外，本省辦理中等以上教育之原則爲：每縣設一初中，每行政區設一高中及師範學校，職業學校按各區需要設立，高等教育，按本省建設所需專門人才之性質設立。

五、本省教育現時之中心任務，厥爲樹立以三民主義爲信仰之中心思想，以統一青年之意志。

六、本省社會教育，應以掃除文盲爲中心任務，除期辦理完成，以促進經濟建設及政治建設之發展。

類別	綱別	目別	備考
（一）學前教育	子、幼稚園		全年於五年內完成七十四校
	丑、實驗幼稚園		設一所
（二）國民教育	子、鄉鎮中心小學		二三四四校
	丑、保國民學校		三九四二九校
	寅、現有小學之調整		
（三）中等教育	子、高中十		
	丑、初中七十七		
	寅、師範十		
	卯、簡易師範七十		
	辰、幼稚師範八		

续表

類別	綱別	目別	備考
（三）中等教育	巳、職業學校	一、高工五	
		二、高農五	
		三、商業二	
		四、女職二	
		五、護士職校十	
	午、專業學校	一、造紙	二所
		二、印刷	二所
		三、製茶	二所
		四、蔴織	二所
		五、縫紉	二所
		六、化工	二所
		七、採冶	二所
		八、水利	二所
（四）高等教育	子、學院大學		
	丑、農學院一		
	寅、教育學校一		
	卯、工學院一		

续表

类别	纲别	目别	备考
（四）高等教育	辰、医学院一		
	巳、商学院一		
	午、专科学校	一、水利	一所
		二、农产制造	一所
	未、学术研究		设置各种学术奖金、研究所、实验室
（五）社会教育	子、识字教育		本省原有成年失学民众八百三十万人，自二十六年起四年内共设民众学校约四万班，扫除文盲一百四十余万人，尚余文盲约七百万，预计于五年内建立民众学校成人班一七〇，九二〇班，将所有文盲完全扫清
	丑、电化教育	一、电影	于五年内设立电影巡回施教队八队
		二、播音	各县民教馆及中等以上学校普遍设置收音室
	寅、民众卫生教育		以民众教育馆为中心，实施卫生宣传，并协助卫生机关推行民众卫生教育

續表

類別	綱別	目別	備考
（五）社會教育	卯、家庭教育		各級學校普遍設立家庭教育班
	辰、民眾教育館		將原有之省縣立民教館加以調整，完成每一行政區設省立民教館一所，每縣一自治區設縣立民教館一所計劃
	巳、國民體育		普設各縣體育場及鄉（鎮）體育場
	午、圖書教育		完成每縣設一圖書館，每一鄉鎮設一圖書室之計劃
	未、藝術教育	一、美術館一	
		二、戲劇音樂院一	
		三、巡迴歌詠隊三	
	申、科學教育	一、省立科學館一	
		二、區立科學館	每行政區一所
		三、省立博物館一	
		四、兒童博物園	附設博物館內
	酉、巡迴教學團		增設五團

续表

类别	纲别	目别	备考
(六) 文化事业	子、革命历史博物馆		设武昌
	丑、省志县志		
	寅、编印	一、新湖北丛书	
		二、学校教材	
		三、民众读物	
		四、选印抗战建国书籍	
	卯、报馆	一、大型日报	《新湖北日报》已于三十年元旦出版
		二、小型日报	每县出一种
		三、定期画报及刊物	
	辰、书店	一、新湖北书店总店一	
		二、支店	各县设一所
	巳、戏剧与电影院	一、新湖北剧团	
		二、电影制片厂一	

38. 省政府三十年度行政計劃

綱別	目別	計劃內容
民政	縣鄉政	推行新縣制訓練各級幹部人才
		切實整理各縣保甲
		協助役政推行
		保障縣長任期以增進行政效率
		延請本縣革命先進及民間志節之士領導青年，喚起民眾，健全鄉村組織，樹立自治基礎
	警政	試行鄉村警察
	社會	推行救濟工作
		減輕各縣農地佃租
		合理實施土地法漸期達到耕者有其田之目的
	衛生	普及全省衛生常識
		充實省縣各衛生機關並按需要訓練中級以下衛生人員
		改組各區縣衛生戒烟院爲衛生院
	禁政	調整禁烟機構
		切實檢查烟犯並嚴厲執行禁令
		注意戰區禁［烟］

续表

纲别	目别	计划内容
民政	礼俗	制定各种礼节
		制定男女制服式样
财政	财政之培养	督促省银行积极发展农村经济
		继续完成金融网
		建立各县乡（镇）财政
	财政之整理	训练财政金融干部
		整理战地财政
		整理省钞及辅券
		整理省县公有财产
		继续推进公库制度
		积极改进税捐征收方法
		继续办理土地陈报
		加强县地方财政力量使其积极整理
	各项新政经费之筹划	划分省县税源
		筹措实施新县制经费
		筹措各级干部训练经费
		筹措国民兵团经费

續表

綱別	目別	計劃內容
教育	教育行政	調整並健全教育廳及所屬教育機關學校之機構與人事
		根據本省之需要調整職業師範學校及中學之校數班數
		籌設編譯館編譯各種刊物及教科用書
		確定各級學校教職員資格進修及獎懲辦法
	高等教育	改辦農專農①爲農學院
		籌辦教育學院
		籌辦工學院
		籌辦醫學專科學校
		釐定國立各院校鄂籍學生津貼及回省服務辦法
		調查本府公務人員子弟肄業專科以上學校人數並規定津貼及回省服務辦法
	中等教育	分區籌設各區高中及各縣初中
		改鄉村師範及簡易師範學校爲省立並增其校數
		整飭校風調整各職校之科系
		增多各級學校抗戰建國及鄉土教材並加強高中以上學校之軍訓
		選定一中學爲實驗中學以爲生產自衛等之實驗

① 此"農"字應爲衍字。

续表

纲别	目别	计划内容
教育	初等教育	所有省立小学改为县立中心学校
		发展游击区教育——增设小学
	社会教育	充实各级民众教育馆增进工作效率
		发动全省公务人员及教职员学生办理民众识字教育，限期扫除文盲
	特种教育	实验国民教育制度
		改进中山民校工作
建设	路政	改善及修筑本省各必要公路
		测量房县至竹谿公路线
		补修鄂西北各县人行道
		完成鄂西北驿站运输网
		充实咸丰修车总厂设备
	电政	架设及整理军用防空电话线路
		充实本省无线电台设备
	航政	测量修建长江码头及设置趸船
		设置仓库堆栈以谋客货安全

續表

綱別	目別	計劃內容
建設	水利	疏濬鄂西鄂北河川
		勘測西水來鳳至石堤一段，以便與湘省計劃整理互相銜接
		培修沿江沿河幹堤以防水患
		增撥農貸掘井挑塘築壩促進農田水利
	農林畜牧	改進農村作物
		厲行勞動植桐
		擴充苗圃積極倡導造林
		改進畜牧事業並充實銅盆水畜牧場設備
		增撥收茶貸款改進鄂西茶葉
		充實來鳳棉場並推廣鄂西棉作栽培
		擴大鄂西冬作栽培
		防治病蟲害及防治獸疫
	礦業	擴充興山煤礦
		開採建始鐵礦並設立煉鐵廠
		督導民營礦業
		繼續探測鄂西北礦業
	工業	推廣紡織事業並充實利川硫酸廠及咸豐第一化工廠

續表

綱別	目別	計劃內容
建設	工業	添設各種製革造紙等工廠
		籌備水電及機器廠
		改良瓷器
		厲行度量衡檢查
	合作	完成全省合作指導機構
		劃定合作督導區
		籌放農業貸款
		普遍合作組織推進合作業務
		以合作辦法改良服裝住所及其他公用事業
		訓練合作幹部人員
		設立省合作金庫
保安	編練	遵照奉頒保安團隊新編制調整團隊編制
		擬定政治訓練大綱推行團隊政治訓練
	抗戰與治安	協助國軍抗戰
		清剿各地散匪維持地方治安
		健全諜報組織防止漢奸活動
		健全防護組織加強防空力量

續表

綱別	目別	計劃內容
保安	通訊運輸衛生	調整各區團隊之通信機構
		健全各縣軍運組織
		加強團隊衛生機構
		改進遞傳哨
兵役	徵募	發動並獎勵富紳大族之子弟自動應征
		改良入伍壯丁生活與待遇（新舊同等），嚴禁飢凍虐待等情事
		實施部頒爭取游擊戰區壯丁辦法
		嚴格調查兵役及齡男子
		依照調查適宜調節兵額配賦
	編練	確立戰地國民兵團人事系統以便付出經費之稽核
		調查國民兵團人事，使與黨政打成一片
		完成非戰區之地區編組
		完成非戰區之年次編組
		組織鄉村盤查哨
		督練自衛隊
		實行各管區職員調練
		分縣舉辦下級兵役訓練班

續表

綱別	目別	計劃内容
兵役	編練	定期舉行檢閱與考核
	宣傳	加强兵役宣傳與慰勞辦法（如入伍時之歡迎歡送），喚起人民踴躍應征精神
		促進優待軍人家屬並盡量協助或救濟之
會計	歲計	根據實際需要與量入爲出之原則編制三十一年度省總概算
		嚴格執行三十年度省總預算
		彙編二十九年度省總決算及查核二十九年縣決算
		督促各縣編製三十一年度縣地方總概算及執行三十年度預算
	會計	完成各種會計制度之設計
		完成本省各機關普通公務單位會計制度之推行
		完成省徵課會計制度之推行
		實施本年度呈准之各種會計制度
		完成省普通基金總會計制度之推行
		編製省款收支統計
		完成省款各機關會計室之設置
		繼續訓練會計人員
		厲行各機關會計事務之指導監督
		分期完成各縣會計室，切實推行縣總會計制度

39. 省政府三十一年度施政計劃

類別	綱別	目別	計劃內容
經濟	農林	農業	1. 糧食 一、普遍推廣稻麥及其他各種雜糧優良品種 二、獎勵民眾實行冬耕，並督飭公務員工作示範 三、增加各種耕地面積一百五十萬畝 2. 棉作 一、推廣來鳳棉業試驗場並擴充棉田一萬畝 二、恢復鄂北棉業改良場，並擴充棉田五萬畝 三、恢復荊州鍾祥武豐之棉場，並督導民眾擴充棉田三十萬畝，擴廣良種一百萬畝 3. 特種農作物 一、督導民眾增闢苧麻黃麻大麻等面積六萬畝，並在鄂東擴充麻田一萬五千畝 二、督導民眾擴充各種油料作物面積二十萬畝 4. 茶葉 一、充實五峯茶場，並增闢茶園一萬畝 二、恢復羊樓洞茶場，並督導民眾開闢鄂南茶園一萬五千畝 5. 園藝 一、督導恩施建始巴東秭歸興山等縣繁殖柑橘五萬株 二、督導恩施巴東秭歸均鄖房等縣繁殖核桃八萬株 三、督導恩施建始秭歸興山等縣繁殖板栗十萬株 四、督導襄陽光化均鄖等縣繁殖柿樹二萬株

續表

類別	綱別	目別	計劃內容
經濟	農林	農業	6. 蠶葉 籌設立飼蠶實驗室及桑園 7. 病蟲害植物 督導各縣普遍增植除蟲菊及其他防治病蟲害植物 8. 土壤肥料 調查各縣土壤及推廣肥料用途
		林業	1. 造林 一、督導各縣造經濟林三十萬株，保安林廿萬畝，國防林十萬畝 二、督導各縣整理開發天然林十五萬畝 三、督導鄂西鄂北各縣增植漆樹二十萬株，厚樸、五棓子、杜仲各一萬株 四、倡導栽培黃連、黨參、蕈耳等副產物 2. 植桐 督導鄂西鄂北各縣整理舊桐林，並增植新桐二千萬株 3. 苗圃林場 一、擴充宜來咸等縣合設苗圃及各縣之苗圃 二、充實襄陽林場、均鄖穀林場及利川構林場 三、在鄂西增設規模較大之示範林場一所 四、擴充恩施三孔橋苗圃
		畜牧	1. 畜產 一、督導各縣繁殖牛十五萬頭，羊五十萬頭，馬二千頭，騾一千頭 二、擴充恩施銅盆水種苗場 2. 獸疫 一、擴充農業改進所血清廠 二、籌設立防疫中心區

續表

類別	綱別	目別	計劃內容
經濟	農林	漁業	捉倡飼養塘魚
		農業機構	1. 充實原有各縣農業指導處 2. 成立襄光漳穀均鄖保竹等八縣農業指導處
		農業貸款	1. 添配農業生產貸款一千萬元 2. 添配農田水利貸款一千萬元
	交通	運輸	1. 充實公路運輸船拖駁及添建各航綫碼頭倉庫 2. 充實公路運輸設備 3. 擴充恩巴綫及開辦恩黔綫驛運 4. 添造木船舉辦清江及堵河水運
		公路	1. 照國道工程標準，完成巴咸公路改善工程 2. 完成老白及均草支綫改善工程 3. 改善樊老孟公路全部橋梁及樊老段路面工程 4. 修築宜巴巴元及咸來等公路 5. 修復收復地區公路 6. 繼續修補縣鄉道三千五百公里
		電訊及廣播	1. 架設及整理重要電話綫路及鄉村電話綫路 2. 籌設廣播電台一座，並普遍增設各縣收音機
		傳遞哨	整理本省傳遞哨
	水利	河道	1. 整理清江及堵河 2. 勘測松滋河及南河 3. 培修江漢幹堤

續表

類別	綱別	目別	計劃內容
經濟	水利	農田水利	1. 完成鄖縣茅柳築庫及房縣護田水利工程 2. 組織農田[水]利勘測隊二隊 3. 督促各縣切實施行塘壩溝渠水井，及推廣車水工具辦法
	工業	粮食工業	1. 籌設碾米廠二所 2. 籌設麵粉廠一所 3. 籌設制茶廠一所 4. 籌設農産加工廠一所
		被服工業	1. 籌設鄂西鄂北被服廠各一所 2. 充實萬縣蔴織廠 3. 擴充穀城手紡織工廠 4. 充實恩施手紡織工廠 5. 增設手紡織工廠二所
		居室工業	籌設鄂西鄂北磚瓦廠各一所
		行動工業	擴充咸豐修車廠
		化學工業	1. 籌設陶瓷廠一所 2. 籌設一百鍋爐煉油廠一所 3. 擴充咸豐化工廠，並增設化工廠一所 4. 充實利川硫酸廠
		機械工業	1. 籌設鄂西機械廠 2. 充實萬縣機械廠 3. 籌辦農具製造示範廠一所，並督飭各縣扶植民營農具手工廠

續表

類別	綱別	目別	計劃內容
經濟	工業	電氣工業	籌辦恩施發電廠一所
		印刷工業	1. 充實萬縣造紙廠 2. 擴充恩施造紙廠 3. 成立鄂西鄂北省立印刷所各一所
	礦業		1. 擴充興山龔家村煤礦 2. 開採建始鐵廠場坪鐵礦 3. 繼續探測鄂西鄂北礦產 4. 扶助民營鑛產
	合作	合作業務	1. 成立各縣鄉（鎮）合作社七百所，保合作社七千八百所 2. 整理舊社一千二百所 3. 設立各種專營合作社 4. 指導各鄉（鎮）合作社設置農業倉庫 5. 推廣難民互助社
		合作金融	1. 充實省合作金庫及增設縣合作金庫 2. 清理各縣合作貸款
		合作機構	1. 完成各縣合作指導機構 2. 劃定合作指導區，成立各區指導員辦事處
	金融		1. 增加省銀行資本並加強其業務 2. 督促省銀行於鍾祥等二十二縣分期推設分支行處
	商業		1. 健全各縣工商業團體組織 2. 設立省度量衡檢定所及各縣檢定分所 3. 充實米鹽茶棉紗桐油各種貿易機構

續表

類別	綱別	目別	計劃內容
政治	新縣制	完成新縣制組織	1. 完成各縣政府組織 2. 完成各縣鄉鎮公所組織 3. 完成各縣保甲組織
		整理行政區域	1. 整理各縣插花飛地 2. 調整鄉鎮徑界
		成立各級民意機關	1. 督促各縣訓導人民行使四權 2. 督促各縣檢核縣參議員及鄉鎮民代表候選人資格 3. 督促各縣成立保民大會 4. 督促各縣成立鄉鎮民代表會 5. 督促各縣成立縣參議會
	糧食管理	管理機構	1. 設立省糧政局 2. 設立縣糧政科 3. 於各縣市分設各種業務機構，辦理經收購銷平價業務
		計口授糧	1. 發給糧食購買證，先從公務員工眷屬、學生團隊、警察實行 2. 調查統計糧食生產與消費量，統制分配
		厲行糧食節約	
	衣食儲備	建倉積穀	1. 建立省倉購儲積穀四十萬石 2. 辦理五六七八區各縣（除棗陽當陽）及松滋公安石首等三十縣征募積穀五十萬石 3. 整理修建省縣鄉鎮各級倉庫

續表

類別	綱別	目別	計劃內容
政治	衣食儲備	儲備食鹽	1. 恩施等卅五縣向中央借儲一個月需量之常平鹽八萬五千担 2. 新收復各縣撥款購儲一個月需量之常平鹽十萬担 3. 繼續督促各縣完成並充實食鹽購銷處統籌購銷
		收購紗布棉花及其他物資	收購鄂中鄂北各縣棉花紗布，及有關軍需民生之物資
	人口	舉辦戶口普查先從第七區各縣實行	
		確實編查戶口	1. 督導各縣繼續編查保甲清查戶口 2. 督導各縣切實辦理戶口異動登記
		試辦戶籍人事登記	1. 選定鄂西北縣份試辦戶籍人事登記 2. 推行發給客籍人員居留證辦法 3. 試辦身份證先從公務人員、教職員、學生團隊、警察實行
		獎勵生育	
	兵役	徵募	1. 舉辦各縣壯丁調查 2. 督促各縣切實辦理示範縣 3. 改善壯丁待遇，製發被服
		編練	1. 完成各縣國民兵地區年次編組 2. 完成各縣國民兵團各級隊及後備隊 3. 整訓各縣自衛隊 4. 施行國民兵身份證，先將恩施等二十八縣製發

續表

類別	綱別	目別	計劃內容
政治	兵役	宣傳	1. 厲行兵役宣傳，消滅役政上不平現象及一切反動勢力 2. 加緊優待徵屬宣傳，實施非徵人家屬應繳納優待金
	人事	實行人事管理	1. 充實各級人事機構 2. 考選縣長及其他公務人員 3. 試行職位分類 4. 厲行公務人員任用審查
		充實各級幹部	1. 督飭各縣選用甄訓合格之區長、區指導員 2. 督飭各縣調整鄉（鎮）幹部 3. 督飭各縣調查保長、副保長及保幹事
	訓練	省幹訓團	1. 訓練各機關及各區縣區署鄉鎮人員一萬七千人 2. 訓練各種專門業務人員二千四百人
		縣幹訓所	1. 訓練保辦公處人員四萬三千人 2. 訓練甲長十萬人
	地政		1. 指定第七行政督察區為土地實驗區，依次辦理土地測量登記 2. 整理武昌等九市區地籍圖籍 3. 繼續辦理各縣減租事宜
	財政	整理田賦	1. 成立各縣田賦整理機構 2. 辦理土地陳報 3. 厲行推收辦法 4. 厲行田賦改徵實物

續表

類別	綱別	目別	計劃內容
政治	財政	改進稅法及稅制	1. 開徵地價稅及地價增值 2. 實施營業稅修正法案 3. 實行屠宰稅新制 4. 推行營業牌照稅、使用牌照稅及行為取締稅
		建立自治財政	1. 清理地方公產 2. 厲行鄉鎮保造產 3. 倡辦公營事業
		整理收復失地省有公產	1. 清查公產種類 2. 整理公產收益
		健全財政行政及監督組織	1. 推行收支存核四權分立制度 2. 繼續推設縣公庫
	計政	歲計	1. 編審三十二年度概算 2. 彙編三十年度總決算 3. 督促各縣辦理三十三度鄉鎮概算 4. 督促各縣辦理三十年度鄉鎮決算
		會計	1. 推行本省各機關普通公務單位會計制度 2. 推行徵課機關會計制度 3. 推行公營事業機關成本會計制度 4. 推行普通基金總會計制度 5. 繼續設置各機關會計室
		統計	1. 擴充全省統計通訊網 2. 推行公務統計 3. 舉辦資源調查統計 4. 舉辦重要城鎮工商貿易調查統計

續表

類別	綱別	目別	計劃內容
政治	衛生	充實省衛生處	
		籌設充實各縣衛生機構	1. 增設縣衛生院隊 2. 增設防疫隊 3. 設立滅虱站 4. 逐步設置鄉鎮衛生所
		普及衛生常識	
		購儲藥品器材並改良國藥製造	
		禁絕幼年婦女纏足	
		消除疥瘡癩頭瘤疤等病	
	禁烟	肅清收復地區烟毒	
		根絕種運售吸製藏各種烟毒犯	
	社會福利	擴充救濟機構	1. 增設難民收容所二十所 2. 成立難民組訓委員會 3. 增設兒童教養院三所 4. 建築難民新村 5. 恢復省縣救濟院 6. 籌設平民習藝所八所 7. 籌設難民職業介紹所八所
		推行賑濟工作	
		嚴禁賭博	
		嚴禁高利貸	

續表

類別	綱別	目別	計劃內容
政治	保安	作戰	1. 整理游擊隊 2. 鞏固游擊根據地 3. 加強經濟遊擊 4. 策動偽軍反正 5. 強化對敵傘兵防禦
		綏靖	1. 收勦各地散匪 2. 肅清漢奸及其他反動份子 3. 清查民間械彈 4. 加強連防會哨
		整訓	1. 增進團隊軍事訓練 2. 加強團隊政治訓練 3. 籌辦團隊職業訓練 4. 調整武器補充彈藥
		組織	1. 健全諜報組織 2. 健全軍運組織 3. 健全各級防護團，組織各機關空襲服務隊
		軍法	1. 健全各縣軍法機構 2. 清理各縣軍法積案
	警政	調整各級機構	1. 充實省縣區警察組織 2. 推行恩鄖兩縣鄉鎮警察，並運用保甲組織代行警察職權
		強化警察機能	1. 充實必需設備 2. 改進勤務制度 3. 厲行長警學術補習

續表

類別	綱別	目別	計劃內容
文化	國民教育		1. 增設鄉鎮中心學校一四九二所，保國民學校七三六一所 2. 改進各縣立中心學校 3. 擴充省立實驗學校及實驗幼稚園 4. 督促各縣籌設國民教育師資短期訓練班 5. 督促各縣舉辦國民師資暑期講習會 6. 辦理小學教員檢定 7. 督促各師範學校舉行國民教育輔導會議 8. 統籌購印國民教育課本
	中等教育	增設中等學校	1. 設省立鶴峯、竹山兩初中 2. 設省立第四高中 3. 籌設省立第二女子職業學校 4. 籌設省立第四師範及第六師範 5. 督促師範及初中各校附設簡易師範科
		調整各中等校班次及人數	
		充實實驗中學	
		擴充專業學校	
		培養衛生人員擴充護士學校並籌設助產班	
		舉辦暑期教員講習會	

續表

類別	綱別	目別	計劃內容
文化	高等教育		1. 擴充農學院及教育學院科系 2. 籌設工學院及醫學專科學校 3. 添設鄂籍優秀學生及公務員優秀子弟升學津貼名額二百名
	社會教育	民眾教育館	1. 增設鄂東鄂中兩省立民眾教育館 2. 督促各縣籌設或擴充民教館
		開辦民教工作人員訓練班	
		推進民眾識字教育	1. 各機關學校廣設民校或成人班 2. 由省單設巡迴教學班二十班
		發展電化教育	1. 組織電影巡迴施教隊 2. 攝製及放映抗戰教育影片
		普及國民體育	1. 充實省縣體育館場 2. 舉辦省縣運動會
		發展通俗圖書教育	1. 督促各縣籌設圖書館 2. 督促各鄉（鎮）籌設民眾書報閱覽室
		督促各校舉行社教工作競賽	
	改造教育		1. 籌設各業工人短期訓練班，改造手藝工人技能，以求一切建設之劃一 2. 督導各農校籌設農藝訓練班，改造農民技能 3. 督導各工廠籌設技藝訓練班

續表

類別	綱別	目別	計劃內容
文化	文化事業	充實鄂西科學館	
		充實省立科學館	1. 添置科學儀器及標本模型 2. 附設博物園 3. 舉辦科學巡迴展覽
		充實省立圖書館	1. 添購中外圖書 2. 徵集本省文獻及抗戰史料 3. 編製圖書論文索引及專題書目
		充實編譯館	1. 酌增編審及編輯名額 2. 續編高中及小學教科書、民眾課本及青年叢書 3. 續編新湖北教育與新湖北學生
		充實通志館	
		編印省政刊物	1. 編輯新湖北叢書 2. 繼續辦理新湖北季刊 3. 創辦鄂政月刊 4. 編發本省政聞 5. 編印統計刊物及湖北年鑑
		發展社會文化	1. 籌設文藝委員會，改良本省各種戲劇，發展各種文藝組織 2. 以新湖北書店為樞紐，改良文化供應合作事業，建立本省文化發行網 3. 創辦新湖北日報鄂北分版，充實鄂東分版 4. 整理並創辦各縣小型日報

40. 省政府三十二年度施政計劃

類別	綱別	目別	計劃內容
一般政務	甲、加強人事管理	一、擴大人事管理範圍	照上年再擴充至教育機關及公營事業機關高級人員
		二、舉辦員工互助人壽保險	先自本府各廳處局員工試辦，每人每月按薪餉扣款百分之二作爲保險費
		三、推行年功加俸	另訂有詳細辦法
		四、辦理人事調查登記	1. 調查各項有關資料製成圖表裝訂成冊 2. 按公務員之姓氏職位等項與各種人事動態分別編製卡片及索引以備考查
	乙、推進訓練工作	一、設計	1. 修訂各級訓練機關編制 2. 續辦訓練人員訓練班 3. 厲行專任訓導員專任教官制度 4. 修訂區訓練班訓練實施辦法，並增訂訓練實施細則 5. 擬訂縣訓練所實施辦法說明書 6. 指導各級訓練機關佈置訓練環境 7. 整飭恩施縣訓所，使成爲本省示範訓練所 8. 舉辦甲長訓練 9. 視察各縣訓所訓練實施辦法試用情形

續表

類別	綱別	目別	計劃內容
一般政務	乙、推進訓練工作	一、設計	10. 繼續設立收復各地縣訓練班 11. 輔導各縣訓練所成立圖書室
		二、執行	1. 省幹訓團擬分黨政訓練、業務訓練兩大類，共訓三千餘人 2. 各區訓練班每班每年訓練四期，各縣訓練所每所每年訓練五期
		三、考核	1. 由訓委會直接派員考核 2. 各訓練班所每期須呈工作期報表、學員成績表及統計表等 3. 各級官佐每期考績由各級工作人員分層負責考核之
	丙、調整行政機構	調整省級機構	1. 驛運管理處與交通事業管理處分併 2. 省防空司令部縮小爲科 3. 教育廳編譯館併入秘書處編譯室 4. 秘書處技術室撤銷業務交建設廳辦理 5. 民政廳及財政廳各裁一科 6. 本府各廳處局視察督學專員裁減三分之一，其餘人員均照額有人數裁減十分之二 7. 本府各廳處局之公役裁減三分之一
	丁、編印叢刊及法規	一、編印新湖北叢書	賡續上年度辦理完竣

续表

类别	纲别	目别	计划内容
一般政务	丁、编印丛刊及法规	二、编印公报	赓续办理并将内容充实，增加发行次数
		三、编印新湖北季刊	赓续办理并于内容方面力求革新，发行份数由一千册至一千五百册
		四、审订法规	根据新湖北建设计划大纲及新湖北计划教育实施纲领所规定之原则订定各种章则
		五、编纂法规	续编本省法规辑要第三辑、第四辑
	戊、办理统计调查	一、继续设置通讯员	继续报查当地物价情形及随时办理交查事项
		二、调查各种重要资源及工商贸易	由本府统计室派员分赴鄂西鄂北各县切实调查
		三、编印统计刊物	搜集各项统计资料，编印季刊四期、特刊四种
	己、整理通讯业务	一、调整现用无线电机	1. 购置零件自行装配整付电机三部 2. 购置十五瓦特无线电发报机二部，换发第五、八两分台应用
		二、训练无线电工作人员	每一电台每次调派一人受训，共分三次调训完毕
		三、加形①通讯纠察工作	在总台部内试设收报机一部，派员负责担任纠察工作
		四、储备器材	以二十万元为储存各项器材费报，本年度开始时，即行分别购置

---

① 疑为"加强"之误。

续表

类别	纲别	目别	计划内容
民政	甲、推行新县制	一、调整县政府组织	1. 按原来划分县等并参合各县治安状况，釐定各县县政府之编制 2. 健全各县科秘人选
		二、调整区署	1. 按甲乙两种编制充实其组织 2. 健全区署工作人员
		三、完成乡镇公所组织	1. 沦陷地区每收复一乡镇即将该乡镇之区域切实划分，并成立乡（镇）公所编查保甲户口 2. 安全县份对于乡（镇）人员人选尽量淘汰
		四、成立保办公处	1. 遴选知识优秀份子充任保长 2. 新收复地区每收复一保即将该地方之甲户人口切实编查，并成立保办公处
		五、调整乡（镇）经界	
		六、成立县各级民意机关	1. 就县区完整之县先行举办公民宣誓登记 2. 办理县参议员及乡（镇）民代表候选人申请检核手续 3. 督促已成立保民大会之县份遵照规定职掌执行任务，其未成立之县份统限于九月以前办竣 4. 督促已成立乡（镇）代表会之县份继续办理，其未成立之县份统限于九月以前办竣 5. 后方安全县份按当地情形酌量筹备县参议会

續表

類別	綱別	目別	計劃內容
民政	乙、培養人民自治能力	一、實施心理建設	1. 先自公務員及知識分子實施，然後推及全社會 2. 利用保民大會國民月會機會，以增進國民精神總動員之效能 3. 縣政府每月由縣長或秘書科長重要職員分別督導各鄉鎮國民月會，區署鄉公所每月由區長鄉長或派區指導員中心學校校長等督導各保國民月會，講解總理遺教、總裁訓示、主席訓詞及各項重要法令，以利政府政令之推行 4. 加強各級宣傳
		二、訓練人民行使四權	1. 利用各種集會訓練之 2. 以保民大會為基層訓練之場所，行使選舉權之訓練 3. 行使彈劾程序之訓練
	丙、禮俗	一、民俗調查及改良	1. 督促各縣填報調查表 2. 先由教團警職員做起，逐漸推及人民轉移社會風氣
		二、嚴禁賭博	1. 嚴加考核厲行獎懲 2. 提倡正當娛樂
		三、推行公墓制度	1. 每鄉設置公墓一處，每縣設模範公墓一處 2. 墓地以利用公產為原則 3. 取締私人自由埋葬

續表

類別	綱別	目別	計劃內容
民政	丁、警政	一、提高省會警察局長警素質	1. 限定資格 2. 實施常年教育 3. 逐漸淘汰低劣份子
		二、調整縣警察	1. 將巴東等十縣警佐室改設警察局在六月以前完成，其餘六十縣警察機構限本年六月底以前遵照三十二年度縣政府編制之規定充實完成 2. 令各縣保現任警官來省受訓 3. 考選並登記警官人員
		三、成立縣警察隊	遵照行政院令將各縣自衛隊改編成立恩施鄖縣等十二縣警察隊
		四、調整並增設區警察所	調整恩施等十四縣原設之警察所，並在宜昌等十六縣各設區警察所一所
		五、調整並建立鄉（鎮）警察	1. 調查各縣所屬鄉鎮實際情形斟酌設立之 2. 令各縣自行呈報應設立之地點 3. 考核其經費及來源
		六、厲行長警常年教育	
	戊、戶政	一、建立戶政機構	依各縣治安情形分別在各縣縣政府民政科及警察局行政科內設立戶政股，專辦戶政事務，鄉鎮公所於民政股設專任戶籍幹事，或於縣政府民政科內指定科員一人專辦戶政事務

續表

類別	綱別	目別	計劃內容
民政	戊、戶政	二、訓練戶政人員	繼續於省幹訓團內設戶政班調各縣之辦理戶政人員受訓，至鄉鎮公所辦理戶政人員之訓練由各區縣訓練班所有增加戶政課程與講授時數，不另設專班施訓
		三、編整保甲戶口	1. 訓練編查人員之督導及調查技術 2. 由各縣派員巡迴各鄉（鎮）督導進行
		四、辦理戶籍人事及暫居戶籍登記	1. 由本府民政廳編印戶政人員手冊及戶政法令彙編，分發各縣鄉鎮戶政人員研究 2. 由各縣政府派員督導各鄉鎮辦理登記，並由本府民政廳派員分赴各縣鄉鎮抽查督導考核
		五、設備戶籍箱櫃	七八兩區轄縣普遍設置，其餘完整之縣應於未辦戶籍人事登記前製備完成
		六、舉辦國民身份證	督飭各縣於舉辦前定期集合各鄉鎮辦理戶政人員實施講解，並練習工作方法
	己、地政	一、續辦各縣減租	1. 責令各縣鄉鎮保甲長負責辦理宣傳調查登記 2. 派督導員學生覆核並辦理填發租額證 3. 由省派視察人員分縣考核

續表

類別	綱別	目別	計劃內容
民政	己、地政	二、辦理重要城市土地測量登記	就恩施警區內辦理測量登記,並就樊城、老河口兩市鎮補辦登記
		三、整理插花飛地	1. 將決定整理方案由本府以命令行之 2. 令督察專員監督執行
	庚、禁烟	澈底根絕烟毒	1. 後方各縣保持已經肅清之成績 2. 敵後及前綫各縣應就政令尚能達到區域嚴厲執行禁令 3. 新收復地區應澈底根絕烟毒
財政	甲、國家財政系統	一、管理全省收支	1. 催解各項稅款 2. 依據核定各機關分配預算按期發放經費 3. 督促各機關造送計算,並催繳結餘
		二、督導自治財政	賡續派員分赴各縣鄉鎮切實督導
		三、整理省有公產	統計已清查完竣縣份公產數量並切實管理之
		四、推行公庫制度	本年視金融機構情形賡續推設
		五、健全金融組織	責成省銀行按期分別推行
		六、協助籌募公債	1. 電飭各區縣切實遵照籌募 2. 舉行宣傳 3. 分區換發債票

續表

類別	綱別	目別	計劃內容
財政	乙、自治財政系統	一、整理縣鄉公學款產	派員分赴尚未清理各縣繼續清理
		二、厲行鄉政造產	1. 派員賡續分赴各縣考核辦理成果，俾作改進根據 2. 派員赴收復縣份督導辦理
		三、提倡公營事業	1. 賡續派員分赴各縣考核辦理成果，俾作改進根據 2. 派員赴收復縣份督導辦理
		四、改進屠宰稅制	嚴督各縣恪遵新頒稅制稅率辦理，並籌設屠宰考核徵收人員之操守
		五、推行新稅	先就後方各縣嚴密考核各稅局之徵收方法，並隨時派員督導
		六、厲行收支存核四權分立制	派員分赴後方各縣，切實督導縣及鄉（鎮）依法實施
		七、推設縣公庫	擬賡續分期推設咸寧等十三縣公庫
		八、推設縣銀行	本年擬分期籌設黃岡等十二縣縣銀行，並派員督導
教育	甲、教育行政	一、厲行視導制度	依本省行政督察專員區劃分為八個視導區，由各該區督學及視導員分別督導
		二、籌發學生制服	所有單棉服裝仍由省平價物品供應處購製

續表

類別	綱別	目別	計劃內容
教育	甲、教育行政	三、統籌學生書籍	將預計書費發給學校統籌應用
		四、充實省立各校修繕設備	視各校需要情形酌予添建
		五、擴充中等以上各校圖書理化儀器	本年度擬按現有省高中師範職業及僑設初中等校每校暫以一萬元從事擴充，至農教工醫四學院則另案專列設備費
	乙、高等教育	一、擴充湖北省立教育學院	上半年增四班下半年增三班
		二、擴充湖北省立農學院	上半年增四班下半年增三班
		三、創辦省立醫工兩學院	聘請人員建築校舍購置圖書儀器
		四、核發國立各院校鄂籍優秀學生及公務員優秀子弟津貼	函請各院校將鄂籍學生三十一年春季期考成績抄送到府，再照章核發
		五、核發國立各院校鄂籍學生制服書籍貸金	函請國立各院校將鄂籍學生造冊送府，再行核發

續表

類別	綱別	目別	計劃內容
教育	丙、中等教育	一、擴充原省立各高中班次	編列概算令各校遵辦
		二、調整未改歸縣辦之省立各初級中學	編列概算令各校遵辦
		三、擴充原縣立各初級中學班次	按照各該縣小學畢業生十分之一增加班數
		四、舉行學生集訓及教職員暑期教學討論會	由軍管區司令部與教育廳分別在幹訓團及教育學院舉行
		五、完成各縣立初級中學附設簡易師範科	限各縣立初級中學一律籌設成立
	丁、國民教育	一、調整省會小學	本年度變更組織改正名稱，並將原有班次統籌調整酌予擴充
		二、督促各縣主辦國民教育教師短期訓練	所有國民教育教師以鄉保文化幹事名義調訓
		三、完成鄉（鎮）中心學校及保國民學校	1. 除淪陷區及半淪陷區外，本年度應成完每鄉（鎮）一中心學校之計劃 2. 保國民學校本年度以增加六四七〇所為原則

续表

类别	纲别	目别	计划内容
教育	戊、社会教育	一、充实民众教育馆	1. 省立实验民众教育馆，应举办各种实验工作 2. 督促罗田等十七县成立民教馆 3. 训练社教人员
		二、普遍设置图书供应站及书报阅览室	1. 充实省立图书馆图书并办理巡回文库 2. 设置书报供应总站及分站 3. 充实各县民教馆图书，设立乡（镇）书报阅览室
		三、加强各级学生社教工作	1. 各级学生一律组织社会服务队 2. 各院校附设巡教歌咏戏剧队 3. 各职业学校附设农工商职业训练班 4. 各级学校附设民众学校
		四、推行家庭教育	1. 设立妇女习艺所 2. 编印家庭教材 3. 举办家庭教育讲习班 4. 各级学校举行恳亲会、敬老会及家庭访问 5. 女子学校一律加授家事课程
		五、编印民众读物	
		六、改进卫生教育	1. 充实中等以上学校医药设备 2. 督促各级学校办理防疫工作 3. 改良各级学校环境卫生 4. 举行学校健康检查及健康比赛 5. 组织卫生宣传队 6. 编印卫生书报

續表

類別	綱別	目別	計劃內容
建設	甲、交通	一、改善巴咸公路路基路面及橋涵工程	賡續上年計劃將險窄路基擇要加寬，改建朽壞橋涵以策安全，翻修路面以減少胎件之損壞
		二、改善鄂北公路路基路面及橋涵工程	賡續上年計劃將險窄路基擇要加寬，改建朽壞橋涵以策安全，翻修路面以減少胎件之損壞。
		三、添購新車及配件	添購新卡車十輛，煤氣發生爐十套，車胎一百套，及足敷一年用之配件
		四、增設安全及行車設備	在巴咸鄂北兩路添建護欄、行車標誌及站屋等
		五、擴充修車廠及增設分廠	咸豐修車總廠添設發電機車床洗床等，另在巴東鄂北添設兩分廠
		六、充實測量隊	充實原有測量隊，並加組一測量隊分駐鄂西鄂北
		七、調整清江運輸	將原有破漏船隻加以修理，添造木船二十艘
		八、整理鄂西鄂北各段幹綫	分途派隊將巴興綫、恩野綫、興遠綫整理完竣
		九、購置電話機件	1. 添購各種機件配件 2. 抽換損壞之話機

續表

類別	綱別	目別	計劃內容
建設	甲、交通	十、購置架設重要綫路綫料	購儲可供架設五十公里之綫料
		十一、修理輪隻	本年內將應修之輪艇分別修理
		十二、修理鋼駁	先將停泊重慶損壞最重之第七第八號鋼駁兩隻修理應用
		十三、建築倉庫	巴東、三斗坪各建一所
	乙、水利	一、督導實施各項農田水利工程	1. 水利工程勘測隊担任勘測工作 2. 水利工程處下成立督工處或工務所督導施工 3. 利用民衆勞動服役辦法實行一保一井制度
		二、充實水利工程勘測隊	於原有四隊外添設四隊
		三、繼續整理清江	1. 完成上年未竣之工程 2. 着手自恩施至新塘間之整理工程
		四、疏濬酉水	期於本年底完成通航
		五、培修江漢幹堤	完成車灣月堤
	丙、農林畜牧	一、粮食增産	分擴大夏作擴大冬作,推擴肥料公共造産防治獸疫繁殖耕牛防治作物病蟲害等項進行,預計增産食粮四萬市擔
		二、棉麻增産	分擴大棉田面積、指導栽培改良及推廣良種三方進行

續表

類別	綱別	目別	計劃內容
建設	丙、農林畜牧	三、菓木增產	預計產良種柑橘苗二千株,柿樹五千株,核桃壹萬株,板栗五萬株
		四、桑蠶繁殖	闢桑苗圃一千畝,桑園一千畝,並調查鄂北保康等縣作林情形
		五、作物改良	在鄂西農場來鳳棉場鄂北農場聯合舉行各種作物育種及栽培法之試驗,茶葉改良工作則在五峯茶場進行
		六、茶葉改良	在鶴峯增植茶樹一千萬株,在五峯舉辦茶樹更新運動,並舉辦五鶴茶農訓練班
		七、病蟲防治	試驗調查均分區進行,並試行藥物加工及優良蜂蠶種之繁殖
		八、荒地調查	先完成鄂北谷城房縣一帶之荒地調查
		九、農器製造	增製新式耕犂三百具,鋤一千把,鐮刀一千把,及其他鐵器若干
		十、農業普查	由農業改進所派員會同各縣縣政府各級地方自治幹部及學校教師予以短期訓練及實施普查
		十一、育苗造林	造普通經濟林一千五百萬株,造特用經濟林五十萬株,植桐八十萬株,培育苗木一千五百萬株
		十二、畜牧推廣	選購三四歲良種母牛八十頭、公牛二十頭,貸放農家耕作配種

续表

类别	纲别	目别	计划内容
建设	丙、农林畜牧	十三、家畜防治与保险	训练家畜防疫人员六十名,防治牛瘟一万头,防治猪瘟五千头
		十四、血清制造	制造各种防治兽疫之血清及预防液
		十五、推广与管理	拟在鄂北各县尽量繁殖与推广
	丁、工业	一、充实巴东机械厂	依业务需要分期添置必要设备,设备费预计一百四十五万元
		二、充实巴东炼油厂	添设五十个锅炉,使代汽油代柴油之产量每日增加一吨
		三、充实其他各厂	拟分别添设各厂必要设备
		四、添设鄂北炼油厂	厂拟设郧县,暂设五十锅炉使代汽油代柴油日产一吨
		五、成立鄂北造纸厂	设郧西
		六、筹设鄂西被服厂	预定本年上半年筹设完成
		七、继续督导各县筹设民生工厂	督饬各县积极推行,以期达到每县最少设立民生工厂一所之预定计划
		八、奖励民营工业	1. 继续调查民营厂社组织及生产情形 2. 令各专员公署督导各县政府积极鼓励商民投资于民生必需品之生产工业,并予以保护
		九、继续训练小工业技术人员	继续在省干训团办小工业训练班,分纺织、造纸、简易化工三组

續表

類別	綱別	目別	計劃內容
建設	戊、礦業	一、擴充興秭煤礦	於原有煤窿之外，再加開葉家河煤窿，預計每日可增產煤三十噸
		二、添設鄂西方煤礦	恩施橫欄路茶園偏一帶可探無烟煤施工開探，預計每日可得二十餘噸
		三、繼續勘測鄂西鄂北礦產	擬充實礦產勘測隊分赴鄂西鄂北各縣，繼續調查實施勘測
	己、商業	一、繼續推行度量衡制	1. 厲行檢定工作 2. 充實檢定人員
		二、搶購物價穩定物價	1. 由平價物品供應處搶購 2. 協助人民營運 3. 游擊戰區物資責由各地方政府指定運銷地點，鼓勵人民集團營運 4. 令飭接近戰綫之地方政府協助部隊加強封鎖，防止內地物資外運
糧政	甲、征購	征購軍糧公糧	1. 按照本省三十一年度公購餘糧實施辦法及修正條文辦理 2. 將原有收糧所改爲征收處 3. 糧價遵規定稻谷每市擔八十五元
	乙、管制	一、辦理糧商登記	1. 呈報縣份即發營業執照 2. 未報縣份即派員視察或派員會同縣府人員切實辦理 3. 糧食部製發之營業執照不敷時，即呈請糧食部核發 4. 糧商開業後應逐月表報

續表

類別	綱別	目別	計劃內容
糧政	乙、管制	二、厲行糧食節約	賡續實施禁止燒熬限制糧食加工規定、日食定量及正雜糧配搭等項節約辦法
	丙、分配	擴大授糧範圍	將計口授糧辦法擴大至恩施全縣外，縣公務員役眷屬計口授糧擴大至通城等二十一縣，共計四十八縣
	丁、運輸	擴編軍輸機構	擴編為總隊部一，大隊部三，肩運中隊部九，車運隊一，並由部撥汽車五輛成立汽車隊
	戊、倉儲	一、建修倉廠	在後方徵實之恩施等二十八縣新建集中倉五十四座，容量共計二十七萬市擔，游擊戰區之英山等二十一縣利用祠廟修建集中倉五十六座，總容量為五萬六千市擔
		二、設立倉庫	徵實之三十二縣每縣以設立七個倉庫為原則，未徵實而祇有徵購之二十一縣倉庫即附設在徵收處內，每縣以設立八處為原則
		三、徵收積穀	由縣政府商同田管處之徵收處隨賦徵收
	己、食鹽	購運及配銷	1. 將第四五六八各區購運機構完全成立，每縣設一購運辦事處 2. 將一二三各區購運機構酌量設立，再視軍事進展，酌量組設戰區各縣購運機構 3. 分配方面，第七區各縣交由合作社辦理，其他安全各縣亦一律交由合作社辦理

續表

類別	綱別	目別	計劃內容
社會	甲、民眾組織	一、整理鄂西鄂北民眾團體	1. 完成恩施縣示範總工會、示範農會等 2. 完成全省商會聯合會 3. 強化統一各業工會組織 4. 策動組織重要縣市新聞者工會 5. 加強鄂西鄂北農人之組織 6. 指導組織或調整自由職業團體 7. 健全各級兵役協會之組織
		二、建立淪陷區及接近戰區各縣民眾團體	除因情形特殊暫緩建立外，其餘均應將各種重要職業團體組織成立
		三、訓練合作社職員	1. 縣訓所舉辦合作業務人員專業訓練 2. 辦理合作講習會
		四、成立各縣合作事業協會支會	將未成立之中國合作事業協會支會一律組設
	乙、社會運動	一、厲行節約運動	1. 公務員及各團體負責人，切實履行公文公物節約 2. 一般人民能切實履行日常生活之節約
		二、厲行新生活運動	1. 公務員應以身作則 2. 利用各種集會講述新生活要義 3. 定期舉行個人或集團各種新生活工作競賽 4. 健全宣傳機構 5. 指定恩施鄖縣光化三縣舉行新生活示範競賽 6. 就已設置之社會服務處或社會服務站，經常佈置新生活環境

續表

類別	綱別	目別	計劃內容
社會	丙、社會福利	一、設立社會服務處	在省會設立一處，內設生活服務、文化服務、人事服務、經濟服務、小本借貸等五個部門
		二、設立社會服務站	在巴東、三斗坪、老河口三處，各記一站，分別辦理旅舍食宿之供應、貨物行旅之轉運及代僱舟車等事宜
		三、設立各縣職業介紹所	經與第十救濟區商定，於監利等二十縣，各設職業介紹所一所
		四、舉辦小本借貸	擇定未經舉辦貸款縣份四縣，設立小本借貸處委託或併入縣銀行、縣合作金庫、縣合社聯合社辦理
	丁、社會救濟	一、設立省會實驗救濟院	內分養老殘廢孤兒三所，共容四百人
		二、整理各縣救濟院	除戰區外，後方各縣一律切實整理
		三、整理並增設省立兒童教養院	1. 對已成立難童教養院所考察其所收容兒童程度年齡，逐步送入省縣小學肄業，由公家供給用費 2. 向戰區搶救貧苦無依難童一千名，在松滋增設教養院一所
		四、整理晒坪西流水墾牧區	向農貸機關洽撥專款作生產經費

续表

类别	纲别	目别	计划内容
社会	丁、社会救济	五、调查各难民收容所	1. 保持原有名额 2. 着重生产训练
		六、办理春荒急赈	1. 鄂北各县以上年抢购之，统筹分配 2. 其余各县视灾情拨款赈济，或贷放种籽
		七、举办平粜	由各县政府会同机关法团组织平粜委员会，负责办理
	戊、凭证分配	利用各级合作社组织实行凭证分配	1. 省会及各县，一律利用机关员工消费合作社及县合作社联合社实行公务人员生活必需品凭证分配，然后次第推及民众 2. 鄂西鄂北各县，先普遍实行民众计口授盐授粮，由县合作社联合社办理购运，乡（镇）保合作社负责配销
	己、合作组织	一、发展县各级合作组织	1. 成立乡（镇）合作社一零二九所，保合作社一二一八零所，县合作社联合社三零所 2. 仍以乡（镇）合作为推进中心，对下逐渐普及各保合作社，对上完成县联合作社组织
		二、成立各种专营业务合作社	

續表

類別	綱別	目別	計劃內容
社會	己、合作組織	三、整理各縣舊社	將原有舊社分別改組爲鄉（鎮）保合作社，並限制成立互助社
	庚、合作業務	一、發展產銷消費合作業務	1. 省合作社物品供銷處，增設生產部門。 2. 各縣設置供銷分處十處
		二、舉辦合作農場及工廠	指導各縣大規模之合作社，設置合作農廠及合作工廠一百所
		三、厲行合作社查賬制度	在各縣合作指導室設置合作會計佐理員一人，分赴各級合作社抽查賬目
	辛、合作金融	一、籌集社有資金	預定全省各縣共成立鄉鎮合作社一零二九所，每社籌集股金五百元；保合作社一二一八零所，每社籌集股金一百六十元；專營合作社五十所，每社籌集股金二百五十元；共籌社有資金二百四十七萬五千八百元
		二、增設縣合作金庫	增設鄖縣、鄖西、均縣、光化、穀城、襄陽、棗陽、保康、興山、南漳、黃岡等縣合作社金庫十一所
		三、充實縣合作金庫資金	將恩施、咸豐、建始、巴東、秭歸、宣恩、來鳳、利川、五峯、鶴峯、竹山、竹谿、房縣等十三庫股本金總額，一律提高爲三十萬元

續表

類別	綱別	目別	計劃內容
社會	辛、合作金融	四、辦理農貸	1. 擬與中農行續訂普通農貸及戰區農貸共四千萬元 2. 由省銀行於五峯、鶴峯、竹山、竹谿四縣共貸與〔予〕二萬元 3. 以各級合作社及各種專營合作社爲貸放對象 4. 側重於興辦水利、墾荒、公共造産、農業運銷及農村副業加工製造等
		五、辦理農民購贖耕地貸款	1. 擬與中農行續訂貸款一千萬元合約 2. 在恩施、咸豐、宣恩、來鳳、建始、利川等縣辦理
		六、清理各縣舊欠合作貸款	
衛生	甲、醫政	一、創辦衛生試驗所	1. 成立細菌病理、化學檢驗、化學製品、生物製品等四組 2. 分期購製器械藥品，製造各種培養基、疫苗、痘苗、血清以及普通藥品
		二、增設並調整各縣衛生機構	1. 將原設各衛生院加以調整 2. 選擇辦理較善之縣巡迴醫療防疫隊改組爲縣醫院 3. 在地區完整縣份，增設衛生院四所 4. 在地區淪陷一部縣份，增設縣巡迴醫療防疫十九隊 5. 斟酌各縣財力情形，設置鄉鎮衛生所六十二所

续表

類別	綱別	目別	計劃內容
衛生	甲、醫政	三、續辦全省醫事人員調查	
		四、續辦全省醫事人員資格檢定	
		五、續辦全省藥商登記	
		六、補充大量藥品器材	除普通藥品就地購製外，其餘派員赴渝採購
	乙、防疫	一、繼續防範霍亂	1. 由各縣衛生院隊，切實辦理 2. 普遍注射霍亂預防針 3. 實施飲水消毒，注意飲食衛生，舉行滅蠅運動 4. 厲行病人隔離，並設□□［站標］
		二、嚴防敵機散佈鼠疫	1. 敵機投下任何物品，應立即焚毀 2. 防止鼠疫傳染
		三、普及種痘	1. 各縣衛生院隊派員赴各鄉鎮宣傳天花之危險與種痘之效果 2. 各縣衛生院隊，會同保甲挨戶接種。遇必要時，強迫施種
		四、詳密核辦各地疫情	各縣衛生院隊每月上中下三旬，將各地疫情按期呈報

續表

類別	綱別	目別	計劃內容
衛生	乙、防疫	五、購辦防疫藥品	由衛生處分別向中央及西北兩防疫處，訂購霍亂苗、霍亂傷寒混合疫苗、牛痘苗、腦膜炎血清白喉抗毒素、傷風抗毒素、奎寧、依米汀針等，分發各縣衛生院隊應用
		六、撲滅各地回歸熱	推行滅蟲運動，以防傳染而杜病源
		七、防止各地瘧痢	1. 厲行環境衛生 2. 舉行普遍宣傳
	丙、保健	一、普及衛生常識	1. 編印衛生標語傳單及各種圖書壁報與定期刊物 2. 將各種宣傳品分發各縣傳給民眾閱讀 3. 派員分往各鄉講解宣傳品內容
		二、實施候診教育	1. 各衛生機關設候診室 2. 各衛生機關，輪流派員任講演疾病之來源及預防方法
		三、舉辦保衛生員訓練	1. 各縣衛生機關，應訓練保衛生人員四十員 2. 由縣政府令飭各鄉公所選送到衛生機關受訓 3. 教學課本，由本府編撰統籌印發 4. 教師由縣衛生機關人員兼任

續表

類別	綱別	目別	計劃內容
衛生	丙、保健	四、續辦種痘員訓練	1. 由縣政府令飭各鄉公所，分期保送小學教員或有知青年到縣衛生機關受訓 2. 教學科目爲種痘原理、種痘技能及反應處置 3. 教師由縣衛生機關職員兼任
		五、訓練有關衛生各業工人	1. 由縣衛生機關定期召集各地飲食商店旅棧浴堂，及理髮店之工人講授衛生常識 2. 先由縣城或設有衛生機關之市鎭舉辦 3. 由所在地衛生機關人員擔任講授 4. 由縣政府或警察局飭屬分往各店戶召集 5. 講授課目，爲日常衛生常識、預防疾病要訣、污水污物處理及防制蒼蠅辦法
		六、辦理結婚登記	1. 利用民衆集會時，向其講解登記規則與優點 2. 編印結婚登記之各種宣傳品 3. 由公務員及其子女施行，以資提倡
		七、提倡健康運動	1. 各縣闢設運動場 2. 由縣政府發起各界民衆組織運動團體 3. 由縣政府聘請中學校體育教師傳授運動方法 4. 定期舉行健康檢查 5. 舉行各種運動競賽

續表

類別	綱別	目別	計劃內容
衛生	丙、保健	八、改良住宅衛生	1. 向農村民衆講解住宅衛生意義，並指導其改善方法 2. 由公務員住宅先行改善以資提倡 3. 派員檢查各級公務員之住宅改良情形，呈由縣長轉報備核
		九、調查並防治地方病	1. 縣衛生院調查地方病流行情形來源 2. 將調查結果呈報省衛生處，以憑研究防治方法
		十、督辦空襲救護	1. 已設衛生院各縣或衛生所各鄉鎮，由各該院所視其轄境範圍，酌設一隊或數隊 2. 未設衛生院之縣城或衛生所之鄉鎮，由縣政府徵用當地開業之衛生人員組織之
		一一、禁絕幼年婦女纏足	1. 編印宣傳品及標語 2. 由縣政府督促鄉鎮人員勸導戶長遵辦 3. 由縣政府隨時派員抽查
		一二、督導改良飲水井	1. 由本府擬訂辦法，通令各縣督飭進行 2. 凡各水井附近之溝渠，及廁所與污水坑均須填折，以免污水滲入 3. 凡各水井，應一律加築二尺高井台並做木欄，以免地面污水或雨水流入

續表

類別	綱別	目別	計劃內容
衛生	丙、保健	一三、督建滅蟲站	於交通頻繁之縣設置滅蟲站
		一四、實施污物處理	1. 令飭各縣各鄉切實遵行 2. 各鄉輪流担任清潔值日 3. 按照部頒日期舉行污物大掃除及清潔檢查
		一五、管理有關衛生各商店	1. 編印有關衛生各業之衛生方法傳單 2. 由縣衛生機關，講解衛生要點 3. 製訂各種管理規則，公佈施行
		一六、舉辦產婆訓練	1. 本府擬訂具體方案，通令各縣施行報核 2. 由縣府督飭衛生院辦理 3. 訓練科目及時間，統照中央頒佈
		一七、舉行嬰兒檢查及健康比賽	1. 由本府訂定具體方法，通令各縣施行報核 2. 由縣府督飭衛生機關及教育機關辦理 3. 對于嬰兒有疾病或生理上有缺陷者，予以治療並告以矯正方法 4. 施行嬰兒健康比賽，優勝者給獎
保安	甲、作戰	一、配合國軍作戰	1. 鞏固游擊根據地，擴廣我方軍政控別區域，並爭取資源 2. 督飭團隊襲擊敵僞 3. 策動僞軍反正 4. 嚴密對敵傘兵之防禦

續表

類別	綱別	目別	計劃內容
保安	甲、作戰	二、搜剿各地奸匪散匪	1. 對戰區奸匪應商同五九兩區戰區司令長官部，劃區指派得力團隊，協同國軍大舉圍剿，摧毀奸匪武裝，並瓦解其一切組織 2. 對邊區散匪，應商同鄰省，分派得力團隊，聯防會剿 3. 剿匪時，應注意打擊首惡，撫輯脅從，於除惡務盡之中，寓與民更始之旨。 4. 剿匪區內，黨政機關人員，應隨軍事推進，撫輯流亡，辦理善後，恢復保甲，組訓民眾，重建政權，期收三分軍事、七分政治之實效 5. 各區縣平時應加強地方警衛，嚴密保甲組織，防止奸黨、莠民及漢流份子之潛伏活動，以杜亂源
		三、嚴密諜報組訓	1. 充實各區縣諜報處專任人員，健全諜報核心機構 2. 充分利用各區鄉鎮保甲組織及人員，担任蒐集通訊之責，構成嚴密諜報網 3. 加強各區縣鄉鎮間之諜報縱橫聯繫 4. 於省幹訓團、區訓練班及縣訓練所內，加強諜報課程，灌輸各級行政人員諜報知識與技能，使其能運用行政組織，協助諜報業務之進行

續表

類別	綱別	目別	計劃內容
保安	乙、編整	一、調整團隊編制	1. 區屬各團及鄂東旅團，切實整編 2. 頒發編制，限期施行 3. 整編時應汰弱留強，俾數量減少，質量加強 4. 必要時，得將一部團隊，呈請中央改編正式國軍，加強抗戰力量
		二、補充團隊缺額	1. 商請軍政部將保安團隊官兵規定為現役，征撥團隊士兵，得抵正額以利征補 2. 各團隊每月假革逃亡，應求一下平均數字，平時遇有缺出隨時據實表報以憑查核，但於每期呈請征補時，應按所求平均數字，將下期前兩個月內，可能出額人數，一併預請配徵，以資銜接 3. 商請軍管區將保安團隊缺額，盡量配由各縣團隊防地附近縣份征撥，以便接領 4. 酌量增加團隊接兵旅費 5. 各團隊新補壯丁，每多逃亡，並拐去服裝，應飭一律報部再行飭縣負責追賠

續表

類別	綱別	目別	計劃內容
保安	丙、訓練	加強團隊訓練	1. 規定各種不同之方案，頒發團隊實施 2. 建築模範營房輪調鄂西各團隊，以營爲單位，分期集訓 3. 省幹訓團附設專班，輪調各團隊幹部入班，同時飭各團隊，經常設立學術講習班、講習會，養成一般幹部研究學術之風氣 4. 督飭各團續辦軍士教育連 5. 實施訓練時，應把握重點，上級幹部注意統馭能力，中下級幹部注意掌握能力，士兵注意戰鬥能力之分別養成 6. 各級特別黨部工作人員應加強幹部精神教育，推進士兵識字運動，發動官兵勞動服務，強化軍民合作 7. 直屬各團與其他團隊，分別責由保安司令部與行署及區司令部，派員點驗，並舉行年終校閱
	丁、軍運及通訊	一、加強各縣軍運設施	1. 以甲爲單位，編組運輸班，設班長一人；五班至十班爲一隊，設隊長一人 2. 隊長班長就保甲人員及地方公正人士中挑選充之 3. 民伕運輸，應依規定載重量，以增進民伕福利，使人民樂於服役 4. 沿綫設置民伕休息所，以卹民力 5. 應有醫藥救護之設備

续表

类别	纲别	目别	计划内容
保安	丁、军运及通讯	二、储备团队通讯器材	
		三、强化各县递传哨组织	1. 将原有递传哨线路重新调整，构成严密之通讯网 2. 员丁待遇及办公费，酌情增加 3. 拟定递哨员丁训练计划，督饬各区县切实施行
	戊、防空	一、调整防空机构	1. 将省防空司令部归并保安司令部，为一科 2. 未设防空指挥部各区之防空事宜，责由各该区保安司令办理 3. 调整各县监视队哨及防护团组织
		二、增进防空训练	1. 于省干训团内附设防空训练班，区训练班或县训所内，加强防空课程，轮调各县监视队哨及防护团专任人员受训 2. 利用团队干部补习教育机会，加强步机枪高射课程 3. 各监视队哨兵、防护团员及步机枪高射组士兵，由受训干部分别递予训练 4. 省会及各县市，应定期举行防空演习
		三、充实防空设备	1. 充分准备防空通讯器材，分发各级防空机关应用 2. 检查省会防空壕洞及消防救护等设备 3. 充实各县市镇消防避难救护等设备

續表

類別	綱別	目別	計劃內容
保安	己、軍法	繼續清理各縣軍法積案	
役政	甲、徵募	一、舉辦壯丁調查	令飭恩宜、陵都、襄棗三師管區，參照兵役及齡男子調查規則之規定，於四月底調查完竣
		二、督促各師管區積極辦理兵役示範縣	1. 師管區應針對駐在縣之環境，根據年度補充辦法，擬定本區兵役示範縣實施計劃 2. 師管區應利用駐在縣年度征兵會議之機會，對保長以上兵役人員及後補團必要幹部，予以短期之講習，使其明瞭全般法令，澈底推行 3. 師管區兼副司令及主要職員，應常川輪①赴駐在縣之各鄉保督導實施
		三、設置各縣鄉新兵招待所	1. 恩宜、陵都、襄棗、鄖均四師管區所轄之後方三十五縣及羅田示範縣，應於本年各設置新兵招待所，同時成立縣招待委員會 2. 所內設備務須充實，環［境］務求舒適清潔 3. 招待委員會，應協助兵役機關，切實改善新兵生活，對招待費之收支，尤應嚴格稽核

---

① 原文如此。

續表

類別	綱別	目別	計劃內容
役政	乙、編練	一、國民兵訓練	1. 後方恩施等三十五縣，擬按人口數百分之二之標準，訓練國民兵十九萬一千人；戰地黃岡等二十一縣，及沔、潛、荊、當四縣，按人口數百分之一之標準，訓練國民兵九萬一千人，全年分四期訓練完畢 2. 以鄉（鎮）或保為召訓單位，分別集中訓練
		二、推行地區與年次編組	1. 恩施等二十八縣，經已編組完竣，本年度舉行復查 2. 宜昌等十一縣本年度進行編組
會計	甲、歲計	一、審編各類支出會算	
		二、促成公營事業依法編送概算	舉凡營業之收支，管理費用，與業務費用之劃分，資本之增減，盈虧之處理，必須詳列預算
		三、遵照法令嚴格執行預算	對於請支預備金，追加預算流用經費，應先由會計處簽准後動支
		四、彙編省級決算	嚴格執行預算法、公庫法
		五、督促各機關按期造送收支計算書表	促成各機關按期造送收支計算書表，或累計表

續表

類別	綱別	目別	計劃內容
會計	甲、歲計	六、依照新縣制實施計劃核定縣地方預算	
		七、督促各縣切實執行縣總預算	關於經費之追加，預備金之動支，科目之流用，依法訂定補充章則，嚴加限制
		八、督促各縣編造縣決算	
		九、督促各縣飭編鄉鎮概算	擬釐訂收支科目及辦理歲計章則，頒發各縣督飭辦理
		十、督促各縣轉飭鄉（鎮）公所編造決算	
	乙、會計	一、修訂補充各項會計規則	
		二、設計及修改各種會計制度	
		三、推行各種會計制度	
		四、設立會計專修班	招收高中畢業學生一百名，予以一年專業訓練
		五、甄審會計人員	登報延攬會計合格人員登記

续表

类别	纲别	目别	计划内容
会计	乙、会计	六、调整原有会计机构	分别视省府各厅处局、公营事业机关、各学校及各县市机关业务之繁简,修改编制,增减人员,以资改进
		七、继续设立各机关会计室	于未设置会计室之各机关,视其轻重缓急,分期委派人员筹设成立
		八、调整会计人事	
		九、考核会计工作	
		十、指导会计业务	经常派员轮赴各机关会计室,对其业务进行,依法予以切实指导

41. 省政府三十年度施政成績

類別	工作項目	預定計劃	實施過程
總類		公佈新湖北建設計劃大綱	1. 本計劃之擬定，係根據總理遺教、總裁訓示及本省目前環境之需要，分經濟、政治、文化三部門，以五年完成為標準 2. 前項計劃經本府各委員及專家數月之討論研究，業已正式決定，並提經本府委員會第三百五十九次會議決通過 3. 已於三十年七月七日正式公佈，並印成單行本 4. 令發各區縣遵照此項計劃分別擬定各區縣建設計劃，完成新湖北建設任務
	擬定計劃	擬定湖北省政府三十一年度施政計劃大綱	1. 根據新湖北建設計劃大綱規定三十一年度應行舉辦之事業，仍按經濟政治文化三部門詳細擬定 2. 經本府各委員詳細研究討論，已提出本府委員會第三百六十八次會議議決通過 3. 已印發各區縣遵照實施，並飭擬定各區縣卅一年度施政計劃大綱 4. 本府各廳處根據此項計劃大綱，擬定三十一年度行政計劃

续表

類別	工作項目	預定計劃	實施過程
總類	擬定計劃	擬定湖北省政府三十一年度行政計劃	1. 遵照行政院頒發戰時三年建設計劃大綱及本府三十一年度施政計劃大綱編訂 2. 依工作性質及預算類別編定，屬於普通政務為普通政務計劃，屬於戰時三年計劃者為特別建設計劃 3. 業於九月十日編定呈送
		擬定湖北省政府收復失地善後工作綱要	1. 收復失地善後工作綱要為準備收復宜沙武漢各地之基本工作，已草擬完竣，並提經本府委員會第三百四十七次會議決通過 2. 各廳處正在擬具實施辦法及造具預算呈核，以便將來第次實施
		擬定城市建設計劃大綱	1. 本省戰區及後方各市縣多被炸毀，為準備戰後復興工作起見，爰根據中央法令及本省五年計劃根本精神，擬具新湖北城市建設計劃大綱，以為建設民生主義及國防都市之依據 2. 前項計劃大綱提經本府委員會第三百七十二次會議決原則通過，詳細辦法交有關廳處擬具呈核

续表

類別	工作項目	預定計劃	實施過程
	審核計劃	審核各縣三十一年度行政計劃	1. 本年二月，由府通令各區專署、縣府擬具計劃呈核，復經送次電催，截至本年底止，其餘一部尚未送齊。 2. 呈核計劃原由秘書處收到後，一面以府令飭知照，一面將原計劃轉送各廳處局會核，嗣以需時過多，經各廳處局會商定審核辦法三項： 一、就所送計劃性質，分別散送主管廳處審核 二、審核意見用紙簽貼於計劃上方 三、審核完畢後統送秘書處彙編
		審核各種事業及工程計劃	本省公營、官商合營、私營事業及各項工程計劃均送本府審核
	組設計劃機構	成立湖北建設計劃委員會	於本年九月正式成立。除以本省黨政各高級人員為當然委員外，並聘請政治經濟教育專家及農工商高等人員為專任委員
總類	調整機構及統一指揮權	省縣機構之裁併	1. 為統一事權集[中]責任提高行政效率，省府對於駢枝①機關如非常時期地方行政人員研究會、戰區學校員生登記處、建教合作委員會教員檢定委員會、教育設計委員會、義務教育委員會、保安國指揮部、施巴警備司令部全軍官教育隊、湖北省勛員委員會等經分別歸併或取消，所有業務分別有主管廳處負責辦理 2. 過去本省各縣之駢枝之機關較省級尤多，亦經分別予以調整，如教歐清理委員會、國民兵團經理委員會、空襲緊急救濟辦事處、夏令衛生委員會、義教社教推進委員會、教育設計委員會、農業推廣處合作促進會、教育經費稽核委員會等均經裁併。所有業務分別由縣政府主管科室辦理

① 原稿"駢技"應為"駢枝"之誤。

續表

類別	工作項目	預定計劃	實施過程
總類	調整機構及統一指揮權	省機構之設置	省縣行政組織單位均不一致,處理政務諸多困難,擬以新縣制縣政府組織為基準,將省政府機構加以調整。查新縣制規定,縣府設有民政、財政、教育、建設、軍事、社會、地政、糧政等八科,秘書、警佐(或警察局)、合作指導、建設指導、會計等四室,另屬一衛生院。目前省級組織設有民政、財政、教育、建設、軍管區、防空司令部等,秘書、會計、保安、合作、衛生等五處,及糧政處、軍管區及地政局,比照縣級組織組織應增加社會、防空司令部業務二處及另設軍事廳,並保安處,將保安處、軍管區、防空司令部業務併人。此種調整辦法已向中央建議,在軍事廳設置未經核准以前,本省已保安處撤銷,組設保安司令部副司令部參謀長兼軍管區防空二部副司令部初步調整
		調整統計機構	本府各廳處已分別成立人事科或股及專辦人事人員,各區專署各縣政府等指定兼辦人員,業據報府有案,有七區三十三縣 本府統計室已於年度開始時依照組織設置二股,並充實人員,各廳處統計人員暫定每廳一人或二人,已於月間調派統計室職員分別補充;廳處以下各機關暫指定人員專辦或兼辦。截至十一月止,呈報指定者計省署專計員五,(專辦者一,兼辦者四。縣政府三十二,兼辦者三十人,府直轄及廳處所屬機關三十二,(專辦者二,兼辦者三十四)

續表

類別	工作項目	預定計劃	實施過程
總類	調整機構及統一指揮權	調整通訊機構	將全省通訊單位分為直接指揮系統與督導系統 1. 直接指揮系統已由本處直接指揮，人事編制與經費等項均由本府統一管理 2. 督導系統仍保留原有各通信單位上原來建制，但在工作上受本府督導 健全有無線電機構 1. 關於直接指揮系統： 各專署工作 一、設立無線電總台直轄四機及十個分台。分配省政府、行署辦事處及位電話之接轉。架設班担任市區綫路之架撤與查修 二、設立電話所轄總機班三架設班一。總機班擔任各廳處及附屬單 2. 關於督導機構 一、將保安處通訊大隊改編為無線電隊轄分隊十一。除第十分隊隨隊部工作外。餘分配各保安團工作 二、盤定縣屬無線電台與電話所之編制給與設立電機修理所及通訊器材總庫 一、設立電機修理所。已任湘桂購到各項工具及器材，會修理各單位送修之件 二、設立通訊器材總庫。業將各廳處移交一部份及由湘桂購歸之通訊器材集中保管收發，並編發電信器材標準名稱，各級單位制式器材數量表，器材壽命表，保管使用期限及報銷賠償規則

续表

類別	工作項目	預定計劃	實施過程
總類	調整機構及統一指揮權	集中事權統一指揮監督	本省政令推行頗感困難，本府為克服此種困難特積極建推本省行政系統完整，如鄂東行政、鄂北糧政、鄂南財政等問題均獲相當效果，嗣為集中事權並授權各專署縣長就近指揮督導各省有機關其規定如次： 一、凡屬應歸縣轄各種業務均歸縣府直轄（如縣立初級中學、衛生院、民眾教育館、省屬農業指導員、合作指導員等） 二、其屬中央與省立機關與縣無務無關者，仍應遵守地方法令章則 三、駐在專區之機關各專員得代表省政府督導之 四、縣政府部份如公學產之整理及省稅全稅劃撥歸縣者，以縣府自行稽征為原則
	文書處理	增定本省公文格式暫行辦法	前經訂頒之本省改革公文格式暫行辦法及處理公文注意事項，各級多未實行，故未收改革宏效。本府為力求完善，正賡續搜集參考資料，並征詢各方意見着手增訂，現已完成部份： 一、訂定《催辦公文通知單》《公文節辦呈復表》《收到專刊便箋》《公文收條》四種通飭遵行 二、擬具鄉公所及保辦公處處理公文須知、鄉保行文規定，暫祇用報告通知式樣

續表

類別	工作項目	預定計劃	實施過程
總類	文書處理	統一省政府暨各機關與部隊縣政府行文補充辦法	各縣政府公文繁冗，實因令行機關過多，但不相隸屬機關之命令任任與本省政策相抵觸，各縣政府更感依違兩難，無所適從
		規定核稿應注意事項	近本省新增單位及新補人員每閱各廳處文稿，有與主席訓示暨委員會議決定不盡符合，對於改革公文辦法所規定之各種表格亦少填發，致不能減少公文數量，對於人事統計、敵偽區情況、各種有關材料尤鮮分送登記，致發生淩亂脫節等弊端
		公文節約	公文手續過繁，週轉時間過久，且公文用具復無限制，不免浪節人力物力時間，均應厲行公文節約
		檔案整理	先將各廳處現有檔案目錄集中，並儀詢意見，再依據各廳處業務籌整理
	人事管理	擬定人事管理規程	依據中央法，按照省實際情形，將人事管理事項詳加規定，俾資遵守，計分公務人員、教育人員、公營事業人員等三篇。現公務人員篇業已制定公布，內分選用、訓練、服務、考核、生活、退卹等六章，其餘二篇亦經擬就草案

续表

類別	工作項目	預定計劃	實施過程
總類	人事管理	組織人事考核委員會	一、促進人事管理廣行考核制度，以省政府主席爲考核委員①，省府委員爲委員，組織人事考核委員會管理全省公務人員各項人事之審議事項 二、考核會議委員會議每月一次，常務會議每星期一次
總類	人事管理	確立任用程序	一、訂定《辦理任免手續要點十二條》，本府所屬各級各類人員一律呈府核委，所有升級查免辭退等事項，亦一律報由省府核准後施行 二、各廳處局人員經呈府核准，計薦任職六十員，聘任職八十一員，委任職六十九員，免薦任職二百零六員，委任職五百八十三員；調任計薦任職九員，委任職一百三十六員 三、各廳處直屬機關人員如學校、廠所等任免事項已令飭報府
總類	人事管理	辦理公務任用審查	一、送中央院部審查者計薦任職二十三員，內合格者九員，尚待決定者十一員，又委任職六十九員，內合格者四十五員，不合格者十七員，尚待決定者七員 二、送本省公務員審查委員會審查者共三次，計四十六員，內合格者三十四員，不合格者十二員，惟均待中央決定

① 此處疑爲"主任"。

續表

類別	工作項目	預定計劃	實施過程
總類	人事管理	舉辦現職人員登記	頒發本省現職人員登記辦法及現職人員調查表訓令，各級機關自本年十月起由主管長官負責考核其學識、體格能力、精神操行以及服務成績等項，表報經府審查合格即予登記，由府加委，依法予以保障，並限於六個月內竣事
		編製訓練合格人員總名冊	辦理本省各級訓練機關歷屆畢業學員登記 一、調查征集本省各級訓練機關歷屆畢業學員之資歷成績及分發情形，按期分類登記 二、已徵集材料，計省訓練團一、二、三、四、五、六期各班次畢業學員名冊，第八區訓練班第三期學員名冊，恩施縣訓所第一期學員名冊 三、現已登記省訓練團一二三各期畢業學員，共一四一零八人，其四五六各期訓練人員在整理登記中
		籌辦職務分類	一、擬定本省人事管理分類表，將本省公務人員依其服務機關分為若干類，如公務人員、教育人員等，每類又分若干組，如財務、行政、教育行政等，以便登記管理 二、擬定職位分類調查表，將每一職位之各種任務，升擢程序及應具之資格等調查清楚，以為人事實施會議交付審查依據 三、以上兩表經提本府委員會議交付審查中

续表

類別	工作項目	預定計劃	實施過程
總類	人事管理	舉辦人才調查	調查本省各縣公正人士、優秀青年及服務中央或外省之人士 1. 據本府視察員及各縣政府報告，已有四十縣共計公正人士二三六人，優秀青年八十人 2. 調查本省人才服務於中央各院部會及各地方者計七十人 3. 上項人事經按其資歷優點特長及所在地區分別登記
		辦理撫卹	1. 關於撫卹事宜一律照法規辦理 2. 經中央核准給卹者，計抗戰傷亡陸軍官兵三千一百四十九，公務員二十九人 3. 正任呈請核卹者，計陸軍官兵三百六十八，公務員八十八 4. 經本府核准給卹者，計有教育人員，保甲人員，守土傷亡人民，戰工工役，稅務人員，僱務人員等九十五人，尚待核卹者四十三人
		辦理退休	1. 因體弱多病年老力衰，呈催退休或僱役退休共計三十四人 2. 規定因病呈請退休者，須附具省立醫院診斷證明，予以杜絕流弊
		辦理救濟	1. 頒佈本省各級公務員役遭受空襲損害暨行救濟辦法，計因個人或家屬遭受損害，核撥公務員，擇定該項辦法呈請救濟者十六人 2. 核撥公務員，鄉鎮保甲人員及分鄉醫藥埋葬費，共計十人 3. 頒布本省公務員因公須卹，發給治喪喪費者共三人

續表

類別	工作項目	預定計劃	實施過程
總類	統計	擬訂公務統計方案	奉國民政府頒發地方政府公務統計方案綱目，現已著手研究，擬於十二月底完成一部份，本年三月底全部完成
		訓練統計幹部	第一屆統計班結束後分派學員至統計室及各廳處服務，第二屆統計班原擬於下半年開班，後奉令延至下年度開辦
		辦理各項調查	一、派員直接調查： 1. 本年五月派員隨同督導第一分團赴恩施各鄉鎮調查，已於七月底工作完竣 2. 派員赴鄂西鄂北三十五縣督促搜集年鑑資料並辦理主要資源調查，已於十月初出發，預定十二月半辦理完竣 3. 行政院經濟會議秘書處委辦調查恩施物價案，已由統計室每星期三派員赴城內查報一次，並兼查其他重要物價 二、整理委話調查各案： 1. 查報抗戰損失案已參照原案制定變通辦法重新整理 2. 院頒編製公務員生活指數辦法已分令各專署所在地縣政府按月查報，自十一月份起開始編製 3. 其他各調查專案已分別依照計劃進行 三、辦理通訊調查： 選定建始光化等二十縣設置通訊員，專辦戰時物價調查及其他農情、商情報告，已自十月份開始設置

續表

類別	工作項目	預定計劃	實施過程
總類	統計	編印統計資料	1. 編印戰時物價統計 2. 編印統計提要 3. 編印恩施縣分鎮調查報告 4. 整編敵機空襲損害統計 5. 編製新湖北年鑑 6. 編造內政年鑑資料
	法制	整編法規	1. 編印現行法令彙編 現行法令彙編原為綜合編訂，後因卷帙浩繁，將各廳處法令分發編印，民政、財政各法令現在核定付印，關於一般法令如總編組織人事及新頒各種法規，現正蒐集核辦重行編整 2. 編印湖北省現行法令輯要 本省最近頒行各種重要法規已搜集材料七十九件，分為總類、民政、財政、建設、教育、保安等六類編輯完竣，核定印行
		審擬法規	1. 審核法規 根據中央及本省法令暨合署辦公精神，審查各廳處擬定各種單行法規，自本年一月起至十一月十五日止，共計一百三十六件 2. 草擬法規 關於一般法令如組織人事服務及新縣制實施計劃等，自本年二月起至十一月十五日止，共計三十件

續表

類別	工作項目	預定計劃	實施過程
總類	法制	公佈法令	統一法令公佈 將各廳處新頒法規簽奉提會通過，統由本府公佈
		推行法令	一、報刊宣傳 本省重要法令均送登本府公報、新湖北日報或佈告公示 二、刊發小冊 本省重要法規另印小冊分發各縣
		編印公報	充實內容按期編印，自第一次改革之後數月以來有覺有改進之必要，現更核定第二次改善計劃，自十一月份起即照新訂計劃編輯，自本年起截至現在止，計編成有四三四四至四四一，共編八期
	編譯	編印各種書刊	1. 編印新湖北季刊 本年規定編印四期，每期約三十萬言，內容分專載、論著、省政研究、通訊諸欄，特別注重省政實際問題之研討，俾可作為新湖北建設之參考，大部已按照預定計劃實行，九月間已出版第三期，第四期稿作已編竣，預定十二月出版 2. 編印新湖北手冊 將中央及本府重要計劃與法令以及各種常識上應具備之知識搜集彙編成冊，現已按照預定計劃編成，並經提出本府委員會議決通過付印

續表

類別	工作項目	預定計劃	實施過程
總類	編譯	編印各種書刊	3. 編印抗戰聯語 本府上年曾編印《抗戰聯語》一本，因內容尚不充實，本年經廣事登報徵求重加編整 4. 編印新湖北日記及學生練習簿，擬定各種格式，並將本省施政要旨摘要編成各種標語附錄於上，略將革命遺教、總裁訓示及本省施政要旨摘要編印，宣傳要點摘錄編印，現均已編竣付印 紀念日、史略紀念辦法、宣傳要點摘錄編印，現均已編竣付印
		搜集資料並編輯資料索引	現已著手分別辦理者有下列數項： 1. 將圖書室雜誌報紙內材料分類摘要整理 2. 搜集有關敵偽資料 3. 搜集民間忠義事蹟材料 4. 將各項材料分類編製材料索引以為參考
	技術	審核及驗收工程案件	自本年一月起至十一月份止，共審核技術案件五百餘起，又驗收各廳處幹訓團及聯中、教育學院、農學院、校舍房屋等百餘起
		指導民營鐵礦廠	訂立輔導鄂西小鐵礦廠臨時辦法公佈施行，一面令各管縣轉飭各鐵廠遵照登記，一面派員指導暨令省銀行貸款，現計建始共有十九廠，恩施四廠均經調查，對於技術上及業務上予以種種指導

续表

类别	工作项目	预定计划	实施过程
考核	事之考核	1. 督导 联合党政军组织一二三四各督导分团督导全省党务（团务）政治军事各项设施	第一分团由刘委员叔模兼任分团长率领督导鄂北，第二分团由朱厅长乐冰兼任分团长率领督导鄂西，第三分团由省党部王委员洽孚兼任分团长率领督导鄂东，第四分团由未委员代杰兼任分团长率领督导鄂南，均经到达目的地工作，现已陆续返施
		2. 视察 视察各县政情	本年一月至十月，先后派本府视察员前往宜昌、兴山、秭归、巴东、建始、宣恩、来凤、鹤峯、咸丰、五峯等县考查各项施政情形，并宣慰民众
		3. 视察省营事业	本年上季派员视察修械所、航务处机械厂、蔴织厂、修车厂、手工纺织厂暨交通事业管理处所属巴咸段及长途电话组等处
	人之考核	1. 奖惩 根据考绩结果严厉执行奖惩	1. 奖励方面 计公务人员颁发奖章者二员，晋级者一百零四员，加俸者八十七员，记大功者三员，记功者二员，传令嘉奖者十九员，奖金奖者十二员，共计二百二十九员。至人民抗战有功须颁发奖章者一人，传令嘉奖者八人，奖金者二人，共十一人。 2. 惩戒方面 计公务员撤职查办者二员，计大过者二员，撤职停俸者二员，撤职者六十员，降级者一员，记大过者六员，撤职不予录用者五员，免职者六十员，警告者十二员，申斥者二员，不予录用者九员

续表

類別	工作項目	預定計劃	實施過程
考核	2. 人之考核	對於各級公務員分別嚴加考核	1. 擬訂湖北省公務員考核資料登記辦法，將各項調查報告及控訴案件中有關湖北省公務人員公私生活之行為，經調查屬實者隨時彙集登記分類保存，以為考核時之參考 2. 訂頒湖北省縣長考績實施辦法，縣長考績百分數表，以為辦理縣長考績之根據
	3. 籌劃年終考核		本年度年終考績經令飭所屬辦理，省政府正組織考核委員會總攬各級考績事宜
民政	推行新縣制	1. 恩施員縣設社會地政兩科	於上年十二月三十一日令該兩縣增設，據報已於本年二月成立
		2. 武昌等六十八縣本年六月底以前成立民財教建軍五科	於上年十二月三十一日通令遵照，據報先後成立五科者嘉魚等五十九縣，其餘武昌、通山、黃梅、禮山、漢陽、安陸、應山、漢陽、雲夢等九縣經飭遵，據該縣事員電復，以各該縣因敵偽偽擾，奸匪橫行，情形特殊，懇請從緩實施等情，當即電飭俟情勢好轉仍應督辦報核
		3. 武昌等六十八縣區署於本年八月起至十二月以前整理完竣	自本年八月起至十二月底止，除咸寧、漢陽、黃安、應城、天門、漢川六縣以情況特殊尚未具報外，其餘武昌等六十二縣應裁區署均已裁撤，應存區署按新制組設者共六十八所

續表

類別	工作項目	預定計劃	實施過程
民政	推行新縣制	4. 武昌等六十八縣鄉鎮公所本年十二月以前改組完成	除咸寧、黃安、黃陂、孝感、雲夢、漢川、應山、漢陽、沔陽等十縣以情形特殊未能實地進行外，其餘武昌等五十八縣均於本年十二月底以前成立，共計有鄉鎮公所一千三百一十九所
		5. 恩鄖兩縣限本年七月以前成立保公處	鄖縣於本年五月完成，恩施於本年十一月完成
		6. 恩鄖兩縣限本年九月以前召開保民大會，十月以前召開鄉鎮民代表大會，十二月以前成立縣參議會	保民大會兩縣於本年八月召開，縣參議會及鄉鎮民代表會因各縣正辦理縣參議員及鄉鎮民代表候選人資格檢覈，尚在積極籌備
	7. 調整保甲人選		督飭各縣切實調整現有鄉鎮保甲人〔選〕，經派員考查後方各縣多已遵照調整，戰區各縣繼續督飭調整中
	8. 編整保甲清查戶口		本年四月經通飭戰區與非戰區各整編保甲清查戶口，截至本年底止，非戰區二十八縣已具報竣事，戰區各縣尚在繼續進行中
警政	1. 設立警察總隊一，整訓水陸警察		於本年二月十四日起，將原水警總隊及警衛第一二兩大隊分別合併，改編為警察總隊，分三期集訓，每期三個月，第一二大隊訓練完畢，第三大隊在調集中

續表

類別	工作項目	預定計劃	實施過程
民政	警政	2. 增進施南警察局工作效率	自本年元月起增加該局員額，三月起擴充偵緝隊，並由警察總隊輪流調派一區隊補充該局服務，九月一日起提高該局員警待遇，改土橋鋪分駐所爲分所，增設未家壩、金子崗兩分駐所及洗脚溪脚派出所
		3. 老河口樊城兩警察局改歸各該縣府管轄	樊城警局自五月起劃歸襄陽縣府管轄，老河口警局自五月起劃歸光化縣府管轄，並據該管縣長呈送編制預算，經分別核定飭遵
		4. 調整各縣政法警	各縣政府就原有政警及公安警次弱留強合併調整，改稱爲警察隊，計已完成者有六十二縣，其餘漢陽、黃陂、咸寧、通城、雲夢、漢川、應城、安陸等八縣尚未具報
		5. 恩鄖兩縣運用國民兵國鄉以下各級隊代行鄉村警察職權	恩施已成立鄉鎮公所三十二所，鄖縣已成立鄉鎮公所二十九所，警衛股均已同時成立，並已運用國民兵代行警察職權
	救濟	1. 收容難民加以組織訓練	收容難民以五十人編爲一組，每組設組長一人，經常予以精神講話，並組織縫洗、製鞋、擔架、運輸、生產、宣傳、勞動、服務等隊
		2. 增設難童教養院收容戰區難童	在鄂西方面於恩施設立難童教養院第一院，穀城設立分院，在鄂東方面亦設立難童教養院一所，分別收容附近各縣之難童集中教養，宜昌戰地難童甚多，復設立難童收容所一所
		3. 修補被炸房屋棲止難民	奉令將在宜恩購造貧民住宅費五萬元，移修恩施城區被炸民房，以備貧民棲身，計先修補三十棟，其餘撥交七區專署繼續修理

續表

類別	工作項目	預定計劃	實施過程
民政	救濟	4. 充實各縣空襲緊急救濟	令飭各縣成立空襲緊急聯合辦事處，遇有空襲災害即行籌款振卹，於七日內檢同冊據同攜資省撥墊歸墊，計報成立者有恩施、松滋、興山、公安、光化、襄陽、竹谿、鶴峯、南漳、宣恩、利川、五峯等十三縣。餘令催成立報省備查
		5. 籌辦難民簡易工廠組織互助社舉辦救濟貸金	恩施方面在第一二兩收容所籌辦捲煙、洗衣、縫紉、做鞋等廠，並分別撥款充織院織布機件組廠。宜昌方面就原有救濟院織布機件組廠，並分別撥款為資金，以期展開業務籌裝救濟
		6. 疏散三斗坪一帶廟河石牌兩要塞區松滋枝江宜都公安清野區居民移湖南生產就食	宜昌三斗坪一帶滯留難民甚多。經資助向湘省疏散就食。又宜昌廟河、石牌兩要塞區暨松滋、宜都、枝江、公安清野區居民亟存遷移，均經分別撥款派同第十救濟區江防司令部及各縣府勸導人民向安全地帶轉移。並給資護運湘區及宜昌、宜都、恩施一帶，老弱設所收容。壯年送入工廠做工，農民貸款貿易、商民貸款貿易
		7. 恩施西流水墾區收歸省辦並予整理	西流水墾牧區自二十九年收歸省辦後即從事整理，計先後墾地二百四十餘畝。招收墾民一百六十餘人。出產有洋芋、苞谷、紅薯、白菜、蘿蔔、黃豆、貝母等類。並派員駐區督導。又商請建購合作社膳合作優派員前往住組社貸款。以備購辦種籽肥料
糧食	1. 管理	(一) 精密調查供需情形	全省人口 24 297 788 人，全省稻穀總產量 121 117 552 市石，全年糧食消費總量 116 629 382 市石，餘 44 887 市石

续表

类别	工作项目	预定计划	实施过程
民政	粮食	（二）劝导人民勿储过量之粮	令各县除留人民自食征实及缴纳积谷与所需种籽以外，勿滥粮食
		（三）统筹军粮民食	拨交五六两战区军食计稻谷127 206市石，麦16 042市石，苞谷91 296市石。拨交军运伕粮计稻谷13 273市石，苞谷33 404市石。民食计稻谷74 734市石，苞谷29 223市石。种籽计稻谷74 650市石，苞谷5 050市石
		（四）分别储屯民食	筹建省仓、县仓、乡镇仓，将食粮分别电储
	2. 分配	（一）设立公营机构	于省会成立鄂西粮食公司，各县成立合作社，分别办理粮食分配事宜。在各县合作社未成立以前，由粮政科代办
		（二）调济各县民食	（1）动用征实（2）动用积谷及合款（3）发给赈款（4）电请湘省指定在华容、安乡、南、澧四县各购谷一万石
	3. 节约	（一）提倡食糙米兼杂粮，先自公务员实行	粮食配搭正七杂三，公务员先实行，以为倡导
		（二）严禁烧敖	通令各县严禁并派员切实调查
		（三）禁止粮食饲畜	通令各县严禁并派员抽查

续表

类别	工作项目	预定计划	实施过程
民政	食盐		
	1. 购运	按各县月需盐额筹商如数拨运接济并规划路线健全运输组织及充实运力	施鹤七县食盐由官商合股设立鄂西食盐购运股份有限公司，负责将各县所需之盐按月如数向产场口岸购运，各县购销处配销第五区各县日需之盐已请盐务机关一面由兴保两县负责接转运南运，并饬由兴保两县负责接济，第八区各县食盐仍月起运三千担，因运输资金不敷周转，已饬由省银行贷款十万元，并商饬由专署代运，靖川东盐局贷款二十万元作运输周转金，以充其运输力鄂中监利沔公石松枝江潜等县所需之盐归在秭归密茅购领，并饬由江东盐务处各区中设四区专员负责统筹代运接济南，崇通咸蒲五县①食盐已商淮岸盐务处运接济，又各县赴长沙购运不便，亦经电淮在平江设站配拨，以便购运其他游击区各县已督饬由县府妥筹向敌方抢购淮盐接济，据报抢购工作虽基困难，人民食盐尚不缺乏，价格亦颇平稳
	2. 分配	督饬设食盐购销处整理各县原有购销机构	督饬各县遵照原领纲要设立食盐购销筹运实施计口授盐，计已成立者有利川，兴山，咸丰，郧西，宜昌，宜都，建始，宜恩，郧县，远安，竹山，房县，五峰，均县，合城，钟祥，巴东，鹤峰，来凤，长阳，

① 此处应为"鄂南通（城）崇（阳）通（山）咸（宁）蒲（圻）五县"。

類別	工作項目	預定計劃	實施過程
民政	食鹽		松滋、枝江、南漳、當陽、竹谿、武昌等十七縣，經分別考查督飭調整尚能切實辦理，其餘各縣正在積極籌設中。經改訂鄂西各縣合作社經售食鹽暫行辦法，該項合作社未能普遍設立以前，暫仍由購銷處辦理以為過渡。已令施鶴七縣試辦，現正積極推行
	減息	規定減息辦法通飭遵行	本省減息規定最高利率年利不得超過二分，月息不得超過一厘五，並自三十年一月一日起實行
	平定物價	1. 調查物資規定物價	本省物資供需情形及各種物價均經詳細調查，並參酌實際情形規定合理物價公佈自四月一日起實行，嗣以各種物價略有變動，復於十一月重行規定物價公佈
		2. 健全同業公會組織	已分別組設並健全其組織及加以合理運用，以加強政府統制力量
		3. 利用各縣輪力掌握物資	已飭由合作社及平價物品銷售社購諸大量日用物品平價出售
		4. 禁止囤積及操縱	嚴令對於囤積居奇及黑市買賣切實禁止

續表

類別	工作項目	預定計劃	實施過程
民政	減租	1. 第一期本年元月至四月辦理鄖縣房縣竹山鄖西竹溪等縣 2. 第二期自本年五月至八月辦理襄棗宜南光谷保等縣 3. 第三期自本年九月至十二月辦理宜昌當陽宜都遠安興山秭歸長陽五峰等縣	原定減租計劃本擬定各期分區辦理，成效，爰將減租實施辦法修正集中人力財力重辦，嗣鑒於二十九年鄂西各縣辦理未著巴建鶴七縣各一鄉鎮以資示範，由省派督導員及高中學生分赴各鄉鎮保甲逐戶調查登記核登租額證。於七月中旬開始至八月底先後辦理完竣，由本府派員分赴各縣考核，據報頗有成效
民政	衛生	1. 普及全省民眾衛生常識 (一) 依照本省各縣市衛生整頓及檢查辦法之規定推行衛生常識於鄉村並督責其實施以鄉鎮各級小學為推動中心以保甲長為執行者以鄉鎮保甲長負監督指導之責	全年分四期逐步施行。第一期（一月至三月）：編印衛生傳單四千張，掛圖二千張，天花及霍亂壁報各一種，標語五百張分發各縣；第二期（四月至六月）：令各縣轉飭各鄉鎮小學教員向各保甲長及民眾講解衛生常識；第三期（七月至九月）：令各縣轉飭各保甲長清潔衛生事項，督促民眾確切實施，旋據報每甲之清潔值日家制度已普遍施行；第四期（十月至十二月）：令各縣檢查城鄉清潔衛生，旋據報實施經過情形已較前大有進步

续表

類別	工作項目	預定計劃	實施過程
民政	衛生	（二）責成各縣衛生院舉辦鄉村衛生員及種痘員訓練班普施簡易治療及種痘 （三）開導民眾破除迷信治病 2. 充實各縣衛生機關訓練衛生人員 （一）將本廳衛生科擴大為本省衛生處 （二）充實省立醫院 （三）擴充護士學校並附設助產班 （四）附設衛生隊五隊派赴接近戰區各縣作活動工作	（1）已飭各區縣衛生院訓練種痘員二百五十名 （2）購發各縣府及衛生院隊痘苗四千打，令飭普遍切實普遍施種，必要時強迫施種，計接種人數為66 071名 第一期印發破除迷信治病宣傳品，第二期飭由各縣政府責保甲長向民間廣為開導 於本年二月組織成立，處內組織為第一、第二兩科及技術、會計兩室 於本年下半年度聘任內科主任醫師一人，醫師十人、助產士五人、調劑員、檢驗員各一人，建修病房三棟，擴充病床六十張（免費病床在內），並建隔離病室十間，已增設專任教職員並增收新生一班 分三期組設完畢：第一期成立衛生隊第一二兩隊分駐鶴峯五峯兩縣工作；第二期成立衛生隊第三隊駐三斗坪工作；第三期成立衛生隊第四五兩隊分駐興山鄖西兩縣工作 此外有衛生署補助本省成立之醫療防疫隊三隊，分駐恩施、房縣，保康等三縣；又衛生署署任本省設置花柳病防治所一所，駐恩施，巴東工作二站，分駐恩施、巴東；滅蟲站

續表

類別	工作項目	預定計劃	實施過程
		（五）設立衛生人員訓練所	於下半年度着手籌備，已於本年十二月成立
		（六）大量補充各衛生機構藥品器材	本省藥品器材除已由衛生署萬國紅十字會捐贈藥材撥給本省兩批外，本年度藥械費預算七萬元，已由省採購九萬元，衛生院區衛生院將藥械費一萬元，飭商承鄂北辦事處就近在鄰近任衛生院藥械費一萬元，飭商承鄂北辦事處就近在鄰縣採購分存備用
		3.設立縣衛生院並改組各區縣衛生戒煙院	
民政	衛生	（一）先將原設各區衛生戒煙院改組為縣衛生院	本省原有第四五六七八區衛生戒煙院計五所，經改為區衛生院，並將其組織加以充實（按甲種縣衛生院編制）
		（二）在後方各縣籌設縣衛生院十所	上半年成立咸豐、來鳳、利川、宣恩等四縣衛生院各一所，下半年成立竹溪、均縣、穀城等三縣衛生院各一所，並以一個縣衛生院經費改設巴東段公路衛生站，一所分駐巴東茅田工作此外有由省協助成立之第一區衛生院及恩施縣衛生院各一所襄陽縣自行設立縣衛生院一所，由省設立之縣衛生院共計八所，尚有應設立之縣衛生院二所，因人材缺乏未能成立

续表

类别	工作项目	预定计划	实施过程
民政	禁烟	1. 切实检举烟犯并严厉执行禁令	奖励人民密告，函请省党部饬各级党部尽力检举，与邻省商讨协缉办法，不分畛域跟踪缉捕，并请各地驻军切实协助，据查各属办理尚多获收成效
		2. 举行全省第一次断禁比赛	省以下各级断禁成绩於六月暨十二月举行断禁比赛二次，切实考查励行奖惩
		3. 注意战区禁政	经严督战区各县协助驻军切实封消缴运输毒品，对於毒品毒犯随时截缉阻杀，故敌寇毒化尚少蔓延
财政	财富之培养	1. 督促省行发展农村经济及工商贷款	本年度省银行经放农贷之结余数额计：竹山为 256 977 元，竹谿为 769 851 元，五峯为 153 459 元，鹤峯为 172 213 元，其他后方各县冬作春耕贷款为 116 130 元，合计贷放 1 468 630 元

續表

類別	工作項目	預定計劃	實施過程
		2. 繼續完成金融網 （一）籌設鄖西鄖縣南漳遠安公安宜都石首松滋沅陵襄陽等十一縣省銀行辦事處 （二）籌設利川建始來鳳房縣鄖縣公安巴東竹谿谷城浠水松滋等十二縣銀行並籌撥省合金庫資金	本年十一月省行成立穀城辦事處，同時在松滋設立鄂中辦事處，同月又在湖南開設衡陽辦事處，而棗陽、樊城、均縣辦事處皆已派員籌備，不久可望陸續開業。至戰區各縣如黃岡早於元月成立鄂東辦事處，七月在江西之修水成立辦事處，以為推設鄂及鄂南各縣辦事處之準備。後方各地復因實際上之需要，於年底先後在宜昌之三斗坪、四川之黔江分別成立辦事處。籌設縣銀行原所以協助新縣制之推行，惟欲健全縣銀行必先自訓練幹部始，已飭各選拔有經驗者保送銀行班受訓
財政	財富之培養	3. 建立縣鄉（鎮）財政頒行建立縣鄉（鎮）辦法大綱	據報按照計劃實施後估計：可能增加收入縣份計陽新祠廟產業提成年約一萬六千元，中代銷提成年約八千元，牙行佣金年約二萬元，柴草變價年約二千二百元；穀城廟產提成年約四萬五千元，每年每戶養雞一隻，每隻兩元，年約收十四萬元；建始祠廟提成年約二千七百四十五元，通城祠廟租谷年約萬六千〇八十元，中代金提成年約五千四百元，牙佣年約一萬五千八百三十六元。以上各縣所報計劃均經核准施行，其餘者未據報

续表

类别	工作项目	预定计划	实施过程
财政	财政之培养	1. 训练财政干部分期调训并考训	经遵照此项计划分期实施，计调训优秀青年二名，襄阳、五峯、均县、第六专署、竹谿、宜都、利川、建始、保康、房县、巴东、阳、荆各县保送优秀青年二名，参加干训团第七期银行班受训。计到有襄两个月毕业后分发省行实习。然后按其成绩能力分令回县筹设银行五峯、均县、来凤、宣恩、恩施、咸丰、兴山、随县等县共二十九人，令各县保送青年，更为推设县银行起见，计调训人员有107名。
	财政之整理	2. 整理战地财政	
		（一）令区财务处调查储县收支情形	
		（二）令区财务处统筹支配并酌复金库	
		3. 整理省钞及辅券订印元券辅券并调换破券	经令省银行将以前尚未印就之一元券及五元券各一千万元，分券二十万元及两角券三百六十万元赶印济用。三十年四月至十月，由京华印齐五百万元现在印中。大东书局印製之五元券业于本年九月开工，一俟印就即遵章颁用发行。至分券除已印就十一万元外，以各地物价高涨分币已不适百万元正在印中。大东书局印製之五元券业于本年九月开工，一俟印就即遵用，同时且将尚未印製之二角券三百六十万元一併结束停印，当经咨请财政部备案

續表

類別	工作項目	預定計劃	實施過程
		4. 整理省縣公產頒布清理辦法並考核各縣辦理過程及結果	
		5. 繼續推進公庫制度	
		（一）省公庫應就省行增設辦事處各縣繼續推進	省庫方面：增設房縣、五峯、鶴峯、竹谿四處省分庫
		（二）就省已設分支行或辦事處各縣實行縣公庫	縣庫方面：成立恩施、建始、利川、咸豐、宣恩、來鳳、鶴峯、秭歸、興山、鄖縣、房縣、保康、光化、五峯、竹山、竹谿等十七縣縣公庫
財政	財政之培養	6. 積極改進稅捐征收方法	頒發修正本省各次征收賦稅章則
	財政之整理	（一）調查各稅務局實況並指示改進方法	按本省現在之費際商情及營業稅法規定，分別改訂課稅標準酌增稅率，自七月起實行。遵中央規定修正營業稅法修改征①章程，以營業稅收入額爲課稅標準者，稅率一律改爲百分之三；以資本額爲課稅標準者，稅率一律改爲百分之四。此外，征收時期、征收方法、管理商家賬簿等均有改進
		（二）厲行工作競賽制度用策進步	按月將各縣稅務局噴報費收數，日期之遲速、稅收之盈絀，成績之優劣在本省財政通訊半月刊内刊布，並考查後方各縣稅務局各類稅捐實徵收成果核定。升等者十一局，降等者九局，降等者五局，仍照原等者五局

① 原文如此。

續表

類別	工作項目	預定計劃	實施過程
		(三) 抽查營業稅復查結果	後方二十五縣已照頒定進度完成，戰地各縣因環境複雜情形特殊，故有數縣未達預定進度完成
		7. 繼續辦理土地陳報	
		(一) 完成咸豐縣土地陳報	咸豐土陳於本年九月底全部完成
		(二) 續辦鄂西各縣陳報	宣恩、來鳳、建始、利川等五縣均於八月十二月先後開始由省田管處主辦
		(三) 設立省土地陳報處	恩施、利川等五縣均於八月十二月先後開始由省田管處主辦
		8. 加強縣地方財務行政力量	
		(一) 健全監督組織	制頒各縣稅類保管委員會組織規程，分飭未設縣金庫或縣金庫縣遵辦
		(二) 整理收入	恢復黃岡、禮山、浠水、羅田、監利等縣縣庫
		(三) 節制支出	各縣公學款產法理完竣者，已分飭縣府責成財委會造具租息清冊，交移稅務局按收統征冊移交
財政	財政之整理	(四) 廣行制度	屠宰稅自十一月起增率後重新規定，十至十二三個月及三十一年度征額通飭各局照額征足
		9. 劃分省縣稅源	

续表

類別	工作項目	預定計劃	實施過程
		（一）於一月一日實行劃分	已於元月一日起實施，計由省劃歸各縣為屠宰稅之全部，營業稅百分之二十，房捐及煙酒牌照稅。共計二百二十三萬四千餘元。惟自本年下半年起省級財政不復存在，關於中央分給縣之印花稅、營業稅、遺産稅等項，均依照新定標準辦理並轉飭遵照
		（二）督促切實整理實行解庫	
	10. 籌措實施新縣制經費		本省實施新縣制經費，除由省庫補助一百萬元業經依照各縣分配數目按月發放外，其縣籌措部份經令飭經上半年度統籌按案照增辦法呈籌增加一倍，通飭遵照。屠宰稅自十一月份起改定照原率加增一倍，已制頒征收規程，通飭遵照
財政	財政之整理	11. 籌措各級幹部訓練經費辦	1. 省訓經費：自本年二月起至七月底止各月經費已在省概算所列及本年度預備金開支。八月以後各月經費每月約七萬餘元。業經呈請追加。臨時支出之服裝及學生回程旅費等需費甚巨。經指在上年度中央增撥補助費餘額內開支
		（一）按照預定區縣辦理	
		（二）計劃督促區縣切實舉	
		（三）核辦各縣呈擬籌措辦法	2. 區訓經費：第五八兩區係合併辦理。三四等水經分經分別舉辦，所需經臨各費，因編制重行調整較前略有增加，仍由省概算所列區縣訓練補助經費八十萬元內統籌勻支
		（四）由省庫補助區縣訓練班經費按期撥發	3. 縣訓經費：自八月起增爲每期爲 7 046 元。本年度內恩鄢兩縣各辦四期，黃岡、鍾祥、遠安、監利等三十二縣各辦一期，各該縣幹訓班補助費除有省庫按期各發三千元外，其餘由縣自行籌措

续表

类别	工作项目	预定计划	实施过程
财政	筹措国民兵团经费	12. 筹措国民兵团经费 （一）督促各县实行专款筹集办法 （二）随时考查各县该款之盈虚加以调剂 （三）战区县之区乡保队及甲班依军管区计划随时筹拨经费	国民兵团经费系照原案於契产税项下按产价每元附加八分，歉捐项下按歉捐附加二角，继续征收应用。各县自卫队士兵自本年七月起，每名一律准加米津三元，由新增兵团专款内支给。石首等二十八县区乡队附已至十月底裁撤，并将原有补助费分别缩减。军管区通饬各县将队公费概至十月底停支，其节余之款移交。增加兵团部及后备队薪饷之用。至区乡队办公费仍照就发给，藉以维持原有组织
	13. 核办假移交案		
教育	成立教育学院	原拟定按照部章设社会教育及乡村教育两系修业四年附设劳作体育音乐专科修业三年	该院于本年七月正式成立。设有乡村教育分发及考选学生四十九名，又试读生十一名，共六十名；音乐体育专修科分发及考送学生二十三名，国文专修科考送学生四十五名；总共学生一百四十八名
	改进省立农学院	1. 拟扩充该院为农艺林学园艺畜牧兽医四系修业四年附设农业经济专修科修业三年	1. 该院三年级学生计农业经济系十八名，农艺系十七名，园艺系八名，二年级学生计农业经济系十九名，农艺系十八名，园艺系五名，一年级暂不分系，一下学生三十三名，一下新生四十七名，上新生一百六十五名，总共一百六十五名

續表

類別	工作項目	預定計劃	實施過程
	改進省立農學院	2. 擴充組織修建校舍慎選教員提高待遇充實設備 3. 所有高初農業學校附設辦理俾完成農業教育之一貫系統	2. 該院設教務主任、事務主任、訓導主任、秘書，除教導主任由院長暫兼外，餘均聘專員擔任。本年增設教職員宿舍兩棟，教室兩棟，女生宿舍一棟。各科專門教授經選聘齊全，待遇照國立學院標準提高，圖書、儀器，農場亦略有充實 3. 省立高初農已實行附設院
教育	考送國立大學師範學院鄂籍優秀學生及服務本省公務員子弟就學	1. 籌訂考送辦法並限制畢業後回省服務違者追繳其領用之津貼 2. 津貼名額暫定一千本年度暫定二百 3. 籌定津貼及服務辦法	1. 依據預定原則訂定湖北省考送國立各大〔學〕或師範學院鄂籍優秀學生及本省公務員子弟就學津貼暫行辦法，呈由本省府咨轉教育部備案後，復費函國立各大學及師範學院查照轉知鄂省各學生在卷。截至本年十月底止，請領學生已達二四六名，一俟審完竣即行核發 2. 本年國立各院校統一招生，考送中央政治學校二十一名，又初級國文班十一名，國立女子師範學院十八名，又國立中央大學十二名，又教育部史地理班二十一名，又浙江大學二名，武漢大學五名，貴陽醫學院三名，中央警學院八名，又初級國文班十名，武漢大學九名，本省農學院三名，國立湖南大學四名，武漢大學四名，西北大學九名，本省農學院三名，其中有同時考取兩校各九名，實計一百二十六名。分發本省農學院三名，其中一名改分武大，一名考取江蘇醫學院

续表

類別	工作項目	預定計劃	實施過程
教育	改組職中	原有初中校酌量劃歸各縣以達縣各一初中之目的	各縣初中一律冠以縣名，高中師範照行政區順序以數字番號命名，職校照原定職業教育區分別設立，初中仍爲省立
		原有各高中校分酌量劃歸各專員區以達每區一男女高中及師範之目的	計改組爲初中十校，高中八校，師範六校，職業五校，同時增設初中三校，連同改組學校計算省立中等學校共三十五校
		省聯合中學名義取銷各分校改定名稱單獨設立聯中校長副校長名義取銷	
		各校組織規程完全照中央規定不另定初中一律爲縣立高中一律爲區立師範職業爲省立各校經費一律由省籌發	

續表

類別	工作項目	預定計劃	實施過程
教育	增加師資訓練	按照原定師範教育區增設師範學校 為適應新縣制之需要增加簡師科或訓練科目	1. 增設第一師範 2. 增設第二師範 3. 成立第五師範於襄陽 4. 成立第二女子師範學校 5. 分村師範學校一律改為師範學校 6. 將第四、七、八各女高級師範班自本年秋季起逐漸改招師範班，完成高中三班，師範三班 7. 五峯初中、第五師範各增加簡師一班，八區簡師增加二班 8. 令准石首縣立初中三年級增設師資訓練科目
	增設各縣立初級中學		1. 令全省私立中學一律由各縣接收，改為縣初中，若縣經費不足由省款補助。據報已接收十五校，光漢中學、鄂城虬川中學等校因情形特殊尚未接收完竣 2. 頒發湖北省各縣市中等學校公費制度實施辦法 3. 本年連接收私中及新成立者共三十七校
	籌設專業學校	設置蔴鐵化工印刷造紙農茶五專業學校附設於本省各工廠	1. 擬定學校編制教學計劃，經費預算，簽准施行 2. 由建廳分令蔴製化工及造紙製茶等廠分別附設各專業學校，經費由廠盈餘支用，不足由教廳補助

续表

类别	工作项目	预定计划	实施过程
教育	分发毕业生升学就业	依照计划教育原则所有中等学校学生升学就业均由教育行政机关统筹分配	1. 师范学生共三百五十六人，均分发原有省立小学、实验小学、各厅处附设小学服务，并择成绩优异生共二百七十九，均分发入教育学院深造 2. 农工商各职校毕业生共二百七十九，均分发会计处、省银行、财政厅、建设厅服务 3. 高中毕业学生共三百零七人，先后考取女师学院、国立四大学、中央政治学校、中央警官学校者共一百二十六名，其余均分发农教两院或邮训国受专业训练后分别就业 4. 初中毕业学生春秋两季共一千六百五十名，除鄂北各初中毕业生四百二十九人因路途遥远不便分发令其自由投考外，其余鄂西各校毕业生均分别分发高中、师范、职业等校肄业 5. 考送海军学生取录初中程度十四，足岁体格健全之学生二十八，于十月底送往海军部复试，结果取十三名
	整饬各校校风	根据中央命令及原计划二项一款酌为办理	1. 举办本省中等学校训导讨论会确定以校长为中心之原则，以求训育一元化 2. 通令各校发展党团工作，对于破坏建国纲领，分裂国结力量之言论行动严加制止，并拟定各级学校及社会数育机关防范奸宄办法严密令实施 3. 为提高学生程度，责令各校严格各级学生留级学试留级学生规定，经济充裕者任留级期自费，贫苦者令其劳动服务 4. 严格举行毕业会考并定随时抽考

續表

類別	工作項目	預定計劃	實施過程
教育	舉行學生集訓及教員暑期講習會	依據原計劃二項五款酌辦理	本年暑假會同軍管區司令部幹訓團舉行高中以上三年級學生暑期集中訓練，同時舉辦中學各科教員暑期教育討論會。計受訓學生九百二十二人，參加講習教員二百二十六人。自七月七日起至八月十三日結業
	改善教職員及學生待遇	斟酌地方情形酌加教員薪給及學生伙食米糧副食費數額	1. 教職員待遇自本年七月份起，隨同本省公務員調整待遇予以增加。恩施境內高中教員月支一百五十元；恩施境外高中教員月支一百八十元，初中教員月支一百三十五元增加，發最少者三十五元，多者至百元，其他員工薪餉亦照案予以增加。又比照公務員食糧籌撥辦法，按月撥給員工眷屬食米 2. 學生待遇除照舊發給主食米粮及書籍制服照舊辦理外，其副食費上年原為二元，本年元月份起增為四元，八月份起又增加為五元。復於各校經常費內增列勞動生產基金。每班十五元，令廣種蔬菜補助副食品。職校學生每人另外給予受用貸金二十四元，師範生另年給文具貸金十元，津貼六十元
	健全各縣教育行政機構	成立各縣教育科並加強各縣視導效率	1. 各縣地方教育行政事宜由縣府第三科兼辦，本年實行新縣制規定，各縣於六月底行以前一律成立教育科。教育科長人選飭遵照縣教育行政人員任用及考成規則，慎重選派限期歷資證件送審 2. 各縣督學員額原僅規定一人至二人，茲以國民教育推行伊始，視導工作關係甚大，經將縣督學學額增為一二等縣二人，三四等縣二人，俾得普遍視導

续表

类别	工作项目	预定计划	实施过程
教育	督促各县实施国民教育	设立各县乡镇立中心学校及保国民学校并筹定本省实施国民教育五年计划	1. 本年实行新县制国民教育颁〔布〕配合实施。 2. 拟具国民教育分年进度，提交本府教育会议讨论后，交新湖北建设计划委员会审查
	分配各县国民教育辅助费	1. 游击战区各县就原校改设者由原补助费数额继续补助 2. 安全区各县视增加校数之经费增补百分之二十	1. 游击〔区〕之沔阳六四〇元、松滋六〇〇元、远安五六〇元①、监利五二〇元、枝江四八五元、宜都四四〇元、宜昌四〇五元、荆门三三五元、钟祥、枣阳各三六〇元、公安、当阳、襄阳各四〇〇元、汉川、随县、宜城、孝感、云梦、潜江、江陵、应城、安陆、京山、天门等十三县各三二〇元、武昌、汉阳、黄冈、嘉鱼、蒲圻、崇阳、通山、大冶、鄂城、阳新、浠水、蕲春、广济、黄梅、英山、罗田、麻城、黄安、黄陂、礼山等二十二县各四八〇元，合计一家六二五元 2. 安全区之各城②二二一四元、南漳三七〇五元、保康一〇三〇元、兴山九九七元、秭归一四五〇元、长阳一七八〇元、五峯一〇七九元、宣恩一四六二元、咸丰一二八八六元、来凤一〇〇九元、恩施二五〇三元、利川一八九元、建始一六八六七元、鹤峯九一四一〇元、巴东一四七八元、郧县二三四七二元、郧西一八七八元、房县一六一〇元、竹山一三五元、光化一七二元、合计四三〇一元 3. 上两区合计每月共补助五三二三五元、全年共计六六二八〇元

① 原文如此，疑为"远安五六〇元"。
② 应为"谷城"。

續表

類別	工作項目	預定計劃	實施過程
教育	改辦各縣省立小學	改辦各縣省立小學為縣立小學	各縣省立小學距省窵遠督導不易，經於本年四月通飭各縣一律改為各縣縣立中心學校，仍由省庫按照原預算補助經費，由縣政府直接指導輔導鄉鎮保學校
	創辦實驗學校及實驗幼稚園	籌設省立實驗小學實驗幼稚園及各師範附屬實驗小學	1. 於土橋壩創辦省立實驗小學一所，派教育學院教授徐伯申兼任校長，暫辦六班，於二月正式上課 2. 省立第七、八、九師範及第一女子師範等各附設實驗學校一所，辦小學部五班，民教部一班，均於九月正式上課 3. 於省立實驗小學內附設實驗幼稚院一所，現已招生上課
	制定鄉鎮中心學校及保國民學校設備標準	制頒各縣小學設備標準	就中心學校及保國民學校訓教各方面最低限度所需圖書、簿冊、校具等項，訂定湖北省各縣鄉鎮中心學校設備標準，通飭各縣遵辦
	劃一國民學校應用表冊格式	訂定各縣小學呈報表冊式樣	將鄉鎮中心學校及保國民學校應行呈報縣政府及縣政府應行彙報省府各項表冊分別規定式樣十九種，分飭各縣遵辦
	實行小學教員米谷津貼	督促各縣實施部頒地方津貼小學教員米谷暫行辦法	為期各縣切實實行部頒地方津貼小學教員米谷暫行辦法，經通令各縣比照本省各團隊食糧標準，由地方每月津貼每一教員米四十二市斤或各八十四市斤

续表

类别	工作项目	预定计划	实施过程
教育	毕办各县国民教育教师暑期讲习会	1. 关于讲习会之期限课程会员讲师经费等经订定湖北省各县国民教育师署期讲习会暂行办法 2. 本省本年因战事关系衹令鄂西之合城襄阳光化南漳保康均县郧县郧西房县竹山竹谿兴山秭归长阳五峯鹤峯利川建始恩施咸豊宣恩巴东等二十三县遵办	1. 已遵办者计巴东、来凤、鹤峯、咸豊、竹谿、郧县、竹山、五峯、建始、房县、郧西、均县、兴山等十三县 2. 呈准缓办者计襄阳、光化二县 3. 请缓办未准者计利川一县 4. 未办者计南漳、保康、秭归、长阳、合城、宣恩、恩施等七县
	成立国民教育教师通讯研究机构	奉教育部令饬遵照前颁学校附设小学教育通讯研究处办法大纲组织通讯处着手通讯研究	1. 本省依照前颁大纲指定第一、二、五、七、八、九等师范学校及实验小学各附设小学教育通讯处，共计七处 2. 各处应担任通讯县份之学校亦经详细划分，并通令实行通讯研究

续表

类别	工作项目	预定计划	实施过程
	举办国民教育指导月刊	依照部颁之督导各省市编印国民教育指导月刊办法及编辑简约规定拟具本省国民教育指导月刊编印计划送部着手编印	1. 照本月刊编印计划组织编辑处指派编辑聘请特约撰述人 2. 订定本月刊征稿简约，印发各县并刊登《新湖北日报》及《武汉日报》，应征稿件按期出刊
教育	实施民众补习教育扫除全省文盲	1. 调查全省失学民众实施强迫入学 2. 各校馆应一律开设成人班或附设民众学校 3. 统筹编印民众学校课本 4. 利用暑期举办民众学校学生办理民众军训及民众团体组织推行识字教育 5. 利用国民军训及民众团体组织推行识字教育	1. 经订定三十年度民众补习教育实施方案及制发失学民众调查表，遵饬各县遵办 2. 据报各县已设立民众学校及成人班七十班，省立各校馆附设民众学校一二六班，共八三〇班 3. 由厅发出计教育部补助一万册，翻印三万册，及前存三斗坪之课本三万册，共七万册 4. 各县多能利用国民组织，国民兵团后备队办理识字教育 5. 为奖励办理民教，每班每期发给补助费六十元，现各县及省立各校多已具领

續表

類別	工作項目	預定計劃	實施過程
教育	充實各級民眾教育館	1. 規定省立民眾教育館分區設立督促各縣設立民眾教育館 2. 增加各級民眾教育館經費人員及說明 3. 訓練幹部人員	1. 除省立實驗民眾教育館設於恩施外，其餘分設於鄂西北後方各縣區，其餘未設各縣已飭於本年度設立 2. 縣立民眾教育館已設立十三所 3. 省立民眾教育館已增加辦公費、事業費，縣立民眾教育館規定最低限度應月支二百元，各縣多已遵辦 4. 分類擬訂省縣民眾教育館工作人員薪俸支給辦法 5. 於本省幹訓團開設專班訓練
	改設省立公共科學實驗館	增加經費人員及業務並擴大組織	1. 於本年七月奉部頒各省市科學館章程，將該館改為科學館，加入民眾科學教育業務，並增加經費及工作人員 2. 為集人力財力起見，已飭該館自三十一年度起將業務併入鄂西科學館辦理
	推進電化教育	維持原有電影播音事業並設法擴充	1. 本年成立收音室者，計有恩施、利川、來鳳、光化、鄖縣、竹山、房縣、松滋、襄陽、石首等十一縣，及省立民眾教育館七所，其所用收音機均由本廳購發 2. 電影巡迴教隊經常任恩施、宣恩、咸豐各鄉鎮輪流放映，九月間配合省立各校實施兵役宣傳及國慶國防科學運動，協助推行國防科學運動，尤見成效 3. 本年三月於廳內附設電化教育服務處，指導各縣收音業務、修理機件及統籌購辦器材零件，以備補充

續表

類別	工作項目	預定計劃	實施過程
教育	實施國民體育	督促各縣提倡民眾業餘運動並普及國民體育	1. 適合戰時需要，已訂定適合各地方性體育實施補充辦法，通令施行。 2. 本年新成立體育場者，計有咸豐、江陵、來鳳、應山、通山、利川、宣恩、鄖縣等縣。 3. 於省立教育學院內開辦體育專修科一班，並令飭各師範學校增加體育課程，注重學術科訓練，以養成中心學〔校〕體育師資。
	督促各級學校兼辦社會教育	確定各縣兼辦社會教育項目嚴予考核並實施獎懲	1. 確定各校固定工作為辦理民眾學校或職業補習班及抗戰宣傳，本年據報設民眾學校或補習班者，計有第六高中、等七高中、高工、高商、高農等校共六十三班。 2. 關於臨時工作，本年發動車水防旱，協助減租及兵役宣傳等。 3. 已訂定兼辦社會教育獎懲法。
	實驗國民教育制度	選定中山民眾學校十所實驗鄉鎮中心學校及保實國民學校新制	1. 教育部規定一律改辦國民教育，經制定湖北特種教育實驗國民教育制度實施辦法，將原有之中山民眾學教五十五所一律改組中山國民學校。並於松滋、宣都、長陽、五峯等縣選擇成績優良之五校，改組為中山中心學校。 2. 為適應前方需要，特將中山學校向戰區或思想特殊地帶推進，現擬設於潛江、荆門、黃陂、麻城、浠水等縣之中山國民學校共計二十所。

續表

類別	工作項目	預定計劃	實施過程
教育	調整巡迴教學團	擴充巡迴教學團組織並增加巡教區域	1. 將第一第二兩巡教團團長改爲團長專任,每團設組長二人,就團員能力調整分組,以每組能單獨實施教育爲原則 2. 巡教區域依據本省實際環境劃定,當陽、遠安、江陵、荊門、沔陽、漢川、天門、潛江及宜昌北岸爲第一區,長陽、宜都、枝江、松滋、公安、石首、監利及宜昌南岸爲第二區
	破壞敵偽奴化教育	1. 把握淪陷地方教育 2. 搶救淪陷區內失學及失業青年 3. 組織淪陷區秘密教育團進行抗戰教育	制定湖北省淪陷區域破壞敵偽奴化教育實施辦法,由淪陷區域縣政府縣黨部及三民主義青年團辦理,並與教育廳所派之戰區教育工作人員取得密切聯繫
	充實各校醫藥設備	1. 增加各校醫藥費 2. 統購各校藥品器材	二十九年度各校醫藥費每班十元不敷應用,本年增加每班廿元 二十九年度呈准撥發各校藥品器材臨時費八萬元,因廳統購分發本年度呈准撥資十萬元,已購到一部分發各校,派員赴淪續購
	施行預防接種	預計各校畢業生數置發痘苗以備分發應用並令各校爲附近民衆施種注射	1. 本年三月購買痘苗四百三十打,六月疫苗三百五十瓶,分發各校接種注射 2. 暑期學生集訓入隊時普遍施行防疫注射

續表

類別	工作項目	預定計劃	實施過程
教育	推行衛生教育	1. 編印衛生宣傳品	每月編印衛生常識壁報分發各校繕貼，並作推行民眾教育之用
		2. 舉行小學健康檢查	於實驗小學設健康指導室，就檢查結果分別指正，再以檢查結果逐漸推廣
	經常視導	1. 中等以上學校由各督學普遍視導	上期督學分別視導石柱、利川、恩施、鄖縣、房縣、宣恩、咸豐、來鳳、建始、恩施、松滋、枝江、公安、石首等各中等以上學校視導
		2. 各縣縣教育分區由國教及社教視導員普遍視導	上期派員分赴恩施、建始、利川、巴東、興山、秭歸、宣恩、咸豐、鶴峯、五峯、長陽等縣視導縣教育下期復派員分赴鄂西鄂北視導縣教育
		3. 特教由巡迴施教團團長兼負視導之責	特教上期由特教團長兼任視導，下期復派員負責
		4. 戰區教育視導委員上期由省派視導人員參加督導團工作	戰區教育特派員參加督導團視導鄂東鄂南教育

续表

類別	工作項目	預定計劃	實施過程
教育	經常視導	5. 督學抽查縣教育	上學期派高督查均縣、鄖縣、房縣等縣縣教育，下學期派唐督學抽查巴東、王督學抽查松滋、枝江、公安、石首等縣教育
		6. 擬定中等教育視導辦法及視導事項並訂定各種考核表	各項規定及表格均經分別訂定並按照實施
		7. 開視導會議謀工作步驟一致及與各主要部門取得密切聯繫	每期出發前均開視導會議，工作步驟極為一致，各主要部門亦取得密切聯繫
建設	改善及修築本省各必要公路	1. 改善巴咸公路	小鳥段改線工程（小渡船至烏羊編）已完百分之五十，天橋石駁堤路工程已完成百分之八十，並準備補修整理涵洞材料，俟款撥到下年改善完成
		2. 鋪修孟老公路	路面工程已次第完工，驗收橋涵改善工程已完成百分之五十
		3. 整理老白公路	改善工程計橋涵完成百分之五十，其餘路基工程亦完成百分之七十，俟中央款撥到下年度可改善完成
		4. 鋪修宜襄公路	因係游擊戰區致本年度尚未興工鋪修
	補修鄂西縣道	補修恩利縣道	本年底利川境內工程已修築完竣，恩施境內下年三月即可全部完成

續表

類別	工作項目	預定計劃	實施過程
建設	改善交通工具及擴充修車總廠設備	1. 改裝木炭車二十四輛	已改裝完成配置巴咸段行駛
		2. 充實修車總廠廠屋及機械設備	已將原有車棚加大四分之一及機械工具增添一部份，現正利用業報推車之引擎改裝木炭固定引擎，增強該廠動力設備
	增加電話綫	1. 增架巴東至竹山樊城至蒼苔鎮巴東至高店子恩施至利川四綫	巴東至竹山話綫上年度已架成。巴東至九道梁一段於本年五月繼續完成，九道梁至竹山一段，樊城至蒼苔鎮一段於上年十二月開工。旋因鄂北會戰奉令折收。乃於本年六月架設完成。巴東至高店子一段僅就原有話綫整理通話擬架新綫。因軍政部款到未撥到木興工。恩施至利川一段預算係於本年五月所擬。惟因綫料價格暴漲原預算木敷甚鉅。經商准本省防空司令部同意先就原有鄉村綫桿話綫整理通話
		2. 整理恩施至曹家販宣恩至宜都石門老河口至白河及石花街至竹谿興山至歇馬河保康至歇馬河高家堰至長陽等七綫	恩施至曹家販話綫上年已整理，椰坪至恩施一段於本年四月開工至七月整成，椰坪至曹家販一段，宣恩至宜都石門兩段綫完成全百分之五十，石花街至白河，老河口至白河，故未能繼續整理。五峯至宜都及漁洋關至石門兩段約完成全百分之五十，石花街至白河，老河口至白河等四段綫話綫隊架設車用綫。故未能繼續整理。保康至歇馬河等四段綫話綫路已整理告竣，自興山至歇馬河及歇馬河至保康之大口腦改架綫路於本年十一月開工，高家堰至長陽一段於本年十一月全部整理完成

續表

類別	工作項目	預定計劃	實施過程
建設	維持峽江以上航運	1. 維持三巴雲萬巴萬各線航運	建漢、建夏兩輪航行稱歸至涪陵間，上水運客貨及散存沿江各地之機件等，下水儎六戰區軍糧；建興輪航駛宜雲陽至萬縣一線，楚真、楚益兩拖輪仍租與船舶管理處協助軍運
		2. 修理船隻	建漢、建夏兩輪已先後修復，楚元、建陽兩輪亦分別趕修中，其餘停泊新灘一帶不能行駛各輪亦飭處分別緩急施適當之修理
	興辦水利	1. 疏濬清江	本年完成大龍潭五峯山絹道 27 公里，支款 147 081.8 元
		2. 整理西水	勘查以後整理人行河道較爲方便經濟未舉辦
		3. 培修沿江幹堤	辦理護岸工九處，支款 157 847.77 元；土工三十八處，支款 13 264.87 元
		4. 增撥農貸促進農用水利	本年完成利川南坪永洞水道工程，宣恩、咸豐三縣各旱就水田推廣共計面積爲 31 000 畝。又完成員鄂等柳溪岸工程及房縣護用水工程兩種計劃，以貸款支撥手續未商定均未開工
	擴大耕作	1. 去年冬作推廣集中水田本年經勸各縣農業機關勸導農民對休閒旱地趕種糧食	去年冬作曾在恩施、宣恩、咸豐三縣各七縣人縣冬作推廣大 15 000 畝，共計 12 000 畝，因各縣積極推進結果人縣冬作推廣在五十六萬畝以上，其他各縣旱作正催報
		2. 訂定擴大糧食增產運動事項分區督導各縣擴大糧食增產	本年依據農林部三十年度各省糧食增產計劃大綱，擬定糧食增產實施計劃綱要督導獎勵辦法，減少非必要耕種食糧作物改種食糧辦法，擴大春耕實施辦法，並擴大春耕糧食增產運動事項大甲繫公產辦法，通飭遵行
	造林	1. 依照三十年度造林實施辦法普遍造林	本省植樹節計造合營林三百畝，並照省頒造林實施辦法發動各機關學校團體人員及民衆每人植樹五株，栽植後分別舉行檢查及注意保護

续表

类别	工作项目	预定计划	实施过程
建设	造林	2. 桐油增产	咸丰设立油桐示范场，开辟苗圃七亩，插种198床育苗5000株，经营示范林1000亩，并完成推广植桐50000市亩，计植桐树4310339株。本年植桐成绩超过预期效果
	改良鄂西柑橘	繁殖优良柑橘苗木二万株并研究储藏方法指导民众	1. 柑橘育苗已在三孔橘苗圃继续培育砧木 2. 甜橙品种检定在恩施、来凤两县举行，生育状况及果实内外部组织方面品质之检定调查 3. 本年继续上年柑橘贮藏试验所获优良结果指导农民
	推广鄂西棉作	举办鄂西各县棉田登记贷放棉种以期恩宣咸来利五县增加棉田五千亩	本年举行棉田登记，计恩施1217亩，宣恩1779亩，来凤9466亩，计12462亩，贷放棉种1800斤，各棉区棉农代棉田免费轧花
	防治病虫害防治兽疫	1. 稻虫防治	稻虫防治虽在恩建成来利五县实施面积1740023亩
		2. 收剪麦类黑穗	奖①麦类黑穗共1770664支
		3. 防治兽疫	防治兽疫：（1）成立兽疫中心区三所，分区防治；（2）举办防疫人员训练班已分发工作；（3）血清厂本年五月成立，计已制造牛瘟预防液2500西西，猪瘟预防液31000西西，猪传染性肺炎预防液5000西西，牛出血性败血症预防液1000西西，牛瘟菌苗200西西，猪肺疫菌苗5000西西，猪霍乱菌苗12950西西，猪瘟行牛瘟预防784头及其他家畜925头，猪霍乱421头及治疗941头

① "奖"疑为"剪"之误。

續表

類別	工作項目	預定計劃	實施過程
建設	茶葉研製	與教育廳在五峯山合設茶葉研製廠以訓練及供農學院學生實習	本年製茶會在五峯實驗茶廠繼續研製，計精製玉露47斤，龍井6斤13兩、炒青375斤2錢，紅茶3斤，改良1斤。至實款收茶事宜，以五峯漁羊關茶貸時期過遲無法貸放，經由茶管處設廠自製，計製成20 583斤，正向省銀行洽售中
	礦業 1. 擴充恩施煤礦產量		現每月產量已增至二百噸，足供社會需要
	2. 整理興山煤礦		該廠因戰事關係航輪常應軍差致銷路停滯，現已與交通事業管理處訂定統銷合約，規定每月銷路八十噸至一百五十噸
	3. 輔導鄂西民營鐵礦		已呈民登記者，計有民生等廠二十家，並由本府技術室饒主任前任分別調查指導，一面飭省銀行提前貸款以利生產
	工業 1. 推廣手工紗織工業		據收鄂北手工紡織鐵木工合作社為省營，內分紡紗、織染、鐵工、木工、縫組工廠，撥資金十萬開工生產。恩施於紡織業務局可上年過餘2 798元，撥資金十萬元以期生產
	2. 充實硫酸廠		該廠於本年二月一日開工，自四月份起月產硫酸三千磅，製酸外，月售工署七萬斤
	3. 充實萬縣造紙廠		該廠於本年元月籌備完竣開工生產四月正式營業，惟因缺乏製紙材料目限於資金未能大量生產，六月自頃撥資金十二萬設備尚在擴充中，使能自規之硫酸除盡量發展

續表

類別	工作項目	預定計劃	實施過程
建設	工業	4. 成立恩施造紙廠	該廠原定元月開工，因原計劃變更後已築成蓄水堤壩被計除堤前在芭蕉設分廠出紙外，至本年十一月本廠開工生產
		5. 整理麻織廠	該廠因機器過舊電廠給電不足上受資金所限不能儘量生產，於本年七月增撥資金二十六萬元。後每月可產麻袋二萬條，織布一千疋
		6. 充實機械廠	該廠業務較發達，本年截至六月底盈餘 175 855. 21 元，本年六月間增加資金十萬元
		7. 充實化工廠	該廠提煉機油製革油墨為中心工作，月產機油 1 200 加侖，皮革四五萬斤，印油四百磅以上。本年五月將經濟部補助經費九萬元撥發，以資發展
		8. 經營咸陽工廠	該廠係與中國打包公司合作，係在空襲威脅之下至十月底盈餘二百餘萬元
		9. 籌設陶瓷廠	為改良鄂西土法製瓷，據頃派水技士調查試製結果，計劃於明年度於宣恩大崖壩設廠製造，為爭取時間已於本年撥款開始籌備
		10. 獎助民營工業	為改良利川毛壩造紙，於去年十月息貸槽戶共一萬三千元，規定本年四月收回經對之民營之民營工廠以生產合作社組設，調查以後予以技術指導

續表

類別	工作項目	預定計劃	實施過程
合作	推進合作事業	1. 成立各縣政府合作指導室	經於本年元月間，將原設之五十七縣合作事業辦事處一律改組成立合作指導室，直屬縣府與縣府各科室並列
		2. 發展合作組織	鄂西鄂北各縣之合作社已核准登記者，計鄉鎮合作社二六所，保合作社一九七所。專營業務合作社已核准登記者，計信用合作社一八七所，生產合作社七十二所，運銷合作社九所，消費合作社三三所，鄂東鄂南各縣以地臨戰區尚未據報
		3. 辦理各種合作貸款	本年度共貸放鄂北邊區救濟貸款三萬元，連前共放九十萬元，戰區農村救濟貸款十七萬六千四百四十元，連前共放七十四萬六千四百四十元。至後方農貸則由有關行局辦理，計中國農民銀行貸放恩施、宣恩、鶴峯、建始、咸豐、來鳳、利川等六縣共一百二十二萬六千五百八十四百元九角，省行貸放五峯、竹山、鶴峯、竹谿等四縣共九十四萬零一百九十二元，中國銀行貸放巴東二十萬元。戰區農貸僅撥放宜都五萬元
		4. 清理合作貸款舊欠	經令飭恩施、建始、巴東、來鳳、五峯、光化、咸豐、宣恩、合城、襄陽、黃山、麻城、蘄春、羅田、通山、咸寧、鄂城等十八縣着手清理，清理期間定為六個月

續表

類別	工作項目	預定計劃	實施過程
保安	整訓	1. 依本省團隊整編辦法廣續整編	督各團隊於本年底整編完竣，並將二團照章改編，將前保安處迫炮連合編為直屬機炮連四旅四團一大隊，嗣以保六團損失過鉅縮編為獨立大隊，保一二兩團照章改編分別補充，奉准將鄂東游擊武力改編三團撤銷，將前保安處迫炮連合編為直屬機炮連
		2. 實行內外互調服務法調整幹部	經將保十一團團長王仲甫、十團團長胡宗義、十三團中校團附吳蘇、民十一團中校團附張璧等分別調派，參謀處上校參謀鄭復初、秘書楊世英、中校視察劉鏡錚少校，參謀鄭紹祥分別遞補遺缺
		3. 舉行宣誓	會召各團營長以上官長王仲甫等二十五員任府舉行，餘任分別舉辦中
		4. 增進訓練	1. 設立軍官團，督導軍官學術研究 2. 認真舉辦軍士教育連，涵養班長之品德與精神，訓練班戰鬥教練與指揮
	綏靖	堵剿邊區股匪肅清內地零匪維持地方治安並解除冬防	1. 依地方治安情形，將各團隊重行調動 2. 圍剿邊區土匪畢伯階、鄂東軍中□□李先念，將伯森等股 3. 肅清鄂西鄂北封建勢力 4. 清查民槍
	對空警備	加增本省各要地對空警備及完成對敵空襲兵戰鬥準備	已遵照第六戰區長官司令部頒發對敵空陸戰隊防禦演習計劃及警備實施計劃，並飭各團隊加緊訓練演習依限完成

續表

類別	工作項目	預定計劃	實施過程
保安	整頓游擊隊	本省游擊隊系統複雜經費困難紀律廢弛極應整理經商鄂五六九三戰區及各兼總指揮辦切實整編〔頓〕並請中央增撥經費提高待遇以期納入正軌	1. 遵照游擊隊五項辦法嚴加整理，現鄂東鄂中各游擊隊大致整編就緒，惟鄂南少數部隊技術擾民，正商請李總指揮設法整理中 2. 游擊隊經費不敷甚鉅，現仍無適常解決
	加強游擊隊	規定各區縣以保安團隊為游擊基幹發動民眾配合國軍實施行動	督令各縣區，各團隊隨時向敵襲擊，並策動民眾破壞敵人交通通訊，計作戰四十餘次，決予敵以嚴重打擊
	策動偽軍反正	繼續督飭各區縣遵照中央策動偽軍反正辦法加緊策動工作	1. 鍾祥縣長策動偽保安隊長王山率領五十餘人，手步槍五十三支，輕機槍八挺反正 2. 黃梅陳縣長策動偽靖綏靖分隊宛長良等十二名，步槍十三支，輕機槍一挺反正 3. 潛江陳縣長策動偽楊子威官長陳為保安團長槍枝各二百餘，在永隆河反正 4. 第三區偽團長楊子威官兵領枝各二百，機鎗五挺，偽營長張得芳率官兵五百六十餘人，步槍四百枝，機鎗一挺，偽別動隊長高昌梁率部一百四十餘枝，先後來歸，至其他零星反正者不及備載

續表

類別	工作項目	預定計劃	實施過程
保安	厲行清剿殘匪	經令有關區縣協同國軍剿辦	1. 鄂東方面程主任奉令督飭各督游擊縱隊及地方團隊圍剿李□先念及張體學各部，先後傷斃匪累千餘，該部參謀長有擊斃說，並俘匪八十餘，長短槍百餘枝 2. 鄂中方面鍾當荊各縣團隊配合國軍將匪軍第六八等團擊潰，傷斃匪二百餘，生擒二十餘。現河陸以北無匪蹤，隨縣匪軍將伯森等經我保第九團壓迫策動，率部一百二十六名，槍一百二十三枝向我投誠 3. 鄂南方面鄂城斧湖一帶奸匪，經飭由彭尋員合方步舟圍剿生擒黃漢章等九名，獲步槍九枝，餘匪向江北逃竄 4. 鄂北方面竄入襄匪軍，經飭保四團督剿擊斃匪徒數十，獲槍十一枝，並擊斃鄂北政治特派員謝憲社一名，餘匪向襄南逃竄
	厲行兵工建設	1. 墾殖 2. 築路	設置晒坪銀殖區委前保二團團長胡昌南為主任，並將保安第一二三兩團抽調一連，擔任墾殖 恩施城郊馬路經令後調第一、五、十一、各團參加修築
	諜報	督促各縣成立諜報處	經令飭後據報成立者有黃岡等十一縣及三六兩區諜報處，已遵令改組者有監利等四縣均限期完成
	通訊	調整通訊機構及人事	1. 自本年四月起除保安團通信隊仍由保安處指揮外，其餘均歸秘書處指揮，並設通訊科以資主管 2. 通訊人員一律提高待遇

续表

類別	工作項目	預定計劃	實施過程
衛生		購衛生藥品	藥品來源短少購運諸多困難，經令嗣後均按規定醫藥費自行購辦
		調整衛生人員	經令十一團招訓青年護士，由團醫務所集中訓練分配各連使用，先由十一團試辦，近已分飭各團辦理
軍運		健全軍運組織	在兵站運輸綫上組成二十八個軍運代辦所及四十一個軍運分所，並組聯運站以充軍運，更飭代辦所及分所各就區內統制車馬伕船編班訓練
械彈		1. 清查登記各縣民槍	分令各縣遵照，制定本省民槍登記辦法，於八月辦竣具報
		2. 清查地方公槍	令飭各縣將現用及存冊械彈清查報，先後具報者有遠安等十二縣
		3. 調整國隊武力	已重新配備及補充各團械彈
保安	厲行團隊政訓	1. 建立國隊政訓機構	原定各保團隊之政訓室奉令停止，業務交特黨部兼辦，惟士兵識號及小組會議仍積極推行
		2. 抗敵宣傳	依照定辦法督導團隊施行，並定期編印敵情政情分發激勵士氣
		3. 軍民合作	遵照軍委會頒發部飭隊協助農民辦法，督各團隊切實舉行
	擔任國民軍訓	1. 協助組織國民兵團	游擊區內除孝感等六縣外，均先後成立。後方各縣將次第完成
		2. 擔任國民訓練	經依軍委會頒防護車修時協助國民組織健全民兵訓辦法及軍區所施行細則，游擊區內亦次第樹立組織成立
	加強防空設備	1. 健全防護團	後方各縣防護團督修團飭組織布車戰時督飭組織健全消極設備漸臻完備，並飭組全會襲服務協助服務

續表

類別	工作項目	預定計劃	實施過程
保安	加強防空設備	2. 廣行步機鎗高射組訓	後方各縣各按所屬鄉鎮及武器分別組成五十九組，廣行訓練演習習射擊低空敵擊機，游擊區內各縣市團隊正督飭要部署
		3. 統籌防空通訊器材	情報所分所及各縣監視哨本年度所需器材均統籌採購
		4. 調整防空機構	撤銷宜昌防空指揮部及情報所，另設巴東情報派出所
	健全遞傳哨組織	健全遞傳哨組織	督飭宜都等十八縣完成傳哨，並逐步改進後自六月一日起，將七區各縣及遠安，秭歸二縣改為預備傳遞，並令飭各縣遞銷以行政區為單位調整健全
	防止漢奸特奸活動	1. 調查漢奸特奸動態催毀其組織	1. 所有游擊區內漢奸活動臨時監視報告中央及省府，並通知當地行政長官，特奸動態亦於二月調查完竣造冊呈核 2. 除游擊區內漢奸組織通知當地軍政破壞外，計破獲鄂西特奸最高組織各中心縣委會，鄂北均鄖中心縣委會及谷城委員黃河特奸組織後，並派第四科赴七區各縣作清掃工作
		2. 管教聯中不良份子	經擬具不良份子管教辦法呈准，並切實改善其生活，實施軍事管理，並施行補行教育
	軍法業務	審判復核軍法案件並清理積案	計判結七七案，覆核七百一十三案，軍法行政三百六十三件，核准各縣槍決烟犯一百一十名，後復派員分赴各縣清理積案共一百五十三案

續表

類別	工作項目	預定計劃	實施過程
保安	籌辦夏服	單服襯衣每士兵各補充一套為原則，特務警衛隊本府各廳處則特准各補充兩套十一團上半年未補充加製四百套	本年夏服共需二十四萬一千九百二十六元，除扣三千元作軍樂隊裝收到三十五萬元，除扣三千元作軍樂隊裝費外，餘款製辦冬夏季服裝不敷數，商准財廳撥交保安處統籌冬夏服裝不足之數，由本處以軍政所發米貼移用。至六七八九團由區在經費項下開支，均經分發代金令就地自購
	辦理糧餉劃分	自元月份起實行糧餉劃分	1. 五、六、七、八、九團駐在地未經儲糧，經核准發代金 2. 一、三、四、十、十一團發給現品
	實施臨時費委任經理制	第八團暫緩改編仍每月發七百元一二兩團每月增加一百元月支八百元其餘月增一百支六百元	經通令自本年元月份起實行收備據依行政計劃及事實需要向本處請領，免造報銷
		廣行抗戰時期預算於六月底彙編省總概算呈核	編製三十一年度省級概算經依行政計劃及事實需要已於九月十日將概算編製完竣，呈請中央核示
會計	歲計業務	嚴格執行三十年度省總預算擬定原則四項 1. 預備金之限制 2. 支出時期之限制 3. 過加預算之限制 4. 基金流用之限制彙編	查三十年度省總預算核定後，所有各機關經臨費照預算嚴格執行，凡關於動支臨時費用遵守四原則，就財力及事實需要對輕重緩急分別核發准駁意見

續表

類別	工作項目	預定計劃	實施過程
	歲計業務	二十九年度省總決算及查核編製三十年度地方總概算 督促各縣決算督促各縣執行三十年度預算	省屬各單位機關僅有第八區專署、秘書處、民政廳、財政廳、教育廳、第九師範、房縣、宜城、會計處、巴東稅務局等，其餘尚未造送；縣地方決算有竹山、五峯、宜都造送，其餘刻正催辦中。曾經凝訂三十一年度縣鄉概算編製辦法附具收支科目實例以府令頒行各縣遵照，於九月底編齊呈府審核。截止十二月底僅有恩施等五十一縣送到概算，經參照各主管廳處意見代編。凡請求動支縣鄉預備金均飭補造追加概算由財委會簽注意見呈至府核定。如不依法定手續各一概不准動支
會計	1. 完成本省推進各機關普通公務單位會計制度及徵課會計制度		本省普通公務機構徵課機關，均自本年元月份起分別遵照普通公務單位會計制度及徵課會計制度辦理其歲計會計事務
	2. 實施省地方普通基金總會計制度		本年四月起，即按照會計制度辦理會計報告綜合記載及編製報告，現總會計報告已編送至十一月份
	3. 會計交代		本省各級政府機關主辦會計人員之交代均遵照主計處頒發會計人員辦理交代細則現任會計人員第一至第五期共調訓一百六十八人，開辦第四期會計班招收學員六十四名，已於十二月底畢業，分發各機關實行，一個月後即正式任用
	4. 屬行各機關會計事務之視督指導		平時係根據各會計人員工作進程報告及會計報告表詳加考核切實指導，本年五月曾派員參加黨政軍督導團第一二三分團赴鄂西鄂北鄂東各縣督導會計業務

42. 省政府三十一年度施政成績

類別	工作項目	預定計劃	實施過程
總類	計劃	編訂卅二年施政計劃	遵照中央規定編造辦法並就本省卅二年應辦事項詳細擬訂，於本年十一月間連同預算呈送中央核定
		編訂卅二年度施政大綱	就卅二年度施政計劃作簡要提示經先後提出本府委員會第四二、四三三次會議審[核]並送經參議會第二屆第三次大會通過，正頒發施行
		審核各區縣計劃	按照上年審核辦法就各廳處主管項目分別列舉簽核意見，再由本府秘書處兼辦
		編訂卅二年度施政準則	鑑於過去各縣所編計劃不能列舉中心工作項目，又與預算不相配合，特制定卅二年度施政準則，於本年底頒發各縣遵照
	調整省縣機構		本府為增強行政效率節省經費，爰對各縣機構分別加以調整。計省級裁併者：（一）秘書處技術室；（二）民財兩廳各減一科；（三）省驛運管理處歸併交通事業管理處；（四）編譯館歸併秘書處編譯室；（五）人事處訓練委員會歸併秘書處；（六）防空司令部併保安司令部改為一科；（七）航空建設協會湖北分會裁併財政廳；（八）保安司令部為警務處；（九）根政局及田賦管理處歸併為湖北田賦糧食管理局；（十）省府各廳處局職員裁十分之一，專員視察督學裁三分之二，留三分之一，過缺不補；工役裁三分之一；縣級駢枝機關及縣府組織亦分子以裁併編縮

續表

類別	工作項目	預定計劃	實施過程
總類	執行	文書處理	為實行文書節約，加強公文迅速傳遞起見，經制定公文處理辦法、公文節約辦法及各縣文書處理辦法，分飭遵行
		整理檔案	本年七月經制定檔案管理規則提會通過施行，檔案管理人員至感缺乏，經選派各廳處管卷人員赴重慶文華圖書館專科學校檔案班受訓，現已畢業返施
		收發文件	本年共收文四萬五千六百零四件，發文一十八萬六千六百三十三件，較上年均有減少
		監護外僑	遵照中央頒布敵國外僑調查分飭各縣按日查報並隨時監護，護照過期者飭令換照，其簽注逾期者飭令送府補簽，計本年共簽查外僑十六人
		集中敵僑	遵照中央頒布敵國人民處理條例及教士集中與登記各項辦法，決定各城、鎮縣三縣為集中地點，並經鄰區長官核准，將義德籍僑民集中登記。計鄢縣集中義籍僑民六人；光化集中義籍僑民二十四人，德籍一人；各城集中義籍僑民八人，德籍一人，共集中敵僑四十人

續表

類別	工作項目	預定計劃	實施過程
總類	執行	編訂戰時分級負責辦法	本府為釐清權責增進行政效率，特遵照總裁行政三聯制之訓示，並參照各級組織綱要之規定，訂定本辦法，經本府委員會議決通過，並飭遵行。其要點為： 1. 省政府以全省計劃監督及考核為主要職責，行署代表本府負轄區內監督考核之權責，專署負轄區內各縣負監督及考核之權責，縣政府以執行為主要權責 2. 加強專署之權力，使對轄區內各縣充分發揮監督力量 3. 尊重縣政府之地位，使植地方自治之發展
		草擬法規	本府先後擬訂各項法規頒行，其最要者如各署辦公署施行細則，行政督察專員公署辦事通則，縣政府辦事通則及制定法規程式等，並另擬定統一法規草擬辦法
		審核法規	本年共審核法規二百五十四件，解釋六件
		整理法規	本府以前所頒各項法規經整理審修分別修正或廢止，計修正二百〇四件，修正①一百餘件。對中央法規亦遵照院令詳加審查，項注意見呈復參考
		編印草行法規	計編有《湖北省人事管理法令彙編》《湖北省自治財政法令彙編》《湖北省物物交換憑證分配法令彙編》《經濟建設計劃表報彙制度法令彙編》數種
		宣傳法令	在《新湖北日報》創辦法制專刊，創辦法制彙編，每兩週出版一次，已出三次。材料注重法令之注釋及解答

① 疑為"廢止"之誤。

續表

類別	工作項目	預定計劃	實施過程
總類	執行	編輯湖北叢書	文化方面已編計劃教育三種即可出版，經濟方面民生主義經濟叢書正編輯中
		繼續辦理新湖北季刊	已編印《民生主[義]經濟問題專號》《國家總動員專號》及《計劃教育特輯》等刊
		編印公報及書刊	本年儘量提高公報代替行文效能，並擴大發行範圍，每期由三百份改為六百份，至年底止共編印公報廿四期，各種書籍新誌五十五種，翻印書籍十一種。計：1. 出版冊數：編印者九〇一〇〇〇冊，翻印者二一〇〇〇冊；2. 發行冊數：編印者七八八六〇〇冊，翻印者一六五六六〇冊
		完成全省統計組織	本年八月設置各級統計人員，計民政廳三員，財政廳三員，教育廳二員，建設廳四員，糧政局三員，會計處一員，人事處一員，衛生處一員，社會處一員，省銀行三員，交通事業管理處二員，航務辦事處二員，第四、五、六、七、八專署各一員，田賦管理處三員，保安司令部一員，幹訓團一員，麻織廠一員，共三十八員
		推進公務統計	教育部份已擬定查報之分級及程序等項辦法，其他部份正搜集有關法規研究訂定
		舉辦重要城鎮工商調查	1. 直接派員調查恩施物價電報國家總動員會，附近各鄉鎮物價亦按時派員調查 2. 於各重要城鎮設置通訊員查報物價，並其他通訊調查 3. 各調查專案如抗戰損失仍繼續登記，公務員生活費指數仍遵院令按期編送

續表

類別	工作項目	預定計劃	實施過程
總類	執行	編印統計刊物	1. 新湖北年鑑已編製就緒，經本府委員會議決付印，改名為湖北統計年鑑 2. 省內敵機空襲統計已編竣，併入年鑑內發表 3. 戰時物價統計已編竣，併入年鑑內發表 4. 湖北省統計提要改為統計要覽，已編竣付印 5. 其他各種特刊均併入年鑑內發表
	考核	審核技術案件	本年共審核技術案件五百六十件，驗收一百二十五件，核減各機關工程經費四百九十一萬二千二百八十三元零三分
		視察省營事業機關	本年度派員視察省營事業機關如下： 1. 修車總廠　2. 第一化工廠 3. 鄂西煤礦公司　4. 谷城紡織廠 5. 興山煤礦廠　6. 鄂北公路段及養路段 7. 鄂北鄖縣淘金　8. 茅柳築軍工程 9. 萬縣蔴鐵廠　10. 萬縣造紙廠 11. 萬縣機械廠　12. 巴航務辦事處
		視察鄂東經濟建設事業	本年四月派秘書處技術室饒主任杰吾赴鄂東黃岡、麻城、羅田、英山、浠水、蘄春、廣濟等縣粮食增產、造林、保公共造產、農田水利、手工業合作及其他經濟建設事業，又各縣金融物價、經濟封鎖、抗戰損失均有詳細報告

續表

類別	工作項目	預定計劃	實施過程
民政	完成新縣制組織	一、完成各縣政府組織 1. 房規定恩施鄖縣已於二十九年九月提前成立民財教建軍五科社會地政兩科其餘各縣設社會地政兩科其餘各縣在三十年六月底以前成立五科於三十年十一月起增設職員三十年三月底以前完成 2. 嗣州一年度行政會議決議規定除恩施鄖兩縣已自新縣制組織完成科室仿舊其餘一二等縣暫就已成立之民財教建軍粮六科三四等縣暫就已成立之民財教建軍五科予以充實健全民財會地政粮食則視需要情形分期增設 3. 州一年五月份省府委員第四百次會議議決全淪陷區縣份設三科半淪陷區縣份設四科安全縣份之貧瘠者亦設四科	1. 設立民財教建軍粮地社八科者，有恩西、巴東、咸豐、隨縣、鍾祥、興山、宜昌、秭歸、宜恩、宜都、襄陽、保康、房縣、均縣、光化、谷城、竹谿、竹山、建始、南漳、利川、鄖西，[施]、鄖西兩縣 2. 設立民財教建軍粮五科者，有石首、公安、松滋、宜昌、秭歸、宜恩、宜都、襄陽、保康、房縣、均縣、光化、谷城、竹谿、竹山、建始、南漳、利川、鄖西、巴東、咸豐、隨縣、鍾祥、興山、安三十七縣 3. 改設民政、財政、教建、軍事、粮政五科者，有崇陽、通城、黃岡、荊門、枝江、監利、嘉魚、蒲圻、長陽、五峯、宜城、江陵、鶴峯、英山、通山、禮山、潛江、麻城、黃梅等二十一縣 4. 改設民政、財政、教建、軍事四科者，有羅田、浠水、廣濟、天門、大冶、鄂城、蒲圻、黃安、應山、武昌等十縣 5. 改設民政、財政、軍事、粮政四科者，有黃陂、當陽一縣 6. 改設民政、財政、軍事三科者，有黃陂、雲夢、漢陽、京山、沔陽、漢川、安陸、孝感、應城等九縣

續表

類別	工作項目	預定計劃	實施過程
	完成新縣制組織	二、完成各縣鄉（鎮）公所組織除恩郎已先後完成外其餘六十八縣均限本年六月底以前完成	1. 本年度計有武昌、嘉魚、通山、崇陽、黃岡、浠水、蘄春、廣濟、黃梅、大冶、蒲圻、應山、鍾祥、京山、隨縣、陽新、羅田、英山、雲夢、安陸、江、江陵、荊門、天門、潛江、禮山、松滋、枝江、宜都、宜昌、襄陽、宜城、石首、公安、當陽、宜恩、建始、巴東、興山、秭歸、光化、谷城、遠安、咸豐、利川、房縣、竹谿、竹山、長陽、五峯、保康、鶴峯、宜恩、來鳳等五十九縣已據報組設完成，連恩郎兩縣共六十一縣實組成新制鄉鎮公所一千三百九十八所。 2. 黃陂、孝感、麻城、鄂城、咸寧、漢川、應城、漢陽、沔陽等九縣尚未按新制組設鄉（鎮）公所
民政	調整縣行政區域	三、完成各縣保甲組織 一、整理插花飛地 1. 各縣飛地一律劃歸所在地縣政府管轄限三十一年內交接完竣 2. 插花飛地由省政廳擬具全省調整方案提三十二年度行政會議解決	除恩郎兩縣外，據專案呈報完成辦保辦公處者僅興山一縣 1. 各縣飛地據呈報有案者計六十四起，經以府令飭令各縣劃歸所在地縣份管轄於本年內交接完竣。插花地共三十五起，經擬具調整方案提交三十二年度行政會議討論 2. 與四川省相鄰各縣間之插花飛地，已函請四川省政府派員會同勘議調整中 3. 各縣飛地均有恩施杉木村與宜恩長沙田小姑洲二起，已實行劃歸所在地縣份管轄

續表

類別	工作項目	預定計劃	實施過程
	調整縣行政區域	二、調整鄉鎮經界本年應督飭各縣依照規定整理並對於鄉鎮四至及跨連之鄉鎮地區務須匡正經界另繪詳圖呈核	保康于本年二月增設合作一鄉，禮山於本年五月將豐有鄉分爲豐樂、孝友兩鄉，襄陽于本年十月將樊東、樊西兩鎮併爲樊城一鎮，以上各縣均係按照規定調整
民政	成立各級民意機關	一、督促各縣訓導人民行使四權	迭令各縣按照計劃辦理
		二、督促各縣檢覈縣參議員及鄉鎮民代表候選人之資格	截至本年底止，各縣轉送檢覈者計：恩施七人，隨縣一人，至房縣彙轉縣參議員候選人四十八人及鄉民代表四十五人正核轉中
		三、督促各縣成立保民大會	督飭後方三十一縣于本年九月以前編整保甲組設保辦公處，後一個月召開保民大會，截至本年底止，僅宜城、巴東兩縣呈報召開
		四、督促各縣成立鄉鎮民代表會	恩鄖兩縣已於上年十二月成立，其餘尚未遵限辦理具報
		五、督促各縣成立縣參事會	各縣均未依限成立

續表

類別	工作項目	預定計劃	實施過程
民政	確實編查戶口	一、督導各縣繼續編整保甲清查戶口本年度並普遍編查 二、督導各縣切實辦理出生死亡婚姻遷入遷出五種戶口異動登計	七、八兩區二十四縣及公安、石首、松滋、枝江、棗陽、光化、谷城、保康、南漳、興山、秭歸、長陽五峯、監利、江陵、宜都等三十二縣，皆已遵照編查縣區全部或一部 各縣皆未舉辦
	試辦戶籍人事登記	一、選定七八兩區各縣試辦戶籍人事登記 二、推行發給客籍人民居留證辦法至各專署所在縣	僅鶴峯、竹谿、宣恩、巴東、房縣、鄖縣、咸豐等七縣呈報印製戶籍人事登記書簿及製備戶籍箱櫃預算 皆未辦理
	充實各級幹部	一、督飭各縣選用甄訓合格之區長區指導員 二、督飭各縣調整鄉鎮幹部本年完成鄉鎮組織 三、督飭各縣調整保長副保長及保幹事於本年完成保甲組織	各縣區長本年曾調受訓團甄訓者四十八人 據訓委會統計本年度省幹訓團及各區訓練班已訓鄉級幹部二千六百八十五名，並經民政廳制定鄉鎮人員簡歷冊令發各縣查填核報 據縣訓所統計，本年各縣訓所已訓保級幹部一萬二千五百九十二名，並經民政廳通飭各縣長對保級幹部應以全力調整並嚴加考核

續表

類別	工作項目	預定計劃	實施過程
民政	整理武昌等九市區地籍圖籍	業經舉辦測量之武昌等九市區地籍圖籍應着手整理	所需材料業經購置
	繼續辦理各縣減租	辦理第八區各縣及第七區利來咸建巴宜鶴等七縣各鄉鎮減租	本年度第七、八兩區各縣減租所有宣傳講演、調查登記復核及填發租額證等工作，按原定計劃全部辦理完成
	辦理土地測量登記	指定第七區爲地政實驗區依法辦理土地測量與登記	未照原定計劃舉辦
	肅清收復地區烟毒	1. 設置查緝烟毒崗哨 2. 消滅寇遺烟毒	1. 責令邊縣保甲辦理 2. 本年根據竹山、竹谿等縣所獲烟犯供詞，電令房縣、光化等縣拿獲數案，其已經訊實判處極刑者，有孫祥喜、張仁安、向萬鑑等三名
	根絕種製運售藏吸各類烟毒犯	1. 加緊檢查考察 2. 執行禁烟連坐	麻城、黄岡等縣敵寇勒種烟毒地區，寇走後即徹底剷除 1. 派員輪赴各地明密考察 2. 飭各專員區舉行禁烟比賽 飭各屬實行禁烟連坐

續表

類別	工作項目	預定計劃	實施過程
民政	調整各級警察機構	一、充實省縣區警察組織	
		1. 健全省會警察組織	施南警察局業照原計劃予以充實，局下轄三分局，十分駐所，六派出所，警區定東至核桃橋欄，西至高橋欄，南至天橋，北至龍鳳欄
		2. 調整縣府警察組織	1. 鄖縣、石首、公安、松滋、襄陽、光化、谷城、南漳、宜恩、均縣、來鳳、利川、建始、巴東、房縣、竹谿、鄖西、保康、咸豐等二十一縣設警佐至警佐二十一縣設警佐至 2. 恩施、遠安、枝江、宜都、宜昌、鶴峯、羅田、英山、浠水、隨縣、鍾祥、監利、興山、長陽、五峯、宜城、潛江、江陵、秭歸等縣各[設]警佐及長警 3. 武昌、嘉魚、蒲圻、咸寧、黃陂、禮山、孝感、陽新、鄂城、黃岡、廣濟、麻城、黃安、黃梅、大冶、漢陽、雲夢、應城、安陸、應山、京山、天門、漢陽、沔陽、荊門、當陽等縣各設長警 4. 老河口警察局增設分駐所
		3. 設置並調整區警察所	本年於區署所在地設區警察所二十七所
		二、推行鄖恩兩縣鄉（鎮）警察	於恩鄖兩縣擇定十堰、桑啣、龍安三鄉試辦運用保甲代行警察職權
	強化警察機能	一、充實必須設備	補充省屬警察裝備、縣屬警察裝備，據報補各有應山等十九縣及老河口、樊城兩局
		二、改進勤務制度	

續表

類別	工作項目	預定計劃	實施過程
民政	強化警察機能	三、厲行警長學術補習	1. 警察總隊以大隊為單位分三期集訓，每期訓練三月。至本年十月止。已將一、二、三各大隊訓練完畢 2. 施南警局自六月一日起舉辦警長警補習班，共辦一、二兩期
	禁絕婦女纏足	1. 加緊宣傳工作以開導婦女之覺悟 2. 責由各縣政府嚴督保甲挨戶檢查	本年四月廳長出巡至監利，規定強制婦女放足辦法十一條，令飭四六七區各縣切實遵辦
	嚴禁賭博		1. 本年一月本府制定禁賭暫行辦法公佈，並電令各縣調查飛地公產，以備懲罰賭博費公耕之用 2. 印製賭博罰金收據優各縣應用 3. 至本年底止，據報者有恩施、利川、建始、五峯、竹山、羅田、咸豐、襄陽、秭歸、長陽十縣及施南警察局
財政	建立自治財政	督促各縣依照湖北省清理各縣公學款產暫行辦法限期清理完竣	已遵令辦理並會同財廳督導員具報者有松滋、南漳、遠安、當陽、宜昌、興山、秭歸、鶴峯、長陽、恩施、宣恩、咸豐、咸豐、利川、建始、巴東、房縣、房縣、竹山、竹谿、監利、公安、枝江、谷城、均縣、保康、鄖西、鄖縣等縣
		繼續督飭各縣財政辦法大綱屬行鄉鎮鎮財政依照建立鄉鎮保造產	已遵令辦理並會同財廳督導員具報者有松滋等三十三縣

續表

類別	工作項目	預定計劃	實施過程
財政	建立自治財政	嚴飭各縣依照本省建立鄉鎮財政改革暫行辦法大綱積極倡辦公營事業	已遵令辦理並會同財廳督員具報者有松滋等三十二縣
	繼續完成金融網	督促省銀行增設公安石首南漳宜城遠安江陵枝江宜都當陽宜昌等十縣辦事處	本年先後成立宜昌、三斗坪、公安、石首、長陽等縣省行辦事處，原南漳等縣正加緊籌備，並為事實上之需要已增設恩施土橋、龍鳳等辦事處，及沙道溝兩農倉爲辦事處
		於鄂西鄂北鄂中各縣籌設縣銀行	已籌備成立開業具報者有恩施、巴東、建始、通城、房縣、公安、利川四縣、正積極籌備者有羅田、興山、來鳳、宜都、棗陽、秭歸、鄖縣、谷城等縣
	改進稅法及稅利	採用營業稅總收入額或資本額兩種為課稅標準	本省營業稅原擬依照計劃切實整理，嗣奉院令移交直接稅局。至戰區各縣仍由直接稅局委託財廳監督各縣稅局代征
	實行屠宰稅新制	屠宰稅廢除營業課稅制改為消費課稅制從價征收	本省屠宰稅自本年八月一日改為"稅率從價""征改推從量"後，全省各縣年可征收二百八十餘萬。據已呈報各縣與規定，各縣征額有盈無絀

續表

類別	工作項目	預定計劃	實施過程
財政	實行屠宰稅新制	擬定營業牌照使用牌照稅徵席及娛樂稅	據期開征營業牌照者，有監利、石首、公安、松滋、宜都、襄陽、光化、穀城、保康、襄陽、南漳、遠安、宜昌
	推行新稅	征收規程督飭各縣普遍實行	興山、秭歸、長陽、恩施、鶴峯、宣恩、來鳳、咸豐、利川、建始、東、房縣、均縣、竹谿、鄖西、鍾祥、大冶、蘄春等縣
	整理收復失地之公產	1. 擬於收復失地後即根據財廳所編册之公產圖册與原有證據將各公產詳加整理	整理具報者有宜昌縣
		2. 擬就產權查清後即著手整理租務	整理具報者有宜昌縣
	健全財務行政及監督組織	1. 健全各級財務組織另立自治財政系統	縣級財務行政及監督機構尚稱健全，聯繫亦密切
		2. 擬就省府增設辦事處各縣繼續成立縣金庫	已照計劃成立者有公安、石首、宜都、宜昌四縣，因事實之需要提前成立者有襄陽、均縣、鄖縣四縣

續表

類別	工作項目	預定計劃	實施過程
財政	整理田賦	1. 廣續完成來鳳宣恩恩施利川建始五縣土地陳報 2. 續辦鄖縣鄖西縣竹山竹谿光化谷城襄陽公安松滋五峯長陽鶴峯縣房縣南漳興山鄖保康歸秭巴東等二十縣土地陳報	已完成並征利用成果征實者有來鳳、宣恩、恩施、利川五縣外，業已全部完成者有巴東、五峯、鶴峯、鄖縣、谷城六縣，外業完成正起辦其有秭歸、長陽、興山、襄陽、光化、竹谿七縣，至房縣、南漳、保康、竹山、宜城五縣均經籌備就緒開始進行
	厲行田賦征實	1. 普遍宣傳征實意義 2. 健全經征機構與人事管理 3. 改進輪運辦法	1. 增加征實縣份 2. 確定新征標準 3. 徵收合一分工 4. 充實收儲設備 5. 派員督導征實業務 6. 核計年底征收數共六十萬零二千五百餘市石，達應征額六成以上
	開征地價稅	土地陳報完成各縣應開徵地價稅	三十年開征地稅尚僅咸豐一縣，本年度將宣恩、來鳳、利川、恩施、建始等五縣均利用土地陳報成果啓徵地價稅
	厲行推收制度	於土地陳報辦理完竣以後緊接辦理催收及糧戶異動	本年開始由各縣稅務局派員兼辦催收，土地陳報是否辦理完竣，自五月份縣田管處成立後，分別於處內增設一科或專員，即視建負地權移轉業戶異動等責

續表

類別	工作項目	預定計劃	實施過程
財政	成立平價物品供應處	成立平價物品供應處辦理物內運產品外銷及物物交換憑證分配等事	已於本年七月成立，內分食鹽、花紗、運輸、茶業、紡織、畜產、機械修理、糧食加工、製藥及民享服務等部
	督導自治財政	定立充實自治財政各項規章並派員深入鄉村督導	後方監利、石首、公安、松滋、枝江、宜城、襄陽、光化、谷城、保康、襄陽、南漳、遠安、當陽、宜昌、興山、秭歸、長陽、五峯、恩施、鶴峯、宣恩、來鳳、咸豐、利川、建始、巴東、房縣、均縣、鄖縣、竹山、竹谿、鄖西等縣已派員直接督導具報
教育	擴充農學院	擴充農學院	本年添設農林生物一系，共招新生三班，並附設會計班一班，更添建禮堂一棟，教室四棟
	高等教育	擴充教育學院	本年添設專修科四班，並收買中國茶業公司各分站及省立圖書館房屋擴充校舍
		籌設工醫兩學院	派裕璧為醫學院籌備主任，派許傳經為工學院籌備主任，並勘定恩小關為兩院院址（現以計劃變更暫告停頓）

续表

类别	工作项目	预定计划	实施过程
教育	中等教育	增设并调整各区高中	1. 於一、四、五〔区〕等各增设高中一所，已於八月开学 2. 第二中兴与第二女高合併為第二高中，八高與八女高及郧县初中之高中部合併為八高，設於郧县
		增设并调整各县初中	增设教育院附属中学，本年八月成立县立初中已呈准筹备者四校，省立恩初、咸初、宣初、来初已交县办理，并將省立八高中初中部合併於均县县中，八女高初中部合併於郧县县中，郧西及松滋初中亦分别合併各该县县中，至省立巴东、长阳、秭归、建始各初中均侨设五峯，因计划该县绥设暂不交县办理，至省立初中改归县办後，县预算所列经费与原省预算所列差额由省予以补助
		实行学年制	自本年起一律不招春季始业新生
		订定计划教育实施纲领及中等以上学生升学就业实施办法	本省计划教育实施纲领及中等以上学生升学就业实施办法经订定，於本年九月十九日公佈施行
		招考战区青年分发升学就业	订定本省战区青年招训办法並照中央规定设招训大队，計經登分發战区青年共二千二百六十六人
		限制本省中等学校专任教员兼课	特公佈本省中等学校专任教员暂准兼课办法，規定每專任教員兼课不得超过六小时

續表

類別	工作項目	預定計劃	實施過程
教育	中等教育	增設並調整師範學校	增設第四師範，將四區區立簡易師範學校歸併辦理，將五區區立簡易師範併入省立第五師範辦理，合併改為省立第八師範，其餘各師範學校均分別擴充
		籌設各縣初中附設簡易師範科	各縣初級中學內附設簡易師範科四十一班
		指導學生升學師範及師範學校新生	根據部頒各省市國民教育師資訓練辦法大綱，訂定指導各縣鄉鎮中心學校畢業生升學簡易師範學校及初中畢業生升學師範學校辦法暨師範學校新生入學指導辦法，提經本府委員會通過並咨准教育部備案
		成立各師範學校專科師範班	於七師設藝術班，於九師設體育班，於第一女師擴充幼稚師範班
		調整工商農各職業學校	初商停止招生，初農停辦，並整頓高工校務
		各職校畢業生分發服務	本年秋季省立高初級各職業學校畢業共畢業一百八十一名，除初農二十七名，高農選送優良生二名升學外，餘均由有關廳處分發工作
		舉辦第二屆暑期集訓並教學討論會	調訓高中三年級學生一千一百十七名，並教員一百六十三人，分為文理兩組討論
		組織訓育主任暑期參觀團	全國團員共二十八人，由軍管區派團長一人率領赴重慶各校參觀大中學校十餘校，征集各項資料亦多

续表

类别	工作项目	预定计划	实施过程
教育	中等教育	办理中学师范生毕业会考	1. 暑期中学生毕业会考：初中会考者分鄂西、鄂北两处举行，参加学生共一千零七十八人，高中师范生毕业会考分区举行，鄂东由鄂北行署筹办，鄂南由第一区专署筹办，鄂中由第四区专署筹办，鄂西由教育厅派员监试 2. 寒假中学生毕业会考分区举行：鄂北由鄂北行署筹办，鄂东行署筹办者分鄂西、鄂北两处举行，参加学生共一千零七十人，高中师范生借暑期集训队在集训队举行
	增设乡（镇）中心学校及充实保国民学校	本年增设乡（镇）中心学校七七九所，并充实保国民学校之内容
	督促各县举办国民教育师短期训练班	现已呈报办理情形者有房县等十八县
国民教育	充实省立实验幼稚园并改进省立实验小学	新建实验幼稚园并增设实验小学班次
	促进各师范实验学校研究工作	派员督导第七八九师范及第一女师实验学校，与各该师范密切联系并小学教员通讯研究工作
	扩充省会各小学	省立实验小学，财政厅，省议会，省党部各附小，均扩充一班
	实验地方津贴小学教员米谷办法	本年再令饬各县切实施行实施地方津贴米办法，遵照施行者有恩施等四十一县
	统筹印发国民教育课本	由鄂北支店、鄂东印务所、第一区专署及新湖北书店分别翻印

續表

類別	工作項目	預定計劃	實施過程
教育	社會教育	調整民眾教育館	1. 訂定實驗民教館章程，擴充組織與業務 2. 將省立第一二三四五六民教館撤銷業務交所在地縣民教館接辦 3. 令武昌等縣迅速恢復民教館，推進戰區社教 4. 調各縣民教館長參加暑期討論會受訓
		發展圖書教育	擴充省立圖書館並令飭各縣利用民教館藏書舉辦巡迴文庫
		推進衛生教育	調整各學校醫護人員，並統購藥料實施各校普遍種痘，四月四日舉行兒童健康比賽
		改進國民體育	1. 通令各級學校機關團隊提倡富有國防意義之運動 2. 通令全省小學普遍舉行體格測量 3. 舉辦暑期集訓學生運動會 4. 於體育學院附設體育音樂專修班 5. 於體育節舉辦體育競賽
	教育視導	訂定分區視導辦法	訂定三十一年度普遍視導辦法、視導要項、視導綱目
		舉行分區普遍視導	自三月起舉行分區視導，淪陷區責成專署派員視導，四五六七八各區均派有督學及國教視導員負責視導

續表

類別	工作項目	預定計劃	實施過程
教育	編輯工作	編輯三民主義叢書	已編成總理教育思想一書
		編輯教育叢書及資料	編輯湖北省計劃教育法令彙編，計劃教育實施概況及學生公費制度之實施
		編輯中小學教科書	初中公民歷史地理及數學已按照部頒課程標準全部完成，國民學校教科書已完成國語、常識及算術全部五分之四
		編輯定期刊物	新湖北教育月刊第三期已齊稿，但未付印
建設	公路	改善及修築本省必要公路	巴咸公路已將龍窜路改綫修築天橋、堤路護坡護欄，並改進全路橋面四十九座
		改善老白公路	已改建橋樑二十一座，涵洞三座，整理十七公里被修路基土石方一八零零公方，添建駁岸一二四零公方，補修渡船兩艘
		補修孟老公路	改建橋樑七座，涵洞一座，簡修橋路路面百分之七十，並簡修牛車道
		修築咸來公路	完成全路路基橋涵
		籌修鄖十公路	已測量完畢
		加舖均草支綫路面	已興工
		修建行易橋	橋墩橋面均已完成

續表

類別	工作項目	預定計劃	實施過程
建設	驛運道及縣鄉道	培修恩萬驛運道	全部完成
		籌修來百驛運道	已測量完竣
		闢修校浦道	已完工
		培修鄂北給養道	已完工
		修築巴石驛道	已估勘完畢
		修築保康牛車道	已興工
		督修各縣鄉道	1. 各城碼路 2. 東陽梁燦路 3. 光化孟老牛車道 4. 巴東咸豐城區馬路 5. 建始及利川縣鄉道
	擴展業務檢	行駛省會交通車	已開辦行易橋至紅廟段
	查車輛清潔	檢查車輛清潔	巴咸公路車輛每季舉行清潔檢查一次
	加強運輸效能	添購新車二十輛	已買新車九輛
		改裝木炭車二十輛	已裝成巴咸段十六輛、鄂北段八輛
		做製零件	已能製風扇及其他簡單零件
	增設段站設備	添製車站房屋	已添築鄂北段之樊城、草店、十堰、黃龍灘四站房屋
		擴充修車廠屋	已建機械間、鍛工間各一棟

续表

類別	工作項目		預定計劃	實施過程
建設	電政		整理電話線	保宜至歇馬河及歇馬河至興山兩線及施巴線、咸石線、屋竹線均已完工，來恩線之來鳳至譚家壩一段，宜郝話線之宜恩至五峯間一段亦已完工，並將施巴銅線改爲直達
			架設電話線	來龍段及施巴路行車專線均已完工
			督促各縣整架鄉村話線	已呈報架設者通城二十華里，浠水九十華里，蘄春二百三十華里，黃梅八十華里，禮山十二華里，隨縣一百華里，枝江七十華里，長陽十三[華]里，利川七十華里，竹谿四十華里
			整理鄉村話線	枝江一百華里，長陽二百六十華里，鶴峯百一十華里，來鳳二百一十華里，秭歸三十五華里
			購置電訊器材	派員赴衡陽購二百門交換機一部，銅線一千餘斤，鐵線二千餘斤及其他零件
	航政		修理輪駁	建滿、建興、建夏、建武、建德、建華等六輪及楚森、楚貞、楚盒等三輪均已修理竣工，建德一輪經呈准拆卸機件亦已拆竣，並將鋼號鋼駁修竣
	農林		粮食增産	截至十月底止，共推行面積七九四六七二市畝
			貸種	據已報各縣共實貸二九三六五石
			換種	前七區各縣所推廣之良種小麥已採回二二五四六市斤，並轉貸農民作種

續表

類別	工作項目		預定計劃	實施過程
建設	農林	果木增產	由廣西運來沙田柚、溫州蜜柑等苗並定植成活者三二二株，又播植其他果苗四萬八千餘株，花卉蔬菜四百餘種，並平價出售種子千餘袋
		棉花增產	在鄂西登記棉田四六四四二畝，貸種一八九零零斤，並繁殖德字棉種二千餘斤
		茶葉繁殖	在鄂西各縣繼續指導整理舊有茶園，並調查鶴峯茶區
		育苗	本年農改所育苗一二七四六株，各縣合設苗圃，育苗一九二一○四株
		造林	省會各機關及各縣共造林一二六一七○九株
		繁殖油桐提倡構林	鄖縣、均縣、巴東、宣恩、保康、秭歸六縣油桐增殖五二八七九○株，構林已由利川分場倡種植
		防治病蟲害	1. 在恩施、秭歸、興山、南漳等防治菜蟲一一七市畝、菜木三二二六株 2. 在恩施等縣指導修建倉儲一一七所 3. 試製藥劑八百斤、蚊香五千盤、臭蟲藥一千八百斤 4. 繁殖除蟲菊十四萬株、薄荷六十叢
		畜牧獸醫	1. 製造清血針二○八二五西西 2. 推廣家禽良種
		籌設後方各縣小規模農林場	截至現在止，僅利川、咸豐、隨縣、鄖西、竹谿、保康六縣擬具計劃預算呈核

續 表

類別	工作項目	預定計劃	實施過程
建設	水利	勘測清江並整理灘險	已完成燕子石、三櫃頭兩處險整理工程，及車礀堆棧、拐塘箭、桿能竹末灘、石間膝、土地灘、三斷灘等工程百分之九十
		整理堵河	已派隊並擬具整理計劃
		勘測南河	已商准水利委員會派隊測竣，正繪圖設計中
		培修江漢幹堤	已將松滋、公安、石首、江陵、監利等縣境沿江幹堤，及襄陽老龍堤岸修工程完竣又車灣工程水於十二月二十五日開工
		組織水利工程勘測隊九隊	業經成立四隊勘後分派各縣勘測
		辦理各項農田水利工程	大型工程已開者有宜城南漳之長渠、鄖西天惠渠、鄖縣曉陽渠、沼惠渠、柳陂、建始三里礀渠、恩施高橋礀、廣閏渠，小型工程已具報者有遠安等二十二縣，共疏濬堰塘八二九、礀渠三一二〇道，水井九八三口
	工商	整理充實各廠	萬縣恩施造紙廠及巴東煉油廠已呈准經濟部各補助十萬元，各城紡織廠自本年七月起與省行合辦
		籌設巴東煉油廠	巴東油廠已建築完竣，於本年七月一日正式開工
		籌設陶瓷廠	本年一月在宣恩籌建廠，至九月已大部完成，開始局部生產
		成立巴東機械廠	本年四月由保安司令部撥歸建設廳，改為巴東機械廠

續表

類別	工作項目		預定計劃	實施過程
建設	工商		接辦復興機械廠與復興造紙廠	機械廠已於本年十月併入各城紡織廠，造紙廠因設備不全尚待充實
			督導籌設民生工廠	已成立開工者有公安、松滋、穀城、光化、建始、咸豐、巴東、竹山八縣，恩施、利川、來鳳、鄖西、鄖縣等六縣已呈報籌備
			訓練小工業技術人員	本年九月在省幹訓團舉辦小工業技術人員訓練班，分造紙、紡織兩組
			健全工商團體組織	分從鄉方各縣成立縣商會及各同業公會
			推行新度量衡	令各專署製定新度量衡器五種分發各縣使用，並訓練檢定人員分發各縣服務
	礦業		擴充興山煤礦	已加闢游家河、耿家坪、白馬灘及洩灘等處，礦境分設四處
			開採建始鐵礦	已與資源委員會商訂定合作辦法
			勘測鄂西鄂北礦產	建始、秭歸、興山、恩施等縣煤鐵已由礦產調查隊分別勘查
			指導民營鑛業	建始民營鐵礦十九家，民產白口鐵經咨請土鐵管理處提高牌價，並加以技術指導以利發展
			整理恩施煤礦	經本年擴充後，月產三百噸

續表

類別	工作項目	預定計劃	實施過程
社會	憑証分配	實施省會憑證分配	省會憑證分配原由各機關員工消費合作社辦理，嗣成立聯合社負責，共合作社至年底止，共合作社九二所。社員計管佐五九〇三人，公役士兵六四一二，家屬人口大口二八七九八人，小口二一六八人，均由供應實施定量分配 省及合作社聯合社負責，嗣成立平價物品供應辦物資供應事宜，省銀行及合作社聯合社負責，物資之儲備購運係省省銀行及合作社聯合社負責，本年三月起至年底止，共合作社九二所，自
		實施各縣憑證分配	各區憑證分配已於五月分別撥發資金成立合作社，均已按照規定推進
		經辦配銷食鹽	經於本年六月成立鄉（鎮）合作社接辦食鹽配銷業務，復於本年十一月修改本省食鹽暫行辦法暨實施要點，通飭全省各縣普遍遵辦
	民眾組訓	辦理人民團體總登記	省級各人民團體業經登記，縣級已將總登記表呈報省有房縣等縣，此外並成立省婦女會，新聞記者公會及指導改造中國警察學會湖北分會理監事，湖北省郵務工會
	社會運動	民族健康運動	已於本年九月在省發動爬山競賽及騎馬表演等
		擴大冬耕運動	製定冬耕運動實施要點，通飭各縣遵辦，已辦理具報者有咸豐、巴東等縣
		發動文化勞軍運動	本省應擔任勸募之二十萬元由社會處會同黨改工作總隊募得八千九百餘元，刻正續辦理中
	社會福利	優待抗屬	定頒本省優待出征軍人家屬條例施行細則，通飭遵行
		考核各縣辦理優待情形	通飭各縣市本年八月起將辦理情形按月具造，以憑考核

續表

類別	工作項目	預定計劃	實施過程
社會	平定物價	修訂本省平價各項辦理	1. 規定職工工資辦法 2. 限制房租加價 3. 規定轎夫、力夫工價 4. 商定管制物價運價工資實施綱要
	社會服務	設置食宿站衛生站	已由平價物品供應處及衛生處在興山、保康一帶設置食宿站、衛生站
	實施減息		訂定取締重利盤剝辦法，通飭施行
	救濟	健全難民收容所	各難民收容所一部分已增至五百名，全省共二十三個收容所，收容難民一萬一千八百餘人
		健全難童教養院	各難童教養院均增加收容額，總計收容九百名
		健全第一配置區	該區工廠計有織布、紡紗、織襪、毛巾、染布、碾米、打草鞋、縫衣等部，紡機一部，已增設技術員，以改善生產技術
	墾牧	健全西流水墾牧區	增加墾民耕牛農具等項，以增加生產，並已飭組織合作社辦理實物貸放
		接收晒坪墾牧區	已於本年九月接管
	貸款		本年在棗陽等七處成立小本貸款處，計撥發貸款基金十萬元
	振濟	空襲振卹	各地空襲振卹事宜均會同有關機關派員辦理振卹，本年共發振卹費七〇八〇五元
		製發難民寒衣	經中振會撥發寒衣費八萬元，經會同第十救濟區製辦棉背心三百件，難童制服二百套，餘款分匯第一配置區及兒童教養院

續表

類別	工作項目	預定計劃	實施過程
社會	振濟	發放振款	本年四月發武昌等四十八縣春荒急振款六十萬元
		平糶貸款	本年四月發宜昌等三十三縣平糶貸款一百四十萬元
		發放振糧	本年五月由糧食部撥川谷一萬市石，經配發宜昌、巴東、興山、秭歸、保康、南漳、房縣、竹山、竹谿等九縣，其中保康、南漳、竹谿等縣因距離較遠，復經補助運費十萬元
		賑濟鄂北旱災	經本府撥款五百萬元匯發三五八六專署督促利用，行政機關向川湘鄰近縣份及淪陷區搶購食糧統籌配振
		救濟鄂北一帶外省人境災民	由省府匯發十萬元交鄂[北]行署設法收容，並訂定救濟辦法
	合作事業	發展縣各級合作組織	本年核准登記之合作組織，計縣聯合社四所，鄉鎮合作社三二九所，保合作社一二三四所
		整理舊社	本年計核准解散登記之信用合作社二九所，互助社二〇八四所，其餘正飭陸續核報中
		發展生產合作	指導組織生產合作社五六所，並指導各鄉保合作社經營生產事業五九八社
		促進特產運銷	指導組織運銷合作社九所，並指導鄉保合作社經營運銷業務者一六八社
		推行消費合作	經督飭各縣增設專營消費業務合作社一二一所，各鄉保合作社經營消費業務者一二七四所

續表

類別	工作項目	預定計劃	實施過程
社會	合作事業	成立全省合作社物品供應處	已於九月十六日成立本省合作社物品供應處，成立第一區合作社物品供應處，鄂南方面事實因事之需要
		試行物物交換	經製定物物交換辦法綱要暨實施辦法，先由恩施天橋等鄉合作社試辦
		舉辦合作訓練	經飭七八兩區各縣訓所設班訓練，省會各級人員亦設講習班班以資訓練
		增設縣合作金庫	本年增設房縣、竹山、竹谿等縣合作金庫三所
	農貸	辦理墾戰區農貸及普遍農貸	太平洋戰事發生，後各行局[在]未戰區農貸為三百萬，普遍農貸行本年實放六百二十八萬零九百九十五元五角八分，省行撥放二百五十萬零二千另五十元
		清理各縣合作貸款	建始、五峯、巴東三縣業經清理完竣，計本年共收回四千二百餘元
		辦理土地貸款	已與農行簽定二百萬元扶植自耕農購買耕地貸款合約，先恩施、咸豐兩縣試辦，並制定辦法飭令該兩縣擇定鄉鎮需要農民向各該所在地合作社登記，現據報恩施已登記十五人，咸豐正趕辦中
糧政	徵購	徵購春麥	經公布徵購春麥實施辦法分飭配飭徵購，撥補五六兩戰區
		公購餘食	訂定三十一年度公購餘糧實施辦法，隨縣、鍾祥、通城等五十二縣遵行

續表

類別	工作項目	預定計劃	實施過程
糧政	配撥	劃撥六戰區軍糧	奉令劃撥六戰區軍糧五十萬市石。後卅三集團軍劃歸六戰區指揮，遂於原劃撥五戰區軍糧內劃撥十一萬市石撥交接濟軍食用。嗣為軍糧交接便利，經擬具軍糧交接辦法轉奉核定，計分四期交足。（自九月份起至十二月底止）
		劃撥五戰區軍糧	奉中央核定劃撥各七十九萬石，另廿二萬大包。除各已分飭各縣遵額購撥外，至麥已向敵後搶購並商定軍糧集中交接辦法
		民糧分配	以恩施警區為限，所有區內人民除素有粮食收入者外，一律實行計口授粮
		糧商登記	轉頒糧商登記規則及有關書表分令各級遵照，截至年底據報者三十六縣
	管制	調節配額救濟民食	一、各縣因上年水旱成災，秋收歉薄，經勘酌災情分別減授，並動用徵實積谷劃撥糧款辦理平糴 二、調濟民食計借軍糧一二五○○○市石，包谷一二四七市石，緩交軍糧合二○四一五一市石，動用徵實稻谷五○六三三四七市石，積谷一三二四六市石 三、購運湘米四萬市石，川糧一萬市石
		糧食節約	限制粮食加工精度，並規日食定量及雜物配搭
	收儲	令飭徵購縣份設支徵收處	電飭崇陽等二十一征購縣份遵照辦理
		令飭徵實縣份設在集中倉庫	經定頒倉庫編制給子表，通飭恩施等三十二徵實縣份在交通便利地方配置倉庫五處，專司保管交撥

續表

類別	工作項目	預定計劃	實施過程
糧政	收儲	建修倉廒	定頒修建原則，通飭徵實徵購縣份按實際需要修建
	運輸	集中各縣軍糧	軍糧經與有關機關商定交接辦法，令各照額配運交兵站倉庫或部隊
		編隊運集公糧	將原運檢總隊擴編為三大隊九、肩運中隊、車船隊各一、汽車隊一，較原力增強一成
	糧款	改善購辦法	奉頒湖北省糧給價暫行辦法暨湖北省銀行糧款存單章程，飭各縣遵辦
		清結糧款	制頒湖北省各縣卅年度徵收糧食糧款及糧政經臨費清結暫行辦法，通飭各縣遵照
	食鹽	調整機構	於本年一月一日，將民廳主辦之食鹽部份交糧政局接管
		整頓鹽銷業務	鹽價核定應由縣召集參事有關機關法團議定報府
		統籌購運	七區各縣由平價物品供應處負責食鹽部負責辦理，並在香溪、茅坪等地設辦事處，分別購運四五六各區食鹽，八區食鹽由專署代運陷區各縣同區該縣府酌量實情量辦理，鄂南由省行署協運，鄂東由行署與省行會同辦理
		憑證分配	各縣食鹽統由合作社配銷，逐漸實施計口授鹽
		籌撥學生食鹽	分區統籌按月撥發
會計	歲計	審編三十二年度省級概算	已編成呈送中央
		暫行三十一年度省級總概算	已依法督促執行

续表

类别	工作项目	预定计划	实施过程
会计	岁计	督促各县办理本年度总概算	各县多未送齐，已令限期送齐，逾期即由会计处代为编制
		促督各县办理三十年度总决算	各县编送者甚少，现正严催起办
		修正各项补充会计规则	本省特殊需要之规则已由会计处分别制定，各会计室拟定之章则亦经分别审定施行
	会计	设计并推行各种会计制度	1. 订定乡镇简易会计制度 2. 订定各机关会计制度 3. 订定中等以上学校经管物品会计办法 4. 订定省财务收支统制记录实施办法
		继续设置会计机构	本年度成立人事处等廿四机关会计室
		甄训会计人员	1. 在省干训团设班训练五十六人已毕业分发 2. 在农学院附设会计专修班招收学生一百，授以较高之会计学识，已于九月开学
		督导会计事业	省垣附近会计业务均已分别派员察督导
人事	机构	充实各级人事机构	省府各厅处已设置人事股专员署及县府设人事管理人员

續表

類別	工作項目	預定計劃	實施過程
人事	考選	組織考選委員會	已成立以主席為主任委員，各廳處局長及省幹調教育長、黨部委員于鴻彥等為委員，另設試務處
		舉行縣長考試	已於十二月舉行，錄取十名
		舉行高等及普通檢定考試	已於九月舉行，計應高等檢定者十六名，普通檢定者十八名
		舉辦專業訓練班	已於九十兩月舉辦家畜防疫人員訓練班及電訊人員訓練班
	任免	集中辦理任免	全年計任聘任職二十員，薦任職一百七十六員，委任職一千二百九十六員，派任二百二十五員，免職四十員，調任一百五十四員
		實施遞升制	由縣升專員者一員，由縣府秘書升縣長三員，初中校長升高中及師範校長各五員，高中訓育主任及教員升為校長者八員，工務科長提升廠長者一員，其他由科員秘書科長提升科長組書視察及其他相當職務者二四員
		核敘俸級	二月經省府會議通過支給標準，各職員均依法核敘，藉求平允
		核用投效保薦人員	保薦及投效人員共二百九十五名，經核發各機關及專署縣府任用者一百八十七名，餘存記
		厲行任用	本府各廳處送審合格者二十三名，各專署及縣府送審合格者五十五名

續表

類別	工作項目	預定計劃	實施過程
人事	訓練	中央訓練	中[央]訓練團先後調訓十六名，及中政校人事班二名
		本省訓練	按規定人數分別抽調訓團黨政班受訓
	考核	籌辦年終考績	本年度考績已依序辦理，並訂定辦理考績注意事項及評分標準記錄表，提經省府會議通過
		厲行平時考績	按月整編各單位呈報之考勤表公告，並隨時注意有關資料，以供年終考績參考
	獎懲		本年計嘉獎者十一名，記功者三名，加薪者一名，晉級者十五名，申斥者二名，記過者六十一名，記大過者三名，停用者十一名，撤職者八名，永不錄用者七名，通緝者七名
	卹養		轉發陣亡官民卹金五百八十三件，奉准給卹之公務員六人，經本府核准給卹之各級公職人員九十二人，至因公殞命之公務員准給治喪費十五人，埋葬費者一人
		救濟	救濟公務員因公遭受損害者十三人
		退休	分別核給公務員退休金及旅費五人
		籌辦年功加俸	已訂定辦法提經省府會議通過，並由中等學校先行試辦

續表

類別	工作項目	預定計劃	實施過程
人事	通訊	通訊	1. 修訂通訊章則 2. 調整省幹訓團學員通訊機構 3. 加強通訊業務，按月造報摘呈主席 4. 加強輪導工作 5. 辦理戰幹團、留日學生訓練班及新聞研究班等學員通訊
	記過		1. 編製考選訓練合格人員總名冊 2. 專門人才調查登記 3. 優秀人員登記 4. 人事動態、靜態登記 5. 編製人事統計圖表
衛生	防疫	舉辦霍亂傷寒注射	先後分發各縣衛生院隊霍亂疫苗八千七百瓶，實施擴大注射
		普及種痘	分發各縣衛生院隊痘苗四千七百五十九打，普遍施種，並督飭各院隊訓練種痘人員
		撲滅回歸熱	令發疫區各縣衛生機關特效藥，並推行滅蝨運動，至八月底止疫勢平息
		切實辦理各地交通檢疫	令各縣衛生機關於必要衝設站檢疫，並派員督導實施，韋須檢疫辦法亦防遵辦
	保健	普及衛生常識	編印標語傳單及衛生須知等分發各縣，並舉辦候診發育

续表

類別	工作項目	預定計劃	實施過程
衛生	保健	助產	已於高級學校附設助產訓練班訓練學生三十名，並令飭各院舉辦免費助產
		招考衛生人員	前由各縣考選之受訓學生奉令解散，現正重行登記中
		防治地方病	印發防治方法小冊，並由衛生機關切實防治
		滅蟲治療	設立巴東、恩施兩滅蟲治疥站
		舉行嬰兒健康比賽	已於本年四月在恩施舉行，參加者共一百一十四名
		整理各縣衛生清潔	經擬具各縣市衛生整頓及檢查辦法通飭遵照
		擬訂結婚登記暫行規則	經擬具規則提交省府委員會修正通過，通飭遵照
		舉辦免費治療	通飭各縣將縣訓所員及過境軍隊官兵予以免費治療
		調查工廠之衛生設施	已分函各工廠調查衛生設施
		改善飲水	已頒佈改善飲水暫行辦法
		充實衛生處	已按照編制補充員額
	醫政	充實各院隊	已增聘省立醫科內外婦產科各主任醫師，調整各衛生隊醫療防疫隊，增設護教員七人，增設醫療防疫隊三隊，並將原省立各區衛生院改為縣衛生院，原縣衛生院加以充實，其接近前方或財力較弱之後方各縣各暫設醫療防疫隊

續表

類別	工作項目	預定計劃	實施過程
衛生	醫政	醫事人員	印製社會醫事人員調查表，飭各縣詳查填報並舉辦醫事人員資格檢定，並登記私立院所藥[品]，以資管理
		藥品	1. 已向省銀貸款廿十萬元，分別購儲大量藥品器材 2. 改良國藥製造 3. 分發防毒藥品給各機關施備用，印發防毒刊物

43. 省政府委員會歷屆委員

改組年月	主席姓名	委員姓名
民國十七年五月	張知本	
民國十八年四月	蕭萱	
民國十八年六月	方本仁	方本仁　夏斗寅　熊秉坤　賀國光　孔庚　蕭萱　李基鴻　黃昌穀　劉驥
民國十八年十二月	何成濬	何成濬　方本仁　李基鴻　黃昌穀　蕭萱　夏斗寅　熊秉坤　賀國光　孔庚　陳光組　（劉文島　張貫時　黃建中　方達智）
民國二十一年四月	夏斗寅	夏斗寅　朱懷冰　沈肇年　黃建中　李書城　孔庚　孫繩　晏勳甫　程汝懷　范熙績　楊在春　陳建勳　（賈士毅　程天放　李範一）
民國二十二年七月	張羣	張羣　盧鑄　孟廣彭　賈士毅　程其保　李範一　范熙績　李書城　吳國楨　（劉壽朋）
民國二十五年一月	楊永泰	楊永泰　盧鑄　孟廣彭　賈士毅　程其保　劉壽朋　李書城　吳國楨
民國二十五年十一月	盧鑄	盧鑄　孟廣彭　賈士毅　程其保　劉壽朋　李書城　吳國楨
民國二十六年一月	黃紹竑	黃紹竑　孟廣彭　賈士毅　周天放　伍延颺　李書城　吳國楨　楊揆一　盧鑄
民國二十六年十月	何成濬	何成濬　楊揆一　嚴立三　賈士毅　程天放　石瑛　張難先　潘宜之

續表

改組年月	主席姓名	委員姓名
民國二十七年六月	陳誠	陳　誠　柳克述　嚴立三　楊綿仲　陳劍脩　鄭家俊　張難先　石　瑛　衛挺生
民國二十八年二月	嚴立三	嚴立三　柳克述　趙志垚　時子周　鄭家俊　林逸聖　朱懷冰　張難先　石　瑛　衛挺生　朱代杰　（黃仲恂　向龍雲　張伯謹）
民國二十九年九月	陳誠	陳　誠　劉千俊　朱懷冰　趙志垚　張伯謹　林逸聖　程汝懷　何紹南　嚴立三　黃仲恂　朱代杰　劉叔模　羅貢華　（朱一成　徐會之　周蒼柏　李石樵　譚嶽泉）

44. 省政府各廳處行署歷任長官

機關名稱	長官職銜	長官姓名	到職年月
秘書處	秘書長	蕭萱	民國十八年六月
		華覺民	民國十九年二月
		彭介石	民國二十年六月
		楊在春	民國二十一年四月
		蔣友文	民國二十二年二月
		盧鑄	民國二十二年七月
		楊揆一	民國二十六年十月
		柳克述	民國二十七年六月
		黃仲恂	民國二十八年六月
		劉千俊	民國二十九年九月
		許瑩漣	民國三十二年一月
		劉千俊	民國三十二年九月
民政廳	廳長	方本仁	民國十八年六月
		劉文島	民國二十年六月
		朱懷冰	民國二十一年四月
		李書城	民國二十二年二月
		孟廣彭	民國二十二年七月
		嚴立三	民國二十六年十月
		張難先	民國二十八年六月
		朱懷冰	民國二十九年九月

續表

機關名稱	長官職銜	長官姓名	到職年月
財政廳	廳長	李基鴻	民國十八年十一月
		張貫時	民國十九年二月
		沈肇年	民國二十一年四月
		賈士毅	民國二十二年二月
		楊綿仲	民國二十七年六月
		趙志垚	民國二十八年二月
教育廳	廳長	黃昌穀	民國十八年六月
		黃建中	民國二十年六月
		程天放	民國二十二年二月
		程其保	民國二十二年七月
		周天放	民國二十六年一月
		陳劍脩	民國二十七年六月
		時子周	民國二十八年六月
		張伯謹	民國二十九年七月
建設廳	廳長	劉驥	民國十八年六月
		蕭萱	民國十八年十二月
		黃昌穀	民國十九年二月
		方達智	民國二十六年六月
		李書城	民國二十一年四月
		李範一	民國二十二年二月
		劉壽朋	民國二十四年五月
		伍延颺	民國二十六年一月
		石瑛	民國二十六年十月

續表

機關名稱	長官職銜	長官姓名	到職年月
建設廳	廳長	鄭家俊	民國二十七年六月
		嚴立三	民國二十八年六月
		向雲龍	民國二十八年七月
		林逸聖	民國二十九年一月
		朱一成	民國三十年一月
		譚嶽泉	民國三十二年九月
宜昌行署	主任	林逸聖	民國廿八年十二月
		朱代杰	民國二十九年六月
鄂東行署	主任	程汝懷	民國廿八年十二月
		李石樵	民國三十一年七月
鄂北行署	主任	何紹南	民國三十一年十月
		徐會之	民國三十二年三月

省政府委員會現任委員

三十三年八月

機關及職別	姓名	別號	年齡	籍貫	學歷	略歷
委員兼主席	王東原		四六	安徽	保定軍校八期畢業	曾任排連營團旅師軍長、集團軍副總司令、軍委會政治部副部長、國防研究院主任、中訓團教育長
委員兼秘書長	王原一		四八	湖南	湖南大學畢業	曾任縣長、政治部設計委員、中訓團辦公廳副主任、福建省幹訓團教育長
委員兼民政廳長	羅貢華		四九	湖北	北平法專畢業	曾任省黨部委員、內政部次長
委員兼財政廳長	趙志垚	淳如	五〇	浙江	上海商業學校畢業	曾任軍需處長、省行董事長、少將參議、軍委會政治部總務廳長
委員兼建設廳長	譚嶽泉		四五	湖南	武昌師範大學畢業	曾任鐵道部秘書、滇緬路督辦公署及公路總局總務處長
委員兼教育廳長	錢雲階		四一	湖北	日本明治大學畢業	曾任中華大學教授、教育部訓育委員會副主任委員代社會教育司長

续表

機關及職別	姓名	別號	年齡	籍貫	學歷	略歷
委員兼鄂東行署主任	李右樵		五〇	湖北	保定軍校畢業	曾任中將參謀長、師長、清鄉司令
委員兼鄂北行署主任	徐會之		四二	湖北	中央軍校一期畢業	曾任政治部第二廳廳長
委員	劉公武		四九	湖南	德國柏林大學畢業	曾任第二分校政治部主任、西南游幹班政治部主任、三民主義青年團中央團部宣傳處副處長、中訓團黨政高級訓練班秘書
委員	劉千俊		四三	湖南	湖南公立法專畢業	曾任縣長、行政專員政治部辦公廳主任
委員	林逸聖		四七	湖北	陸大畢業	曾任師長、行署主任、建設廳長
委員	周蒼柏		五五	湖北	美國紐約大學畢業	曾任銀行經理協理
委員兼軍管區副司令	黃仲恂		四六	湖北	保定軍校畢業	曾任參謀長、副師長、省府委員兼秘書長、幹訓團教育長、中訓團副教育長

附記：本年鑑印刷期間適值（三十三年八月）本府委員會奉令改組，因將現任本府委員會各委員略歷增印一表附執篇首，以付現況。

三十三年十二月

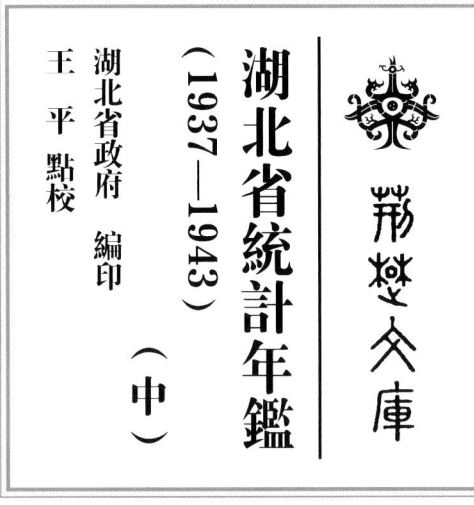

湖北省統計年鑑
(1937—1943)
(中)

湖北省政府 編印
王 平 點校

荆楚文庫編纂出版委員會
華中科技大學出版社

45. 省屬各機關主要人員

三十二年十月

省政府委員會

機關及職別	姓名	別號	年齡	籍貫	學歷	略歷
委員兼主席	陳誠	辭修	四五	浙江	保定軍官學校畢業	曾任師長、軍長、總指揮、政治部部長、戰區司令長官
委員兼秘書長	劉千俊	以字行	四三	湖南	湖南公立法專畢業	曾任縣長、行政專員、政治部辦公廳主任
委員兼民政廳長	朱懷冰	以字行	五〇	黃岡	保定軍官學校畢業	曾任師長、軍長、廳長、總指揮等職
委員兼財政廳長	趙志垚	淳如	四九	浙江	上海商業學校畢業	曾任軍需處長、政治部總務廳長等職
委員兼教育廳長	張伯謹	以字行	四三	河北	美國康乃爾大學博士	曾任大學教授、國民參政會參政員
委員兼建設廳長	譚嶽泉		四四	湖南	武昌高師畢業	曾任滇緬鐵路督辦公署總務處長
委員	林逸聖		四四	黃岡	陸大畢業	曾任師長、行署主任、建設廳長
委員	劉叔模		三九	鄂城	國立北平法政專門學校畢業	曾任黨部委員、參政員

續表

機關及職別	姓名	別號	年齡	籍貫	學歷	略歷
委員	羅貢華		四七	荊門	國立北平法政專門學校畢業	曾任內政部次長，侍從室秘書，民政廳廳長
委員	朱代杰		四〇	四川	蘇聯列寧學院畢業	曾任工程師，處長，秘書長，所長
委員兼省銀行總經理	周蒼柏		五五	武昌	美國紐約大學畢業	曾任銀行經理協理
委員兼鄂東行署主任	李石樵		四八	浠水	保定軍官學校畢業	曾任中將參謀長，師長，清鄉司令
委員兼秘書長	劉千俊		四三	湖南	湖南公立法政校畢業	曾任縣長，行政督察專員，軍委會政治部辦公廳主任
主任秘書	劉慕曾		四〇	湖南	湖南法政學校畢業	曾任縣長秘書等職
秘書	包耀鼎	貢九	五四	禮山	中央大學畢業	曾任縣長秘書等職
	張文柄	百熙	四七	安陸	湖北法政學校畢業	曾任秘書科長，視察
	施建生		二六	浙江	中央大學畢業	曾任編審，秘書，視察員
	譚叔隆		四二	湖南	漢口明德大學國學系畢業	曾任局長，秘書，科長，局長，秘書
	吳羽仙		四〇	湖南	湖南大學國學系畢業	曾任局長，科長，局長，秘書
	紀子培		三九	河北	北京大學畢業	曾任高中師範教員，大學講師
	嚴道生		四三	江西	江西工業學校畢業	曾任秘書科長，縣長等職

續表

機關及職別	姓名	別號	年齡	籍貫	學歷	略歷
	葉鐘裕		三〇	大冶	武漢大學畢業	曾任科長、秘書等職
	陳右軍		五一	孝感	湖北私立法專畢業	曾任軍法處長及秘書等職
	蔣銘	曉海	三八	天門	國立西北大學及中央軍校第六期畢業	曾任第九預備師政訓處長、政治部主任、鄂東清鄉司令高級參謀
第一科科長	周印澄		四二	湖南	湖南法政專校畢業	曾任縣府、專署秘書科長、軍委會政治部秘書
第二科科長	于瑩徵		三四	浙江	嵊縣師資養成所畢業	曾充軍需主任、會計課長等職
法制室主任	滕昆田		四二	漢陽	武昌中華大學畢業	曾充秘書股長、軍法官、縣長
編譯室主任	余文傑	以字行	三二	湖南	日本明治大學經濟學士	曾任十五集團軍秘書、軍委會政治部股長、主任秘書
副主任	周汶	景㴩	二八	浙江	中央大學畢業	曾任航校教官及本府法制室專員
統計主任	倪德剛	迂仁	三八	雲南	武昌師範大學畢業	曾任大學講師、中學教導主任、教員等職
會計主任	謝南山	曉峯	三八	江陵	中華大學附中畢業	曾任學習員、書記官、科員、股長等職

民政廳

機關及職別	姓名	別號	年齡	籍貫	學歷	略歷
委員兼廳長	朱懷冰		五二	黃岡	保定軍校畢業	見前

续表

機關及職別	姓名	別號	年齡	籍貫	學歷	略歷
主任秘書	段繼李		三八	江陵	中央軍事政治學校武漢分校中華大學政治經濟及山東鄉村建設研究院鄉村教育組畢業	曾任中學訓育主任、縣長、視察、秘書等職
秘書	張炳曜	伯棠	四七	天門	省立法專畢業	曾任縣長等職
秘書	彭遠涵	小完	三八	江西	江西省立法專畢業	曾任科長、秘書等職
第一科科長	張仁壽	星南	四二	襄陽	上海南方大學畢業	曾任公路局長、教育局長、科長等職
第二科科長	劉應魁	梅青	三九	陝西	西北大學畢業日本法政大學哲學科社會學系畢業	曾任科長、縣長、視察等職
第三科科長	劉純邦	口村	三八	孝感	中央軍校七期畢業	曾任連營長、參謀長、警察總隊長
第四科科長	徐鴻年		三九	浠水	武漢大學畢業	曾任中學教員、科員、科長
會計主任	萬文澤	韻聲	四一	黃岡	鄂省立財政專門學校畢業	曾任科長、軍需主任、稽核員
財政廳						
委員兼廳長	趙志垚	淳如	四九	浙江		見前
主任秘書	傅汝楫	逸塵	五九	浙江	法政專校政經系畢業	曾任縣長、秘書處長、講師、研究專員

续表

机关及职别	姓名	別號	年齡	籍貫	學歷	略歷
秘書	譚國棟	碧梧	三八	湖南	清華大學畢業	曾任助教、研究員
秘書	趙虛吾		四〇	河北	北平商專畢業	曾任教職員、總政治部秘書
第一科科長	朱全性		三四	浙江	浙江大學畢業	曾任黨部委員、特派員、總政治部秘書
第二科科長	趙炳光	朗山	五一	黃梅	中華大學畢業	曾任本廳科員、股長、秘書科長
第三科科長	夏維綱	靜德	四七	應城	中華大學畢業	曾任省黨部總幹事、營業稅局長、稅務局長
第四科科長	賀錫璋	采廷	四九	天門	湖北法政專校政治經濟科畢業	曾任本廳股長、科長、秘書、財政部庫藏局科長
第五科科長	葉菁			浙江		
會計主任	俞克孝	玄初	三五	浙江	浙江大學畢業	曾任稽核科長、視察
教育廳						
委員兼廳長	張伯謹		四三	河北	美國哥倫比亞大學碩士 康乃爾大學博士	曾任燕大教授、中央政治會議教育專門委員、國民參政會參政員
主任秘書	鄔子先		四二	鍾祥	南京高師畢業	曾任教員、督學
秘書	高庭選		三六	河北	山西大學畢業二八年高考及格	曾任中學教員、處長、科長、幹事

續表

機關及職別	姓名	別號	年齡	籍貫	學歷	略歷
秘書	王耀塋	文瑞	三九	湖南	北平國民大學畢業	曾任秘書、代理縣長
秘書	楊受智		三五	武昌	復旦大學畢業	曾任編輯、秘書
第一科科長	曾香陔		五二	天門	前清本省優級師範農業專科畢業	曾任中學教員、科長、主任、視導員
第二科科長	許安本	固生	三五	河南	北師大畢業	曾任教員、科員
第三科科長	童昌慶		二七	安徽	中政高等科畢業	曾任秘書、科員、服務員
第四科科長	金重威		三四	黃陂	武大畢業	曾任秘書、股長、教員
會計主任	韓惠疇		二七	鄂城		
建設廳						
委員兼廳長	譚嶽泉		四四	湖南	國立武昌師範大學畢業	見前
主任秘書	李澤泉		四一	江蘇	國立東南大學文學士英國倫敦大學研究生	曾任鐵道部科員、專員、法規委員、主任、上校、處員、副處長等職
秘書	徐若霖	秋農	五一	陽新	湖北公立法政專門學校畢業民八年高考及格	曾任縣長及部府廳秘書、科長、處長、副局長等職
秘書	郭冰忱	憲章	五一	沔陽	日本大學政治經濟系畢業	曾任教員、校長、督學、秘書主任等職

續表

機關及職別	姓名	別號	年齡	籍貫	學歷	略歷
秘書	張燡樂		五八	天門	湖北法政大學畢業	曾任湖北水利局科長、恩施縣長等職
秘書	王興邦	燻炎	三二	武昌	復旦大學商學士	曾任主任、副局長、科長、協理、研究員等職
第一科科長	王益旭	曜東	四五	武昌	武昌師範大學畢業	
第一科	石灼華		四五	陽新	上海國民大學商學院畢業	曾任銓敍部科長
第一科	惲寶寬	裕廷	三八	北平	北平鐵路大學鐵路管理科畢業	曾任股長、科員、組長、視察等職
第一科	曾祥俊	友聲	四五	浙江	南京河海工程大學畢業	曾任湖北省水利局堤工專員、防汛主任等職
技術室主任	曹家傑		三二	江蘇	上海復旦大學土木工程系畢業	曾任浙江福建江西各公路處工程師
會計主任	張克觀	斌如	四二	黃陂	省立一師畢業縣長檢定合格中訓團畢業	曾任股長、科長、會計主任

會計處

| 會計長 | 嚴靜遠 | 以字行 | 三八 | 監利 | 中央政治學校畢業二期高考及格 | 曾充主計處科長、講師 |

續表

機關及職別	姓名	別號	年齡	籍貫	學歷	略歷
主任秘書	袁詒然		二九	黃安	二八年高考及格	曾充科員
第一科科長	夏先道		三七	沔陽	省立法專畢業	曾任會計員、科員、科長
第二科科長	葉秉樞		三〇	浙江	國立商專會計科畢業	曾任佐理員、股長、專員
第三科科長	郭汝安		三六	湖南	湖南羣治大學畢業	曾任科長、會計主任、秘書

社會處

機關及職別	姓名	別號	年齡	籍貫	學歷	略歷
處長	吳敭熙		三五	江蘇	國立中央大學畢業第一屆高等文官考試及格	曾任科長、秘書、專員、主任、處長
主任秘書	唐仁僑		三四	江蘇	國立中央大學畢業中央政治學校合作學院畢業	曾任組導、視察、講師
秘書	王榮菁		三九	浠水	湖北法政專門學校畢業	曾任視察、局長、督學、縣長、科長、技術專員
秘書	李毅夫		四一	黃梅	私立九江偉烈大學預科畢業	曾任科長、辦事員、股長
第一科科長	李律嚴		三四	江蘇	上海持志大學畢業	曾任稅務局專員、鐵道部科員
第二科科長	柏聊班		三五	江蘇	中央大學畢業	

續表

機關及職別	姓名	別號	年齡	籍貫	學歷	略歷
第三科科長	陳彰錄		三八	黃安	豫鄂皖贛四省農訓所畢業	曾任合作處視導員、主任指導員
第四科科長	沈漢章		四〇	禮山	省立外國語專科畢業	
會計主任	周岐		四四	江蘇		
警務處						
處長	左鐸	福天	三六	應城	黃埔軍校三期畢業	歷任團長高參、校委教育長、參謀長
副處長	蕭仁	道容	三五	安陸	全上	歷任縣長、營團長、處長
主任秘書	楊世英	石音			武漢大學畢業中央軍校畢業	曾任科長、秘書、團長
第一科科長	孫毅夫	亞文	二七	咸寧	軍校軍官隊四期畢業	歷任副官參謀、科員等職
第二科科長	陳象時		三二	荊門	軍校七期畢業	曾充營長、參謀、大隊長、科長
第三科科長	鄧儀					
第四科科長	王宗義		三七	浙江	奧國警校畢業	曾充股主任、警察局長、科長
第五科科長	汪福東	均俗	三一	黃岡	武大畢業	曾充軍法官、股長、處員

续表

機關及職列	姓名	別號	年齡	籍貫	學歷	略歷
會計主任	麻志成		四〇	陝西	軍校經理科畢業	曾充會計、審核、科長、股長
衛生處						
處長	盧鏡澄	以字行	四三	宜都	德國仁蘭大學醫學博士	湖北省立醫院內科主任、紅十會助產校校長
副處長	汪道成	玉汝	四三	宜都	國立武昌中山大學醫科畢業	曾充醫師一等軍醫處長、一等軍醫正主任
主任秘書	馬毓英	治平	四〇	漢陽	國立武昌師範大學畢業	曾充湖北、浙江、西康等省及民政廳科長、秘書
秘書	胡建文		四〇	河南	蘇聯中山大學畢業	曾充察哈爾省政府秘書、湖北省第七區專署秘書
秘書	童鑑	超然	四一	江蘇	上海法政大學畢業	曾充湖北成化院講師、省政府薦任編譯員
第一科科長	李亞雄		三五	長陽	私立武昌中華大學畢業	湖北省黨部總幹事組織科科長
第二科科長	朱義順	子和	四六	興山	國立武昌中山大學醫科畢業	漢口市政府秘書、野戰醫院院長
第三科科長	胡震夏	叔豪	四〇	浠水	國立武昌中山大學醫科畢業	漢口公安局衛生科主任、第一治療所所長
會計主任	黃良銘	達今	三八	沔陽	湖北公立法專及財政講習所畢業	縣府科員、財政局會計主任、學校會計員

續表

機關及職別	姓名	別號	年齡	籍貫	學歷	略歷
人事室						
主任	郭驥	外川	三三	浙江	中央大學學士英國倫敦大學碩士	曾任三民主義青年團中央團部書記長、第六戰區官佐部少將主任秘書、人事處長
副主任	張公量		三一	浙江	北京大學畢業	曾任秘書科長、主任秘書
秘書	李裕華	叔溪	三三	湖南	英國倫敦大學研究士	曾任教官、參謀、秘書
秘書	駱藝鍾	一中	三九	江西	江西省立技術專校畢業	曾任股長、廠長、專員
第一科科長	洪元		三〇	安徽	中央政校畢業	曾任中校、秘書主任、編輯
第二科科長	萬斯年		三三	浙江	浙江大學畢業	
第三科科長	陳光	琳	三四	廣東	日本中央大學畢業	曾任上海大公報撰述、本省編譯室編譯員
研究員	朱有勳	底之	三四	江陵	中華大學畢業	曾任視察、指導員、股長、指導員
研究員	鄭一幹		三〇	浙江	東吳大學畢業	曾任教員、訓導員、指導員
研究員	吳湛露	秋野	三四	浙江	上海新民大學經濟系畢業	曾任會計員、會計主任、科長
研究員	汪啟才	雲樵	三二	漢川	中央政校高等科五期畢業	曾任視察、科員、隊長等職

續表

機關及職別	姓名	別號	年齡	籍貫	學歷	略歷
湖北省政府鄂東行署						
委員兼主任	李石樵					見前
秘書處處長	程曉波					
政務處處長	嚴士夐	以字行	三九	黃岡	東吳大學法學士	曾任教授、秘書科長、軍政司副司長
警保處處長	吳干城					
湖北省政府鄂北行署						
主任	徐會之		四二	黃岡	中央軍校畢業	曾任政治部第二廳廳長
秘書處處長	周陶公	院初	四七	黃岡	北平法政專科學校畢業	曾任承審科長、縣長、軍法官秘書
政務處處長	程發軔	旨雲	五〇	大冶	武昌高等師範畢業	曾任科長、校長、教授、處長
警保處處長	王子江	壽圖	四二	河北	保定軍校畢業	曾任連營團長指揮官、參謀長、參議
湖北省政府駐渝辦事處主任	李薦廷		四一	武昌	湖北法專畢業	歷任本省參議會參議及參政員
第六戰區長官軍部湖北省政府巴東聯合辦事處	陳謙					

續表

湖北省田賦糧食管理處

機關及職別	姓名	別號	年齡	籍貫	學歷	略歷
處長	王冠吾		四三	吉林	北京朝陽大學法律系畢業	曾任黑龍江省政府秘書長，糧食部督察
副處長	朱鼎		三三	浙江	中央政治學校大學部畢業	曾任湖北省田糧管理處副處長
副處長	任顯羣		三七	浙江		
主任秘書	帥仲言		三四	湖南	湖南大學畢業	曾任士陳專員，主任秘書，技正
秘書	陳邦濤	壽圖	五六	鄂城	湖北方言學堂畢業	曾任財政局秘書，財政廳股長，田糧處秘書
秘書	張審穩	棣華	二九	河北	朝陽大學畢業	曾充高等法院書記官，科員，科長
秘書	馬濟瀛		三九	隨縣	朝陽大學及訓政學院畢業	曾充上校委員書記官，科長
第一科科長	趙英梓		四〇	浙江	諸暨中學畢業	曾充課長，處長
第二科科長	楊達五	一致	四〇	襄陽	金陵大學肄業	曾充財政廳視察，民政廳會計主任
第三科科長	周武燮		四四	廣濟	湖北省佐治員研究所畢業	曾充科員，股長，視察，稅務局長
第四科科長	鄧君健	用中	三六	黃安	湖北政法專門畢業	曾充書記官，科長，股長，秘書
第五科科長	俞克孝	玄初	三五	浙江	浙江大學畢業	曾任稽核課長，視察
會計主任	季竹冬		三二	浙江	上海大同大學肄業	曾充中上尉，會計員，主任，股長

續表

湖北省地方行政幹部訓練團

機關及職別	姓名	別號	年齡	籍貫	學歷	見前	略歷
主席兼團主任	陳誠	辭修	四五	浙江	保定軍校畢業		曾充連長營長團長，廬山訓練團排長
教育長	曹毅	子剛	三八	黃岡	中央軍校高教班畢業		曾充教員，教務主任
教務處處長	蔡若水		二八	浙江	中央大學畢業		
訓導處處長	劉真	自如	三一	安徽	日本高師研究科畢業		曾充隨從秘書，訓育幹事，科長
總務處處長	楊理恒		四四	襄陽	北平中國大學畢業		曾充縣長，科長，訓導員
第一大隊隊長	阮瀘	東屏	三八	黃陂	北京大學預科黃埔軍校四期畢業		曾充排連營長團長附旅長，參謀，主任科員
第二大隊隊長	章貝恩		四一	黃陂	中央軍校三期畢業		曾充排連營團長總長，參謀長
通誌館館長	李書城	以字行	六二	潛江	日本士官學校畢業		曾任陸軍總長，參謀長，省府委員，廳長
科學實驗館館長	饒杰吾		五一	廣濟	日本大阪礦專畢業		曾任科長，委員，技正，主任，參議等
新湖北日報社社長	謝然之		三一	浙江	日本中央大學研究生		曾任三民主義青年團中央團部副處長
第一督察行政專員	蔡文伯	以字行	四五	武昌	陸大三期保定六期廬山軍官一期畢業		曾任連長，營長，少將教官，參謀長等

續表

機關及職別	姓名	別號	年齡	籍貫	學歷	略歷
武昌縣縣長	吳芝生	以字行	三九	鄂城	中華大學畢業	曾任縣府科長秘書、黨部視察專員
嘉魚縣縣長	王榮槐	以字行		沔陽	中央軍校七期畢業	曾任連營長、參謀、科長、秘書等
咸寧縣縣長	李慧駱	錫社	四五	咸寧	北平警官學校畢業	曾任科長、副官、縣長
蒲圻縣縣長	蔡天祚	以字行				
崇陽縣縣長	邱任中	以字行	三五	公安	中華大學畢業	曾任區長、政訓員、副主任
通城縣縣長	李少懷					
通山縣縣長	楊岳斌		三五	大冶	中華大學畢業	曾任支隊長、大隊長、代理縣長
陽新縣縣長	管慎之		三六	嘉魚	中央軍校畢業	曾任參謀、科長、大隊長、督察長
大冶縣縣長	閻夏陽		四二	鄂城	山西大學畢業	曾任科員、中上校、參謀長
鄂城縣縣長	魏波		五一	鄂城	湖北法政學校畢業	曾任政治會議秘書
第二行政督察專員	李石樵		四七	浠水	保定軍校畢業	見前
黃岡縣縣長	周聲濤	錫九	四六	黃岡	雲南講武堂軍校畢業	曾任營團長、科長、秘書、縣長
浠水縣縣長	高浪鈞	以字行	三五	浠水	中央軍校畢業	曾任排連長團附、秘書、縣長

續表

機關及職別	姓名	別號	年齡	籍貫	學歷	略歷
蘄春縣縣長	雷鳴震					
廣濟縣縣長	段尊堯		四〇	英山	安徽法政專校畢業	曾任會計主任、縣府科長
黃梅縣縣長	田江昌		四九	孝感	中央軍校畢業	曾任縣長、副司令
英山縣縣長	朱鎮中		四五	黃岡	國立中山大學畢業	曾任縣府秘書、科長
羅田縣縣長	王廷烈		三三	羅田	湖北黨訓所畢業	曾任黨務總幹事、中校秘書
麻城縣縣長	李培文		三四	麻城	中山大學畢業	曾任秘書科長
黃安縣縣長	蔣榮申					
黃陂縣縣長	徐紹階		三五	黃陂	中央軍校畢業	曾任連營長、支隊長
禮山縣縣長	鍾錦德		三九	廣濟	東南大學畢業	曾任安徽省視察
孝感縣縣長	劉鑰	梅溪	四三	孝感	漢口法文專校畢業	曾任區長、參謀長、隊長
第三行政督察專員	曹勛	勉青	三九	京山	黃埔軍校畢業	曾任襄河剿匪總司令、參謀長
雲夢縣縣長	余奇	超羣	三四	應城	中央軍校畢業	曾任副團長、參謀主任、支隊長
漢川縣縣長	張靖海		三六	天門	湖北法政軍校畢業	曾任公安局長、縣黨部書記長

續表

機關及職別	姓名	別號	年齡	籍貫	學歷	略歷
應城縣縣長	鄧培生	以字行	四六	隨縣	湖北漢東中學畢業	曾任豫鄂邊區總指揮部第二縱隊總指揮官
公安縣縣長	賀理華		四二	竹山	黃埔軍校畢業	曾任大隊長、縣長
應山縣縣長	謝浩	玉樹	四〇	沔陽	中央軍校畢業	曾任連營參謀副官長、副司令
鍾祥縣縣長	秦覺	覺石	三五	河南	湖南大學及中政高等科畢業	曾任中學教員、國府文官處科員、總務主任
隨縣縣長	孫蔭風		五一	棗陽	湖北法專學校畢業	曾任第五戰區長官部副官處長
京山縣縣長	方健	雪洍	四一	京山	湖北文科大學及軍校畢業	曾任保安大隊長
天門縣縣長	楊遠翔	功軒	三四	天門	中華大學畢業	曾任視察、巡迴教學團團長
第四行政督察專員	彭善	楚珩	四一	黃陂	中央軍校一期及陸大軍官班一期畢業	曾任連營團旅軍長、副司令、司令、參謀長
漢陽縣縣長	朱應樟		三九	黃陂	中央政治學校畢業	曾任編審主任、縣長長秘書、書記長
沔陽縣縣長	黃輪成		四六	沔陽	中華大學畢業	曾任公安局長、軍法官
潛江縣縣長	劉國楨		三二	監利	中華大學畢業	曾任縣府科長、視察等職
監利縣縣長	李涪					

續表

機關及職別	姓名	別號	年齡	籍貫	學歷	略歷
石首縣縣長	王斌		三八	湖南	中央軍校畢業	曾任副團長、上校主任參謀
公安縣縣長	劉鯤生		三一	沔陽	軍校特訓班畢業	曾任秘書、參謀處長等職
松滋縣縣長	朱英培	大勇	三三	宣恩	武漢大學及中央軍校畢業	曾任排連營長、少校科員、上校科長、同少將書記長、主任秘書
枝江縣縣長	徐山耕		三二	浙江	浙江地方自治專修學校畢業	曾任科長、中校組員
江陵縣縣長	羅世傑		四八	安徽	保定軍校畢業	曾任華容縣長、第二十集團軍總部上校參謀
第五行政督察專員	徐會之		四二	黃岡	中央軍校畢業	曾任政治部第二廳廳長
荊門縣縣長	劉亦珉		四三	河北	北京大學畢業	曾任少校政治員、中校主任、軍法處長
宜城縣縣長	張文運	學海	三二	京山	中央軍校畢業	曾任連營長、參謀長、大隊長、團副教官
襄陽縣縣長	易炯	萍波	三四	應山	中央軍校畢業	曾任連營團長、指導員、視察、專員、書記長
襄陽縣縣長	戴仲明		三五	黃安	中央軍校畢業	曾任軍師政治部主任
光化縣縣長	牛欣銓		三八	山東	省立中學畢業	曾任團附、軍需處長
谷城縣縣長	馬光漢		三八	四川	四川公立法專畢業	曾任首席檢察官、上校軍法處長

續表

機關及職別	姓名	別號	年齡	籍貫	學歷	略歷
保康縣縣長	來韶成		四一	河南	河南法專畢業	曾任縣長、軍法處長、科長
南漳縣縣長	張世愛		三七	安徽	交通大學畢業	曾任股長、科長
第六行政督察專員	吳良琛	獻之	四九	漢川	陸大畢業	曾任師長、行政專員
遠安縣長	毛懋猷		四四	湖南	湖南省立農業專校畢業	曾任校長、教員、教官
當陽縣縣長	畢建堂	以字行	三九	安徽	中央大學法學士	曾任教員、股長
宜都縣縣長	陳宗榮	紹欽	三四	福建	北平朝陽學院畢業	曾任科員、秘書
宜昌縣縣長	游錦章		四一	秭歸	北京法政專門學校畢業	曾任司法委員、推事、秘書、縣長
興山縣縣長	王勉	亮梅	三九	雲夢	中華大學及軍校畢業	曾任連長、區長、警佐、大隊長
秭歸縣縣長	楊幹	堅卓	三三	漢陽	中央軍校畢業	曾任排長、營長、團長、參謀
長陽縣縣長	吳雨桐		三六	廣濟	湖北大學畢業	曾任秘書、科員、科長、視察
五峯縣縣長	劉春先	曙初	三四	安徽	中央政校合作學院畢業	曾任秘書主任、專員、科長
第七行政督察專員	李毓九		四二	湖南	莫斯[科]中山大[學]研究院畢業	曾任秘書、行營設計委員
鶴峯縣縣長	魯堅	伏生	三〇	枝江	中華大學畢業	曾任科長、縣教育長

續表

機關及職別	姓名	別號	年齡	籍貫	學歷	略歷
宣恩縣縣長	董中生		三五	浙江	勞動大學及中央軍校地政學院畢業	曾任地政局科長、縣長
來鳳縣縣長	沈傅儀		三一	安徽	安徽大學畢業	曾任中學教員、科員等
咸豐縣縣長	徐鼐	鍵青	三四	安徽	北平中國大學畢業	曾任司法部秘書、專署科長
利川縣縣長	于國楨		四三	北平	莫斯科中山大學畢業	曾任中央軍校教官
恩施縣縣長	林淵泉		五一	黃岡	湖北法專畢業	曾任秘書、科長、縣長
建始縣縣長	高啟丰	丹山	三八	京山	國立武昌師大畢業	曾任秘書科長、教官、股長、校長、縣長
巴東縣縣長	李振宇		三三	安徽	燕京大學畢業	曾任湖北民政廳視察
第八行政督察專員	王開化	冶齊	四六	鄖縣	德國杜平根大學畢業	曾任祭烟督察處處長、科長、縣長
房縣縣長	賈文治	琴軒	三九	河北	北平中國大學畢業	曾任專署秘書、縣長、科長
均縣縣長	戴肇羣		四一	鍾祥	中華大學畢業	曾任縣長
鄖縣縣長	周祖佑	笠漁	四一	浠水	湖北縣長考試及格	曾任縣長、秘書
竹山縣縣長	鄭恒武		三六	漢陽	上海大學畢業	曾任監利縣長
竹谿縣縣長	帥雲屏	子炎	三一	黃梅	南昌豫章法專校畢業	曾任江西民政廳視察

续表

機關及職別	姓名	別號	年齡	籍貫	學歷	略歷
鄖西縣縣長	盧生桂		四八	鄖縣	武昌商科大學畢業	曾任政訓處科長、秘書
湖北省省銀行						
委員兼總經理	周蒼柏		五五	武昌	上海南洋公學暨美國紐約大學畢業	歷任上海銀行經理、財政部貿易委員會復興公司協理等職
協理	熊裕	覺民	四二	黃安	北平通才商業專校銀行本科畢業	歷任銀行科長分行行長、副行長、印花稅局局長、財政局長、銅元局長
協理	王漸磐	孟搽	五五	浠水	國立北京大學經濟系畢業	歷任武漢政治分會財委會官產處秘書、湖北省財政廳秘書等
協理	徐正林					
恩施分行經理	高光達	敏之	四六	漢陽	日本明治大學高等專攻科畢業	歷任科長、主任、教授等職
鄂中分行經理	朱紹翼	汝民	五五	漢口	保定軍官學校畢業	歷任書記、辦事處發行主任、代理行長
老河口分行經理	王理原		四七	隨縣	日本明治大學畢業	歷任財政局科長、稅捐局主任、征收處長、教官等職
重慶支行經理	徐振摩		四二	浙江	北平大學經濟系畢業	歷任教官、教務長、視察、科長、秘書等職

續表

機關及職別	姓名	別號	年齡	籍貫	學歷	略歷
鄂東支行經理	趙瑛	海峯	五五	漢陽		曾任營業員、經理等職
鄂南辦事處主任	陸鏡清		四三	咸寧	國立武昌商科大學畢業	曾任教員、會計、主任、專員、視察員、股長
柿子壪辦事處主任	黃旭東		三一	黃陂	漢口錢業補習學校畢業	
龍鳳壪辦事處主任	黃殿香		四四	漢陽	武昌文華大學肄業	曾任科長、股長等職
屯堡辦事處主任	李振定	正廷	三六	湖南	國立武大經濟系畢業	曾任會計主任、金庫主任
宣恩辦事處主任	姜嘉佰	通先	四九	黃岡	國立武昌商科大學畢業	曾任教員、會計主任、科長、股長、課長
沙道溝辦事處主任	宗毓林	伯華	四七	江蘇	警官學校畢業	曾任農會主任
鶴峯辦事處主任	傅觀行		四二	黃岡	中華大學肄業	曾任辦事員股長
巴東辦事處主任	王斌	禹九	四八	武昌	鄂省立甲種商業學校畢業	曾任股長
利川辦事處主任	汪如度		三三	崇陽	湖南大學經濟系畢業	曾任陸軍十五師政訓處處長
來鳳辦事處主任	葛熒	韻春	三九	武昌		曾任平漢路管理局出納課長
咸豐辦事處主任	藍秋如		三三	漢口	湖北高工畢業	
建始辦事處主任	沙祖陸		三二	浙江	鎮海職業學校畢業	曾任錢莊出納
遠安辦事處主任	湯化鎔		三一	孝感	中華大學畢業	曾任教員、縣府科長
津市辦事處主任	唐季涵		三八	湖南		

續表

機關及職別	姓名	別號	年齡	籍貫	學歷	略歷
枝江辦事處主任	郭天衢	仔肩	四七	浠水	法政學校畢業	曾任公安局長
三斗坪辦事處主任	李勉孫		四一	安陸	武昌文華大學畢業	曾任英文打字員、會計出納
長陽辦事處主任	楊天衢	超奇	三九	廣濟	湖北法科大學畢業	曾任會計主任
公安辦事處主任	王公魯		三八	浙江	杭州商專畢業	曾任中國銀行行員
石首辦事處主任	劉績熙		四一	鄂城	日本大學畢業	曾任科長、副官、書記官
漁洋關辦事處主任	盧雲		四二	廣濟	日本大學畢業	曾任局長、專員、主任
宜都辦事處主任	張強	肖平	四〇	湖南	北平通才商業專門學校畢業	曾任晨光女子學院教授
興山辦事處主任	王治炳	星若	五三	黃陂	湖北警專畢業	曾任農林試驗所主任
秭歸辦事處主任	孫端伯	周陶	五〇	安徽	安徽私立阜財商校畢業	曾任中國銀行辦事員
南漳辦事處主任	謝家珍		三五	武昌		曾任上海銀行辦事員
竹谿辦事處主任	林端	揉石	六〇	浙江	浙江法專別科畢業	曾任科長、局長
竹山辦事處主任	郭宗陽	肖汾	四五	浠水	省立法專畢業	曾任科長、局長
保康辦事處主任	匡受之		三九	天門	武昌商大畢業	曾任上海銀行會計

續表

機關及職別	姓名	別號	年齡	籍貫	學歷	略歷
房縣辦事處主任	陳詩基	礎深	三五	江陵	江陵高中畢業	曾任會計、書記
穀城辦事處主任	王石濟		四四	漢川	武昌文華畢業	曾任英語領館編譯
均縣辦事處主任	江丕昶	旭東	四二	河南	警校畢業	曾任會計主任
鄖西辦事處主任	曹學彬		四七	湖南	日本神戶高商畢業	曾任科員
鄖縣辦事處主任	何志道	據於	五一	隨縣	日本大學畢業	曾任會計主任
棗陽辦事處主任	胡泰運	永清	二九	武昌		曾任上海銀行會計
樊城辦事處主任	吳然			浙江		
羅田辦事處主任	張相良	善夫	三〇	武昌	中華大學畢業	曾任會計股長
萬縣辦事處主任	萬文璐	匯川	三八	黃岡	中華大學畢業	曾任銀行會計主任
衡陽辦事處主任	趙鳴九		三五	漢口	聖約翰中學畢業	曾任銀行會計主任
黔江辦事處主任	汪濤	子清	四三	當陽	國立武昌商科大學畢業	曾任會計主任、組長

湖北省平價物品供應處

機關及職別	姓名	別號	年齡	籍貫	學歷	略歷
省府委員兼總經理	周蒼柏	以字行	五五	武昌		（見省府委員會）
協理	熊裕	覺民	四二	黃安		（見省銀行）

續表

機關及職別	姓名	別號	年齡	籍貫	學歷	略歷
協理	王漸磐	孟蓀	五五	浠水		（見省銀行）
協理	羅楚材	寄生	四五	廣東	廣東法專畢業	歷任武漢警備司令部經理處長
營造廠廠長	沈瓊芳	伯錚	三八	天門	國立武漢大學畢業	歷任湖北建設廳技正，主任工程師及供應處總工程師
製髮廠廠長	戴進書	壽田		江西	金陵大學畢業	歷任上海銀行主任，中央信託局科長
煤炭廠廠長	劉驊南	以字行	三九	江蘇	美國西北大學經濟博士	歷任中央大學教授
製藥廠廠長	劉驊南					
紡織廠廠長	劉驊南					
糧食加工廠廠長	黄植夫	以字行	五六	孝感	湖北警校畢業	曾任股長，科長
機械修理廠廠長	趙學田	稼生	四二	巴東	北京大學機械科畢業	曾任技正，工程師等
印書館經理	何清銘	以字行	四二	漢陽	武昌高等師範畢業	曾任中學校長，參議，參議員
茶葉部經理	楊一如	以字行	四八	襄陽	武昌高等師範畢業	曾任漢口市政府秘書長，教育局長
食鹽部經理	吴正	一之	三五	浙江	法國國立都魯士大學經濟碩士	曾任中央黨部處長，中央訓練團少將處長，政治設計委員，貿易管理處副處長

續表

機關及職別	姓名	別號	年齡	籍貫	學歷	略歷
食糧部經理	季雲陵	以字行	四〇	荊門	北京大學經濟科畢業	曾任財政局長，秘書，會計科長
物資部經理	梅明覓	道生	四七	黃梅	日本明治大學商科博士	曾任會計出納，科長，主任
鄂西分處分配部經理	高光達	敏之		漢陽	日本明治大學高等專攻科畢業	
民草社經理	李達可	以字行	四〇	安陸	武昌商科大學畢業	曾任會計科長，局長
陶瓷廠廠長	張興聖	寄塵	二九	江西	江西省立陶業學校畢業	曾任技士
交通事業管理處處長	沈友銘			巴東		
農業改進所所長	戴恩松		三五	江蘇	美國康乃爾大學農學博士	曾任中央農業試驗所技正
水利工程處處長	吳時霖		四五	江蘇	美國康乃爾大學土木工程碩士	曾任交通部公路總管理處技正，滇緬公路工務局總工程師等職
萬縣機械廠廠長	郭壽衡		三二	浠水	日本東北帝國大學工學士	曾任武漢防城河川工程處技正，課長，廠長等職
萬縣紡織廠廠長	田鎮瀛	旭東	三五	河南	美國普渡大學工程碩士	曾任第九戰區長官部同上校秘書，本廳技正等職
萬縣造紙廠廠長	蘇蕚		三七	河北	美國普渡大學及密西根碩士	曾任大學講師，工程師等職
巴東機械廠廠長	劉新	侶松	四〇	大冶	法國葛葛老浦大學理學士	

续表

機關及職別	姓名	別號	年齡	籍貫	學歷	略歷
巴東煉油廠廠長	李煜	繼初	四四	嘉魚	湖北工業專科學校畢業武漢大學理工學院工學院學習員	曾任技士、二十一任秘書股長、視察組長等職
利川硫酸廠廠長	石俊生		三八	陽新	北平中央大學畢業	曾任科長、秘書、縣長等職
興山煤礦管理處經理	魏國楨		四〇	黃岡	漢口法文學堂畢業	曾任江漢工程局工程師
谷城紡織廠經理	王石卿		四三	漢川	武昌文華大學畢業	
第一水利工程勘測隊隊長	潘毓藻	範吾	四三	漢陽	南京河海工程大學畢業	曾任秘書局長、主任教官等職
第二水利工程隊隊長	王守元	道仔	三五	武昌	武漢大學土木工程科畢業	曾任本廳技正
第三水利工程隊隊長	陳和鳴	洽權	三一	襄陽	武漢大學土木工程系畢業	曾任幫工程師及本廳技士
第四水利工程隊隊長	邱世昌		三三	江蘇	復旦大學土木工程系畢業	曾任工程師、工程員
第一化工廠廠長	馬登融		四七	黃陂	日本東京高等應用化學科畢業	曾任漢口化學工業社社長及本廳設計員
恩施手紡織廠廠長	王安業		三八	雲夢	南通紡織專門學校畢業	曾任上海永安紗廠技士、中學專科教員等職
恩施造紙廠廠長	王維章		三〇	江陵	四川大學化學系畢業	曾任教員、技士、技術員

續表

機關及職別	姓名	別號	年齡	籍貫	學歷	略歷
咸陽紡織廠經理	劉光興		二九	襄陽	日本東京帝國大學畢業	曾任科長、公路局長等職
恩施煤礦廠廠長	陳汲雲		四九	浙江	金陵大學畢業	曾任股長
省立農學院院長	管澤良		三八	蘄春	美國康乃爾大學農學博士	曾任金陵大學農學院教授
省立教育學院院長	葉叔良		三七	江蘇	法國巴黎大學哲學博士	曾任四川大學教授及系主任
省立工學院院長	許傳經		三七	安慶	美國康奈爾大學醫學碩士	曾任大學教授、農學院訓導主任
省立醫學院院長	朱裕壁		四一	宜都	德國北庭根大學醫學博士	曾任中山大學教授
省立第一師範學校校長	萬國鈞		四二	谷城	中華大學畢業	曾任鄂南中學副校長
省立第二師範學校校長	羅鯤	翔霄		黃岡	國立北京大學畢業	曾任中學教員主任等
省立第四師範學校校長	陳敬業	文山	四六	應城	國立武昌高師畢業	曾任中學教員及訓育主任
省立第五師範學校校長	孫守貞	樸珊	四六	襄陽	國立北京中俄大學畢業	曾任中學教員及初中校長
省立第七師範學校校長	李嘉誨	惠民	三九	孝感	國立武漢師大畢業	曾任中學師範教員
省立第八師範學校校長	袁臨			光化	國立北平師範大學畢業	曾任中學教員、西北大學講師
省立第九師範學校校長	吳蔭雲		四〇	黃岡	國立武昌高等師範畢業	曾任中學教學及師範教務主任

续表

機關及職別	姓名	別號	年齡	籍貫	學歷	略歷
省立第一女子師範校長	段奇璋		三九	漢川	北京女高師畢業	曾任省立女師教務主任
省立第二女子師範校長	李翠貞		三三	黃岡	北平女子師範大學畢業	曾任中學教員及訓育主任
省立第一高級中學校長	余濟時		三四	鄂城	金陵大學畢業	曾任專署科長及初中校長
省立第二高級中學校長	蔡禮成	問佛	四五	黃岡	日本東京高師畢業	曾任科學館館長及師範校長
省立第三高級中學校長	高醒民					
省立第四高級中學校長	張耀光		三七	公安	中國公學畢業	曾任中學校長
省立第五高級中學校長	楊重熙	鴻功	四二	隨縣	北京大學畢業	曾任中學教務主任、參議員
省立第六高級中學校長	項貢川	東之	三九	漢川	武昌師大畢業	曾任中學校長
省立第七高級中學校長	王研農		三八	羅田	湖北公立法政學校畢業	曾任講師、民教館館長
省立第八高級中學校長	楊昭恕	心如	五六	應城	北京大學畢業	曾任中學校長
省立第四女子高級中學校長	葉啟秀	非比	三三	沔陽	中央大學畢業	曾任女師訓育主任
省立第七女子高級中學校長	劉禮瓊		四三	漢陽	北京大學畢業	曾任高商校長

續表

機關及職別	姓名	別號	年齡	籍貫	學歷	略歷
省立第一高級工業職業學校校長	張孔容	雨邨	三一	天門	復旦大學畢業	曾任技佐、技正、工程師助理、秘書
省立第一高級商業職業學校校長	張翮	德延	四〇	蒲圻	北京大學畢業	曾任中學校長
省立第一女子高級職業學校校長	何秉彝	逸民	三八	漢川	北平師範大學畢業	曾任縣府秘書訓育主任及教育廳視察
省立建始初級中學校長	易演道		三四	黃岡	湖北教育學院畢業	曾任民教館館長社、教務導員
省立巴東初級中學校長	王志邃	允毅	三二	沔陽	中華大學畢業	曾任教官、科長、視察等職
省立長陽初級中學校長	涂海澄		四九	黃陂	武昌高師畢業	曾任二女師校長
省立五峰初級中學校長	劉鵬搏	化鯤	三三	武昌	中央大學畢業	曾任教育廳義教會主任幹事
省立秭歸初級中學校長	何欽明	克安	四一	漢陽	上海持志學院畢業	曾任教育館館長
省立教育學院附設初中校長	何斌	曉初	四〇	漢陽	金陵大學畢業	曾任初中校長
湖北省農學院附設高級農業職業學校校長	馮杞靜		三二		金陵大學畢業	曾任農學院講師

續表

機關及職別	姓名	別號	年齡	籍貫	學歷	略歷
武鄂嘉蒲大五縣聯中校長	紀鎮南					
崇陽縣立初級中學校長	汪瀚	篤慶	四〇	崇陽	武昌師範大學畢業	曾任省中主任
通城縣立初級中學校長	黎子秋		四二	通城	中華大學畢業	曾任教育科長
黃岡縣立初級中學校長	汪紹伊	耕莘	四三	黃岡	武昌師範大學畢業	曾任教務主任
蘄春縣立初級中學校長	陳東儒			蘄春	省立第一師範畢業	曾任中學教員
廣濟縣立初級中學校長	周椿壽	項萬		廣濟	省立第一師範畢業	曾任中學主任
浠水縣立初級中學校長	陳耕道	餘三	四三	浠水	省立外國語專校畢業	曾任中學教員
咸寧縣立初級中學校長	孫斂修		五〇	咸寧	省立方言學堂德文專科畢業	曾任教育科長
陽新縣立初級中學校長						未據報
應山縣立初級中學校長	柯烈梧	傅鄂	五三	應山	國立高等師範畢業	曾任中學教員
長陽縣立初級中學校長	覃念聰					
荊門縣立初中學校長	劉亦焜	岩涵	四三	河北	北京大學畢業	曾任上校軍法處長，縣長等職（縣長兼）

续表

機關及職別	姓名	別號	年齡	籍貫	學歷	略歷
巴東縣立初級中學校長	李振宇					(縣長兼)
建始縣立初級中學校長	高啟圭					(縣長兼)
通山縣立初級中學校長	夏延襄		五九	通城	兩湖師範畢業	曾任中學教員、縣府科長、秘書等職
英山縣立初級中學校長	魯希敬			浠水	武昌高中畢業	曾任初中教員
羅田縣立初級中學校長	許納夫			羅田	省立一師範畢業	曾任小學校長
麻城縣立初級中學校長	李柱中			麻城	保定軍校畢業	曾任國旅長
黃安縣立初級中學校長	董覺生			黃安	省立一師範畢業	曾任中學教員
禮山縣立初級中學校長	鍾錦德		三九	廣濟	東南大學畢業	曾任縣長
黃梅縣立初級中學校長	馮力生			黃梅	省立一師範畢業	曾任省小校長
隨縣縣立初級中學校長	李馭之		四〇	隨縣	武昌商大畢業	曾任省教育科長
鍾祥縣立初級中學校長	丁玉銘		三六	鍾祥	中華師範科畢業	曾任民教館長
河陽縣立初級中學校長	李博夫					
江陵縣立初級中學校長	溫方正		五〇	江陵	保定軍校六期畢業	曾任團長

續表

機關及職別	姓名	別號	年齡	籍貫	學歷	略歷
安陸縣立初級中學校長	賀理華					
監利縣立初級中學校長	阮景星					
公安縣立初級中學校長	李大林					
石首縣立初級中學校長	周方楠		三五	沔陽	武昌中華大學畢業	曾任省民教館長
松滋縣立初級中學校長	盧英		三四	武昌	中華大學畢業	曾任中學教員
枝江縣立初級中學校長	王渭北			枝江	武昌高師畢業	曾任教務主任
襄陽縣立初級中學校長	王用中		四七	襄陽	武昌高師畢業	曾任中學教員
谷城縣立初級中學校長	楊國椿		四一	谷城	武昌師大理化系畢業	曾任中學教員
光化縣立初級中學校長	袁國湘		五四	光化	江漢法專畢業	曾任中學教員
襄陽縣立初級中學校長	鄧文元		四八	武昌	武昌高師畢業	曾任中學教員
保康縣立初級中學校長	韓毓東		四三	保康	北平平民大學肄業	曾任教育局長
宜城縣立初級中學校長	蕭以勤			天門	湖北教育學院畢業	
南漳縣立初級中學校長	羅春榮		二八	南漳	教育學院畢業	曾任中學主任

續表

機關及職別	姓名	別號	年齡	籍貫	學歷	略歷
宜昌縣立初級中學校長	易楷	粹生	三八	宜昌	北京大學畢業	曾任中學主任
宜都縣立初級中學校長	王福緒	用武	四〇	宜都	武昌師範大學畢業	曾任校長
秭歸縣立初級中學校長	朱全主	系高	二九	興山	中華大學畢業	曾任中學主任
遠安縣立初級中學校長	陳璧生	懷玉	五三	遠安	法政專校畢業	曾任教育科長
當陽縣立初級中學校長	徐崇煦					
恩施縣立初級中學校長	周仲甫		三四	沔陽	北京大學畢業	曾任省立恩初校長
利川縣立初級中學校長	趙維甫		四一	襄陽	北京師範大學畢業	曾任中學主任
咸豐縣立初級中學校長	盧兆麟	小邨	四五	天門	法政專校畢業	曾任中學主任
宣恩縣立初級中學校長	丁超	鐵山		大冶	教育學院畢業	曾任中學主任
鶴峯縣立初級中學校長	蕭逢修	海珊		沔陽	中山大學畢業	曾任縣府秘書
來鳳縣立初級中學校長	龍智仙		三三	黃岡	北京師大畢業	曾任視導員
均縣縣立初級中學校長	鄭慕康		三八	黃岡	武漢大學畢業	曾任中學校長
鄖縣縣立初級中學校長	任棄	岱青	五五	鄖縣	兩湖師範畢業	曾任一中校長
鄖西縣立初級中學校長	羅慕舍	子恕	三九	松滋	北平大學畢業	曾任教廳視導員

续表

機關及職別	姓名	別號	年齡	籍貫	學歷	略歷
房縣縣立初級中學校長	孔慶銘	鼎言	三四	山東	北京大學畢業	曾任科長
竹谿縣立初級中學校長	曾幼華		三四	黃陂	中華大學畢業	曾任科長
竹山縣立初級中學校長	王光杰		四七	江蘇	寧屬①師範畢業	曾任中學教員
湖北省立實驗民眾教育館館長	蔣雄影		三六	江蘇	上海美術專門學校畢業	曾任本省文藝委員會委員
湖北省立圖書館館長	林振犖		四六	漢川	北京大學畢業	曾任宣恩初中校長縣長兼
武昌縣田粮處處長	夏家鼎					
嘉魚縣田粮處處長	程鉅曾		二九	嘉魚	武昌中華附高畢業	曾任征收主任、稅務主任
咸寧縣田粮處處長	甘國珍					
蒲圻縣田粮處處長	葉穎皆		三八	蒲圻	舊制中學畢業	曾任田賦征收員、稅捐主任
崇陽縣田粮處處長	何鳳醇		四四	崇陽	武昌商科大學畢業	曾任區長、縣校長
通城縣田粮處處長	葛皇甫		三八	通城	陸軍步兵學校畢業	曾任連營長、副團長、處長
通山縣田粮處處長	郭子堅		三二	通山	省立高等學校畢業	曾任科長、農場經理

① 原文如此。

續表

機關及職別	姓名	別號	年齡	籍貫	學歷	略歷
陽新縣田糧處處長	鄧勳		五八	陽新	湖北存古學校畢業	曾任財政局股長
大冶縣田糧處處長	黃大中		三二	大冶	軍校軍官訓練班畢業	曾任排長團長、秘書科長
鄂城縣田糧處處長	胡思永		四六	鄂城	湖北省立法政專校畢業	曾任檢查所主任、股長
黃岡縣田糧處處長	彭壽喬		三八	浠水	武昌啟黃中學畢業	曾任科長、秘書
浠水縣田糧處處長	周武俊		三三	廣濟	湖北省立法政專校畢業	曾任市財政局科員
蘄春縣田糧處處長	程俊傑					
廣濟縣田糧處處長	劉同		三九	鄂城	湖北省立法政專科畢業	曾任財政科長
黃梅縣田糧處處長	李道儀		三八	孝感	湖北五中畢業	曾任區長、檢查所長
英山縣田糧處處長	李價章		四八	孝感	北平大學經濟學畢業	曾任民政廳會計主任
羅田縣田糧處處長	陳年墀		四五	蘄春	湖北法專畢業	曾任區長、財政科長
麻城縣田糧處處長	黃榜俊		四一	黃梅	北平陸軍軍需學校畢業	曾任支隊長
黃安縣田糧處處長	陶伯陽		四六	黃岡	湖北鐵路專畢業	曾任電督處機要主任
黃陂縣田糧處處長	徐紹階				中央軍校特訓班畢業	曾任連營長、支隊長

續表

機關及職別	姓名	別號	年齡	籍貫	學歷	略歷
禮山縣田糧處處長	王左邦		四一	禮山	法專畢業	曾任財委會委員
孝感縣田糧處處長	劉矯		四三	孝感	法專畢業	曾任區長、參謀長（縣長兼）
雲夢縣田糧處處長	余奇		三三	應城	軍校六期畢業	曾任副團長（縣長兼）
應城縣田糧處處長	郭培生		四七	隨縣	湖北漢東中學畢業	（緩設）
安陸縣田糧處處長	汪永輝		三九	天門	北平中國大學畢業	曾任縣府科長
應山縣田糧處處長	劉楚生		四二	應山	湖北漢東中學畢業	曾任局長
鍾祥縣田糧處處長	楊秀寶		三四	沔陽	財政講習所畢業	曾任會計主任
隨縣田糧處處長	段楚樵		三六	綏遠	綏遠省一師範畢業	曾任稽征主任
京山縣田糧處處長	易修叙		四九	京山	軍校四期經理科畢業	曾任營長
漢川縣田糧處處長						（緩設）
天門縣田糧處處長	楊遠翔		三四	天門	中央政校畢業	曾任教育廳視察
漢陽縣田糧處處長	朱應樟		三九	黃陂	中華大學畢業	曾任編審主任、縣長
沔陽縣田糧處處長	肖輔臣		四六	沔陽	中華大學畢業	曾任局長、科長、縣長

续表

機關及職別	姓名	別號	年齡	籍貫	學歷	略歷
潛江縣田糧處處長	鄒遠震		三六	漢陽	商科大學畢業	曾任田賦股主任
監利縣田糧處處長	朱家琨		四二	江陵	高等警校畢業	曾任區長、警佐、秘書
石首縣田糧處處長	陳宗魯		四二	黃岡	法專畢業	曾任財政廳科員
公安縣田糧處處長	劉耀宗		三六	河北	日本中央大學畢業	曾任軍校教官
松滋縣田糧處處長	牛福田		三四	鄂城	天津大學畢業	曾任中學教員
枝江縣田糧處處長	藍楚屏		二五	恩施	省幹團財政班畢業	曾任縣府科員
江陵縣田糧處處長	張壽永		三四	黃岡	中華大學畢業	
荊門縣田糧處處長	張維權		三六	武昌	中華大學畢業	曾任科長
宜城縣田糧處處長	王順生		三六	浠水	財政講習所畢業	曾任稅務局長
襄陽縣田糧處處長	吳國植		三五	孝感	財政講習所畢業	曾任縣府科長、秘書
棗陽縣田糧處處長	張式訓		三七	襄陽	日本早稻田大學畢業	曾任中校視察
光化縣田糧處處長	嚴莊		三八	漢川	中華大學畢業	曾任少校幹事
谷城縣田糧處處長	濮世澤		三九	武昌	莫斯科中山大學畢業	曾任教授

續表

機關及職別	姓名	別號	年齡	籍貫	學歷	略歷
保康縣田糧處處長	韋紹忠		四二	應山	法專畢業	曾任科長、軍法官
南漳縣田糧處處長	周羨敏		三四	浙江	莫斯科中山大學畢業	曾任助理秘書
遠安縣田糧處處長	李國燈		四一	黃梅	日本明治大學畢業	曾任縣長
當陽縣田糧處處長	鄔鐵青		三二	漢陽	中華大學畢業	曾任連營長、團附
宜都縣田糧處處長	吳秉忠		四六	黃梅	武昌中華大學畢業	
宜昌縣田糧處處長	田珍		四四	蒲圻	法專畢業	曾任局長經征主任
興山縣田糧處處長	王文渭		三七	潛江	中華大學畢業	曾任民教館長、區長
秭歸縣田糧處處長	賀巘瘦		四二	天門	省立一中畢業	曾任稅務局長
長陽縣田糧處處長	袁特民		三〇	公安	警校五期畢業	曾任專署視察
五峯縣田糧處處長	方公魯		五三	武昌	兩江法政專校畢業	曾任股長、局長、主任
鶴峯縣田糧處處長	李琉		二九	岳陽	岳陽鄉師畢業	曾任田賦主任
宣恩縣田糧處處長	陳向新		三二	遼寧	中訓團畢業	曾任營長、上校聯絡員
來鳳縣田糧處處長	張仲良		二九	浙江	江西豫章中學畢業	曾任稅務主任

續表

機關及職別	姓名	別號	年齡	籍貫	學歷	略歷
咸豐縣田糧處處長	劉遙		四八	天門	省立一中畢業	曾任財政科長
利川縣田糧處處長	黃總書		四一	黃陂	中華畢業	曾任政治部上校組員
恩施縣田糧處處長	胡春波		三九	黃陂	中華附中畢業	曾任稅務局長
建始縣田糧處處長	沈善激		三三	浙江	上海法學院畢業	曾任科員，股長
巴東縣田糧處處長	游振武		三一	秭歸	中華大學畢業	曾任財政廳科員
房縣田糧處處長	龔步雲		三五	湖南	湖濱中學畢業	曾任公安局長
均縣田糧處處長	黃漢		三三	安徽	中訓團畢業	曾任稅務局長
鄖縣田糧處處長	余家驥		三二	咸寧	中央軍校特訓班畢業	曾任稅務局長
竹山縣田糧處處長	王時傑		四一	沔陽	湖北法政畢業	曾任縣長
竹谿縣田糧處處長	鄢譯		四一	天門	省立一尊畢業	曾任股長，秘書
鄖西縣田糧處處長	章一鉴		四一	江蘇	禮延中學畢業	曾任財政廳視祖察
武昌縣稅務局局長	吳口生		四十	鄂城	武昌中華大學畢業	（縣長兼任）
嘉魚縣稅務局局長	程覺僧		二九	嘉魚	武昌中華附高畢業	曾任徵收主任，稅務主任（縣長兼任）

續表

機關及職別	姓名	別號	年齡	籍貫	學歷	略歷
咸寧縣稅務局局長	甘國珍					
蒲圻縣稅務局局長	葉穎皆		三八	蒲圻	舊制中學畢業	曾任田賦征收員、稅捐主任
崇陽縣稅務局局長	吳會友		三九	崇陽	湖北財政講習所畢業	曾任營業稅專員、科長、會計主任
通城縣稅務局局長	梅寄清		三二	通城	武漢中學畢業	曾任會計科員
通山縣稅務局局長	郭子堅		三二	通山	省立高等學校畢業	曾任科長、農場經理
陽新縣稅務局局長	鄧勳		五八	陽新	湖北存古學校畢業	曾任財政局股長
大冶縣稅務局局長	黃太中					
鄂城縣稅務局局長	胡思永		四六	鄂城	湖北省立法政專畢業	曾任檢查所主任、股長
黃岡縣稅務局局長	彭壽喬		三八	浠水	武昌啟黃中學畢業	曾任科長、秘書
浠水縣稅務局局長	周武侯		三三	廣濟	湖北省立法專畢業	曾任市財政局科員
蘄春縣稅務局局長	程俊傑		四八	黃岡	湖北陸軍官學校畢業	曾任禁煙局長
廣濟縣稅務局局長	劉同		三九	鄂城	湖北省立法政專畢業	曾任財政科長
黃梅縣稅務局局長	李道儀		三八	孝感	湖北省立五中畢業	曾任區長

续表

機關及職別	姓名	別號	年齡	籍貫	學歷	略歷
英山縣稅務局局長	方資深	養泉	四三	廣濟	武昌尊學書院畢業	曾任科長、教員
羅田縣稅務局局長	劉光漢		四〇	孝感	武昌商大畢業	曾任會計專員
麻城縣稅務局局長	黃謄俊	超裕	四一	黃梅	北平陸軍高學校畢業	曾任支隊長
黃安縣稅務局局長	陶伯陽		四六	黃岡	湖北鐵路管專畢業	曾任電督處機要主任
黃陂縣稅務局局長	徐紹階				中央軍校特訓班畢業	曾任連營長、支隊長
禮山縣稅務局局長	王佐邦		四一	禮山	法專畢業	曾任財委會委員
孝感縣稅務局局長	劉鎬		四三	孝感	法專畢業	曾任區長、參謀長
雲夢縣稅務局局長	余奇		三四	應城	軍校六期畢業	曾任副團長
漢川縣稅務局局長	張靖海		三六	天門	湖北法專畢業	曾任公安局長
應城縣稅務局局長	鄒培生		四七	隨縣	湖漢中學畢業	
安陸縣稅務局局長	汪永輝		三九	天門	北平中國大學畢業	曾任縣府科長
應山縣稅務局局長	伍祥鱗					
鍾祥縣稅務局局長	楊秀寶		三四	沔陽	財政講習所畢業	曾任會計主任

续表

機關及職別	姓名	別號	年齡	籍貫	學歷	略歷
隨縣縣稅務局局長	楊方城		三八	漢川	湖北財政講習所畢業	曾任會計主任
京山縣稅務局局長	易修叙		四九	京山	軍校四期經理科畢業	曾任營長
天門縣稅務局局長	潘達俊		四一	潛江	中央政校畢業	曾任縣府科長、秘書
漢陽縣稅務局局長	許玄志		三六	漢陽	軍校特訓班畢業	曾任團附、指導員
沔陽縣稅務局局長	朱樹烈		五七	沔陽	陸軍測量學校畢業	曾任征收局長
潛江縣稅務局局長	鄒遠霞		三八	漢陽	商科大學畢業	曾任田賦股主任
監利縣稅務局局長	朱家琨		四二	江陵	高等警校畢業	曾任區長、警佐、秘書
石首縣稅務局局長	陳宗魯		四二	漢川	法專畢業	曾任財政廳科員
公安縣稅務局局長	劉擇宗		三六	河北	日本中央大學畢業	
松滋縣稅務局局長	趙子芬		三九	岳陽	辜治大學畢業	曾任縣財政科長
枝江縣稅務局局長	藍楚屏		二五	恩施	省幹團財政班畢業	曾任佐理員
江陵縣稅務局局長	張壽水		三三	黃岡	中華大學畢業	曾任科長
荊門縣稅務局局長	張維權		三五	武昌	中華大學畢業	曾任科長、秘書

續表

機關及職別	姓名	別號	年齡	籍貫	學歷	略歷
宜城縣稅務局局長	汪光澤		三三	京山	中華大學畢業	曾任縣府稅科長
襄陽縣稅務局局長	吳秀		三二	江蘇	宜興職業學校畢業	曾任財政廳科員
襄陽縣稅務局局長	羅明欽		四一	荊門	武昌商大畢業	曾任區長、局長
光化縣稅務局局長	章則仁		三三	潛江	朝陽學院畢業	曾任縣府稅科長、秘書
谷城縣稅務局局長	謝世榮		四二	武昌	文化預科畢業	曾任主任科員
保康縣稅務局局長	唐劍齊		四一	當陽	省立二中畢業	曾任科員
南漳縣稅務局局長	潘載揆		三三	浙江	上海法學院畢業	曾任財廳科員
遠安縣稅務局局長	苗延柔		三四	當陽	省法專畢業	曾任稅務主任
當陽縣稅務局局長	李少白		四〇	鍾祥	東北大學畢業	曾任科員
宜都縣稅務局局長	趙亨道		三九	浙江	上海南洋路專畢業	曾任田糧處專股長
宜昌縣稅務局局長	王道綱		三〇	襄陽	武大畢業	曾任中校秘書
興山縣稅務局局長	岳席光		四三	廣濟	舊制中學畢業	曾任稅務局主任
秭歸縣稅務局局長	王總曾		三二	黃陂		曾任會計主任

續表

機關及職別	姓名	別號	年齡	籍貫	學歷	略歷
長陽縣稅務局局長	張家駿		四三	江蘇	江蘇商校畢業	曾任科長
五峯縣稅務局局長	舒面慈		三四	浙江	浙江大學畢業	曾任指導員
鶴峯縣稅務局局長	羅東山		四九	河陽	法專畢業	曾任公安局長
宣恩縣稅務局局長	嚴際遠		三六	黃岡	第一師範畢業	曾任縣府科長
來鳳縣稅務局局長	涂超孟		五一	黃陂	朝陽學院畢業	曾任田管處股長
咸豐縣稅務局局長	胡月亭		二六	黃岡	中華大學畢業	曾任財政科長
利川縣稅務局局長	周振中		三七	江陵	中華大學畢業	曾任糧政局股長
恩施縣稅務局局長	虞耀南		五二	黃陂	四川法政學校畢業	曾任田管處股長
建始縣稅務局局長	賈伯齊		三三	大冶	復旦大學畢業	曾任軍需主任
巴東縣稅務局局長	程淨非		四二	安徽	文華大學畢業	曾任稅務主任
房縣稅務局局長	洪懋中		三四	湖南	金陵大學畢業	曾任上校秘書
均縣稅務局局長	孫典武		三四	江陵	戰幹團畢業	曾任會計主任
鄖縣稅務局局長	朱閏如		四三	武昌	北平商專畢業	曾任會計股長

續表

機關及職別	姓名	別號	年齡	籍貫	學歷	略歷
竹山縣稅務局局長	高葆三		二六	漢陽	財政訓班畢業	曾任稅務主任
竹谿縣稅務局局長	王清泉					
鄖西縣稅務局局長	胡開運		四〇	天門	武昌中山大學畢業	曾任稅務主任
公安縣衛生院院長	毛守綱	維三	三一	山東	山東省立醫專畢業	曾任第四十九後方醫院一等軍醫佐
襄陽縣衛生院院長	郭謙		三九	湖南	湘雅醫校畢業	曾任軍醫主任、野戰院長
巴東縣衛生院院長	胡琴生					
建始縣衛生院院長	沈友錫	純吉	四一	巴東	上海同德醫院專門學校畢業	曾任醫院分院主任、醫師
鄖縣縣衛生院院長	張鼎	子彝	五二	漢川	國立北京醫學專門學校畢業	曾任醫師、科長
來鳳縣衛生院院長	徐濟良		三七	漢陽		
咸豐縣衛生院院長	杜家預	凱菴	三二	沔陽	軍醫養成所畢業	曾任軍醫主任、隊長
利川縣衛生院院長	陳鍾英		三八	福建	上海南洋醫科大學畢業	曾任漢口市政府市立醫院醫師十年
宣恩縣衛生院院長	甘春輝			河南	私立豫南大同學校畢業	曾任醫師、院長、軍醫主任

續表

機關及職別	姓名	別號	年齡	籍貫	學歷	略歷
竹谿縣衛生院院長	邢友三	竹軒	三八	陝西	開封西北軍醫學校畢業	曾任醫師、軍醫正
均縣衛生院院長	周天錫	更生	四一	浙江	浙江公立醫專畢業	曾任軍醫主任、醫師、院長
谷城縣衛生院院長	劉克柄	發權	四一	襄陽	上海同德醫學院畢業	曾任股長、醫務主任
通城縣衛生院院長	邢方綱		三五	河南	河南大學醫科畢業	曾任院長、教員
恩施縣衛生院院長	楊照齡		三三	武昌	上海東亞醫科學院畢業	曾任醫務主任、衛生隊長
襄陽縣衛生院院長	米吉慶	福元	三三	山西	私立川至醫專畢業	曾任外科大夫、軍醫正、組長
隨縣衛生院院長	單寶聲	鈺銘	三一	襄陽	西北陸軍醫學校畢業	曾任主任院長
湖北省衛生醫院院長	楊光第	宅候	四一	大冶	德國杜本根大學醫學博士	曾任主任醫師、教授、講師
湖北省巴咸段公路衛生站站長	柳光禮	燕卿	三〇	孝感	私立漢口醫科藥專科學校畢業武昌同仁醫院□業	曾任航空學校□業、武昌厚安醫院醫師
湖北省醫療防疫隊第一隊隊長	張漢漢		三四	漢川	中央衛生署公共衛生人員訓練所畢業	曾任主任、股長等職
湖北省醫療防疫隊第二隊隊長	武延獻	安中	四三	襄陽	國立北京醫科專門學校畢業	曾任院長、醫師等職

續表

機關及職別	姓名	別號	年齡	籍貫	學歷	略歷
湖北省醫療防疫隊第三隊隊長	劉少山	托單	三六	安徽	安徽醫科專校畢業	曾任衛生隊長、檢疫站站長、防疫隊隊長
湖北省醫療防疫隊第四隊隊長	譚賢哲		三三	河北	山西川至醫專畢業	曾任中校軍醫、院長等職
湖北省醫療防疫隊第五隊隊長	朱星垣		三三	黃岡		
湖北省醫療防疫隊第六隊隊長	初意文	秉權	四〇	河北	北京直隸省立醫專畢業	曾任軍醫佐、軍醫正、醫師隊長等職
湖北省醫療防疫隊第七隊隊長	甄國軒	濟周	二五	黃岡	湖北軍醫講習所畢業 湖南湘雅醫院肄業	曾任軍醫、主任醫師、衛生隊長、醫務主任
湖北省醫療防疫隊第八隊隊長	魏澤沛		三三	宜都	漢口私立文德醫學校肄業	曾任醫師主任
湖北省衛生第一隊隊長	胡茂語	秉衡	四〇	安徽	漢口同仁醫院畢業	曾任主任醫師
湖北省衛生第二隊隊長	陳海卿		二八	漢陽	湖北隨縣協和醫院附屬醫藥學校畢業	曾任醫師、軍醫等

續表

機關及職別	姓名	別號	年齡	籍貫	學歷	略歷
湖北省衛生第三隊隊長	宋恩保		三三	山東	河北蕭張中華護士學校畢業	曾任軍政部第二三工廠醫院護士長
湖北省衛生第四隊隊長	韓化彥	治民	三六	山東	天津海軍醫學校醫院畢業	曾任軍醫藥局主任醫師、技士
湖北省衛生第五隊隊長	黃秉忠	貫一	三四	河南	天津西醫專門學校畢業	曾任司藥佐及戒煙醫師等職
施南警察局局長	劉彤軒		三九	泗陽	中央軍校高教班第三期畢業	曾任連長、營長、團長、縣長、大隊長等職
施南警察局第一分局局長	王錫侯		三〇	黃陂	中央警官學校教育講習班畢業	曾任科員、局員、大隊附、分局長
施南警察局第二分局局長	嚴嘯		三六	孝感	中央警校正科五期畢業	曾任科員、中隊長、局長
施南警察局第三分局局長	朱柏民		二八	江西	中央警校正科三期畢業	曾任局員、督察員、分局長、教官等職
老河口警察局長	許欽		三二	湖南	湖北警校畢業	曾任區長、警佐、分局長
樊城縣警察局長	王官山		三六	漢川	中央警校高教班畢業	曾任科員、督察長、分局長、警佐
松滋縣警察局長	楊紹善		二八	公安	中央警校正科八期畢業	曾任科員

續表

機關及職別	姓名	別號	年齡	籍貫	學歷	略歷
公安縣警察局長	朱志學		二七	黃岡	中央警校正科七期畢業	曾任教員、科員、警佐
宣恩縣警察局長	王國良		二八	枝江	中央警校正科四期畢業	曾任教員、督察員
來鳳縣警察局長	鄒理庭		二八	漢川	中央警校正科五期畢業	曾任科員、所長、警佐
咸豐縣警察局長	胡滌華		二六	天門	中央警校正科七期畢業	曾任警佐
利川縣警察局長	朱楚材		四六	黃岡	四集團軍隨營警官畢業警官登記合格	曾任警佐、分局長
建始縣警察局長	孔華龍		三二	沔陽	中央警官學校畢業	曾任科長、所長、警佐
鄖縣警察局長	高嵩		二五	鄂城	中央警官學校畢業	曾任教員、指導員

46. 省政府委員會歷次議案分析

自二十六年元月至三十二年

甲、按提案者分析

會次	時間 年月日	地點	出席人數	缺席人數	列席人數	提案件數							報告件數
						共計	主席	民廳	財廳	教廳	建廳	委員	合提	
	總計					3 007	2 210	87	295	110	147	40	208	1 659
226	26, 1, 22	武昌本府	8	1	3	6	4			1				12
227	1, 29	〃	9		3	7	6	1						3
228	2, 5	〃	6	3	4	4	3							6
229	2, 16	〃	6	3	4	6	2	1		1	3			7
230	2, 23	〃	6	3	3	3					3			1
231	3, 2	〃	8	1	2	3	2				1			8

續表

會次	時間 年月日	地點	出席人數	缺席人數	列席人數	提案件數							報告件數
						共計	主席	民廳	財廳	教廳	建廳	委員	合提	
232	3，9	武昌本府	9		2	9	7				2			5
233	3，16	〃	9			8	7		1					1
234	3，23	〃	7	2	4	5	5							4
235	3，30	〃	9		2	6	6							7
236	4，6	〃	8	1	2	8	6		1		1			2
237	4，13	〃	8	1	3	5	3						1	8
238	4，20	〃	6	3	4	3	2				1			9
239	4，30	〃	8	1	3	1	1							11
240	5，4	〃	8	1	3	8	5		1				2	8
241	5，11	〃	8	1	3	6	3							12
242	5，18	〃	7	2	4	5	4		1	2				3
243	5，26	〃	8	1	4	12	9						1	7

績表

會次	時間 年月日	地點	出席人數	缺席人數	列席人數	提案件數								報告件數
						共計	主席	民廳	財廳	教廳	建廳	委員	合提	
244	6, 1	武昌本府	9		2	7	4		2		1			4
245	6, 4	〃	8	1	4	5	5							4
246	6, 15	〃	9		4	6	6							17
247	6, 19	〃	9		4	12	8		2	1	1			4
248	6, 30	〃	8	1	4	3	3							13
249	7, 6	〃	7	2	4	4	3			1				6
250	7, 13	〃	8	1	4	3	2				1			5
251	7, 16	〃	8	1	4	6	4	1		2				2
252	7, 27	〃	8	1	3	9	6			2				12
253	7, 30	〃	8	1	4	3	2			1				5
254	8, 3	〃	9		4	5	4			1		5		5
255	8, 13	〃	7	2	4	2	1		1					5

續表

會次	時間 年月日	地點	出席人數	缺席人數	列席人數	提案件數 共計	主席	民廳	財廳	教廳	建廳	委員	合提	報告件數
256	8, 17	武昌本府	7	2	4	2	2							4
257	8, 20	〃	8	1	4	5	4							7
258	8, 24	〃	7	2	4	3	2				1			4
259	26, 8, 27	〃	6	3	5	4	3		1					7
260	9, 7	〃	7	2	3	4	2				1		1	6
261	9, 14	〃	5	4	4	2	2							11
262	9, 21	〃	6	3	5	2			2					12
263	9, 28	〃	9		4	5	3	1			1			6
264	10, 12	〃	8	1	2	3	3							10
265	10, 15	〃	8	1	4	5	4	1						2
266	10, 22	〃	8	1	4	5	4						1	3

續表

會次	時間 年月日	地點	出席人數	缺席人數	列席人數	提案件數 共計	主席	民廳	財廳	教廳	建廳	委員	合提	報告件數
267	10, 26	武昌本府	8	1	3	4	3					1		2
268	11, 2	〃	8	1	2	3	4			1	1		2	2
269	11, 9	〃	9	3		9	7			1			1	5
270	11, 16	〃	8	1	2	8	6			1	1		2	5
271	11, 30	〃	9		3	12	5	1	2	2	1	1		10
272	12, 10	〃	8	1	3	16	12	2		1	2	1		5
273	12, 14	〃	7	2	4	8	3		1	1	1			2
274	12, 17	〃	8	1	3	5	2		1	1		2		3
275	12, 24	〃	7	2	3	8	4		1			2		4
276	12, 28	〃	7	2	2	4	1				3			1
277	27, 1, 4	〃	6	3	4	5	2			1	1		1	4
278	1, 11	〃	8	1	2	8	4		1			1	2	2

續表

會次	時間年月日	地點	出席人數	缺席人數	列席人數	提案件數 共計	主席	民廳	財廳	教廳	建廳	委員	合提	報告件數
279	1, 14	武昌本府	7	2	2	7	5		1		1			5
280	1, 21	〃	5	4	2	9	6	1		1			1	6
281	1, 25	〃	5	4	1	5	3		2					3
282	2, 4	〃	8	1	1	5	2	1				1	1	10
283	2, 8	〃	6	3	2	4	1		1		2			4
284	2, 15	〃	7	2	2	12	7	2	1		2			12
285	2, 24	〃	5	4	3	7	4		1		2			14
286	3, 4	〃	5	4	2	4	3				1			9
287	3, 18	〃	5	4	4	10	9						1	4
288	3, 25	〃	5	4	2	3	3							8
289	4, 1	〃	6	3	2	6	3				3			4
290	4, 5	〃	6	3	2	3	3							4

續表

會次	時間 年月日	地點	出席人數	缺席人數	列席人數	提案件數 共計	主席	民廳	財廳	教廳	建廳	委員	合提	報告件數
291	27，4，12	武昌本府	5	4	2	5	4				1			4
292	4，21	〃	7	2	2	9	4				2		2	4
293	4，29	〃	6	3	2	7	6		1					10
294	5，6	〃	6	2	2	4	1	1	1	1			1	8
295	5，13	〃	5	2	2	8	2		1					12
296	5，20	〃	5	4	3	5	3		1	1				6
297	5，24	〃	5	4	3	2	2	1						6
298	5，31	〃	6	3	2	6	2		1	1		1		2
299	6，7	〃	5	4	3	2	1			1				6
300	6，10	〃	8	4	3	5	3		1		1			8
301	7，8	〃	7	1	2	12	3	1	1	2	5			15

續表

會次	時間年月日	地點	出席人數	缺席人數	列席人數	提案件數 共計	主席	民廳	財廳	教廳	建廳	委員	合提	報告件數
302	7, 20	武昌木府	7	2	2	12	8		2	1			1	11
303	7, 27	〃	8	2	2	12	5		4	2		1		7
304	8, 3	〃	8	1	1	14	8		3			1		4
305	8, 8	〃	9		2	10	2				2	1	2	4
306	10, 27	宜昌辦事處	5	4	4	24	15		4	1		5	1	3
307	11, 2	〃	6	3	4	5	5							1
308	28, 1, 16	恩施土橋壩	5	4	4	41	25	1	5	1	7	2	1	45
309	4, 18	宜昌行署	6	3	6	43	15	2	10	2	12		2	21
310	7, 17	恩施土橋壩	5	2	6	48	23	6	11	5		2	1	33

續表

會次	時間 年月日	地點	出席人數	缺席人數	列席人數	提案件數 共計	主席	民廳	財廳	教廳	建廳	委員	合提	報告件數
311	10, 11	恩施土橋壩	5	3	6	56	36	3	12	8		2		30
312	10, 27	〃	5	3	5	14	9		4	1				6
313	11, 8	〃	5	3	6	11	5	8	3					2
314	11, 17	〃	6	2	6	16	7							9
第一次談話會	12, 1	〃	4	4	7	2	1					1		3
315	12, 14	〃	6	2	5	14	10	1	2	1		1		5
316	12, 8	〃	5	3	6	7	4		1			1		4
317	12, 15	〃	5	3	6	7	4			1		1	1	1
318	12, 22	〃	4	4	6	10	4	1	2			3		7
319	12, 29	〃	4	4	6	6	5	1						6

續表

會次	時間 年月日	地點	出席人數	缺席人數	列席人數	提案件數 共計	主席	民廳	財廳	教廳	建廳	委員	合提	報告件數
第四次談話會	29,1,5	恩施土橋壩	4	4	6	5	4	1						3
第五次談話會	1,12	〃	3	5	6	7	6		1					5
第六次談話會	1,19	〃	2	6	7	12	11		1					5
第七次談話會	1,26	〃	3	5	6	5	5							3
第八次談話會	29,2,2	〃	4	4	5	7	4	1	1	1			1	2
第九次談話會	2,16	〃	4	4	5	16	11	1		2	1		1	5

續表

會次	時間 年月日	地點	出席人數	缺席人數	列席人數	提案件數 共計	主席	民廳	財廳	教廳	建廳	委員	合提	報告件數
第十次談話會	2，23	恩施土橋壩	4	4	5	6	4			2				12
第十一次談話會	3，2	〃	2	6	6	11	9		1				1	4
第十二次談話會	3，15	〃	2	6	6	10	6			2	2			2
第十三次談話會	3，30	〃	4	4	6	26	18		5	1	1	1		8
318	4，6	〃	5	3	5	10	6		3		1			7
第十四次談話會	4，13	〃	4	4	6	13	7	1	4	1	1			4
319	4，20	〃	5	3	3	19	3	2	5	1	1		1	5

續表

會次	時間 年月日	地點	出席人數	缺席人數	列席人數	提案件數 共計	主席	民廳	財廳	教廳	建廳	委員	合提	報告件數
第十五次談話會	5,8	恩施土橋壩	3	5	6	21	16	1	1	1	1		1	17
第十六次談話會	5,17	〃	4	4	6	6	6							1
第十七次談話會	5,31	〃	2	6	6	11	6		4	1				11
第十八次談話會	6,14	〃	3	5	6	15	13		2					8
第十九次談話會	6,23	〃	2	6	6	13	12			1				7
320	7,19	〃	5	4	7	22	14		3	1	4			7
321	7,27	〃	7	2	6	9	4	1	3			1		8

續表

會次	時間 年月日	地點	出席人數	缺席人數	列席人數	提案件數 共計	主席	民廳	財廳	教廳	建廳	委員	提合	報告件數
322	8,3	恩施土橋壩	7	2	4	8	4		1	1			2	3
323	8,10	〃	5	4	6	11	3		2	2	2	1	1	3
第廿次談話會	8,17	〃	3	6	8	4	2	1			1			6
第廿一次談話會	8,24	〃	3	6	7	10	6		4					1
324	9,13	〃	6	4	14	17	13	1	2	1	2	1		5
325	9,20	〃	7	3	4	8	5			2				3
326	9,27	〃	7	3	5	9	7		1		1			12
327	10,3	〃	5	5	7	8	6							4
第廿二次談話會	10,11	〃	5	5	2	4	3					1		2

續表

會次	時間 年月日	地點	出席人數	缺席人數	列席人數	提案件數 共計	主席	民廳	財廳	教廳	建廳	委員	合提	報告件數
328	10, 18	恩施土橋壩	6	4	6	6	2	2			1		2	3
329	10, 25	〃	7	3	5	4	2						2	4
330	11, 3	〃	6	4	7	15	8			2	3		1	8
331	11, 15	〃	6	4	8	8	1	1	3	1			2	5
332	11, 22	恩施龍洞	6	4	8	8	3	1	2				2	4
333	11, 29	恩施土橋壩	6	4	6	15	4	1	4	1	2		8	7
334	12, 6	〃	6	4	7	8	1	1	2		2		4	4
335	12, 13	〃	7	3	4	6		1	2	1	1			6
336	12, 20	〃	5	5	7	8	2	2	1		2	2	1	1
337	30, 1, 3	〃	6	4	7	5	1			1	1	1		5
338	1, 10	〃	6	4	10	5	2	2	1			1		5

續表

會次	時間 年月日	地點	出席人數	缺席人數	列席人數	共計	主席	民廳	財廳	教廳	建廳	委員	合提	報告件數
339	1,17	恩施土橋壩	7	3	9	9	4		2				3	3
340	1,24	恩施幹訓團	6	4	6	9	4	2	1	1				6
341	1,31	恩施土橋壩	7	3	6	1			1					7
342	2,14	〃	6	4	10	12	5	1	1	2	1		2	6
343	2,21	〃	8	4	8	11	4	2			2		3	6
344	2,28	〃	9	4	11	11	5	1		2	2	1		4
345	3,7	〃	8	4	7	9	5		1	1	2	1		6
346	3,14	〃	7	5	8	11	4	3	1	1			2	1
347	3,21	〃	8	4	8	7	1	1	1				4	5
348	3,23	〃	8	4	8	10	3	4	1	2				6

續表

會次	時間年月日	地點	出席人數	缺席人數	列席人數	提案件數 共計	主席	民廳	財廳	教廳	建廳	委員	合提	報告件數
349	4, 4	恩施土橋壩	8	4	9	10	2	1	4	2			1	2
350	4, 11	〃	8	4	8	17	4	1	2	1	3		1	4
351	4, 18	〃	8	4	8	20	2		5	1	3		9	8
352	4, 25	〃	9	3	7	12	6		1	2	1		2	1
353	5, 2	〃	9	3	7	10	3		3	1			3	8
354	5, 9	〃	9	3	8	11	5	1	4				1	4
355	5, 13	〃	9	3	8	4	2				1		1	1
356	5, 16	〃	9	3	9	7	1	2	3	1			2	2
357	5, 20	〃	9	3	8	8	2	1		1			3	2
358	5, 27	〃	8	4	8	8	1	2	4	1			2	5
359	6, 3	〃	9	4	6	8	2			1	1		2	1
360	6, 6	〃	8	5	7	12	1		4	2	3		2	3

績表

會次	時間 年月日	地點	出席人數	缺席人數	列席人數	提案件數 共計	主席	民廳	財廳	教廳	建廳	委員	合提	報告件數
361	6,10	恩施土橋壩	6	7	8	3	1	1			1			6
362	6,17	〃	8	5	7	3				1	1		1	4
363	6,20	〃	8	5	4	4	3						1	6
364	6,27	〃	7	6	7	7	1			3			3	4
365	7,1	〃	7	6	7	2				1			1	3
366	7,3	〃	7	6	8	15	9			1	3		2	2
367	7,15	〃	6	6	7	4	3			1	1			5
368	7,18	〃	8	4	7	6	4		4		1	1		4
369	7,22	〃	9	8	6	11	2	2	1	3	2		1	2
370	7,25	〃	8	4	8	7	1	2	1		2		1	2
371	8,1	〃	8	4	9	6	2		1		2		1	4
372	8,8	〃	8	4	4	11	3	1	1	2	3		1	6

續表

會次	時間 年月日	地點	出席人數	缺席人數	列席人數	提案件數 共計	主席	民廳	財廳	教廳	建廳	委員	合提	報告件數
373	8, 19	恩施土橋壩	9	3	5	18	3	1	7	2	3		2	2
374	8, 22	〃	8	4	6	13	1		8				4	1
375	8, 26	〃	8	4	6	8	2		3		1		2	5
376	9, 20	〃	9	3	5	11	5	1	1	2	1		1	7
第一次臨時會議	9, 4	〃	9	3	6	2	2							3
377	9, 9	〃	8	3	5	12	4	1	5				2	3
378	9, 19	〃	7	4	7	21	7		5	4	2		2	6
379	9, 26	〃	6	5	8	11	4			1	2		4	3
380	10, 3	〃	6	5	8	11	4	1		3	2		1	8
381	10, 17	〃	6	5	6	14	4		1		4		5	18
382	10, 24	〃	8	3	5	11	4	1	5				1	13

績表

會次	時間 年月日	地點	出席人數	缺席人數	列席人數	提案件數 共計	主席	民廳	財廳	教廳	建廳	委員	合提	報告件數
383	10, 31	恩施土橋壩	6	5	6	10	5	1	2				2	14
384	11, 7	〃	9	2	5	9	1		4				4	5
385	11, 14	〃	8	3	7	22	4		3	1			4	7
386	11, 28	〃	8	3	3	21	8	1	2	1	6		3	9
387	12, 26	〃	9	2	4	13	3	1	6	2	1			14
388	31, 1, 2	〃	9	2	5	17	6		3	1	2		5	8
389	1, 9	〃	6	5	6	16	3	1	6	1	1		4	5
390	1, 16	〃	6	5	9	20	9	1	4	1	1		4	8
391	1, 23	〃	6	5	7	23	5		2		2		4	10
392	1, 30	〃	7	4	8	14	2	2	2				8	7
393	2, 6	〃	7	4	7	18	4		4		1		9	8
394	2, 13	〃	6	5	8	9	4	1			1		3	5

續表

會次	時間 年月日	地點	出席人數	缺席人數	列席人數	提案件數 共計	主席	民廳	財廳	教廳	建廳	委員	合提	報告件數
395	2, 20	恩施土橋壩	6	5	11	14	7			2			5	7
第廿三次談話會	2, 27	〃	5	6	11	7	1		1	1			5	5
396	3, 6	〃	5	6	11	12	7	2	2					9
397	3, 13	〃	7	4	10	12	6		1	1	1		4	12
398	3, 20	〃	7	4	8	7	2	1	2				2	5
399	3, 27	〃	6	5	9	9	2	2		2	1		2	7
400	4, 3	〃	6	5	9	11	6	1	2		1		1	8
401	4, 10	〃	6	5	8	13	6		1	2	1		3	9
402	4, 17	〃	6	5	8	13	5		5		1		3	7
403	31, 4, 24	〃	6	5	12	13	1		5	1			7	6
404	5, 2	〃	9	2	7	13	5		2	1	2		3	4

續表

會次	時間年月日	地點	出席人數	缺席人數	列席人數	提案件數								報告件數
						共計	主席	民廳	財廳	教廳	建廳	委員	合提	
405	5,8	恩施土橋壩	9	2	6	14	2		7	2			3	6
406	5,15	〃	9	2	6	12	3	2	2	1			4	11
407	5,22	〃	9	2	6	11	4	1	2		1		3	12
408	5,29	〃	8	3	6	13	9		1				3	8
409	6,5	〃	8	3	9	15	1	1	1	4	5		3	8
410	6,12	〃	8	3	9	12	2	3	2	1			4	12
411	6,19	〃	8	3	9	13	3		1		3		6	10
412	6,26	〃	7	4	9	13		1	3	1	1		7	8
413	7,3	〃	6	5	8	18	4		5	2	1	1	5	12
414	7,10	〃	8	3	8	3	5	1	1				1	11
415	7,24	〃	7	4	12	19	3		4	5	2		5	11
416	8,7	〃	7	4	12	18	5		5	2	1		5	17

續表

會次	時間 年月日	地點	出席人數	缺席人數	列席人數	提案件數 共計	主席	民廳	財廳	教廳	建廳	委員	合提	報告件數
417	8,14	恩施土橋壩	6	5	11	12	8		8	3	2		3	15
418	8,21	〃	7	4	9	11	3		1	3			4	17
419	8,28	〃	6	5	11	15	3		7	1			4	6
420	9,4	〃	8	3	10	16	5	1		4	1		5	10
421	9,11	〃	8	3	10	11	2		1	2	2	1	3	5
422	9,18	〃	8	3	10	15	7		1		3		4	9
423	9,25	〃	7	4	10	18	2	4			3	1	8	4
424	10,2	〃	8	3	10	10	1	2	2		1		6	6
425	10,9	〃	8	3	8	19	10	1	4		1		2	6
426	10,16	〃	8	3	8	14	4		1		2		6	11
427	10,23	〃	10	1	10	9	1		3	1	1		3	11
428	10,30	〃	9	2	11	14	2		5	3	1		3	11

續表

會次	時間 年月日	地點	出席人數	缺席人數	列席人數	提案件數 共計	主席	民廳	財廳	教廳	建廳	委員	合提	報告件數
第二次臨時會議	11, 4	恩施土橋壩	9	2	7	1							1	
429	11, 6	〃	9	2	8	6	3		2	1				5
430	11, 13	〃	6	5	12	6	1		2				3	10
431	11, 20	〃	6	5	12	11	9				1		1	10
432	11, 27	〃	6	5	12	16	6	1		2	1	1	5	5
433	12, 4	〃	6	5	12	14	6		1	2		1	5	7
434	12, 11	〃	6	5	13	5	4						1	3
435	12, 18	〃	7	4	12	11	4		1	1			5	8
436	12, 24	〃	7	4	14	6	8						6	6
437	12, 31	〃	9	2	11	6	6							6
438	32, 1, 8	〃	9	4	11	12	2	1	4	1	1		3	17

續表

會次	時間 年月日	地點	出席人數	缺席人數	列席人數	提案件數 共計	主席	民廳	財廳	教廳	建廳	委員	合提	報告件數
439	1, 14	恩施土橋壩	9	2	12	14	7		4	1			2	18
440	1, 27	〃	8	4	14	17	8		2		3		4	14
441	2, 3	〃	7	6	11	18	8		1		3		6	23
442	2, 12	〃	8	5	12	4	1	2	1	1	2		1	18
443	2, 19	〃	8	5	12	13	2	1	6	1	2		1	11
444	2, 26	〃	8	5	16	13			3			1	5	6
第廿四次談話會	3, 5	〃	6	7	19	4	1	2				1		1
第廿五次談話會	3, 12	〃	5	8	12	2			2					17
第廿六次談話會	3, 26	〃	3	9	12	18	7		6	2	2		1	28

續表

會次	時間 年月日	地點	出席 人數	缺席 人數	列席 人數	共計	主席	民廳	財廳	提案件數 教廳	建廳	委員	合提	報告 件數
第廿七次談話會	4, 2	恩施土橋壩	3	9	12	13	4	1	4	3	1		3	9
第廿八次談話會	4, 9	〃	3	9	13	15	3		3	3	1		5	23
第廿九次談話會	4, 23	〃	3	9	11	21	7	1	5	2	2		4	20
第卅次談話會	4, 30	〃	6	6	13	13	4	1	1	1			6	17
445	5, 7	〃	7	5	9	19	6		6	1	2		4	10
446	5, 14	〃	7	5	11	20	4	1	7	3	1		4	13
447	5, 21	〃	9	3	11	15	3	1	2	1	2		6	9
448	5, 28	〃	9	3	10	13	2	3	2		2		6	5

續表

會次	時間 年月日	地點	出席人數	缺席人數	列席人數	提案件數								報告件數
						共計	主席	民廳	財廳	教廳	建廳	委員	合提	
449	6，4	恩施土橋壩	9	3	10	6	1		1		1		3	10
450	6，11	〃	8	4	11	7	1	2	1	1	1		1	10
451	6，18	〃	8	4	11	14	4	2	4	1	1		3	11
452	6，25	〃	8	4	12	6	1						5	7
453	7，2	〃	9	3	11	12	4	1	1	2	4			14
454	7，16	〃	8	4	16	29	3	4	8	2		1	12	28
455	7，23	〃	8	4	25	17	3	2	6	2	1	1	4	2
456	7，30	〃	7	5	26	8	3		2				2	5
457	8，6	〃	7	5	23	6	3		3					4
第卅一次談話會	8，14	〃	5	7	24	8			4		3		1	12
458	8，26	〃	8	4	26	12	3		3		2		4	11

續表

會次	時間 年月日	地點	出席人數	缺席人數	列席人數	提案件數 共計	主席	民廳	財廳	教廳	建廳	委員	合提	報告件數
459	9, 3	恩施土橋壩	7	5	24	8	3		3	2				8
第卅二次談話會	9, 17	〃	5	7	24	12	3	1	4	1	1		2	10
第卅三次談話會	10, 1	〃	5	7	21	18	3	3	4	2	2		4	9
第卅四次談話會	10, 8	〃	5	7	24	18	6	3	3	1	2		6	7
460	10, 15	〃	6	6	28	22	12	1	5	1	3			7
461	10, 22	〃	6	6	24	25	4	1	2	1	1		16	15
462	10, 29	〃	7	5	21	18	2		6		3		7	16
463	11, 5	〃	7	5	21	11	2		5	2	2			13
464	11, 12	〃	7	5	19	16	2	1	3	3	1		6	14

續表

會次	時間 年月日	地點	出席人數	缺席人數	列席人數	共計	主席	民廳	財廳	教廳	建廳	委員	合提	報告件數
						提案件數								
465	11, 19	恩施土橋壩	7	5	25	16	4		6	1			5	16
466	11, 26	〃	7	5	24	16	3	4	2	1	2		4	4
467	12, 3	〃	6	6	20	19	12	2	1	1	1		4	11
第卅五次談話會	12, 10	〃	4	8	26	16	9			1	1		3	12
第卅六次談話會	12, 17	〃	4	8	24	24	6	2	7				9	6
第卅七次談話會	12, 24	〃	3	9	20	23	8	1	3	1	5		5	15
第卅八次談話會	12, 31	〃	3	9	23	18	5	2	3	2	1		5	20

乙、按議案性質分析

議案性質		共計	二十六年	二十七年	二十八年	二十九年	三十年	三十一年	三十二年
總計		3 007	292	228	275	400	510	653	649
法規		377	53	10	34	58	87	114	21
任免		414	64	63	18	62	73	77	57
民政	縣政	118	7	13	12	19	25	21	21
	市政	9	4				2	2	1
	禁煙	10	2		6	2	1		
	救濟	49	4	7	5	19		9	4
	粮政	121	5	1	4	9	17	41	44
	其他	44	6		1		8	9	20
經費		228	21	19	41	38	20	55	34
借款		39		1		1		6	31
財政	公債	26	2	4	5	2	5	3	5
	稅收	146	12	7	24	24	27	43	9
	其他	95	5	3	10	15	16	5	41

續表

議案性質		共計	二十六年	二十七年	二十八年	二十九年	三十年	三十一年	三十二年
教育	大學	26	2		4	8	8	4	2
	中學	36	4	3	4	9	7	4	7
	小學	17	5	2	1	3	5		2
	社教	36	7	3	4	5	11	8	
	其他	123	5	6	12	9	22	25	42
建設	航政	21	5	5	2	4	2	2	1
	電政	27	6	7	4	6	1	2	2
	公路	61	10	12	7	7	13	12	4
	農業	52	1		2	9	11	16	4
	工業	70	6	7	7	9	14	25	7
	礦業	18	16	7	1	10	6	5	
	其他	107	10	10	5	3	23	9	37
保安		48			10		4	1	10

續表

議案性質	共計	二十六年	二十七年	二十八年	二十九年	三十年	三十一年	三十二年
會計	43	2	6	6	12	7	1	9
合作	71	1	3	1	12	12	39	3
衛生	33	7	2	7	1	6	6	4
訓練	80	6	3	4	13	8	21	25
兵役	18	3	2	2	1		6	4
防空	11	2	3	3	1	2		
社會	32						8	24
人事	44						15	29
其他	357	9	19	29	29	67	59	145

47. 歷次行政督察區劃分

年別	區數	區別	所轄縣分				專署所在地
			一等縣	二等縣	三等縣	四等縣	
民國三十一年	11	第一區	武昌	漢陽蒲圻	嘉魚咸寧崇陽通城		蒲圻
		第二區		鄂城大冶陽新	通山		陽新
		第三區		浠水蘄春廣濟黃梅	英山羅田		蘄春
		第四區	黃岡禮山	黃安黃陂麻城			黃安
		第五區	隨縣	孝感雲夢應城	安陸應山		隨縣
		第六區	天門沔陽鍾祥	漢川京山	潛江		天門
		第七區	江陵荊門	松滋監利	公安枝江石首		江陵
		第八區	襄陽	棗陽南漳谷城	光化宜城保康		襄陽
		第九區	宜昌		遠安當陽宜都興山秭歸長陽五峯		宜昌

续表

年列	區數	區別	所轄縣分 一等縣	二等縣	三等縣	四等縣	專署所在地
民國二十一年	11	第十區		恩施	巴東 利川 建始 來鳳 鶴峯 宣恩 咸豐		恩施
		第十一區		房縣 均縣 鄖縣	竹山 竹谿 鄖西		鄖縣
民國二十五年	8	第一區	武昌 蒲圻	漢陽 新大冶 鄂城	嘉魚 咸寧 崇陽 通城 通山		蒲圻
		第二區	黃岡 蘄春 禮山	浠水 廣濟 麻城 黃安 黃陂 黃梅	英山 羅田		黃岡
		第三區	隨縣 鍾祥	孝感 漢川 京山 天門	雲夢 應城 安陸 應山		隨縣
		第四區	沔陽 江陵 荊門	監利 松滋	潛江 石首 公安 枝江		江陵
		第五區	襄陽	襄陽 穀城 南漳	宜城 光化 保康		襄陽
		第六區	宜昌		遠安 當陽 宜都 秭歸 長陽 五峯 興山		宜昌
		第七區	恩施		鶴峯 宣恩 來鳳 咸豐 利川 建始 巴東		恩施
		第八區	鄖縣	房縣 均縣	竹山 竹谿 鄖西		鄖縣

續表

年別	區數	區別	一等縣	二等縣	三等縣	四等縣	專署所在地
民國二十九年	7	第一區	武昌	陽新大冶鄂城	咸寧蒲圻崇陽	嘉魚通城通山	蒲圻
		第三區	隨縣	鍾祥京山天門	漢川應城安陸應山	雲夢	隨縣
		第四區	江陵	沔陽監利公安松滋荊門漢陽	潛江石首枝江		江陵
		第五區	襄陽	襄陽南漳	宜城光化谷城	保康	襄陽
		第六區	宜昌		當陽宜都秭歸長陽	遠安興山五峯	宜昌
		第七區	恩施		來鳳利川建始巴東	五峯宣恩咸豐	恩施
		第八區		鄖縣房縣	均縣竹山竹谿鄖西		鄖縣
民國三十八年	6	第一區	武昌蒲圻	陽新大冶鄂城	嘉魚咸寧通城通山		蒲圻
		第三區	隨縣鍾祥	孝感京山	雲夢應城安陸應山		隨縣
		第四區	沔陽江陵荊門	監利松滋天門漢川漢陽	潛江石首公安枝江		江陵
		第五區	襄陽	襄陽谷城南漳	宜城光化保康		襄陽

續表

年別	區數	區別	所轄縣分 一等縣	二等縣	三等縣	四等縣	專署所在地
民國三十八年	6	第六區	宜昌		遠安當陽宜都秭歸長陽五峯興山		宜昌
		第八區	鄖縣	房縣均縣	竹山竹谿鄖西		鄖縣
民國三十年	8	第一區	武昌	陽新大冶鄂城	咸寧蒲圻崇陽	嘉魚通城通山	崇陽太源
		第二區	黃岡	浠水蘄春麻城黃陂黃孝感	廣濟黃梅羅田黃安禮山	英山	黃岡
		第三區	隨縣	鍾祥京山天門	漢川應城安陸應山	雲夢	隨縣
		第四區	江陵	漢陽沔陽監利公安松滋	潛江石首宜枝江		公安申津渡
		第五區	襄陽	荊門襄陽南漳	宜城光化谷城	保康	襄陽
		第六區	宜昌		當陽宜都秭歸長陽	遠安興山五峯	秭歸楊貴店
		第七區	恩施		來鳳利川建始巴東	鶴峯宣恩咸豐	恩施
		第八區		鄖縣房縣	均縣竹山竹谿鄖西		鄖縣

說明：第二、七兩區，曾於二十八年一度撤銷，原二區所轄黃岡浠水蘄春麻城黃陂廣濟黃梅羅田黃安禮山英山等縣均歸本府鄂東行署管轄，並於二十九年將三區孝感亦劃歸該署管轄，七區各縣由府直接指揮。

48. 三十二年度各縣政府編制

職務別		恩郎兩縣	縣區完整者		縣區大部能行使政權		縣區小部能行使政權者	全部淪陷不能行使政權者	備注
			一二等	三四等	一二等	三四等			
共計	官員	105	96	81	75	62	41	30	1. 本表規定員額係最高標準，各縣得視其業務與財力酌量減小科之單位，但科內人員仍需充實 2. 科數減少者，得將業務按其性質合併辦理 3. 小部行使政權及全部淪陷縣份在規定標準範圍內，得參照原定縣等就實際情形呈准伸縮 4. 本表所列警察人員限於不設警察局縣份，如規定設警察局者所列警察人員應予刪除，其警察局編制另定
	長警	77	66	44	44	33	22	11	
	公役	21	19	16	17	13	10	8	
縣長		1	1	1	1	1	1	1	
秘書		1	1	1	1	1	1		
助理秘書		1	1	1	1				
科長		8	6	5	5	5	4	3	
會計主任		1	1	1	1				
合作指導主任		1	1	1	1	1	1		

续表

職務別	恩郞兩縣	縣區完整者		縣區大部能行使政權		縣區小部能行使政權者	全部淪陷不能行使政權者	備注
		一二等	三四等	一二等	三四等			
軍法承審	1	1	1	1	1	1	1	5. 表列技術人員須遴選合格者呈准始得任用，如無合格者應從缺。 6. 通城英山浠水廣濟麻城鍾祥等縣軍事科房未規定增設員額，應減少科員四人，事務員僱員二人、公役二名，至軍督練員，軍醫均不設置。 7. 巴東襄陽宜昌松滋光化公安等六縣准設社會科。
警佐	1	1	1	1				
縣指導員	4	4	3	2	2	2	4	
督學	3	3	2	1	1	1		
技士	3	2	2	1		1		
統計員	1	1	1	1	1	1	1	
合作指導員	6	6	4	3	2			
軍事督練員	6	6	4	5	4			
軍醫	1	1	1	1	1			
警察督察員	2	2	1	1				
科員	26	33	20	20	17	12	8	
會計員					1	1	1	

续表

職務別	恩鄖兩縣	縣區完整者		縣區大部能行使政權		縣區小部能行使政權者	全部淪陷不能行使政權者	備注
		一二等	三四等	一二等	三四等			
會計佐理員	3	3	3	3	1	1	1	
事務員	15	15	13	12	10	6	4	
巡官	2	2	1	1	1	1	1	
催員	18	15	14	12	10	7	4	
警長	7	6	4	4	3	2	1	
警察	70	60	40	40	30	20	10	
公役	21	19	16	17	13	10	8	

49. 各縣區署

三十二年十一月

縣別	原有區署數	現有區署數	區署名稱
總計	268	64	
武昌	5		
漢陽	4		
嘉魚	3		
咸寧	3		
蒲圻	3	2	神山、車埠
崇陽	3		
通城	3		
通山	3	1	路北
陽新	5	2	太平、全福
大冶	4		
鄂城	4		
黃岡	6	2	但店、新洲
浠水	5	2	楊家祠、蔡家河
蘄春	4	1	張家塝
廣濟	3		

續表

縣別	原有區署數	現有區署數	區署名稱
黃梅	4		
英山	3		
羅田	3	1	節形地
麻城	6	1	萬義河
黃安	3		
黃陂	4		
禮山	3	1	三里城
孝感	4		
雲夢	3		
漢川	4		
應城	4	1	湯池
安陸	3		
應山	4		
隨縣	6	2	天河、鸛椿店
鍾祥	5	2	舊口、雙河口
京山	4	1	三湯店
天門	5	3	漁薪、毛壩、皂市
沔陽	6		
潛江	3		

續表

縣別	原有區署數	現有區署數	區署名稱
監利	4	1	朱河
石首	3	1	古長堤
公安	3		
松滋	3	1	沙道觀
枝江	3	1	江口
江陵	5		
荊門	5	1	烟墩
宜城	3	1	板橋店
棗陽	4	1	平林
襄陽	6	3	峪山、雙滴、薛家集
光化	3		
谷城	4		
保康	3	1	歇馬河
南漳	6	2	馬良平、車鞏
遠安	3	1	栗溪
當陽	3		
宜都	3		
宜昌	4	3	黃陵廟、上門埡、霧渡河
興山	3	1	湘坪

續表

縣別	原有區署數	現有區署數	區署名稱
秭歸	3	1	茅坪
長陽	3	1	龍永
五峯	3	1	灣潭
鶴峯	4	2	下坪、走馬坪
宣恩	3		
來鳳	3	2	百福司、舊司
咸豐	3	1	清水塘
利川	4	2	汪家營、忠路
恩施	4		
建始	3	2	茅田、花果坪
巴東	4	3	羅坪、野三關、南潭
房縣	5	2	土城、上龕
均縣	4		
鄖縣	4	2	南化、黃龍
竹山	4	2	寶豐、官渡
竹谿	4	1	蔡家壋
鄖西	4	2	上津、關防

資料來源：根據民政廳報表編列。

說明：區署原設七十一所，當本表編印時改六十四所，合更正如上表。

50. 歷年聯保（鄉鎮）數

縣別	二十六年	二十七年	二十八年	二十九年	三十年	三十一年	三十二年（七月）
共計	2 545	2 400	2 351	2 631	2 057	1 758	1 753
武昌	60	60	42	42	42	18	18
漢陽	67	39	39	39	39	39	39
嘉魚	22	22	22	22	22	19	19
咸寧	16	15	15	15	15	13	13
蒲圻	22	22	22	22	22	22	22
崇陽	18	15	15	18	15	15	15
通城	15	15	15	15	10	10	10
通山	10	10	10	10	10	10	10
陽新	50	50	50	50	50	19	19
大冶	36	36	36	36	36	38	38
鄂城	43	38	38	38	38	21	21
黃岡	73	71	71	68	38	38	38
浠水	59	48	46	45	38	38	38
蘄春	41	41	41	35	35	27	27
廣濟	29	29	29	29	29	20	20
黃梅	35	35	35	36	23	23	23

續表

縣別	二十六年	二十七年	二十八年	二十九年	三十年	三十一年	三十二年（七月）
英山	19	19	15	14	12	12	12
羅田	19	19	19	20	12	12	12
麻城	66	65	64	64	39	39	39
黃安	40	40	40	40	34	13	13
黃陂	54	54	54	54	54	54	54
禮山	20	20	20	21	14	14	14
孝感	59	59	54	54	54	59	59
雲夢	21	21	21	21	21	22	22
漢川	37	37	37	37	37	37	37
應城	30	38	38	38	38	31	31
安陸	29	29	29	29	29	26	26
應山	35	35	35	35	35	29	29
隨縣	78	78	78	78	78	73	73
鍾祥	51	51	51	51	51	31	31
京山	61	61	61	61	61	60	60
天門	75	75	74	74	74	26	26
沔陽	67	67	67	67	67	67	67
潛江	41	41	41	41	41	20	20
監利	45	45	45	46	20	21	21

續表

縣別	二十六年	二十七年	二十八年	二十九年	三十年	三十一年	三十二年（七月）
石首	28	28	28	28	14	14	14
公安	34	34	34	34	34	34	34
松滋	38	38	38	36	20	33	33
枝江	25	25	25	25	11	18	18
江陵	62	62	59	59	59	44	44
荊門	55	55	55	55	55	55	55
宜城	27	27	27	27	27	13	13
棗陽	29	29	29	29	29	26	26
襄陽	66	66	65	64	37	37	37
光化	23	23	23	23	24	24	24
穀城	43	43	43	43	43	43	43
保康	23	23	13	13	12	13	13
南漳	74	49	49	49	47	24	24
遠安	20	20	14	14	16	17	17
當陽	23	23	23	24	10	10	10
宜都	26	26	26	26	19	19	19
宜昌	31	31	35	35	35	27	27
興山	27	11	11	11	12	11	11
秭歸	24	25	25	25	15	25	25

續表

縣別	二十六年	二十七年	二十八年	二十九年	三十年	三十一年	三十二年（七月）
長陽	21	21	21	21	25	25	25
五峯	35	12	12	12	12	12	12
鶴峯	18	10	9	9	9	9	9
宣恩	15	16	6	16	13	13	13
來鳳	16	16	11	11	11	11	11
咸豐	22	22	22	22	15	15	15
利川	22	22	24	22	16	16	16
恩施	33	23	33	32	32	32	32
建始	21	21	22	22	22	22	22
巴東	18	18	18	18	18	18	18
房縣	43	27	26	26	25	25	25
均縣	41	39	41	38	21	21	21
鄖縣	42	42	42	39	29	29	29
竹山	24	24	24	20	19	18	18
竹谿	19	19	19	19	19	19	19
鄖西	34	20	20	20	20	20	20

51. 省政府及各廳處局室近六年職員數

年別	職別	總計	省政府委員會	秘書處	民政廳	財政廳	教育廳	建設廳	會計處	衛生處	社會處	田糧處	警務處	人事室
三十七年	計	692	9	217	80	131	94	82					79	
	簡任	11	9										2	
	聘任													
	薦任	133		33	9	9	19	9					54	
	委任	412		103	64	104	61	53					22	
	僱員	136		81	7	18	14	15					1	
三十八年	計	695	8	149	65	105	114	93	33		29		99	
	簡任	10	8						1				1	
	聘任													
	薦任	143		33	7	9	25	9	4		4		52	

續表

年列	職別	總計	省政府委員會	秘書處	民政廳	財政廳	教育廳	建設廳	會計處	衛生處	社會處	田糧處	警務處	人事室
三十八年	委任	431		70	46	85	77	69	22		19		43	
	雇員	111		46	12	11	12	15	6		6		3	
	計	838	12	166	105	123	111	136	38		43		104	
三十九年	簡任	12	12											
	聘任	4	4											
	薦任	185		33	22	14	26	14	4		17		55	
	委任	522		88	69	93	72	105	31		20		46	
	雇員	115		41	16	16	13	27	3	1	6		3	
	計	1 060	11	214	108	148	143	109	42	37	54	84	110	
三十年	簡任	17	11						1	1	1	1	2	
	聘任	20	11											
	薦任	221		39	24	18	34	14	5	6	15	12	54	
	委任	660		109	74	102	89	82	31	28	32	63	50	
	雇員	142		46	10	28	20	13	5	2	6	8	4	

第六類　政務

續表

年別	職別	總計	省政府委員會	秘書處	民政廳	財政廳	教育廳	建設廳	會計處	衛生處	社會處	田糧處	警務處	人事室
三十一年	計	1 016	13	150	127	144	117	116	41	63	71	113		61
	簡任	20	13						1	1	1	3		1
	聘任	16		16										
	薦任	181		28	29	21	32	20	8	9	13	13		8
	委任	645		63	85	96	70	80	25	46	49	88		41
	僱員	154		43	13	27	15	14	7	7	8	9		1
三十二年	計	1 235	12	223	105	156	99	114	48	60	94	181	97	64
	簡任	18	12						1	1	1	1	1	1
	聘任	51		51										
	薦任	197		35	20	20	18	20	8	11	21	17	19	8
	委任	778		84	64	109	64	82	33	36	57	133	65	48
	僱員	209		53	21	27	17	12	6	12	15	27	12	7

說明：1. 武職之將校尉之將列入文職欄，薦委任簡委任欄，准尉併入僱員欄。
2. 省府顧問參議參事等列入秘書處聘任職內。
3. 社會處係三十一年九月由合作處改組而成立，以前各年所列係前合作處人數。
4. 田糧處係三十二年二月由糧政局與田賦管理處合併成立，以前各年所列係前糧政局人數。
5. 警務處原局保安處，三十一年改爲保安司令部，三十二年改爲警務處。

52. 省政府及各廳處局室職員分析

三十二年六月

甲、年齡分析

年齡分組	共計	省政府委員會	秘書處	民政廳	財政廳	教育廳	建設廳	會計處	衛生處	社會處	田糧處	警務處	人事室
總計	1 261	12	224	105	156	99	114	50	60	94	181	102	64
16—20	54		9	1	7	5	4	1	7	7	9	3	1
21—25	236		34	20	31	14	18	22	9	22	38	18	10
26—30	296		39	28	27	22	20	12	18	19	52	31	28
31—35	232		39	13	22	26	21	4	16	20	35	21	15
36—40	191	4	37	17	24	12	28	9	7	12	27	12	6
41—45	103	6	23	11	17	7	12	2	2	6	13	3	2
46—50	59	2	13	8	12	7	6	1	1	1	2	2	1
51—55	33		12		9	3	3				3	1	

續表

年齡分組	共計	省政府委員會	秘書處	民政廳	財政廳	教育廳	建設廳	會計處	衛生處	社會處	田糧處	警務處	人事室
56—60	11		1										
61—65	2		2		4	3					2		
66—70	1		1										
71—75	1		1										
未詳	42		13	7			1			7		11	

乙、學歷分析

學校別		共計	省政府委員會	秘書處	民政廳	財政廳	教育廳	建設廳	會計處	衛生處	社會處	田糧處	警務處	人事室
總計		1261	29	224	105	156	99	114	50	60	94	181	102	64
國外	計	39	3	16	5	1	3	1	1	2		1	1	4
	大學	34	3	14	4	1	3	1	1	2		1	1	4
	軍校	3		2										
	警校	1											1	

續表

學校別		共計	省政府委員會	秘書處	民政廳	財政廳	教育廳	建設廳	會計處	衛生處	社會處	田糧處	警務處	人事室
	計	1 200	1	195	97	153	96	113	48	57	93	180	99	60
國內	大學	207	2	33	17	24	29	24	5	13	19	27	3	11
	學院	16		1			3	2	1	1	4	1	1	2
	專科	133	3	21	15	21	5	15	5	10	7	23	4	4
	中學	597		94	44	91	50	51	29	31	51	106	27	23
	小學	45		13	2	5	2	4	2		4		8	5
	陸大	3	1	2										
	軍校	70	3	13	3	5		2			6	7	24	7
	警校	27		1	8	1		1				1	14	1
	海校	2						2						
	其他	100		17	8	6	7	12	6	2	2	15	18	7
未詳		23		13	3	2			1	1	1		2	

丙、年資分析

年資別	共計	省政府委員會	秘書處	民政廳	財政廳	教育廳	建設廳	會計處	衛生處	社會處	田糧處	警務處	人事室
總計	1 261	12	224	105	61	99	114	50	60	94	181	102	64
任職不滿一年者	686	1	108	52	57	29	36	29	30	38	181	78	47
任職一年以上者	274	1	38	27	35	26	30	18	24	50		13	12
任職二年以上者	136	6	37	13	22	24	11	2	6	4		7	4
任職三年以上者	51	2	10	7	9	9	10	1		1		1	1
任職四年以上者	24	1	5		8	2	7					1	
任職五年以上者	15	1	6	2		2	4						
任職六年以上者	8		3		4		1						

續表

年資列	共計	省政府委員會	秘書處	民政廳	財政廳	教育廳	建設廳	會計處	衛生處	社會處	田糧處	警務處	人事室
任職七年以上者	4			1	1	2							
任職八年以上者	5		3				1					1	
任職九年以上者	4		2	1			1						
任職十年以上者	2						1					1	
任職十一年以上者	8				2	1	5						
任職十二年以上者	4		1		2		1						
任職十三年以上者	12		3		2	3	4						

續表

年資別	共計	省政府委員會	秘書處	民政廳	財政廳	教育廳	建設廳	會計處	衛生處	社會處	田糧處	警務處	人事室
任職十四年以上者	6		4	1			1						
任職十五年以上者	14		3	1	7	1	1			1			
任職十六年以上者	2				2								
任職十七年以上者	1		1										
任職二十年以上者	1				1								
任職二十三年以上者	1				1								
任職二十七年以上者	3				3								

53. 各專署縣府員額

三十一年十二月

機關別	共計	專員	縣長	秘書	助理秘書	科長	視察	會計主任	合作指導主任	警佐	縣指導員	督學	技士	技佐	合作指導員	督練員	督察員	科員	會計佐理員	會計	合作佐理指導員	事務員	度量衡檢定員	巡查	僱員
總計	3 610	8	70	78	2	340	32	29	56	27	133	84	89	8	127	22	22	1 005	50	40	64	570	26	23	704
第一區專署	30	1		1		3	4						1	1				13							6
武昌縣政府	42		1	1		4		1	1		2	1	1		1			12		1	1	8			9
嘉魚縣政府	43		1	1		4		1	1		2	1	1		1			12		1	1	8			9
咸盛縣政府	43		1	1		4		1	1		2	1	1		1			12		1	1	8			9
蒲圻縣政府	43		1	1		4		1	1		2	1	1		1			12		1	1	8			9
崇陽縣政府	42		1	1		4		1	1		2	1	1		2			12		1	1	6			9
通城縣政府	44		1	1		4		1	1		2	1	1		2			12		1	1	8			9
通山縣政府	44		1	1		4		1	1		2	1	1		2			12		1	1	8			9

續表

機關別	共計	專員	縣長	總書長	助理秘書	科長	視察	會計主任	合作指導主任	警佐	縣指導員	督學	技士	技佐	合作指導員	督練員	督察員	科員	會計佐理員	會計	合作佐理指導員	事務員	度量衡檢定員	巡官	僱員
陽新縣政府	44		1	1		4			1		2	1	1		2			12		1	1	8			9
大冶縣政府	43		1	1		4			1		2	1	1		1			12		1	1	8			9
鄂城縣政府	43		1	1		4			1		2	1	1		1			12		1	1	8			9
第二區專署	30	1				3	4							1				13			1				9
黃岡縣政府	52		1	1		4			1		2	2	2		2			17	1	1	1	8			9
浠水縣政府	44		1	1		4			1		2	1	1		2			12		1	1	8			9
蘄春縣政府	43		1	1		4			1		2	1	1		1			12		1	1	8			9
廣濟縣政府	43		1	1		4			1		2	1	1		1			12		1	1	8			9
黃梅縣政府	43		1	1		4			1		2	1	1		1			12		1	1	8			9
英山縣政府	44		1	1		4			1		2	1	1		2			12		1	1	8			9
羅田縣政府	44		1	1		4			1		2	1	1		2			12		1	1	8			9
麻城縣政府	43		1	1		4			1		2	1	1		1			12		1	1	8			9

續表

機關別	共計	事員	縣長	秘書	助理秘書	科長	視察	會計主任	合作指導主任	譬佐	縣指導員	督學	技士	技佐	合作指導員	督練員	督察員	科員	會計佐理員	會計	合作佐理指導員	事務員	度量衡檢定員巡查	僱員
黃安縣政府	43		1	1		4			1		2	1	1		1			12		1	1	8		9
黃陂縣政府	29		1	1		3					2	1	1					8		1		6		7
禮山縣政府	43		1	1		4			1		2	1	1		1			12		1	1	8		9
孝感縣政府	29		1	1		3					2	1	1					8	1	1		6		7
第三區專署	30	1	1	1		3	4							1				13						6
雲夢縣政府	29		1	1		3					2	1	1					8		1		6		7
漢川縣政府	29		1	1		3					2	1	1					8		1		6		7
應城縣政府	29		1	1		3					2	1	1					8		1		6		7
安陸縣政府	29		1	1		3					2	1	1		1			8		1		6		7
應山縣政府	42		1	1		4			1		2	1	1		1			12		1	1	8		9
鍾祥縣政府	43		1	1		4			1		2	1	1		1			12		1	1	8		9
隨縣縣政府	44		1	1		4			1		2	1	1		2			12		1	1	8		9

第六類　政務

續表

機關別	共計	專員	縣長	秘書	助理秘書	科長	視察	會計主任	合作指導主任	警佐	縣指導員	督學	技士	技佐	合作指導員	督練員	督察員	科員	會計佐理員	會計	合作佐理指導員	度量衡檢定員	事務員	巡官	僱員
京山縣政府	29		1	1		3					2							8		1			6		7
天門縣政府	43		1	1		4			1		2	1	1		1			12		1	1		8		9
第四區專署	30	1		1		3	4					1	1	1				13							6
漢陽縣政府	29		1	1		3					2							8		1			6		7
沔陽縣政府	29		1	1		3					2							8		1			6		7
潛江縣政府	29		1	1		3					2							8		1			6		7
監利縣政府	44		1	1		4		1	1		2	1			2			12		1	1		8		9
石首縣政府	66		1	1		6		1	1	1	2	2	2		3	1	1	17	2		1	1	10	1	12
公安縣政府	66		1	1		6		1	1	1	2	2	2		3	1	1	17	2		1	1	10	1	12
松滋縣政府	66		1	1		6		1	1	1	2	2	2		3	1	1	17	2		1	1	10	1	12
枝江縣政府	44		1	1		4			1		2	1	1		2			12		1	1		8		9
江陵縣政府	46		1	1		4			1		2	1			3			12		1	2		8		9

续表

機關別	共計	專員	縣長	秘書	助理秘書	科長	視察	會計主任	合作指導主任	警佐	縣指導員	督學	技士	技佐	合作指導員	督練員	督察員	科員	會計佐理員	會計	合作佐理指導員	事務員	度量衡檢定員	巡官	僱員
第五區專署	30	1		1		3	4							1				13							6
荊門縣政府	44		1	1		4		1	1	1	2	1	1		2			12		1	1	8			9
宜城縣政府	47		1	1		4		1	1	1	2	2	1		2	1	1	12	1		1	8	1	1	9
襄陽縣政府	66		1	1		6		1	1	1	2	2	2		3	1	1	17	2		1	10	1	1	12
棗陽縣政府	67		1	1		6		1	1	1	3	2	2		3	1	1	17	2		1	10	1	1	12
光化縣政府	66		1	1		6		1	1	1	2	2	2		3	1	1	17	2		1	10	1	1	12
穀城縣政府	66		1	1		6		1	1	1	2	2	2		3	1	1	17	2		1	10	1	1	12
保康縣政府	55		1	1		5		1	1	1	2	1	2		3	1	1	15	2		1	7	1	1	9
南漳縣政府	66		1	1		6		1	1	1	2	2	2		3	1	1	17	2		1	10	1	1	12
第六區專署	30	1		1		3	4						1	1				13							6
遠安縣政府	45		1	1		4		1	1	1	2	2	1		2			12		1	2	8			9
當陽縣政府	33		1	1		3		1	1	1	2	1			2			8		1	1	6			7

續表

機關別	共計	專員	縣長	秘書	助理秘書	科長	視察	會計主任	合作指導主任	警佐	縣指導員	督學	技士	技佐	合作指導員	督練員	督察員	科員	會計佐理員	會計	合作佐理指導員	事務員	度量衡檢定員	巡查	僱員
宜都縣政府	44		1	1		4			1		2	1	1		2			12		1	1	8			9
宜昌縣政府	41		1	1		4			1	1		1	1		2			12	1		2	8			7
興山縣政府	38		1	1		4		1	1	1		1	1		2			10	1		1	6	1		6
秭歸縣政府	38		1	1		4		1	1	1		1	1		2			10	1		1	6	1		6
長陽縣政府	38		1	1		4		1	1	1		1	1		2			10	1		1	6	1		6
五峯縣政府	38		1	1		4		1	1	1		1	1		2			10	1		1	6	1		6
第七區專署	30	1		1		3	4						1	1				13							6
鶴峯縣政府	37		1	1		4		1	1	1		1	1		2			10			1	6	1		6
宣恩縣政府	66		1	1		6		1	1	1	2	2	2		3	1	1	17	2		1	10	1	1	12
來鳳縣政府	66		1	1		6		1	1	1	2	2	2		3	1	1	17	2		1	10	1	1	12
咸豐縣政府	58		1	1		6		1	1	1	2	2	2		3	1	1	17	1		1	9	1	1	12
利川縣政府	66		1	1		6		1	1	1	2	2	2		3	1	1	17	2		1	10	1	1	12

續表

機關別	共計	專員	縣長	秘書	助理秘書	科長	視察	會計主任	合作指導主任	警佐	縣指導員	督學	技士	技佐	合作指導員	督練員	督察員	科員	會計佐理員	會計	合作佐理指導員	事務員	度量衡檢定員	巡官	僱員
恩施縣政府	80		1	1	1	8		1	1	1	4	3	3		4	1	1	19	2		2	12		1	12
建始縣政府	66		1	1		6		1	1	1	2	2	2		3	1	1	17	2		1	10	1	1	12
巴東縣政府	66		1	1		6		1	1	1	2	2	2		3	1	1	17	2		1	10	1	1	12
第八區專署	30	1	1	1		3	4						1	1				13							6
房縣縣政府	66		1	1		6		1	1	1	2	2	2		3	1	1	17	2		1	10	1	1	12
均縣縣政府	66		1	1		6		1	1	1	2	2	2		3	1	1	17	2		1	10	1	1	12
鄖縣縣政府	76		1	1	1	8		1	1	1	4	3	2		4	1	1	17	2		2	11	1	1	13
竹山縣政府	66		1	1		6		1	1	1	2	2	2		3	1	1	17	2		1	10	1	1	12
竹谿縣政府	66		1	1		6		1	1	1	2	2	2		3	1	1	17	2		1	10	1	1	12
鄖西縣政府	66		1	1		6		1	1	1	2	2	2		3	1	1	17	2		1	10	1	1	12

說明：各縣府員額係照三十一年度縣政府概算歲支計劃書附表之規定編列。

54. 近五年專員縣長異動

類別	共計 專員	共計 縣長	二十七年 專員	二十七年 縣長	二十八年 專員	二十八年 縣長	二十九年 專員	二十九年 縣長	三十年 專員	三十年 縣長	三十一年 專員	三十一年 縣長	三十二年 專員	三十二年 縣長
調任	9	72	2	9	2	26	1	18	1	7	3	10		2
辭職	9	68	3	16		22	1	13	2	6	3	5		6
停職		12				4		2		4		2		
調省	3	66		21	1	2	1	14		13	1	8		8
免職	1	21	1	4		7		3		2		2		3
撤職		71		19		13		9		10		9		11
其他		38				7		13		6		5		7

55. 近五年縣長獎懲

類別		共計	二十七年七月至十二月	二十八年一月至六月	二十八年七月至十二月	二十九年一月至六月	二十九年七月至十二月	三十年一月至六月	三十年七月至十二月	三十一年一月至六月	三十一年七月至十二月	三十二年一月至六月
獎勵	共計	67	6	3	8	7	11	18		4	5	5
	嘉獎	48	2	1	4	7	11	11		3	5	4
	記功	19	4	2	4			7		1		1
懲誡	共計	225	24	14	35	19	32	27	2	13	22	10
	誡飭	65	2	15	12	6	14	10	2		3	1
	記過	77	7	13	9	11	11	9		8	6	3
	減俸	16	3	4	8						1	
	撤懲	67	12	9	6	2	7	8		5	12	6

56. 本府收發文件

時期	共計	秘書處	民政廳	財政廳	教育廳	建設廳	保安處	會計處	田賦處	驛運處	社會處	糧政局
收文												
三十年	22 008	4 696	3 960	5 776	1 049	1 342	3 883	121	50	25	178	928
七月	3 808	814	750	1 077	148	198	800	13	—	8	—	—
八月	3 551	732	757	962	130	202	736	9	—	6	—	17
九月	3 894	719	619	1 028	167	221	822	12	50	4	61	191
十月	4 079	840	580	1 167	210	254	707	19	—	7	67	228
十一月	3 918	832	635	936	183	212	818	43	—	—	39	220
十二月	2 753	759	619	606	211	255	—	25	—	—	11	272
發文												
三十年	113 816	25 386	13 305	44 871	7 194	9 559	10 781	362	26	13	3	2 316
七月	14 793	5 015	2 748	3 784	510	1 358	1 246	130	—	2	—	—

續表

時期	共計	秘書處	民政廳	財政廳	教育廳	建設廳	保安處	會計處	田賦處	驛運處	社會處	糧政局
八月	14 317	4 012	2 726	2 053	1 029	2 602	1 811	81	—	3	—	—
九月	21 270	4 101	1 926	7 910	1 448	1 265	4 125	22	26	2	3	442
十月	16 592	4 313	2 856	3 133	2 064	1 484	1 961	27	—	—	—	749
十一月	13 137	4 326	1 272	2 864	1 454	907	1 638	6	—	6	—	664
十二月	33 707	3 619	1 777	25 122	689	1 943	—	96	—	—	—	461

收文

時期	共計	秘書處	民政廳	財政廳	教育廳	建設廳	會計處	驛運處	社會處	糧政局	人事處
三十一年	41 603	8 193	6 263	13 788	2 539	3 368	515	118	1 320	3 805	1 688
一月	2 904	757	500	933	184	181	24	5	26	294	—
二月	2 943	737	438	1 055	156	190	24	3	29	311	—
三月	3 156	829	520	931	190	885	21	4	50	326	—
四月	3 412	939	591	1 053	162	277	39	8	32	311	—
五月	4 569	1 208	621	1 582	260	424	52	12	32	423	—
六月	3 273	740	455	1 021	204	310	29	3	37	329	145

續表

時期	共計	秘書處	民政廳	財政廳	教育廳	建設廳	會計處	驛運處	社會處	糧政局	人事處
七月	3 710	569	560	1 291	248	359	59	7	47	351	219
八月	3 494	499	593	1 224	238	338	53	14	56	248	231
九月	3 645	478	563	1 199	257	260	53	16	306	281	232
十月	3 676	486	521	1 209	230	320	71	19	265	276	279
十一月	3 313	466	526	915	224	227	52	11	232	355	301
十二月	3 509	485	375	1 425	181	197	38	16	218	296	278

發文

時期	共計	秘書處	民政廳	財政廳	教育廳	建設廳	會計處	驛運處	社會處	糧政局	人事處
三十一年	188 928	49 218	28 016	53 647	10 309	18 603	2 050	137	5 613	15 694	5 641
一月	24 047	9 772	2 267	9 343	848	837	198	1	—	781	—
二月	10 752	3 220	2 474	2 933	718	522	46	—	—	789	—
三月	12 881	4 671	2 161	3 747	663	250	19	13	15	1 357	—
四月	12 055	3 779	2 057	3 437	523	1 418	54	—	—	772	—
五月	16 284	4 016	2 698	5 151	1 569	1 334	510	9	—	997	—
六月	19 375	4 477	5 344	4 499	1 026	2 388	134	94	—	1 082	331
七月	16 084	3 371	2 863	5 570	1 286	1 518	111	—	6	872	487

續表

時期	共計	秘書處	民政廳	財政廳	教育廳	建設廳	會計處	驛運處	社會處	糧政局	人事處
八月	15 103	2 966	3 013	3 775	1 139	1 622	240	19	—	1 406	923
九月	14 448	2 413	902	3 750	754	1 760	133	1	1 377	2 556	792
十月	25 722	8 442	1 965	4 105	1 020	5 472	204	—	2 655	995	1 064
十一月	10 730	1 257	1 466	4 096	101	1 053	223	—	488	1 168	878
十二月	11 447	834	1 006	3 191	662	429	178	—	1 072	2 909	1 166

收文

時期	共計	秘書處	民政廳	財政廳	建設廳	教育廳	會計處	田糧處	社會處	人事室	驛運處	警務處
三十二年	37 528	2 753	3 346	7 372	2 177	1 936	384	788	2 538	5 614	15	3 432
一月	3 488	374	434	1 195	230	223	29	346	316	329	12	—
二月	2 316	288	299	598	180	118	27	308	238	256	4	—
三月	3 469	316	348	835	242	227	29	494	340	330	—	303
四月	3 843	353	384	690	241	258	44	518	309	492	—	554
五月	3 906	217	344	812	290	201	40	569	365	463	—	551
六月	3 681	265	394	781	251	211	52	504	251	518	—	454

續表

時期	共計	秘書處	民政廳	財政廳	建設廳	教育廳	會計處	田糧處	社會處	人事室	驛運處	警務處
七月	4 325	307	370	851	207	230	71	716	244	812	—	517
八月	4 097	310	393	807	256	261	61	478	225	875	—	441
九月	8 403	305	440	803	280	207	31	3 952	250	1 539	—	596
發文												
三十二年	88 033	6 404	7 488	26 111	6 732	5 775	1 503	13 065	5 778	10 347	—	5 230
一月	6 910	586	429	3 115	362	185	47	1 034	677	475	—	—
二月	7 593	672	468	2 323	620	595	123	964	737	1 091	—	—
三月	13 166	734	1 321	2 479	1 561	1 535	141	1 823	1 458	1 795	—	319
四月	10 144	437	427	2 680	888	1 138	145	1 461	1 136	1 180	—	657
五月	10 331	627	1 053	3 756	688	364	199	1 892	399	905	—	528
六月	12 546	498	857	5 094	838	593	183	1 615	524	1 309	—	1 055
七月	9 905	778	1 185	2 238	487	501	291	1 354	531	1 598	—	942
八月	9 491	1 303	1 027	2 084	704	431	149	1 843	185	1 022	—	743
九月	7 947	769	621	2 342	584	438	225	1 079	131	972	—	786

第七類　財　政

57. 本省二十六年至三十一年歲入歲出預算

單位：元

科目	二十六年	二十七年	二十八年	二十九年	三十年	三十一年
甲、歲入						
總計	26 170 767	13 087 383	25 954 787	19 318 311	52 356 948	
稅務收入	10 581 822	5 290 911	5 057 187	4 433 137	18 504 420	
規費收入	91 312	45 656	92 752	79 192	3 841	
物品售價收入	108 295	54 147	7 200	10 200	22 800	
租金使用及特許費收入	807 987	403 994	107 799	107 799	4 095	
懲罰及賠償費收入	64 248	32 124	56 808	56 808	28 404	
利息及利潤收入	—	—	—	206 000	69 000	
補助及協助費收入	4 008 840	2 004 420	5 413 040	8 354 470	32 092 031	
長期賒借收入	500 000	250 000	2 600 000	4 198 000	3 500 000	
公債收入	2 000 000	1 000 000	9 080 000	—	5 000 000	

續表

科目	二十六年	二十七年	二十八年	二十九年	三十年	三十一年
收回資本收入	—	—	—	—	100 000	
地方營業純益	1 510 000	755 000	—	—	—	
其他收入	6 428 263	3 249 131	3 540 800	1 782 705	1 971 958	
乙、歲出						
總計	26 170 767	13 085 383	25 954 787	19 318 311	52 356 948	71 270 278
政權行使支出	234 285	117 142	143 827	220 019	479 747	569 963
行政支出	2 208 321	1 104 161	988 854	1 035 024	2 787 359	6 462 552
司法支出	2 062 123	1 031 062	1 391 036	1 211 247	—	
教育文化支出	2 883 080	1 441 540	3 022 941	3 505 865	13 774 695	13 634 833
經濟及建設支出	5 894 235	2 947 117	2 163 017	1 576 637	4 894 210	9 571 944
衛生及治療支出	109 374	54 687	201 585	183 240	432 010	1 320 158
社會事業費支出	—	—	—	—	—	769 394
保育及救濟支出	300 000	150 000	500 000	623 856	633 528	—
保安支出	5 937 176	2 968 588	4 926 875	4 205 556	14 737 467	14 937 567
財務支出	1 298 881	649 440	827 060	1 119 679	1 978 759	1 978 759
債務支出	2 946 400	1 473 200	7 651 100	3 522 171	3 951 000	3 951 000
公務員退休及撫卹支出	60 000	30 000	60 000	60 000	60 000	60 000

續表

科目	二十六年	二十七年	二十八年	二十九年	三十年	三十一年
普通協助費及補助支出	1 709 153	854 577	1 554 680	1 289 026	3 479 826	8 236 193
營業投資及維持支出	—	—	2 000 000	36 000	1 296 000	1 477 000
預備金	527 739	263 869	523 812	697 111	535 342	—
第一預備金	—	—	—	—	—	500 000
戰時特別預備金	—	—	—	—	—	1 627 988
分配縣市國庫	—	—	—	—	—	—
其他支出	—	—	—	23 880	4 007 005	6 176 928

資料來源：根據財政廳報表編列。

說明：1. 二十七年度係因會計年度改制，將二十六年度預算延長適用半年，故照二十六年度預算減半福利。

2. 三十年度以前係屬省庫收支，三十一年度以後係屬國庫收支。

3. 三十一年度以後歲入應由中央彙列國家總預算，故本表不列歲入數額。

58. 本省三十一年度單位預算構成

單位：元

科目	預算數	百分數
總計	71 270 278	100.00
政權行使支出	565 963	0.79

續表

科目	預算數	百分數
行政支出	6 462 552	9.07
司法支出	—	—
教育文化支出	13 634 833	19.13
經濟及建設支出	9 571 944	13.45
衛生及治療支出	1 320 158	1.85
社會事業費支出	769 393	1.07
保育及救濟支出	—	—
保安支出	14 937 567	20.94
財務支出	1 978 759	2.86
債務支出	3 951 000	5.54
公務員退休及撫卹支出	60 000	0.08
普通協助及補助支出	8 236 193	11.56
營業投資及維持支出	1 477 000	2.04
預備金	—	—
第一預備金	500 000	0.70
戰時特別預備金	1 627 988	2.28
分配縣市國庫	—	—
其他支出	6 176 928	8.64

資料來源：根據財政廳報表編列。

說明：三十一年度歲出列入中央國家總預算內。

59. 本省三十二年度單位歲出預算

單位：元

科目	共計	經常門概算數		特殊門
		常時部份	臨時部份	
總計	134 078 403	53 947 908	77 910 495	2 220 000
行政支出	9 815 823	5 277 167	4 538 662	
教育文化費支出	18 719 329	15 824 229	2 895 100	
經濟建設支出	13 637 449	1 173 740	12 463 709	
衛生支出	2 581 571	898 812	1 682 759	
社會救濟支出	1 059 817	333 588	726 229	
保警支出	13 135 854	8 526 308	4 609 546	
補助支出	15 000	15 000		
公務員退休及撫卹支出	75 000	75 000		
財務支出	690 897	559 364	131 533	
債務支出	2 830 300	790 200		2 040 000
其他支出	47 253 259		47 253 259	
預備金	4 379 698	770 000	3 609 698	
分配縣市國稅支出	19 704 500	19 704 500		
營業投資及維持支出	180 000			180 000

資料來源：本表係根據行政院審定數字編列。

60. 各縣縣地方二十六年至三十二年預算

歲入歲出同
單位：元

縣別	二十六年	二十七年	二十八年	二十九年	三十年	三十一年	三十二年
總計	9 437 233	4 735 921	10 310 999	11 587 350	25 457 209	94 820 099	149 962 216
第一區	1 441 514	720 791	1 313 183	1 531 253	3 336 253	11 269 503	13 063 852
武昌	223 154	111 577	223 102	243 531	553 223	1 806 902	1 276 315
漢陽	205 853	125 427	274 777	283 602	747 357	1 615 077	1 401 702
嘉魚	94 696	47 379	97 870	108 381	202 813	704 736	663 104
咸寧	82 611	41 306	77 378	91 849	220 484	686 293	603 572
蒲圻	103 707	51 854	19 076	126 401	226 177	761 396	776 659
崇陽	82 235	41 118	79 898	87 169	187 295	802 305	970 876
通城	72 344	36 172	74 402	83 755	175 375	756 279	1 291 651

續表

縣別	二十六年	二十七年	二十八年	二十九年	三十年	三十一年	三十二年
陽新	149 994	74 997	153 011	163 336	274 782	1 603 553	2 028 871
大冶	171 805	85 903	134 005	141 930	323 571	1 054 231	1 556 008
鄂城	149 256	74 628	130 422	141 747	286 010	1 024 273	1 227 483
通山	60 859	30 430	49 242	59 552	139 166	454 458	1 267 611
第二區	1 637 643	818 812	2 076 790	2 360 506	3 893 434	15 264 480	22 409 439
黃岡	242 679	121 340	359 532	370 640	619 839	2 248 776	6 407 530
浠水	217 199	108 589	241 770	249 095	386 339	1 740 237	2 169 392
蘄春	149 764	74 882	201 944	220 800	424 576	1 621 373	1 952 184
廣濟	141 539	70 770	183 114	190 439	366 618	1 415 881	1 659 453
黃梅	128 618	64 309	144 146	187 261	363 752	916 843	1 353 276
英山	90 627	45 314	68 322	109 622	233 156	789 980	1 520 927
羅田	85 984	42 992	100 748	142 374	188 648	1 097 772	1 281 686
麻城	172 209	86 105	244 792	256 612	292 488	1 581 201	2 933 267
黃安	135 721	67 861	154 197	225 652	241 235	1 387 187	1 065 959

續表

縣別	二十六年	二十七年	二十八年	二十九年	三十年	三十一年	三十二年
黃陂	181 394	90 697	238 897	263 540	549 002	1 567 157	1 125 014
禮山	91 909	45 955	139 323	144 471	222 831	893 073	940 751
第三區	1 667 016	833 711	1 601 594	1 760 028	2 334 798	13 067 863	18 384 466
孝感	179 487	89 944	196 623	221 498	510 776	948 491	1 584 619
雲夢	83 237	41 619	82 187	20 987	207 560	651 304	1 328 129
漢川	157 081	78 541	166 244	177 949	401 389	986 759	1 146 996
應城	175 876	87 938	132 552	136 120	350 712	1 078 396	1 268 059
安陸	98 791	49 396	102 781	28 133	314 736	746 059	2 290 333
應山	136 562	68 281	113 316	180 227	375 275	1 002 017	1 191 257
隨縣	215 745	107 873	269 726	281 179	588 989	2 472 005	4 192 124
鍾祥	187 292	93 646	202 736	208 857	507 244	1 478 051	2 097 440
京山	177 044	88 522	195 502	234 670	474 088	1 562 766	1 281 384
天門	255 901	127 951	134 922	270 408	604 079	2 103 015	2 040 115
第四區	1 558 588	779 295	1 795 571	2 117 376	4 737 138	17 363 483	22 959 178

續表

縣別	二十六年	二十七年	二十八年	二十九年	三十年	三十一年	三十二年
沔陽	269 918	134 959	233 972	305 567	751 471	2 245 013	1 652 385
潛江	130 848	95 424	164 596	180 841	425 212	1 316 690	1 665 646
監利	159 476	79 783	197 457	209 026	402 171	1 604 618	2 429 431
石首	125 946	62 973	176 241	194 395	461 371	2 633 898	1 945 962
公安	151 286	75 643	181 733	311 914	419 731	1 856 221	3 443 013
松滋	165 775	82 888	200 372	222 599	545 726	2 154 941	3 740 190
枝江	119 284	59 642	132 406	158 951	340 053	1 120 358	1 811 579
江陵	231 616	115 808	232 629	274 981	773 670	2 488 856	4 067 423
荊門	204 439	102 220	276 115	259 102	617 753	1 942 888	2 140 549
第五區	975 392	507 701	1 123 370	1 232 434	2 922 227	11 911 113	19 152 673
宜城	95 709	47 858	98 384	111 824	238 938	1 114 137	2 070 107
襄陽	153 132	96 566	194 558	208 351	505 698	1 608 505	2 326 354
襄陽	271 846	135 923	306 907	325 955	831 330	2 957 428	4 306 875
光化	101 553	50 777	134 027	152 593	350 516	1 437 373	2 879 567

續表

縣別	二十六年	二十七年	二十八年	二十九年	三十年	三十一年	三十二年
谷城	134 718	67 359	161 876	175 715	438 824	1 908 670	3 020 661
保康	64 435	32 218	63 396	81 369	168 295	972 197	1 532 259
南漳	153 996	77 000	164 222	176 627	388 626	1 912 803	2 516 850
第六區	929 178	464 597	978 798	950 487	2 232 981	7 923 244	15 922 744
遠安	65 477	32 739	68 526	85 056	181 992	683 577	1 118 791
當陽	110 839	55 420	125 823	140 885	351 482	896 123	1 068 729
宜都	109 229	54 615	120 297	139 642	356 642	1 165 011	2 257 278
宜昌	355 700	177 850	277 568	256 426	485 510	1 421 654	3 098 783
興山	59 000	29 750	62 307	74 353	193 756	898 203	1 609 546
秭歸	84 380	42 196	77 562	89 557	252 706	1 117 284	2 063 349
長陽	87 105	43 553	88 950	100 453	251 787	1 092 628	2 110 362
五峯	56 948	28 474	57 765	64 117	158 867	648 764	1 695 906
第七區	608 787	304 455	626 411	752 927	2 151 849	10 010 145	20 506 167
鶴峯	68 477	29 239	56 512	67 635	177 660	794 746	1 419 999

續表

縣別	二十六年	二十七年	二十八年	二十九年	三十年	三十一年	三十二年
宣恩	67 508	33 529	70 014	89 794	192 582	1 038 518	2 038 183
來鳳	65 629	32 875	62 722	80 815	218 679	1 035 799	2 304 828
咸豐	65 516	32 758	68 948	83 495	206 602	1 075 949	2 235 150
利川	79 183	39 592	97 715	103 967	260 395	1 334 139	2 428 230
恩施	108 312	54 156	107 807	103 677	524 208	2 092 981	5 433 328
建始	83 426	41 713	79 874	95 169	303 324	1 342 540	2 380 268
巴東	81 186	40 593	82 819	100 385	267 899	1 295 473	2 266 181
第八區	619 115	306 559	795 282	862 327	1 848 509	9 046 295	17 490 337
房縣	116 696	58 348	153 744	171 186	305 333	1 570 549	2 618 724
均縣	114 139	54 070	148 406	164 967	324 424	1 361 227	3 341 188
鄖縣	129 138	64 579	168 695	182 061	490 123	2 339 955	4 014 073
竹山	83 625	41 813	99 939	108 513	228 207	1 124 541	2 612 261
竹谿	81 992	40 996	104 612	113 702	235 970	1 160 901	1 762 395
鄖西	93 505	46 753	119 886	141 908	264 452	1 489 122	3 135 696

資料來源：二十六年至三十年根據財政廳報表編列，三十一年三十二年係根據會計處編製各縣預算書編列。

61. 三十一年度縣地方預算構成

單位：元

科目		預算數	百分數
歲入			
總計		94 820 099	100.00
縣財政收入	稅課收入	38 010 990	40.037
	特稅收入	7 422	0.007
	規費收入	26 406	0.028
	財產及權利收入	2 396 608	2.523
	公有財產收入	16 723	0.018
	補助收入	9 658 717	10.186
	懲罰及賠償收入	30 290	0.032
	地方性之捐獻及贈予收入	273 610	0.289
	其他收入	1 036 918	1.094
鄉財政收入	依法賦予收入	17 111 730	18.047
	公有財產及公營事業收入	16 432 556	17.330
	其他收入	9 818 124	10.354
歲出			
總計		94 820 099	100.00

續表

	科目	預算數	百分數
縣財政支出	政權行使費	147 456	0.156
	行政費	12 073 876	12.734
	教育及文化費	9 242 502	9.747
	經濟及建設費	2 817 333	2.971
	衛生及治療費	1 072 236	1.131
	社會事業費	2 508 400	2.646
	保安費	11 176 947	11.788
	財務費	1 287 879	1.358
	公務員退休及撫卹費	248 736	0.262
	補助費	441 610	0.466
	其他支出	1 088 791	1.148
	營業投資及維持支出	2 950 000	3.111
	預備金	4 731 861	4.990
鄉財政支出	政教費	37 039 946	39.063
	建設費	501 872	0.529
	衛生治療費	509 860	0.538
	保安費	607 671	0.641
	政權行使費	2 808 460	2.962
	預備金	3 564 662	3.759

資料來源：根據本府編製各縣總預算書編列。

62. 三十二年度縣地方預算構成

單位：元

科目	預算數	百分數
總計	149 962 216	100.00
甲、歲入		
税課收入	81 058 731	54.050
特賦收入	677 016	0.451
規費收入	264 497	0.175
財産及權利收入	21 416 758	14.281
公有營業盈餘收入	25 854 445	17.241
公有事業收入	277 380	0.185
補助收入	1 025 663	0.684
懲罰及賠償收入	1 479 311	1.167
地方性之捐獻及贈予收入	4 669 378	3.114
其他收入	12 969 037	8.649
乙、歲出		
總計	149 962 316	100.00
政權行使支出	1 544 340	1.029

續表

科目	預算數	百分數
行政支出	46 315 657	30.885
教育及文化支出	37 232 143	24.828
經濟及建設支出	9 136 498	6.094
衛生支出	2 709 405	1.806
社會及救濟支出	3 860 177	2.574
保警支出	18 702 911	12.472
財務支出	3 731 757	2.489
公務員退休及撫卹支出	246 036	0.164
補助支出	1 011 320	0.674
預備金	5 736 147	3.826
其他支出	15 565 825	10.378
營業投資及維持之支出	41 70 000	2.781

資料來源：根據本府編製各縣地方總預算書編列。

63. 本省三十二年度中央分撥各縣國稅

單位：元

稅目	中央核定分撥數	已分配數	未分配數
總計	19 704 500	31 725 450	4 647 750

续表

税目		中央核定分撥数	已分配数	未分配数
田赋	征实县份	15 000 000	12 199 500	2 800 500
	折征法币县份		16 668 700	
地价税		720 000	720 000	
营业税		3 312 000	1 876 000	1 436 000
印花税		1 408 000	202 500	202 500
遗产税		117 500	58 750	58 750
土地增值税		150 000		150 000

资料来源：根据本年度各县总预算书编列。

说明：未分配数原作调剂盈亏之用，在预算编列后已经继续分配各县。

64. 省地方二十五年至三十年實收實支

單位：元

甲、實收

科目	二十五年	二十六年	二十七年	二十八年	二十九年	三十年
總計	18 854 253.61	19 051 018.93	6 808 998.49	18 998 088.04	23 697 667.95	33 469 527.39
田賦	2 482 235.23	1 463 443.53	152 057.82	3 794 902.61		
契稅	869 026.02	394 416.38	48 417.03	427 093.08		105 592.20
營業稅	3 693 700.04	2 826 472.14	937 905.75	728 340.53	8 170 407.25	
房捐	—	191 212.46	19 189.67	22 514.90		
地方財產收入	1 180 355.75	554 186.51	137 660.56	15 947.97	885.93	5 038.17
地方事業收入	7 090.98	5 660.17	128.48	6 298.40		
地方行政收入	257 532.91	241 075.91	17 578.83	60 927.01	57 199.96	162 980.12
補助款	2 791 524.46	2 417 233.40	1 096 715.08	8 038 862.40	12 820 743.85	28 184 979.06

續表

科目	二十五年	二十六年	二十七年	二十八年	二十九年	三十年
其他收入	6 351 436.69	8 557 318.43	2 349 345.27	4 264 751.38	1 651 514.96	2 784 313.51
地方營業收入	46 000.00	—	—	—	—	—
武市收入	—	—	—	—	—	—
債款收入	1 174 968.04	2 400 000.00	2 050 000.00	6 588 380.75	1 000 000.00	1 037 013.90
利息及利潤收入	—	—	—	—	—	1 155 619.66
物品售價收入	—	—	—	—	1 916.00	33 990.77

乙、實支

科目	二十五年	二十六年	二十七年	二十八年	二十九年	三十年
總計	17 987 162.54	17 560 348.23	8 900 147.57	22 129 844.11	19 817 434.53	36 222 432.68
黨務費	200 815.48	181 783.82	80 286.01	189 541.60	266 182.02	535 227.00
行政費	2 095 691.20	1 886 147.20	600 818.21	620 802.66	1 674 311.30	4 078 294.88
司法費	1 102 229.02	1 075 699.10	478 834.83	1 061 747.47	813 096.96	—
公安費	5 236 292.88	1 215 944.79	2 674 923.33	4 382 508.88	3 696 186.82	14 579 632.34
財務費	695 226.12	799 467.58	335 940.49	630 275.00	949 944.09	2 605 547.96
教育文化費	2 316 620.99	1 955 044.40	851 778.74	2 405 851.62	4 550 814.44	130 746.95

續表

科目	二十五年	二十六年	二十七年	二十八年	二十九年	三十年
衛生費	8 876.00	116 497.50	81 280.06	90 627.60	204 601.43	484 451.40
建設費	1 584 804.63	1 479 568.52	1 157 724.87	912 906.04	1 010 631.85	48 942.10
撫卹費	23 717.42	22 278.67	9 050.93	8 637.70	34 893.36	—
協助費	324 858.42	1 041 140.00	557 532.00	1 010 004.01	1 092 999.79	4 017 989.19
救災準備金	151 800.00	300 000.00	100 000.00	125 000.00	329 310.92	643 794.00
預備金	815 294.54	828 084.92	81 978.54	414 097.38	1 648 891.50	545 342.00
債務費	2 856 316.90	2 622 697.23	1 470 000.00	6 377 844.07	3 508 499.40	3 651 024.60
武市支出	579 618.94	—	—	—	—	—
地方營業資本支出	—	—	—	2 000 000.00	17 528.00	556 000.00
其他支出	—	—	—	—	20 473.12	4 275 940.26

資料來源：根據財政廳報表編列。

65. 省地方三十一年度實收實支

單位：元

科目	預算數	部撥數	支付數
總計	86 010 425.00	77 189 934.90	75 028 800.31
政權行使支出	565 963.00	565 963.00	565 956.00
行政支出	6 562 552.00	6 543 292.00	6 340 923.49
教育及文化支出	15 137 793.00	15 137 793.00	14 540 939.63
經濟及建設支出	10 721 944.00	10 721 944.00	10 686 397.53
衛生及治療支出	1 320 158.00	1 320 158.00	1 209 148.90
社會事業支出	1 769 393.00	1 769 393.00	1 753 256.70
保安支出	16 881 829.00	16 881 829.00	16 699 624.14
財務支出	8 236 139.00	8 236 198.00	8 160 018.86
債務支出	60 000.00	60 000.00	59 890.62
公務員退休及撫卹支出	1 978 759.00	692 167.00	686 868.62
普通補助及協助支出	3 951 000.00	2 236 352.90	1 590 555.00
其他支出	2 127 988.00	2 127 988.00	1 980 597.93
營業投資及維持之支出	1 477 000.00	1 477 000.00	1 477 000.00
預備金	15 219 853.00	9 419 853.00	9 818 628.51

資料來源：根據財政廳報表編列。

66. 省地方三十二年度實收實支

元月至八月

單位：元

科目	預算數	部撥數	簽發數	實付數
總計	83 755 602.76	67 377 116.36	48 769 226.99	36 662 949.90
行政支出	8 321 775.00	8 865 774.50	7 612 320.78	5 686 943.80
教育及文化支出	13 947 530.76	14 846 842.48	12 362 932.29	7 799 113.00
經濟及建設支出	11 954 956.00	12 585 404.00	8 888 408.34	6 921 146.52
衛生支出	2 972 601.00	3 076 156.00	2 220 815.80	1 565 291.30
社會及救濟支出	358 621.00	816 420.00	585 746.00	470 001.00
保警支出	8 499 922.00	9 329 356.75	8 317 372.19	6 856 257.51
補助支出	5 000.00	11 250.00	6 250.00	—
公務員退休及撫卹支出	50 000.00	52 325.00	31 713.00	30 783.00
財務支出	460 597.00	518 175.00	453 539.00	414 493.00
債務支出	1 430 400.00	1 223 366.07	233 191.17	233 191.17
預備金	2 965 363.00	3 103 506.56	3 076 119.64	3 010 278.01
營業投資及維持之支出	120 000.00	135 000.00	—	—
其他支出	32 168 832.00	12 711 041.00	4 980 818.83	3 675 451.53

資料來源：根據本府施政報告所載編列。

67. 近五年各縣田賦額徵與實收

單位：元

縣別	二十六年 額徵	二十六年 實收	二十七年 額徵	二十七年 實收	二十八年 額徵	二十八年 實收	二十九年 額徵	二十九年 實收	三十年 額徵	三十年 實收
總計	4 415 174.69	1 512 497.98	2 204 587.50	1 486 780.12	5 160 646.59	2 230 232.36	4 926 652.90	2 053 618.87	4 850 192.13	1 059 238.33
第一區	735 222.45	285 146.02	367 611.23	216 754.63	962 422.00	141 666.65	981 421.43	217 042.75	962 412.13	83 615.29
武昌	77 870.35	33 594.49	33 935.18	44 633.38	150 984.21	10 078.79	150 984.21	20 516.58	150 984.21	
漢陽	90 900.00	38 009.97	45 450.00	18 500.75	208 614.04	21 452.81	208 614.04		208 614.04	
嘉魚	40 336.72	27 329.02	20 168.36	5 333.66	40 336.72	926.60	40 336.39	5 008.15	40 326.39	2 130.16
咸寧	77 820.20	35 630.40	38 010.10	20 527.43	77 820.20	22 232.70	77 820.20	25 692.77	77 820.20	
蒲圻	69 830.13	28 893.23	34 915.07	17 633.72	85 696.23	6 548.85	85 696.23	18 202.84	85 696.23	
崇陽	40 002.40	21 466.52	20 001.20	17 545.04	40 002.40	2 479.53	40 002.40	13 310.42	40 002.40	

續表

縣別	二十六年 額徵	二十六年 實收	二十七年 額徵	二十七年 實收	二十八年 額徵	二十八年 實收	二十九年 額徵	二十九年 實收	三十年 額徵	三十年 實收
通城	45 015.68	15 772.26	22 507.84	21 966.10	45 045.68	5 678.38	45 015.68	34 640.64	45 015.68	17 938.74
通山	22 842.69	6 940.80	11 421.35	12 294.21	22 842.69	12 048.64	22 842.69	12 418.72	22 842.68	12 935.36
陽新	106 583.65	51 190.48	53 291.83	16 200.20	106 583.89	33 259.26	106 583.65	35 934.90	106 583.65	33 101.44
大冶	68 823.02	10 819.30	34 411.51	21 540.24	68 828.02	10 282.32	68 823.02	21 147.00	68 823.02	16 637.78
鄂城	95 197.61	15 493.50	47 598.81	20 476.95	115 702.92	16 682.30	115 722.92	30 170.73	115 703.62	871.81
第二區	904 974.33	290 520.04	452 487.17	298 661.41	903 843.81	488 603.68	903 910.51	477 793.19	897 202.12	235 944.18
黃岡	163 796.47	44 407.48	81 898.24	48 045.80	163 706.47	54 769.79	163 796.47	43 314.90	159 241.85	12 492.01
浠水	167 592.20	38 704.35	83 796.10	63 205.19	167 592.30	73 547.50	167 593.20	75 531.19	167 592.20	68 139.71
蘄春	116 220.35	33 672.28	58 110.18	42 186.91	116 220.35	84 432.00	116 220.35	67 904.45	116 374.48	30 687.52
廣濟	92 746.76	33 574.79	48 073.38	27 999.17	92 479.70	62 016.99	92 749.70	73 272.40	92 746.76	29 533.98
黃梅	92 643.57	23 208.32	46 012.79	23 560.35	92 843.57	34 980.91	92 643.57	55 189.61	92 643.57	
英山	27 866.47	13 014.45	13 933.89	10 307.53	27 866.47	30 053.47	27 366.47	37 272.70	27 866.47	10 332.66

續表

縣別	二十六年 額徵	二十六年 實收	二十七年 額徵	二十七年 實收	二十八年 額徵	二十八年 實收	二十九年 額徵	二十九年 實收	三十年 額徵	三十年 實收
羅田	43 574.74	24 835.16	21 787.47	12 880.00	43 574.94	44 428.05	43 574.94	40 242.09	43 574.94	33 698.51
麻城	65 276.89	34 233.92	32 633.45	12 233.55	65 276.89	29 879.10	65 276.89	37 950.13	65 282.34	23 902.15
黃安	35 080.00	14 595.67	17 540.00	16 583.71	35 080.00	26 759.20	35 080.00	20 853.16	32 770.09	12 176.81
黃陂	80 498.78	21 481.63	40 249.39	30 581.31	79 432.32	11 651.02	79 432.32	7 319.94	79 432.32	
禮山	19 677.60	8 791.99	9 838.80	11 072.79	21 700.80	35 513.65	19 677.60	19 943.57	19 677.60	7 980.18
第三區	843 397.22	326 744.31	421 698.61	231 223.28	1 023 741.40	208 559.01	1 019 489.97	198 108.95	1 020 224.40	95 593.70
孝感	81 298.69	41 667.42	40 649.35	28 935.08	125 271.44		125 271.44	21 504.26	125 271.44	
雲夢	27 181.41	13 638.24	13 590.71	6 830.32	27 181.41		27 181.41		27 181.41	
漢川	74 245.43	9 668.48	37 122.72	17 973.63	169 914.69	18 266.21	169 914.09	4 004.38	169 914.09	
應城	55 571.75	18 947.12	27 785.88	12 036.21	59 247.60		59 247.60		59 247.60	
安陸	36 909.87	9 470.65	18 454.94	13 318.81	65 521.18		65 521.18		65 521.18	
應山	47 708.78	17 933.19	23 854.39	14 257.19	47 708.78		47 708.78	1 725.44	47 708.78	3 560.74

續表

縣列	二十六年 額徵	二十六年 實收	二十七年 額徵	二十七年 實收	二十八年 額徵	二十八年 實收	二十九年 額徵	二十九年 實收	三十年 額徵	三十年 實收
隨縣	121 828.04	52 029.52	60 914.02	55 165.20	121 828.04	80 042.76	121 828.04	90 903.07	121 828.04	26 792.29
鍾祥	130 201.36	59 620.60	65 100.68	36 488.97	131 180.68	66 396.53	126 750.09	48 355.30	126 750.09	39 274.50
京山	101 066.58	32 841.82	50 583.29	16 128.18	101 066.58		101 066.38		101 801.01	
天門	167 585.31	70 927.36	83 692.66	30 029.69	174 821.60	43 853.51	175 000.76	31 561.50	175 000.76	25 966.17
第四區	1 013 948.64	354 477.07	504 474.32	244 150.31	1 025 563.47	627 982.07	1 018 026.73	378 165.07	1 015 599.90	194 346.71
沔陽	220 940.37	23 234.55	110 470.19	25 982.70	220 940.37	62 377.22	220 940.37	34 047.68	219 599.77	
潛江	80 762.04	14 962.87	40 331.02	15 238.10	80 762.40	18 498.26	80 762.40	9 076.11	80 762.04	13 978.99
監利	80 723.31	48 827.04	40 361.66	43 183.26	82 994.60	89 501.99	82 994.60	40 109.27	82 994.60	35 964.45
石首	49 782.02	17 871.75	24 391.01	13 947.32	56 511.95	49 655.16	56 511.95	62 523.57	56 400.94	18 698.96
公安	65 395.56	45 376.46	32 697.78	41 664.37	65 395.56	75 045.85	65 494.64	57 974.94	65 404.64	28 541.91
松滋	102 975.50	34 410.12	51 487.75	81 512.79	102 975.50	88 327.57	102 888.80	74 667.63	102 913.08	75 709.45
枝江	45 865.43	29 573.49	22 932.72	32 229.41	45 665.43	50 015.28	45 865.43	21 992.08	45 865.43	16 013.10

续表

县别	二十六年 额徵	二十六年 实收	二十七年 额徵	二十七年 实收	二十八年 额徵	二十八年 实收	二十九年 额徵	二十九年 实收	三十年 额徵	三十年 实收
江陵	220 723.60	77 707.22	110 361.30	55 500.62	219 966.96	149 737.07	219 966.96	22 958.22	219 966.96	2 655.47
荆门	141 781.81	53 513.37	70 891.41	26 891.74	150 353.06	44 823.65	142 692.44	53 412.52	142 692.44	2 784.38
第五区	402 738.74	118 559.65	201 369.38	116 454.30	455 731.28	315 899.69	476 578.29	307 627.99	461 130.53	207 506.92
宜城	38 107.00	15 130.03	19 053.95	14 431.33	38 107.90	43 955.72	38 107.90	24 986.63	38 107.90	74 379.23
枣阳	56 863.52	33 389.98	28 431.76	30 118.96	109 684.00	95 871.77	130 568.88	86 842.87	115 067.58	
襄阳	185 010.76	18 341.69	92 505.38	22 299.59	185 010.76	81 734.59	185 010.76	110 687.18	185 010.76	106 187.14
光化	44 537.40	13 511.20	22 268.70	5 425.13	44 574.72	18 487.43	44 537.40	26 982.67	44 574.72	
谷城	36 320.18	15 869.37	18 160.09	14 683.75	36 454.90	89 190.58	33 454.90	27 787.98	36 470.55	13 542.86
保康	11 679.42	5 700.76	5 839.71	10 286.99	4 679.42	10 181.42	11 679.42	11 402.83	11 679.42	6 123.07
南漳	30 219.58	16 616.62	15 109.79	21 208.82	30 219.58	31 478.17	30 219.58	18 937.83	30 219.58	8 274.62
第六区	146 901.11	71 528.21	73 450.56	76 623.94	158 403.87	135 083.39	157 742.90	83 528.74	158 261.52	50 654.50

續表

縣別	二十六年 額徵	二十六年 實收	二十七年 額徵	二十七年 實收	二十八年 額徵	二十八年 實收	二十九年 額徵	二十九年 實收	三十年 額徵	三十年 實收
遠安	13 770.50	7 056.57	6 885.25	8 675.66	15 447.76	18 620.20	15 612.84	11 864.83	16 161.40	9 652.48
當陽	79 071.11	22 136.42	19 535.56	14 102.51	88 982.09	32 060.38	83 932.09	1 288.37	38 932.09	2 227.77
宜都	24 582.73	16 561.43	12 226.37	20 972.70	2 488.78	19 462.28	24 532.73	17 127.56	24 532.23	8 101.24
宜昌	86 015.05	7 178.37	18 007.53	16 899.23	44 979.57	30 564.28	45 153.32	20 570.70	45 153.32	
興山	7 822.80	1 783.71	3 911.40	3 032.76	7 822.80	5 927.40	7 822.40	8 892.06	7 823.03	4 027.32
秭歸	11 896.96	10 419.52	5 948.48	7 150.49	11 896.96	10 347.58	111 896.96	10 439.46	11 896.76	14 766.66
長陽	11 042.30	5 309.34	5 521.15	3 479.31	11 042.30	14 755.08	11 042.30	11 182.85	11 042.20	9 060.65
五峯	2 749.66	1 082.85	1 374.83	2 311.28	2 749.66	3 345.09	2 749.66	2 163.21	2 750.29	2 818.38
第七區	186 004.39	47 983.26	93 002.20	93 529.96	457 947.65	150 549.93	187 894.96	210 575.04	164 099.15	126 101.15
鶴峯	10 234.63	1 767.45	5 117.32	4 005.09	10 041.44	4 786.15	10 081.44	6 825.29	10 081.44	1 602.14
宣恩	22 651.75	5 165.30	11 325.88	12 474.86	22 651.75	22 880.73	22 899.06	27 726.83	22 899.06	26 264.72
來鳳	18 736.00	4 164.15	9 368.00	5 753.98	18 671.89	9 443.89	18 671.89	20 311.08	18 676.53	14 905.70

续表

县别	二十六年 額徵	二十六年 實收	二十七年 額徵	二十七年 實收	二十八年 額徵	二十八年 實收	二十九年 額徵	二十九年 實收	三十年 額徵	三十年 實收
咸豐	22 000.00	4 605.73	11 000.00	6 218.82	24 000.00	17 091.41	24 000.00	28 478.64		
利川	23 980.76	12 989.13	11 990.38	11 172.29	24 026.90	27 198.01	24 026.90	25 555.45	24 151.17	13 593.91
恩施	30 001.25	4 113.28	15 000.00	21 046.59	330 001.25	31 480.91	30 001.25	30 498.74	30 003.59	5 651.13
建始	32 800.00	12 386.00	16 400.00	17 561.92	32 914.42	13 484.98	32 914.42	28 782.00	32 914.42	41 854.06
巴東	25 600.00	2 792.22	12 800.00	15 246.41	25 600.00	24 183.90	25 600.00	33 397.01	25 667.94	22 229.49
第八區	180 988.11	44 538.92	164 654.06	107 382.29	180 988.11	161 887.94	180 988.11	191 777.14	179 262.40	65 495.83
房縣	38 951.87	10 271.73	19 430.94	16 786.64	38 861.87	25 785.12	38 861.87	29 473.15	35 975.65	30 749.68
均縣	32 646.24	3 222.97	16 323.12	24 609.11	32 646.24	37 699.34	32 646.24	42 217.65	33 806.75	482.67
鄖縣	42 000.00	7 863.91	21 000.00	30 268.27	42 000.00	38 465.51	42 000.00	54 241.75	42 000.00	30 974.68
竹山	18 480.00	3 881.60	92 400.00	13 491.29	18 480.00	17 121.14	18 480.00	16 240.86	18 480.00	2 686.63
竹谿	21 000.00	12 452.71	10 500.00	12 681.60	21 000.00	18 928.23	21 000.00	20 516.56	21 000.00	6 812.43
鄖西	28 000.00	6 896.00	14 000.00	9 545.38	28 000.00	23 888.60	28 000.00	29 086.87	28 000.00	3 790.18

資料來源：根據財政廳報表編列。

68. 近五年各縣營業稅實收數

單位：元

局別	二十七年	二十八年	二十九年	三十年	三十一年（元月至六月）
總計	2 575 526.05	356 642.62	1 392 510.83	2 229 691.00	2 151 818.62
宜都縣稅務局	14 152.51	27 270.07	24 708.60	15 455.12	14 733.19
興山縣稅務局	2 593.20	4 472.86	8 576.81	29 191.17	30 132.69
五峯縣稅務局	5 476.06	—	—	33 762.85	10 980.70
巴東縣稅務局	6 457.85	11 260.98	28 567.66	33 470.37	39 733.22
宣恩縣稅務局	2 366.40	3 735.40	21 530.03	39 703.15	20 315.82
房縣縣稅務局	3 611.40	4 725.22	33 744.61	57 756.66	52 945.52
遠安縣稅務局	4 411.93	7 725.45	14 801.40	14 086.23	55 370.33
竹谿縣稅務局	4 530.81	4 500.46	14 801.51	37 305.25	28 227.54
竹山縣稅務局	2 950.25	4 425.20	3 345.26	51 317.35	48 369.43
保康縣稅務局	2 601.00	3 363.83	6 865.33	12 389.36	46 737.51
鶴峯縣稅務局	2 730.40	2 567.16	18 558.68	120 784.41	67 564.72
恩施縣稅務局	10 724.60	14 039.12	35 798.01	31 607.72	42 758.71

续表

局别	二十七年	二十八年	二十九年	三十年	三十一年（元月至六月）
郧西县税务局	3 602.75	3 745.00	11 678.46	43 164.24	53 130.48
长阳县税务局	6 814.13	13 936.12	26 967.73	25 376.81	14 897.35
建始县税务局	6 930.65	12 547.66	23 331.39	23 339.84	34 400.08
咸丰县税务局	707.60	4 722.83	26 767.45	36 220.29	39 618.20
来凤县税务局	6 600.53	20 745.39	83 011.55	220 509.87	120 715.91
利川县税务局	6 336.49	6 692.29	24 814.53	37 114.57	27 593.06
秭归县税务局	5 250.87	8 352.68	13 721.80	110 225.27	66 302.62
英山县税务局	629.10	6 045.90	4 576.21	5 197.73	—
礼山县税务局	479.60	2 066.83	953.25	2 332.80	—
江陵县税务局	—	221 406.61	119 142.89	1 409.97	17 407.08
荆门县税务局	—	1 584.51	3 342.20	1 451.00	—
公安县税务局	—	15 517.68	75 241.51	47 591.51	45 579.18
石首县税务局	—	9 879.60	32 335.49	19 805.49	20 569.24
监利县税务局	—	13 048.65	14 427.29	13 042.10	—
光化县税务局	—	46 463.00	93 250.18	192 244.93	391 188.83
襄阳县税务局	—	23 036.79	42 726.60	164 506.33	266 336.34

續表

局別	二十七年	二十八年	二十九年	三十年	三十一年（元月至六月）
谷城縣稅務局	—	14 935.36	43 070.07	161 731.98	162 994.83
鄖縣縣稅務局	—	16 576.25	53 614.16	96 535.35	82 536.15
南漳縣稅務局	—	14 205.58	14 363.28	44 035.29	56 152.09
宜城縣稅務局	—	2 104.69	6 958.28	12 987.17	11 471.98
均縣縣稅務局	—	4 895.88	20 274.52	36 729.42	70 382.90
宜昌縣稅務局	—	74 502.63	77 814.27	103 904.97	55 499.53
松滋縣稅務局	—	33 340.18	52 378.37	234 544.71	75 718.28
枝江縣稅務局	—	26 809.08	30 654.42	34 885.62	10 616.11
當陽縣稅務局	—	13 698.14	16 294.98	3 160.18	—
武昌縣稅務局	—	480.85	3 925.15	—	—
蒲圻縣稅務局	—	660.00	9 560.38	—	—
咸寧縣稅務局	—	1 989.01	8 991.88	—	—
嘉魚縣稅務局	—	1 690.00	12 523.35	1 713.00	—
崇陽縣稅務局	—	—	1 924.00	88.30	—
陽新縣稅務局	—	3 195.50	5 175.50	188.00	—
大冶縣稅務局	—	2 873.40	8 466.70	3 416.80	—

续表

局别	二十七年	二十八年	二十九年	三十年	三十一年（元月至六月）
通城縣稅務局	—	420.20	4 201.39	3 911.29	—
通山縣稅務局	—	508.48	2 158.93	2 216.25	—
鄂城縣稅務局	—	1 039.80	11 506.39	245.04	—
蘄春縣稅務局	—	11 929.11	30 666.58	6 075.42	—
浠水縣稅務局	—	7 405.58	22 694.39	8 236.28	—
廣濟縣稅務局	—	10 171.18	14 704.54	6 596.81	—
黃梅縣稅務局	—	6 024.54	5 803.53	457.73	—
羅田縣稅務局	—	7 759.09	5 013.99	3 239.92	—
黃安縣稅務局	—	1 013.20	816.00	—	—
黃岡縣稅務局	—	6 920.10	17 718.27	4 802.36	—
麻城縣稅務局	—	7 239.22	5 753.52	5 672.46	—
黃陂縣稅務局	—	5 398.00	1 520.00	—	—
隨縣縣稅務局	—	4 493.73	13 618.50	11 618.82	—
安陸縣稅務局	—	305.90	110.40	—	—
應山縣稅務局	—	—	818.00	—	—
鍾祥縣稅務局	—	2 749.50	3 231.60	—	—

續表

局別	二十七年	二十八年	二十九年	三十年	三十一年（元月至六月）
沔陽縣稅務局	—	1 733.63	5 802.75	—	—
漢陽縣稅務局	—	64 340.24	19 249.79	—	—
棗陽縣稅務局	—	3 910.46	21 940.10	—	—
漢口區稅務局	1 356 992.26	—	—	—	—
武昌區稅務局	143 528.46	—	—	—	—
沙市區稅務局	271 569.65	—	—	—	—
宜昌區稅務局	137 103.58	—	—	—	—
老河口區稅務局	126 526.34	—	—	—	—
岳口區稅務局	82 479.28	—	—	—	—
武穴區稅務局	51 169.07	—	—	—	—
團風區稅務局	83 800.82	—	—	—	—
廣水區稅務局	46 313.62	—	—	—	—
羊樓洞區稅務局	49 727.08	—	—	—	—
漢口國際貿易營業稅局稽征專員辦事處	56 310.44	—	—	—	—

续表

局别	二十七年	二十八年	二十九年	三十年	三十一年（元月至六月）
汉口特区侨商营业税局稽征专员办事处	18 468.15	—	—	—	—
汉口日法租界营业税局稽征专员办事处	26 008.62	—	—	—	—
武阳汉菸酒牌照税办事处	35 517.00	—	—	—	—

资料来源：二十七、八、九，三年数字根据财政厅直接报表编列，三十年及三十一年上半年数字根据《新湖北季刊》第三卷第一、二期合刊《本省财政金融之过去与现在》一文。

69. 各縣歷年契稅額徵與實收

單位：元

縣別	二十六年		二十七年		二十八年	
	額徵	實收	額徵	實收	額徵	實收
總計	1 062 520.00	1 030 122.04	1 062 520.00	367 696.60	1 062 520.00	640 903.20
第一區	87 370.00	66 487.76	87 370.00	25 832.66	87 370.00	3 294.39
武昌	11 490.00	5 216.83	11 490.00	3 231.39	11 490.00	3.75
漢陽	11 040.00	10 553.33	11 040.00	1 410.62	11 040.00	581.66
嘉魚	6 850.00	8 306.00	6 850.00	795.91	6 850.00	51.94
咸寧	7 920.00	4 230.01	7 920.00	3 217.69	7 920.00	790.95
蒲圻	3 080.00	2 586.40	8 080.00	1 233.09	3 080.00	—
崇陽	2 650.00	4 021.05	2 650.00	1 196.46	2 650.00	—
通城	3 140.00	3 144.03	3 140.00	1 281.33	3 140.00	363.18
通山	12 120.00	3 521.00	12 120.00	1 427.03	12 120.00	764.32
陽新	5 230.00	2 590.96	5 330.00	819.83	5 230.00	107.70
大冶	8 870.00	10 318.05	8 870.00	5 553.58	8 870.00	60.52
鄂城	14 980.00	12 000.10	14 980.00	5 670.98	14 980.00	570.42
第二區	132 403.00	125 874.52	132 530.00	36 705.43	132 430.00	46 482.84
黃岡	16 260.00	19 325.33	16 260.00	1 422.38	16 160.00	4 056.41
浠水	16 030.00	14 282.98	16 030.00	4 793.09	16 030.00	3 934.18
蘄春	16 420.00	19 203.12	16 420.00	5 378.78	16 420.00	8 205.66

二十九年		三十年		三十一年	
額徵	實收	額徵	實收	額徵	實收
1 062 520.00	865 372.00	1 126 446.00	1 122 586.47	1 503 682.00	2 456 792.04
87 370.00	21 453.40	87 370.00	8 975.45	103 870.00	16 352.51
11 490.00	35.80	11 490.00	—	15 460.00	—
11 040.00	148.44	11 040.00	—	14 853.00	—
6 850.00	1 546.33	6 850.00	—	9 179.00	—
7 920.00	4 768.25	7 920.00	—	10 641.00	1 284.07
3 080.00	888.15	3 080.00	—	4 170.00	—
2 650.00	258.58	2 650.00	—	3 526.00	3 438.20
3 140.00	1 847.00	3 140.00	2 287.77	2 833.00	4 707.00
12 120.00	3 154.93	12 120.00	2 810.73	4 161.00	5 525.05
5 230.00	80.30	5 230.00	260.54	7 009.00	226.70
8 870.00	1 994.20	8 870.00	3 363.36	11 924.00	1 171.49
14 980.00	6 791.39	14 980.00	284.03	20 172.00	—
132 403.00	114 420.38	132 403.00	126 477.86	178 220.00	265 624.94
16 260.00	19 698.66	16 260.00	12 972.77	21 900.00	30 397.13
16 030.00	22 510.56	16 030.00	27 407.74	21 500.00	63 867.89
16 420.00	16 276.75	16 420.00	19 151.91	22 116.00	30 190.75

縣別	二十六年		二十七年		二十八年	
	額徵	實收	額徵	實收	額徵	實收
廣濟	17 230.00	15 950.75	17 230.00	6 454.70	17 230.00	4 834.32
英山	4 680.00	1 313.33	4 680.00	2 345.29	4 680.00	4 249.58
黃梅	3 560.00	3 148.48	3 560.00	1 357.38	3 560.00	376.82
羅田	5 390.00	6 210.48	5 390.00	2 766.06	5 390.00	5 832.19
麻城	18 180.00	20 890.17	18 180.00	1 014.02	18 180.00	4 945.69
黃安	7 360.00	6 569.86	7 360.00	3 023.77	7 360.00	1 614.08
黃陂	20 940.00	10 651.69	20 940.00	4 557.84	20 940.00	363.88
禮山	6 380.00	8 232.43	6 380.00	3 482.18	6 380.00	3 469.07
第三區	202 280.00	188 094.95	202 280.00	60 963.91	202 280.00	46 065.71
孝感	11 640.00	14 685.65	11 640.00	3 338.08	11 640.00	—
雲夢	7 110.00	5 262.15	7 110.00	6 243.66	7 110.00	—
漢川	5 370.00	4 046.57	5 370.00	3 164.59	5 370.00	509.06
應城	19 740.00	17 907.90	19 740.00	6 040.01	19 740.00	—
安陸	15 050.00	7 833.03	15 050.00	2 714.98	15 050.00	—
應山	22 630.00	27 536.69	22 630.00	9 492.62	22 630.00	—
隨縣	45 560.00	36 465.21	45 560.00	10 493.49	45 560.00	22 904.57
鍾祥	32 140.00	25 087.69	32 140.00	7 660.68	32 140.00	8 952.14
京山	12 220.00	14 241.48	12 220.00	5 371.39	12 220.00	—
天門	30 820.00	25 021.58	30 820.00	6 453.11	30 820.00	3 699.94
第四區	204 360.00	188 742.58	204 360.00	53 439.47	204 360.00	136 134.74
沔陽	21 360.00	22 060.47	21 360.00	4 833.67	21 360.00	4 699.34

续表

二十九年		三十年		三十一年	
额征	实收	额征	实收	额征	实收
17 230.00	17 221.35	17 230.00	16 914.85	23 200.00	33 714.71
4 680.00	1 009.62	4 680.00	—	4 755.00	8 755.65
3 560.00	1 900.03	3 560.00	—	6 267.00	3 621.16
5 390.00	16 590.28	5 390.00	19 596.42	7 223.00	39 735.14
18 180.00	17 262.18	18 180.00	14 896.68	24 492.00	38 735.70
7 360.00	5 460.69	7 360.00	5 852.42	9 885.00	4 691.11
20 940.00	244.52	20 940.00	—	28 218.00	—
6 380.00	8 245.69	6 380.00	9 685.07	8 562.00	6 915.70
202 280.00	33 742.93	202 280.00	46 131.36	272 930.00	163 869.08
11 640.00	853.38	11 640.00	—	15 663.00	189.55
7 110.00		7 110.00	—	9 548.00	—
5 370.00	75.85	7 370.00	—	7 199.00	—
19 740.00		19 740.00	—	26 958.00	
15 050.00		15 050.00	—	20 266.00	6 417.45
22 630.00	1 425.11	22 630.00	3 582.92	30 499.00	9 736.15
45 560.00	3 929.36	45 560.00	29 998.53	61 455.00	137 966.33
32 140.00	19 517.42	32 140.00	16 261.11	43 339.00	9 559.55
12 220.00	—	12 220.00	—	16 447.00	—
30 820.00	7 942.26	30 820.00	5 288.80	41 556.00	—
204 360.00	186 719.94	204 360.00	171 950.45	290 965.00	692 047.37
21 360.00	1 132.39	21 360.00	—	28 786.00	—

縣別	二十六年		二十七年		二十八年	
	額徵	實收	額徵	實收	額徵	實收
潛江	13 070.00	8 061.93	13 070.00	1 359.18	13 070.00	412.76
監利	11 040.00	10 968.41	11 040.00	4 173.49	11 040.00	5 794.40
石首	10 700.00	17 500.75	10 700.00	5 175.32	10 700.00	17 739.14
公安	28 800.00	29 737.42	28 800.00	6 389.59	28 800.00	39 559.88
松滋	36 450.00	32 618.57	36 450.00	8 144.70	36 450.00	57 901.10
枝江	21 070.00	22 527.82	21 070.00	5 524.97	21 070.00	21 531.00
江陵	23 380.00	20 714.28	23 380.00	7 221.98	23 380.00	7 924.86
荊門	38 450.00	23 554.09	38 450.00	10 625.57	38 450.00	12 392.26
第五區	150 350.00	176 091.60	150 350.00	46 585.08	150 350.00	88 954.94
宜城	13 650.00	18 134.88	13 650.00	2 667.42	13 650.00	5 307.53
棗陽	33 360.00	40 922.58	33 360.00	3 569.06	33 360.00	7 759.07
襄陽	22 910.00	4 347.25	22 910.00	6 475.26	22 910.00	16 511.26
光化	16 780.00	17 271.99	16 780.00	5 358.81	16 780.00	10 580.38
谷城	33 990.00	40 147.65	33 990.00	9 959.45	33 990.00	20 434.38
保康	6 460.00	5 553.28	6 460.00	3 473.54	6 460.00	4 695.55
南漳	23 250.00	10 289.31	23 250.00	13 901.54	23 250.00	23 460.77
第六區	124 340.00	113 697.75	124 340.00	53 829.88	124 340.00	119 233.36
遠安	7 200.00	6 303.85	7 200.00	3 396.02	7 200.00	7 164.26
當陽	23 290.00	20 776.83	23 290.00	7 432.20	23 290.00	12 648.05
宜都	28 860.00	25 756.06	28 860.00	15 166.83	28 860.00	47 102.20
宜昌	26 610.00	31 794.73	26 610.00	9 360.79	26 610.00	13 154.11

續表

二十九年		三十年		三十一年	
額徵	實收	額徵	實收	額徵	實收
13 070.00	118.16	13 070.00	584.13	17 595.00	2 967.41
11 040.00	8 615.18	11 080.00	6 711.49	14 908.00	67 699.92
10 700.00	25 691.62	10 700.00	15 213.79	14 395.00	76 024.12
28 800.00	53 189.21	28 800.00	59 135.42	38 830.00	162 864.04
36 450.00	54 345.56	36 450.00	74 137.01	58 999.00	395 821.69
21 070.00	33 671.54	21 070.00	10 203.38	34 083.00	138 616.27
28 380.00	3 579.10	23 380.00	—	31 513.00	30 470.90
38 450.00	6 377.18	38 450.00	5 605.23	51 856.00	18 083.83
150 350.00	126 369.29	150 350.00	302 956.61	230 970.00	352 667.88
13 650.00	14 649.19	13 650.00	21 046.99	22 063.00	31 334.15
33 360.00	15 630.49	33 360.00	59 902.48	44 986.00	55 339.07
22 910.00	38 599.92	22 910.00	86 969.33	40 157.00	117 279.81
16 730.00	22 442.30	16 780.00	39 383.44	27 053.00	45 684.02
33 990.00	8 595.32	37 789.00	51 001.40	50 425.00	43 864.26
6 460.00	5 142.07	6 460.00	9 769.58	8 671.00	27 535.09
23 250.00	21 337.00	27 900.00	34 883.39	37 615.00	81 631.48
124 340.00	127 447.98	135 434.00	105 786.15	182 436.00	325 954.84
7 200.00	8 161.63	7 200.00	11 739.54	9 670.00	41 076.70
23 290.00	—	23 290.00	128.10	31 392.00	2 946.00
28 860.00	48 040.81	34 632.00	23 720.62	46 709.00	77 511.55
26 610.00	26 730.60	31 932.00	14 045.72	43 058.00	42 364.75

縣別	二十六年		二十七年		二十八年	
	額徵	實收	額徵	實收	額徵	實收
興山	7 960.00	6 316.30	7 960.00	3 816.98	7 960.00	7 180.30
秭歸	14 510.00	17 659.73	14 510.00	10 125.33	14 510.00	18 819.36
長陽	112 70.00	337.42	11 270.00	3 026.78	11 270.00	9 406.01
五峯	4 640.00	4 754.00	4 640.00	1 504.95	4 640.00	3 764.07
第七區	56 560.00	59 634.08	56 560.00	35 783.41	56 560.00	63 950.43
鶴峯	980.00	165.24	980.00	994.53	980.00	1 731.05
宣恩	6 530.00	5 146.51	6 530.00	1 664.04	6 350.00	4 319.24
來鳳	4 640.00	4 550.33	4 640.00	1 807.57	4 640.00	6 446.98
咸豐	4 480.00	5 086.78	4 480.00	1 655.72	4 480.00	8 659.00
利川	8 340.00	12 707.91	8 340.00	7 846.93	8 340.00	12 619.65
恩施	17 950.00	15 597.45	17 950.00	9 430.29	17 950.00	17 262.36
建始	8 000.00	9 059.40	8 000.00	7 076.56	8 000.00	10 181.87
巴東	5 640.00	7 320.46	5 640.00	5 307.77	5 640.00	7 730.78
第八區	104 880.00	111 050.80	104 880.00	54 507.76	104 880.00	104 781.79
房縣	13 220.00	14 282.91	13 220.00	8 428.77	13 220.00	15 907.38
均縣	14 350.00	33 565.11	14 350.00	9 955.96	14 350.00	13 521.22
鄖縣	25 920.00	32 478.36	25 920.00	14 167.95	25 920.00	26 853.80
竹山	16 300.00	2 254.17	16 300.00	8 496.47	16 300.00	21 917.97
竹谿	16 810.00	9 960.56	16 810.00	5 157.01	16 810.00	8 950.21
鄖西	18 230.00	18 264.69	18 230.00	8 301.57	18 230.00	17 631.26

資料來源：根據財政報表編列。

續表

二十九年		三十年		三十一年	
額徵	實收	額徵	實收	額徵	實收
7 960.00	6 509.64	7 960.00	9 043.54	10 696.00	25 002.08
14 510.00	20 298.36	14 510.00	25 771.41	19 538.00	65 235.42
112 70.00	12 519.47	112 70.00	16 016.74	15 165.00	68 708.69
4 640.00	5 187.37	4 640.00	5 329.48	6 214.04	9 114.65
56 560.00	101 219.74	67 410.00	159 371.90	90 602.00	199 308.48
980.00	3 395.38	980.00	1 920.98	1 274.00	7 420.72
6 530.00	2 897.70	6 530.00	9 499.48	8 765.00	8 655.30
4 640.00	13 875.12	4 640.00	11 377.51	6 214.00	13 681.30
4 480.00	6 479.52	4 480.00	3 595.36	5 998.00	7 886.69
8 340.00	19 856.50	8 340.00	24 671.19	11 209.00	30 469.22
17 950.00	28 380.51	23 335.00	14 811.74	31 452.00	55 404.55
8 000.00	11 924.00	11 200.00	75 070.59	15 070.00	46 646.34
5 640.00	14 509.15	7 896.00	18 425.05	10 620.00	29 143.86
104 880.00	153 998.61	114 319.00	200 886.69	154 031.00	243 966.13
13 220.00	14 160.91	13 220.00	23 756.65	17 797.00	48 691.68
14 350.00	34 378.53	18 655.00	51 337.89	25 134.00	16 632.00
25 920.00	39 011.89	31 104.00	46 280.15	41 941.00	13 259.90
16 300.00	12 736.74	16 300.00	17 905.23	21 955.00	43 281.70
16 810.00	21 364.25	16 810.00	20 474.17	22 644.00	57 621.43
18 230.00	23 351.29	18 230.00	41 123.50	24 560.00	64 479.42

70. 咸豐等縣土地陳報稅地面積及稅額

三十年至三十一年

縣別	稅地（畝）面積			稅（元）額		
	陳報前	陳報后	比較增加數	陳報前田賦額	陳報後地價稅額	比較增加數
咸豐	114 152.91	384 416.35	270 263.45	112 143.61	175 020.26	52 896.65
來鳳	116 728.19	254 443.45	137 705.46	112 058.98	148 736.30	36 667.32
宣恩	102 715.10	331 910.17	229 194.37	105 797.27	193 959.52	88 161.98
恩施	166 714.39	967 404.49	800 660.10	116 712.96	872 953.83	711 239.87
建始	205 761.70	559 671.15	353 901.45	160 500.37	466 210.40	305 710.04
利川	171 088.21	658 465.94	488 427.72	164 232.86	577 884.85	431 651.99
巴東	160 424.60	641 171.08	480 746.48	144 382.14	406 704.23	262 322.09
五峯	27 502.20	165 665.48	233 162.58	20 902.20	113 035.85	92 123.65
鶴峯	65 059.37	149 681.48	138 622.11	52 692.81	994 096.34	41 400.53
合計	864 705.50	910 576.15	545 870.65	290 548.72	1 855 898.40	1 656 349.68

续表

县别	税地（亩）面积			田赋地价税（元）额		
	陈报前	陈报后	比较增加数	陈报前田赋额	陈报后地价税额	比较增加数
郧县	320 000.00	646 637.01	346 637.01	324 000.00	—	—
均县	234 383.91	559 272.09	324 938.18	213 243.86	—	—
秭归	99 141.32	525 297.80	427 165.48	85 261.54	292 637.11	207 375.57
长阳	111 366.80	674 390.50	563 023.70	78 599.04	—	—
兴山	65 191.86	219 946.05	154 754.19	61 280.35	144 342.33	63 061.98
郧西	184 984.53	486 902.91	301 959.28	146 599.83	578 428.92	419 829.09
襄阳	2 165 343.56	2 193 131.85	27 838.29	1 025 440.89	1 682 179.04	656 738.15
光化	445 747.12	—	—	281 278.16	—	—
竹谿	150 000.00	—	—	136 500.00	—	—

资料来源：根据《新湖北季刊》第三卷第一、二期合刊《本省财政金融之过去与现在》一文。

71. 各縣自治財政三十年度三十一年度收入

單位：元

縣別	三十年度	三十一年度
蒲圻		48 763.86
咸寧		178 571.61
通城	158 021.40	879 355.28
崇陽	82 855.22	265 817.07
陽新		242 945.95
鄂城		178 046.87
通山		288 327.30
蘄春		736 663 00
浠水		602 231 00
黃梅		481 542.77
廣濟		368 362.08
羅田		448 004.92
英山		492 765.45
黃安		1 643 035.02
黃岡		245 033.71
應山		186 079.84
京山		254 913.31
荊門	58 198.15	226 718.91

續表

縣別	三十年度	三十一年度
江陵	347 997.55	—
監利	488 289.33	—
棗陽	323 633.06	1 043 086.31
枝江	314 261.96	573 145.88
宜城	205 949.59	675 727.04
宜都	91 892.90	596 087.12
宜昌	135 492.20	948 713.36
遠安	163 924.40	580 859.16
當陽	85 590.38	—
公安	597 465.46	—
石首	367 120.71	—
松滋	650 596.01	—
光化	296 467.43	1 919 500.43
襄陽	453 719.43	2 234 836.03
谷城	397 212.09	1 372 456.41
南漳	202 084.46	591 918.54
保康	100 984.05	326 445.75
興山	158 208.59	—
秭歸	—	609 579.00
五峯	195 496.57	—
長陽	217 325.90	515 404.75

續表

縣別	三十年度	三十一年度
恩施	518 808.00	2 359 043.00
宣恩	219 440.07	1 042 821.67
建始	321 654.76	—
巴東	212 388.52	813 309.72
鶴峯	154 687.84	631 451.98
利川	175 103.99	1 533 986.32
咸豐	167 696.58	631 169.81
來鳳	174 302.96	641 822.65
鄖縣	440 013.60	789 288.93
均縣	222 238.81	489 085.93
房縣	233 569.09	1 014 497.30
竹山	166 343.56	599 980.73
鄖西	269 556.72	1 620 391.50
竹谿	231 958.00	811 989.00

資料來源：根據財政廳報表編列。

72. 通城等縣三十二年度自治財政收入

單位：元

縣別	可靠收入	實際收入	附注
通城	—	680 484.65	元至六月實收數
崇陽	—	222 943.27	元至四月實收數
陽新	—	19 394.62	元至四月實收數
黃梅	—	225 912.37	元至六月實收數
廣濟	—	376 029.44	元至四月實收數
羅田	—	136 188.65	元至四月實收數
英山	—	229 116.75	元至五月實收數
黃岡	—	430 234.09	七至八月實收數
禮山	—	163 571.58	元至五月實收數
隨縣	4 208 848.00	—	
安陸	—	175 396.54	元至五月實收數
棗陽	5 214 692.00	—	
枝江	1 051 353.72	—	
宜城	2 174 006.92	—	
宜都	2 987 930.00	567 926.38	二至三月實收數
宜昌	2 834 305.00	—	
遠安	—	607 802.90	元至五月實收數
當陽	281 082.22	—	

續表

縣別	可靠收入	實際收入	附注
松滋	—	283 295.42	元至三月實收數
光化	2 149 770.26	1 600 483.39	元至九月實收數
襄陽	2 086 282.00	—	
谷城	2 356 396.00	—	
南漳	1 247 234.00	—	
保康	—	442 402.27	元至八月實收數
秭歸	2 148 899.00	—	
長陽	4 025 384.41	313 263.36	元至六月實收數
恩施	6 570 690.00	—	
宣恩	2 488 375.00	296 758.70	元至六月實收數
建始	—	869 337.20	元至六月實收數
巴東	1 376 203.00	814 075.92	元至九月實收數
鶴峯	1 381 329.32	—	
利川	2 680 422.00	155 334.66	元至二月實收數
咸豐	2 159 540.00	621 867.77	元至七月實收數
來鳳	2 298 661.00	1 005 995.32	元至八月實收數
鄖縣	4 014 073.00	2 085 294.27	元至八月實收數
均縣	4 552 345.98	1 912 127.42	元至六月實收數
房縣	3 809 663.00	958 614.35	元至七月實收數
竹山	2 826 621.00	—	
鄖西	3 989 574.20	811 468.18	元至六月實收數
竹谿	2 570 752.00	985 025.47	元至九月實收數

資料來源：根據財政廳報表編列。

73. 武昌等縣三十一年度公產收益估計

單位：元

縣別	收益數	縣別	收益數
總計	2 522 188	監利	11 752
武昌	45 000	石首	117 908
嘉魚	25 394	公安	221 200
咸寧	18 600	松滋	64 123
蒲圻	16 344	枝江	9 280
崇陽	21 900	江陵	9 000
通城	20 960	荆門	32 000
通山	33 000	宜城	12 000
陽新	4 000	棗陽	26 000
大冶	21 000	襄陽	88 073
鄂城	34 435	光化	12 450
黃岡	63 046	谷城	66 816
浠水	28 900	保康	26 800
蘄春	63 700	南漳	56 575
廣濟	31 300	遠安	24 600
黃梅	43 500	當陽	40 232
英山	71 050	宜都	50 150
羅田	38 336	宜昌	28 075
麻城	23 896	興山	6 900
黃安	80 000	秭歸	25 400
黃陂	44 123	長陽	38 800

續表

縣別	收益數	縣別	收益數
禮山	11 488	五峯	27 750
孝感	16 215	鶴峯	26 000
雲夢	25 750	宣恩	30 000
漢川	38 550	來鳳	16 142
應城	19 800	咸豐	16 403
安陸	23 080	利川	37 337
應山	23 625	恩施	53 824
鍾祥	8 000	建始	22 000
隨縣	25 500	房縣	29 000
京山	23 200	均縣	49 861
天門	17 000	鄖縣	34 154
漢陽	28 062	竹山	58 450
沔陽	20 000	竹谿	70 710
潛江	45 400	鄖西	41 714

資料來源：根據財政廳報表編列。

74. 石首等縣公共造產收入概數

截至三十一年十二月底止

單位：元

縣別	共計	公耕	造林	養魚	造產種類及收益概數 養豬	養雞	收羊	種菜	種菱藕
總計	4 049 256	2 035 008	1 900	12 360	428 440	1 443 000	104 690	12 890	10 977
石首	18 000	18 000	—	—	—	—	—	—	—
監利	24 000	24 000	—	—	—	—	—	—	—
公安	597 200	153 200	—	—	—	444 000	—	—	—
松滋	5 000	—	—	—	—	5 000	—	—	—
宜城	146 928	28 923	—	—	80 000	25 000	12 000	—	—
襄陽	103 690	56 120	400	12 100	1 150	28 610	360	4 300	65□
光化	225 616	54 000	—	—	62 200	58 779	40 020	2 890	7 727
谷城	208 200	68 200	—	—	—	140 000	—	—	—
保康	646 000	646 000	—	—	—	—	—	—	—
南漳	66 560	—	1 500	280	36 000	4 800	32 200	3 200	600
遠安	23 880	17 000	—	—	—	4 480	—	2 400	—

续表

湖北省统计年鉴（1937—1943）

造产种类及收益概数

县别	共计	公耕	造林	养鱼	养猪	养鸡	牧羊	种菜	种麦稻
宜昌	45 500	500	—	—	—	35 000	10 000	—	—
兴山	9 600	—	—	—	7 000	1 400	1 100	100	—
长阳	104 890	104 890	—	—	—	—	—	—	—
五峰	78 260	37 940	—	—	—	40 320	—	—	—
鹤峰	105 600	81 600	—	—	—	24 000	—	—	—
来凤	44 000	—	—	—	—	44 000	—	—	—
咸丰	300 250	183 000	—	—	—	117 250	—	—	—
利川	145 905	38 725	—	—	—	62 180	—	—	—
恩施	163 680	33 680	—	—	30 000	100 000	—	—	—
建始	23 000	—	—	—	—	24 000	—	—	—
巴东	80 500	500	—	—	—	80 000	—	—	—
房县	129 600	54 600	—	—	—	75 000	—	—	—
郧县	261 191	20 230	—	—	200 340	23 600	12 000	—	—
竹山	314 925	314 925	—	—	—	—	—	—	—
竹谿	135 545	40 545	—	—	—	95 000	—	—	—
郧西	38 751	13 430	—	—	11 750	4 561	4 561	9 000	—

资料来源：根据《新湖北季刊》第三卷第一、二期合刊《本省财政金融之过去与现在》一文。

75. 石首等縣公營事業收入概數

截至三十一年十二月底止

單位：元

縣別	共計	公營牙行	攤販場	簡易工廠	公廁肥料變價
總計	1 594 909	1 198 526	424 440	128 520	25 423
石首	30 000	30 000	—	—	—
監利	73 918	53 500	—	—	20 368
公安	204 000	204 000	—	—	—
松滋	32 620	11 720	—	20 000	900
枝江	1 600	1 200	—	—	400
宜城	12 000	12 000	—	—	—
襄陽	156 575	114 380	9 340	31 620	1 235
光化	42 000	—	42 000	—	—
保康	8 200	8 200	—	—	—
南漳	4 800	4 800	—	—	—
遠安	9 900	8 500	600	—	800
宜都	8 240	8 000	120	—	120

續表

縣別	共計	公營牙行	攤販場	簡易工廠	公廁肥料變價
宜昌	79 600	60 000	9 600	10 000	—
長陽	30 000	28 000	1 000	—	1 000
五峯	1 000	1 000	—	—	—
鶴峯	6 800	6 000	400	—	400
來鳳	36 000	36 000	—	—	—
宣恩	18 824	18 824	—	—	—
咸豐	66 768	66 768	—	—	—
利川	56 600	56 600	—	—	—
恩施	549 664	285 584	163 880	—	200
建始	28 000	28 000	—	—	—
巴東	9 200	8 000	300	900	—
房縣	1 800	600	1 200	—	—
均縣	28 000	80 000	2 000	—	—
鄖縣	44 800	34 800	10 000	—	—
竹山	63 000	1 000	2 000	60 000	—
竹谿	6 000	—	—	6 000	—
鄖西	31 000	31 000	—	—	—

資料來源：根據《新湖北季刊》第三卷第一、二期合刊《本省財政金融之過去與現在》一文。

76. 石首等縣清理公學產款收入概數

截至三十一年十二月底止

單位：元

縣別	共計	縣公款	縣公產	鄉公款	鄉公產	匪逆絕產	寺廟款產
總計	6 184 192	55 783	3 115 952	28 596	1 985 781	86 049	912 081
石首	128 000	—	108 000	—	20 000	—	—
監利	123 448	—	40 000	—	77 758	—	5 690
公安	755 580	—	554 000	—	188 500	—	13 080
松滋	590 792	—	252 700	—	244 979	—	93 113
枝江	249 459	60	63 551	—	183 900	1 945	—
宜城	58 000	—	58 000	—	—	—	—
襄陽	221 980	—	86 000	159	104 200	920	30 710
襄陽	172 980	—	172 980	—	—	—	—
光化	36 130	21 100	16 080	—	—	—	—

續表

縣別	共計	縣公款	縣公產	鄉公款	鄉公產	匪逆絶産	寺廟款産
谷城	147 188	—	68 815	—	74 372	—	4 000
保康	26 690	—	20 400	—	340	5 950	—
南漳	188 950	—	63 750	—	115 200	—	10 000
遠安	365 585	—	272 000	14 750	78 835	—	—
當陽	40 613	—	6 358	—	14 051	2 380	17 824
宜都	147 809	—	71 809	—	76 000	—	—
宜昌	76 250	—	10 000	—	25 000	1 250	40 000
興山	103 388	8 154	6 882	5 147	44 003	5 658	33 554
秭歸	63 120	6	12 364	552	40 968	—	9 230
長陽	102 847	—	102 847	—	□①0 000	—	—
五峯	42 000	—	12 000	—	—	—	—
鶴峯	53 377	—	53 377	—	—	—	—

① 此處底本缺失。

续表

县别	共计	县公款	县公产	乡公款	乡公产	匪逆绝产	寺庙款产
来凤	63 000	—	63 000	—	—	—	—
宣恩	100 704	—	33 087	2 880	60 487	—	—
咸丰	198 700	2 000	46 700	—	—	—	150 000
利川	135 000	—	108 000	—	12 000	15 000	—
恩施	703 719	8 000	386 396	—	286 458	8 840	14 025
建始	225 600	—	91 460	—	46 960	42 370	84 810
巴东	27 800	—	23 000	—	5 000	—	800
房县	233 289	1 000	68 000	—	—	9 036	115 253
均县	33 776	280	20 060	117	1 871	—	41 451
郧县	316 230	8 183	43 097	5 000	175 000	20 000	60 000
竹山	230 500	8 000	112 000	—	—	8 588	102 003
竹溪	133 450	—	53 550	—	79 900	—	—
郧西	85 188	—	11 688	—	—	4 200	42 300

资料来源：根据《新湖北季刊》第三卷第一、二期合刊《本省财政金融之过去与现在》一文。

77. 本省籌募三十一年公債配額

配額單位	派募數（國幣：元）				勸募數（美金：元）			
	原配數	增數	減數	應募數	原配數	增數	減數	應募數
總計	5 022 500	997 500	20 000	6 000 000	280 920	122 080	3 000	400 000
老河口	1 000 000	100 000		1 100 000	54 000	20 000		74 000
三斗坪	300 000	100 000		400 000	15 000	12 000		27 000
茅坪	300 000	30 000		330 000	15 000	15 000		20 000
沙道觀	300 000	50 000		350 000	15 000	15 000		30 000
藕池	50 000	30 000		80 000	3 000	6 000		9 000
漁羊關	50 000			50 000	600			600
三斗坪聚興誠銀行	100 000			100 000	7 200			7 200
三斗坪上海銀行	100 000			100 000	7 200			7 200

续表

配额单位	派募数（国币：元）				勤募数（美金：元）		
	原配数	增数	减数	应募数	原配数	增数	减数	应募数
三斗坪交通银行	100 000			100 000	7 200			7 200
恩施中国农民银行	100 000			100 000	7 200			7 200
恩施中央银行	100 000			100 000	7 200			7 200
老河口中国农民银行	100 000			100 000	7 200			7 200
巴东中央银行	100 000			100 000	7 200			7 200
郧县中国农民银行	100 000			100 000	7 200			7 200
湖北省银行	500 000	20 000		520 000	36 000	12 000		48 000
老河口中央银行	100 000			100 000	7 200	12 000		7 200
武昌	500 000	20 000		520 000	36 000	500		38 000
钟祥	2 000			2 000	60			550
荆门	3 000			3 000	120			120

續表

配額單位	派募數（國幣：元）			勸募數（美金：元）			
	原配數	增數	減數	應募數	原配數	增數	減數	應募數

配額單位	原配數	增數	減數	應募數	原配數	增數	減數	應募數
江陵	3 000	25 000		28 000	120	1 500		1 620
監利	6 000	25 000		31 000	420	1 500		1 920
襄陽	6 000	10 000		16 000	300	600		900
枝江	1 000	2 000		3 000	60	600		660
宜城	3 000			3 000	120	500		620
宜都	10 000	10 000		20 000	300	1 500		1 800
宜昌	1 000			1 000	60			60
遠安	6 000			6 000	240	500		740
公安	100 000	100 000		200 000	6 000	4 000		10 000
石首	8 000	5 000		13 000	540	600		1 140
松滋	12 000			12 000	540	600		1 140

续表

配额单位	派募数（国币：元）				劝募数（美金：元）			
	原配数	增数	减数	应募数	原配数	增数	减数	应募数
光化	3 000			3 000	150			150
襄阳	300 000	200 000		500 000	12 000	12 000		24 000
谷城	300 000			300 000	12 000	500		12 500
南漳	90 000			90 000	5 400			5 400
保康	5 000	5 000		10 000		600		600
兴山	5 000	20 000		25 000	120			120
秭归	4 000	2 500		6 500	120	600		720
五峰	3 000			3 000	60			60
长阳	9 000	3 000		12 000	150	580		730
恩施	80 000	10 000		90 000	5 400	600		6 000
宣恩	20 000			20 000	900			900

续表

配领单位	派募数（国币：元）			勤募数（美金：元）			
	原配数	增数	减数	应募数	原配数	增数	减数	应募数

配领单位	原配数	增数	减数	应募数	原配数	增数	减数	应募数
建始	60 000			60 000	3 600	500		4 100
巴东	40 000	20 000		60 000	12 000	800		2 000
鹤峰	60 000			60 000	1 200			1 200
利川	80 000	10 000		90 000	5 400	600		6 000
咸丰	70 000			70 000	4 200			4 200
通城	3 000			3 000	120			120
大冶	1 500			1 500	90			90
蕲春	1 000			1 000				
浠水	3 000			3 000				
广济	2 000			2 000				
罗田	3 000			3 000	180			180

續表

配額單位	派募數（國幣：元）				勸募數（美金：元）			
	原配數	增數	減數	應募數	原配數	增數	減數	應募數
英山	2 500			2 500	150			150
黃岡	1 500			1 500				
隨縣	20 000	100 000		120 000	300	15 000		15 300
來鳳	80 000	10 000		90 000	5 400	600		6 000
鄖縣	30 000	30 000		60 000	1 200	1 500		2 700
均縣	30 000	20 000		50 000	1 500	1 500		3 000
鄖西	25 000	10 000		35 000	1 200	1 300		2 500
房縣	80 000		20 000	60 000	5 400		3 000	2 400
竹山	25 000	25 000		50 000	600	1 500		2 100
竹谿	25 000	25 000		50 000	600	1 500		2 100

資料來源：根據財政部公債勸募委員會湖北分會材料編列。

說明：1. 國幣公債以派募爲原則；

2. 美金公債以勸募爲原則。

78. 本省各種公債還本付息概況

截至三十年底止

單位：元

公債名稱	發行年月 年	發行年月 月	原債款項	利率（年息）	擔保品	用途	現負本金數	備注
善後公債	20	2	3 000 000	0.08	象鼻山礦鐵砂收入	維持剿匪軍需	無	
善後公債	21	10	3 000 000	0.08	營業稅	維持剿匪軍需	無	
續發善後公債	21	7	1 500 000	0.06	漢口營業稅	維持剿匪軍需	無	原名漢口市二期市政公債
整理金融公債	23	3	4 000 000	0.06	公產租金及省銀行服利	償還舊債	1 760 000	
建築公債	24	1	6 000 000	0.06	營業稅收入及中央補助費	建設公路	3 240 000	
建設公債	26	9	5 000 000	0.06	營業稅收入及內河航政收入	各種建設事業	3 800 000	
金融公債	28	8	8 000 000	0.30	每年農貸利息收入及糧管處省銀行資金股利	辦理各項要政	7 680 000	

資料來源：根據財政廳報表編列。

第八類　糧　政

79. 三十一年度各縣公購稻穀數

截至三十二年底止

單位：市石

縣別	應購數	已購數	超購（＋）或未購（－）	
總計	963 900 000	778 491 381	（－）	185 331 619
第一區	9 400 000	8 744 000	（－）	656 000
通城	5 000 000	5 000 000	—	
崇陽	3 000 000	3 000 000	—	
陽新	1 400 000	744 000	（－）	656 000
第二區	269 500 000	132 084 000	（－）	137 416 000
蘄春	56 000 000			
浠水	49 000 000			
黃梅	28 000 000			
廣濟	28 000 000			
羅田	14 000 000	132 084 000		
英山	7 000 000		（－）	137 416 000
黃安	7 000 000			

續表

縣別	應購數	已購數	超購（＋）或未購（－）	
黃岡	49 000 000			
麻城	24 500 000			
禮山	7 000 000			
第三區	82 000 000	90 000 000	（＋）	8 000 000
隨縣	50 000 000	50 000 000	—	
鍾祥	32 000 000	40 000 000	（＋）	8 000 000
第四區	267 500 000	141 909 478	（－）	125 590 522
江陵	29 000 000	7 600 000	（－）	21 400 000
沔陽	450 000 000	45 000 000	—	
潛江	4 000 000	—	（－）	4 000 000
監利	38 000 000	3 100 000	（－）	84 900 000
石首	50 000 000	—	（－）	50 000 000
公安	58 000 000	24 815 520	（－）	23 184 480
枝江	3 500 000	2 393 958	（－）	1 106 042
松滋	40 000 000	49 000 000	（＋）	9 000 000
第五區	98 000 000	146 424 652	（＋）	48 424 652
天門	15 000 000	20 000 000	（＋）	5 000 000
襄陽	20 000 000	43 430 000	（＋）	23 430 000
棗陽	12 000 000	9 067 000	（－）	2 933 000
宜城	9 000 000	24 676 000	（＋）	15 696 000
谷城	9 000 000	10 054 732	（＋）	1 054 732

续表

縣別	應購數	已購數	超購（+）或未購（-）	
光化	10 000 000	13 487 000	（+）	3 487 000
南漳	23 000 000	25 689 920	（+）	2 689 920
第六區	61 500 000	73 328 535	（+）	11 828 535
宜昌	10 000 000	10 356 000	（+）	356 000
遠安	20 000 000	17 794 666	（-）	2 205 334
當陽	7 000 000	10 000 000	（+）	3 000 000
宜都	7 000 000	8 595 080	（+）	4 523 273
興山	7 000 000	11 523 273	（+）	881 484
秭歸	3 000 000	2 118 516	（-）	881 484
五峯	3 500 000	4 485 000	（+）	985 000
長陽	4 000 000	8 456 000	（+）	4 456 000
第七區	116 000 000	114 355 692	（-）	1 567 308
恩施	30 000 000	21 870 150	（-）	8 129 850
利川	30 000 000	34 949 586	（+）	4 949 586
宣恩	10 000 000	9 700 000	（-）	300 000
咸豐	8 000 000	12 100 000	（+）	4 100 000
來鳳	5 000 000	8 325 980	（+）	3 325 980
鶴峯	2 000 000	2 200 320	（+）	277 320
建始	30 000 000	23 700 625	（-）	6 299 375
巴東	1 000 000	1 509 031	（+）	509 031
第八區	60 000 000	71 645 024	（+）	11 645 024

續表

縣別	應購數	已購數	超購（＋）或未購（－）	
鄖縣	9 000 000	10 217 714	（＋）	1 217 714
均縣	10 000 000	9 361 000	（－）	639 000
鄖西	7 000 000	4 362 000	（－）	2 638 000
房縣	14 000 000	18 569 965	（＋）	4 569 965
竹山	10 000 000	13 850 000	（＋）	3 850 000
竹谿	10 000 000	15 284 345	（＋）	5 284 345

材料來源：根據田糧處報表編列。

80. 三十一年度各縣隨賦帶徵積穀數

截至三十二年底止

單位：市石

縣別	額徵數	實徵數	超征（＋）或民欠（－）	
總計	503 525 000	102 710 736	（－）	362 168 264
第一區	16 790 000	1 825 332	（－）	14 964 668
通城	3 456 000	1 825 332	（－）	1 630 668
崇陽	3 000 000	—	（－）	3 000 000
陽新	3 690 000	—	（－）	3 690 000
通山	1 957 000	—	（－）	1 957 000
大冶	4 687 000	—	（－）	4 687 000
第二區	57 390 000	—	（－）	57 390 000
黃岡	10 586 000	—	（－）	10 586 000
浠水	7 375 000	—	（－）	7 375 000
蘄春	7 032 000	—	（－）	7 032 000
英山	1 990 000	—	（－）	1 990 000
羅田	4 842 000	—	（－）	4 842 000
麻城	7 492 000	—	（－）	7 492 000
黃安	2 996 000	—	（－）	2 996 000
禮山	3 624 000	—	（－）	3 624 000
廣濟	5 059 000	—	（－）	5 059 000

续表

縣別	額徵數	實徵數	超征（＋）或民欠（－）	
黃梅	6 394 000	—	（－）	6 394 000
第三區	65 008 000	1 881 567	（－）	63 126 433
隨縣	12 324 000	1 881 567	（－）	10 442 433
鍾祥	9 888 000	—	（－）	9 888 000
安陸	8 629 000	—	（－）	8 629 000
京山	12 129 000	—	（－）	12 129 000
天門	22 038 000	—	（－）	22 038 000
第四區	159 911 000	43 714 069	（－）	77 550 931
沔陽	32 045 000	—	（－）	32 045 000
監利	17 661 000	—	（－）	17 661 000
石首	18 106 000	—	（－）	18 106 000
公安	19 977 000	14 064 069	（－）	5 912 931
松滋	25 356 000	29 650 000	（＋）	4 294 000
江陵	28 751 000	—	（－）	28 751 000
潛江	12 512 000	—	（－）	12 512 000
枝江	5 503 000	—	（－）	5 503 000
第五區	128 711 000	18 003 459	（－）	110 702 541
荊門	17 478 000	134 714	（－）	17 343 286
宜城	7 623 000	1 914 850	（－）	5 708 150
棗陽	26 543 000	8 209 000	（－）	18 334 000
襄陽	43 337 000	3 058 000	（－）	40 279 000

续表

縣別	額徵數	實徵數	超征（＋）或民欠（－）	
光化	14 263 000	—	（－）	14 263 000
穀城	11 676 000	1 766 000	（－）	9 910 000
南漳	6 044 000	1 122 114	（－）	4 921 886
保康	1 747 000	1 803 781	（＋）	56 781
第六區	27 052 000	12 110 846	（－）	14 941 154
遠安	2 564 000	3 803 932	（＋）	1 239 932
當陽	6 351 000	—	（－）	6 351 000
宜都	3 034 000	772 203	（－）	2 261 792
宜昌	5 402 000	1 233 224	（－）	4 168 776
興山	2 086 000	2 123 000	（＋）	37 000
秭歸	3 172 000	3 193 404	（＋）	21 404
長陽	3 563 000	—	（－）	3 563 000
五峯	880 000	985 078	（＋）	105 078
第七區	24 640 000	3 336 467	（－）	21 303 533
鶴峯	1 794 000	—	（－）	1 794 000
恩施	5 088 000	—	（－）	5 088 000
宣恩	1 540 000	—	（－）	1 540 000
來鳳	1 189 000	—	（－）	1 189 000
咸豐	1 512 000	—	（－）	1 512 000
利川	5 441 000	1 845 383	（－）	3 595 617
建始	2 932 000	223 973	（－）	2 708 027

續表

縣別	額徵數	實徵數	超征（＋）或民欠（－）	
巴東	5 134 000	1 257 111	（－）	3 876 889
第八區	24 033 000	21 843 996	（－）	2 189 004
房縣	3 696 000	6 289 042	（＋）	2 593 042
均縣	4 686 000	—	（－）	4 686 000
鄖縣	6 000 000	7 707 837	（＋）	1 707 837
竹山	2 641 000	—	（－）	2 641 000
竹谿	3 312 000	3 013 621	（－）	298 379
鄖西	3 698 000	4 833 496	（＋）	1 135 496

材料來源：根據田糧處報表編列。

81. 三十一年度各縣隨賦帶徵縣級公糧數

截至三十二年底止

單位：市石

縣別	額徵數	實徵數	超徵（＋）或民欠（－）	
總計	377 561 000	187 393 381	（－）	225 445 520
第一區	111 339 000	38 197 727	（－）	7 549 273
通城	1 998 000	1 591 714	（－）	405 886
崇陽	1 975 000	1 363 031	（－）	641 969
陽新	3 407 000	—	（－）	3 407 000
通山	914 000	864 982	（－）	49 018
大冶	3 045 000	—	（－）	3 405 000
第二區	44 830 000	20 020 308	（－）	24 809 701
黃岡	6 751 000	1 598 000	（－）	5 153 000
浠水	5 309 000	269 123	（－）	5 039 877
蘄春	4 431 000	280 000	（－）	4 151 000
英山	3 952 000	4 629 144	（＋）	677 144
羅田	5 592 000	7 456 172	（＋）	1 864 172
麻城	9 098 000	2 604 187	（－）	6 493 822
黃安	545 000	551 044	（＋）	6 044
禮山	1 432 000	—	（－）	1 432 000
廣濟	3 583 000	2 632 638	（－）	950 362

續表

縣別	額徵數	實徵數	超征（＋）或民欠（－）	
黃梅	4 137 000	—	（－）	4 137 000
第三區	46 364 000	2 622 614	（－）	43 741 386
隨縣	20 587 000	2 082 278	（－）	13 504 722
鍾祥	6 453 000	—	（－）	6 453 000
安陸	3 264 000	540 336	（－）	2 723 664
京山	5 862 000	—	（－）	5 862 000
天門	10 198 000	—	（－）	10 198 000
第四區	80 970 000	11 740 543	（－）	69 229 457
沔陽	10 998 000	—	（－）	10 998 000
監利	4 987 000	—	（－）	4 987 000
石首	13 943 000	6 024 713	（－）	7 918 287
公安	13 591 000	5 715 830	（－）	7 874 170
松滋	17 678 000	—	（－）	17 678 000
江陵	11 774 000	—	（－）	11 774 000
潛江	5 293 000	—	（－）	5 293 000
枝江	2 706 000	—	（－）	2 706 000
第五區	82 979 000	34 590 158	（－）	48 388 842
荊門	8 067 000	579 000	（－）	7 488 000
宜城	7 168 000	1 487 404	（－）	5 680 596
棗陽	17 940 000	12 902 000	（－）	5 038 000
襄陽	24 269 000	10 061 177	（－）	14 207 823

续表

县别	额征数	实征数	超征（＋）或民欠（－）	
光化	8 438 000	3 951 250	（－）	4 486 750
谷城	8 720 000	1 155 000	（－）	7 565 000
南漳	5 983 000	2 551 613	（－）	3 431 387
保康	2 394 000	1 902 714	（＋）	491 286
第六区	17 458 000	12 610 615	（－）	4 847 377
远安	947 000	4 268 805	（＋）	3 321 805
当阳	3 141 000	—	（－）	3 141 000
宜都	1 976 000	1 655 521	（－）	320 479
宜昌	3 836 000	—	（－）	3 826 000
兴山	1 838 000	2 342 650	（＋）	504 650
秭归	2 588 000	3 445 876	（＋）	857 876
长阳	2 505 000	—	（－）	2 505 000
五峰	627 000	897 763	（＋）	270 763
第七区	61 164 000	43 774 119	（－）	17 339 881
鹤峰	1 580 000	1 888 624	（＋）	303 624
恩施	25 198 000	14 631 166	（－）	10 566 834
宣恩	6 622 000	4 902 429	（＋）	250 430
来凤	3 569 000	2 073 174	（－）	1 495 826
咸丰	4 537 000	—	（－）	4 537 000
利川	6 127 000	5 171 071	（－）	955 929
建始	10 999 000	12 677 975	（＋）	1 678 975

續表

縣別	額徵數	實徵數	超征（＋）或民欠（－）	
巴東	4 532 000	2 429 680	（－）	2 102 320
第八區	32 457 000	23 837 397	（－）	9 489 603
房縣	4 603 000	4 866 736	（＋）	263 736
均縣	6 397 000	799 000	（－）	5 503 000
鄖縣	9 780 000	10 394 699	（＋）	614 699
竹山	3 605 000	3 168 232	（－）	436 768
竹谿	4 095 000	4 608 730	（＋）	513 730
鄖西	4 937 000	—	（－）	4 937 000

材料來源：根據田粮處報表編列。

82. 三十一年度田賦及地價稅徵實

截至三十二年底止

單位：市石

縣別		額徵數	配徵數	實徵數	民欠數
總計		2 302 441 000	1 000 750 000	1 107 777 310	1 194 662 690
地價稅徵實	共計	436 999 644	185 000 000	188 154 232	248 845 412
	咸豐	37 810 000	28 000 000	18 844 781	18 965 219
	來鳳	33 674 506	24 000 000	10 367 511	23 306 995
	宣恩	45 343 080	25 000 000	25 697 212	19 645 868
	建始	91 150 064	32 000 000	50 737 913	40 412 151
	恩施	127 196 210	36 000 000	45 475 869	81 720 381
	利川	101 825 784	40 000 000	37 030 946	64 794 838

续表

县别		额征数	配征数	实征数	民欠数
田赋征实	共计	1 865 441 356	815 750 000	919 623 078	945 817 276
	英山	19 705 554	4 500 000	13 775 491	5 930 003
	罗田	27 960 587	15 000 000	25 203 102	2 757 485
	麻城	45 489 365	26 250 000	7 812 566	37 671 799
	随县	102 937 731	45 000 000	65 871 597	37 066 180
	襄阳	179 402 247	48 000 000	78 180 597	101 222 847
	宜城	71 642 850	33 000 000	12 047 535	59 595 315
	公安	135 922 200	73 000 000	73 696 129	62 223 071
	石首	139 438 113	65 000 000	39 875 591	99 562 522
	松滋	176 878 299	98 000 000	124 794 610	52 033 689
	光化	84 383 448	16 000 000	31 161 782	53 221 666
	襄阳	242 671 959	48 000 000	58 925 835	188 746 124
	穀城	87 207 513	41 000 000	27 425 835	59 782 513
	南漳	59 834 760	32 000 000	32 318 388	27 516 372

續表

縣別		額徵數	配徵數	實徵數	民欠數
田賦徵實	保康	23 942 871	5 000 000	6 518 143	17 424 728
	興山	18 384 105	12 000 000	15 446 628	2 937 482
	秭歸	25 578 462	16 000 000	21 627 572	3 950 890
	五峯	6 272 256	4 000 000	6 240 334	31 922
	長陽	25 056 540	16 000 000	22 224 645	2 881 895
	巴東	43 320 096	25 000 000	19 572 714	23 747 882
	鶴峯	15 808 743	10 000 000	14 525 311	1 288 432
	鄖縣	97 200 000	51 000 000	57 714 567	39 485 483
	均縣	63 973 158	33 000 000	34 533 500	29 439 658
	鄖西	49 379 949	25 000 000	32 535 427	16 844 522
	房縣	46 031 202	29 000 000	38 976 714	7 054 488
	竹山	36 169 348	20 000 000	26 737 546	9 331 802
	竹谿	40 950 000	25 000 000	31 882 356	9 067 644

資料來源：根據田糧處報表編列。

83. 三十一年度巴東等縣糧食增產

縣別	公共造產（市畝）	擴大夏作		推廣水稻良種（市升）	推廣陸穀良種（市升）	推廣馬鈴薯（市畝）	推廣肥料（堆）	麥病防治			稻虫防治（市畝）	推廣小麥良種（市斤）	推廣冬作（市畝）
		利用田埂隙地（市畝）	限制非必要作物（市畝）					剪除小麥黑穗（穗）	指導小麥浸種（市斤）				
總計	58 304	25 202	20 101	2 451	826	82 184	208 241	1 883 823	11 669	305 088	95 672	722 174
巴東	923	2 264	6 890	—	—	4 256	2 832	334 560	—	2 367	3 454	33 516
鶴峯	6 365	415	1 430	—	—	20 867	34 377	10 170	4 050	33 850	—	10 903
利川	3 827	1 501	757	—	—	8 509	10 004	—	—	28 886	425	129 000
光化	4 640	931	338	—	—	—	9 046	5 559	—	2 420	—	—
鄖縣	9 512	831	709	—	—	—	2 524	—	—	5 017	—	18 790
秭歸	2 551	443	140	—	—	—	—	—	—	2 535	—	—
建始	3 253	294	1 757	355	102	—	70 024	101 974	—	8 720	43 668	7 018
穀城	869	358	134	—	—	—	677	—	—	6 643	—	48 000
竹山	350	—	—	—	—	—	24 656	—	—	51 030	—	—
鄖西	409	972	225	—	—	—	701	—	—	50	—	68 867
宣恩	248	366	561	403	130	23 126	—	—	—	40 228	41 828	30 803
來鳳	141	—	408	385	102	7 581	19 160	157 864	—	4 512	1 532	2 660

第八類　糧政

續表

縣別	公共造產（市畝）	擴大夏作		推廣水稻良種（市升）	推廣陸穀良種（市升）	推廣馬鈴薯（市畝）	推廣肥料（堆）	麥病防治		稻虫防治（市畝）	推廣小麥良種（市斤）	推廣冬作（市畝）
		利用田埂隙地（市畝）	限制非必要作物（市畝）					剪除小麥黑穗（穗）	指導小麥浸種（市斤）			
保康	2 315	1 643	1 118	—	—	—	1 333	—	3 460	6 005	—	90 618
竹谿	5 741	1 274	475	—	—	—	5 692	—	—	81 997	—	—
恩施	244	467	—	1 092	216	—	—	315 000	—	1 406	2 200	153 000
咸豐	73	850	410	216	276	17 845	6 004	941 951	109	59 040	1 982	—
五峯	1 074	737	712	—	—	—	16 361	16 810	4 050	1 432	—	—
襄陽	1 960	780	674	—	—	—	—	—	—	—	—	—
黃安	3 110	2 600	1 300	—	—	—	—	—	—	—	—	—
鹽利	7 220	—	—	—	—	—	—	—	—	17 820	—	128 662
羅田	692	2 333	—	—	—	—	3 845	—	—	—	—	—
房縣	1 127	4 850	390	—	—	—	—	—	—	—	588	—
公安	—	620	1 200	—	—	—	1 000	—	—	—	—	—
枝江	—	—	—	—	—	—	—	—	—	—	—	—
均縣	1 660	673	437	—	—	—	—	—	—	1 130	—	—

資料來源：根據建設廳報表編列。

84. 平價物品供應處食鹽部運輸鹽量

三十二年上半年

單位：市斤

綫別	共計	一月	二月	三月	四月	五月	六月
總計	8 560 013.19	1 971 924.50	1 089 549.50	1 744 633.25	1 531 824.44	972 085.50	1 249 996.50
安坪屯堡綫	561 695.50	122 557.50	85 722.50	110 557.50	102 919.00	74 085.00	65 854.00
觀武鎮龍鳳壩綫	911 888.00	239 437.00	151 572.50	190 801.50	130 433.00	88 186.00	111 458.00
代溪龍鳳壩綫	847 041.00	191 897.00	120 112.50	169 401.00	144 521.00	84 145.00	136 964.50
代溪建始綫	830 679.00	451 513.00	137 627.00	144 591.00	27 790.00	24 830.00	44 328.00
大溪口利川綫	512 875.00	155 347.00	19 958.00	146 030.00	83 220.00	16 140.00	92 180.00

續表

綫別	共計	一月	二月	三月	四月	五月	六月
石漕溪忠路綫	321 270.00	55 370.00	102 730.00	95 000.00	23 260.00	9 760.00	35 150.00
石漕溪來鳳綫	5 730.00	5 730.00					
沱口利川綫	168 197.00	8 420.00	6 610.00	20 680.00	50 080.00	20 937.00	61 470.00
屯堡恩施綫	561 419.00	122 503.50	79 370.00	93 568.00	84 082.50	116 528.50	62 325.50
龍鳳壩恩施綫	1 626 517.13	305 501.00	246 176.00	353 367.50	299 392.63	194 714.00	227 366.00
忠路來鳳綫	161 810.00	25 190.00	14 780.00		51 760.00	35 550.00	34 530.00
忠路利川綫	151 519.00	33 100.00		87 419.00	9 100.00	7 800.00	9 100.00
恩施宣恩綫	330 240.00	74 000.00	29 500.00	76 080.00	86 260.00	65 400.00	49 000.00
恩施咸豐綫	393 400.00	22 000.00	30 000.00	56 000.00	128 900.00	134 500.00	22 000.00
恩施來鳳綫	108 360.00	51 400.00	18 800.00	7 860.00	21 300.00	9 000.00	

續表

綫別	共計	一月	二月	三月	四月	五月	六月
恩施鶴峯綫	155 360.00	8 490.00	200.00	11 670.00	129 980.00	4 720.00	300.00
利川咸豐綫	44 650.00	2 000.00	3 250.00	4 850.00	7 400.00	11 450.00	15 700.00
咸豐來鳳綫	86 040.00	7 500.00		12 600.00	7 000.00	2 000.00	56 940.00
建始恩施綫	99 815.00	3 200.00					96 615.50
巴東恩施綫	80 603.00		3 783.00	12 997.00	5 746.00		58 077.00
長灘井利川綫	5 079.00		400.00	4 679.00			
香溪保康綫	48 000.00		24 000.00	24 000.00			
利川來鳳綫	55 740.00			400.00	39 470.00	15 870.00	
巴東咸豐綫	29 556.00			6 235.00	23 321.00		
香溪興山綫	72 000.00			30 000.00	18 000.00		24 000.00
巴東宜昌綫	28 678.00				28 678.00		

續表

錢別	共計	一月	二月	三月	四月	五月	六月
重慶恩施錢	20 377.00				7 879.00	12 498.00	
石漕溪利川錢	3 800.00						3 800.00
巴東建始錢	36 838.00						36 838.00
茅坪石首錢	4 025.00	4 025.00					
茅坪宜昌錢	5 152.00	4 025.00		1 127.00			
茅坪資邱錢	42 059.56	6 118.00	2 958.00	9 719.00	21 332.31	1 932.00	
茅坪漁洋關錢	1 610.00	1 610.00					
香溪光化錢	162 000.00	54 000.00		60 000.00		42 000.00	6 000.00
香溪穀城錢	36 000.00	12 000.00	12 000.00	12 000.00			

資料來源：根據供應處報表編列。

85. 平價物品供應處食鹽部配銷鹽量

單位：市石

地域別	共計	三十一年下半年	三十二年上半年
總計	8 821 152.30	3 972 290.00	4 848 862.80
恩施	2 781 605.75	1 291 304.00	1 490 301.75
宣恩	882 682.88	449 960.00	432 722.88
咸豐	661 027.70	329 681.00	331 346.70
來鳳	1 141 582.25	523 183.00	618 349.25
鶴峯	220 099.69	90 820.00	129 279.69
利川	1 394 235.81	690 730.00	703 505.81
建始	1 327 993.26	511 175.00	816 818.26
宜都	14 498.12	5 365.00	9 133.12
松滋	25 895.00	80.00	25 815.00
枝江	5 910.00	5 910.00	
公安	29 989.00	3 082.00	26 907.00
五峯	14 562.20		14 562.20
石首	11 302.00		11 302.00
保康	14 400.00		14 400.00
興山	4 000.00		4 000.00
穀城	2 669.88		2 699.88
巴東	61 145.00		61 145.00
河口	33 911.01		33 911.01
香溪	105 732.50		105 732.50
資邱	16 960.25		16 960.25
茅坪	71 000.00	71 000.00	

資料來源：根據供應處業務統計編列。

86. 撥發中等以上學校鹽量

三十二年九月

校別	學生數	月需量（市斤）	校別	學生數	月需量（市斤）
總計	28 820	17 830	竹谿縣初中	177	111
省立第一師範	508	317	禮山縣初中	150	63
省立第一高中	96	60	黃梅縣初中	250	165
崇陽縣初中	243	152	隨縣初中	459	287
通城縣初中	130	82	鍾祥縣初中	257	161
陽新縣初中	350	218	省立第四師範	250	125
大冶縣初中	200	152	省立第四高中	136	85
省立第二師範	608	380	公安縣初中	222	139
省立第二高中	456	285	松滋縣初中	600	375
黃岡縣初中	300	187	枝江縣初中	380	233
蘄春縣初中	500	312	石首縣初中	298	186
廣濟縣初中	500	312	江陵縣初中	800	500
浠水縣初中	750	468	監利縣初中	250	156
英山縣初中	300	187	沔陽縣初中	200	187
羅田縣初中	300	187	荊門縣初中	100	62
麻城縣初中	300	187	省立第五高中	150	93
黃安縣初中	200	125	省立第五師範	343	214
襄陽縣初中	450	282	光化縣初中	186	116
棗陽縣初中	297	185	宜城縣初中	198	118
穀城縣初中	425	265	南漳縣初中	150	93
保康縣初中	151	94	省立第一女職	162	101
宜昌縣初中	216	135	省立第四女高	380	237

續表

校別	學生數	月需量（市斤）	校別	學生數	月需量（市斤）
宜都縣初中	326	203	省立高中	580	363
興山縣初中	313	195	省立建始初中	347	216
秭歸縣初中	200	125	宣鶴聯立初中	600	375
當陽縣初中	100	62	省立第七師範	264	156
遠安縣初中	100	62	省立高商	600	375
長陽縣初中	100	62	省立利川初中	600	375
五峯縣初中	300	187	省立利川初農	143	89
省立第六高中	521	325	省立長陽初中	251	157
省立教育學院	313	196	省立秭歸初中	245	153
省立農學院	270	168	省立巴東初中	343	214
省立第七高中	480	300	咸豐縣初中	389	243
省立第七女高	426	266	來鳳縣初中	473	295
省立農高	240	150	省立第九師範	353	209
省立二女師	400	250	省立第八師範	1 074	671
省立護士學校	46	23	鄖縣初中	999	624
省幹訓團	640	200	鄖西縣初中	800	500
恩施縣初中	621	388	均縣初中	565	353
省立第一女師	201	129	省立第八高中	600	375
房縣初中	447	279	竹山縣初中	127	107

資料來源：根據田糧處施政報告編列。

第九類　社　會

87. 本省救濟機關系統

三十二年十二月

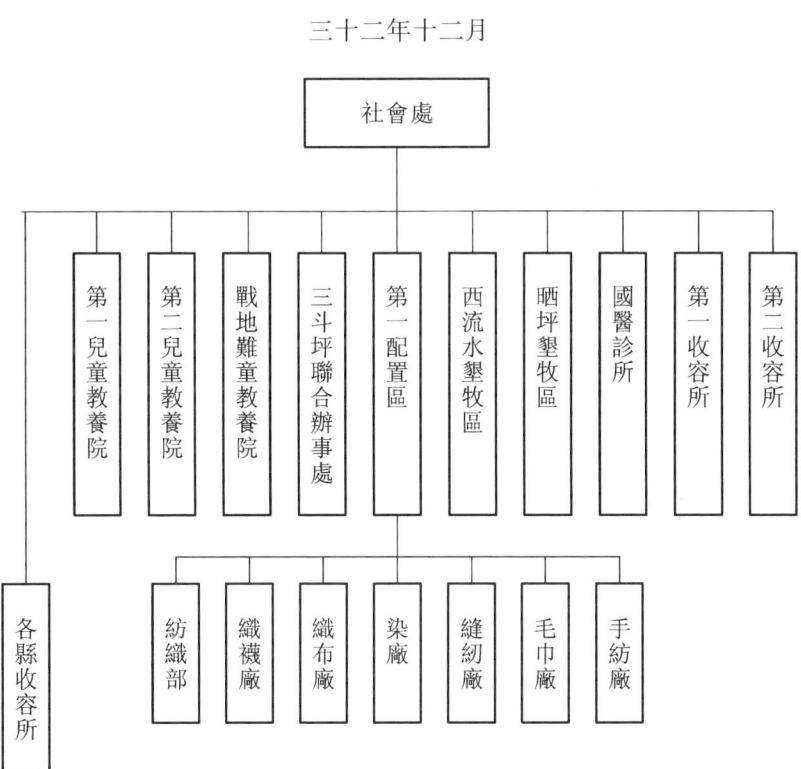

88. 本省救濟機關概況

三十二年九月

機關名稱	地點	負責人		職員數	月支經費（元）	備注
		職銜	姓名			
總計				105	42 718	
區會聯合辦事處	三斗坪	主任	詹鼎	9	2 060	
晌坪難民墾牧區	宣恩	主任	沈良夫	10	2 600	主任係社會處視導兼
難民管理所	恩施	主任	陳毅	3	1 192	
國醫施診所	恩施	主任	楊毓林	2	545	
第一兒童教養院	恩施	院長	劉守會	21	3 450	院長係社會處專員兼
第二兒童教養院	光化	院長	胡倫芬	18	8 956	
第三兒童教養院	谷城	院長	張祭星	14	6 505	
第四兒童教養院	枺歸	院長	詹鼎	14	6 205	院長係社會處專員兼
第五兒童教養院	崇陽	院長	夏甘衍	14	6 205	

資料來源：根據社會處報表編列。

89. 本省兒童教養院概況

三十二年九月

院別	設院地點	兒童數	月支經費（元）
總計		1 165	30 966
第一兒童教養院	恩施	235	8 760
第二兒童教養院	光化	330	6 719
第三兒童教養院	穀城	250	6 665
第四兒童教養院	秭歸	150	6 365
第五兒童教養院	崇陽	200	

資料來源：根據社會處報表編製。

說明：第五兒童教養院之經費係在咸陽銀墾荒賑款及購谷餘款內統籌支配，本表未列計算。

90. 墾殖事業

截至三十二年九月底止

區域別	所在地	墾民來源	墾殖人數	全年經費（元）	已墾面積（畝）
總計			14 268	97 788	16 181
西流水農牧區	恩施西流水	難民	131	15 588	240
晒坪墾牧區	宣恩晒坪	編遣士兵	77	31 200	600
光化交股泉墾牧區	光化永安鄉	農民自墾	130		1 200
光化永安鄉荒地	光化永安鄉	該縣財委會招佃承墾	80		300
呂堰驛荒地	襄陽		12 000		12 000
沙院營荒地	均縣	業主自墾	496		400
連山荒地	均縣	業主自墾	281		121
岱坡荒地	竹谿	業主自墾	130		320
西溝荒地	竹谿	業主自墾	323		600
光頂山荒地	竹谿	業主自墾	230		400
宜都第一難民配置區	宜都	難民	390	51 000	

資料來源：根據社會處報表編製。

91. 歷年賑款分配

單位：元

項別		金額			
		二十九年	三十年	三十一年	三十二年
總計		5 696 371	1 365 035	5 327 860	18 801 831
難民救濟費	共計				
	難民給養費	669 342	510 464	2 657 420	100 000
	救濟難民費	328 410	63 707	2 140 020	
	難民資遣費	59 330	123 952		160 000
	難民急賑費	259 825	96 054		
	難民生產費	21 777	40 000	37 400	
	救濟難民費		53 598	480 000	
農賑			133 153		
工賑		32 000	55 000		
春賑		100 000	5 000	600 000	430 000
冬賑		15 700	5 000		
匪賑		100 000			500 000
寇賑		4 430 000			9 430 000

續表

項列	金額			
	二十九年	三十年	三十一年	三十二年
旱災救濟	23 000			35 940
水災救濟	5 585	400	2 000	6 680 000
火災分數				
急賑款		217 000	56 380	
空襲急賑	69 540	141 795	69 480	25 831
平糴基金	54 948	155 000	1 400 000	
小本貸款	17 676	31 860	90 000	1 539 680
慰勞金	178 580	6 549		
鄂籍貧苦學生救濟		1 390		
宜昌救濟院工廠基金		9 328	50 000	
墾牧生產基金		800		
準備金		15 000		
預付金		15 000		
附屬機關經費		90 824	352 580	
寒衣購置費		55 000		
合作週轉金		5 000		
空襲準備金		5 000	50 000	
臨時雜費		39 625		

資料來源：根據社會處報表編列。

92. 各縣災害概況

卅一年至卅二年

縣別	受災種類	災害概述	災民人數	受災面積
		總計	4 982 005	12 083 714
武昌	寇災	敵偽各部沿鄉搶奪、民治、民有、民享等鄉谷米搶掠一空、房屋悉被焚燬	65 400	105 200
咸寧	水災	三十一年四五兩月霪雨、禾苗沖沒、七月全月未雨、復又枯萎	42 000	96 000
	旱災			
崇陽	水災	三十一年春夏霪雨、沿河田地悉遭沖毀、兼之敵偽分踞各鄉、地方食糧洗劫殆盡	51 300	193 000
	寇災			
通城	水災	三十一年夏季霪雨、山洪爆發田地沖毀、禾稻損傷、繼以蟲害	45 000	123 100
通山	水災	三十一年春季雨雪、豆麥雜糧皆凍死、青黃不接、人民多食藜藿、夏季復遭久旱、收成歉薄	21 230	93 000
	旱災			
蒲圻	水災	（一）三十一年夏季霪雨、患繼以沅陽爲唐	42 500	139 400
	旱災	（二）三十一年十月十六日、敵偽在新斗鄉大屋許村、蔡陽村、甘塘等處燒殺、無所不爲、嗣復至楓龍、洪柏等鄉、繼續擾害		
	寇災			

续表

縣別	受災種積	災害概述	災民人數	受災面積
陽新	水災旱災寇災	(一) 三十一年春夏，水旱成災稻穀不及四成，十月二十五日以後連降大霜，蕎麥無收包含薯①子收穫不及半數 (二) 洋東鄉被敵寇擾害房屋焚燒二百餘棟，豬牛搶劫一空	95 600	291 000
大冶	水災旱災寇災	遭敵寇擾害之餘，又兼水旱成災，金湖、石黃等九鄉鎮大半淹沒無收，南台、團八鄉禾苗枯萎，總計秋收不及三成	43 200	116 000
鄂城	寇災	敵偽擾害龍靈等鄉焚劫損失慘重，人民被害甚衆	150 000	96 000
黃岡	水災旱災寇災	(一) 濱江堤潰，淹沒田畝二萬七千畝 (二) 三十一年夏季末雨，禾苗盡枯，兼以蟲害 (三) 三十一年十二月，敵寇竄擾孫家河、柳樹河、陳家河、李婆墩、三里畈、中家涼亭等處，均搶劫焚毀	239 000	338 010
麻城	水災旱災寇災匪災	(一) 春季霪雨，田地被冲毀五十餘畝，夏季久旱，秋收不過五成 (二) 白果夫子河一帶一再被敵搶劫，三十一年十二月又竄黃土崗、龜頭河、福田河等處，所過村鎮均被焚燬。又口口李先念部佔據縣西及縣城間河各地及重要市鎮，村莊被焚燬，糧食貨物盡被掠奪	32 500	5 800

① "薯"即"藷"也。

续表

县别	受灾种类	灾害概述	灾民人数	受灾面积
罗田	旱灾 寇灾	（一）夏季久旱，禾苗麦枯，收成歉少 （二）敌寇三十一年十二月进扰县城，全城被焚，凤山、南石、东安、北丰、漠宫、松滋、西流等九乡尽被蹂躏，死伤百余人，茶场百余家，损失稻谷一万八千余石，牲畜二千余头，焚毁房屋九	30 340	200 000
浠水	水灾 旱灾 寇灾	（一）滨江堤溃淹没田亩甚多，又秋夏不雨，禾苗枯萎，收成歉薄 （二）敌寇三十一年十二月进扰蔡家河、关口、团坡、尤河嘴等处，均被抢劫焚毁	63 000	32 000
黄梅	水灾 寇灾	（一）夏季霪雨为灾，山洪爆发 （二）停前驿等处均遭敌害	303 699	155 573
蕲春	水灾 寇灾	（一）沿湖滨江田亩俱遭淹没，张家榜、刘公河、漕河等处房屋被水淹没过半，灾区殆及全县 （二）敌寇进扰漕河、莲花巷、张家榜等处，各地房屋悉被焚毁	162 300	193 109
广济	水灾 旱灾 寇灾	（一）入夏以后霪雨为灾，七月以后全县旱灾甚重 （二）敌寇进扰县城，悉被焚毁	508 945	114 289
黄安	旱灾	夏秋久旱不雨，禾苗枯萎	150 516	103 350

續表

縣別	受災種類	災害概述	災民人數	受災面積
禮山	寇災	崇德鄉、宣化店、黃陂站、胡家灣、喻家禱、呂黃鄉、熊家畈、五里橋、何家墩、五里鬧、呂王城等處被敵擾害，民房財產損失尤重	65 243	30 789
英山	水災　旱災　寇災	（一）沿河田疇遭山洪沖壓，夏秋久旱，收穫不及三成 （二）敵寇進擾縣城內，商店焚燬大半	210 496	58 187
隨縣	旱災　風災　蟲災	七月十五日後，將近兩月斷雨，禾苗枯萎。七月二十六日大風兩日稻穗損傷，繼以蟲災，收成約三成	72 501	174 735
鍾祥	旱災　寇災	（一）旱災奇重，禾苗枯萎，收成平均三成 （二）陽和、樂土等鄉被敵擾害，盤踞數月	88 581	435 250
京山	旱災	七月以後久旱未雨，能推行政令之龍鶴等鄉、稻穀、苞谷、雜糧平均收成只三成強	8 658	109 152
應山	旱災	夏季久旱，禾苗干枯，收成平均三成。又峯山等鄉送遭土匪擾害，損失甚重	93 000	305 000
安陸	旱災　匪災	（一）夏季久旱，禾苗枯萎，收成平均約五成 （二）土匪李光彥部蹂躪縣北壽山一帶，屠殺鄉保人員，強征田賦	60 000	200 000
應城	旱災　蟲災	夏季久旱，禾苗萎枯，繼以蟲害	93 000	477 088
天門	寇災	漁新塔、南黑流等鄉寇災嚴重，損失極鉅	142 300	52 400

续表

县别	受灾种类	灾害概述	灾民人数	受灾面积
江陵	水灾	夏季霪雨禾苗淹没，亚米、王莹等二十九乡田六八八四亩被淹，成分百分之六十	166 859	61 008
公安	水灾	久雨平地水深三尺，稻谷全淹，受灾成分十分之五强	82 168	257 662
石首	水灾	霪雨兼旬，旱田、稻田、水田被淹甚多	68 225	100 000
监利	水旱灾	先遭水灾，嗣又三月不雨，豆粟晚谷枯萎，正杂粮收成不及五成	94 460	400 000
枝江	水旱风灾	五六月霪雨，大同、忠孝、仁爱、信义、和平等乡低地受淹，七八九各月，久旱不雨，禾苗枯落，九月九日大雨成灾，禾苗吹折，房屋倒塌	30 450	103 200
松滋	水旱灾	上季苦雨，大同等七院被淹田亩十分之五六，复又月余不雨，水淹者又多枯槁	142 855	95 928
潜江	寇灾	熊口等乡被敌蹂躏，屠杀十四人，焚烧一九五户，牲畜粮耗多被抢劫	63 400	135 400
荆门	旱灾	夏季亢旱，月余不雨，稻禾枯落，收成三成余	25 000	26 482
南漳	旱灾	夏季两月未雨，禾苗枯槁，收成不及二成	37 120	240 000
襄阳	旱灾	五月至八月未雨，禾苗枯萎，稻收成正粮半成，杂粮二成	153 450	1 379 678
枣阳	旱灾	入夏以后四月未雨，稻谷俱已枯死，收成不及二成	80 000	527 523
保康	旱灾	入夏以后二月未雨，禾苗枯萎，收成约三成强，永丰、黄花两乡各饿毙饥民三	26 000	64 761

续表

縣別	受災種類	災害概述	災民人數	受災面積
穀城	旱災	入夏以後田土乾裂，禾苗枯萎，收成三成半	55 800	364 000
光化	旱災澇災蟲災	先將將近兩月，七月中旬一雨半月，底澤之地淹沒，東南六鄉又受蟲災，收成三成，乾德鎮餓斃王有暮之妻一名	70 000	111 060
宜城	旱災	五月至七月末雨，禾苗枯萎，收成約三成	25 000	243 995
宜昌	蟲災旱災	春季霪雨，人夏久旱，繼又發生蟲害，各鄉收成二、三、四、五、六成不等	91 386	143 648
宜都	水災旱災	久旱不雨，禾苗枯萎，夏澇豆麥腐爛，收成雜糧二成，正糧三成	87 590	37 000
長陽	旱災	先遭霪雨，繼又久旱，禾苗枯萎，收成歉薄	10 448	67 130
當陽	旱災寇災	1. 久旱不雨，收穫歉少，僅及七成 2. 三鄉民銀子關與石槽地方經敵不時擾害，損失食糧二百餘石，豬隻黃絲百餘斤，牛二十餘頭	15 240	1 00 000
遠安	旱災蟲災	夏季久旱，田禾大半枯死，繼以蟲害，全縣正糧收成僅及五成	20 000	42 200
五峯	旱災	因早禾苗枯萎，復遭蟲害，收成僅三成，稻穀五成	40 072	9 429
秭歸	蟲災	夏季久旱，禾苗枯槁，復遭蝗蟲之害，收成僅二成	20 000	30 000

第九類　社會

續表

縣別	受災種類	災害概述	災民人數	受災面積
興山	旱災 蟲災	先患旱災，復遭過蟲害，苞谷稻穀收益不及四成，人民多食草楊樹皮，觀音土、木瓜子，尤以南洋、湘坪、三溪、平水、古天等鄉爲劇	40 000	
恩施	旱災 蟲災	五六兩月久旱，穀苞谷盡皆枯萎，旋又發生蟲害，收成不及四成	25 000	500 000
建始	水災 旱災 蟲災	春季霪雨，夏季久旱，兼以蝗蟲爲害，全縣稻穀收成不及四成，苞谷不及三成。石馬鄉七保一甲饑民趙子柱饑斃，三甲羅煥草之父因食木瓜塵結大便斃命，雙土鄉饑民向德新全家五日無法生活，紅岩鄉第一、二、三、七、十等保棄家出外覓食者四十餘家，共一百六十餘人，天生鄉災荒尤甚，有徐甲長一甲十四户，現存者僅三户	57 000	333 000
宣恩	旱災 蟲災	夏季久旱，禾苗枯槁，大半旋遭蟲害，收成歉薄	30 000	
咸豐	旱災 蟲災	夏季久旱，禾苗枯焦，近秋又遭蝗害，收成歉薄	30 000	179 484
來鳳	旱災 蟲災	水陸田地因災失收者約十分之五，蟲害失收者十分之二	△ 5 600	53 000
利川	水災 旱災	春季霪雨，夏大旱，禾苗焦枯，苞合十分之九未能結實，豆類雜糧收穫亦少	43 000	143 000

续表

县别	受灾种类	灾害概述	灾民人数	受灾面积
巴东	水灾旱灾	春季霪雨兼旬，豆麦腐烂，夏季久旱，禾苗枯槁，农事、大金菓、司乐等乡受灾更重	75 000	152 300
鹤峯	水灾旱灾	春季霪雨，夏季久旱，复遭虫害，收成歉薄	22 400	63 000
郧县	旱灾	夏季久旱地裂禾焦，收成正粮三成，杂粮二成	90 000	130 000
均县	旱灾	夏季久旱地裂禾焦，收成正粮三成，杂粮二成	125 000	156 850
郧西	旱灾	夏季久旱禾苗枯乾，收成三成弱	13 400	125 921
竹谿	旱蝗灾	夏季久旱，继以虫灾，收穫仅及三成	65 370	91 121
房县	旱蝗灾	夏季久旱，晚秋由受虫害，收成不及四成	44 000	55 662
竹山	水旱灾	春季霪雨，夏季久旱，秋收不及三成	30 000	258 840

资料来源：根据社会处报表编列。

说明：灾民人数栏内有○记号者系灾民户数，此数未列总数内数。

93. 各縣風俗禮尚

武昌 1. 邊區人民耆賭博；2. 人民迷信極深，遇有災害或豐收均集鉅資酬神；3. 婚喪多舉行跪拜告祖舊禮。

漢陽 1. 鄉區民情多儉樸，惟城區狃於浮靡；2. 迷信甚深，西關外有歸元寺，春秋兩季香火絡繹不絕；3. 人民好訟所，有負氣使性狃於故習者。

嘉魚 1. 民風甚厚，惟好訟，有因細故纏訟破產者；2. 富有宗族觀念，常有兩姓因爭公共利益集族械鬥者；3. 婚約結自繦褓，早婚亦盛行；4. 迷信甚深，鄉民疾病服藥不效請巫下馬貽誤至死委於命，無嗣者多拜神求子；5. 賭風以廢歷正月及秋收後爲最盛。

咸寧 1. 山區人民樸質；2. 迷信風水之說；3. 大都舊式婚姻，惟女子做妾、男子入贅均以爲恥；4. 迷信甚深，一遇水禍旱災即不惜重資酬神演戲。

蒲圻 1. 東西北區尚純樸，南區及縣城較爲奢侈；2. 迷信觀念甚深，喪葬均延僧做齋，尤以佛教最爲盛行。

崇陽 1. 民氣強悍，性尚儉樸，富水以南民性耿直，富水以北民智敏活；2. 迷信甚深，醫病卜宅惟神是求，北部及中部人民多有信福音教、天主教者。

通城 1. 風俗敦樸；2. 婚姻訂於繦褓中，且多女大男數歲。又有孀婦坐堂招夫，謂之招贅；有婦之夫無子媳不能納妾者覓一無夫之婦寄居，訂定年限，生有子女則入夫家謂之寄窩；3. 迷信甚深，媚神求佛之事所在皆有。

通山 1. 民性儉樸，惟有好訟之習；2. 城市婦女喜養童養媳；3. 人民迷信，城鄉皆然。

陽新 1. 民氣強悍，性尚儉樸；2. 士紳之家皆崇奉孔子，北鄉及中部人民間有信福音天主教者。

大冶 1.民性敦厚，性尚儉樸，男耕女勤，頗有古風。唯濱江一帶工商發達漸近浮奢，婚姻悉襲舊制，惟一般貧男子不易娶妻，故童養媳之風盛行；3.迷信甚深，士紳之家多奉孔教，鄉曲愚民多信神，卜宅醫病悉決於神。

鄂城 1.人民安土重遷，家族觀念過甚，大姓常起械鬥；2.婚姻悉襲舊制；3.迎神賽會之事時有所聞，惟信佛之人特多。

黃岡 1.民氣稍浮華，但鄉曲間古風猶存，社會仍賴宗法維繫；2.士紳尊孔，民衆多信佛教，耶教亦頗盛行。

浠水 1.民風醇樸，舊道德依然存在；2.演戲聚賭之風素甚；3.宗教觀念較薄。

蘄春 1.山地人民性較剛強，濱江一帶稍見浮華；2.纏足早婚童養媳搶奪賣寡婦等仍有此聞；3.迷信甚深，尤以佛教爲最廣。

廣濟 1.民性淳厚；2.宗祠林立，家族觀念甚重；3.向有佛國之稱，故奉佛教者甚夥。

黃梅 1.地肥風淳，民多勤樸；2.佛教最盛。

英山 1.民性俗樸，但流於野；2.趨重神權僧道生活尚不惡劣。

羅田 1.民俗儉樸；2.寺廟甚多，人民迷信亦深。

麻城 1.人民多信佛教，耶教近亦盛行。

黃安 1.農民多樸素，其心地仍賴宗法維繫；2.宗族觀念甚深。

黃陂 1.風俗純樸，人民戚勤，縣南載爲開化；2.男女均係早婚，以十七歲左右最爲普遍；3.迷信神權，城鄉均同，信仰佛教及基督教者隨處有之。

禮山 1.風俗樸質，知識閉塞；2.鄉民信仰神權者頗多。

孝感 1.民情風俗甚厚；2.婚姻多結自襁褓；3.迷信甚深，請巫治病拜神求子時有所聞。

雲夢 1.風俗納樸，人民勤儉，惟大姓過多，恒因爭湖田發生械鬥或強搶寡婦案；2.男女均童婚，十五六歲爲普遍結婚年齡；3.城鄉多迷信。

漢川　1. 風俗純樸，人民勤儉；2. 男女十六七歲即爲普遍結婚年齡，鄉間多搶寡婦案。

應城　1. 鄉村民風儉樸，城市日習奢侈；2. 人民迷信神權，歲豐年稔均有迎神賽會之事。

安陸　1. 民性儉讓勤樸；2. 鄉間大部信仰神權，城區信佛者亦不少；3. 婚姻係因襲舊制。

應山　1. 風俗古樸，人民亦耐苦勤勞；2. 婚姻多係舊式，童養媳、搶寡婦之事亦有；3. 迷信甚深，燒香拜佛者甚夥。

隨縣　1. 農民居多均樸實勤儉，城市人民稍趨浮華；2. 男女多童年定婚，十五歲左右爲普遍結婚年齡；3. 人民多迷信神權，迎神賽會之事甚多。

鍾祥　1. 民氣尚稱樸實；2. 搶寡婦之風甚盛，婚姻多係舊式；3. 信佛教者最多。

京山　1. 風俗儉樸，民性強悍；2. 男女婚姻均係舊式，十六七歲爲普遍之結婚年齡；3. 無嗣者死亡嗣子對來賓反幫同治喪人員特別優待，否則諸事掣肘，甚至停喪不出。

天門　1. 風俗儉樸，山鄉較城尤甚；2. 婚喪禮典悉依舊式，讌客期間有一週兩週不等；3. 迷信甚深，舊曆新正男女成羣不遠百里朝山求神。

沔陽　1. 風俗純樸，人民勤樸；2. 男女多早婚，十七八歲爲普遍結婚年齡；3. 卜筮星相，巫覡頗多。

潛江　1. 風俗大致純樸，惟派別意見甚深，訟風亦熾；2. 士林崇奉孔孟，農民多迷信道教。

監利　1. 風俗素稱淳樸，惟縣東一帶人民頑強好鬥，恒因口角釀成訟累；2. 婚姻均係舊式，鄉間更尚早婚；3. 敬神祀祖，迷信甚深，遇有疾喪，輒建齋設醮，雖通挪借貸亦所不辭。

石首　1. 鄉間純樸，城市略奢；2. 冠婚喪祭俱遵古禮；3. 鄉民重神權，士紳多信孔。

公安 1. 民性靈活，鄉村尚儉樸，城市多奢侈；2. 境內招贅之風甚盛，故一家之中恒有數姓。

松滋 1. 縣南多山，出產不豐，民多勤樸，東北濱江多尚浮；2. 迷信甚深，尤以信佛者為最。

枝江 1. 民性純樸，惟沿江各鎮較為奢侈；2. 冠婚喪祭，猶尚古風；3. 迷信甚深，疾病醫藥必先謀於神巫。

江陵 1. 人民樸素，古風猶存；2. 市鎮稍趨繁華。

荊門 1. 風俗純樸，惟宗法思想牢不可破；2. 迷信觀念甚深，每遇病害，輒焚香拜佛張貼神像宗驅邪之用。

宜城 1. 風俗純樸，人民勤勞；2. 迷信甚深，燒香拜佛到處可見；3. 境內有搶寡婦及"就親"之風，傷夫婦女恒為土劣所搶娶或盜賣婦女者可奈何，又婦女傷夫，夫兄或夫弟可承繼成親，謂之"就親"，惟此事亦行於低級社會。

棗陽 1. 民俗強悍而爽直；2. 婚姻多用舊制，結婚年齡均在十五歲左右；3. 鄉村迷信獲深，娛樂集會例藉酬神。

襄陽 1. 民性勤樸，惟接近河南一帶民多尚武；2. 男女婚嫁操權父母，不取聘金，以過庚為必要手續；3. 民眾集多神教寺廟，有容僧道至八百人者，清真教堂亦有，耶教亦盛行。

光化 1. 東北西邊區民性強悍生活勤樸，老河口附近人民載為浮華；2. 婚姻多襲舊制，中產以下多買賣婚姻；3. 迷信神權。

穀城 1. 民性樸實，村民多頑強好鬥；2. 婚姻均係舊式，結婚年齡均在十六七歲左右；3. 村中迷信甚深，敬神祀祖非常隆重，酬神建醮動至數日，所費不貲，貧家勉為之。僧道之多最稱特別，奉天主者及福音教者甚少。

保康 1. 風俗純樸，舊禮猶存女子十三歲即不涉外事，雖至親亦迴避；2. 婚姻沿用舊式，招贅之風頗盛；3. 人民迷信甚深，率徒行百里朝山進香以行祈禱，佛道二教勢力尤大，天主福音等教信奉者甚少。

南漳 1. 人民均勤儉純樸；2. 婚姻多係舊式，不取聘金以傳庚為定，結婚年齡多在二十歲以下；3. 民衆多信神，間有信佛者。

遠安　1. 人民淳厚節儉成風，男女老幼皆有職業；2. 迷信神權牢不可破，寺廟到處皆有；3. 婚姻多用舊制，結婚年齡均在二十歲以下。

當陽　1. 民性純粹，惟城市人民皆於浮華；2. 婚姻多係舊式，結婚年齡均在二十歲左右；3. 迷信神甚深。

宜都　1. 風俗古樸，人民勤勞；2. 婚姻多係舊式，男子十七八，女子十五六爲普遍結婚年齡；3. 迷信甚深，城鄉皆信鬼，春秋二季多延道士禳災。

宜昌　1. 人民大致勤儉，惟健訟；2. 掃墓之風特盛，清明前後家家男女老少携香備饌絡繹不絕，豪盛者廣備酒筵招邀親友酣醉乃足；3. 人民多奉神龕，至釋道天主福音各教皆並行不悖，業巫者亦甚多。

興山　1. 民俗儉約淳厚守法，冠婚喪祭不務奢華；2. 婚姻悉因舊制，惟十一二歲之男恒娶十七八歲之妻；3. 迷信甚深寺廟頗多，疾病禍福年歲豐歉多委之於神，喪故之家必延道士建齋。

秭歸　1. 風俗淳樸，惟鄉間頗有好鬥刁訟之風；2. 婚姻均係舊式，男女結婚年齡均在十七八歲上下；3. 迷信甚深，敬神祀祖隆重非常，喪事必延道建醮。

長陽　1. 風俗純樸生活簡單；2. 人民多尊孔，亦間有奉天主教者。

五峯　1. 風俗厚樸崇德明禮，里中不正之人多能交相糾正；2. 婚姻均襲舊制，早婚之風亦盛；3. 迷信甚深，疾病醫藥恒延道士禳解，甚有拜神求子者。

鶴峯　1. 風俗簡樸，無浮華奢靡習氣；2. 冠婚喪祭概屬舊禮制；3. 迷信甚深，喪葬必建醮燒紙。

宣恩　1. 生活凋敝，民性古樸；2. 婚姻操之父母，喪葬亦知盡哀盡禮；3. 迷信神道，每逢朔望男女多禱寺廟。

來鳳　1. 民性淳樸；2. 極端迷信，神權賽會時有其事，[寺]觀僧尼之衆尤爲他處所僅見。

咸豐　1. 民風儉樸；2. 人民極端迷信，神靈迎神賽會時有其事。

利川 1. 生活簡陋，性情梗直；2. 婚姻仍守舊習，男女至十五六歲即行結婚；3. 迷信甚深，疾病禍福悉祈禱於寺廟，故迎神賽會之事甚夥。

恩施 1. 民風純樸，生活簡陋；2. 極端迷信神靈，迎神賽會時有其事，喪葬必具齋醮；3. 婚姻多因舊制，早婚之風甚盛。

建始 1. 民性淳樸，惟知識多簡單；2. 迷信神權牢不可破，賽會間卜時有所見。

巴東 1. 風俗淳樸，民性勤儉；2. 迷信甚深，春祈秋報建堂之事時有所見。

房縣 1. 風俗純樸，民性勤儉；2. 有搶寡婦之陋風，亦有幼女出閣在途被劫者，因核之父母或有口頭婚約或係指腹定婚而有事實不合者改婚他人之所致；3. 人民迷信極深，祇知有神不知有法。

均縣 1. 風俗純厚，民性甚強；2. 風氣閉塞識字甚少，婚姻多賣買式；3. 迷信甚深。

鄖縣 1. 風俗敦厚，鄉間生活極為簡陋；2. 婚姻均係舊式，結婚年齡多在十七歲以下；3. 佛道教各盛行，吃齋誦經之風甚盛。

竹山 1. 風俗樸厚，間有好訟喜鬥者；2. 婚姻必須媒妁，結婚年齡多在二十歲上下；3. 迷信尚深，信佛教入理門者亦有之。

竹谿 1. 長幼有序，男女有別，狀有古風存焉；2. 婚喪慶吊多遍下請帖收受物禮，甚至無款認送時出具期票事前照付，俗謂"打網"；3. 婚權悉操父母，不取聘金者甚少，搶婚搶寡亦時有所聞。

鄖西 1. 民性爽直，風尚純樸；2. 婚姻多係童訂，惟多在二十歲左右始行結婚；3. 寺廟頗多，迷信亦深，疾病禍福悉委於神。

第十類 訓 練

94. 省幹訓團歷年經費

單位：元

年別	共計	俸給費	辦公會①	學員生用費	特別費	預備費
二十八年	60 016	34 206	7 752	15 264	1 354	1 440
二十九年	218 111	117 553	27 075	67 125	5 932	360
三十年	731 331	378 182	50 807	284 828	17 514	—
三十一年	1 518 497	470 712	121 086	867 333	59 366	—
三十二年	1 265 052	521 580	217 806	436 505	89 161	—

資料來源：根據省幹訓團報表編列。

① 原文如此，應為"辦公費"。

95. 省幹訓團各班期訓練人數

廿八年九月至三十一年十二月

班別	期數	訓練人數	班別	期數	訓練人數
總計	83	9 059	軍事預備教育班	1	61
鄉政班	10	1 274	縣政研究班	1	20
會計班	5	221	暑期集訓教員講習會	1	86
合作班	4	220	暑期集訓學生總隊	2	1 937
戰區服務班	1	45	土地陳報班	4	898
軍需班	2	53	訓練人員訓練班	4	186
財政班	2	72	小手工業人員訓練班	2	58
教育班	4	169	學校經理班	2	46
指導員班	2	77	農業推廣班	1	22
國教班	1	84	戶政班	1	37
特教班	1	83	兵役班	4	251
區政班	1	18	黨政班	12	1 152
統計班	2	65	度量衡班	1	36
桐訓班	1	22	警務班	1	56
收音員班	1	28	家畜防疫班	1	29
團務班	2	73	戰區青年培訓班	1	84
社會班	2	116	糧政班	1	48
訓導討論會	1	92	電訊人才班	1	14
學生團員幹訓隊	1	164	縣銀行班	1	29
糧賦班	1	144	農田水利［班］	1	39

96. 省幹訓團各班期學員年齡

自廿八年九月至卅二年十二月

班別	共計	16—20	21—25	26—30	31—35	36—40	41—45	46—50	51—55	56—60	61—65
總計	9 059	2 769	2 691	1 583	892	641	297	151	23	8	2
鄉政班	1 274	195	544	355	117	44	15	4	—	—	—
會計班	221	61	106	41	9	3	1	—	—	—	—
合作班	220	57	124	31	7	1	—	—	—	—	—
軍需班	53	1	17	15	7	11	1	1	—	—	—
財政班	72	10	37	20	3	2	—	—	—	—	—
教育班	169	6	63	53	29	11	3	1	3	—	—
指導員班	77	—	2	20	19	224	10	2	—	—	—
統計班	65	32	28	5	—	—	—	—	—	—	—
團務班	73	32	31	8	2	—	—	—	—	—	—

续表

班别	共计	16—20	21—25	26—30	31—35	36—40	41—45	46—50	51—55	56—60	61—65
兵役班	251	—	29	94	71	24	10	3	—	—	—
党政班	2 152	26	422	490	452	403	217	119	13	8	4
训练人员班	186	—	25	109	43	8	1	—	—	—	—
土地陈报班	898	511	300	84	2	—	1	—	—	—	—
学校经理班	46	7	14	10	8	5	1	1	—	—	—
小手工业班	58	21	23	9	3	2	—	—	—	—	—
战区服务班	45	4	31	10	—	—	—	—	—	—	—
国教班	84	1	32	27	12	6	4	2	—	—	—
特教班	33	10	11	12	—	—	—	—	—	—	—
区政班	18	—	2	8	4	4	—	—	—	—	—
桐训班	22	3	17	2	—	—	—	—	—	—	—
收音员班	28	7	17	4	—	—	—	—	—	—	—
军事预备教育班	61	54	7	—	—	—	—	—	—	—	—
训导讨论会	92	1	1	25	17	30	10	6	2	—	—
县政研究班	20	—	—	2	8	7	1	2	—	—	—
学生国员干部训练队	164	154	10	—	—	—	—	—	—	—	—
卅年度暑期集训学生总队	922	632	285	5	—	—	—	—	—	—	—

续表

班别	共计	16—20	21—25	26—30	31—35	36—40	41—45	46—50	51—55	56—60	61—65
卅年度暑期集训教员讲习会	86	—	—	20	21	15	18	8	4	—	—
县银行班	29	1	14	11	2	1	—	—	—	—	—
农业推广班	22	14	9	1	—	—	—	—	—	—	—
户政班	37	1	16	13	7	—	—	—	—	—	—
粮政班	48	1	6	19	11	7	4	—	—	—	—
卅一年暑期集训总队	1015	765	250	—	—	—	—	—	—	—	—
警务班	56	1	19	22	11	3	—	—	—	—	—
家畜防预班	29	24	4	1	—	—	—	—	—	—	—
度政班	36	10	16	6	3	1	—	—	—	—	—
战区青年训练班	84	29	48	7	—	—	—	—	—	—	—
电讯人员训练班	14	14	—	—	—	—	—	—	—	—	—
社会班	116	48	49	15	3	—	—	1	—	—	—
粮贩班	144	26	65	23	21	8	—	1	—	—	—
农田水利班	39	12	17	9	—	1	—	—	—	—	—

资料来源：根据省幹训团报表编列。

97. 省幹訓團各班期學員籍貫

自廿八年九月至卅二年十二月

班別	共計	湖北	湖南	江西	安徽	江蘇	浙江	廣東	廣西	河北	河南	四川	雲南	貴州	山東	山西	陝西	福建	遼寧	吉林	綏遠
總計	9 059	8 348	149	59	89	148	93	16	4	75	62	55	6	4	44	6	5	17	6	2	1
鄉政班	1 274	1 198	7	3	3	42	4	—	—	2	3	7	—	2	2	—	—	1	—	—	—
會計班	221	194	6	1	6	2	8	—	—	1	1	1	—	—	1	—	—	—	—	—	—
合作班	220	200	3	1	1	3	1	1	—	1	3	4	—	—	1	—	—	—	—	—	—
軍需班	53	47	1	—	—	—	2	1	—	—	2	—	—	—	—	—	—	—	—	—	—
財政班	72	65	2	1	1	1	2	—	—	—	—	1	—	—	—	—	—	—	—	—	—
教育班	169	162	—	—	—	2	—	—	—	—	2	1	—	—	—	—	—	2	—	—	—
指導班	77	75	1	1	1	—	—	—	—	—	—	—	—	—	—	—	—	—	—	—	—
統計班	65	56	3	1	1	2	1	—	—	1	—	—	—	—	1	—	—	—	—	—	—
團務班	73	60	3	7	1	—	—	—	—	1	1	—	—	—	—	—	—	—	—	—	—
兵役班	251	208	16	3	1	1	47	4	—	5	4	4	1	1	4	—	—	—	2	1	—

续表

班別	共計	湖北	湖南	江西	安徽	江蘇	浙江	廣東	廣西	河北	河南	四川	雲南	貴州	山東	山西	陝西	福建	遼寧	吉林	綏遠
黨政班	2 152	1 813	71	22	35	39	4	4	1	38	16	19	5	—	23	6	3	6	2	1	1
訓練人員班	186	135	5	3	6	9	1	—	2	6	2	6	—	—	2	—	—	2	—	—	—
土地陳報班	898	884	6	1	2	2	—	—	—	1	—	1	—	—	—	—	—	—	—	—	—
學校經理班	46	45	—	1	—	—	—	—	—	—	—	—	—	—	—	—	—	—	—	—	—
小手工業班	58	58	—	—	—	—	—	—	—	—	—	—	—	—	—	—	—	—	—	—	—
戰區服務班	45	44	—	—	—	1	—	—	—	—	—	—	—	—	—	—	—	—	—	—	—
國教班	84	82	—	—	—	1	1	—	—	—	—	—	—	—	—	—	—	—	—	—	—
特教班	33	32	—	—	—	—	—	—	—	—	—	—	—	—	—	—	—	—	—	—	—
區政班	18	18	—	—	—	—	—	—	—	—	—	—	—	—	—	—	—	—	—	—	—
桐訓班	22	22	—	—	—	—	—	—	—	—	—	—	—	—	—	—	—	—	—	—	—
收音員班	28	27	1	—	—	—	—	—	—	—	—	—	—	—	—	—	—	—	—	—	—
軍事預備教育班	61	59	2	—	—	—	—	—	—	4	1	1	—	—	—	—	—	—	—	—	—
訓導討論會	92	73	2	1	2	6	—	—	—	—	—	—	—	—	2	—	—	—	—	—	—

續表

班別	共計	湖北	湖南	江西	安徽	江蘇	浙江	廣東	廣西	河北	河南	四川	雲南	貴州	山東	山西	陝西	福建	遼寧	吉林	綏遠
縣政研究班	20	14	2	—	2	2	—	—	—	—	—	—	—	—	—	—	—	—	—	—	—
學生國員幹部訓練隊	164	148	1	—	1	3	4	—	—	2	3	—	—	—	—	—	—	1	1	—	—
卅年度暑假集訓學生總隊	922	852	9	6	10	11	10	4	1	5	7	3	—	—	4	—	—	—	—	—	—
卅年度暑假集訓教員講習會	86	73	1	2	3	3	—	—	—	—	2	—	—	—	1	—	—	1	—	—	—
縣銀行班	29	29	—	—	—	—	—	—	—	—	—	—	—	—	—	—	—	—	—	—	—
農業推廣班	22	22	—	—	—	—	—	—	—	—	—	—	—	—	—	—	—	—	—	—	—
戶政班	37	34	—	—	1	—	—	—	—	—	2	1	—	—	—	—	—	—	—	—	—
糧政班	43	43	—	—	1	1	—	—	—	1	1	—	—	—	1	—	—	—	—	—	—
卅一年暑假集訓總隊	1 015	955	4	3	11	14	8	2	—	3	6	3	—	—	1	—	—	5	—	—	—
警務班	50	43	2	—	1	1	1	—	—	3	3	1	—	1	—	—	—	—	—	—	—

續表

班別	共計	湖北	湖南	江西	安徽	江蘇	浙江	廣東	廣西	河北	河南	四川	雲南	貴州	山東	山西	陝西	福建	遼寧	吉林	綏遠
家畜防疫班	29	29	—	—	—	—	—	—	—	—	—	—	—	—	—	—	—	—	—	—	—
度政班	36	35	—	—	—	—	—	—	—	—	—	—	—	—	—	—	—	—	—	—	—
戰區青年訓練班	84	83	—	1	—	—	—	—	—	—	—	—	—	—	—	—	—	—	—	—	—
電訊人員訓練班	14	14	—	—	—	—	—	—	—	—	—	—	—	—	—	—	—	—	—	—	—
社會班	116	113	1	1	—	1	—	—	—	—	—	—	—	—	—	—	—	—	—	—	—
糧賦班	144	134	—	1	—	2	—	—	—	1	2	2	—	—	1	—	1	—	—	—	—
農田水利班	39	39	—	—	—	—	—	—	—	—	—	—	—	—	—	—	—	—	—	—	—

資料來源：根據省幹訓團報表編列。

98. 省幹訓團各班期學員學歷

廿八年九月至卅二年十二月

班別	共計	大學及獨立院	專科學院	國外專科以上學校	軍事學校	中等學校	小學	其他
總計	9 059	601	364	85	550	6 321	419	719
鄉政班	1 274	5	5	—	30	829	243	162
會計班	221	4	1	—	5	196	—	15
合作班	220	—	—	—	—	198	5	17
軍需班	53	—	3	—	—	45	—	5
財政班	72	1	1	—	1	67	—	2
教育班	169	1	1	—	—	144	—	23
指導員班	77	6	—	42	—	13	—	16
統計班	65	1	3	—	—	61	—	—
團務班	73	—	4	—	1	67	—	1
兵役班	251	1	2	—	132	9	—	107

续表

班别	共计	大学及独立学院	专科学院	国外专科以上学校	军事学校	中等学校	小学	其他
党政班	2 152	426	296	36	224	939	19	212
训练人员班	186	15	5	—	122	22	—	24
土地陈报班	898	3	4	—	2	757	100	32
学校经理班	46	1	1	—	1	39	2	2
小手工业班	58	—	—	—	—	45	3	10
战区服务班	45	1	—	—	3	33	—	9
国教班	84	1	1	—	1	80	—	1
特教班	33	—	1	—	—	31	—	—
区政班	18	—	1	—	1	7	—	9
桐训班	22	—	—	—	—	21	—	1
收音员班	28	1	—	—	—	27	—	—
军事预备教育班	61	—	—	—	—	59	1	1
训导讨论会	92	55	11	4	3	—	—	19
县政研究班	20	7	3	—	6	—	—	4
学生团员干部训练队	164	—	—	—	—	164	—	—
卅年度暑期集训学生总队	922	—	—	—	—	922	—	—

续表

班别	共计	大學及獨立院	專科學院	國外專科以上學校	軍事學校	中等學校	小學	其他
卅年度暑期集訓教員講習會	86	66	12	3	—	5	—	—
縣銀行班	29	—	—	—	1	24	—	4
農業推廣班	22	—	—	—	—	22	—	—
戶政班	37	—	1	—	1	33	1	1
糧政班	48	5	3	—	6	25	1	8
卅一年暑期集訓總隊	1 015	—	—	—	—	1 015	—	—
警務班	56	—	—	—	5	33	1	15
家畜防疫班	29	2	—	—	—	29	—	—
度政班	36	—	—	—	—	31	2	3
戰區青年訓練班	84	—	—	—	2	49	29	4
電訊人員訓練班	14	—	—	—	—	14	—	—
社會班	116	—	2	—	2	103	5	6
糧賦班	144	—	—	—	1	127	7	6
農田水利班	39	1	2	—	—	36	1	—

資料來源：根據省幹訓團報表編列。

99. 省幹訓團各班期學員來源

自廿八年九月至卅一年十二月

班別	共計	調訓	考取	保送
總計	8 110	5 848	1 437	854
鄉政班	816	628	235	3
會計班	221	65	129	27
合作班	220	20	153	47
戰區服務班	45	—	45	—
軍需班	53	37	16	—
財政班	72	17	55	—
教育班	169	163	6	—
指導員班	77	18	—	59
國教班	84	84	—	—
特教班	33	—	33	—
區政班	18	16	—	2
統計班	65	6	59	—
桐訓班	22	—	22	—
收音員班	28	—	28	—
團務班	73	73	—	—
社會班	31	31	—	—
軍事預備教育班	61	—	61	—
訓導討論會	92	92	—	—

續表

班別	共計	調訓	考取	保送
縣政研究班	20	20	—	—
學生團員幹訓隊	164	164	—	—
黨政班	1 916	1 874	—	45
兵役班	251	251	—	—
訓練人員訓練班	158	44	114	—
土地陳報班	898	—	417	481
學生集訓總隊	1 937	1 937	—	—
教員講習會	86	86	—	—
縣銀行班	29	—	—	29
小手工業人員訓練班	58	—	—	58
農業推廣班	22	—	16	6
學校經理班	46	46	—	—
戶政班	37	36	—	1
糧政班	48	48	—	—
家畜防疫班	29	1	28	—
度政班	36	25	—	11
警務班	56	49	6	1
戰區青年訓練班	84	—	—	84
電訊人員班	14	—	14	—

資料來源：根據省幹訓團報表編列。

100. 省幹訓團各班期學員性別

自廿八年九月至卅一年十二月

班別	共計	男	女
總計	8 119	7 517	602
鄉政班	866	866	—
會計班	221	200	21
合作班	220	200	—
戰區服務班	45	45	—
軍需班	53	53	—
財政班	72	72	—
教育班	169	137	2
指導員班	77	77	—
國教班	84	84	—
特教班	33	33	—
區政班	13	18	—
統計班	65	51	14
桐訓班	22	22	—
收音員班	28	28	—
團務班	73	63	10
社會班	31	31	—
軍事預備教育班	61	61	—

續表

班別	共計	男	女
訓導討論會	92	85	7
縣政研究班	20	20	—
學生團員幹訓隊	164	119	45
黨政班	1 916	1 890	26
兵役班	251	251	—
訓練人員訓練班	158	158	—
土地陳報班	898	898	—
學生集訓總隊	1 937	1 464	473
教育講習會	86	82	4
縣銀行班	29	29	—
小手工業人員訓練班	58	58	—
農業推廣班	22	22	—
學校經理班	46	46	—
户政班	37	37	—
糧政班	48	48	—
家畜防疫班	29	29	—
度政班	36	36	—
警務班	56	56	—
戰區青年訓練班	84	84	—
電訊人員班	14	14	—

資料來源：根據省幹訓團報表編列。

101. 省幹訓團各班期課程時間比較表

自廿八年九月至卅一年十三月

班別	期別	合計	黨政課程	業務課程	軍事訓練		訓育實施
					學科	術科	
鄉政班	一	1 090	95	495	54	146	300
	二	1 274	114	600	70	148	342
	三	763	72	312	50	104	230
	四	512	48	208	30	72	154
	五	512	48	208	30	72	154
	六	533	128	129	32	102	142
	七	448	106	144	26	51	124
	八	520	109	194	7	75	135
	九	491	108	179	61	12	131
會計班	一	1 168	95	498	80	148	342
	二	1 284	114	600	80	148	342
	三	1 216	114	494	82	162	364
	四	780	62	413	63	93	149
	五	771	67	390	56	75	183
合作班	一	1 090	95	495	54	146	300
	二	1 284	114	600	80	148	342

續表

班別	期別	合計	黨政課程	業務課程	軍事訓練		訓育實施
					學科	術科	
合作班	三	1 156	114	494	82	162	304
	四	614	64	247	90	60	153
戰區服務班	一	1 090	95	495	54	146	300
軍需班	一	1 090	95	495	54	146	300
	二	1 270	114	600	70	144	342
財政班	一	1 090	95	495	54	146	300
	二	1 270	114	600	70	144	342
教育班	一	714	65	319	34	78	218
	二	752	60	362	34	78	218
	三	752	60	362	34	78	218
	四	708	50	338	30	72	218
指導員班	一	526	42	244	26	52	162
	二	526	42	244	26	52	162
國教班	一	616	21	385	22	62	126
特教班	一	670	50	332	36	60	192
區教班	一	506	42	208	30	72	154
統計班	一	1 214	114	494	82	160	364
	二	1 500	114	818	45	156	366
桐訓班	一	248	38	90	12	36	72

續表

班別	期別	合計	黨政課程	業務課程	軍事訓練		訓育實施
					學科	術科	
收音員班	一	1 216	114	494	32	162	364
團務班	一	192	27	69	10	22	64
	二	192	27	69	10	22	64
社會班	一	512	80	176	30	54	172
軍事預備教育班	一	414	—	—	138	184	92
訓導討論會	一	160	56	20	12	—	72
縣政研究班	一	160	52	22	12	—	74
學生團員幹訓隊	一	160	52	10	14	6	78
黨政班	一	240	63	34	18	30	95
	二	240	63	34	18	30	95
	三	240	56	65	12	17	90
	四	230	43	59	18	26	84
	五	240	45	59	21	24	91
	六	242	57	56	9	33	84
	七	238	57	56	5	36	84
	八	244	69	55	17	31	72
兵役班	一	240	71	50	10	30	79
	二	240	71	50	12	17	90
	三	240	56	65	12	18	89
	四	240	37	73	17	24	89

續表

班別	期別	合計	黨政課程	業務課程	軍事訓練		訓育實施
					學科	術科	
訓練人員訓練班	一	240	56	65	12	17	90
	二	474	80	209	7	64	124
	三	462	105	161	7	60	129
土地陳報班	一	510	61	243	15	47	144
	二	515	58	251	25	37	144
	三	510	60	258	21	40	131
	四	540	66	257	24	40	153
學生集訓總隊	一	217	42	39	14	46	76
	二	217	42	39	14	46	76
教員講習會	一	228	98	34	8	13	75
縣銀行班	一	760	60	404	8	83	205
小工業技術人員訓練班	一	838	—	513	8	44	273
	二	1 010	113	528	7	124	238
農業推廣班	一	540	66	242	16	60	156
學校經理班	一	540	68	240	16	60	156
	二	480	83	212	9	52	124
户政班	一	479	83	205	17	48	126
度量衡班	一	520	113	194	5	68	140
警務班	一	760	129	301	7	120	203
家畜防疫班	一	660	121	317	7	85	129

續表

班別	期別	合計	黨政課程	業務課程	軍事訓練		訓育實施
					學科	術科	
電訊班	一	730	120	333	17	81	179
糧政班	一	234	50	102	7	5	70

資料來源：根據省幹訓團報表編列。

102. 各區訓練經費

區別	全年經費(元)		
	共計	三十一年	三十二年
總計	1 168 487.04	499 099.04	669 388.00
鄂中區	197 574.00	67 254.00	130 320.00
鄂東區	169 398.00	67 254.00	102 144.00
鄂北區	640 302.00	305 492.00	334 810.00
鄂南區	161 213.04	59 099.04	102 114.00

103. 各區訓練人數

區別	訓練人數		
	共計	三十一年	三十二年
總計	9 508	8 889	619

續表

區別	訓練人數		
	共計	三十一年	三十二年
鄂東區訓班	2 440	2 315	125
鄂中區訓班	1 801	1 801	
鄂北區訓班	2 691	2 473	218
鄂南區訓班	276		276
第八區訓班	1 111	1 111	
第五區訓班	372	372	
第三區訓班	817	817	

資料來源：根據人事室報表編列。

104. 各縣縣訓練所訓練人數

縣別	共計	三十一年	三十二年
總計	17 073	11 579	5 494
英山	363	187	176
羅田	295	99	196
麻城	140	140	—
鍾祥	268	268	—
隨縣	578	234	344
監利	373	373	—

續表

縣別	共計	三十一年	三十二年
石首	598	454	144
公安	400	320	80
松滋	520	440	80
枝江	140	140	—
江陵	185	185	—
宜城	379	379	—
襄陽	806	442	364
光化	461	239	222
谷城	475	222	253
保康	144	144	—
南漳	458	458	—
遠安	92	92	—
宜都	672	444	228
宜昌	347	194	153
興山	266	266	—
秭歸	456	456	—
長陽	492	276	216
五峯	147	147	—

續表

縣別	共計	三十一年	三十二年
鶴峯	134	134	—
宣恩	380	294	86
來鳳	392	264	128
咸豐	424	345	79
利川	486	396	90
恩施	654	274	380
建始	667	420	247
巴東	593	396	197
房縣	730	507	223
均縣	728	383	345
鄖縣	1 050	486	564
竹山	383	285	98
竹谿	581	268	313
鄖西	816	528	288

資料來源：根據人事室報表編列。

105. 各縣訓所經費

單位：元

縣別	全年經費		
	共計	三十一年	三十二年
總計	5 520 620	2 716 332	2 804 288
浠水蘄春	161 318	68 274	93 004
羅田	141 362	68 274	73 088
麻城	257 120	164 076	93 044
鍾祥	179 810	86 766	93 044
隨縣	257 120	164 076	93 044
監利	179 810	86 766	93 044
石首	179 810	86 766	93 044
公安	179 810	86 766	93 044
松滋	141 362	68 274	73 088
江陵	141 362	68 274	73 088
棗陽	141 362	68 274	73 088
襄陽	161 318	68 274	93 044
光化	141 362	68 274	73 088
谷城	179 810	86 766	93 044
南漳	179 810	86 766	93 044

續表

縣別	全年經費		
	共計	三十一年	三十二年
宜都	141 362	68 274	73 088
宜昌	141 362	68 274	73 088
興山	141 362	68 724	73 088
秭歸	161 133	68 274	93 044
長陽	161 313	68 274	93 044
五峯	141 362	68 274	73 088
宣恩	141 362	68 274	73 088
來鳳	141 362	68 274	73 088
咸豐	141 362	68 274	73 088
利川	141 362	68 274	73 088
恩施	179 810	86 766	93 044
建始	179 810	86 766	93 044
巴東	141 362	68 274	73 088
房縣	159 854	86 766	73 088
均縣	141 362	68 274	73 088
鄖縣	179 810	86 766	93 044
竹山	141 362	68 274	73 088
竹谿	141 362	68 274	73 088
鄖西	178 810	86 766	93 044

資料來源：根據人事室報表編列。

第十一類　衛　　生

106. 衛生行政系統沿革

名稱	成立日期	隸屬機關	業務概況	備註
衛生股	二十三年	民政廳第三科	武漢區衛生行政之推進實施	衛生行政肇始于本年
衛生科	廿六年六月	民政廳	1. 籌設各縣衛生院 2. 訓練衛生人員 3. 推進各項衛生工作	
衛生處	三十年二月	省政府	掌理全省衛生行政事務	1. 卅年九月以前受民政廳監督指揮 2. 卅年九月以後至卅一年底直屬省府 3. 三十二年仍屬民政監督指揮

資料來源：根據衛生處報表編列。

107. 本省各衛生機關經費

單位：元

機關名稱	共計	二十八年	二十九年	三十年	三十一年	三十二年
總計	4 373 387	31 898	46 516	453 905	1 485 456	2 355 612
湖北省衛生處	371 452	—	—	54 400	144 000	173 025
省立醫院	565 236	31 898	46 516	89 742	188 520	208 560
省立衛生人員訓練所	48 660	—	—	3 000	45 660	—
省立高級護士職業學校	86 400	—	—	30 000	56 400	—
醫療防疫第一隊	48 100	—	—	10 000	16 500	21 600
醫療防疫第二隊	46 600	—	—	8 500	16 500	21 600
醫療防疫第三隊	45 777	—	—	7 677	16 500	21 600
醫療防疫第四隊	34 152	—	—	—	12 552	21 600
醫療防疫第五隊	33 562	—	—	—	11 962	21 600
醫療防疫第六隊	29 162	—	—	—	7 562	21 600
醫療防疫第七隊	21 600	—	—	—	—	21 600
醫療防疫第八隊	21 600	—	—	—	—	21 600
醫療防疫第九隊	21 600	—	—	—	—	21 600
醫療防疫第十隊	21 600	—	—	—	—	21 600
衛生隊第一隊	29 160	—	—	6 000	9 960	13 200
衛生隊第二隊	28 160	—	—	5 000	9 960	13 200
衛生隊第三隊	27 510	—	—	4 350	9 960	13 200

續表

機關名稱	共計	二十八年	二十九年	三十年	三十一年	三十二年
衛生隊第四隊	25 910	—	—	2 750	9 960	13 200
衛生隊第五隊	25 160	—	—	2 000	9 960	13 200
巴咸公路段衛生站	40 300	—	—	2 800	15 900	21 600
衛生處製藥室	10 800	—	—	10 800	—	—
鼠疫檢查站第一站	2 000	—	—	2 000	—	—
鼠疫檢查站第二站	2 000	—	—	2 000	—	—
鼠疫檢查站第三站	2 000	—	—	2 000	—	—
衛生事務所	120 000	—	—	—	—	120 000
花柳病防治所	36 000	—	—	—	—	36 000
滅蟲站第一站	12 000	—	—	—	—	12 000
滅蟲站第二站	12 000	—	—	—	—	12 000
通城衛生院	104 400	—	—	18 000	36 000	50 400
公安衛生院	104 400	—	—	18 000	36 000	50 400
襄陽衛生院	104 400	—	—	18 000	36 000	50 400
巴東衛生院	104 400	—	—	18 000	36 000	50 400
建始縣衛生院	104 400	—	—	18 000	36 000	50 400
鄖縣衛生院	104 400	—	—	18 000	36 000	50 400
隨縣衛生院	104 400	—	—	18 000	36 000	50 400
黃岡衛生院	104 400	—	—	18 000	36 000	50 400
光化衛生院	72 000	—	—	—	21 600	50 400
恩施衛生院	92 400	—	—	14 400	27 600	50 400

續表

機關名稱	共計	二十八年	二十九年	三十年	三十一年	三十二年
利川衛生院	86 800	—	—	8 800	27 600	50 400
來鳳衛生院	92 400	—	—	14 400	27 600	50 400
谷城衛生院	68 800	—	—	1 600	27 600	39 600
宣恩衛生院	76 000	—	—	8 800	27 600	39 600
咸豐衛生院	81 380	—	—	14 190	27 600	39 600
均縣衛生院	69 496	—	—	2 296	27 600	39 600
竹谿衛生院	69 600	—	—	2 400	27 600	39 600
宜都衛生院	67 200	—	—	—	27 600	39 600
松滋衛生院	61 200	—	—	—	21 600	39 600
棗陽衛生院	61 200	—	—	—	21 600	39 600
興山衛生院	61 200	—	—	—	21 600	39 600
房縣衛生院	61 200	—	—	—	21 600	39 600
竹山衛生院	61 200	—	—	—	21 600	39 600
保康衛生院	51 600	—	—	—	21 600	30 000
南漳衛生院	51 600	—	—	—	21 600	30 000
秭歸衛生院	51 600	—	—	—	21 600	30 000
長陽衛生院	51 600	—	—	—	21 600	30 000
五峯衛生院	51 600	—	—	—	21 600	30 000
鶴峯衛生院	51 600	—	—	—	21 600	30 000
鄖西衛生院	51 600	—	—	—	21 600	30 000
宜城衛生院	30 000	—	—	—	—	30 000

續表

機關名稱	共計	二十八年	二十九年	三十年	三十一年	三十二年
枝江醫療巡迴防疫隊	51 600	—	—	—	21 600	30 000
江陵醫療巡迴防疫隊	51 600	—	—	—	21 600	30 000
遠安醫療巡迴防疫隊	51 600	—	—	—	21 600	30 000
宜昌醫療巡迴防疫隊	51 600	—	—	—	21 600	30 000
鍾祥醫療巡迴防疫隊	30 000	—	—	—	—	30 000
蘄春醫療巡迴防疫隊	30 000	—	—	—	—	30 000
石首醫療巡迴防疫隊	30 000	—	—	—	—	30 000

資料來源：根據衛生處報表編列。

108. 各衛生機關歷年治療人數疾病分類

類別	共計	二十七年	二十八年	二十九年	三十年	三十一年	三十二年
總計	684 756	24 904	106 502	66 012	125 183	250 754	111 401
傷寒	2 335	913	80	89	357	390	506
班疹傷寒	977	11	19	7	224	162	554
赤痢	15 787	594	1 457	1 906	4 431	7 311	88
天花	4 723	1	4	83	108	868	3 659
霍亂	8 342	1 032	121	11		109	7 069
鼠疫	2						2
白喉	34	1	3	1	12	16	1

續表

類別	共計	二十七年	二十八年	二十九年	三十年	三十一年	三十二年
流行性腦脊髓膜炎	95			7	14	13	61
猩紅熱	72			3	12	6	51
回歸熱	1 841			188	830	784	39
瘧疾	68 286	1 344	6 373	5 733	9 681	44 519	636
大葉肺炎	23 639			648	50	338	22 603
麻疹	985	36	173	168	32	104	442
百日咳	219			73	28	62	56
肺結核	5 482	373	728		892	1 358	1 667
支氣管炎	23 279	896	9 219	2 625	3 891	5 860	788
上呼吸道炎症	9 329				2 106	3 671	3 552
其他	15 658	1 039	3 391	309	3 069	5 242	2 608
循環系病	3 394			319	642	1 604	829
泌尿系病	3 720			205	602	1 687	1 226
急性胃腸炎	21 046	1 980		4 065	3 619	7 452	3 929
其他	23 429		5 860	812	5 715	7 203	3 834
疥瘡	108 208	2 086	8 379	12 087	17 022	44 733	23 951
禿瘡	11 793				1 439	5 483	4 888
其他	32 733	1 644	12 229	5 140	7 228	6 492	

續表

類別	共計	二十七年	二十八年	二十九年	三十年	三十一年	三十二年
砂眼	38 240	1 432	4 602	5 151	8 945	14 866	3 284
其他	31 315	936	5 184	3 997	5 048	7 628	8 522
耳鼻喉病	13 655	480	3 250	1 135	3 170	5 570	
口腔病	10 717	249	535	1 277	2 202	4 571	1 826
膿瘍	46 215	2 815	5 541	5 563	7 199	16 075	9 024
外傷	64 111	2 500	7 541	8 116	18 233	27 718	
其他	52 935	1 219	23 858	2 021	7 847	18 020	
花柳病	4 552				447	2 177	1 928
淋病	3 609			270	1 005	1 448	886
梅毒	2 990	177	346	412	608	892	555
頓痄	2 520	507	752	279	344	638	
産婦科病	4 343	220	568	615	752	1 698	490
腸寄生蟲病	3 130	755	538	945	459	402	
其他	14 175	362	3 198	1 226	6 396	2 993	
診斷不明	6 811	1 354	2 466		491	583	1 917

資料來源：根據衛生處報表編列。

109. 本省各縣現有服務醫師人員

三十一年底

縣別	共計		醫師		藥師		護士		助產士		藥劑生		中醫
	給證	未給證	給證	未給證	給證	未給證	給證	未給證	給證	未給證	給證	未給證	給證
總計	79	270	30	61	1		5	163	4	20	4	26	35
崇陽		7		2				5					
通城	1	9	1	1				6		1		1	
隨縣	4	9		2				5		1		1	4
沔陽	1												1
公安	5	10	2	1			1	9	1		1		
松滋		11		4				6					
江陵	1	5		2				2	1	1		1	
棗陽		6		2				2		1		1	
襄陽	1	9	1	1				6		1		1	
光化	1	12	1	3				7		1		1	
谷城	1	12	1	2				8		1		1	
保康		7		2				5					
南漳		7		2				3		1		1	
遠安		5		2				2				1	
宜昌	2	11		3				7				1	2
興山	2	13		3				8		1		1	2

續表

縣別	共計		醫師		藥師		護士		助產士		藥劑生		中醫
	給證	未給證	給證	未給證	給證	未給證	給證	未給證	給證	未給證	給證	未給證	給證
秭歸		6		1				3		1		1	
長陽		7		2				3		1		1	
五峯		11		3				7				1	
鶴峯	1	7		2				3		1		1	1
宣恩		10		2				7		1			
來鳳		7		2				3		1		1	
咸豐	4	4	2					2		1		1	2
利川	5	4	1					3				1	4
恩施	32	36	16	6	1		3	25	1	2	3	3	8
建始	2	6	1	1				4	1			1	
巴東	13	11	1	3			1	6		1		1	11
房縣		5		3				2					
均縣		7		2				3		1		1	
鄖縣	2	7	2					6					
竹山		2		1				1					
竹谿	1	7	1	1				4		1			

資料來源：根據衛生處報表編列。

說明：1. 本表所列醫事人員數字，僅限於本處所屬及指導監督衛生機關之醫藥人員。

   2. 中醫人數係根據各縣縣政府請領證書之開業中醫數字填列。

   3. 給證與未給證之醫師、藥師均係合格者，給證之護士、助產士、藥劑生亦係合格者。

   4. 未給證之護士、助產士、藥劑生係將合格與不合格者一併列入。

110. 各縣現有服務醫事人員

三十二年十二月

縣別	共計		醫師		藥師		護士		助產士		藥劑生	
	給證	未給證	給證	未給證	給證	未給證	給證	未給證	給證	未給證	給證	未給證
總計	48	271	34	61	1		5	168	4	21	4	26
崇陽		7		2				5				
通城	1	9	1	1				6		1		1
隨縣		9		2				5		1		1
公安	5	10	2	1				9	1		1	
江陵	1	6		2				2	1	1		1
棗陽		6		2				2		1		1
襄陽	1	9	1	1				6		1		1
光化	1	12	1	3				7		1		1
谷城	1	12	1	2				8		1		1
保康		7		2				5				
南漳		7		2				3		1		1
遠安		5		2				2				1
宜昌		11		3				7				1
興山		13		3				8		1		1

續表

縣別	共計		醫師		藥師		護士		助產士		藥劑生	
	給證	未給證	給證	未給證	給證	未給證	給證	未給證	給證	未給證	給證	未給證
秭歸		6		1				3		1		1
長陽		7		2				3		1		1
五峯		11		3				7				1
鶴峯		7		2				3		1		1
宣恩		10		2				7		1		1
來鳳		7		2				3		1		1
咸豐	2	4	2					2		1		1
利川	1	4	1					3				1
建始	2	6	1	1				4	1			
巴東	2	11	1	3			1	6		1		1
恩施	28	36	20	6	1		3	25	1	2	3	3
房縣		5		3				2				
均縣		7		2				3		1		1
松滋		10		4				6				
鄖縣	2	7	2					6				1
竹山		3		1				1		1		
竹谿	1	7	1	1				4		1		1

資料來源：根據衛生處報表編列。

111. 各縣現有自由開業醫事人員

三十二年十二月

縣別	共計		醫師		藥師		藥劑生		護士		助產士		中醫	
	給證	未給證	給證	未給證	給證	未給證	給證	未給證	給證	未給證	給證	未給證	給證	未給證
總計	80	805	23	78		1	1	14	12	179	2	12	42	521
光化	10	47	8	6				1			2			40
隨縣	4	47		11				3		12		1	4	20
公安	1			2						33			1	15
鄖縣	3	35	2				1	1		13		3		18
來鳳	2	22	1	1				1		3		1	1	16
竹山	3	21	1	3						3		1	2	14
谷城	2	37	1	3						8			1	26
竹谿	3	26		2						5		1	3	18
英山		78		3						68				7
均縣		40		3						8		3		26
南漳	4	30		3				1		2			4	24
宜城	3	35		2						5			3	28
保康	1	32		4				1		2			1	25
通城		14		2				2		4				6
恩施	10	63	2	12		1		1		3		1	8	45
房縣	2	25		3						1			2	21

續表

縣別	共計		醫師		藥師		藥劑生		護士		助產士		中醫	
	給證	未給證	給證	未給證	給證	未給證	給證	未給證	給證	未給證	給證	未給證	給證	未給證
興山	3	39		1				1		2			3	35
遠安	3	31		3				1		2		1	3	24
松滋		29		6				1		4				18
襄陽	21	66	7	3					12	1			2	62
宜都	4	23		5									4	18
長陽	1	15	1											15

資料來源：根據衛生處報表編列。

112. 最近四年各衛生機關工作分類

醫務	類別	總計	二十九年	三十年	三十一年	三十二年
診療工作						
門診次數		273 343	4 488	8 239	260 616	
出診次數		10 358	1 264	356	8 738	
特診次數		3 758	476	146	3 136	
初次	男	252 473	71 031	8 102	106 956	66 384
	女	98 156	27 621	3 067	37 269	30 259
覆診	男	315 906	111 432	7 207	128 473	68 794
	女	136 341	56 221	3 018	41 178	35 924
健康檢查次數		31 000	4	8	19 466	11 522

續表

醫務	類別	總計	二十九年	三十年	三十一年	三十二年
接生次數		2 002	246		1 081	675
救濟次數		1 287			508	779
逕迴治療次數		36 218			29 339	6 889
防疫工作						
牛痘接種人數	初種	211 749	7 816	9 935	128 770	65 228
	覆種	149 275	2 036	7 952	93 037	46 250
霍亂預防注射人數		311 928	2862	6 617	143 601	158 828
霍亂傷寒混合預防注射		167 596	739	7 618	111 335	37 904
白喉素毒素病人數		70	70			
傳染病調查人數		26 596	218	14 402	11 976	
傳染病隔離人數		12 369	45	492	3 454	8 378
傳染病		60 303			3 686	56 617
其他		133			133	
衛生教育						
衛生演講	次數	1 883	8	732	1 096	47
	聽講人數	289 572	380	24 274	254 557	10 361
衛生表演	次數	163			99	64
	聽講人數	43 645			39 487	4 158
家庭訪視次數		4 532	17	314	3 245	956
粘貼標語次數		2 971	1	111	2 713	146
散發傳單次數		4 754	1	34	4 465	254

續表

醫務	類別	總計	二十九年	三十年	三十一年	三十二年
環境衛生						
飲食攤點	視察家數	48 213	136	512	47 565	
	政著家數	11 634	60	194	11 380	
飲水清毒次數		30 251	107	207	29 937	
廁所坑缸消毒次數		1 806	2	52	1 752	
衣服滅蟲次數		15 963		10	15 953	
滅蟲處置人數		26 683		143	26 540	
檢查						
尿		310			310	
糞		473			473	
磺		148			148	
血液		486			486	

資料來源：根據衛生處報表編列。

113. 本省疫情概况

病別			共計	三十一年	三十二年
總計		病	110 694	54 178	56 516
		死	1458	467	991
法定傳染病	計	病	16 312	8 875	7 338
		死	1 100	319	781

續表

病別			共計	三十一年	三十二年
法定傳染病	霍亂	病	146	109	37
		死	73	64	9
	流行性腦脊髓膜炎	病	68	13	55
		死	13	1	12
	傷寒	病	967	390	577
		死	149	11	138
	斑疹傷寒	病	337	162	175
		死	88		88
	赤痢	病	12 915	7 311	5 604
		死	486	105	381
	天花	病	1 662	868	794
		死	268	133	135
	白喉	病	57	16	41
		死	9	3	6
	猩紅熱	病	61	6	55
		死	14	2	12
其他傳染病	計	病	94 481	45 303	49 178
		死	358	148	210
	回歸熱	病	1 045	784	261
		死	78	68	15
	瘧病	病	83 436	44 519	48 917
		死	280	85	195

資料來源：根據衛生處報表編列。

114. 各縣現有私立醫院診所藥房

三十二年十二月

縣別	醫院	診所	藥房
總計	34	84	15
恩施		11	2
竹山	1		
襄陽	1	15	
長陽		1	
均縣		3	
興山		1	
南漳	4	1	1
隨縣	14	2	2
松滋		11	
宜都		3	
光化	6	14	
來鳳	1	2	
保康		1	3
房縣	1	3	
英山		1	

續表

縣別	醫院	診所	藥房
鄖縣	1	2	1
公安		2	
谷城	2	6	2
竹山	1	2	1
通城		1	
遠安	1	3	2
宜城	1	2	1

資料來源：根據衛生處報表編列。

第十二類 警 保

115. 全省保安團隊指揮系統

三十二年元月

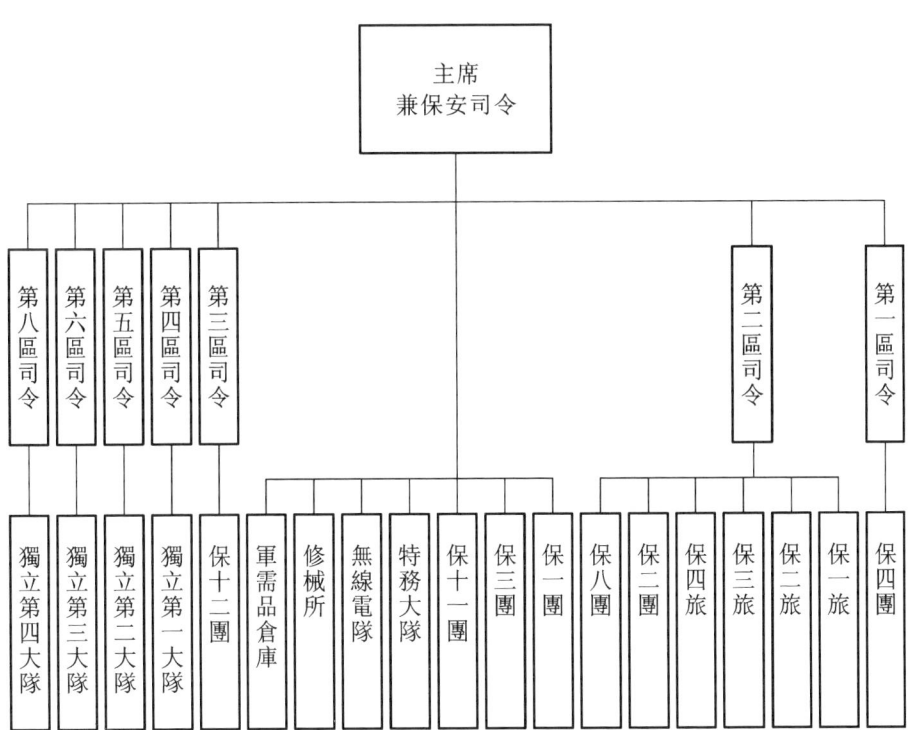

116. 保安團隊編制

三十二年

旅團隊別		計	官佐									士兵							馬匹	
			中將	少將	上校	中校	少校	上尉	中尉	少尉	准尉	計	上士	中士	下士	上等兵	一等兵	二等兵	計	乘	馱
總計		459	1	1	6	6	29	113	108	122	74	6 978	170	481	515	1 087	2 312	2 418	217	83	134
保安部	共計	232	1	1	3	3	15	58	54	58	40	3095	61	258	249	449	893	1 185	103	51	53
	旅部	21		1	1	1	3	6	3	1	5	13		1	1	4	4	3	5	1	4
	特務連	5						1	1	2	1	102	1	9	9	11	30	42			
	通訊連	10				1	3		4	1	4	108	6	8	3	78	15	18	40	15	25
	第一團	98			1	1	6	25	23	27	15	1 426	27	120	118	178	422	561	29	19	10
	第二團	98			1	1	6	25	23	27	15	1 426	27	120	118	178	422	561	29	20	9
甲種團	共計	95			1	1	6	24	21		15	1783	51	85	113	330	684	520	62	17	45
	團部	14			1	1	3	5	2		2	29	5	2	1	8	11	2	4	4	

續表

旅團隊別		官佐										士兵							馬匹		
		計	中將	少將	上校	中校	少校	上尉	中尉	少尉	准尉	計	上士	中士	下士	上等兵	一等兵	二等兵	計	乘	駄
甲種團	第一營	25					1	6	6	8	4	545	15	25	35	94	213	163	13	4	9
	第二營	25					1	6	6	8	4	545	13	25	35	94	213	163	13	4	9
	第三營	25					1	6	6	8	4	545	13	25	35	94	213	163	13	4	9
	迫砲連	5						1	2	1	1	106	1	7	6	35	29	28	19	1	18
	通訊連	1							1			13		1	1	5	5	1			
	共計	83			1	1	6	22	20	21	12	1 039	24	93	91	145	332	354	29	11	18
乙種團	團部	17			1	1	3	6	4		2	31	4	2		13	6		4	4	
	第一營	20					1	5	5	6	3	293	6	28	28	37	93	101	2	2	
	第二營	20					1	5	5	6	3	293	6	28	28	37	93	101	2	2	
	第三營	20					1	5	5	6	3	293	6	28	28	37	93	101	2	2	
	迫砲連	5						1	1	2	1	116	2	6	6	16	42	44	2	2	
	通訊連	1										13		1	1	5	5	1	19	1	18
特務大隊		22				1	1	5	5	7	3	442	16	19	28	68	128	183	2	2	

續表

旅團隊別	官佐										士兵							馬匹		
	計	中將	少將	上校	中校	少校	上尉	中尉	少尉	准尉	計	上士	中士	下士	上等兵	一等兵	二等兵	計	乘	馱
共計	27			1	1	4	8	9	4		619	18	26	34	95	275	171	21	3	18
獨立大隊 隊部	7			1	1		4	4	1		23	4	2	1	7	8	1	2	2	
獨立大隊 第一中隊	5					1	1	1	2	1	160	4	6	9	24	75	42			
獨立大隊 第二中隊	5					1	1	1	2	1	160	4	6	9	24	75	42			
獨立大隊 第三中隊	5					1	1	1	2	1	160	4	6	9	24	75	42			
獨立大隊 機砲中隊	5						1	1	2	1	116	2	6	6	16	42	44	19	1	18

117. 保安團隊歷年經費

團隊別	全年經費數（元）				
	二十八年	二十九年	三十年	三十一年	三十二年
總計	2 312 356	2 308 478	6 813 919	12 585 046	12 401 798
第一團	206 118	276 190	1 044 084	1 044 084	716 418
第二團	206 118	282 877			469 695
第三團	206 118	286 443	1 044 084	1 044 084	716 418
第四團	192 050	270 362	610 931	610 931	469 695
第五團	189 780	247 411	610 931	610 931	
第六團	188 210	54 000			
第七團	190 140	74 205	610 931	610 931	
第八團	145 388		826 579	826 578	469 695
第九團	173 663	38 822	610 931	610 931	
第十團	189 780	261 718	610 931	610 931	
第十一團	180 983	229 261	610 931	610 931	766 418
獨立營	49 477	29 898			
水警總隊	57 307	126 611			
修械所	41 048	42 467			

續表

團隊別	全年經費數（元）				
	二十八年	二十九年	三十年	三十一年	三十二年
軍需品倉庫	2 620	4 242			
軍官教育隊	9 005	48 143			
保安團指揮部		5 490			
特務大隊		9 288	233 586	233 586	167 908
巴東警備指揮部		900			
巴東警備稽查部		225			
來鳳縣國民兵團		15			
鄖縣國民兵團		30			
恩施縣國民兵團		123			
咸豐縣國民兵團		30			
施巴警備司令部		1 828			
前總經理處		6 601			
保安處		9 510			
通訊大隊		1 788			
第十二團				610 931	469 695
第一獨立大隊					236 464
第二獨立大隊					236 464

續表

團隊別	全年經費數（元）				
	二十八年	二十九年	三十年	三十一年	三十二年
第三獨立大隊					236 464
第四獨立大隊					236 464
保安臨時費					3 780 000
保安服裝費				1 536 143	3 000 000
保安使探旅雜費				480 000	480 000
鄂東旅團				3 145 054	
警衛總隊	76 837				
警衛直屬第一大隊	1 847				
長湖獨立分所	918				
警衛總隊政治工作隊	4 949				

說明：本表所列經費數字除二十九年爲實支外，其餘係預算數。

118. 保安團隊械彈數

三十二年

類別	名稱	共計	保一團	保三團	保四團	保八團	保十二團	獨立第一大隊	獨立第二大隊	獨立第三大隊	獨立第四大隊	特務大隊
步槍（枝）	小計	8 254	1 290	1 198	999	959	424	848	695	494	1 121	226
	七九步槍	7 881	1 290	1 198	719	949	415	810	682	494	1 098	226
	六五步槍	241			148	10	9	38	13		23	
	六八步槍	85			85							
	六六步槍	35			35							
	八八步槍	12			12							

續表

類別	名稱	共計	保一團	保三團	保四團	保八團	保十二團	獨立第一大隊	獨立第二大隊	獨立第三大隊	獨立第四大隊	特務大隊
馬槍（枝）	小計	167		8	40	25	11	50	7		26	
	七九馬槍	159		8	36	23	10	50	7		25	
	六五馬槍	8			4	2	1				1	
	七五馬槍											
手槍（枝）	小計	724	79	80	70	56	41	84	41	23	75	175
	手提槍	13		6	7							
	手槍	618	79	74	60	54	41	84	41	16	75	94
	白郎林槍	4			3							1
	左輪	4				2						4
	快慢機	81								7		72
	信號槍	4										4

續表

類別	名稱	共計	保一團	保三團	保四團	保八團	保十二團	獨立第一大隊	獨立第二大隊	獨立第三大隊	獨立第四大隊	特務大隊
機槍（枝）	小計	269	92	90	7	13		3	14	16	6	28
	輕機槍	34			3	4			11	12	4	
	重機槍	40	11	9	4	5		3	2	4	2	
	衝鋒機槍	195	81	81		4			1			
迫擊砲（門）		25	4	5	2	6		2	2		4	28
刺刀（把）		5 242	676	1 004	967	493		755	20	494	833	
步槍彈（枝）	小計	1 019 402	168 253	160 896	111 569	13 496	57 869	150 075	53 179	168 097	116 219	19 749
	七九彈	962 152	168 253	16 0896	63 826	13 297	57 869	144 202	49 744	168 097	116 219	19 749
	五六彈	46 503			36 996	199		5 873	3 435			
	六八彈	9 207			9 207							
	六六彈	36			36							
	八八彈	1 504			1 504							

第十二類 警保

續表

類別	名稱	共計	保一團	保三團	保四團	保八團	保十二團	獨立第一大隊	獨立第二大隊	獨立第三大隊	獨立第四大隊	特務大隊
手槍彈（粒）	小計	66 198	6 525	5 382	2 625	281	250	6 318	2 211	23 234	5 058	14 314
	手提槍彈	600		600								
	手槍彈	65 318	6 525	4 782	2 625	281	250	6 318	2 211	23 234	5 058	14 034
	白郎林彈											
	左輪彈	200										200
	信號彈	80										80
機槍彈（粒）	小計	189 527	32 026	44 535	25 451		25 095	375	15 552	42 082		4 411
	機槍彈	168 189	22 384	32 839	25 451		25 095	375	15 552	42 082		4 411
	衝鋒槍彈	21 338	9 642	11 696								
迫砲彈（顆）		1 254	67	23	417	20		16	129		582	
手榴彈（顆）		14 983	3 099	2 643	2 434	690	716	1 098	1293	1 777	1 017	216

119. 保安團隊游擊戰績

類別		共計	按年						按區					
			廿七年	廿八年	廿九年	三十年	卅一年	卅二年	第一區	第二區	第三區	第四區	第五區	第六區
作戰次數		1 279	34	341	211	53	346	294	304	526	252	156	27	14
敵軍傷亡	計	12 163	371	5 774	3 164	1 116	932	811	2 864	6 730	1 564	595	281	134
	死	8 881	296	4 685	2 148	796	359	597	1 913	5 056	1 185	404	244	79
	傷	3 287	76	1 089	1 106	320	573	214	951	1 674	379	191	37	55
奪獲戰利品	大炮(門)	2	—	2	—	—			—	—	2	—	—	—
	迫砲(門)	12	—	11	1	—			—	7	4	1	—	—
	機槍(挺)	93	70	17	3	3			4	6	78	1	4	—

續表

類別		共計	按年						按區					
			廿七年	廿八年	廿九年	三十年	卅一年	卅二年	第一區	第二區	第三區	第四區	第五區	第六區
奪獲戰利品	步槍(枝)	756	51	392	103	126	53	31	124	265	200	32	82	52
	馬槍(枝)	6	—	6	—	—	—	—	—	3	3	—	—	—
	手槍(枝)	32	—	15	14	2	1	1	1	23	4	3	—	1
	機槍彈(粒)	1 580	—	1 580	—	—	—	—	—	—	1 580	—	—	—
	步槍彈(粒)	9 938	250	8 419	1 250	—	19	—	400	1 480	6 454	529	1 069	—
	戰刀(把)	12	1	11	—	—	—	—	—	1	9	2	—	—
	馬匹(頭)	141	44	51	36	3	5	2	8	29	67	17	18	2
	鋼盔(頂)	40	—	12	—	26	—	2	26	12	—	—	—	2
	敵旗(面)	12	—	5	3	4	—	—	3	3	—	2	—	1
	地圖(張)	4	—	4	—	—	—	—	—	—	4	—	—	—

續表

類別		共計	按年						按區					
			廿七年	廿八年	廿九年	三十年	卅一年	卅二年	第一區	第二區	第三區	第四區	第五區	第六區
奪獲戰利品	腳踏車(輛)	13	2	11	—	—	—	—	—	5	8	—	—	—
	砲彈(顆)	15	—	—	8	—	—	7	7	—	—	1	—	7
	手榴彈(顆)	158	—	—	120	26	2	10	26	—	—	—	2	130
	擲彈筒(個)	2	—	—	2	—	—	—	—	—	—	1	—	—
	軍鴿(隻)	1	—	—	—	1	—	—	—	1	—	—	—	—
	毒氣筒(個)	2	—	—	—	2	—	—	2	—	—	1	—	—
	電綫(斤)	3 681	—	—	3 651	30	—	—	200	1 541	1 000	—	700	40
俘虜人數		441	—	46	27	114	165	89	127	107	69	45	22	71
我軍傷亡	計	3 688	53	1 284	1 357	614	276	99	1 156	1 898	333	205	45	46
	死	1 585	7	478	690	248	113	49	438	920	140	53	15	19
	傷	2 098	46	806	667	366	163	50	718	978	193	152	30	27

120. 保安團隊策動偽軍反正及協同國軍作戰成績及次數

類別	按年			按區					
	共計	三十一年	三十二年	第一區	第二區	第三區	第四區	第五區	第六區
策動偽軍反正次數	52	31	21	12	4	18	3	9	6
投誠官兵	3 392	1 269	2 123	1 798	96	680	11	477	319
攜來槍枝	2 287	1 056	1 231	1 611	38	426	8	121	83
協同國軍作戰次數	66	44	22	16	3	21	5	12	9
偽軍傷亡	802	410	392	240	182	194	45	113	28
我軍傷亡	364	159	205	95	34	103	21	83	28

121.保安團隊協助人民耕作

團隊別		耕作地點所屬縣份	耕作起訖時期	平均每日參加人數		耕作總日數	耕作總畝數	
				最多	最少		耕種	收割
總計				3 567	2 256	39 820	6 230	9 319
二十八年	共計			120	48	1 055		512
	保一團	來鳳	七月二十一日至二十四日	40	20	200		124
	保一團	咸豐	七月二十二日至二十五日	30	20	130		79
	水警總隊	宜昌	七月十一日至九月八日	50	8	725		309
二十九年	共計			851	366	30 045	584	4 706
	保一團	恩施	八月二十四日至九月四日	40	30	390		278
	保一團	鶴峯	八月二十六日至二十七日	50	50	100		72
	保二團	恩施	九月二日至十九日	34	6	1 001		312
	保二團	建始	七月十一日至十月十日	30	9	474		253
	保二團	巴東	工作五日	16	16	80		20
	保三團	巴東		20	2	320		232

續表

團隊別	耕作地點所屬縣份	耕作起訖時期	平均每日參加人數		耕作總日數	耕作總畝數	
			最多	最少		耕種	收割
二十九年	保四團	襄陽	八月二十一日至十二月二十日	120	4	3 625	1 140	553
	保四團	光化	十一月十五日至十二月一日	7	7	120	50	
	保四團	谷城	九月十七日至十月二十五日	5	3	240	200	70
	保四團	保康	九月十八日至十二月二十日	9	4	240	50	40
	保四團	南漳	八月二十六日至九月四日	120	40	1 000		32
	保五團	秭歸	八月二十日至二十七日	20	10	510		112
	保七團	秭歸	八月十日至十六日	60	10	2 720		1 010
	保九團	隨縣	九月十一日至十月十一日	37	17	3 115		522
	水警總隊	秭歸	八月十九日至十月十日	40	20	1265		315
	巡緝隊	咸豐	工作七日	33	33	228		248
	監利自衛隊	監利				159		
	石首自衛隊	石首				247		
	公安自衛隊	公安				84		
	松滋自衛隊	松滋				89		

續表

團隊別	耕作地點所屬縣份	耕作起訖時期	平均每日參加人數 最多	平均每日參加人數 最少	耕作總日數	耕作總畝數 耕種	耕作總畝數 收割
枝江自衛隊	枝江				223		
江陵自衛隊	江陵				159		
咸豐自衛隊	咸豐	工作十日	6	6	60	25	100
利川自衛隊	利川	九月二十七日至十月十二日	24	5	187		145
巴東自衛隊	巴東	工作八日	8	8	60	56	
房縣自衛隊	房縣	一月十六日至二十四日	36	82	849		
竹谿自衛隊	竹谿	九月十五日至三十日	40	8	528	13	84
來鳳國民兵團	來鳳	八月七日至二十日	13	18	300		188
巴東國民兵團	巴東		3	2	90	20	120
均縣國民兵團	均縣	九月一日至二十八日	80	31	681	326	
第四區保安司令部直屬第一支隊	江陵				621		
第四區保安司令部直屬第二、三兩支隊	公安				780		

二十九年

續表

	團隊別	耕作地點所屬縣份	耕作起訖時期	平均每日參加人數		耕作總日數	耕作總畝數	
				最多	最少		耕種	收割
三十年	共計			886	628	9 407	4 030	
	保一團	宣恩	七月一日至十二日	70	1	5 992	2 029	
	保一團	均縣	二月一日至三月二十日	60	18	451	175	
	保十團	均縣	二月一日至三月二十日	60	19	424	130	
	保十團	鄖縣	三月十四日	27	27	27	8	
	房縣國民兵團	房縣	二月二日至四月二十八日	10	10	173	84	
	均縣國民兵團	均縣	三月二十六日至四月二十日	69	12	660	164	
	鄖縣國民兵團	鄖縣	四月二十四日至五月六日	28	11	738	689	
	竹山國民兵團	竹山	一月四日	520	520	520	67	
	鄖西國民兵團	鄖西	五月六日至六月七日	42	10	422	684	
三十一年	共計			825	534	4 868	555	2 010
	保一團	來鳳	七月廿日至廿四日	60	40	220		130
	保一團	宣恩	七月十六日至廿五日	50	30	240	110	124

續表

團隊別	耕作地點所屬縣份	耕作起訖時期	平均每日參加人數		耕作總日數	耕作總畝數	
			最多	最少		耕種	收割
三十一年 保一團	鶴峯	七月十九日至二十日	30	24	198	32	80
保安團	恩施	七月二十二日至三十一日	70	50	710	70	200
保安團	咸豐	七月十五日至廿日	40	25	290		135
保四團	隨縣	七月二十七日至八月二日	80	40	440		210
保五團	秭歸	八月一日至五日	40	20	160		85
保七團	公安	七月二十日至廿四日	30	20	180		79
保十團	鄖縣	七月十六日至廿五日	75	50	625	95	200
保十一團	恩施	七月廿五日至廿三日	50	40	140		90
保特務大隊	恩施	七月十七日至廿六日	50	40	540	120	125
利川自衛隊	利川	七月二十二日至二十六日	30	20	130		79
建始自衛隊	建始	七月十九日至廿二日	20	15	95		60
宣恩自衛隊	宣恩	七月廿五日至廿八日	30	10	100		62

續表

團隊別		耕作地點所屬縣份	耕作起訖時期	平均每日參加人數		耕作總日數	耕作總畝數	
				最多	最少		耕種	收割
三十一年	來鳳自衛隊	來鳳	七月廿日至廿四日	30	20	190	30	62
	均縣自衛隊	均縣	七月十九日至廿五日	40	20	160	20	60
	保康自衛隊	保康	七月廿日至廿五日	30	20	160	18	65
	興山自衛隊	興山	七月十八日至廿二日	30	20	130		79
	長陽自衛隊	長陽	八月二日至七日	40	30	210	60	85
	共計			885	680	4 445	932	2 091
三十二年	保一團	宣恩	七月廿日至二十四日	70	50	310	110	150
	保一團	鶴峯	七月十五日至廿日	60	40	300	95	150
	保一團	宣恩	七月十七日至廿二日	70	40	360	100	160
	保三團	恩施	八月一日至六日	80	70	450		175
	保三團	來鳳	七月廿三日至廿七日	50	40	230	50	90
	保三團	咸豐	七月二十日至廿四日	30	20	130		79
	保四團	隨縣	八月三日至七日	90	80	430	90	160

續表

	團隊別	耕作地點所屬縣份	耕作起訖時期	平均每日參加人數		耕作總日數	耕作總畝數	
				最多	最少		耕種	收割
三十二年	保二大隊	襄陽	七月廿八日至卅一日	50	40	180	20	70
	保四大隊	鄖縣	八月二日至七日	60	50	330	95	160
	保特務大隊	恩施	七月十六日至廿二日	60	50	390	110	170
	利川警察隊	利川	七月十七日至廿一日	40	30	180		120
	來鳳警察隊	來鳳	八月三日至九日	40	30	250	62	90
	恩施警察隊	恩施	七月九日至十四日	40	30	180		120
	鶴峯警察隊	鶴峯	七月十二至十六日	80	10	130		78
	谷城警察隊	谷城	七月廿日至二十四日	80	20	130		79
	光化警察隊	光化	七月十二日至十七日	25	20	135		80
	省會警察局	恩施	七月十八日至廿三日	60	50	330	95	160

122. 省縣各級警察概況

三十二年十二月

警察或機關組織名稱	員額			武器		月支經費
	計	警察數	長警數	槍枝數	子彈數	
總計	2 644	247	2 387	1 295	58 181	444 586
省會警察局	661	101	560	448	45 380	41 273
武昌縣政府警佐室	13		13	20	50	663
嘉魚縣政府警佐室	13		13	1	52	663
咸寧縣政府警佐室	13		13	7		663
蒲圻縣政府警佐室	13		13			663
崇陽縣政府警佐室	13		13	12		338
通城縣政府警佐室	23	2	21			746
通山縣政府警佐室	13		13			338
陽新縣政府警佐室	13		13			338
大冶縣政府警佐室	22	1	21	11	50	626
鄂城縣政府警佐室	18		13	10		663
黃岡縣政府警佐室	13		13	19		5 075
浠水縣政府警佐室	23	2	21	10		3 932
蘄春縣政府警佐室	13		13	18	48	551
廣濟縣政府警佐室	13		13	18	34	338

續表

警察或機關組織名稱	員額			武器		月支經費
	計	警察數	長警數	槍枝數	子彈數	
黃梅縣政府警佐室	13		13	10	30	338
英山縣政府警佐室	23	2	21			2 339
羅田縣政府警佐室	23	2	21	10	30	2 339
麻城縣政府警佐室	13		13	16	106	338
黃安縣政府警佐室	13		13			338
黃陂縣政府警佐室	13		13	20	50	663
禮山縣政府警佐室	13		13	10	20	333
孝感縣政府警佐室	13		13	10	30	663
雲夢縣政府警佐室	13		13			663
漢川縣政府警佐室	13		13	10	40	663
應城縣政府警佐室	13		13	10	30	663
安陸縣政府警佐室	13		13	8		338
應山縣政府警佐室	13		13	10	40	663
鍾祥縣政府警佐室	23	2	21	13	50	746
隨縣縣政府警佐室	23	2	21	10	30	5 525
京山縣政府警佐室	13		13	8		1 931
天門縣政府警佐室	13		13	10	30	333
漢陽縣政府警佐室	13		13	20	70	663
沔陽縣政府警佐室	13		13	10	30	333
潛江縣政府警佐室	22	1	21	10	20	671

续表

警察或机关组织名称	员额			武器		月支经费
	计	警察数	长警数	枪枝数	子弹数	
监利县政府警佐室	23	2	21	12	30	4 063
石首县政府警佐室	38	4	34			14 313
公安县政府警佐室	38	4	34	25	785	16 820
松滋县政府警佐室	38	4	34	16	480	18 143
枝江县政府警佐室	23	2	21			2 334
江陵县政府警佐室	23	1	22	12	50	771
荆门县政府警佐室	12		13	14	20	336
宜城县政府警佐室	23	2	21	8	20	5 702
枣阳县政府警佐室	48	4	44	35	2 148	27 413
襄阳县政府警佐室	59	4	55	8	40	16 211
光化县政府警佐室	38	4	34	17	1 395	5 102
谷城县政府警佐室	38	4	34	10	40	14 689
保康县政府警佐室	34	4	30	4	80	7 658
南漳县政府警佐室	38	4	34	10	20	13 225
远安县政府警佐室	23	2	21	31	637	1 734
当阳县政府警佐室	13		13	8	265	338
宜都县政府警佐室	23	2	21	10	30	3 995
宜昌县政府警佐室	23	2	21	14	50	6 247
兴山县政府警佐室	18	1	17	14	855	8 488
秭归县政府警佐室	36	3	83	7	130	716

續表

警察或機關組織名稱	員額			武器		月支經費
	計	警察數	長警數	槍枝數	子彈數	
長陽縣政府警佐室	18	1	17			8 739
五峯縣政府警佐室	18	1	17	5		7 921
鶴峯縣政府警佐室	18	1	17			4 735
宣恩縣政府警佐室	38	4	34	10	30	14 057
來鳳縣政府警佐室	38	4	34	22	400	13 227
咸豐縣政府警佐室	38	4	34	6	50	12 393
利川縣政府警佐室	38	4	34	6	40	3 634
恩施縣政府警佐室	47	4	43	31	724	17 404
建始縣政府警佐室	38	4	34	10	30	12 401
巴東縣政府警佐室	38	4	34	12	120	12 754
房縣政府警佐室	38	4	34	32	56	12 954
均縣政府警佐室	43	4	39	23	114	11 286
鄖縣政府警佐室	60	4	56	15	70	20 004
竹山縣政府警佐室	38	4	34	30	1 744	3 052
竹谿縣政府警佐室	38	4	34	8	40	8 127
鄖西縣政府警佐室	38	4	34	10	20	14 508
樊城警察局	72	5	67			4 737
老河口警察局	187	19	168			15 164

資料來源：根據施南警察局造表之材料編列。

123. 三十二年度警務處處理軍法案件

類別	審理	審核
總計	23	710
烟毒	6	262
貪污	6	91
盜匪	4	263
漢奸		57
其他	7	57

124. 三十二年度警務處執行人犯

類別	執行人犯
總計	194
烟毒	107
盜匪	61
貪污	9
漢奸	10
其他	7

資料來源：根據警務處報表編列。

125. 近三年來省會警察局處理違警案件及人犯數

年別	違警案件			人犯數								
	類別	件數	類別			年齡			職業			
			類	計	男	女	組別	計	男	女	分類	計	男	女

年別	類	件數	計	男	女	組別	計	男	女	分類	計	男	女
三十年	總計	564	1 465	1 189	275		1 465	1 189	276		1 465	1 189	276
	共計	254	721	592	129	十三歲以下	721	592	129		721	592	129
	妨害安寧	11	13	8	5	十三歲以下	1	1		農	25	24	1
	妨害秩序	105	229	177	52	13—18	48	39	9	工	298	219	79
	妨害交通	20	73	60	13	19—40	497	396	101	商	366	319	47
	妨害風俗	90	345	294	51	41—60	175	156	19	學	9	9	
	妨害衛生	16	29	26	3					公務員	20	18	2
	妨害他人身體	12	32	27	5					自由職業	3	3	

續表

年別	違警案件		人犯數								職業			
	類別	件數	類別			年齡					分類	計	男	女
			類	計	男	女	組別	計	男	女				
三十一年	共計	44	共計	106	85	21	十三歲以下	106	85	12		106	85	21
	妨害秩序	21	妨害秩序	51	41	10	13—18	1	1		農	22	20	2
	妨害交通	2	妨害交通	5	4	1	19—40	6	5	1	工	29	26	3
	妨害風俗	7	妨害風俗	17	10	7	41—60	70	58	12	商	42	32	10
	妨害衛生	6	妨害衛生	14	12	2		29	21	8	學	2	1	1
	妨害他人身體	5	妨害他人身體	13	12	1					公務員	5	4	1
	妨害他人財產	2	妨害他人財產	5	5						自由職業	2	1	1
	誣告違警	1	誣告違警	1	1						理家	4	1	3

續表

年別	違警案件					人犯數								
			類別			年齡				職業				
	類別	件數	類	計	男	女	組別	計	男	女	分類	計	男	女
三十一年	共計	266		638	512	126	十三歲以下	3	3			638	512	126
	妨害秩序	128	妨害秩序	308	246	62	13—18	38	29	9	農	132	123	9
	妨害交通	12	妨害交通	28	26	2	19—40	420	349	71	工	172	154	18
	妨害風俗	42	妨害風俗	101	62	39	41—60	177	131	46	商	253	193	60
	妨害衛生	37	妨害衛生	87	74	13					學	14	9	5
	妨害他人身體	32	妨害他人身體	80	70	10					公務員	30	26	4
	妨害他人財產	12	妨害他人財產	29	29						自由職業	12	5	7
	誣告達警	3	誣告達警	5	5						理家	25	2	23

資料來源：根據省會警察局報表編列。

126. 近三年來省會警察局假預審案件及人犯數

年別	假預審案件		人犯數			
	罪名	件數	罪名	計	男	女
總計		234		389	316	80
三十年	共計	56		102	85	17
	偽造文書印文	2	偽造文書印文	2	2	
	妨害婚姻	3	妨害婚姻	7	4	
	妨害家庭	2	妨害家庭	3	2	3
	賭博	3	賭博	17	15	1
	殺人	1	殺人	2	2	2
	傷害	5	傷害	16	13	
	偷盜	34	偷盜	48	40	3
	詐欺	5	詐欺	6	6	8
	瀆職	1	瀆職	1	1	
三十一年	共計	8		10	9	1
	偷盜	6	偷盜	6	5	1
	妨害家庭	1	妨害家庭	2	2	
	妨害婚姻	1	妨害婚姻	2	2	
三十二年	共計	144		277	222	55
	偽造文書印文	1	偽造文書印文	3	3	

續表

年別	假預審案件		人犯數			
	罪名	件數	罪名	計	男	女
三十二年	妨害婚姻	13	妨害婚姻	37	20	17
	妨害家庭	10	妨害家庭	27	16	11
	傷害	15	傷害	35	23	12
	竊盜	102	竊盜	170	155	15
	詐欺	2	詐欺	4	4	
	瀆職	1	瀆職	1	1	

資料來源：根據省會警察局報表編列。

127. 歷年警察概況比較

項別		二十八年	二十九年	三十年	三十一年	三十二年
直轄警察機關		8	6	2	2	2
各縣警察局數				2	2	2
各縣警佐數		43	70	20	70	70
員警數	計	8 514	4 470	4 227	2 667	2 644
	官	886	685	645	246	247
	警	7 628	3 785	3 582	2 421	2 387
槍支數		4 702	3 187	2 081	1 132	1 295
彈藥數		498 952	427 180	424 200	10 803	56 181
經費	計	1 443 552	695 603	1 135 943	1 624 884	5 203 085
	省款	1 109 316	362 916	370 878	573 192	515 276
	縣款	334 238	332 687	765 065	1 051 692	4 687 809

128. 抗戰以來本省徵用民伕

區域別	共計	構築工事徵伕數	輸送軍需徵伕數	截至年月	
				年	月
總計	6 352 054	4 661 328	1 690 726		
第一區	2 000		2 000		
第二區	5 000		5 000		
第三區	800		800		
第四區	4 507		4 507		
第五區	400		400		
第一二三區	1 500		1 500		
武昌	2 090	1 000	1 090		
漢陽	5 140	4 000	1 140		
嘉魚	590	350	240		
咸寧	3 540	3 300	240		
蒲圻	240		240		
崇陽	2 200	500	1 700		
通城	50		50		
通山	2 590	1 500	1 090		
陽新	6 750	6 000	750		
大冶	4 850	3 950	900		

续表

區域別	共計	構築工事徵伕數	輸送軍需徵伕數	截至年月	
				年	月
鄂城	2 000	2 000			
黃岡	41 500	41 500			
浠水	26 000	26 000			
蘄春	19 000	19 000			
廣濟	12 500	11 000	1560		
黃梅	2 000	2 000			
英山	16 000	9 000	7 000		
羅田	5 500	5 500			
麻城	5 000	5 000			
黃安	5 000	5 000			
黃陂	8 425	8 000	425		
禮山	6 850	6 850			
孝感	4 525	4 000	525		
安陸	325		325		
應山	10 025	9 500	525		
隨縣	182 041	107 458	74 583	32	6
鍾祥	20 700	20 670	30	27	10
京山	459 138	459 138		27	
天門	5 900	5 900			

續表

區域別	共計	構築工事徵伕數	輸送軍需徵伕數	截至年月	
				年	月
沔陽	19 700		19 700	30	4
監利	1 546	1 546		28	7
石首	39 872	39 076	796	28	5
公安	183 439	96 745	86 744	32	9
松滋	224 052	121 581	102 451	32	6
枝江	100		5 964		
江陵	85 095	79 129	100	28	8
宜城	23 250	23 250	54 619		
襄陽	143 833	89 214	80 456	31	10
光化	204 055	128 599	2 710	32	4
谷城	1 305 710	1 308 000	78 556	31	10
保康	202 310	123 754	600	32	5
宜都	2 120	1 520	600	28	7
宜昌	3 445	3 720	4 725	27	10
五峯	136 405	61 057	75 848	32	5
鶴峯	105 452	62 891	42 561	32	4
宣恩	171 949	84 599	87 350	32	8
來鳳	610 305	505 557	104 748	32	5
咸豐	4 028	3 228	800	28	8

續表

區域別	共計	構築工事徵伕數	輸送軍需徵伕數	截至年月	
				年	月
利川	158 200	75 634	82 566	32	7
恩施	235 320	136 455	98 865	32	7
建始	189 250	99 186	90 064	32	10
巴東	248 023	139 916	108 107	32	8
房縣	154 247	95 778	58 474	31	11
均縣	178 703	107 548	74 155	32	9
鄖縣	249 080	155 637	98 443	31	9
竹山	221 265	126 591	94 674	32	8
竹谿	220 134	134 461	85 673	32	7
鄖西	151 462	98 545	52 917	32	4

說明：1. 本表根據各縣於三十二年十二月以前報表編列，此外尚有未據呈報縣份及各部隊直接向各縣征募之伕，爲數亦有數十萬。

2. 構築工事（包括國防交通各工事）征用之伕多係短伕，於工竣即行發還；輸送之伕，短伕長伕均有，短伕隨用隨還，長伕由各部隊長期編用。

3. 各縣征用騾馬、車輪、船隻數數目均未列入。

129. 抗戰以來敵機空襲損害

截至三十一年十二月止

甲、時間別

年	月	空襲次數	投彈枚數	死傷人數		損壞房屋		炸死牲畜		
				死	傷	棟	間	騾馬	牛	其他
總計		1 209	18 296	9 727	13 627	20 161	41 127	79	66	267
26	計	10	151	315	498	307	1		2	
	8	3	3	7	3	1			2	
	9	2	18	301	490	306				
	10	4	64	6	1		1			
	12	1	61	1	4					
27	計	305	7 751	4 304	7 257	3 397	4 678	75	39	153
	1	8	461	190	237	86	42			
	2	7	361	35	64	8	37		1	
	3	9	510	103	159	154	9		4	6
	4	13	360	153	163	256	15		4	25
	5	3	105	3	3		5			3
	6	1	62							
	7	46	1 134	414	738	2016	99	2	5	13
	8	58	1 866	1 684	3 675	2 771	1 106	64	2	22

續表

年	月	空襲次數	投彈枚數	死傷人數		損壞房屋		炸死牲畜		
				死	傷	棟	間	騾馬	牛	其他
27	9	55	864	216	492	760	210			8
	10	52	826	744	444	1 810	1 111		3	
	11	51	1 192	762	1 281	536	2 043	9	20	76
	12	2	10		1		1			
	計	195	5 341	2 937	3 189	6 297	6 769	2	15	106
28	1	13	63	34	71	32	22			1
	2	7	412	398	729	995	544		6	2
	3	26	1 155	758	856	1 292	1 233		4	14
	4	33	1 352	505	548	467	2 671	1	2	14
	5	18	506	229	208	402	1 052	1	1	32
	6	14	247	140	162	2 103	19			2
	7	21	250	127	192	379	863		2	37
	8	16	136	519	131	138	149			
	9	12	306	32	48	49	72			
	10	15	137	9	7	196	1			
	11	1	5		1		5			
	12	19	762	186	236	240	143			4
	計	397	2 827	1 518	2 015	3 732	1 546	2	4	3
29	1	3	4	53	66		7			
	2	1	30	8	8		15			

續表

年	月	空襲次數	投彈枚數	死傷人數		損壞房屋		炸死牲畜		
				死	傷	棟	間	騾馬	牛	其他
29	3	6	13	2	7	11			3	
	4	3	8	2	6	3				
	5	70	1 131	690	749	2 051	577	1		1
	6	108	352	134	536	1 049	49	1		
	7	60	250	70	103	56	2		1	
	8	40	164	19	41	222				
	9	38	588	281	204	177	497			
	10	47	129	77	85	85	112			
	11	6	65	168	184	17	247			2
	12	15	93	14	26	51	40			
	計	159	1 636	481	477	1 313	1 035		6	5
30	1	11	155	63	71	569	3		6	
	2	4								
	3	34	557	159	114	492	37			
	4	6	248	63	41	156	108			
	5	24	8			38				
	6	58	298	19	12	24	5			
	7	8	43	13	24		103			
	8	7	156	32	42	34	25			
	9	5	77	91	133		802			

續表

年	月	空襲次數	投彈枚數	死傷人數		損壞房屋		炸死牲畜		
				死	傷	棟	間	騾馬	牛	其他
30	10	2	55	22	40		2			
	11									
	12		30	19						
	計	87	109	48	38					
31	1	7								
	2	6								
	3	12								
	4	7								
	5	5	109	48	38					
	6	9								
	7	6								
	8	4								
	9	11								
	10	9								
	11	5								
	12	6								
	計	54	481	174	153	115	48			
32	1	7	70	3	2					
	2	22	314	52	63	60	5			
	3	9	42			24				

續表

年	月	空襲次數	投彈枚數	死傷人數		損壞房屋		炸死牲畜		
				死	傷	棟	間	騾馬	牛	其他
32	4	2								
	5	5								
	6	7								
	8	4	5	12	32	12	5			
	9	2	5	50	55					
	11	6	47	7	1	19	33			

資料來源：三十一年以前係根據防空司令部報表編列，三十二年係根據警務處報表編列。

130. 抗戰以來敵機空襲損害

截至三十一年十二月止
乙、縣別

縣別	空襲次數	投彈枚數	死傷人數		損壞房屋		炸死牲畜		
			死	傷	棟	間	騾馬	牛	其他
總計	1 153	17 815	9 603	13 474	20 046	14 079	79	66	267
漢口市	33	1 575	358	519	204	250		1	10
武昌	34	1 148	853	1 583	1 148	211	52	3	5
漢陽	11	390	498	1 054	1 276	263			2
咸寧	6	69	7	17		20			
蒲圻	8	68	62	26	39				
通城	5	45	37	52	31	483			34
通山	3	15	20	40	110				
陽新	11	147	200	415	170	5			
大冶	25	259	5	25	96				
鄂城	8	125	37	30	550	5		2	
黃岡	16	132	48	121	136	121			8
浠水	8	223	75	150	1 505				
蘄春	9	83	36	95	402	25		4	13
廣濟	38	833	41	52	25	70	2	2	
黃梅	6	217	18	23	25	125			
英山	2	36	32	33	35				

續表

縣別	空襲次數	投彈枚數	死傷人數		損壞房屋		炸死牲畜		
			死	傷	棟	間	騾馬	牛	其他
羅田	3	55	47	15	35				
麻城	12	459	70	171	400	229	1		
黃安	3	60		6	24	190			
禮山	5	83	53	19	35	450		2	
孝感	7	212	53	10	22	6		1	13
應山	3	128	58	157		294			22
隨縣	27	637	492	609		2 035		7	8
鍾祥	12	226	112	112	27	122			
京山	2	222	700	1 400	1 200				
天門	2		24	36	25	500			
沔陽	8	226	80	166					
監利	14	432	106	100	28	10		4	1
石首	8	151	26		25	100			
公安	5	103	117	50	205	5			50
松滋	3	21	8	22					
枝江	6	14	43	43	3	97	1	1	
江陵	15	161	267	239	188	70			
荊門	24	771	147	211	913	679			
宜城	11	344	104	191	210	2 120			
棗陽	21	603	224	224		2 557		3	20
襄陽	44	1 510	992	1 340	670	1 354	1	23	45

续表

县别	空袭次数	投弹枚数	死伤人数 死	死伤人数 伤	损坏房屋 栋	损坏房屋 间	炸死牲畜 骡马	炸死牲畜 牛	炸死牲畜 其他
光化	28	1 594	280	458	1 670	352	1		1
谷城	6	131	156	225	200				1
南漳	6	195	171	443	1 165				
远安	6		49	24	17	73			
当阳	8	220	126	125	152				25
宜都	8	36	5	3	2	720			
宜昌	95	2 031	1 863	1 967	2 870	14			2
秭归	18	136	70	127	33	56	9	8	
长阳	11	204	14	39	33	53			
五峰	5	1							
来凤	14	630	32	51	426				
咸丰	2	2							
利川	3	2							
恩施	421	870	155	259	2 383	146	1		4
巴东	28	436	218	267	516	222			2
房县	2	5			3				
应城	2		385	150	800				
潜江	12		3		12				
鹤峰	14								
郧西	1	39	19						

资料来源：根据防空司令部报表编列。

第十三類　役　政

131. 軍管區組織及歷次變遷

機關名稱	隸屬機關	設置時期	內部組織	計	司令	副司令	參謀長	參謀	秘書	處長	科長	視察	處員	科員	軍官	副官	譯電員	書記	其他	士兵	備註
湖北省兵役管區司令部	軍政部	二六年十月	徵募科 訓練科 整備科	…	…	…	…	…	…	…	…	…	…	…	…	…	…	…	…	…	兵役管區司令部編制表因遺失故官兵數一欄從略
湖北省軍管區司令部	軍政部	二七年二月	徵募處 訓練科 總務處	66	1	—	1	2	1	2	1	—	16	—	—	—	—	4	12	26	
湖北省軍管區司令部	軍政部	二七年三月	兵役處 軍訓處 總務科	135	1	—	1	2	1	2	7	—	36	1	5	—	7	—	19	53	
湖北省軍管區司令部	軍政部	二七年八月	兵役處	78	—	—	—	1	1	3	—	—	20	1	3	1	5	—	8	35	1. 取消司令部本身機構保留軍管區名義 2. 本年十月以武漢情形緊張西遷宜昌辦公

续表

机关名称	隶属机关	设置时期	内部组织	计	司令	副司令	参谋长	参谋	秘书	处长	科长	视察	处员	科员	军官	副官	译电员	书记	其他	士兵	备注
湖北省军管区司令部	军政部	二十八年十一月	征募处 编练处 总务科	145	1	1	1	3	1	2	5	5	—	39	2	—	2	11	22	50	二十八年五月曾奉令复二十七年七月以前之编制
湖北省军管区司令部	军政部	卅二年十月	征募处 编练处 总务科 经理科	167	1	1	1	2	1	2	8	5	—	45	2	—	1	14	28	56	1. 本军管区司令部係丙级编制 2. 二十九年五省①再由宜昌迁驻恩施
湖北省军管区司令部	军政部	卅二十一月	一科 二科 三科 四科 会计室	126	1	1	1	3	—	—	4	—	—	40	2	—	1	10	21	42	

① 原文如此，应为"五月"。

132. 各縣市國民兵團編制

三十一年度

縣別	編制等級			直轄隊班數					
	一等團	三等團	緊縮團	預備隊		區隊	鄉隊	保隊	甲班
				第一隊	第二隊				
總計	15	75	20	70	104	69	1 335	23 515	267 874
武昌			1			2	13	267	7 343
嘉魚			1				19	207	3 013
咸寧			1				15	234	7 169
蒲圻			1			2	18	250	3 169
崇陽			1				15	263	3 337
通城			1				10	101	1 770
通山			1				10	132	1 185
陽新			1			2	19	392	7 137
大冶			1				38	741	7 248
鄂城			1				21	816	8 081
黃岡		1		1	10	2	38	642	12 512
浠水			1			2	33	695	6 064
蘄春			1			1	27	556	5 976

續表

縣別	編制等級			直轄隊班數					
	一等團	三等團	緊縮團	預備隊		區隊	鄉隊	保隊	甲班
				第一隊	第二隊				
廣濟			1				20	532	4 187
黃梅			1				23	335	5 793
英山			1			1	12	182	1 479
羅田		3				1	12	126	2 242
麻城			1			1	29	646	5 884
黃安			1				34	564	5 798
黃陂			1				54	936	8 946
禮山			1			1	14	334	7 943
隨縣	1		1	6		4	73	862	11 675
沔陽							64	1 744	14 633
潛江		3					20	662	6 640
監利	1					1	20	883	8 456
石首		3		14		1	14	265	2 878
公安		3					34	444	4 433
松滋	1			2	4	1	33	666	6 666
枝江		3			2		22	311	3 744
江陵	1					3	29	532	4 384

續表

縣別	編制等級			直轄隊班數					
	一等團	三等團	緊縮團	預備隊		區隊	鄉隊	保隊	甲班
				第一隊	第二隊				
荊門	1						4	43	380
宜城		3				1	13	333	3 330
棗陽	1			2		2	26	240	2 400
襄陽	1					3	37	469	6 754
光化		3			23	23	285	2 797	
穀城	1						24	588	5 901
保康		3				1	13	190	1 844
南漳	1				24	2	24	693	6 919
遠安		3				1	17	171	1 554
當陽		3					2	13	78
宜都		3		19	5		81	395	3 258
宜昌	1			19		3	20	341	3 968
興山		3				2	11	140	1 456
秭歸		3				1	25	368	3 268
長陽		3				1	25	408	4 081
五峯		3				2	12	168	1 608
鶴峯		3			1	2	9	96	1 004

續表

縣別	編制等級			直轄隊班數				
	一等團	三等團	緊縮團	預備隊		區隊	鄉隊	保隊	甲班
				第一隊	第二隊				
宣恩		3			6	1	13	170	1 559
來鳳		3				1	11	155	1 440
咸豐		3				1	15	183	1 570
利川		3			16	2	16	187	1 813
恩施	1			4	9	2	32	382	6 762
建始		3				2	22	298	3 191
巴東		3		3	3	3	18	280	2 643
房縣	1					4	25	334	3 311
均縣	1						21	227	2 633
鄖縣	1					2	29	477	4 729
竹山		3				2	18	379	2 790
竹谿		3			1	1	19	261	2 091
鄖西		3				2	20	321	2 877

說明：本表係根據已成立國民兵團之六十縣編制。

133. 歷年月徵壯丁

(甲)

年月	軍管區			江漢師	
	月徵類	配撥數	已撥數	月徵類	配撥數
總計	440 662	494 988	395 125	60 782	69 407
二十五年九月至十二月	—	1 800	1 766	—	—
二十六年八月至十二月	—	14 295	13 680	—	—
二十七年	143 904	175 704	158 226	50 724	57 277
元月	13 380	13 380	13 317	7 697	7 697
二月	13 372	13 372	13 309	7 690	7 697
三月	13 371	13 371	13 309	7 690	7 690
四月	10 000	12 817	12 423	3 260	3 172
五月	10 000	7 719	6 969	3 260	13 922
六月	13 000	24 391	22 344	4 235	720
七月	13 000	12 598	11 898	4 235	4 842
八月	13 000	9 867	8 815	4 219	3 709
九月	13 000	24 921	24 452	4 219	1 979
十月	13 000	32 288	20 764	4 219	15 856
十一月	8 781	4 376	4 376	—	—
十二月	10 000	6 550	6 250	—	—
二十八年	108 750	13 782	85 353	—	—

管區	荊宜師管區			襄鄖師管區		
已撥數	月徵類	配撥數	已撥數	月徵類	配撥數	已撥數
46 105	213 097	231 300	192 890	166 833	194 231	156 139
—	—	—	—	—	1 800	1 766
—	—	10 415	10 131	—	3 880	3 549
44 127	41 619	54 130	53 215	51 561	64 297	60 884
7 697	3 274	3 274	3 274	2 409	2 409	2 316
7 690	3 273	3 273	3 273	2 409	2 409	2 346
7 690	3 273	3 273	3 273	2 403	2 408	2 343
3 172	2 470	4 164	4 164	4 270	5 535	5 087
3 921	2 470	1 589	1 589	4 270	2 208	1 459
720	3 213	15 447	15 428	5 552	3 224	6 196
4 242	3 213	739	630	5 552	7 026	7 026
3 153	3 929	1 725	1 256	4 852	4 406	4 406
1 510	3 929	9 261	9 261	4 852	13 631	13 681
4 332	3 929	5 200	5 200	4 852	11 232	11 232
—	3 929	2 250	2 250	4 852	2 126	2 126
—	4 717	3 917	3 617	5 283	2 633	2 633
—	68 486	77 707	57 009	40 261	54 075	28 344

年月	軍管區			江漢師	
	月徵額	配撥數	已撥數	月徵額	配撥數
元月	14 700	29 258	5 013	—	—
二月	14 700	17 540	3 959	—	—
三月	7 350	9 072	6 421	—	—
四月	8 000	12 575	7 254	—	—
五月	8 000	8 297	1 0492	—	—
六月	8 000	6 661	6 655	—	—
七月	8 000	970	6 178	—	—
八月	8 000	9 795	11 066	—	—
九月	8 000	3 368	5 430	—	—
十月	8 000	16 274	10 324	—	—
十一月	8 000	17 185	6 947	—	—
十二月	8 000	767	5 164	—	—
二十九年	94 000	63 711	68 917	—	—
元月	8 000	3 053	8 338	—	—
二月	8 000	3 541	6 427	—	—
三月	8 000	4 486	7 745	—	—
四月	8 000	1 247	9 408	—	—
五月	8 000	621	7 238	—	—
六月	8 000	4 571	3 622	—	—
七月	8 000	3 650	3 355	—	—

續表

管區	荊宜師管區			襄鄖管區		
已撥數	月徵類	配撥數	已撥數	月徵類	配撥數	已撥數
一	9 434	18 797	3 746	5 266	10 460	1 267
一	9 481	10 482	2 619	5 226	7 058	1 310
一	4 717	2 348	5 455	2 633	6 744	966
一	4 989	8 166	5 705	3 011	4 409	1 549
一	4 989	8 297	8 492	3 011	一	2 000
一	4 989	4 218	4 220	3 011	2 443	2 435
一	4 989	770	3 399	3 011	200	2 779
一	4 989	7 352	5 519	3 011	2 443	5 547
一	4 989	475	3 715	3 011	2 893	1 715
一	4 989	10 352	6 672	3 011	5 922	3 598
一	4 989	5 682	3 938	3 011	11 503	3 009
一	4 989	767	3 475	3 011	一	2 139
一	57 467	35 420	35 580	36 524	28 291	33 337
一	4 989	3 003	4 451	3 011	50	3 887
一	4 989	1 286	3 529	3 011	2 255	2 898
一	4 989	3 584	4 482	3 011	902	3 263
一	4 989	754	5 218	3 011	493	4 190
一	4 989	621	3 981	3 011	一	3 257
一	4 989	3 343	1 531	3 011	1 228	1 691
一	4 989	3 170	984	3 011	480	2 371

年月	軍管區			江漢師	
	月徵額	配撥數	已撥數	月徵額	配撥數
八月	8 000	12 443	4 290	—	—
九月	8 000	2 869	2 908	—	—
十月	8 000	16 582	3 967	—	—
十一月	7 000	6 046	5 194	—	—
十二月	7 000	4 602	6 425	—	—
三十年	94 008	107 464	67 183	10 008	12 180
元月	7 834	600	4 816	834	—
二月	7 834	5 665	4 697	834	—
三月	7 834	8 993	6 934	834	—
四月	7 834	12 696	4 392	834	—
五月	7 834	9 731	3 444	834	—
六月	7 834	4 634	10 248	834	800
七月	7 834	10 516	5 871	834	1 192
八月	7 884	16 773	1 156	834	—
九月	7 884	27 322	6 678	834	10 003
十月	7 884	4 514	5 538	834	135
十一月	7 884	3 929	6 598	834	—
十二月	7 884	2 000	6 811	834	—

說明：表列月徵壯丁，係自二十五年九月至三十年年底止。三十一年元月起，全省改劃為五個師管區，三十一年元月以後，各月月徵壯丁數見乙表。

續表

管區	荊宜師管區			襄鄖管區		
已撥數	月徵類	配撥數	已撥數	月徵類	配撥數	已撥數
—	4 989	7 336	1 539	3 011	5 107	2 751
—	4 989	2 889	2 547	3 011	—	361
—	4 989	6 093	1 870	3 011	10 489	2 097
—	3 793	85	1 548	3 027	5 195	3 464
—	3 793	2 910	3 500	3 027	2 092	2 925
1 978	45 516	53 628	36 955	38 484	41 888	2 8250
—	3 793	—	2 050	3 207	600	2 766
—	3 793	3 289	2 994	3 207	2 376	1 703
—	3 793	5 857	2 906	3 207	3 136	4 028
—	3 793	5 270	1 709	3 207	7 699	2 683
—	3 793	8 713	1 271	3 207	1 018	2 713
800	3 793	2 662	7 441	3 207	1 172	2 007
146	3 793	1 271	2 953	3 203	8 053	2 772
94	3 793	8 600	431	3 203	8 173	631
258	3 793	14 043	4 900	3 203	3 276	1 520
30	3 793	2 663	3 007	3 203	1 716	1 520
10	3 793	1 260	3 917	3 203	2 669	2 671
641	3 793	—	3 376	3 203	2 000	2 795

134. 歷年月徵壯丁

(乙)

年月	軍管區			江漢師管區			恩宣師	
	月徵額	配撥數	已撥數	月徵額	配撥數	已撥數	月徵額	配撥數
總計	94 008	132 498	87 502	19 519	11 122	5 036	59 336	74 533
三十一年	94 008	132 498	87 502	10 008	9 122	3 506	20 172	30 137
一月	7 834	301□	6 124	834	—	1 176	1 681	100
二月	7 834	210	2 143	834	—	256	1 681	90
三月	7 834	47 335	4 863	834	5 040	266	1 181	9 917
四月	7 834	7 066	11 132	834	—	25	1 681	5 285
五月	7 834	8 915	13 456	834	500	63	1 681	3 768
六月	7 834	1 010	18 674	834	50	276	1 681	70
七月	7 834	8 895	6 323	834	100	454	1 681	1 095
八月	7 834	7 369	4 271	834	—	991	1 681	3 461
九月	7 834	17 373	2 790	834	—	—	1 681	5 630
十月	7 834	14 661	3 232	834	3 432	—	1 681	153
十一月	7 834	7 098	7 076	834	—	—	1 681	568
十二月	7 834	9 520	7 418	834	—	—	1 681	—

管區	陵都師管區			襄棗師管區			鄖均師管區		
已撥數	月徵額	配撥數	已撥數	月徵額	配撥數	已撥數	月徵額	配撥數	已撥數
39 439	43 926	72 444	39 982	43 530	57 425	33 917	37 044	51 006	33 325
21 411	22 524	35 451	24 639	22 308	34 401	21 292	18 996	23 387	17 054
1 201	1 877	—	1 699	1 859	2 946	928	1 583	—	1 125
393	1 877	—	369	1 859	40	410	1 583	80	715
599	1 877	11 922	1 453	1 859	9 978	1 738	1 583	10 478	807
3 385	1 877	128	4 114	1 859	1 653	884	1 583	—	2 724
3 387	1 877	117	4 356	1 859	1 030	2 837	1 583	3 500	2 813
5 718	1 877	70	3 015	1 859	750	7 468	1 583	70	2 197
1 621	1 877	—	1 377	1 859	7 500	537	1 583	200	2 335
887	1 877	2 693	834	1 859	657	480	1 583	558	1 079
1 150	1 877	3 837	296	1 859	7 406	893	1 583	500	451
947	1 877	8 164	834	1 859	412	802	1 583	2 500	649
1 108	1 877	—	2 686	1 859	1529	2 336	1 583	5001	946
1 015	1 877	8 520	3 206	1 859	500	1 934	1 583	500	1 218

年月	軍管區			江漢師管區			恩宣師	
	月徵額	配撥數	已撥數	月徵額	配撥數	已撥數	月徵額	配撥數
三十二年	—	—	—	9 510	2 000	1 530	19 164	44 396
一月	—	—	—	834	—	—	1 681	8 514
二月	—	—	—	834	—	83	1 681	217
三月	—	—	—	834	—	492	1 681	500
四月	—	—	—	834	—	63	1 681	860
五月	—	—	—	834	—	27	1 681	329
六月	—	—	—	834	—	41	1 681	6 530
七月	—	—	—	751	2 000	529	1 513	18 891
八月	—	—	—	751	—	295	1 513	196
九月	—	—	—	751	—	—	1 513	659
十月	—	—	—	751	—	—	1 513	200
十一月	—	—	—	751	—	—	1 513	7 500
十二月	—	—	—	751	—	—	1 513	—

說明：歷年奉准抵額之招募壯丁在內，其額外徵撥各保安團隊之新兵，因不抵額均未列入。

續表

管區	陵都師管區			襄棗師管區			鄖均師管區		
已撥數	月徵額	配撥數	已撥數	月徵額	配撥數	已撥數	月徵額	配撥數	已撥數
18 028	21 396	36 993	15 743	21 192	23 024	12 625	18 038	27 617	16 271
794	1 877	—	2 759	1 859	750	1 332	1 583	750	1 853
744	1 877	—	939	1 859	5 929	301	1 583	—	2 691
1 000	1 877	—	107	1 859	—	557	1 583	—	897
1 461	1 877	350	499	1 859	648	1 469	1 583	1 788	799
1 182	1 877	—	377	1 859	—	829	1 583	—	749
2 058	1 877	25 000	—	1 859	5 500	449	1 583	6 300	872
2 080	1 689	2 590	4 889	1 673	4 400	3 754	1 425	400	1 495
3 717	1 689	550	1 925	1 673	—	614	1 425	5 811	1 751
2 396	1 689	8 103	3 183	1 673	3 248	2 038	1 425	2 367	1 996
1 202	1 689	200	1 057	1 673	1 399	198	1 425	950	3 168
1 394	1 689	200	14	1 673	1 150	1 054	1 425	9 253	—
—	1 689	—	—	1 673	—	—	1 425	—	—

135. 歷年月徵壯丁累積

年月	各月實數			各月累積數		
	月徵額	配撥數	已撥數	月徵額	配撥數	已撥數
二十五年九月至十二月	—	1 800	1 766	—	1 180	1 766
二十六年八月至十二月	—	14 295	13 680	—	16 095	15 446
二十七年一月	13 380	13 380	13 317	13 380	29 475	28 763
二月	13 372	13 372	13 309	26 752	42 841	42 072
三月	13 371	13 371	13 309	40 123	56 218	55 381
四月	10 000	12 871	12 423	50 123	69 089	67 804
五月	10 000	7 719	6 969	60 123	76 808	74 778
六月	13 000	24 391	22 344	73 123	101 199	97 117
七月	13 000	12 598	11 989	86 123	113 797	109 915
八月	13 000	9 867	8 815	99 123	123 664	117 830
九月	13 000	24 921	24 452	112 123	148 585	142 282
十月	13 000	32 288	20 764	125 123	180 873	163 046
十一月	8 781	4 376	4 376	138 904	185 249	167 422
十二月	10 000	6 550	6 250	143 904	191 799	173 672
二十八年一月	14 700	29 258	5 013	158 604	221 057	178 685

續表

年月	各月實數			各月累積數		
	月徵額	配撥數	已撥數	月徵額	配撥數	已撥數
二月	14 700	17 540	3 959	173 304	238 597	182 644
三月	7 350	9 090	6 421	180 654	247 689	189 065
四月	8 000	12 575	7 254	188 654	260 264	195 319
五月	8 000	8 279	10 492	196 654	268 561	206 811
六月	8 000	6 661	6 655	204 654	275 222	213 466
七月	8 000	970	6 178	212 654	276 192	219 644
八月	8 000	9 795	11 066	220 654	285 798	230 910
九月	8 000	3 368	5 430	228 654	289 355	236 140
十月	8 000	16 274	10 324	236 654	305 629	246 464
十一月	8 000	17 185	6 947	244 654	322 814	253 411
十二月	8 000	767	5 614	252 654	323 581	259 025
二十九年一月	800	3 053	8 338	260 654	326 634	267 368
二月	800	3 541	6 427	268 654	330 175	273 790
三月	800	4 486	7 743	276 654	334 661	281 585
四月	800	1 247	9 408	284 654	335 908	290 943
五月	800	621	7 238	292 654	336 529	298 181
六月	800	4 571	3 622	300 654	341 100	301 803

續表

年月	各月實數			各月累積數		
	月徵額	配撥數	已撥數	月徵額	配撥數	已撥數
七月	800	3 650	3 355	308 654	344 750	305 158
八月	800	12 443	4 290	316 654	357 193	309 448
九月	800	2 869	2 908	324 654	360 062	312 356
十月	800	16 582	3 967	332 654	376 644	316 323
十一月	700	6 046	5 194	339 654	382 690	312 517
十二月	700	4 602	6 425	346 654	387 292	327 942
三十年一月	7 834	600	4 816	354 488	387 892	332 758
二月	7 834	5 665	4 697	362 322	393 557	337 455
三月	7 834	8 993	6 934	370 156	402 550	344 389
四月	7 834	12 969	4 392	377 990	415 519	348 781
五月	7 834	9 731	3 444	385 824	425 250	352 225
六月	7 834	4 634	10 248	393 658	428 884	362 473
七月	7 834	10 516	5 871	401 492	440 400	368 344
八月	7 834	16 773	1 156	409 326	457 173	369 500
九月	7 834	27 322	6 678	417 160	484 495	376 178
十月	7 834	4 514	5 538	424 994	489 009	381 716
十一月	7 834	3 929	6 598	432 828	492 938	888 324

續表

年月	各月實數			各月累積數		
	月徵額	配撥數	已撥數	月徵額	配撥數	已撥數
十二月	7 834	2 000	6 811	440 662	494 938	395 125
三十一年一月	7 834	3 046	6 124	448 496	499 984	104 249
二月	7 834	210	2 143	456 330	498 194	403 392
三月	7 834	47 335	4 863	484 164	545 529	403 255
四月	7 834	7 066	11 132	471 998	552 595	419 387
五月	7 834	8 915	13 456	479 332	561 510	432 843
六月	7 834	1 010	18 674	487 666	562 520	451 517
七月	7 834	8 875	6 323	495 500	571 415	457 849
八月	7 834	7 369	4 271	503 334	578 784	462 111
九月	7 824	17 373	2 790	511 168	596 157	464 901
十月	7 824	14 661	3 232	519 602	610 818	468 183
十一月	7 824	7 098	7 076	526 836	610 916	475 209
十二月	7 824	9 520	7 418	534 670	627 436	482 627

136. 本省歷次配賦兵額比較

實施配賦時期	縣份	保數	壯丁數	月徵兵額	每百保平均月徵數	每百保平均年徵數	每萬壯丁平均月徵數	每萬壯丁平均年徵數	備註
二十七年四月起	70	39 976	3 761 440	10 000	0.25	3.00	0.27	3.19	劃全省為六區,按月輪徵,一區實額一萬名惟有十四縣緩徵(計10 596保,因劃五、六兩區為一個月徵集
二十七年六月起	70	39 703	3 761 440	13 000	0.33	3.93	0.35	4.15	
二十八年一月起	48	27 091	2 407 742	10 000	0.37	4.43	0.42	4.98	一、二兩區共廿二縣未計
二十八年四月起	38	19 025	1 739 460	8 000	0.42	5.05	0.46	5.52	一、二、三區共三十二縣未計
廿九年十一月起	34	14 759	1 289 889	7 000	0.47	5.69	0.54	6.51	原三十八縣中,除去當陽,荊門,潛江,沔陽四縣不徵
三十年元月起	46	29 873	1 981 199	781 199	0.37	4.51	0.39	4.75	原三十四縣加隨縣及鄂東十一縣
三十一年一月起	34	12 415	1 207 007	7 000	56	6.77	58	6.96	同上
三十二年七月起	46	15 389	1 458 023	1 458 023	0.45	5.49	0.48	5.79	

說明:本表二十七、二十八兩年所列保數壯丁數,係根據本府、係根據本府二十八年九月編印之行政統計兵役部份表中列載數字計算;二十九年一月起之保數及壯丁數,係根據三十年十二月本府編印之統計提要數字計算;三十年元月起之保數及壯丁則係根據軍管區報表編列。

137. 歷年免緩禁停役壯丁

(甲)

年別	荊宜師管區				襄鄖師管區			
	免役	緩役	禁役	停役	免役	緩役	禁役	停役
總計	379 606	370 350	9 988	8 648	63 777	117 831	5 383	15 896
二十五年	—	—	—	—	9 358	16 129	528	1 907
二十六年	—	—	—	—	6 538	13 101	601	1 818
二十七年	93 823	105 326	3 228	3 020	10 221	13 257	605	1 759
二十八年	158 663	14 113	4 428	2 744	11 132	29 048	1 601	3 780
二十九年	127 120	123 851	2 387	2 884	26 528	46 296	2 048	6 632

說明：1. 江漢師管區係二十九年六月恢復，上列各年中無數可考，故江漢師管區一欄未列。

2. 襄鄖師管區所屬之隨縣、南漳、光化三縣之歷年免緩禁停役壯丁數未具報，故本表未列。

3. 本省師管區於三十年九月調整後，原荊宜師管區劃分爲恩宣、陵都兩師區，襄鄖師區劃分爲襄棗、鄖均兩師區，三十年度數詳見乙表。

138. 三十年度免緩禁停役壯丁

(乙)

師區名稱	免役	緩役	禁役	停役
總計	104 568	157 972	7 778	17 950
恩宣	20 721	38 949	4 794	487
陵都	57 366	56 557	1 409	2 050
襄棗	3 513	7954	870	3 890
鄖均	22 968	54 492	705	11 573

139. 歷年樂服兵役壯丁

年別	計	自動服役	投筆從戎	送子入營	辭職入伍	代父出征	獨子應征
總計	502	433	12	27	12	13	5
二十七年	3	3	—	—	—	—	—
荊宜師區	2	2	—	—	—	—	—
襄鄖師區	1	1	—	—	—	—	—
二十八年	125	101	5	11	5	—	3

續表

年別	計	自動服役	投筆從戎	送子入營	辭職入伍	代父出征	獨子應征
荆宜師區	104	86	2	9	5	—	2
襄鄖師區	21	15	3	2	—	—	1
二十九年	75	70	1	3	—	1	—
荆宜師區	43	40	1	2	—	—	—
襄鄖師區	32	30	—	1	—	1	—
三十年	45	39	2	2	2	—	—
荆宜師區	33	29	1	2	1	—	—
襄鄖師區	12	10	1	—	1	—	—
三十一年	254	220	4	11	5	12	2
恩宜師區	119	111	—	6	1	1	—
陵都師區	101	86	3	3	1	8	—
襄棗師區	5	5	—	—	—	—	—
鄖均師區	26	16	1	2	3	2	2
江漢師區	3	2	—	—	—	1	—

140. 歷年額外徵撥壯丁

年別	師管區	額外徵撥數		
		配徵數	實撥數	超撥數
總計		13 503	14 509	1 006
二十七年	共計		296	296
	荊宜師管區		186	186
	襄鄖師管區		74	74
	江漢師管區		86	36
二十八年	共計	4 054	4 546	492
	荊宜師管區	3 872	4 287	365
	襄鄖師管區	182	309	127
二十九年	共計	1 294	1 363	69
	荊宜師管區	1 031	1 000	69
	襄鄖師管區	263	268	
三十年	共計	3 321	3 391	70
	荊宜師管區	3 088	3 138	45
	襄鄖師管區	233	258	25

續表

年別	師管區	額外徵撥數		
		配徵數	實撥數	超撥數
三十一年	共計	4 834	4 913	79
	恩宜師管區	2 913	2 992	79
	陵都師管區	742	742	
	襄棗師管區	605	605	
	鄖均師管區	514	514	
	江漢師管區	60	60	

說明：1. 二十五年、二十六年兩年度無額外壯丁徵撥。

2. 額外徵撥壯丁不得抵額，故無各月徵撥細數。

3. 表列額外徵撥壯丁之超撥數，係監犯調役數。

141. 各縣歷年已訓未訓壯丁比較

縣別	二十七年		二十八年		二十
	已訓	未訓	已訓	未訓	已訓
總計	729 288	2 931 828	1 477 674	2 185 295	30 530
第一區	124 268	281 287	124 268	379 287	—
武昌	16 609	42 021	16 609	42 021	—
漢陽	19 738	48 496	19 738	43 496	—
嘉魚	9 156	22 993	9 156	22 993	—
咸寧	6 601	22 199	6 601	22 199	—
蒲圻	8 175	20 368	8 175	20 368	—
崇陽	4 989	18 635	4 989	16 635	—
通城	4 257	29 450	4 257	29 450	—
通山	2 601	13 106	2 601	13 106	—
陽新	20 076	69 091	20 076	69 091	—
大冶	17 493	53 357	17 493	53 357	—
鄂城	14 573	46 571	14 573	46 571	—
第二區	163 314	536 764	163 314	557 314	—
黃岡	29 777	75 077	29 777	75 077	—

第十三類 役政 | 719

九年	三十年		三十一年		三十二年	
未訓	已訓	未訓	已訓	未訓	已訓	未訓
1 052 751	99 454	657 227	104 052	1 044 211	154 410	1 219 512
—	—	—	—	—	—	—
—	—	—	—	—	—	—
—	—	—	—	—	—	—
—	—	—	—	—	—	—
—	—	—	—	—	—	—
—	—	—	—	—	—	—
—	—	—	—	—	—	—
—	—	—	—	—	—	—
—	—	—	—	—	—	—
—	—	—	—	—	—	—
—	—	—	—	—	—	—
—	—	—	—	—	—	—
—	—	—	—	—	—	—
—	—	—	—	—	—	—

縣別	二十七年		二十八年		二十
	已訓	未訓	已訓	未訓	已訓
浠水	19 255	39 156	19 255	39 156	—
蘄春	24 775	42 137	24 775	42 137	—
廣濟	12 365	47 396	11 765	47 946	—
黃梅	11 891	49 480	11 891	49 480	—
英山	5 433	15 063	5 433	15 063	—
羅田	6 601	33 801	6 601	33 801	—
麻城	14 379	47 548	14 979	47 548	—
黃安	9 541	53 507	9 541	53 507	—
黃陂	23 875	98 551	23 875	98 551	—
禮山	5 422	35 043	5 422	55 048	—
第三區	144 849	561 387	307 047	458 509	—
孝感	2□ 003	79 079	27 393	79 079	—
雲夢	5 836	34 038	13 354	33 640	—
漢川	9 895	46 266	28 841	37 467	—
應城	13 931	35 211	13 931	35 211	—
安陸	7 465	4 699	18 579	35 876	—
應山	9 852	40 563	29 664	20 751	—

續表

九年	三十年		三十一年		三十二年	
未訓	已訓	未訓	已訓	未訓	已訓	未訓
—	—	—	—	—	—	—
—	—	—	—	—	—	—
—	—	—	—	—	—	—
—	—	—	—	—	—	—
—	—	—	—	—	—	—
—	—	—	—	—	—	—
—	—	—	—	—	—	—
—	—	—	—	—	—	—
—	—	—	—	—	—	—
—	—	—	—	—	—	—
—	—	—	3 654	116 144	—	—
—	—	—	—	—	—	—
—	—	—	—	—	—	—
—	—	—	—	—	—	—
—	—	—	—	—	—	—
—	—	—	—	—	—	—
—	—	—	3 657	116 044	—	—

縣別	二十七年		二十八年		二十
	已訓	未訓	已訓	未訓	已訓
隨縣	21 176	98 555	50 187	69 544	4 722
鍾祥	8 405	60 583	22 532	46 456	—
京山	16 283	55 366	43 371	28 240	—
天門	24 613	107 027	59 395	72 245	—
第四區	143 561	430 231	265 684	303 763	4 508
沔陽	22 675	100 768	49 741	73 691	—
潛江	13 382	29 754	13 352	29 754	—
監利	23 337	19 225	37 371	3 191	800
石首	9 708	12 618	17 638	4 188	3 360
公安	14 439	44 541	24 772	34 208	118
松滋	10 736	60 095	23 651	45 677	146
枝江	11 572	33 639	19 458	24 850	84
江陵	24 100	58 055	48 977	33 187	—
荊門	13 612	71 536	30 724	55 016	—
第五區	65 695	418 206	249 705	126 602	20 577
宜城	4 845	29 400	23 969	10 276	8 814
棗陽	9 812	60 969	41 058	16 647	4 000

續表

九年	三十年		三十一年		三十二年	
未訓	已訓	未訓	已訓	未訓	已訓	未訓
115 009	—	—	—	—	—	—
—	—	—	—	—	—	—
—	—	—	—	—	—	—
—	—	—	—	—	—	—
213 997	10 773	111 296	5 927	216 898	—	—
—	—	—	—	—	—	—
—	—	—	—	—	—	—
32 762	—	—	360	15 824	—	—
18 966	6 076	18 464	1 030	24 364	—	—
58 862	2 307	30 147	2 055	30 629	—	—
59 182	1 739	45 779	1 611	42 476	—	—
44 224	581	16 916	360	16 081	—	—
—	—	—	461	87 524	—	—
—	—	—	—	—	—	—
258 773	26 379	168 397	31 362	260 248	12 701	206 218
25 431	—	—	1 600	16 558	—	—
53 705	—	—	2 500	30 153	—	—

縣別	二十七年		二十八年		二十
	已訓	未訓	已訓	未訓	已訓
襄陽	21 445	93 997	77 777	28 170	7 384
光化	3 355	44 809	17 887	30 327	—
穀城	10 100	124 658	39 901	9 890	—
保康	2 200	13 044	14 650	596	176
南漳	13 938	51 329	34 513	30 696	203
第六區	37 405	353 079	150 256	155 851	885
遠安	1 878	8 583	8 348	2 158	—
當陽	8 082	48 331	26 392	30 021	—
宜都	7 017	49 972	22 444	35 445	100
宜昌	6 200	130 720	31 580	30 327	—
興山	885	12 717	11 412	2 189	162
秭歸	5 257	31 162	18 807	17 549	331
長陽	4 672	47 728	19 584	32 816	161
五峯	3 414	233 626	11 688	5 346	131
第七區	18 662	162 091	93 043	96 649	3 265
鶴峯	1 968	3 789	4 888	869	103
宣恩	2 095	3 233	8 037	14 312	164

續表

九年	三十年		三十一年		三十二年	
未訓	已訓	未訓	已訓	未訓	已訓	未訓
108 563	2 160	87 069	12 280	58 959	8 380	67 488
—	4 982	4 281	1 600	25 994	2 410	18 621
—	4 345	35 384	1 647	85 820	2 007	85 510
15 068	478	15 755	540	15 873	—	—
56 006	14 414	25 908	11 134	26 891	2 674	34 599
176 396	7 065	92 979	11 828	146 484	6 559	48 888
—	—	—	1 080	22 146	—	—
—	—	—	—	—	—	—
57 789	1 842	19 439	360	19 292	—	—
—	—	—	3 009	33 361	—	—
13 440	720	13 225	1 620	12 518	2 260	11 331
38 625	3 095	24 053	3 754	22 697	4 299	37 557
52 239	673	23 544	1 260	23 371	—	—
16 903	735	12 718	299	13 333	—	—
176 857	20 907	141 824	23 300	163 106	101 275	806 016
5 654	483	9 632	1 440	6 689	1 260	8 649
25 185	1 214	17 363	1 828	18 455	2 160	22 213

縣別	二十七年		二十八年		二十
	已訓	未訓	已訓	未訓	已訓
來鳳	2 060	12 225	9 662	5 626	1 870
咸豐	3 610	1 579	12 778	5 549	138
利川	1 600	31 095	9 010	1 462	180
恩施	3 013	44 298	15 244	32 069	312
建始	1 095	33 230	19 038	15 287	296
巴東	3 219	32 462	14 386	21 475	202
第八區	30 934	188 783	124 357	127 320	1 295
房縣	2 760	27 274	15 696	14 338	335
均縣	9 978	31 152	31 314	9 299	282
鄖縣	4 718	44 454	22 499	49 821	360
竹山	3 002	32 289	16 524	18 767	162
竹谿	4 817	25 998	18 215	21 590	156
鄖西	5 659	27 616	20 109	13 505	

續表

九年	三十年		三十一年		三十二年	
未訓	已訓	未訓	已訓	未訓	已訓	未訓
14 417	1 081	9 315	1 750	13 037	2 407	17 414
18 189	4 805	12 143	2 707	13 575	2 728	13 459
16 292	1 154	16 659	3 240	34 352	3 600	26 240
47 001	9 242	41 356	6 035	44 525	5 275	43 203
34 029	1 115	33 277	3 240	31 281	3 000	44 198
16 090	1 813	2 070	3 060	1 192	3 420	20 874
226 728	34 400	14 2731	28 485	14 1431	30 925	158 390
39 699	6 638	16 362	1 960	18 218	2 500	27 096
40 391	2 084	28 687	3 122	19 348	3 482	27 310
71 860	16 365	31 709	11 848	35 410	12 024	31 965
35 129	1 771	16 847	2 004	15 928	2 404	21 956
39 649	3 667	27 370	5 995	32 636	6 355	32 751
—	3 815	21 756	3 880	19 891	4 160	17 312

142. 各級兵役幹部訓練

區隊名稱	區隊個數	計	司令	參謀	視察	科長	科員	部員(附)	軍需	軍醫	省兵役班						縣兵役班				
											副團長	團附	副官	督練員	事務員	書記	中隊長	分隊長	隊長	隊附	甲班長
總計	24 339	1	3	2	2	13	22	1	1	10	46	29	19	5	1	92	10	7 541	3 520	1 301	—
軍管區	1	13	—	2	2	1	8	—	—	—	—	—	—	—	—	—	—	—	—	—	—
師管區	5	21	—	1	—	1	5	12	1	1	—	—	—	—	—	—	—	—	—	—	—
團管隊	7	11	1	—	—	—	—	10	—	—	—	—	—	—	—	—	—	—	—	—	—
國民兵團	60	110	—	—	—	—	—	—	—	—	10	46	29	19	5	1	—	—	—	—	—
常備隊	50	20	—	—	—	—	—	—	—	—	—	—	—	—	—	—	19	1	—	—	—

續表

區隊名稱	區隊個數	計	省兵役班															縣兵役班		
			司令	參謀	視察	科長	科員	部員(附)	軍需	軍醫	副團長	團附	副營	督練員	事務員	書記	中隊長	分隊長	隊長	隊附	甲班長
後備隊	39	41	—	—	—	—	—	—	—	—	—	—	—	—	—	—	36	5	—	—	—
自衛隊	124	41	—	—	—	—	—	—	—	—	—	—	—	—	—	—	37	4	—	—	—
區隊	69	44	—	—	—	—	—	—	—	—	—	—	—	—	—	—	—	—	37	7	—
鄉(鎮)隊	1 365	726	—	—	—	—	—	—	—	—	—	—	—	—	—	—	—	—	375	351	—
保隊	23 729	10 291	—	—	—	—	—	—	—	—	—	—	—	—	—	—	—	—	7 129	3 162	—
甲班	268 129	13 021	—	—	—	—	—	—	—	—	—	—	—	—	—	—	—	—	—	—	13 021

說明：表列省兵役班係三十年度訓練數，縣兵役班則係三十一年度訓練數。

143. 各縣國民兵團國民訓練

三十一年度

國民兵團	國民兵			國民兵訓練			
	計	甲級	乙級	計	已訓	現訓	未訓
總計	1 448 183	667 479	480 704	1 148 183	96 237	7 795	1 044 211
隨縣	119 701	68 431	51 360	119 701	3 657	—	116 044
監利	16 184	10 804	5 380	16 184	860	—	15 824
石首	25 444	15 319	10 125	25 444	1 080	—	24 864
公安	32 684	18 567	14 117	32 684	1 515	540	30 629
松滋	44 037	24 963	19 124	44 087	1 611	—	42 476
枝江	16 441	9 624	6 817	16 441	360	—	16 081
江陵	87 985	64 946	23 039	87 985	461	—	87 524
宜城	18 158	10 352	7 806	18 158	1 600	—	16 558
棗陽	32 653	5 856	26 797	32 653	1 980	520	30 153
襄陽	71 239	23 044	48 195	71 239	7 840	4 440	58 959
光化	27 594	13 702	13 892	27 594	1 600	—	25 994
穀城	87 467	37 839	49 628	87 467	1 647	—	85 820
保康	16 413	10 244	6 169	16 418	540	—	15 878

144. 歷年中等以上學生集訓及格人數

年別	共計			專科以上學校			高中及同等學校		
	計	男	女	計	男	女	計	男	女
總計	8 617	7 837	680	784	762	22	7 733	7 075	658
二四年	1 405	1 405					1 405	1 405	
二五年	1 825	1 825		349	349		1 476	1 476	
二六年	2 350	2 350		341	341		2 009	2 009	
三十年	922	723	199	84	66	18	838	657	181
三十一年	1 015	770	245				1 015	770	245
三十二年	1 000	764	236	10	6		991	758	232

145. 後方二十八縣後備隊

三十二年

縣別	鄉（鎮）數	後備隊數	訓練期數	全期人數
總計	581	62	48	33 480
恩施	32	3	3	1 620
建始	22	2	3	1 080
巴東	18	2	3	1 080
利川	16	2	3	1 080
咸豐	15	2	3	1 080

續表

縣別	鄉（鎮）數	後備隊數	訓練期數	全期人數
來鳳	11	1	3	540
宣恩	12	1	3	540
鶴峯	9	1	3	540
秭歸	25	3	3	1 620
興山	11	1	3	540
宜都	19	2	3	1 080
長陽	25	3	3	1 620
五峯	12	1	3	540
枝江	11	1	3	540
松滋	33	3	3	1 620
石首	14	2	3	1 080
公安	34	3	3	1 620
襄陽	27	3	3	1 620
光化	24	3	3	1 620
穀城	42	4	3	2 160
鄖縣	29	3	3	1 620
均縣	21	2	3	1 080
鄖西	20	2	3	1 080
南漳	24	3	3	1 620
保康	13	2	3	1 080
房縣	25	3	3	1 620
竹谿	19	2	3	1 080
竹山	18	2	3	1 080

146. 恩施等二十七縣國民兵預備隊各種任務班數及人數

三十二年

縣別	共計		警備班		偵察班		交通班		通信班		運輸班		工務班		消防班		救護班	
	班數	人數	班數	人數	班數	人數	班數	人數	班數	人數	班數	人數	班數	人數	班數	人數	班數	人數
總計	6 180	116 885	821	23 336	617	11 516	720	12 620	617	10 551	1 202	24 331	659	10 830	804	11 933	740	11 768
恩施	572	5 720	55	550	35	350	38	380	34	340	141	1 410	48	480	147	1 470	74	740
建始	176	5 203	22	652	22	646	22	649	22	650	22	651	22	652	22	651	22	652
巴東	648	4 424	81	763	81	763	81	763	81	763	81	763	81	93	81	353	81	153
利川	217	4 564	28	613	25	532	28	580	26	443	28	701	28	577	27	595	26	523
咸豐	54	1 320	7	230	7	150	6	120	7	150	7	230	7	170	6	120	7	150
來鳳	110	3 165	30	900	5	150	5	150	5	150	20	600	5	15	20	600	20	600

續表

縣別	共計 班數	共計 人數	警備班 班數	警備班 人數	偵察班 班數	偵察班 人數	交通班 班數	交通班 人數	通信班 班數	通信班 人數	運輸班 班數	運輸班 人數	工務班 班數	工務班 人數	消防班 班數	消防班 人數	救護班 班數	救護班 人數
宣恩	104	3 120	13	390	13	390	13	390	13	390	13	390	13	390	13	390	31	390
鶴峯	94	962	20	200	9	100	18	120	9	100	11	152	9	150	9	80	9	60
宜昌	68	680	21	210	5	50	4	40	14	140	7	70	5	50	7	70	5	50
秭歸	200	3 608	25	460	25	452	25	450	25	456	25	450	25	450	25	450	25	440
興山	332	5 630	37	498	12	734	16	791	17	212	239	2650	13	140	25	304	23	301
遠安	64	1 920	8	240	8	240	8	240	8	240	8	240	8	240	8	240	8	240
當陽	13	390	2	60	2	60	—	—	2	60	2	60	2	60	1	39	2	60
松滋	608	18 135	108	7 515	83	660	66	990	33	495	170	7650	66	132	99	198	33	495
宜都	233	3 565	34	552	28	388	26	363	25	351	35	623	27	393	30	443	28	445
五峯	96	3 273	12	491	12	395	12	360	12	360	12	511	12	431	12	860	12	365
石首	309	3 150	15	210	28	230	70	700	14	140	84	840	14	140	14	140	70	700

續表

縣別	共計 班數	共計 人數	警備班 班數	警備班 人數	偵察班 班數	偵察班 人數	交通班 班數	交通班 人數	通信班 班數	通信班 人數	運輸班 班數	運輸班 人數	工務班 班數	工務班 人數	消防班 班數	消防班 人數	救護班 班數	救護班 人數
公安	272	5 440	34	680	34	680	34	680	34	680	34	680	34	680	34	680	34	680
宜城	32	822	4	131	4	131	4	129	4	125	4	126	4	40	4	120	4	20
穀城	594	16 660	76	2 780	74	1 850	74	1 850	74	1 850	74	1 850	76	2 780	74	1 850	74	1 350
鄖縣	250	4 476	29	981	29	454	29	476	29	400	29	500	29	496	29	472	47	697
鄖西	160	2 840	20	776	20	139	20	307	20	159	20	612	20	279	20	469	20	99
均縣	174	4 872	24	749	28	680	20	565	22	583	21	552	21	582	22	595	21	616
房縣	323	4 147	55	767	36	460	41	514	35	447	56	761	35	405	29	334	36	459
竹谿	91	1382	19	312	4	64	18	291	10	160	18	203	14	224	4	64	4	64
竹山	142	3 142	18	960	18	227	18	220	18	20	17	510	17	260	18	345	18	405
南漳	192	4 275	24	659	24	541	24	502	24	487	24	546	24	521	24	500	24	514

說明：本表數字係根據軍管區報表編列。

147. 各縣呈報各級兵役協會組織情形一覽

三十二年

名稱	負責人	會員	成立日期 年	月	日	鄉（鎮）協會數	鄉協會會員總數	講解勸告情形	備考
建始縣兵役協會	劉鶯章	55				15	473	現僅偏重協助宣傳、調查、監察、檢舉等項工作	
鶴峯縣兵役協會	洪松生	83	29	6	2			會同縣府召集辦理兵役人員講解兵役法令，會同縣動委會組織兵役宣傳隊赴各區宣傳	各鄉組織未報
南漳縣兵役協會	李心顏	58	29	10	14			候各部組織完成後，即各解其負責人子以短期訓練，勸告工作遵令積極進行	各鄉組織未報

續表

名稱	負責人	會員	成立日期 年	月	日	鄉(鎮)協會數	鄉協會會員總數	講解勸告情形	備考
鄖西縣兵役協會	徐隆吉	131	29	5	10			一、利用集會講解兵役法令及敵人暴行 二、個別訪問 三、優待出征軍人家屬	
秭歸縣兵役協會	王佩欽	27	29			25	453	一、講解兵役法令 二、勸告適齡壯丁服役	
遠安縣兵役協會	程希孟	8	29			11	74	協同國民兵團訓練徵兵協會長，及利用節日擴大宣傳兵役	
松滋縣兵役協會	周樂春					85			
五峯縣兵役協會	湯戎如			4	10	7	30		
蘄春縣兵役協會	彭壽喬	17	29	6	8				各鄉組織未報
光化縣兵役協會	徐乾甫	84	29	7	27				各鄉組織未報
谷城縣兵役協會	王志宣		26	8	1				
長陽縣兵役協會	鄭恒遠	30							

续表

名称	负责人	会员	成立日期 年	月	日	乡（镇）协会数	乡协会会员总数	讲解勤告情形	备考
兴山县兵役协会	胡丽川	42	29	7	1	10	348	召集各乡协会负责人讲解兵役法，并扩大宣传	各乡组织未报
公安县兵役协会	熊维则		29	10	21	84	3 002	协助兵役机关推行役政监察实施，抚慰抗敌军人家属	〃
襄阳县兵役协会	杨理恒		29	12	12				〃
襄阳县兵役协会	王伯华	120	29	9	1				〃
郧西县兵役协会	李品三		29	11	11				
竹谿县兵役协会		22	29	7	20	19	149		
保康县兵役协会	周汇川	37						一、派员参加县系巡回宣传团工作 二、制兵役标语 三、开国民月会时事报告	
石首县兵役协会	李庚甲		29	11	1	1			
宜昌县兵役协会	卢那俭		30	1	10				
钟祥县兵役协会									

第十四類 司法

148. 本省司法機關系統

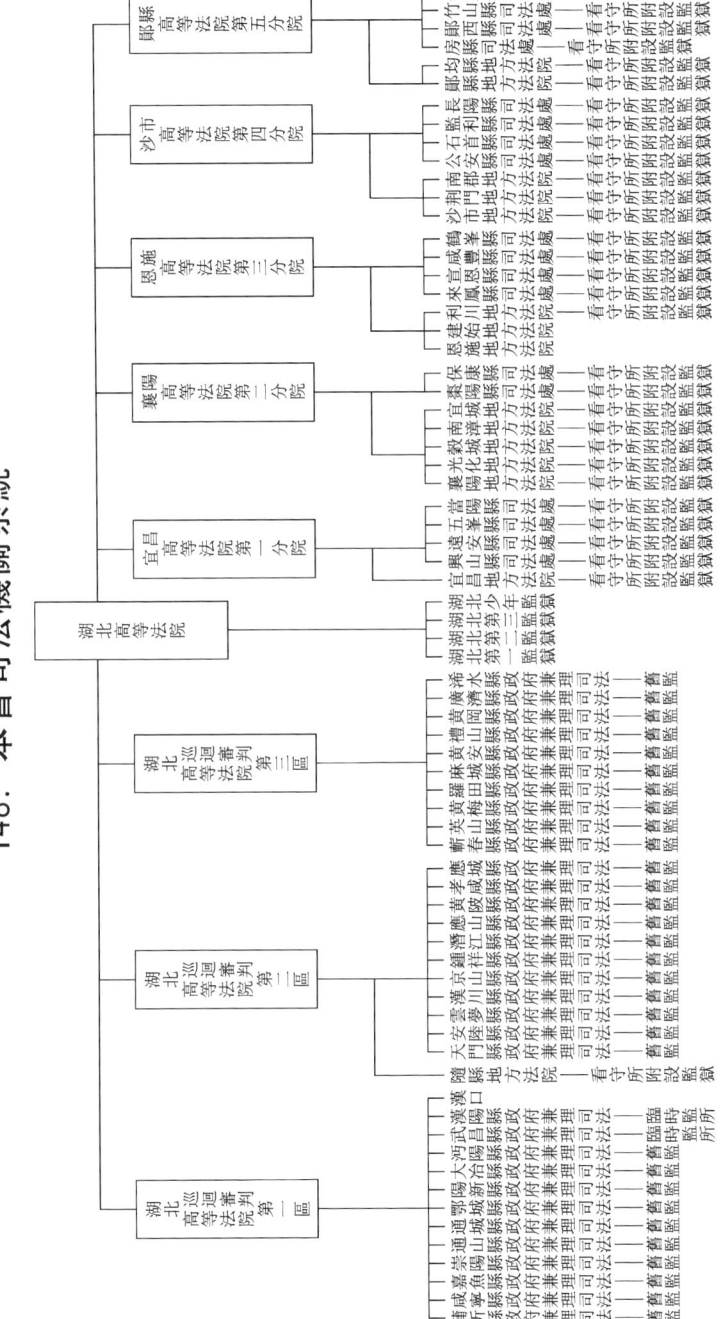

149. 各級法院現有員額

三十一年

各級法院	共計	院長	庭長	推事	候補推事	首席檢察官	檢察官	候補檢察官	書記官長	主任書記官	書記官	候補書記官	登記員	執達員	錄事	警長	檢驗員	法警
總計	641	22	1	20	9	13	18	3	18	11	69	45	3	57	156	12	21	163
高等法院	52	1	1			1	2		1	1	18	9			24			4
第一分院	29	1	1	2		1	1	1	1	1	8	3		1	5	1		5
第二分院	28	1		2		1			1	1	4	3		1	8	1		5
第三分院	43	1	1	1		1	1		1	1	4	4		4	14	1		10
第四分院	36	1		1		1			1	1	4	4		3	9	1		10
第五分院	40	1	1	1		1	1		1	1	3	2		4	14	1		10
天門地院	17	1			1				1	1	2	1		2	3	1	1	4
隨縣地院	22	1				1	1		1					3	4	1	1	9

續表

各級法院	共計	院長	庭長	推事	候補推事	首席檢察官	檢察官	候補檢察官	書記官長	主任書記官	書記官	候補書記官	登記員	執達員	錄事	警長	檢驗員	法警
宜昌地院	70	1		4		1	1		1	1	11	2		8	16	1	3	20
襄陽地院	49	1		2		1	1		1	1	4	8		5	11	1	2	16
恩施地院	11	1		2	1	1	1				3						1	
沙市地院	7	1			1	1	1	1					2				2	
荊門地院	26	1		2	1	1	1		1			1		2	6	1	1	9
南郡地院	47	1		2	1	1	1		1	1	2	5	1	6	7	1	3	14
鄖縣地院	7	1		1		1	1		1		1	2					1	
南漳地院	19	1			1	1	1		1		1	1		2	4	1	1	6
光化地院	18	1			1	1	1		1		1	1		2	4		1	6
穀城地院	20	1			1	1	1		1		2			2	5		1	6
均縣地院	13	1			1	1	1		1			1		2	5	1	1	6
利川地院	27	1			1	1	1		1		1	1		3	6		1	10
建始地院	19	1			1	1	1		1		1			2	4	1	1	6
宜城地院	26	1			1	1	1		1		1			5	7	1	1	7

150. 各級法院管轄及組織

三十一年

院別	管轄院處及區域	民庭			刑庭			計	書記室							民事執行處	民事調解處	登記處	公證處
		計	簡易	合議	計	簡易	合議		文牘科	民事科	刑事科	監獄科	統計科	會計室	事務科				
	總計	24	18	6	24	18	6	116	22	24	24	1	22	22	1	18	18	5	6
	高院共計	6		6	6		6	32	6	6	6	1	6	6	1				
高等法院	一二三區巡迴審判	1		1	1		1	7	1	1	1	1	1	1	1				
第一分院	一地院四縣司法處	1		1	1		1	5	1	1	1		1	1					
第二分院	四地院三縣司法處	1		1	1		1	5	1	1	1		1	1					
第三分院	三地院三縣司法處	1		1	1		1	5	1	1	1		1	1					
第四分院	三地院四縣司法處	1		1	1		1	5	1	1	1		1	1					

續表

院別	管轄院處及區域	民庭			刑庭			書記室							民事執行處	民事調解處	登記處	公證處
		計	簡易	合議	計	簡易	合議	計	文牘科	民事科	刑事科	監獄科	統計科	會計室	事務科				
第五分院	二地院四縣司法處	1		1	1		1	5	1	1	1		1	1					
地院共計		18	18		18	18		84	16	18	18		16	16		18	18	5	6
天門地院	本縣	1	1		1	1		5	1	1	1		1	1		1	1		
隨縣地院	本縣	1	1		1	1		5	1	1	1		1	1		1	1	1	
宜昌地院	宜昌 巴東 秭歸	1	1		1	1		5	1	1	1		1	1		1	1	1	1
襄陽地院	本縣	1	1		1	1		5	1	1	1		1	1		1	1		1
恩施地院	同上	1	1		1	1		5	1	1	1		1	1		1	1	1	1
沙市地院	江陵	1	1		1	1		5	1	1	1		1	1		1	1	1	1
荊門地院	本縣	1	1		1	1		5	1	1	1		1	1		1	1	1	1
南郡地院	松滋 枝江 宜都	3	3		3	3		9	1	3	3		1	1		3	3	1	1

續表

院別	管轄院處及區域	民庭			刑庭			書記室							民事執行處	民事調解處	登記處	公證處
		計	簡易	合議	計	簡易	合議	計	文牘科	民事科	刑事科	監獄科	統計科	會計室	事務科				
鄖縣地院	本縣	1	1		1	1		5	1	1	1		1	1		1	1		1
南漳地院	同上	1	1		1	1		5	1	1	1		1	1		1	1		
光化地院	同上	1	1		1	1		5	1	1	1		1	1		1	1		
穀城地院	同上	1	1		1	1		5	1	1	1		1	1		1	1		
均縣地院	同上	1	1		1	1		5	1	1	1		1	1		1	1		
利川地院	同上	1	1		1	1		5	1	1	1		1	1		1	1		
建始地院	同上	1	1		1	1		5	1	1	1		1	1		1	1		
宜城地院	同上	1	1		1	1		5	1	1	1		1	1		1	1		

151. 各縣司法處現有人員

三十一年

縣別	共計	審判官	承審員	書記官	執達員	檢驗員	錄事
總計	156	18	33	18	18	51	18
興山	5	1		1	1	1	1
長陽	5	1		1	1	1	1
遠安	5	1		1	1	1	1
五峯	5	1		1	1	1	1
當陽	5	1		1	1	1	1
襄陽	5	1		1	1	1	1
房縣	5	1		1	1	1	1
保康	5	1		1	1	1	1
來鳳	5	1		1	1	1	1
宣恩	5	1		1	1	1	1
咸豐	5	1		1	1	1	1
鶴峯	5	1		1	1	1	1
公安	5	1		1	1	1	1
石首	5	1		1	1	1	1
監利	5	1		1	1	1	1
竹谿	5	1		1	1	1	1

續表

縣別	共計	審判官	承審員	書記官	執達員	檢驗員	錄事
鄖西	5	1		1	1	1	1
竹山	5	1		1	1	1	1
漢陽	2		1				
漢川	2		1				
沔陽	2		1			1	
應山	2		1			1	
京山	2		1			1	
雲夢	2		1			1	
鍾祥	2		1			1	
潛江	2		1			1	
安陸	2		1			1	
禮山	2		1			1	
嘉魚	2		1			1	
蒲圻	2		1			1	
通山	2		1			1	
通城	2		1			1	
崇陽	2		1			1	
咸寧	2		1			1	
黃安	2		1			1	
大冶	2		1			1	
鄂城	2		1			1	

續表

縣別	共計	審判官	承審員	書記官	執達員	檢驗員	錄事
羅田	2		1			1	
蘄春	2		1			1	
麻城	2		1			1	
陽新	2		1			1	
黃梅	2		1			1	
英山	1		1			1	
武昌	1		1			1	
黃陂	1		1			1	
孝感	1		1			1	
廣濟	1		1			1	
浠水	1		1			1	
黃岡	1		1			1	
應城	1		1			1	
天門	1		1			1	

說明：本表所列興山至竹山等十八縣均係司法處，漢陽至天門等三十三縣均係縣政府兼理司法。
資料來源：本表材料由高等法院供給。

152. 歷年民刑事案件

類別		二十五年	二十六年	二十七年	二十八年	二十九年	三十年
民事案件	受理	1 348	1 228	1 426	3 937	4 531	9 093
	終結	1 268	1 156	1 156	3 667	4 289	8 686
	未結	80	72	270	270	242	407
刑事案件	受理	2 308	2 038	2 638	6 584	5 190	10 153
	終結	2 219	1 946	2 360	6 089	4 841	9 757
	未結	89	92	278	495	349	396

資料來源：本表材料由湖[北]高等法院供給。

說明：一、二十六年以前之各院報表均存宜被燬，表列二十五、六兩年案件數目均係本院受理之件。

二、二十七年所列數目僅本院與第二、第五兩分院受理之件。

三、二十八年所列數目係本院及第一、二、四、五等分院及縣司法處受理之件。

四、二十九年所列數目係本院與第一、二、三、四、五分院及各司法處受理之件。

153. 歷年各審民事案件

訴訟種類	二十五年 受理	二十五年 終結	二十五年 未結	二十六年 受理	二十六年 終結	二十六年 未結	二十七年 受理	二十七年 終結	二十七年 未結	二十八年 受理	二十八年 終結	二十八年 未結	二十九年 受理	二十九年 終結	二十九年 未結	三十年 受理	三十年 終結	三十年 未結	三十一年 受理	三十一年 終結	三十一年 未結
總計	1 348	1 268	80	1 228	1 156	72	1 426	1 166	270	2 001	1 896	105	3 018	2 844	169	9 111	8 686	425	2 168	1 983	180
金錢	753	717	36	563	533	30	748	671	77	887	876	11	1 474	1 453	21	5 700	5 514	186	652	586	66
人事	118	109	9	116	107	9	128	92	36	264	251	13	396	867	29	969	910	59	351	320	31
建築物	54	46	8	95	90	5	64	43	21	60	35	25	115	92	23	371	350	21	117	102	15
物品	78	74	4	80	69	11	80	68	12	72	59	13	102	85	17	497	459	38	95	76	19
土地	150	135	15	138	130	8	145	106	39	153	141	12	208	173	35	277	242	35	402	389	18
粮食	11	9	2	21	15	6	56	38	18	215	197	18	273	258	15	501	471	30	159	143	16
船舶	4	8	1	2	2	—	15	11	4	28	26	2	7	5	2	15	14	1	—	—	—
證券	81	77	4	87	84	3	93	79	14	165	159	6	255	246	9	535	518	17	112	101	11
雜件	99	98	1	126	126	—	107	58	49	157	152	5	183	165	18	246	208	38	275	266	9

154. 歷年各審刑事案件

罪名別		二十五年			二十六年			二十七年			二十八年			二十九年			三十年			三十一年		
		受理	終結	未結	受理	終結	未結	受理	終結	未結	受理	終結	未結	受理	終結	未結	受理	終結	未結	受理	終結	未結
總計		2 308	2 919	89	2 038	1 946	92	2 638	2 360	278	4 939	4 827	112	3 403	3 193	210	10 153	9 759	396	3 839	3 597	242
共計		2 300	2 911	89	2 032	1 940	90	2 638	2 360	278	4 938	4 826	112	3 390	3 181	209	10 041	9 649	392	3 713	3 475	238
瀆職		27	24	3	29	29	—	35	25	10	48	45	3	36	36	1	91	88	3	8	6	2
妨害公務		21	20	1	25	24	1	38	32	6	54	52	2	43	39	4	131	123	8	31	28	3
妨害投票		—	—	—	2	2	—	—	—	—	—	—	—	—	—	—	—	—	—	—	—	—
妨害秩序		21	21	—	13	13	—	24	23	1	22	22	—	17	17	—	191	186	2	6	6	—
脫逃		3	3	—	7	7	—	13	10	3	27	27	—	15	15	—	134	129	5	66	61	5
刑法犯 藏匿人犯及湮沒收據		2	2	—	5	5	—	16	16	—	20	20	—	13	12	1	114	109	5	15	13	2
偽證及誣證告		47	46	1	39	36	3	59	55	4	106	104	2	126	120	6	517	495	22	92	81	11
公共危險		64	64	—	23	21	2	33	33	—	50	50	—	34	34	—	110	103	7	38	34	4
偽造貨幣		125	120	5	87	83	4	142	124	18	188	188	—	162	150	12	35	32	3	2	2	—
偽造有價證券		10	10	—	1	1	—	15	13	2	18	17	1	21	21	—	27	27	—	—	—	—
偽造度量衡		8	8	—	1	1	—	72	65	7	90	86	4	65	61	4	165	159	6	71	56	15
偽造文書印文		56	50	6	56	51	5															

第十四類 司法

續表

罪名別	二十五年			二十六年			二十七年			二十八年			二十九年			三十年			三十一年		
	受理	終結	未結	受理	終結	未結	受理	終結	未結	受理	終結	未結	受理	終結	未結	受理	終結	未結	受理	終結	未結
刑法犯																					
妨害風化	35	33	2	34	31	3	51	45	6	70	70	—	39	39	—	448	436	12	34	32	2
妨害婚姻及家庭	266	283	13	289	282	7	307	292	15	531	518	13	388	371	17	591	537	54	557	531	26
瀆祀及侵害墳墓	7	7	—	6	6	—	18	14	4	34	34	—	12	12	—	52	47	5	8	8	—
妨害農工商	16	15	1	19	17	2	25	23	2	38	38	—	33	32	1	37	34	3	6	6	—
賭博	9	9	—	6	6	—	26	26	—	27	27	—	30	30	—	440	430	10	249	222	27
殺人	168	154	14	116	105	11	154	117	37	231	218	13	117	99	18	616	589	29	184	154	30
傷害	286	273	13	340	323	17	388	333	35	485	473	12	305	280	25	1 223	1 186	37	456	430	26
墮胎	3	3	—	1	1	—	5	5	—	10	10	—	4	4	—	20	19	1	6	6	—
遺棄	7	7	—	2	2	—	13	13	—	9	9	—	11	11	—	74	70	4	20	19	1
妨害自由	170	168	2	138	133	5	177	148	29	290	286	4	267	248	19	680	659	21	277	254	23
妨害名譽及信用	26	26	—	23	23	—	43	34	9	148	145	3	204	182	22	1 027	1 000	27	126	113	13
妨害秘密①																					
竊盜	338	330	8	350	340	10	434	388	46	1 135	1 107	28	707	672	35	869	838	31	385	378	7
搶奪強盜及海盜	69	68	1	88	36	2	85	74	11	137	134	3	119	108	11	126	118	8	139	133	6
侵佔	221	215	6	178	169	9	204	202	2	466	457	9	215	197	18	1 018	986	32	155	136	19
詐欺背信及重利	153	147	6	102	95	7	136	121	15	292	281	11	216	209	7	629	604	25	466	455	11

① 原文如此。

续表

罪名別		二十五年 受理	終結	未結	二十六年 受理	終結	未結	二十七年 受理	終結	未結	二十八年 受理	終結	未結	二十九年 受理	終結	未結	三十年 受理	終結	未結	三十一年 受理	終結	未結
刑法犯	恐嚇反擄人勒贖	19	18	1	16	16	—	62	54	8	104	104	—	79	76	3	266	257	9	46	45	1
	贓物	29	29	—	30	30	—	57	54	3	111	110	1	36	36	—	186	176	10	69	68	1
	毀棄損壞	64	58	6	56	52	4	26	21	5	197	194	3	76	71	5	224	211	13	201	198	3
	共計	8	8	—	6	6	—	—	—	—	1	1	—	13	12	1	112	108	4	126	122	4
特別法犯	私鹽治罪法	5	5	—	—	—	—	—	—	—	—	—	—	—	—	—	—	—	—	—	—	—
	偷漏關稅	1	1	—	—	—	—	—	—	—	—	—	—	—	—	—	—	—	—	—	—	—
	棉花攙水攙雜	2	2	—	1	1	—	—	—	—	—	—	—	—	—	—	—	—	—	—	—	—
	違反兵役法	—	—	—	5	5	—	—	—	—	1	1	—	8	7	1	61	57	4	73	69	4
	禁反印花據法	—	—	—	—	—	—	—	—	—	—	—	—	—	—	—	—	—	—	8	8	—
	違禁釀酒	—	—	—	—	—	—	—	—	—	—	—	—	—	—	—	—	—	—	45	45	—

155. 歷年離婚案件

類別		二十八年	二十九年	三十年	三十一年
件數		37	25	28	2
原因	重婚	4	2	4	
	通姦	7	6	4	
	受對方虐待	10	8	6	1
	受親屬虐待	2			
	遺棄	10	9	7	1
	惡疾	2			
	精神病			1	
	生死不明			4	
	犯徒刑罪	2		2	
年齡	16—20 男	6	3		
	16—20 女	11	7	7	
	20—25 男	8	3	9	1
	20—25 女	9	10	9	1
	26—30 男	12	2	11	
	26—30 女	12	6	9	1
	31—35 男	4	4	2	1
	31—35 女	5	2	3	
	36—40 男	4	12	4	
	36—40 女				
	41 以上 男	3	1	2	
	41 以上 女				

续表

类别			二十八年	二十九年	三十年	三十一年
职业	农业	男	16	8	9	1
		女			2	1
	工业	男	6	10	12	1
		女	5	1	2	
	商业	男	10	6	5	
		女		2	1	
	交通运输	男			2	
		女				
	无业	男	5	1		
		女	32	22	23	1
教育程度	中等	男	11	7	11	
		女				
	初等	男	18	12	9	2
		女	8	3	8	
	其他	男	8	6	8	
		女	29	22	20	2

资料来源：本表材料系由高等法院供给。

说明：本表所列数字系各院处判决准予离婚者。

156. 近三年來監獄人犯疾病及死亡人數

年齡	疾病									死亡		
	共計			傳染病			非傳染病			計	男	女
	計	男	女	計	男	女	計	男	女			
二十九年												
總計	603	574	29	105	98	9	498	476	22	34	34	
15—19	32	25	7	6	3	3	26	22	4	1	1	
20—24	71	68	3	21	20	1	50	48	2	9	9	
25—29	75	70	5	19	18	1	56	52	4	7	7	
30—34	97	94	3	19	19		78	75	3	2	2	
35—39	81	78	3	23	23		58	55	3	5	5	
40—44	61	58	3	7	6	1	54	52	2	3	3	
45—49	48	48		4	4		44	44		2	2	
50—54	47	46	1	3	3		44	43	1	1	1	
55—59	41	40	1	3	2	1	38	38		1	1	
60 以上	50	47	3				50	47	3	3	3	
三十年												
總計	277	169	8	49	44	5	128	124	4	20	19	1
15—19	7	5	2	3	2	1	4	3	1	1	1	
20—24	34	32	2	11	10	1	23	22	1	2	2	
25—29	31	30	1	10	9	1	21	20	1	1	1	
30—34	35	34	1	10	9	1	25	25		2	2	

續表

年齡	疾病									死亡		
	共計			傳染病			非傳染病			計	男	女
	計	男	女	計	男	女	計	男	女			
35—39	35	33	2	8	7	1	27	26	1	4	4	
40—44	18	18		3	3		15	15		2	2	
45—49	10	10		1	3		7	7		2	2	
50—54	4	4		1	1		3	3		3	3	
55—59	3	3					3	3		2	2	
60以上												
三十一年												
總計	593	554	39	220	194	26	373	360	13	199	189	10
15—19	12	9	3	8	5	3	4	4		2	2	
20—24	39	39		12	12		25	25		8	8	
25—29	92	87	5	60	56	4	32	31	1	10	9	1
30—34	131	120	11	40	35	5	91	85	6	29	26	3
35—39	44	33	11	24	15	9	20	18	2	30	28	2
40—44										50	47	3
45—49	101	98	3	40	38	2	61	60	1			
50—54												
55—59	90	87	3	16	15	1	74	72	2	24	38	1
60以上	86	83	3	20	18	2	66	65	1	46	46	

資料來源：由高等法院供給。

157. 近二年軍法案件

時期		共計	省保安司令部直接審判案件					各縣審判案件				
			計	鴉片	盜匪	貪污	其他	計	鴉片	盜匪	貪污	其他
總計		2 422	91	15	10	33	33	2 331	1 349	685	143	154
三十年	計	1 213	41	3	5	13	20	1 172	796	270	47	59
	一月	141	4		2		2	137	103	29		5
	二月	89	1		0	1		88	76	12		
	三月	141	3			3		138	106	27	2	3
	四月	107	2		2			105	59	27	9	10
	五月	124	1		1			123	75	29	9	10
	六月	113	2			1	1	111	66	31	5	9
	七月	156	4	1		1	2	152	87	45	8	12
	八月	94	4			1	3	90	71	12	8	4
	九月	54	5	1			4	49	31	13	2	3
	十月	52	11	1		3	5	41	29	7	4	1
	十一月	91	1			1		90	58	80		2
	十二月	51	3				3	43	35	8	5	

续表

时期		共计	省保安司令部直接审判案件					各县审判案件				
			计	鸦片	盗匪	贪污	其他	计	鸦片	盗匪	贪污	其他
三十一年	计	1 209	50	12	5	20	13	1 159	533	415	96	95
	一月	98	5	2		2	1	93	62	31		
	二月	76						76	44	32		
	三月	108	3	1		2		105	73	19	4	9
	四月	94	4	1		2	1	90	46	33	5	6
	五月	79	3	2		1		76	30	27	9	10
	六月	92	2	1		1		90	37	40	7	6
	七月	96	1				1	95	35	35	11	14
	八月	158	2			1	1	156	61	59	14	22
	九月	99	3	1			2	96	34	42	12	8
	十月	102	8	1	1	5	1	94	48	28	10	8
	十一月	95	9	2	1	4	2	86	40	32	9	5
	十二月	112	10	1	3	2	4	103	43	37	15	7

资料来源：根据警务处之资料编列。

第十五類　民意機關

158. 本省臨時參議會組織系統

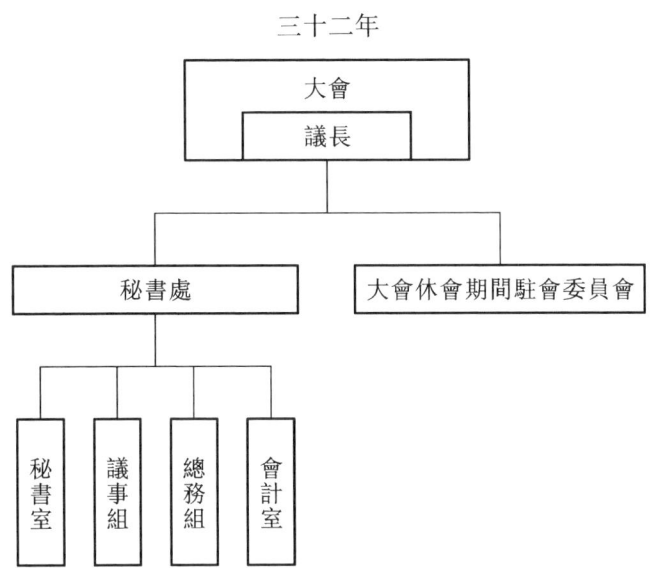

159. 本省參議會歷屆參議員分析

三十二年
甲、籍貫

	第一屆				第二屆			
	人數	每縣一人	每縣二人	每縣三人	人數	每縣一人	每縣二人	每縣三人
總計	45	26	10	9	45	37	8	—
第一區	10	嘉魚 蒲圻 大冶 陽新 崇陽	漢陽	武昌	8	武昌 咸寧 蒲圻 鄂城 大冶 陽新	漢陽	—
第二區	8	黃岡 羅田 黃安 黃梅	黃陂 浠水	—	8	黃岡 浠水 蘄春 廣濟 麻城 黃梅	黃岡	—
第三區	6	隨縣 京山 應城 鍾祥	天門	—	7	隨縣 京山 應城 漢川 鍾祥	天門	—
第四區	7	枝江 監利	沔陽	江陵	5	江陵 沔陽 潛江 監利 荊門	—	—
第五區	3	襄陽 光化 宜城	—	—	3	襄陽 穀城 宜城	—	—
第六區	5	當陽 長陽	—	宜昌	5	宜昌 長陽 當陽	宜昌	—
第七區	3	恩施 利川 巴東	—	—	5	恩施 建始 利川 來鳳 鶴峯	—	—
第八區	2	竹谿 房縣	—	—	3	竹谿 房縣 鄖縣	—	—
漢口市	1	漢口市	—	—	1	漢口市	—	—

乙、年齡

年齡別	人數	
	第一屆	第二屆
總計	45	45
30—35	4	3
36—40	9	2
41—45	6	8
46—50	11	9
51—55	4	6
56—60	1	6
61—65	5	2
66—70	2	2
71—75	—	1
不詳	3	6

丙、學歷

類別	人數	
	第一屆	第二屆
總計	45	45
國外大學	14	20
國內大學	10	11
高等師範	7	6
法政專門	7	4
軍事學校	4	3
其他	1	—
不詳	3	1

資料來源：根據省參議會檢送材料編列。

160. 省參議會歷次建議案件

屆次別	送本府年月		共計	民政	財政	建設	教育	社會	保安	會計	衛生	合作	糧政	農業	兵役	其他
總計			478	97	65	76	132	9	24	1	7	3	16	9	7	34
第一屆第一次	28	10	102	27	10	17	32	—	7	—	—	—	—	1	4	4
第一屆第二次	29	5	67	16	12	11	21	—	3	1	—	—	—	—	—	3
第一屆第三次	29	10	36	9	4	5	8	—	—	—	2	1	—	1	—	6
第一屆第四次	30	5	38	12	12	7	—	—	—	—	—	—	—	—	—	7
第二屆第一次	30	12	81	16	6	7	28	—	2	—	2	2	5	5	2	6
第二屆第二次	31	5	50	5	6	8	15	1	4	—	2	—	6	—	—	3
第二屆第三次	31	12	52	7	7	6	14	7	2	—	—	—	2	2	1	4
第二屆第四次	32	5	52	5	6	15	14	1	6	—	1	1	3	—	—	1

資料來源：根據省參議會檢送材料編列。

161. 省參議會歷次建議概況

屆次	次別	送本府年月	建議摘要
第一屆	第一次	28 1	厲行裁併駢枝機關以節糜費案
			省縣政治機構上重下輕人員待遇內厚外薄請予改革案
			戰區訴訟案件應請省府建議司法機關力求簡單以免拖累案
			改善鄂西民家生活案
			調查本省賢良方正及專門技術人材儲才備用以杜奔競而行風氣案
			請各機關分設日本研究會以明敵國真相案
			學校機關服務人員應與省政公務人員平等待遇案
			設置監文委員會防止貪污案
			厲行整理本省兵役政以利兵員補充安定後方生產案
			請省府通令各縣長肅清兵役弊政獎勵出征軍人家屬並隨時由軍管區司令部派員密查如有違反徹底嚴懲以裕兵員而利抗戰案

續表

屆次	次別	送本府年月	建議摘要
第一屆	第一次	28 1	擬請督促各縣地方政府切實救濟貧苦出征軍人家屬案
			建議省政府咨請徵兵機關對於俘虜徵兵緊接地帶儘留男丁應留前線工作以助抗戰案
			請將接近戰區縣份徵兵名額酌予減少案
			杜絕敵貨及敵偽幣以鞏戰時經濟案
			貨物運輸不便商人居奇把持以致物價高漲影響抗戰前途擬請省府撥款在宜昌設立省營易局在沙市宜昌樊城老河口等重要地方設省營商場以資救濟案
			請省府迅速設法沒收漢奸逆產案
			請積極動員婦女案
			厲行節約以裕物力案
			請全省有財力者輸捐救亡案
			整理地方政治案
			請本會分派參議員視照本省淪陷區域案
			請本會組織視察團分區視察案
			注意挽回風氣於提高地位製定保障原則下物色適當縣長樹立民治基礎以利抗建案

續表

屆次	次別	送本府年月	建議摘要
第一屆	第一次	28 1	建議政府慎用縣長考核認真以臻治理案
			為謀縣政均衡發展擬具縣長考績辦法案
			請廣大各區專員應變職責案
			充實縣以下各級行政組織以利政務推進案
			於鄂西鄂北各設一實驗縣以利抗戰建國案
			請暫行選舉考試之法以取用保甲長並仿效古制設置鄉老案
			各縣聯保主任應嚴加考核切實調整案
			施南為戰時省會應遷前禁絕鴉片案
			請嚴令鄂西鄂北各地方官吏依限將煙禁絕案
			請省府轉呈中央令飭近鄰各省徹底禁絕以免流毒案
			請責令恩施縣政府實行平抑物價以安定後方案
			賭博應即嚴行禁止案
			選派優秀專門畢業生入中央地政學院學習地政以備收復後主辦各縣土地測量陳報等事宜案
			擬定本省財政救濟辦法建議施行案

續表

屆次	次別	送本府年月	建議摘要
第一屆	第一次	28 1	湖北省銀行營業獨立省政府應予保障案
			請通令各縣長改善徵收辦法以格正供而紓民困案
			請通令各縣長禁用自衛隊催收田賦與捐款案
			請政府酌予變通追繳歷年舊欠賦稅辦法以恤民艱而收實效案
			擬請省府迅將徵收田賦提成辦法取消並將襄陽縣已收百分之二十追繳省庫案
			請省政府依照委員長所示川省救濟方法以中央與本省金融機關之款迅速購置保持相當價格以救農民而利抗戰案
			請購儲食糧加強統制案
			請減輕第七區敵捐以紓民情案
			請佈告破爛法幣一律使用並多發零星法幣以便商民而免紏紛案
			提請禁止各縣不得巧立名目加徵捐款以紓民困案
			請省府會同本會組織本省公產清查委員會案
			改進食鹽引岸及制止稅警隊沿家搜索案

续表

届次	次别	送本府年月	建议摘要
第一届	第一次	28 1	建议组织本省经济委员会案
			振兴各县蚕业案
			开办巴东盐商案
			请设法改良鄂西大纸制造以利抗建大业案
			统一合作社名称确定中心业务并建立各县银行网以利进行案
			积极开发鄂西北资源以裕抗战物资案
			请维护后方交通案
			请省府转呈行政院于鄂西北各设国营垦区一处以收容鄂省难民而增加抗战力量案
			修整施万人行道以便交通而利运输案
			积极建筑襄万公路以加强后方联系案
			请提倡于各县振兴工业案
			请省府令饬江汉工程局依照成案继续补助荆江大堤与东荆河江陵段堤经费以保民命而裕国课案
			请饬后方各县附征堤工款截留支用以重堤防案
			请通令各县县长注重修理沟渠塘堰或仿古制设技士一员专司其事以防旱灾案

續表

屆次	次別	送本府年月	建議摘要
第一屆	第一次	28 1	請省府轉商民生公司在巴東照常停靠輪船以利行旅案
			提前修築鄂西鄂北人行道以利貨運而蘇民生案
			請省府轉航空委員會發給築老河口飛機場時徵用民地租價以救頹沛而維信用案
			確立應變教育軌道案
			改進聯中內容提高學生精神案
			整飭省立聯中各校校風案
			整頓省立聯中案
			請省府令飭教廳以後登記學生必須要經過嚴格編級試驗並整頓聯合中學以免荒誤學生而充實課程案
			本省中等教育師資缺乏請中央在湖北增設國立師範學院一所訓練師資儲作收復失地之用
			中等學校國英算三科教員擔任鐘點教員特別減少以充實課程效率而為進入專門教育之基礎案
			請政府在縣區按年增設省立小學而謀基礎教育普及案
			請在游擊區添設中學及前後方盡量發展小學並提造師資案
			鄂西鄂北文化低落應盡量擴充小學教育飾立文化基礎案
			省督學須分科視照以提高教學效率案

续表

届次	次别	送本府年月	建议摘要
第一届	第一次	28　1	请督促各县设法增筹整理县教育经费案
			请宽筹小学教育经费以提高小学及义务师资待遇而资发展初等教育及义务教育案
			请省政府特别注意各县小学教育并略举整理意见数点希予实行案
			为提高小学教职员待遇绝对保障县教育经费独立补助义教经费案
			为依照目前实际情形拟订省立中小学教职员薪给标准案
			本省中小学教职员待遇应予提高案
			请增加社教经费并切实予以整理案
			为加强全民抗战建国力量责成设立乡村之各级学校教职员积极增进农村民众知能案
			湖北各级学校学生书籍缺乏应呼吁谋补救案
			请设置奖学金奖励学术研究案
			初中国文数学应注重文言文案
			拟请鼓励私人兴学以补助战地教育案
			办理定期刊物沟通政府与人民意见案
			请设立编印机关推进地方文化案

第十五類　民意機關　771

續表

屆次	次別	送本府年月	建議摘要
第一屆	第一次	28　1	請教部接辦本省省立農學院案
			選取高中及專門學生百名分別咨送國內各著名職業學校實習咨飭及各著名實用工廠實習以備指導職工改進輕工業之用請補助各大學鄂籍學生案
			肅清後方土匪加強抗戰力量
			請肅清鄂中各縣匪氛以解人民倒懸而利抗戰
			請省府派保安團隊由四區專員指揮痛剿江陵盜匪以安閭閻而利抗戰
			建議省府于縣長之兼有軍法職權者或不遵法典濫用非刑或未得證據輕率判罪斃種種應請明令嚴禁
	第二次	29　5	鄂西民性柔梗強悍加組織予以訓練俾收捍衛之效鄂西各縣力扶應予組織加以統制並規定適當工資免各方急需時應藉力量強拉征用致地方秩序因之紊亂
			戰區逃出之難民青年兒童等均須速設法設收容供給並割定收容地區分別成立收容所教養院及職工廠學校教以簡單手工業或移墾技能以便實行工振至於戰區逃出之教員學生應更迅速簡單之手續分別登記教員其資歷分發各級學校施教學生分為失業與失學兩種教濟辦法失業應設短期訓練班以便分配工作教濟失學者須嚴格考試後送入相當學校肄業

屆次	次別	送本府年月	建議摘要
第一屆	第二次	29 5	宣傳衛生知識發散濟治時症藥品以秒藥六一散等藉以安慰民眾
			請省府裁併[馹]枝機關以節糜費觀沙宜樊鄖等富庶之區域業已淪陷或毀壞無有財政枯竭似應重新檢查所屬各機關擇其不必要或性質相同者切實裁併專責成而資撙節並酌量縮減人員暫子疏散或派員任各縣從事臨時救濟及鄉村安撫教養等工作
			為推行前項辦法起見鄂東似應組設健全行署主持一切如經費困難似可挪宜自行署經費以資應用
			大學先修班在目前情形下為收容不能升學之學生與補修高中未完課程起見在教育經費可能範圍內似應予以恢復
			鄂西各分校在目前緊急情勢之下應在可能範圍內就其地區性質等級給予遷移其不能即時遷移者亦應自所準備
			距省會較遠之各分校恐臨時交通梗塞應須發準備金若干預備購食糧以備不時之需
			鄂北八五兩區現有各縣建設教育治安如農田水利墾闢礦合作貸款肅清匪患以及增設或移辦學校等項似應迅速籌撥人力財力進行加緊復興奠基礎
			各種交通工具均須設法統制俾急需時便於酌量分配
			燃料食鹽關係之巨不亞食糧應加開煤礦須設食鹽儲備以備急需
			日用生活必須物品應設法購運平銷以免操縱而安市面鄂西鄂流者應設法利用予以勾通使聲氣相連杆格消除藉收指臂之效

第十五類 民意機關

續表

屆次	次別	送本府年月	建議摘要
第一屆	第二次	29 5	施巴人民槍均已收繳爲安定後方起見似可將一部份發還各縣責成縣長嚴格訓練自衛隊交其使用藉以增強民間武力
			請省府咨請征兵機關于接近戰地區減少征兵各額或暫行緩征留供前方運輸及後方生產之用現戰事轉進七八兩區已接近戰區似應酌量減征以安定人心而增加生產
			本省游擊區各縣對敵人正施種種懷柔政策而游擊隊伍紀律欠缺雖經中央發餉仍時向地方勒索苦人民難免發生爲淵驅魚爲叢驅雀之結果所輕許情形鄂南各縣普遍省然應請省府迅採有效方法徹底改善至地方政府經費不時雖有中央暫時撥給以蘇民困而安人心
			食糧爲安定後方之主要因素應大量預購分諸各安全地區俾隨時供應至平時軍食民食應分別爲合理之處置尤其本地人民粮食與公務員學生一體統籌以免人民發生不平之感
			請省府通令各縣縣長對于未拆城垣改進構造已拆城垣另構防禦工事以資固守目維冬令治安
	第三次	29 10	禁煙限期已滿擬請省府轉呈中央推援川省例無論種運持吸如有犯者一律處以極刑以免觀望而竟全功切實調劑食粮安定社會積極推進衛生事業以重民命
			擬請省府飭鄂北各縣限期登記民間槍枝編號格印切實取締訓練農村婦女充當新縣制下級幹部人員以利推進而奠定基礎兼謀婦運之進展

续表

屆次	次別	送本府年月	建議摘要
第一屆	第三次	29 10	擬請省府對整頓衛生機構充實衛生設備訓練醫務人員增進人民福利保障人民健康
			擬請省政府令飭各區區限期遵照行政院公佈之統一檢查辦法組織各該地聯合檢查所實行負責運檢查
			完成對敵經濟封鎖任務而利抗戰擬省府令飭各縣清理各鄉（鎮）保公款公產移作教育經費設立小學以樹國民教育基礎
			擬請維持湖北省銀行業務獨立及發展並改善待遇
			請搶救鄂中各私立中學學生及教職員
			擬請應用科學方法考查本省中小學學生成績
			擬請省府籌設五年制商業專科學校造就特種人才以應事實需要
			擬請撥經費補助中等以上學校實施農業生產以增進學生營養而維持膳食開支
			請按照各縣實際需要逐年增籌教育經費以期達到普及目的
			請省府預撥聯中分校六個月學生伙食經費令校預購六個月食糧
			請省府調整省立聯中鄂東分校並增強鄂東鄉村師範學校一所以應當前需要而宏教育
			建議省府對工征料所給的價款是否實發嚴密查究以肅貪污而樹民信
			請統制米布運銷至規定價格以杜絕囤積居奇而裕民衣民食

續表

屆次	次別	送本府年月	建議摘要
第一屆	第三次	29 10	請省府擬訂指導農田及保證農田辦法切實施行以改進農村作物
			請派員督導利川南坪水道以增加農村生產
			請省府極力協助人民組織合作礦廠妥訂特約辦法以普遍開發西鄂北煤礦鐵礦
			請省府設法統一農貸機關以便利合作推行而調劑金融發展經濟
			請籌設簡易工廠以給民衣
			請省府廣行考績以明黜陟而照勤懲
			請省府設立鄂北行署
			請省府組織視察團分赴各縣考察以便將興革事宜建議政府
			請切實推動各縣民眾組訓工作俾能適合軍事需要增加抗戰力量
			請維持巴柯路交通以利貨運而便行旅
			天門運恭先生拒敵殉節擬請建議省府轉請國府明令褒揚以勵士氣
			請慎選賢以襄治理杜絕荐賢競以變風氣
			請省府將所屬公務人員俸給分錢幣與薪飼二項發放
			建議省府組織設計委員會營聘各種人材計劃興革事項

續表

屆次	次別	送本府年月	建議摘要
第一屆	第三次	29 10	請設抗戰紀念館建無名英雄塋以資激勵而示來茲
			修明基層政治促進軍民合作以固民心充實抗戰力量
			救濟糧荒
			救濟鄂中食鹽
			宜昌前綫民伕食糧無著擬請價發軍米或酌給工資米津以資救濟而利軍運
			請急救鄂西戰地難民並酌免宜昌縣屬捐役
			請速籌運煤以救恩施棐荒而保護森林
			爲各縣災情奇重擬轉墾中央查照迅予撥款救濟
			請政府設法爭取游擊戰區民衆以利抗戰
			鄉政人員擬請於可能範圍內儘量委用本籍人士
			請省府速派衛生人員携帶大批藥品至種歸興山保康谷城南漳等縣切實從事減疫工作以維民命
			擬請省府按照計劃提前組織各鄉（鎮）消費合作社並成立區縣消費合作社聯合社切實掌握日常必需物品以收調劑供需平定物價之實效
			擬請省府設法救濟鄂南各縣民衆困苦

續表

屆次	次別	送本府年月	建議摘要
	第三次	29 10	請政府速設義民工廠以資救濟
			改進本省經濟以利抗戰而裕民生
			請政府發給本省公務員及教職員戰爭時生活補助費及其家屬食米津貼以資救濟
			改良原省立各縣小學教職員待遇
			省立中等學校目前困難請切實解決
			擬請徹底清理各縣產學款
			鄂東中學組織及經費擬請照鄂西北各校規定辦理以期劃一
			整頓各縣小學
			請省政府於農學院添設獸醫系以應急需
			湖北省送考國立各大學或師範學院鄂籍優秀學生及本省公務員優秀子弟就學津貼辦法
			接濟鄂中農器
			江北農產物應獎勵運入後方各縣及湘境
			各縣農作物之病虫害應切實防治藉以增加生產
			建議省府撥款酌建公務員住宅

续表

屆次	次別	送本府年月	建議摘要
第一屆	第三次	29　10	請政府急速舉辦竹谿護田水利
			請改善萬縣蔴鐵機廠辦法以增進生產
			擬請用農貸款項廣設農業倉庫舉辦各類押款以平物價而裕民食
			擬請省府呈行政院令中國工業合作協會在鄂設事務所及指導站並撥發工協基金以促進鄂省生產
			擬省府建始鐵廠開辦農具製造廠設法運往鄂中各縣以應需求而利耕作
			請政府注意防治牛瘟增進農業生產
			請省府注意桐油生漆等特產之煉製與化驗藉以發展新式工業增加省富國力
			擬設置房竹縣邊境聯防辦事處以維治安而資開發
			請省府通令後方各縣縣長兼團長督飭構築積極防禦工事以收防禦實效而振作民衆抗建精神
			請省府轉請各戰區通令聯運站及類似機關暫時減少扶額縮短班期藉事耕作以促進生產
			請省府轉軍管區司令部通令各縣國民兵團嚴禁鄉保區甲違法舞弊强派壯丁
			請省府轉軍政部再行酌減鄂省征額以蘇民困而利役政之推行
			請省府轉鄂省取締派遣憲兵嚴刑整頓軍紀以安民生而利抗戰
			催請經濟部令飭江漢工程局迅速回鄂舉辦一切水利工程

續表

屆次	次別	送本府年月	建議摘要
第二屆	第一次	30 12	建議省府飭各級訓練機關訓練婦運幹部以動員各階層婦女增加抗建力量案
			加強政治建設完成省政統一案
			擬請省府將第七區專暫遷置邊區以求適應地方需要而發揮其行政效率案
			積極推進鄉村工作案
			擬請省府明令規定縣各級人員徵選鄉（鎮）保甲長辦法官嚴密注意其人格與智職及能力以健全縣以下各級幹部而利新縣制施行案
			切實優待出征軍人家屬以鼓勵士氣案
			擬請政府撥給專款成立托兒所救濟職業婦女案
			擬定平定物價意見提供參考案
			請省府體察地方實際需要添設感化訓練機構擴展精神建設轉移社會風氣案
			請用分層負責制查清戶口案
			請省採取有效方法切實平定物價案
			敵後各縣政府非至萬不得已時不准在境外設署辦公案
			擬請政府體念鄂南民眾痛苦以統一政權慎選循吏予設法亟予設法而固民心而利抗戰案

續表

屆次	次別	送本府年月	建議摘要
第二屆	第一次	30 12	請省政府飭各縣提前成鄉鎮組織設立縣參議會以樹立民權基礎暨敵僞奸計案
			請省政府對於鄂中民眾特予振濟慰勞以激勵民心俾助抗戰案
			請省政府轉請中央各銀行多發十元以下法幣便利商民案
			鄂北桐油價格過低產量銳減擬請省政府電請中央令飭桐貿公司提高牌價以資救濟而保桐林案
			歸縣沙金產量日減擬請省政府電轉中央准予加給淘工津貼以資救濟
			擬由本會電請行政院將各縣田賦时加征實一律按實物撥歸地方案
			襄陽接近戰區情形特殊現時征收實物擬請政府接照某宜等縣折減以例酌予核減以利稅收而蘇民困案
			擬請省政府將省有公產指作自治財政補助基金實爲辦理並省主管廳妥爲省定案以規久遠案
			各縣土地陳報所有溢額稅收擬請省府轉電中央請照實行撥歸縣庫案
			擬請就中等學校設置現狀逐步調整不必盡行遷予變更案
			中等學校教職員待遇調整力謀合理案
			建議省府提前成立醫學院案
			擬請省政府對於施計劃教育中對於升學學生須顧及其志願案
			充實教育學院科系改爲師範學院案

續表

屆次	次別	送本府年月	建議摘要
第二屆	第一次	30 12	擬請省政府在鶴峰設立初級中學或簡易師範學校一所以宏造就而廣師資案
			擬請省政府籌設政法學院以培養政治府建設人材案
			各校醫務人員擬請由政府統籌分發
			各女校學生因生理關係擬請特別增加薪炭費
			改進本省中等以上學校教育案
			擬請設法補救中等學校留級學生學業案
			鄂東中學公費規定擬請迅速實施案
			請省政府救濟第三區失學青年案
			本省師範仍請省政府維持單獨設立原則不必附設於普通中學案
			中等學校事務員書記待遇微薄不能維持生活請設法救濟案
			為戰地學生來施求學者仍多擬請准予隨時登記或考驗學力分發各校肄業以免荒廢案
			擬請調整各縣小學教育以利新縣制推行案
			擬請改進中等學校軍事訓練俾有實效案
			中等以上學校缺額教員擬請由教育廳彙總以利教學案

续表

届次	次别	送本府年月	建议摘要
第二届	第一次	30 12	请省府饬令各县征集私人藏书成立公共藏书馆案
			拟请政府优待各机关学校服务女子于分娩期间所请代理人许以全薪支给案
			拟请省政府迅速统筹中等学校教科书分发各校应用案
			鄂北每年初中毕业生高中不能尽量容纳高中毕业生赴鄂西升学旅费无法负担拟请省政府统筹分发给资予以救济案
			请省政府在六区各县立中学未成立前迅将省立陨阳初中迁回长阳境内办理案
			拟请积极发展战地教育案
			请明令各县没收匪逆产并确定为各县教育基金案
			请省政府照原定计划将省立高工迅速迁回鄂境办理案
			提早实行救济鄂西小铁矿厂以重省功以重地方生产案
			拟具省政府划一各县度量衡案
			请省政府提前筹办铁器制造工业以应民间需要而促鄂西铁矿之开发案
			为襄河上游淘探沙金所遗沙量极钜拟请令饬切谕淘户随时挑选以免壅塞河槽妨害堤塍案
			拟请省政府整理香溪航路以利运输案

第十五類 民意機關 | 783

續表

屆次	次別	送本府年月	建議摘要
第二屆	第一次	30 12	請省政府通令各縣於推廣冬作時期分別鄉區切實督促修濬塘堰溝渠案
			吸收僑胞資本開發鄂西鄂北農業案
			請改進省營工廠管理案
			擬請省政府通令各縣切實保護森林案
			擬請省政府設法在鶴峯開墾荒地以增加生產案
			擬請徹底肅清來鳳邊區匪患暨增加保甲槍枝充實地方自衛能力案
			請省政府通令各縣國民兵團訓練後備隊應重視紀律養成守律習慣並通令各縣自衛隊暨各保團一體導照案
			各機關應盡量減少雇用壯丁為公役案
			請省政府通令各縣購置餘糧應辦理公允並革除諸種弊端案
			用合作方式實施口授鹽以裕民食案
			來鳳全縣水旱疊臻災情慘重請省府垂念民艱酌減公購糧額並撥款振濟以災黎案
			擬請省政府對於各縣申禁令嚴行取締以食糧釀酒熬糖並嚴禁保甲人員藉禁斂財案
			在本省銀行支行或辦事處令仿照恩施土橋鋪之消費合作社設立消費合作社以平物價案

續表

屆次	次別	送本府年月	建議摘要
第二屆	第一次	30 12	請省政府提前樹立統制合作機構集中日常生活必需品以便實施平定物價節約消耗案
			擬請省政府飭省銀行及合作處在毗連及鄰近淪陷區域之各縣迅速推行農貸以濟民困案
			擬請省政府注意整理中西醫術以全民命案
			請設法獎勵生育以固國本
			請省府飭農業及衛生機關就當地食物研究營養標準公告人民採用以增進民族健康而收節約實效案
			擬請省政府取締巫師治疾以破除迷信而重人命案
			請省政府嚴令禁止男女早婚案
			建議政府於三十一年度預算中確定各級婦女會補助會以利婦運工作
	第二次	31 5	擬再建議省政府設立鄂北行署案
			擬請提高短期訓練班人員程度以增加工作技能而鞏固行政基礎案
			擬具整飭區鄉保甲長辦法請省政府採納施行案
			擬請省政府通令各縣於交通要道各站口設立招待站以利行人案
			請限制鄉政機關任意攤款案
			擬請改善民伕待遇案

續表

屆次	次別	送本府年月	建議摘要
			擬請省政府嚴格執行禁賭法令以期實效而挽頹風案
			擬具改善田賦征實辦法請省政府採納施行案
			對於戰區各縣田賦緩征實物應請省政府貫徹主張以結民心而利抗戰案
			鄉政人員對於自治財政辦法大綱每多曲解擬請省政府嚴行糾正以維人民合法權益而減輕民眾負擔案
			請省政府查明各縣公產土地性質擬定永佃權公地清理辦法大綱以維人民合法權益而裕地方財政收入案
			為策實施凰鹽產明各縣公產無養擬請省政府將購運處配餘之鹽依湖北戰時經濟政策實施物物交換單湘棉紗布等日常必需品似得源源入境以資救濟案
第二屆	第二次	31　5	擬建議省政府咨商財政部及交通部請其增闢施通匯通區以利匯款民眾案
			列舉中等學校衛生改進事項請令各校實施案
			鄉鎮長及保非具有小學資格者不得兼任中心學校暨保國民學校校長案
			擬請省政府通令凡未成立文獻委員會之各市縣應即成立以利縣志編輯案
			改進國民教育案
			請增加中學教員待遇案
			擬請注重學生健康與營養案

續表

屆次	次列	送本府年月	建議摘要
第二屆	第二次	31 5	擬請對於中等學校清寒優秀學生予以救濟案
			學業過差與操行過劣學生擬請教育廳通盤籌劃予以相當處置案
			擬請解決中等學校目前教學上困難問題以便提高學生程度案
			擬請組織教育參觀團赴省內外各地參觀藉以改進本省教育案
			為本省中學生國文程度過低擬請省政府設法提高案
			擬請建議省政府轉商教育部於湖北境內設置國文技藝專科學校以造就建設人材案
			請省政府限期印運中小學教科書以救書荒案
			擬請提高國民教育教師待遇案
			擬將省立各中等學校膳工火食工資及校工火食費列入預算以免影響學生膳食案
			請省政府通令各縣轉飭鄉保甲長負責保護公共建築案
			請省政府速向經濟部商請老河口機械廠撥交本省辦理以便發展鄂北工業案
			請由本會電請中央迅撥鉅款修築監利江堤月堤並咨省府再行電催案
			請咨省查照接濟鄂中農器原案再予斟酌分行案
			請設法集中人力增加糧食生產案

續表

屆次	次別	送本府年月	建議摘要
第二屆	第二次	31 5	請省政府令省銀行由湘販運農器及煤焦秀油等物以利生產案
			擬請展築咸來路至百福亐俾與辰河上游銜接以利水陸交通而便軍民運輸案
			擬請省政府在鶴峰廣植茶樹以開富源而給民生案
			各縣辦理兵役人員仍多未按照兵役法辦理徵兵事宜擬請省政府轉行軍管區嚴加整飭
			擬請省政府調派得力部隊長期駐守宣恩邊境案
			擬請省政府轉軍管區嚴飭各縣國民兵團改善所徵壯丁待遇以重人道案
			擬請省政府轉行保安司令部派保安團一營常川駐紮鶴峰境內以維持治安案
			擬具改善公購糧食辦法請省政府採納施行案
			擬請建議中央對於軍糧迅籌完善辦法以解除軍民困苦而利抗戰案
			擬請省政府提高公購糧價電請中央核准施行案
			計口授鹽之改進案
			擬請省府查明實際情形改善糧食統制分配辦法案
			請加強戰地合作機構推進農貸以固民心而利抗戰案
			擬請省政府酌加省立醫院住院病人膳食補助費案

续表

届次	次别	送本府年月	建议摘要
	第二次	31 5	拟请省政府设立助产学校及产科医院以保民命案
			拟请省政府设法整理鄂南军事政治以解除民众痛苦而利抗战案
			调整各县行辕训练所案
			厉行人事规程加强干部专业训练培植人才以利建设案
			加强鄂东军政力量以肃清匪患而安定社会案
			拟请省府酌量现时各县人力财力紧缩各级组织案
			拟请省府规定取缔纸烟办法俾民众知所遵循由
第二届	第三次	31 12	拟请依据风俗历史政治军事请关将建始县铜鼓乡下划归巫山县管辖由
			成立各县县参议会奠定自治基础以固国本案
			拟请省政府将查办各县控告县长案作於办理完结后结果吸覆本会案
			请调整乡保长案
			条陈改善征购公粮办法请省政府采纳通令施行案
			请对於战区民众向后方运输棉花土布严禁留难以扩大政府抢运物资经济作战之效果案
			拟请省政府依照修正拟就灾歉规程对於受灾各县分别重减轻卅一年度田赋征实以苏民艰案

第十五類　民意機關 | 789

續表

屆次	次別	送本府年月	建議摘要
第二屆			為鄂西各縣舉辦土地陳報丈量率多錯誤各縣地價又復高低不一担負未能平允反致賦政實施不獲推行盡利宜請設法改善案
			整理各縣糧政案
			請將平價物品憑証分配辦法普遍推行案
			擬請省府嚴禁稅收機關拒收整鈔及整鈔使用貼水案
			擬請省府對於各縣土地陳報辦竣後如在技術方面發現錯誤應准許人民隨時呈請更正並嚴禁復勘員役需索保證金及招待等費案
	第三次	31 12	擬請省政府減輕戰區田賦照戰前原額每元加為五元征收法幣以安民心而利抗戰案
			擬請省府令飭鄂西各縣策動民力組織糧食口匀設法採購糧食以維民食案
			請省府呈中央於征實項下劃撥巨量食糧救濟本省府災案
			各縣辦理土地陳報後征收地價稅應力求適合民負担以利征實案
			擬請省政府令飭各縣查明小學畢業生人數如有過多者應酌增初中班次案
			擬請改進中等以上各校學生食糧撥發手續以免時常發生糧荒案
			擬請改善中學教職員待遇以加強教職員工作而增教育效率案

续表

届次	次别	送本府年月		建议摘要
第二届	第三次	31	12	各级学生疾病治疗及卫生设备拟请设法改进案
				拟请解决沦陷区或接近战区初中毕业学生升学困难案
				拟请省政府厉行国民教育普遍视导案
				拟请省府按照每县设立初中一所原则在鄂南各县酌设初中案
				实行中等学校经理独立俾校长得专心于教训事宜案
				拟具中等学校以上学校学生副食补救办法案
				加强学校军事训练案
				教职员应随须口粮请同学生食粮拨发案
				请再扩充新湖北书店鄂北支店基本金计万元俾得尽量翻印中小学教科书籍以完全解决鄂北书荒案
				寒假应用毕业高中学生领用之棉制请免予缴还案
				拟请政府提前成立医学院案
				拟请修理屯堡至车辐人行道以利运输而恤民案
				拟请省政府令饬各县修复塘堰以防旱灾而利农事案
				拟请省政府加修鄂北川东水陆联通讲运四川食粮接济鄂北军民案

續表

屆次	次別	送本府年月		建議摘要
第二屆	第三次	31	12	擬請省政府令飭各縣及農業改進所勸導農民愛惜肥料並指示製肥施肥之方法以期增加生產案
				積極整頓本省航務案
				請政府在五峯長陽兩縣境內設立手工紡織工廠增加衣服原料供應
				擬請省府禁開峻坡山荒廣植森林以利農田而維民食案
				擬請省府轉商軍管區司令部嚴訂優待征屬經費收支稽核辦法以杜中飽案
				湘鄂川黔邊坡匪日益坐大請省府協商各省籌共籌清剿辦法以期根絕匪禍而安後方案
				擬請省府擇後方安全縣份建立城鄉警察網試行建警制度案
				擬請省府提前配發受災縣欠振款並責成縣長督同地方士紳購儲雜糧以便春耕時辦理平糶案
				請將房款配振之糧就近撥交軍糧減少該縣應交軍糧數額以資救濟而省周折案
		32	5	請省府電飭鄰近各縣維其採購食糧以濟粮荒案
	第四次			擬請省府調節前方民糧負擔案
				為湖北省科學館起火案業經省政府核明責任令令館長許傳得按時值賠償損失擬請省府迅行會審計處核定時值案數目限期交款並嚴行撤職而肅綱紀案
				遵照建國大綱所謂完成地方自治事項針對本省情形提供意見擬請省府採納施行以期促進憲政案

续表

届次	次别	送本府年月	建议摘要
第二届	第四次	32　5	拟具整饬各县乡镇人员办理兵役意见送请省府採纳通令施行案
			拟请省府调整省立医院案以重民命案
			拟请省府根据民权主义民权初步及县各级组织撮要印浅大量分发以下民意机关以资启导而利自治推行案
			拟请省府饬第七区行政督察专员公署移驻宣恩县属之沙道沟以资镇摄而便督察案
			拟请省府恢复湖北省银行津市办事处以调剂金融案
			拟请省府饬令供应处扩大供应范围俾外县公务人员享受同等待遇
			请省府迅令供应处筹设漆厂救济农村而维生产案
			拟请省府令鄂东行署撤销物产登记捐以恤民艰案
			拟请省府继续完成来百路以利交通案
			拟请省府积极培植民营工业增加地方生产案
			拟请省府从速修理旧输以应急需案
			请省府设法加造清江汉洋两河航行木船以利军运而省民力案
			拟请省府加速推进汉水上游支流工程案

續表

屆次	次別	送本府年月	建議摘要
第二屆	第四次	32 5	擬請省設立縣城市計劃機構以完成本省城市計劃而促進本省市縣建設案
			擬請省督令後方省營小規模工廠訓練土著技工以便戰後不擬繼續省營時交由地方接辦案
			請省政府派員採查五峯台板河銅礦以便開採案
			擬請省飭通令鄂西各縣嚴禁鬧魚毒魚以除惡習而利生產案
			擬請省府迅就來鳳湘南部遭受匪禍最深各鄉貧放耕牛借款以資救濟案
			擬由大會報請行政院令飭省府以有效方法嚴禁天帖院孤兒圖案小院冀圖令零整並懲治斜首以清禍源案
			請大量培植小學師資以救濟戰後國民教育師資案
			擬請提早實施小學教員待遇各項辦法以救濟國民教育師資案
			請省府設法救濟小學畢業生以免失學而造就案
			為改進國民教育擬請省府切實施行輔導制度案
			改善小學課本案
			請積極發展各縣女子教育案
			擬請省政府分別調查統籌救濟在重慶及其他各處之鄂籍流亡學生案
			請創設中正學校一所以紀念總裁抗戰建國功業案

续表

届次	次别	送本府年月	建议摘要
第二届	第四次	32　5	拟请省府建议中央嗣后选送留学生时按照地区籍贯规定名额以期人才平衡培养案
			拟请改善保送高中毕业优秀学生升学待遇案
			拟请斟酌情形扩充省会小学班次并拨款修筑校舍以宏教育案
			拟请省府设法救济鄂东失学青年案
			请改善师范生待遇案
			拟具征购稻谷处置办法请建议省府采纳施行案
			整饬各县征收所以衡收粮意见请省政府采纳施行以恤民艰案
			拟请省政府派员走襄阳等县查勘实情斟酌减免征购以纾人力而安人心案
			拟请省政府严令各县不得擅自变更公购粮食标准以维政令而恤民艰案
			拟请省府严令鄂东各县征购粮食切实遵照规定办理案
			拟请省府查明此次鹤峰县城全城被匪抢劫自县长以下之渎职人员及抵抗不力之驻防团队严加惩处以申法纪而平民愤案
			拟具整饬各县政府军法室办理登记意见送请省政府采纳通令遵行案
			拟请省商军事当局设法派遣道得力部队常川驻紮以维治安而固边防案

續表

屆次	次別	送本府年月	建議摘要
第二屆	第四次	32 5	擬具各縣預防匪患以保後方治安意見送省政府採納通令施行案
			請徹底清剿鄂毗連湘川邊區股匪以保衛後方治安案
			請省府加強冬防以維治安案
			為鄂南各縣股匪竄擾剿部隊與匪勾結擬請省府電請第九戰區司令長官部查辦並請另調動軍旅前往清剿案
			為鄂中鄂西遭受寇災各縣情形慘重擬由本會電請行政院加撥振款以期惠及民案
			擬請省府對於頒發各縣振款隨時抽查以期惠及民案
			擬請省府籌撥鉅款振濟此次鶴峯縣城被匪搶劫之小本營生商人及貧困住戶並請從優撫卹被害各公務人員之家屬以示體恤案
			加強合作組織促進經濟建設案

162. 恩施等三十五縣參議員分析

三十二年

甲、各縣人數

縣別	人數		
	共計	男	女
總計	838	815	23
恩施	40	38	2
宜昌	34	32	2
五峯	15	15	
秭歸	27	26	1
咸豐	19	18	1
南漳	28	28	
竹山	22	22	
通山	11	11	
通城	13	12	1
保康	15	15	
長陽	29	29	
鶴峰	11	11	
利川	19	18	1

續表

縣別	人數		
	共計	男	女
建始	26	26	
襄陽	42	38	4
崇陽	12	12	
興山	12	11	1
棗陽	27	27	
來鳳	13	13	
羅田	16	16	
宜城	17	16	1
竹谿	22	22	
鄖縣	34	34	
光化	25	23	2
巴東	22	22	
宣恩	16	16	
谷城	29	27	2
鍾祥	22	20	2
蘄春	30	30	
隨縣	75	74	1
房縣	29	29	

續表

縣別	人數		
	共計	男	女
英山	16	16	
宜都	22	22	
均縣	25	23	2
鄖西	23	23	

乙、年齡

年齡分組	人數		
	共計	男	女
總計	838	815	23
25—30	107	101	6
31—35	123	116	7
36—40	211	206	5
41—45	148	145	3
46—50	119	118	1
51—55	57	56	1
56—60	28	28	
61—65	16	16	
66—70	8	8	
71—75	3	3	
未詳	18	18	

丙、學歷

類別	人數		
	共計	男	女
總計	838	815	23
科舉出身	7	7	
國外大學	9	8	1
國內大學	56	53	3
專科學校	66	63	3
中等學校	438	423	15
幹訓團	30	30	
軍事學校	15	15	
小學校	38	38	
其他	112	111	1
未詳	67	67	

資料來源：根據各縣參議會檢送材料編列。

湖北省統計年鑑（1937—1943）（下）

湖北省政府 編印
王 平 點校

荊楚文庫編纂出版委員會
華中科技大學出版社

丙 經濟部門

第十六類 農田水利

163. 各縣農戶

三十一年

縣市別	共計	自耕農		半自耕農		佃農	
		戶數	百分比	戶數	百分比	戶數	百分比
總計	3 117 875	1 379 045		301 768		911 072	
第一區	360 249	111 841		59 037		129 371	
武昌	37 950	18 980	50	11 388	30	7 592	20
漢陽	28 710	20 097	70	4 306	15	4 307	15
嘉魚	25 410	20 328	80	3 303	13	1 779	7

續表

縣市別	共計	自耕農 戶數	自耕農 百分比	半自耕農 戶數	半自耕農 百分比	佃農 戶數	佃農 百分比
咸寧	23 360	3 504	15	11 680	50	8 176	85
蒲圻	29 920	7 480	25	10 472	35	11 968	40
崇陽	38 640	19 320	50			19 320	50
通城	20 480	14 336	70			6 144	30
通山	14 800	10 860	70			4 440	30
陽新	59 629	11 926	20	17 888	30	29 815	50
大冶	30 810	20 010	65			10 800	35
鄂城	50 530	25 500	55			25 030	45
第二區	624 360	343 380		56 048		294 932	
黃岡	128 160	64 080	50	38 448	30	25 632	20
浠水	68 000	47 600	70			20 400	30
蘄春	46 560	18 624	40			27 936	60
廣濟	43 470	17 888	40			26 082	60

續表

縣市別	共計	自耕農		半自耕農		佃農	
		戶數	百分比	戶數	百分比	戶數	百分比
黃梅	44 000	13 200	30	17 600	40	13 200	30
英山	23 200	13 100	55			10 190	45
羅田	18 020	5 406	30			12 614	70
麻城	88 560	61 992	70			26 568	30
黃安	51 590	26 390	60			25 200	40
黃陂	79 200	55 440	70			23 760	30
禮山	33 600	20 160	60			13 440	40
第三區	526 950	307 396		67 203		152 338	
孝感	102 700	82 160	80			20 540	20
雲夢	34 920	24 444	70			10 476	30
漢川	19 760	15 888	80			3 952	20
應城	23 520	11 760	50			11 760	50
安陸	41 600	16 640	40	12 480	30	12 480	30

續表

縣市別	共計	自耕農 戶數	自耕農 百分比	半自耕農 戶數	半自耕農 百分比	佃農 戶數	佃農 百分比
應山	61 600	24 640	40			36 960	60
隨縣	13 410	6 705	50	4 023	20	2 682	30
鍾祥	54 500	10 900	20	27 250	50	16 350	5
天門	93 810	65 667	70	23 453	25	4 690	40
京山	81 120	48 672	60			32 448	
第四區	569 150	332 913	70	42 516		193 761	30
沔陽	123 240	86 268	66			36 972	34
潛江	71 080	46 913	50		25	24 167	25
監利	64 400	32 200	70	16 100		16 100	30
石首	33 020	28 114	20	6 760	20	9 906	
公安	33 800	6 760	40			20 280	60
松滋	40 320	16 128	50	16 123	40	8 064	20
枝江	17 640	8 820		3 528	20	5 292	30

續表

縣市別	共計	自耕農		半自耕農		佃農	
		戶數	百分比	戶數	百分比	戶數	百分比
江陵	109 350	59 300	54			50 050	46
荊門	76 300	53 410	70			22 890	30
第五區	326 410	147 447		51 713		127 250	
宜城	36 900	29 520	80			7 380	20
襄陽	44 800	13 440	30	20 160	45	11 200	25
棗陽	79 200	40 200	51			39 000	49
光化	32 880	16 400	50			16 440	50
穀城	37 740	13 209	35			24 541	65
保康	16 590	3 318	20	4 148	25	9 124	55
南漳	78 300	31 820	40	27 405	35	19 575	25
第六區	266 810	137 534		1 674		127 602	
遠安	9 400	6 580	70			2 820	30
當陽	52 800	34 320	65			18 480	35

續表

縣市別	共計	自耕農		半自耕農		佃農	
		戶數	百分比	戶數	百分比	戶數	百分比
宜都	30 780	21 546	70			9 234	30
興山	72 680	21 804	30			50 876	70
秭歸	35 200	23 232				11 968	34
長陽	32 200	12 880	40			19 320	60
五峯	16 740	18 392	80	1 674	10	1 674	10
第七區	199 983	99 001	50	20 574	10	79 411	40
鶴峯	9 720	4 860	50	972	10	3 888	40
宣恩	17 670	9 600	54			8 070	46
來鳳	15 750	6 300	40	3 150	20	6 300	40
咸豐	20 900	8 360	40	6 270	80	6 270	30
利川	24 960	14 976	60	4 992	20	4 992	20
恩施	41 596	14 285	35	8 190	20	19 121	45
建始	35 720	20 020	54			15 700	46

續表

縣市別	共計	自耕農		半自耕農		佃農	
		戶數	百分比	戶數	百分比	戶數	百分比
巴東	33 670	18 600	55			15 070	45
第八區	199 020	98 253				100 767	
房縣	29 940	14 970	50			14 970	50
均縣	33 860	23 316	60			15 544	40
鄖縣	55 300	30 000	54			25 300	46
竹山	80 490	10 947	30			25 543	70
竹谿	24 750	9 900	40			14 850	60
鄖西	13 680	9 120	60			4 560	30
漢口市	44 950						

說明：本表戶數共計一欄，即係本省各縣市農戶總數，各類農戶數均係根據各縣報告自耕農、半自耕農、佃農之百分數推示而得。

164. 耕地及農户

三十一年

縣市別	耕地面積（市畝）			農户數
	共計	水田	旱地	
總計	57 570 937	34 083 509	28 487 428	3 117 875
第一區	6 974 437	5 268 317	1 706 120	360 249
武昌	1 080 000	974 000	106 000	37 960
漢陽	1 260 000	1 084 000	176 000	28 710
嘉魚	456 000	317 000	139 000	25 410
咸寧	540 000	392 000	148 000	23 360
蒲圻	550 027	500 017	50 010	29 920
崇陽	820 080	145 030	175 050	38 640
通城	388 000	163 000	225 000	20 480
通山	340 000	255 000	85 000	14 800
陽新	810 000	388 000	422 000	59 629
大冶	670 220	550 180	120 040	30 810
鄂城	560 110	500 090	60 020	50 530
第二區	7 930 730	5 496 470	2 434 260	624 830
黃岡	1 200 090	960 070	240 020	128 160
浠水	880 120	660 100	170 020	68 000
蘄春	710 000	540 000	170 000	46 560
廣濟	560 130	190 040	370 090	43 470

續表

縣市別	耕地面積（市畝）			農戶數
	共計	水田	旱地	
黃梅	670 240	600 140	70 100	44 000
英山	250 000	178 000	72 000	23 200
羅田	360 000	255 000	105 000	18 020
麻城	1 180 000	630 000	550 000	88 560
黃安	590 000	383 000	207 000	51 590
黃陂	1 160 150	970 120	190 030	79 200
禮山	420 000	180 000	290 000	33 600
第三區	15 761 077	8 468 487	7 292 590	526 940
孝感	1 180 130	550 050	830 080	102 700
雲夢	420 000	340 000	80 000	34 920
漢川	1 600 000	758 000	847 000	19 760
應城	700 300	490 210	210 090	23 520
安陸	390 270	310 070	80 200	41 600
應山	690 110	280 050	410 060	61 600
隨縣	3 880 000	1 549 000	2 331 000	13 410
鍾祥	1 790 000	1 002 000	788 000	54 500
京山	2 700 267	1 350 107	1 350 160	81 120
天門	2 210 000	1 844 000	366 000	93 810
第四區	12 801 220	8 862 695	3 938 525	569 150
沔陽	3 750 080	1 880 015	1 870 015	123 240
潛江	1 140 000	430 000	710 000	71 080

續表

縣市別	耕地面積（市畝）			農户數
	共計	水田	旱地	
監利	1 110 170	780 120	330 050	64 400
石首	560 000	462 000	98 000	36 020
公安	870 000	620 000	250 000	33 800
松滋	1 060 000	810 000	250 000	40 320
枝江	420 240	340 190	80 000	17 640
江陵	2 390 220	2 340 210	50 000	109 350
荊門	1 500 560	1 200 160	300 400	76 400
第五區	5 130 860	2 302 060	20 828 300	326 410
宜城	381 000	210 000	171 000	36 900
棗陽	1 293 000	480 000	813 000	44 800
襄陽	1 432 000	652 000	780 000	79 200
光化	490 000	190 000	300 000	32 880
穀城	464 000	190 000	274 000	37 740
南漳	720 360	500 060	220 300	78 740
保康	350 000	80 000	270 000	16 590
第六區	4 050 793	1 770 380	1 280 413	266 810
遠安	260 460	246 260	20 200	9 400
當陽	660 31	560 110	100 200	52 800
宜都	860 000	200 000	160 000	30 780
宜昌	570 000	830 000	180 000	72 680
興山	280 000	90 000	190 000	17 010

續表

縣市別	耕地面積（市畝）			農戶數
	共計	水田	旱地	
秭歸	330 000	120 000	210 000	35 200
長陽	350 000	110 000	240 000	32 200
五峯	240 023	60 010	180 018	16 740
第七區	2 680 300	848 090	1 832 210	197 986
鶴峯	180 000	65 000	115 000	9 720
宣恩	220 120	48 010	172 140	17 607
來鳳	280 180	125 080	165 100	15 750
咸豐	390 000	160 000	230 000	20 900
利川	450 000	110 000	340 000	24 960
恩施	480 000	175 000	305 000	41 596
建始	360 000	85 000	275 000	35 720
巴東	320 000	80 000	240 000	33 670
第八區	3 132 000	1 027 000	2 105 000	199 020
房縣	490 000	90 000	400 000	29 940
均縣	868 000	532 000	886 000	38 860
鄖縣	520 000	150 000	370 000	55 300
竹山	360 000	90 000	270 000	36 490
竹谿	340 000	95 000	245 000	24 750
鄖西	554 000	70 000	484 000	13 680
漢口市	110 020	40 010	70 010	44 960

165. 本省耕地面積與各省比較

單位：千市畝

三十一年

省別	全省總面積	耕地面積	耕地面積佔總面積百分數
湖北	279 560	57 571	20.55
江蘇	158 407	85 296	53.84
安徽	213 993	73 128	34.18
浙江	151 592	41 658	27.48
福建	181 575	21 094	11.62
廣東	835 766	40 989	12.21
廣西	329 814	27 493	8.34
雲南	597 874	26 215	4.57
貴州	264 720	23 173	8.75
湖南	323 186	50 206	15.54
江西	252 354	43 339	17.17
四川	605 451	155 448	19.23
新疆	2 462 331	14 913	0.61
甘肅	571 295	26 167	4.58
寧夏	453 677	1 846	0.41

續表

省別	全省總面積	耕地面積	耕地面積佔總面積百分數
陝西	292 614	45 627	15.59
山西	242 763	72 879	30.06
河南	254 673	98 499	38.67
山東	230 567	100 450	43.57
河北	210 789	109 132	51.77
遼寧	376 220	70 108	18.64
吉林	423 498	78 279	18.48
黑龍江	866 946	61 138	7.07
熱河	260 960	25 650	9.83
察哈爾	388 228	15 526	3.99
綏遠	456 087	17 005	3.77

說明：本表各省數字係引用《中華民國統計提要》材料。

166. 本省農戶與各省比較

三十一年

省別	農戶數	省別	農戶數
湖北	3 117 875	山東	5 918 000
江蘇	5 057 000	山西	1 874 000
浙江	3 165 000	河南	5 062 000
安徽	2 682 000	陝西	1 385 000
江西	3 292 000	甘肅	793 000
湖南	3 900 000	福建	1 626 000
四川	4 975 000	廣東	3 479 000
河北	4 224 000	廣西	2 330 000
雲南	1 384 000	熱河	437 000
貴州	1 193 000	察哈爾	309 000
遼寧	1 775 000	綏遠	250 000
吉林	491 000	寧夏	54 000
黑龍江	490 000	新疆	344 000

說明：本表數字除本省外，其餘均係引用《中華民國統計提要》材料。

167. 主要農產品常年產量

三十一年

單位：市擔

縣市別	稻	玉蜀黍	高粱	大豆	甘蔗	小麥	大麥	蠶豆	豌豆	芝蔴
總計	71 458 394	6 454 923	2 520 339	3 627 987	9 716 590	12 744 142	9 077 903	1 524 860	1 184 191	391 440
第一區	11 691 710	251 300	92 600	159 000	3 983 000	2 227 945	674 730	64 100	137 000	100 000
武昌	1 605 607	56 000	22 000	25 000	10 000	339 445	241 430	15 000	20 000	30 000
漢陽	2 650 000	50 000	20 000	20 000		160 000	90 000	10 000	10 000	30 000
嘉魚	900 000	20 000	25 000	36 000		40 900	61 000		60 000	15 000
咸寧	789 103	15 000		5 000	18 000	70 000	16 000	3 000	2 000	
蒲圻	855 000	10 300	8 000	12 000	25 000	30 000	14 300	4 000	7 000	20 000
崇陽	400 000	3 000	1 500	25 000	600 000	60 500	80 000	2 000	4 000	
通城	692 000			4 000	80 000	55 100	48 000	1 600	1 500	
通山	250 000	33 000	1 800	2 000	400 000	12 000	10 000	1 000	1 000	

續表

縣市別	稻	玉蜀黍	高粱	大豆	甘蔗	小麥	大麥	蠶豆	豌豆	芝麻
陽新	1 100 000	22 000	1 600	10 000	1 000 000	60 000	30 000	6 500	2 500	
大冶	1 050 000	22 000	2 700	10 000	1 500 000	250 000	60 000	19 000	24 000	
鄂城	1 400 000	20 000	10 000	10 000	400 000	1 100 000	24 000	2 000	4 000	5 000
第二區	10 282 660	202 800	259 600	317 000	87 000	1 347 390	1 499 000	124 000	214 500	75 200
黃岡	1 260 000	28 000	16 000	8 000		240 000	250 000	3 000	14 000	10 000
浠水	1 795 000	53 000	43 000	2 000		129 390	110 000		15 000	5 000
蘄春	1 540 000	1 000	1 800	3 600	12 000	119 000	42 000	2 000	14 000	5 000
廣濟	666 000	1 000	10 000	30 000	25 000	110 000	15 000	12 000	13 000	5 000
黃梅	990 600	50 000	8 000	55 000	50 000	155 000	60 000	3 000	13 000	16 000
英山	200 000	2 000	38 000	6 000		30 000	16 000			5 000
羅田	522 600		2 800	23 000		54 000	120 000	1 200	1 500	
麻城	945 000	50 000	50 000	100 000		180 000	380 000	50 000	80 000	12 200
黃安	820 000			10 000		152 000	75 000	3 000	4 000	
黃陂	980 000	14 500	80 000	50 000		113 000	200 000	50 000	60 000	4 000
禮山	564 000	3 000	10 000	80 000		65 000	97 000			8 000

續表

縣市別	稻	玉蜀黍	高粱	大豆	甘蔗	小麥	大麥	蠶豆	豌豆	芝蔴
孝感	2 327 000	700	100 000	28 000		208 200	400 000	15 000	45 000	14 000
第三區	20 064 800	289 380	805 000	1 407 000		3 748 280	3 709 000	751 000	486 000	216 000
雲夢	710 800		3 000	50 000		144 800	196 000	8 000	10 000	8 000
漢川	800 000	10 000	42 000	200 000		145 440	240 000	150 000	40 000	14 000
應城	1 056 000	57 000	80 000	25 000		180 000	248 000		36 000	25 000
安陸	1 221 000		10 000	4 000		898 040	900 000	2 000	10 000	10 000
應山	900 000	6 680	10 000	100 000		254 800	300 000	26 000	25 000	5 000
隨縣	6 000 000	30 000	20 000	100 000		427 000	425 000	250 000	120 000	20 000
鍾祥	2 550 000	130 000	50 000	200 000		270 000	200 000	150 000	100 000	34 000
京山	2 400 000	55 000	170 000	200 000		620 000	500 000	150 000	100 000	36 000
天門	2 100 000		320 000	500 000		600 000	300 000			50 000
第四區	18 681 500	326 138	491 000	845 000	436 500	1 709 460	1 669 700	288 000	44 000	148 000
沔陽	4 609 500	200 000	200 000	150 000		641 900	884 800			
潛江	450 000	5 038	20 000			233 860	300 000	70 000	30 000	20 000
監利	1 590 000	75 000	30 000			150 000	250 000			5 000

續表

縣市別	稻	玉蜀黍	高粱	大豆	甘蔗	小麥	大麥	蠶豆	豌豆	芝麻
石首	800 000					42 600	44 900	65 000	1 000	18 000
公安	1 400 000	20 000				10 000	20 000	45 000		10 000
松滋	1 000 000	4 500	80 000	343 500	343 500	100 000	20 000	4 000	4 000	20 000
枝江	85 000	9 000	20 000	100 000	38 000	90 500		100 000	5 000	15 000
江陵	4 887 000	600	101 000	47 500	1 000	260 600		2 000	2 000	20 000
第五區	3 597 344	629 450	548 920	526 521	849 000	180 000	150 000	2 000	2 000	30 000
荊門	3 500 000	12 000	40 000	149 500	54 000	2 010 000	732 364	154 656	149 683	212 800
宜城	500 000	2 500	50 000	30 100	200 000	189 000	45 000	20 000	10 000	40 000
襄陽	647 344	10 000	90 920	10 251	265 800	690 000	17 354	4 656	87 283	50 000
襄陽	1 500 000	100 000	200 000	350 000	120 000	760 000	320 000	40 000	10 000	70 000
光化	150 000	102 000	70 000	3 500	200 000	109 800	100 000	40 000	84 800	28 800
穀城	320 000	102 000	35 000	47 000	59 200	115 200		50 000	7 600	11 000
保康	80 000	195 000	3 000	11 670	4 000	100 000	50 000			3 000
南漳	400 000	117 000	100 000	74 000		96 000	200 000		24 400	10 000
第六區	3 642 700	1 459 857	152 853	169 470	575 640	526 010	607 729	22 932	3 000	99 000

續表

縣市別	稻	玉蜀黍	高粱	大豆	甘蔗	小麥	大麥	蠶豆	豌豆	芝蔴
遠安	84 700	60 000	11 000	5 600	4 900	16 000	211 700		1 929	20 000
當陽	1 474 000	12 500	50 000	30 000		220 000	30 000	5 000		70 000
宜都	852 000	44 533	1 853	30 000	61 583	79 600	82 500	5 460	2 000	
宜昌	800 000	37 000	20 000	19 100	168 000	46 900	49 200		10 000	2 000
興山	142 000	220 000	2 000	1 700	30 000	14 000	10 000	1 900	5 471	
秭歸	144 000	160 000	3 500	16 600	11 000	30 000	12 000		2 000	7 000
長陽	96 000	703 472	45 000	3 781	155 600	109 300	9 000	9 072	56 800	
五峯	40 000	221 552	20 000	12 589	144 557	10 310	3 329	1 500		
第七區	2 229 825	2 386 098	93 509	137 216	2 195 950	129 986	45 380	70 392	4 500	440
鶴峯	68 815	118 598		34 816	55 149	800	900		4 000	
宣恩	265 120	63 000	35 000	6 500	190 000	9 500	11 000	3 000	4 500	
來鳳	203 120	79 300	3 500	12 380	143 310	18 266	4 500	3 000	4 000	
咸豐	240 000	100 000		23 000	240 000	20 000	14 000	3 000	13 000	
利川	700 000	760 060		18 000	100 000	1 100	300			
恩施	303 030	759 200	9 008	17 520	780 000	63 720	18 680	51 892	23 300	

續表

縣市列	稻	玉蜀黍	高粱	大豆	甘蔗	小麥	大麥	蠶豆	豌豆	芝麻
建始	150 000	400 000	16 000	10 000	350 000	5 000	400	2 000	3 000	40
巴東	90 000	116 000	35 000	10 000	332 500	8 600	5 600	9 000	9 000	400
第八區	1 267 855	910 100	72 358	66 780	1 589 500	1 047 517	140 000	49 580	71 808	40 000
房縣	200 000	80 000	21 358	13 880		150 000	30 000	3 000	8 000	10 000
均縣	127 855	172 660	30 000	1 600	100 000	147 517	36 000	2 380	37 848	30 000
鄖縣	320 000	133 200	2 500	29 400	679 000	200 000	40 000	44 200	15 960	
竹山	200 000	135 000	10 000	4 000	259 000	120 000	12 000		1 000	
竹谿	200 000	189 000	5 000	14 000	307 500	120 000	12 000		4 000	
鄖西	320 000	200 240	3 500	4 400	244 000	220 000	10 000		10 000	

說明：1. 本表所依據之主要材料為本府兩次戰時調查報告及民國三十年後各方面所呈報本府之年鑑資料，至其中高粱、蠶豆、豌豆、芝麻之產量因無最近數字可供參考，則以本府二十六年刊行之第一回年鑑所列數字補充之。
2. 光化、棗陽、安陸，產品量一部份係根據平漢鐵路老河口支線經濟調查報告所列數字編列。
3. 恩施縣農產量係根據該縣二十七年刊行之恩施縣概況統計內所列數字編列。

168. 各縣常年棉田面積及皮棉產量

三十一年

縣別	耕地面積（市畝）	產量（市擔）	縣別	耕地面積（市畝）	產量（市擔）
總計	9 191 100	2 450 030	蘄春	13 800	3 100
武昌	19 000	4 700	廣濟	48 000	13 100
漢陽	312 000	89 300	黃梅	238 200	53 400
嘉魚	80 000	12 000	英山	8 200	1 600
陽新	2 900	700	羅田	12 600	2 600
大冶	63 500	16 300	麻城	222 000	47 600
鄂城	97 300	24 900	黃安	9 900	2 200
黃岡	591 200	136 000	黃陂	13 400	3 500
浠水	90 800	22 500	孝感	315 000	88 200

续表

县别	耕地面积（市亩）	产量（市担）	县别	耕地面积（市亩）	产量（市担）
云梦	187 000	74 600	潜江	83 000	23 900
汉川	299 000	115 100	监利	444 000	139 900
应城	63 000	20 300	石首	490 000	113 209
安陆	18 000	2 900	公安	700 000	168 000
应山	70 000	12 600	松滋	605 000	99 800
房县	354 000	108 800	枝江	200 000	54 000
钟祥	135 000	44 600	江陵	765 000	206 600
京山	70 000	29 000	荆门	104 100	36 500
天门	189 000	74 500	宜城	186 000	29 600
沔阳	290 000	88 300	襄阳	840 000	240 700
襄阳	297 500	78 700	来凤	6 200	500
光化	133 200	36 800	咸丰	1 100	600

續表

縣別	耕地面積（市畝）	產量（市擔）	縣別	耕地面積（市畝）	產量（市擔）
谷城	54 800	23 600	恩施	1 200	900
南漳	74 800	12 200	建始	100	30
遠安	4 000	600	房縣	68 000	13 600
當陽	89 300	28 400	均縣	82 900	6 600
宜都	48 000	14 800	鄖縣	25 300	4 600
宜昌	27 300	12 600	竹山	22 000	2 900
宣恩	1 800	8 200	竹谿	14 000	2 800
鄖西	10 300	2 100			

附注：1. 本表所列數字均係常年產量。

2. 宣恩、來鳳、咸豐、恩施、建始等縣數字係由農業改進所供給。

3. 其他各縣數字係根據本府戰時調查、第一回年鑑及三十一年各縣呈報之數字編列。

169. 本省歷年棉田面積及皮棉產量

年別	面積（市畝）	產量（市擔）	年別	面積（市畝）	產量（市擔）
八	1 362 716	1 415 811	二十	2 106 088	1 216 403
九	5 780 663	1 853 400	二一	7 031 771	1 917 093
十	2 626 870	721 571	二二	7 545 284	2 554 317
十一	7 019 094	2 381 014	二三	7 248 686	2 241 348
十二	5 391 648	1 491 774	二四	4 212 009	1 075 857
十三	1 032 019	1 312 969	二五	8 189 825	3 135 911
十四	5 464 694	1 181 673	二六	6 707 000	1 946 000
十五	4 666 242	1 304 438	二七	4 249 000	1 203 000
十六	5 801 224	1 584 480	二八	4 080 000	1 609 000
十七	10 239 773	4 267 345	二九	4 683 000	1 855 000
十八	11 140 773	2 429 640	三十	4 792 000	1 262 000
十九	10 571 364	3 602 973	三一	9 191 100	2 450 030

材料來源：民國八年至〔二十〕五年係根據二十六年本省第一回年鑑所載之數字，二十六年至卅年係農林部中央實驗所供給，卅一年係根據各縣所造報之數字編列。

170. 本省皮棉產量與各省比較

三十一年

省別	面積（市畝）	產量（市擔）	省別	面積（市畝）	產量（市擔）
湖北	9 191 100	2 450 030	貴州	465 000	115 000
寧夏	8 000	2 000	湖南	1 685 000	507 000
甘肅	202 000	57 000	江西	1 673 000	388 000
陝西	3 590 000	945 000	浙江	1 320 000	378 000
河南	2 435 000	557 000	福建	66 000	16 000
四川	4 052 000	952 000	廣東	47 000	8 000
雲南	232 000	62 000	廣西	648 000	142 000

附注：各省產量及面積除本省外，均係根據中央農業實驗所民國三十年所估計之數字。

171. 各縣蔴類面積及年產量

三十一年

縣別	種植面積（市畝）	產量（市擔）	縣別	種植面積（市畝）	產量（市擔）
總計	359 102	359 102	陽新	90 000	90 000
武昌	20 000	20 000	大冶	60 000	60 000
漢陽	1 000	1 000	鄂城	10 000	10 000
嘉魚	800	8 000	黃岡	4 000	4 000
咸寧	25 000	25 000	蘄春	30 000	30 000
蒲圻	20 000	20 000	廣濟	40 000	40 000
崇陽	10 000	10 000	羅田	400	400
通城	5 000	5 000	麻城	302	302
通山	5 000	5 000	黃安	1 000	1 000
黃陂	1 000	1 000	保康	1 000	1 000

續表

縣別	種植面積（市畝）	產量（市擔）	縣別	種植面積（市畝）	產量（市擔）
孝感	2 000	2 000	當陽	1 000	1 000
應山	1 000	1 000	五峯	200	200
隨縣	1 000	1 000	鶴峯	500	500
鍾祥	500	500	宣恩	2 000	2 000
京山	5 000	5 000	來鳳	800	800
公安	400	400	咸豐	1 000	1 000
江陵	2 000	200	利川	800	800
光化	1 500	1 500	恩施	3 000	3 000
穀城	1 000	1 000	建始	2 000	2 000
巴東	700	700			
均縣	600	600			
鄖縣	400	400			

附註：1. 本表所列數字均係常年產量。
2. 本表乃根據本府戰時調查、第一回年鑑及三十一年各縣呈報呈數字編列。

172. 三十二年度各縣墾殖荒地概況

單位：市畝

縣別	共計	可墾荒地畝數	已墾荒地畝數	可墾未墾荒地畝數
總計	1 062 642	840 484	56 902	165 256
松滋	86 770	84 000	770	2 000
安陸	6 000	3 000	2 000	1 000
陽新	10 542	5 271	1 000	4 271
遠安	17 000	8 500	4 000	4 500
麻城	1 800	1 000	200	600
黃安	34 400	17 200	6 648	10 552
枝江	258	124	134	
石首	210 060	105 000	5 320	99 680

續表

縣別	共計	可墾荒地畝數	已墾荒地畝數	可墾未墾荒地畝數
鍾祥	68 000	34 000	10 000	24 000
襄陽	8 788	4 394	1 100	3 294
崇陽	3 600	1 800	410	1 390
通山	15 820	7 910	1 200	6 710
秭歸	23 200	11 800	7 600	4 000
咸寧	35 915	17 959	15 000	2 959
禮山	2000	1000	700	
應山	220	220		
通城	260	260		
大冶	703	703		
當陽	120	120		
均縣	500	47 589	500	

续表

縣別	共計	可墾荒地畝數	已墾荒地畝數	可墾未墾荒地畝數
保康	47 589	1 693		
來鳳	1 693	1 700		
建始	1 700	175 411		
光化	175 411	10 000		
恩施	10 000	20 000		
房縣	20 000	63 817		
竹山	63 817	215 995		
竹谿	215 995			
宣恩	520		320	
宜都	218	218		

資料來源：根據建設廳調查表編列。

說明：1. 各縣所報已耕荒地畝數未列入公共造產畝數。
　　　2. 本表凡未填入數字者均係未報。

173. 各縣常年茶園面積及茶產量

三十一年

縣別	種植面積（市畝）	產量（市擔）	縣別	種植面積（市畝）	產量（市擔）
總計	215 570	237 021	黃梅	8 800	9 450
咸寧	8 500	28 000	公安	8 400	8 400
蒲圻	12 000	45 000	遠安	1 920	900
崇陽	1 000	3 000	當陽	9 400	16 000
通城	3 200	5 800	宜都	250	179
通山	30 000	9 700	宜昌	18 720	22 000
陽新	1 500	4 000	秭歸	300	250
浠水	9 800	15 200	長陽	17 780	19 022
廣濟	4 500	6 800	五峯	14 290	9 000

續表

縣別	種植面積（市畝）	產量（市擔）	縣別	種植面積（市畝）	產量（市擔）
鶴峯	28 000	22 900	建始	4 320	1 800
宣恩	3 600	1 050	巴東	6 080	1 600
來鳳	2 400	740			
咸豐	1 900	700			
利川	7 860	1 580			
恩施	10 720	3 600			
竹山	200	250			
竹谿	60	100			

附注：1. 本表所列數字均係常年產量。
2. 鶴峯、宣恩、來鳳、咸豐、利川、恩施、建始、巴東等縣數字係由農業改進所供給。
3. 其他各縣數字係根據本府戰時調查、第一回年鑑及三十一年各縣呈報之數字編列。

174. 各縣植桐面積及桐油產量

三十一年

縣別	種植面積（市畝）	產量（市擔）	縣別	種植面積（市畝）	產量（市擔）
總計	213 060	290 796	荊門	1 000	2 000
鄂城	1 000	2 480	襄陽	9 000	21 350
廣濟	880	2 380	光化	23 000	48 000
英山	2 310	5 970	谷城	220	500
羅田	370	960	保康	2 500	5 000
麻城	1 380	3 582	南漳	600	1 800
京山	3 610	11 000	當陽	3 470	9 000
公安	480	1 194	宜都	9 000	18 000
枝江	250	500	宜昌	12 000	3 000

續表

縣別	種植面積（市畝）	產量（市擔）	縣別	種植面積（市畝）	產量（市擔）
興山	710	2 000	建始	5 500	2 000
秭歸	5 330	16 000	巴東	1 200	7 000
長陽	1 390	3 600	房縣	9 200	23 800
五峯	1 240	3 500	均縣	14 050	25 000
鶴峯	6 250	2 000	鄖縣	16 130	25 000
宣恩	7 650	2 600	竹山	7 200	18 000
來鳳	9 090	3 000	竹谿	3 160	8 000
咸豐	8 060	2 580	鄖西	770	2 200
利川	10 000	3 300			
恩施	15 000	4 500			

附注：1. 本表所列數字均係常年產量。
2. 本表乃根據本府戰時調查、第一回年鑑及三十一年各縣呈報之數字編列。

175. 本省植桐面積及桐油產量與各省比較

三十一年

省別	植桐面積（市畝）	產量（市擔）	省別	植桐面積（市畝）	產量（市擔）
湖北	213 060	290 796	湖南	653 000	805 000
陝西	84 000	88 000	江西	421 000	345 000
河南	6 000	5 000	浙江	444 000	511 000
四川	1 146 000	1 144 000	福建	153 000	106 000
雲南	108 000	96 000	廣東	198 000	240 000
貴州	306 000	324 000	廣西	567 000	624 000

附注：除本省外，其他各省植桐面積及產量均係根據林部中央農業實驗所《各省桐油生產概況》調查估計之數字。

176. 各縣產漆數量

三十一年

縣別	產量（市擔）	縣別	產量（市擔）
總計	22 640	利川	3 200
保康	300	恩施	4 780
南漳	20	建始	1 400
秭歸	240	巴東	1 500
長陽	130	房縣	590
五峯	280	均縣	600
鶴峯	1 200	鄖縣	610
宣恩	1 000	竹谿	3 000
來鳳	1 200	鄖西	1 190
咸豐	1 400		

附注：1. 本表所列數字均係常年產量。

2. 本表乃根據本府戰時調查、第一回年鑑及卅一年各縣呈報之數字編列。

177. 省屬各場圃歷年育苗概況

三十一年

場圃名稱	成立時期	育苗時期	育苗數量（株）	育苗種類
湖北省農業改進所	二八年九月	二九年	190 000	核桃板栗厚朴等
宣恩合設苗圃	二八年	二九年	40 417	油桐枇杷烏桕等
鶴峯合設苗圃	二八年	二九年	60 000	銀杏核桃杜仲等
來鳳合設苗圃	二八年	二九年	323 961	油桐核桃板栗等
利川構林場	二九年八月	三十年	80 000	構林
咸豐桐油示範場	二九年十二月	三十年	30 000	油桐
均鄖谷林場	二四年	二五年	758 555	
襄陽林場		三十年	740 461	

資料來源：根據農業改進所報表編列。

178. 省屬林場歷年育苗造林推廣概況

三十一年

名稱	年度	育苗株數	造林株數	推廣株數
總計		4 589 067	3 411 478	580 972
鄂北林場	25	15 000	15 200	
	26	33 800	—	
	27	55 600	12 000	
	28	302 600	43 800	
	29	32 270	—	
	30	139 000	—	
	31	232 200	132 000	100 000
鄂北分場	14		450 000	
	16		1 843 000	
	23		25 000	
	24		18 000	
	26	264 790		
	27	789 335		
	28			
	29		3 000	
	30	381 000		
	31	741 461	188 000	306 961

续表

名称	年度	育苗株数	造林株数	推广株数
鄂西林场	30	30 000	27 000	
	31	30 000	16 800	27 000
鄂西分场	30	80 000		
	31	31 425	5 640	3 000
恩施自食①苗圃	30	401 100	10 001	
	31	188 960	1 800	
宣恩合设苗圃	30	193 760	26 526	88 120
	31	40 417		
来凤合设苗圃	30	2 999	66 400	41 471
	31	323 961		
鹤峯合设苗圃	30	2 320	17 760	14 230
	31	60 284		
咸丰合设苗圃	30	54 473	5 462	
	30	90 600	27 000	
建始合设苗圃	31	132 312	532 089	

资料来源：根据农业改进所报表编列。

---

① "自食"疑为"自设"之误。

179. 省辦荒山造林概況

三十一年

造林機關	林區名稱	林區地址	樹種	造林年度	株數
	總計				2 453 527
農改所	共計				36 527
	大艾堡林區	恩施龍洞	油桐	29	4 993
	茶樹灣林區	恩施龍洞	烏桕	29	1 213
	段家灣林區	恩施北門外	油桐	30	10 504
	五峯山林區	恩施東門外	油桐	30	8 400
	烏羊蹓林區	恩施東門外	油桐漆梓	30	8 526
	共計		油桐板栗	29	2 951
					77 000

續表

造林機關	林區名稱	林區地址	樹種	造林年度	株數
	蔡家店林區	谷城石花街	側柏	25	9 000
	李家山林區	谷城石花街	杉榆油桐	25	2 700
	楮材山林區	谷城石花街	漆板栗	25	2 500
	楮材山林區	谷城石花街	油桐	25	500
	李家山林區	谷城石花街	板栗漆	25	4 000
	劉家山林區	谷城石花街	麻林	27	7 000
均鄖谷林場	峇溝山林區	均縣草店	烏桕	25	1 000
	李家山林區	谷城石花街	油桐杜仲	28	22 300
	蔡家山林區	谷城石花街	側柏	28	3 000
	黃家山林區	均縣草店		27	6 000
	姜家山林區	均縣草店	側柏黃連木	28	18 500
		共計			2 340 000

续表

造林機關	林區名稱	林區地址	樹種	造林年度	株數
	座山北側	隆中	櫟樹松樹	14	459 000
	座山南側	隆中	櫟樹	16	410 000
	面山林區	隆中	櫟樹	16	913 000
	面山林區	隆中	檞柏	16	520 000
	進口林區	隆中	側柏	28	23 000
襄陽林場	虎頭山林區	附城	馬尾松	23	3 000
	羊祜山林區	附城	馬尾松側柏	29	3 000
	仙人洞林區	附城	側柏	24	4 000
	張公祠林區	附城	側柏等	24	14 000

資料來源：根據農業改進所報表編列。

180. 近三年各縣造林比較

單位：株

區域別	三十年	三十一年	三十二年
總計	2 084 129	5 211 036	6 085 536
陽新	2 000	3 880	58 920
松滋	4 964	1 800 009	—
五區專署	950	1 000	—
光化	69 809	178 900	87 494
隨縣	2 562	—	40 489
公安	1 000	50 000	—
鄂西	632 704	—	8 328 083
當陽	40 000	5 000	16 828
枝江	3 000	—	8 120
房縣	15 021	146 909	754 320
建始	162 900	200 000	11 600
巴東	3 600	—	6 000
襄陽	45 400	120 116	162 685
禮山	266	627	3 965
英山	99	—	—
利川	629 120	60 000	—
均縣	83 837	161 096	307 481

續表

區域別	三十年	三十一年	三十二年
浠水	44 490	—	163 000
黃安	98 484	107 011	—
羅田	164	—	—
鄂東行署	12 750	—	11 058
宜城	6 610	24 550	22 680
南漳	43 600	—	20 000
棗陽	59 230	—	57 953
宣恩	102 888	4 000	—
竹谿	—	178 800	302 710
天門	—	13 000	—
谷城	—	131 500	19 317
安陸	—	500	80 900
長陽	—	107 498	27 532
石首	—	40 500	—
荊門	—	1 000	—
興山	—	4 980	24 570
鶴峯	—	10 604	—
雲夢	—	10 000	—
來鳳	—	21 063	75 320
宜都	—	20 000	36 206
應山	—	10 000	10 660

續表

區域別	三十年	三十一年	三十二年
通山	—	1 320	5 325
咸豐	—	26 000	—
京山	—	4 528	—
大冶	—	142 725	—
麻城	—	1 796 634	—
蘄春	—	356 500	68 200
崇陽	—	20 200	27 089
鄖縣	—	—	53 716
宜昌	—	—	49 681
竹山	—	—	16 663
鍾祥	—	—	1 055
廣濟	—	—	72 560
遠安	—	—	53 400
五峯	—	—	45 872
秭歸	—	—	162 625
保康	—	—	1 414
嘉魚	—	—	200

181. 恩施歷年天氣狀況

月別	晴天日數								陰天日數								雨天日數							
	廿五年	廿六年	廿七年	廿八年	廿九年	三十年	卅一年		廿五年	廿六年	廿七年	廿八年	廿九年	三十年	卅一年		廿五年	廿六年	廿七年	廿八年	廿九年	三十年	卅一年
總計	84	24	33	48	42	74	119		141	165	158	165	165	170	103		112	176	176	135	159	121	77
一月	7	1	1	2	6	0	4		2	20	18	18	18	19	18		3	10	12	11	7	12	4
二月	2	1	4	0	2	4	5		18	20	14	11	13	14	15		9	7	10	17	14	10	0
三月	5	4	2	1	4	7	6		14	11	11	19	10	13	6		12	16	18	11	17	11	12
四月	3	0	3	2	5	5	13		11	15	10	14	16	13	6		16	15	17	14	9	12	7
五月	4	4	3	8	8	6	12		10	13	17	14	8	15	4		17	14	11	9	15	10	12
六月	12	2	1	0	4	8	5		13	14	8	7	14	12	9		5	14	21	7	12	10	12
七月	4	2	2	2	1	7	15		14	14	11	10	17	15	2		13	15	18	18	13	9	6

續表

月別	晴天日數							陰天日數							雨天日數						
	廿五年	廿六年	廿七年	廿八年	廿九年	三十年	卅一年	廿五年	廿六年	廿七年	廿八年	廿九年	三十年	卅一年	廿五年	廿六年	廿七年	廿八年	廿九年	三十年	卅一年
八月	4	2	8	10	1	2	15	18	11	12	8	10	9	3	9	18	11	13	20	20	8
九月	19	4	1	7	5	5	17	9	9	11	14	10	14	6	2	17	18	9	15	11	6
十月	15	4	5	12	4	8	8	13	7	12	9	13	21	3	3	20	14	10	14	2	1
十一月	7	0	2	2	1	11	9	5	12	15	15	17	14	17	8	18	13	13	12	5	4
十二月	2	0	1	2	1	11	10	14	19	17	26	19	11	14	15	12	13	3	11	9	5

資料來源：氣象方面資料，由江漢工程局清江水文站供給。

說明：由江漢工程局清江水文站供給，以有關國防，故三十二年度之統計，概不編列（下表均同）。

182. 恩施歷年降雨日數

單位：日

月別	22年	23年	24年	25年	26年	27年	28年	29年	30年	31年
總計	99	95	176	112	176	176	135	159	121	85
一月		3	6	3	10	12	11	7	12	4
二月		6		9	7	10	17	14	10	2
三月	8	8	15	12	16	18	11	17	11	13
四月	5	9	14	16	15	17	14	9	12	10
五月	13	9	18	17	14	11	9	15	10	13
六月	13	13	16	5	14	21	7	12	10	12
七月	10	9	13	13	15	13	18	13	9	7
八月	8	10	12	9	18	11	13	20	20	8
九月	5	9	17	2	17	18	9	15	11	6
十月	14	8	21	3	20	14	10	14	2	1
十一月	12	6	23	8	18	13	13	12	5	5
十二月	11	5	21	15	12	13	3	11	9	4

資料來源：由清江水文站供給。

183. 恩施歷年雨量

單位：公厘

月別	22年	23年	24年	25年	26年	27年	28年	29年	30年	31年
總計	1 490.40	1 880.00	1 505.35	1 100.11	1 500.67	1 672.20	945.80	1 591.20	1 185.09	1 167.68
平均年雨量	149.04	115.00	125.45	91.68	125.06	139.40	78.80	125.10	98.80	97.30
一月		10.00	29.11	15.41	26.35	49.40	25.30	28.40	27.20	9.36
二月		44.00	29.19	33.63	22.10	22.80	118.20	111.30	28.80	3.36
三月	68.00	120.00	67.52	67.55	63.37	75.20	47.40	58.70	103.90	123.55
四月	23.40	143.00	53.02	118.21	131.42	134.40	120.10	70.80	78.30	167.62
五月	□1.00	126.00	176.26	139.52	138.39	126.20	136.70	193.10	140.90	130.96
六月	173.00	186.00	178.54	45.48	198.88	397.90	48.00	194.50	106.30	262.88

續表

月別	22 年	23 年	24 年	25 年	26 年	27 年	28 年	29 年	30 年	31 年
七月	178.00	177.00	367.36	291.30	167.71	261.30	126.90	228.90	102.40	103.52
八月	93.00	103.00	145.54	160.75	128.11	164.70	89.30	134.90	209.40	179.03
九月	101.00	214.00	201.25	120.99	333.70	258.80	67.70	166.30	186.50	81.70
十月	317.00	128.00	119.79	34.80	204.81	106.00	75.50	192.00	93.10	3.80
十一月	161.00	63.60	102.58	30.36	56.51	29.70	83.90	88.40	38.10	44.30
十二月	85.00	66.00	16.17	50.20	31.41	45.80	6.80	33.90	71.10	57.60

資料來源：由清江水文站供給。

184. 恩施歷年氣溫

月別	最高最低與平均	二十六年	二十七年	二十八年	二十九年	三十年	三十一年
總計	最高	37.9	37.5	37.1	39.0	40.3	22.21
	最低	4.7	4.4	2.8	2.0	2.0	11.59
	平均	16.6	16.7	15.90	16.3	17.7	17.88
一月	最高	14.9	12.2	16.7	17.1	15.6	11.1
	最低	4.7	4.4	2.8	2.0	0.6	2.2
	平均	4.4	4.4	6.0	5.6	6.2	6.9
二月	最高	16.2	23.9	16.9	21.3	21.8	10.5
	最低	0.1	0.8	0.4	1.3	1.3	1.0
	平均	7.3	6.8	6.9	6.5	7.6	6.9
三月	最高	27.3	22.5	28.6	24.8	27.1	17.1
	最低	1.3	1.7	3.7	0.2	1.8	8.1
	平均	11.7	10.2	10.9	9.9	12.1	13.9
四月	最高	29.6	31.8	30.8	32.7	32.6	22.7
	最低	6.4	9.3	3.5	3.4	5.5	10.9
	平均	15.8	17.7	14.8	16.0	16.9	18.5
五月	最高	35.2	36.2	35.2	35.2	36.7	26.3
	最低	12.7	14.3	12.4	11.2	11.5	25.5
	平均	21.6	23.3	22.0	20.4	21.1	12.5

續表

月別	最高最低與平均	二十六年	二十七年	二十八年	二十九年	三十年	三十一年
六月	最高	34.8	34.8	36.1	35.3	38.6	28.4
	最低	16.2	16.2	15.1	14.9	17.9	17.7
	平均	24.9	23.2	23.1	23.9	26.5	24.7
七月	最高	37.9	36.1	35.6	39.0	40.3	35.8
	最低	19.8	20.4	20.6	18.8	18.6	22.4
	平均	28.4	26.2	20.7	27.1	28.2	30.5
八月	最高	37.8	37.5	37.1	36.5	37.7	33.8
	最低	19.2	20.7	17.7	19.6	15.8	20.9
	平均	27.9	26.9	26.8	26.2	27.8	28.8
九月	最高	36.8	33.8	36.2	32.4	32.2	29.5
	最低	14.6	14.8	13.3	16.1	12.5	16.9
	平均	22.5	21.6	22.7	21.6	23.6	24.2
十月	最高	27.3	34.2	33.4	30.4	32.2	21.4
	最低	8.2	9.6	9.7	7.2	5.0	10.2
	平均	16.9	19.2	18.8	18.2	19.4	15.9
十一月	最高	24.9	23.8	23.7	24.8	26.0	17.5
	最低	0.9	4.2	3.5	1.0	2.5	9.6
	平均	10.7	12.7	11.1	11.4	13.56	13.6
十二月	最高	15.2	16.9	18.1	18.1	17.5	12.6
	最低	1.8	1.8	0.9	1.3	2.0	3.7
	平均	7.2	7.9	7.5	8.7	9.35	8.2

資料來源：由清江水文站供給。

185. 恩施清江水位

年	月	最高水位	最高日	最低水位	最低日	平均水位
28	7	416.59	30	413.07	26	413.71
	8	415.25	14	412.85	30	413.12
	9	412.87	24	411.91	30	412.39
	10	413.11	27	410.55	3	412.13
	11	413.12	15	412.59	5	412.92
	12	412.66	1	411.96	31	412.27
29	1	411.58	23	411.08	14	411.29
	2	414.40	28	411.45	10	411.74
	3	413.01	1	412.27	8	412.48
	4	412.93	2	412.30	30	412.50
	5	414.01	9	412.26	2	412.77
	6	416.63	22	412.23	13	413.81
	7	416.22	26	412.31	24	412.85
	8	413.82	16	412.32	23	412.94
	9	415.46	25	412.26	3	412.94
	10	415.48	15	412.19	14	413.15
	11	413.32	6	412.37	21	412.67
	12	412.43	1	412.01	24	412.22

續表

年	月	最高水位	最高日	最低水位	最低日	平均水位
30	1	412.40	5	412.00	31	412.16
	2	412.00	28	411.81	15	411.92
	3	413.57	11	412.11	2	412.63
	4	412.97	25	411.72	13	412.44
	5	413.58	12	411.76	1	412.44
	6	413.19	23	411.79	20	412.01
	7	412.65	24	411.67	14	411.96
	8	415.60	28	412.10	1	412.84
	9	421.04	10	412.50	30	413.58
	10	415.15	11	412.15	10	412.61
	1	412.51	11	412.19	8	412.28
	12	418.23	27	412.14	17	412.34
31	1	412.54	11	412.10	31	412.24
	2	412.11	11	412.00	28	412.06
	3	414.28	28	412.00	1	412.49
	4	415.50	25	412.36	4	418.02
	5	414.30	31	412.06	17	412.39
	6	420.48	18	412.32	16	413.32
	7	415.82	5	412.80	31	412.52
	8	414.05	14	412.01	7	412.47
	9	414.25	28	411.89	24	412.17
	10	414.45	9	412.14	31	412.64
	11	413.47	14	412.08	3	412.46
	12	413.11	3	412.12	31	412.38

資料來源：由清江水文站供給。

186. 恩施清江流量

年	月	日	施測方法	水位 公尺	斷面平均流速 秒公尺	斷面平均面積 方公尺	流量 秒立方公尺
29	12	5	浮子	413.47	0.183	88.95	16.25
		10	浮子	413.42	0.194	84.07	16.32
		15	浮子	413.38	0.195	85.41	16.61
		20	浮子	413.34	0.187	77.85	14.55
		25	浮子	413.50	0.212	88.05	18.62
		30	浮子	413.46	0.224	87.20	19.58
30	1	5	浮子	413.54	0.211	91.84	19.36
		10	浮子	413.45	0.225	87.74	19.80
		17	浮子	413.39	0.209	85.50	17.83
		21	浮子	413.39	0.204	84.43	17.26
		27	浮子	413.34	0.204	85.56	16.84
		31	浮子	413.32	0.194	81.47	15.84
	2	5	流速儀	413.29	0.398	78.06	31.09
		10	流速儀	413.28	0.434	78.56	34.18
		14	流速儀	413.30	0.447	77.44	34.13
		19	流速儀	418.29	0.443	77.78	34.43
		23	流速儀	413.30	0.452	77.81	35.15
		26	流速儀	413.32	0.403	80.91	32.27

續表

年	月	日	施測方法	水位公尺	斷面平均流速秒公尺	斷面平均面積方公尺	流量秒立方公尺
30	3	3	流速儀	413.54	0.384	92.54	35.41
		6	流速儀	413.42	0.407	86.77	35.36
		11	流速儀	413.28	0.607	130.10	87.89
		19	流速儀	413.74	0.477	170.85	51.32
		21	流速儀	413.38	0.446	88.16	39.52
		27	流速儀	413.53	0.428	93.49	39.96
	5	3	流速儀	413.74	0.118	106.20	12.53
		15	流速儀	413.87	0.131	120.40	15.76
		24	流速儀	413.38	0.174	98.99	17.23
		28	流速儀	413.39	0.107	90.43	9.67
	6	5	流速儀	413.31	0.091	85.34	7.77
		10	流速儀	413.28	0.086	84.10	7.24
		16	流速儀	413.25	0.074	82.08	6.10
		23	流速儀	413.28	0.083	83.47	6.89
		27	流速儀	413.57	0.187	101.00	18.87
		30	流速儀	413.39	0.104	91.02	9.42
	8	5	浮子	418.79	1.786	110.41	197.16
		21	浮子	418.48	1.698	88.64	150.48
		25	浮子	417.65	0.841	41.91	35.22
		28	浮子	420.44	2.142	272.32	583.08

續表

年	月	日	施測方法	水位 公尺	斷面平均流速 秒公尺	斷面平均面積 方公尺	流量 秒立方公尺
30	9	3	浮子	421.77	2.444	408.403	998.17
		5	浮子	419.43	2.146	150.17	322.32
		10	浮子	424.62	2.549	755.07	1 924.77
		15	浮子	418.26	1.413	74.29	104.96
		25	浮子	417.84	1.095	45.23	50.15
	10	6	浮子	417.39	0.627	29.49	18.49
		15	浮子	417.85	0.016	47.26	48.02
		25	浮子	417.70	0.855	38.51	32.92
	11	6	浮子	417.47	0.864	33.92	29.14
		15	浮子	417.51	0.778	34.41	26.77
		25	浮子	417.50	0.721	37.19	26.71
	12	5	浮子	417.45	0.624	35.17	21.94
		15	浮子	417.34	0.643	31.46	20.41
		25	浮子	417.79	0.977	47.80	46.70
31	1	5	浮子	417.59	0.778	37.34	29.12
		15	浮子	417.40	0.702	27.76	20.52
		25	浮子	417.31	0.542	23.68	13.19
	2	5	浮子	417.29	0.573	21.65	12.09
		15	浮子	417.24	0.541	19.56	10.54
		24	流速儀	417.21	0.326	23.64	7.73
		27	流速儀	417.20	0.328	22.12	7.27

續表

年	月	日	施測方法	水位 公尺	斷面平均流速 秒公尺	斷面平均面積 方公尺	流量 秒立方公尺
31	3	5	浮子	417.19	0.562	16.79	9.45
		14	浮子	418.23	1.424	72.37	103.05
		23	浮子	419.29	1.917	131.92	252.92
	4	5	浮子	417.75	0.807	42.57	34.31
		15	浮子	420.47	2.068	263.53	543.88
		25	浮子	420.94	2.207	320.16	707.14
	5	5	浮子	417.63	0.906	32.51	29.47
		15	浮子	417.36	0.763	25.71	19.62
		26	浮子	417.66	0.909	35.98	32.71
		30	浮子	419.09	2.071	127.16	253.45
	6	5	浮子	418.45	1.634	81.54	133.19
		15	浮子	417.66	0.918	37.23	34.23
		17	浮子	419.56	2.038	176.64	360.04
		18	浮子	424.39	2.780	760.33	2 113.07
		25	浮子	418.23	1.377	65.20	89.79
	7	5	浮子	421.22	2.300	336.04	802.97
		15	浮子	417.58	0.875	35.33	30.92
		25	浮子	417.35	0.611	24.97	15.25
	8	5	浮子	417.23	0.519	21.37	11.10
		15	浮子	418.67	2.017	98.91	199.47
		25	浮子	417.39	0.715	26.93	20.25

續表

年	月	日	施測方法	水位 公尺	斷面平均流速 秒公尺	斷面平均面積 方公尺	流量 秒立方公尺
31	9	5	浮子	417.29	0.621	23.90	14.84
		15	浮子	417.21	0.492	21.64	10.66
		29	浮子	419.23	1.910	147.12	280.98
	10	6	浮子	418.17	1.227	58.41	71.69
		16	浮子	417.99	0.702	49.04	34.41
		25	浮子	317.69	0.796	37.61	29.90
	11	5	浮子	417.64	1.712	36.07	61.88
		15	浮子	418.49	1.607	86.30	138.70
		25	浮子	417.57	0.916	33.08	30.31
	12	5	浮子	418.13	1.361	65.17	88.79
		15	浮子	417.50	0.740	30.31	22.41
		25	浮子	417.55	0.817	32.14	20.26

資料來源：由清江水文站供給。

187. 恩施歷年蒸發量

單位：公厘

月別	24年	25年	26年	27年	28年	29年	30年	31年
總計	612.00	720.61	640.43	714.90	560.60	586.30	748.60	627.71
平均	61.20	60.55	53.37	59.60	13.40	48.90	62.40	52.31
1		8.13	19.39	11.60	19.50	13.70	15.50	14.30
2		15.96	13.23	21.80	13.60	14.00	17.60	14.42
3	62.34	24.50	35.26	28.40	33.10	26.30	40.20	34.78
4	33.52	62.30	43.73	66.80	50.30	68.80	57.90	63.99
5	53.12	74.06	90.66	103.50	104.20	77.50	78.80	69.97
6	66.55	125.68	88.55	52.80	40.60	75.90	128.80	70.32

續表

月別	24 年	25 年	26 年	27 年	28 年	29 年	30 年	31 年
7	101.50	123.40	114.79	134.70	81.60	74.10	139.50	120.20
8	148.39	101.81	194.22	135.30	96.70	80.89	91.90	121.53
9	65.15	97.15	63.33	59.50	53.80	50.90	50.40	65.20
10	51.96	60.45	36.80	55.10	33.60	55.70	71.40	20.40
11	19.87	24.36	27.05	25.60	18.70	30.70	35.60	19.50
12	9.04	8.81	13.42	19.80	14.90	17.90	20.00	13.10

說明：本表所列蒸發量係指水面蒸發所言。

188. 本省各河流通航概況

三十二年

單位：公里

河流名稱	全長	省內通航里程			
		計	大輪	小輪	民船
長江	5 890.00	1 174.00	950.00	224.00	
香溪		52.40			52.40
清江	420.00	159.70			159.70
漢洋河		69.00			69.00
松滋河		85.60		34.40	51.20
洈水河		63.40			63.40
長江小支源		129.00		59.00	70.00
虎渡河		64.00		64.00	
沮水	233.00	220.66			220.66
藕池河		22.00		22.00	
朱家河		116.00		116.00	
小河		101.00		101.00	
金水		121.50		90.00	
汀泗河		61.00		61.00	
沌水		119.00		119.00	
漢水	1 500.00	894.30		554.60	339.70
甲河	110.00	80.50			80.50

續表

河流名稱	全長	省內通航里程			
		計	大輪	小輪	民船
天水	110.00	51.70			51.70
堵河	298.00	182.60			182.60
丹江	524.00	17.00			17.00
南（粉青）河	132.00	59.80			59.30
白河		48.80			48.80
唐河	320.00	31.80			31.80
滾水	130.00	63.40			63.40
蠻水	135.00	82.80			82.80
直河		18.00			18.00
東荊河	298.00	86.00		86.00	
縣河		91.00		91.00	
溳水	309.00	316.10		57.00	259.10
環河		79.00		79.00	
武湖區		62.00		62.00	
舉水		41.20			41.20
巴河	170.00	121.60			121.60
浠水	160.00	105.27			105.27
富水	145.00	73.00		73.00	

說明：1. 長江綫水輪里程數暫併入小輪里程數內計算。

2. 凡通大輪處不重計小輪航程，凡通大小輪船處不重計民船航程。

189. 揚子江中流八大口最大流量統計

三十二年

站口別	河名	洩水情形	最大流量	實測日期
松滋口	松滋河	分洩江水入洞庭湖	7.750	十四年九月八日
太平口	虎渡河	分洩江水入洞庭湖	2.390	十五年七月二三十日
藕池口	藕池河	分洩江水入洞庭湖	9.750	十五年八月十八日
調絃口	華容河	分洩江水入洞庭湖	706	十八年六月二十二日
尺八口	揚子江	分洩洞庭湖後之正幹流量	20.320	十四年八月十九日
陸溪口	陸水	洩南岸蒲圻一帶之水入江	540	十五年七月十日
礄口	漢水	漢水由漢口入江之量	3.790	十二年九月五日
漢口	揚子江	漢水會入後之正幹流量	60.750	十三年七月二十九日

資料來源：根據二十二年江漢工程局業務報告。

說明：流量爲每秒立方公尺。

190. 清江通航里程

三十二年

屯堡—恩施段

地名	兩地間公里數	距起點公里數
屯堡新街	起點	
舊石清	1.200	1.200
康家沱	2.250	3.450
渡船口	3.850	7.300
大龍潭	3.618	11.918
三步岩	1.982	12.900
紅廟	1.800	14.700
貓子潭	2.900	17.600
小渡船	2.100	19.700
恩施北門	2.400	22.100

資垱—宜都段

地名	兩地間公里數	距起點公里數
資垱	起點	
都鎮灣	34.40	34.40
長陽	34.40	68.80
磨市	34.40	103.00
宜都	34.40	137.60

資料來源：屯堡恩施段係根據勘測清江河流報告，資垱宜都段係根據長陽宜都兩縣所造之年鑑資料暨該兩縣水陸運輸調查表編列。

191. 恩施清江小渡船含沙量

水位（公尺）	平均流速（秒1公尺）	重量百分比	施測時期
421.77	2.444	0.475	30年9月3日
419.43	2.146	0.044	30年9月5日
424.63	2.549	0.030	30年9月10日
419.56	2.038	0.315	31年6月17日
424.49	2.780	0.135	31年6月18日

資料來源：由清江水文站供給。

192. 鄂西鄂北農田水利工程概況

三十一年

工程名稱	地點	受益田畝（市畝）	工程經費（元）	開工日期
總計		170 200	8 121 000	
長渠	宜城南漳	150 000	5 900 000	11月16日
天惠渠	鄖西城西北	5 000	660 000	11月15日
曉陽渠	鄖縣曉陽溝	1 500	300 000	11月15日
滔惠渠	鄖縣南化	1 000	13 000	11月15日
柳波塘工	鄖縣普柳鄉	2 000	15 000	11月15日
廣潤渠	建始于家壩	1 500	150 000	12月2日
三里壩渠工	建始三里壩	3 000	140 000	10月10日
高橋壩渠工	恩施城西南	4 000	800 000	12月3日
咸惠渠	咸豐城近郊	2 000	120 000	10月10日
沙河筒車	恩施沙河	200	23 000	12月8日

資料來源：本表材料由建設廳供給。

193. 各縣興修小型農田水利貸款

單位：元

縣別	共計	三十一年度	三十二年度
總計	7 000 000	2 000 000	5 000 000
恩施	450 000	200 000	250 000
來鳳	280 000	80 000	200 000
利川	400 000	150 000	250 000
咸豐	400 000	150 000	250 000
建始	400 000	100 000	300 000
宣恩	280 000	80 000	200 000
巴東	260 000	110 000	150 000
秭歸	270 000	120 000	150 000
興山	200 000	50 000	150 000
光化	250 000	50 000	200 000
穀城	400 000	100 000	300 000
保康	250 000	50 000	200 000
南漳	300 000	100 000	200 000
鄖西	390 000	140 000	200 000
鄖縣	400 000	150 000	250 000
均縣	350 000	100 000	250 000
房縣	350 000	100 000	250 000

續表

縣別	共計	三十一年度	三十二年度
襄陽	370 000	170 000	200 000
棗陽	100 000		100 000
隨縣	50 000		50 000
石首	200 000		200 000
公安	200 000		200 000
松滋	100 000		100 000
遠安	50 000		50 000
枝江	50 000		50 000
宜都	100 000		100 000
長陽	150 000		150 000

資料來源：根據水利工程處報表編列。

194. 各縣辦理小型農田水利成果

縣別	共計		三十一年度		三十二年度	
	受益田畝（市畝）	增加產量（市石）	受益田畝（市畝）	增加產量（市石）	受益田畝（市畝）	增加產量（市石）
總計	312 275	185 480	145 514	94 500	166 761	90 908
羅田	2 670	1 335	2 670	1 335		
石首	885	600	885	600		
公安	2 890	1 445	2 890	1 445		
松滋	4 925	2 785	4 925	2 785		
宜城	1 890	945	1 890	945		
棗陽	12 423	2 024	3 065	1 543	9 358	481
襄陽	12 710	1 901	430	250	12 280	1 651
光化	5 482	4 463	65	53	5 417	4 410
谷城	13 278	2 110	3 605	2 025	9 673	85
保康	3 170	2 825	3 170	2 825		

續表

縣別	共計 受益田畝（市畝）	共計 增加產量（市石）	三十一年度 受益田畝（市畝）	三十一年度 增加產量（市石）	三十二年度 受益田畝（市畝）	三十二年度 增加產量（市石）
南漳	50	25	50	25		
興山	9 705	5 021	4 355	3 135	5 350	1 886
秭歸	43 875	27 713	30 035	15 535	13 840	12 178
長陽	6 739	4 863	2 145	1 468	4 594	3 395
五峯	707	521	707	521		
巴東	6 166	5 398	1 745	1 413	4 421	3 985
建始	9 124	6 914	2 920	2 680	6 204	4 234
恩施	6 240	5 015	6 240	5 015		
宣恩	2 860	2 197	2 860	2 197		
鶴峯	115	108	115	108		
咸豐	3 910	3 250	3 910	3 250		
利川	13 816	4 251	2 115	1 633	11 701	2 618
來鳳	4 035	2 715	4 035	2 715		
鄖縣	5 729	4 287	3 280	2 888	2 449	1 399

續表

縣別	共計		三十一年度		三十二年度	
	受益田畝（市畝）	增加產量（市石）	受益田畝（市畝）	增加產量（市石）	受益田畝（市畝）	增加產量（市石）
均縣	13 992	23 825	3 035	1 518	10 957	22 307
房縣	10 829	8 378	3 670	2 188	7 159	6 190
竹山	18 308	12 649	11 270	9 100	7 038	3 549
竹谿	26 383	10 386	1 925	1 570	24 458	8 816
鄖西	1 565	1 150	1 565	1 150		
廣濟	2 860	1 430	2 860	1 430		
監利	210	165	210	165		
枝江	550	305	550	305		
宜都	5 185	2 482	1 375	753	3 810	1 729
鄂城	622	311	622	311		
黃岡	410	205	410	205		
英山	12 315	8 695	12 315	8 695		
蘄春	2 860	1 430	2 860	1 430		
麻城	3 599	2 029	3 599	2 029		

續表

縣別	共計		三十一年度		三十二年度	
	受益田畝（市畝）	增加產量（市石）	受益田畝（市畝）	增加產量（市石）	受益田畝（市畝）	增加產量（市石）
黃安	3 686	2 474	3 686	2 474		
禮山	2 090	1 135	2 090	1 135		
應山	510	463	510	463		
江陵	740	520	740	520		
遠安	3 450	2 120	3 450	2 120		
隨縣	12 483	4 335	75	60	12 408	4 275
鍾祥	390	390	390	390		
當陽	510	410	200	100	310	310
宜昌	10 679	5 848			10 679	5 843
京山	145	146			145	146
安陸	3 236	219			3 236	219
通城	1 274	1 274			1 274	1 274

資料來源：根據水利工程處報表編列。

195. 本省各縣推廣車水工具

縣別	水車別					設置地點	填報年月
	龍骨車	龍骨手車	竹筒車	桔槔	軸轤	戽斗		
總計	1 902	643	363	100	93	286		
恩施	2		2				龍洞河	30年6月
鶴峯	1							30年9月
松滋	36							30年7月
遠安	100						十六鄉	30年4月
石首	14						十四鄉	30年12月
穀城		7					一二三四各區	30年10月
襄陽	35						孫鎮六里坪清山港	30年10月
均縣	15							30年10月
咸豐	4						土樂坪高灘	30年10月

續表

縣別	水車別						設置地點	填報年月
	龍骨車	龍骨手車	竹筒車	桔槔	軸轆	戽斗		
房縣	147		305	75	83	155	二十六鄉	30年10月
南漳	109		12	25	5	131	十六鄉	30年11月
江陵	952	630					二四五等區	30年11月
來鳳	1	1						30年10月
利川			25				涼露 都亭 二鄉	30年12月
鄖縣	59	5	19					30年12月
蒲圻	10							30年12月
宣恩	30							31年7月
襄陽	36						一四兩區	31年8月
隨縣	6							31年9月
麻城	345							31年12月

資料來源：本表材料由建設廳供給。

第十七類 礦業

196. 礦產分佈

甲、金屬礦

鐵礦

縣別	產地		礦層（平均厚度）	面積		蘊藏量	備註
		所在地		長（公尺）	寬（公尺）		
	總計					136 162 300 公噸	
大冶	得道灣、鐵山、象家山					19 300 000 公噸	
鄂城	靈鄉					6 340 000 公噸	
松滋	嚴家洞		0.5公尺				產量尚豐

续表

縣別	產地		礦層（平均厚度）	面積		蘊藏量	備注
		所在地		長（公尺）	寬（公尺）		
宜都	雲台觀、鶯經寺		0.75公尺			4 000 000公噸	所列產量僅鶯經寺
長陽	小風埡、石板溪、馬鞍山		0.4—0.7公尺	16 500	1 200	25 650 000公噸	
秭歸	白茅嶺		0.5公尺	5 000	300	3 750 000公噸	
恩施	太陽河		0.7公尺	17 000	350	21 000 000公噸	
建始	鐵場坪、中坦坪、小茅田馬南溪、獅子岩、弓箭岩、板橋子		0.2—1公尺	14 200	1 250	10 666 000公噸	
巴東	金果鄉、三道水、牛膝坪、銹水溝、蔡家埡		0.5—1.2公尺	15 500	2 400	39 500 000公噸	
宣恩	毛坡田、草壩場		0.7公尺			56 300公噸	
利川	新灣、下田溝、青田壩、黑山、紅春溝、團堡子		1公尺				除新灣產量尚豐外餘均大豐
咸豐	小蓋坪、中嶺、蒲草塘、楊家岩、溫田灣、金山壩						產量尚豐
鶴峯	七架山		1公尺	17 000	100	5 900 000公噸	
來鳳	臘壁司						產量尚豐

续表

産地		礦層	面積		蘊藏量	備注
縣別	所在地	（平均厚度）	長（公尺）	寬（公尺）		
砂金礦						
總計					128 090 兩	
枝江	沙磧坪	1 公尺	800	40	500 兩	
宜都	紅花套				32 390 兩	
宜昌	葛洲壩		300	30	200 兩	
鄖縣	頭溝、茅窩、吳家坑、趙家坑、五合廟、核桃埡、楊家棚、尚家河、花柳灣、前房、灣漁店、遼窪、屹蚕窩、鄭家間、八梅馬	0.5—2 公尺	14 100	4 800	95 000 兩	
銅礦						
總計					910 000	
陽新	白沙舖、牛頭山					
大冶	龍角山				10 000	
南漳	東鞏及荊山				400 000	

续表

县别	产地		矿层（平均厚度）	面积		蕴藏量	备注
	所在地			长（公尺）	宽（公尺）		
兴山	石槽河						
五峰	界头堡						
鹤峰	城东南200里九台山一带						
宣恩	城南一带					500 000	
咸丰	城南45里丁砦						
恩施	城南沙子岭						
建始	城北铜厂坡						
房县	西乡						
竹山	城西北70里						

铝矿

总计						12 180公吨	
蕲春	距城180里莲花庵					5 000公吨	
兴山	县城东南五指山一带					3 500公吨	

續表

銻礦

縣列	產地	礦層（平均厚度）	面積 長（公尺）	面積 寬（公尺）	蘊藏量	備注
鶴峯	縣東南150里				1 200 公噸	尚宜小規模開採
宣恩	玉柱峯				2 480 公噸	尚可試採
來鳳	桐木灣		30	0.5		
總計						
蒲圻	萬家山、洪石園、饒家沖、柘樹坡				18 800 公噸	
崇陽	三山堡、獅形山、篦燈箇				2 000 公噸	
通山	永安下鄉石航山、大塝、永安上鄉北山、魯家源				2 800 公噸	
					14 000 公噸	
鶴峯	江坪河				產量欠豐	尚可試採

硫礦

縣列	產地	礦層（平均厚度）	面積 長（公尺）	面積 寬（公尺）	蘊藏量	備注
總計					2 948 000 公噸	
五峯	石柱山堡右爭坪		200	45	8 000 公噸	

續表

甲（續）

縣別	產地 所在地	礦層（平均厚度）	面積 長（公尺）	面積 寬（公尺）	蘊藏量	備注
恩施	太陽河、寶撫鄉	0.5公尺	9 800	800	2 240 000公噸	
建始	礦場坪	0.3公尺	1 200	500	700公噸	
松滋	銹水溝				量尚豐	宜小規模開採

乙、非金屬礦

煤

縣別	產地 所在地	礦層（平均厚度）	面積 長（公尺）	面積 寬（公尺）	蘊藏量	備注
總計					143 080 000公噸	
嘉魚	神山、仙人山	1—3公尺	80方公里		40 000 000公噸	煙煤
蒲圻		公尺				煙煤
崇陽	三山堡		30方公里		20 000 000公噸	煙煤
通山						煙煤
陽新	石灰窰					煙煤

續表

縣別	產地 所在地	礦層（平均厚度）	面積 長（公尺）	面積 寬（公尺）	蘊藏量	備注
大冶	炭山灣，馬鞍山，關玉堡		20方公里		20 000 000公噸	煙煤
當陽	崔家溝，觀音寺	1公尺	9 400	790	10 000 000公噸	煙煤
宜都	鄢家坨，松木坪，陳家河	0.6—1.5公尺	3方公里		7 320 000公噸	半煙煤
松滋	三溪口，譚家洞	0.6—1公尺	7 500	750	550 000公噸	半煙煤
長陽	馬鞍山，清水溪	0.5—2公尺	9 000	1 150	14 250 000公噸	半煙煤
	落雁山，涼水寺，臨淅溪	0.3—0.8公尺	2 500	300	5 200 000公噸	半煙煤
南漳	東鞏	0.3—1公尺	11 500	700	950 000公噸	煙煤
秭歸	香溪，葉家河，屈家灣，賈家店	0.6—2.3公尺	300	250	3 300 000公噸	煙煤
興山	襄家村	1.5公尺	32 500	1 300	360 000公噸	無煙煤
巴東	項家山，楊家棚，欄木園，冷水溪，三尖觀，炭場灣，蕭家大坪，上三院子，車新溝	0.3—0.7公尺	20 000	200	6 250 000公噸	無煙煤
利川	喬嶺山	1公尺	6 500	550	4 800 000公噸	無煙煤
恩施	上馬台，向家村，天橋，大陽河，茶園偏	0.3—0.5公尺			2 230 000公噸	無煙煤

续表

产地		矿层	面积		蕴藏量	备注
县别	所在地	（平均厚度）	长（公尺）	宽（公尺）		
恩施	旧州城	0.2公尺	7平方华里		100 000公吨	烟煤
建始	大茅田、狮子岩、石板山	0.3—0.5公尺	6 000	600	1 820 000公吨	无烟煤
来凤	桂帽山	1公尺	26 000	350	5 200 000公吨	半烟煤
咸丰	杨洞	公尺	1 000 000平方公尺		700 000公吨	半烟煤
总计					465 000 000公吨	

石膏

县别	所在地	矿层（平均厚度）	面积 长（公尺）	宽（公尺）	蕴藏量	备注
应城	王家庙、潘家集、龙王集				457 000 000公吨	
京山	公安岩				8 000 000公吨	
来凤	半边城	0.01—0.1公尺				量尚丰宜小规模开采
巴东	社坛村	1—2公尺				量甚丰宜大规模开采
郧西	县城	1—2公尺				量甚丰宜大规模开采
房县	城西北	0.01—0.03公尺				量欠丰宜小规模开采
谷城	茨河	0.01—0.03公尺				量欠丰宜小规模开采

續表

縣別	產地 所在地	礦層（平均厚度）	面積 長（公尺）	面積 寬（公尺）	蘊藏量	備註
石鹽						
興山	蔡家埡	1—2公尺				量欠豐宜小規模橫開採
應城	王家廟及龍王集等處				年產 14 000 公噸	
京山	公安岩					
巴東	長峯鄉、鹽場河				水量每秒鐘 8 加侖	
陶土礦						
總計					674 000 公噸	
漢陽	仙女山				200 000 公噸	
恩施	舊州城				158 000 公噸	
建始	馬南溪	7公寸			110 000 公噸	
宣恩	查口洞	6公寸			66 000 公噸	
興山	王靈埡				40 000 公噸	

第十八類　畜　牧

197. 各縣耕牛估計

三十二年

縣別	共計	水牛	黃牛
總計	1 111 750	459 904	651 846
漢陽	6 000	▲ 4 000	▲ 2 000
咸寧	5 200	▲ 3 200	▲ 2 000
蒲圻	14 500	▲ 7 500	▲ 7 000
通城	20 000	▲ 6 000	▲ 14 000
通山	7 400	▲ 3 000	▲ 4 400
陽新	17 250	7 400	9 850
大冶	5 570	2 140	3 430
鄂城	8 200	3 400	4 800
黃岡	21 899	9 740	12 150
浠水	12 580	4 750	7 880
廣濟	8 200	3 600	4 600

續表

縣別	共計	水牛	黃牛
黃梅	14 470	8 750	5 720
麻城	40 000	▲ 10 000	▲ 30 000
黃安	10 590	4 400	6 100
黃陂	18 740	6 580	12 160
孝感	16 270	7 470	8 800
雲夢	1 700	▲ 1 000	▲ 700
應城	28 000	▲ 9 000	▲ 14 000
安陸	28 000	▲ 8 000	▲ 20 000
應山	31 050	8 490	22 560
隨縣	41 920	17 950	23 970
鍾祥	28 450	17 500	10 950
京山	40 000	▲ 20 000	▲ 20 000
天門	50 000	▲ 20 000	▲ 30 000
沔陽	60 000	▲ 50 000	▲ 10 000
潛江	21 000	▲ 7 000	▲ 14 000
監利	35 780	21 800	13 930
石首	23 450	18 450	5 000
公安	17 500	10 850	6 650
松滋	29 450	17 330	12 120

續表

縣別	共計	水牛	黃牛
枝江	8 770	5 170	3 600
江陵	49 730	19 280	30 450
荆門	24 470	2 150	22 120
宜城	18 350	8 200	10 150
棗陽	20 000	6 500	13 700
襄陽	42 190	11 350	30 840
光化	13 378	6 428	7 450
谷城	10 460	2 500	7 960
保康	30 000	▲ 4 200	▲ 26 000
南漳	17 655	6 770	10 885
當陽	17 000	▲ 5 000	▲12 000
宜都	19 600	8 200	11 400
宜昌	24 650	8 240	16 410
興山	6 870	4 150	2 720
秭歸	8 750	2 700	6 050
長陽	21 440	10 000	11 440
五峯	1 287	○ 301	○ 986
鶴峯	4 700	1 875	2 825
宣恩	12 780	4 140	8 640

續表

縣別	共計	水牛	黃牛
來鳳	11 300	5 450	5 850
咸豐	5 483	○ 1 080	○ 4 403
利川	8 700	4 050	4 650
恩施	25 690	4 700	20 990
建始	22 343	○ 2 150	○ 20 193
巴東	7 176	○ 1 085	○ 6 091
均縣	3 373	○ 1 180	○ 2 193
鄖縣	7 685	2 155	5 530
鄖西	9 350	1 800	7 550

資料來源：1. 依據各縣造報數字及三十一年調查數字編列。

2. ▲漢陽等十五縣爲本省第一回年鑑估計數字。

3. ○五峯等五縣爲本省農業改進所估計數字。

198. 武昌等三十六縣馬匹估計

三十二年

縣別	數量
總計	16 140
武昌	▲ 470
漢陽	▲ 70
咸寧	▲ 50
崇陽	445
大冶	▲ 30
鄂城	▲ 30
浠水	▲ 50
蘄春	▲ 40
英山	▲ 20
羅田	▲ 20
麻城	55
孝感	▲ 40
雲夢	▲ 430
應城	745
安陸	158
應山	484
隨縣	670
鍾祥	400

續表

縣別	數量
沔陽	375
潛江	▲ 410
監利	655
公安	850
松滋	210
枝江	▲ 1 400
江陵	840
棗陽	▲ 50
襄陽	790
光化	280
谷城	668
保康	475
宜昌	▲ 470
恩施	○ 3 500
建始	○ 3 000
房縣	540
均縣	275
鄖西	○ 145

資料來源：1. 依據各縣造報數字及三十一年調查數字編列。
2. ▲漢陽等十五縣爲本省第一回年鑑估計數字。
3. ○恩施建始鄖西三縣爲本省農業改進所估計數字。

199. 各縣豬隻估計

三十二年

縣別	數量
總計	2 198 041
武昌	▲ 42 521
漢陽	▲ 10 020
咸寧	▲ 8 000
蒲圻	▲ 29 000
崇陽	20 000
通城	40 560
通山	▲ 14 000
陽新	21 400
大冶	18 400
鄂城	71 800
黃岡	34 100
浠水	27 050
蘄春	18 700
廣濟	10 800
黃安	17 380
羅田	25 000
黃梅	29 454

續表

縣別	數量
應城	47 090
孝感	▲ 16 120
雲夢	▲ 13 648
應城	▲ 13 648
安陸	▲ 20 000
應山	38 158
隨縣	82 190
鍾祥	54 000
京山	▲ 80 000
天門	60 400
沔陽	▲150 000
潛江	▲71 000
監利	57 470
石首	37 580
公安	45 700
松滋	82 140
江陵	100 000
荊門	64 000
宜城	87 600
棗陽	57 500
襄陽	64 210

续表

縣別	數量
光化	▲ 16 000
谷城	18 000
南漳	24 500
當陽	26 000
宜昌	36 000
興山	15 400
五峯	19 700
秭歸	28 100
宣恩	47 400
咸豐	38 500
利川	25 400
恩施	74 150
建始	68 200
巴東	18 500
均縣	35 700
鄖縣	21 500
鄖西	13 400

資料來源：1. 根據各縣估計數字及三十一年調查數字編列。

2. ▲武昌等十二縣係本省第一回年鑑估計數字。

200. 漢陽等四十四縣家禽估計

三十二年

縣別	雞	鴨
總計	11 494 100	1 961 750
漢陽	▲ 140 000	▲ 10 000
咸寧	▲ 70 000	▲ 12 000
蒲圻	▲ 90 000	▲ 65 000
通城	▲ 80 000	—
通山	▲44 000	▲ 14 000
陽新	145 640	47 500
大冶	264 700	82 000
鄂城	138 000	80 050
黃岡	975 400	100 000
麻城	468 000	—
孝感	▲ 800 000	▲ 50 000
雲夢	▲ 34 000	▲ 7 000
應城	▲ 120 000	▲ 160 000
安陸	▲ 200 000	▲ 10 000
應山	285 000	68 000

續表

縣別	雞	鴨
隨縣	645 000	24 600
鍾祥	240 560	21 000
京山	▲ 340 000	▲ 160 000
天門	445 200	37 200
沔陽	▲ 1 000 000	▲ 20 000
潛江	▲ 80 000	▲ 10 000
監利	175 000	44 000
公安	144 000	34 600
石首	178 000	22 000
松滋	175 000	50 400
江陵	584 000	140 000
荊門	409 200	88 000
宜城	295 000	34 000
棗陽	343 750	74 500
光化	▲ 150 000	▲ 80 000
保康	▲ 40 000	—
南漳	84 000	22 600
當陽	▲ 200 000	▲ 13 000
宜昌	370 000	65 000

续表

縣別	雞	鴨
興山	148 000	—
五峯	30 000	▲11 600
宣恩	174 000	10 200
咸豐	190 800	45 000
恩施	388 000	35 000
建始	144 750	10 200
巴東	210 400	12 200
均縣	149 200	27 500
鄖縣	185 000	140 000
鄖西	122 000	24 600

資料來源：1. 根據各縣估計數字及三十一年調查數字編列。

2. ▲漢陽等四十四縣係本省第一回年鑑估計數字。

第十九類 交通

201. 本省公路里程

三十二年

段別	路別	起訖地點	經過地點	站數	里程（公里）	票價（元） 上行	票價（元） 下行
巴咸段	巴施路	巴東—恩施	碌砂土—綠蔥坡—龍潭坪—大茅田—長梁子—建始—白楊坪—龍鳳壩	10	205.00	369.00	369.00
	施黔路	恩施—黔江	椒園—小關—石門玟—黔江	5	160.00	288.00	288.00
	咸來路	咸豐—來鳳	楊酒壩—忠堡	3	54.00	97.20	97.00
	中鶯路	中正街—鶯蘭	店子坪—三孔橋—朱家坳—黄泥壩	6	10.00	12.00	12.00

續表

段別	路別	起訖地點	經過地點	站數	里程（公里）	票價（元）	
						上行	下行
鄂北段	老白路	老河口—白河	聶家灘—石花街—戴家灣—草店—六里坪—十堰—黃龍灘—鮑家店—羊尾山	11	230.50	14.80	331.90
	樊老路	樊城—老河口	牛首—太坪店—仙人渡	4	74.30	133.70	133.70
	孟老路	孟家樓—老河口		1	27.00	48.60	48.60

202. 公路現有車輛

三十二年八月止

段別	牌名	共計	木炭車			汽油車		
			堪用	待修	報廢	堪用	待修	報廢
	總計	112	36	37	20	—	18	1
巴咸段	道奇	42	15	23	—	—	4	—
	雪佛蘭	24	9	12	—	—	3	—
	福特	16	2	2	2	—	—	—
	禮和	19	—	—	18	—	1	—
鄂北段	道奇	11	4	—	—	—	7	—
	雪佛蘭	2	—	—	—	—	1	1
	福特	5	3	—	—	—	2	—
	禮和	3	3	—	—	—	—	—

203. 本省公路橋樑涵洞

三十二年

路別	起訖地點	橋樑			涵洞		
		座數	全長（公尺）	孔數	座數	全長（公尺）	孔數
總計		287	3 228.45	608	2 199	19 886.80	2 213
巴咸路	巴東—咸豐	89	1 109.00	166	1 035	10 467.00	1 054
老白路	老河口—白河	129	1 645.15	338	770	6 642.60	773
孟老路	孟家樓—老河口	7	73.00	13	31	333.20	32
均草路	均縣—草店	12	144.50	25	49	417.00	49
樊老路	樊城—老河口	30	151.80	38	25	200.00	25
咸來路	咸豐—來鳳	17	105.00	28	271	1 767.00	280
龍舞路	龍鳳欄—舞陽欄	3	—	—	18	—	—

204. 本省現有公路里程

單位：公里

（1）巴施綫

站名	巴東	馬鹿池	風吹埡	茶店子	碌沙土	綠葱坡	龍潭坪	大茅田	長梁子	建始	白楊坪	董家店	龍鳳壩	清江渡
馬鹿池	12.00													
風吹埡	21.00	9.00												
茶店子	26.00	14.00	5.00											
碌沙土	31.00	19.00	13.00	5.00										
綠葱坡	48.00	36.00	27.00	22.00	17.00									
龍潭坪	65.00	53.00	44.00	39.00	34.00	17.00								
大茅田	112.00	100.00	91.00	86.00	81.00	64.00	47.00							
長梁子	132.00	120.00	111.00	106.00	101.00	84.00	67.00	20.00						
建始	148.00	136.00	127.00	122.00	117.00	100.00	83.00	36.00	16.00					
白楊坪	169.00	157.00	148.00	143.00	138.00	121.00	104.00	57.00	37.00	21.00				
董家店	174.00	162.00	153.00	148.00	143.00	126.00	109.00	62.00	42.00	26.00	5.00			
龍鳳壩	190.00	178.00	169.00	164.00	159.00	142.00	125.00	78.00	58.00	42.00	21.00	16.00		
清江渡	202.00	190.00	181.00	176.00	171.00	154.00	137.00	90.00	70.00	54.00	33.00	28.00	12.00	
恩施	205.00	193.00	184.00	179.00	174.00	157.00	140.00	93.00	73.00	57.00	36.00	31.00	15.00	3.00

（2）施黔綫

站名	恩施				
椒園	38.00	椒園			
小關	62.00	24.00	小關		
咸豐	104.00	66.60	42.00	咸豐	
石門坎	138.00	100.00	76.00	34.00	石門坎
黔江	160.00	122.00	98.00	56.00	22.00	黔江

（3）老白綫

站名	老河口								
聶家灘	15.00	聶家灘							
石花街	32.00	17.00	石花街						
戴家灣	68.00	53.00	36.00	戴家灣					
草店	86.00	71.00	54.00	18.00	草店				
六里坪	103.00	88.00	71.00	35.00	17.00	六里坪			
十堰	129.00	114.00	97.00	61.00	43.00	26.00	十堰		
黃龍灘	159.00	144.60	127.60	91.60	73.60	56.60	30.60	黃龍灘	
鮑家店	189.60	139.70	157.60	121.60	103.60	86.60	60.60	30.00	鮑家店
羊尾山	223.20	208.20	191.20	155.20	137.20	120.20	94.20	63.60	33.60	羊尾山
白河	230.50	215.50	198.50	162.50	144.50	127.50	101.50	70.90	40.90	7.30	白河

（4）樊老綫

站名	樊城			
牛首	19.60	牛首		
太平店	39.40	19.80	太平店	
仙人渡	57.50	37.90	18.10	仙人渡
老河口	74.30	54.70	34.90	16.80	老河口

（5）孟老綫

站名	孟家樓	
老河口	27.00	老河口

205. 本省公路票價

（1）巴施綫

卅二年

單位：元

站名	巴東	馬鹿池	風吹埡	茶店子	碌沙土	綠葱坡	龍潭坪	大茅田	長樑子	建始	白楊坪	董家店	龍鳳塥	清江渡
馬鹿池	21.60													
風吹埡	37.80	16.20												
茶店子	46.80	25.20	9.00											
碌沙土	55.80	34.20	18.00	9.00										
綠葱坡	86.40	64.80	48.60	39.60	30.60									
龍潭坪	117.00	95.40	79.20	70.20	61.20	30.60								
大茅田	201.60	180.00	163.80	154.80	145.80	115.20	84.60							
長樑子	237.60	216.00	199.80	190.80	181.80	151.20	120.60	36.00						
建始	266.40	244.80	228.60	219.60	210.60	180.00	149.60	64.80	28.80					
白楊坪	304.20	282.60	266.40	257.40	248.40	217.80	187.20	102.60	66.60	37.80				
董家店	313.20	291.60	275.40	266.40	257.40	226.80	196.40	111.60	75.60	46.80	9.00			
龍鳳塥	342.00	320.40	304.20	295.20	286.20	255.60	225.00	140.40	104.40	75.60	37.80	28.80		
清江渡	363.60	342.00	325.80	316.80	307.80	277.20	246.60	162.00	126.00	97.20	59.40	50.40	21.60	
恩施	369.00	347.40	331.20	322.20	313.20	282.60	252.00	167.40	131.40	102.60	64.80	55.80	27.00	5.40

（2）施黔綫

站名	恩施					
椒園	68.40	椒園				
小關	111.60	43.20	小關			
咸豐	187.20	118.80	75.60	咸豐		
石門坎	248.40	180.00	136.80	61.20	石門坎	
黔江	288.00	219.00	176.40	100.80	39.60	黔江

（3）老白綫

站名		老河口									
聶家灘	上行	27.00	聶家灘								
	下行	21.60									
石花街	上行	57.60	30.60	石花街							
	下行	46.10	24.50								
戴家灣	上行	122.40	95.40	64.80	戴家灣						
	下行	97.90	76.30	51.80							
草店	上行	154.80	127.80	97.20	32.40	草店					
	下行	123.80	102.20	77.80	25.30						
六里坪	上行	185.40	158.40	127.80	63.30	30.60	六里坪				
	下行	148.30	126.70	102.20	59.40	24.50					
十堰	上行	232.20	205.20	174.60	109.80	77.40	46.80	十堰			
	下行	185.80	164.20	139.70	91.60	61.90	37.40				
黃龍灘	上行	287.30	260.30	229.70	164.90	132.50	101.90	55.10	黃龍灘		
	下行	229.80	208.20	183.70	131.90	106.00	81.50	44.10			
鮑家店	上行	341.30	314.30	283.70	218.60	189.50	155.90	109.10	54.00	鮑家店	
	下行	273.30	251.30	226.90	175.10	149.20	124.70	87.30	43.20		
羊尾山	上行	401.80	374.80	344.20	979.40	247.00	216.40	169.60	114.50	60.50	羊尾山
	下行	312.40	299.80	275.30	223.50	197.60	173.10	135.70	91.60	48.40	
白河	上行	414.90	387.90	257.30	292.50	260.10	229.50	182.70	127.60	73.60	13.10	白河
	下行	831.90	310.30	285.80	234.00	208.10	183.60	146.20	102.10	58.90	10.50	

(4) 樊老綫

站名　樊城

牛首　　35.90　　牛首

太平店　70.90　　35.60　　太平店

仙人渡　103.50　 68.20　　32.60　　仙人渡

老河口　133.70　 98.40　　62.80　　30.20　　老河口

(5) 孟老綫

站名　孟家樓

老河口　48.60　　老河口

206. 本省現有航綫

卅二年

航綫別	起訖地點	經過地點	里程（公里）	票價（元）			
				上水		下水	
				固統	活統	固統	活統
三巴綫	三斗坪—巴東	太平溪—黑岩子—廟河—新灘—香溪—秭歸	123	100	90	65	48
巴萬綫	巴東—萬縣	巫山—奉節—雲陽	320	230	185	145	110
萬渝綫	萬縣—重慶	忠縣—酆都—涪陵—長壽	515	390	300	201	155

207. 本省現有船駁

截至卅二年底止

船名	類別	質別	噸位	現在情形
總計			7 779	
建興	客貨輪	鋼	121	香溪行駛
建漢	客貨輪	鋼	145	行駛坪渝蘆班
建華	客貨輪	鋼	138	行駛萬蘆班
建文	客貨輪	鋼	110	巴東機械廠修理中停泊新灘
建楚	客貨輪	木	5	船壳停在覃家沱修理
建施	客貨輪	鋼	—	行駛坪渝班
楚享	拖輪	鋼	200	停泊新灘待修
楚利	拖輪	鋼	100	巴東機械廠修理停泊巴東
楚貞	拖輪	鋼	800	停泊米倉口待修
楚富	拖輪	鋼	900	巴東機械廠修理中停泊新灘
楚貴	拖輪	鋼	100	停泊新灘待修
楚益	拖輪	鋼	400	軍政部船管所租用行駛三斗坪
楚霖	拖輪	鋼	200	停泊新灘待修
忠孝	軍用	鋼	—	巴東行駛
仁愛	軍用	鋼	—	巴東行駛

續表

船名	類别	質别	噸位	現在情形
2號巡艇	軍用	鋼	—	停泊覃家沱待修
13號巡艇	軍用	鋼	—	停泊新灘待修
14號巡艇	軍用	鋼	—	停泊新灘待修
航字一號	駁	鋼	600	停泊南沱
航字二號	駁	鋼	360	停泊白廟子
航字三號	駁	鋼	360	停泊重慶塔家沱
航字四號	駁	鋼	360	軍政部船管所租用停泊巴東
航字五號	駁	鋼	360	永隆商行租用停泊萬縣
航字六號	駁	鋼	360	停泊萬縣
航字七號	駁	鋼	360	停泊重慶
航字八號	駁	鋼	360	停泊重慶
航字十號	駁	鋼	360	軍政部船管所租用停泊米倉口
航字十一號	駁	鋼	360	停泊巴東
航字十二號	駁	鋼	360	建委會租用
航字十四號	駁	鋼	360	停萬户沱爲巴航處躉船
巴東躉船	躉	鋼		停泊巴東

208. 航務處歷年營業收支

月別	二十八年		二十九年		三十年		三十一年	
	收入	支出	收入	支出	收入	支出	收入	支出
總計	1 035 750.85	609 001.22	1 001 340.98	791 699.70	434 771.31	850 425.69	2 713 459.94	2 628 487.68
一月	74 676.08	53 232.87	95 382.80	59 639.02	59 945.63	75 457.82	163 105.36	341 332.56
二月	152 715.05	34 453.37	62 300.59	46 824.04	40 960.45	73 440.78	92 455.41	108 338.66
三月	67 095.49	42 712.60	118 344.79	65 508.36	19 258.86	74 272.71	130 850.11	136 440.38
四月	72 820.30	45 301.90	113 423.58	80 283.51	21 803.69	62 936.32	269 233.88	264 070.58
五月	77 563.68	46 451.03	104 487.45	84 135.69	53 846.34	64 659.17	230 554.94	331 976.25
六月	74 673.34	55 667.60	36 658.68	83 868.04	27 369.69	54 955.78	134 303.07	286 251.86
七月	79 132.19	47 040.68	13 600.86	56 719.96	44 258.68	57 698.75	219 928.00	161 306.13

续表

月别	二十八年 收入	二十八年 支出	二十九年 收入	二十九年 支出	三十年 收入	三十年 支出	三十一年 收入	三十一年 支出
八月	101 510.19	67 555.37	103 142.98	50 703.11	25 334.93	56 870.91	167 650.14	44 503.29
九月	97 381.02	50 683.09	45 479.82	43 228.12	4 162.00	51 202.03	143 405.76	89 975.22
十月	107 674.08	51 817.84	61 393.03	59 537.80	5 570.09	64 878.41	240 381.82	269 415.72
十一月	96 669.26	59 613.72	105 777.13	80 720.53	82 111.64	103 790.41	392 029.13	225 399.56
十二月	84 439.87	54 466.55	145 849.27	80 641.52	50 178 78	110 186.65	525 067.29	369 427.47

209. 三斗坪至樂山航綫里程

三十二年
單位：公里

```
三斗坪
 16  太平溪
 24    8  黑岩子
 32   16    8  廟河
 40   24   16    8  新灘
 57   41   33   25   17  香溪
 73   57   49   41   33   16  秭歸
123  107   99   91   83   66   50  巴東
203  187  179  171  163  146  130   80  巫山
235  219  211  194  178  128   48  黛溪
251  235  227  210  194  144   64   16  奉節
267  251  243  227  210  160   80   32  安平
283  275  259  226  176  120   72   42  固陵沱
299  291  274  224  168   96   48   24  雲陽
323  307  290  248  200  144  104   48   24  盤沱
347  331  314  272  224  168  128   72   48   24  小江
371  355  322  272  216  152   96   72   48   24  小足溪
395  379  346  296  240  176  120   96   72   48  140  萬縣
403  386  320  240  192  144  120  188  103  忠縣
419  403  370  316  260  212  164   96  187   84  涪陵
427  411  380  332  284  236  188  243   56  153  鄷都
443  419  386  419  363  339  267  327   69  188  長壽
459  435  387  291  375  158  227  119  江津
503  471  423  399  420  563  180  249  61   重慶
519  388  447  516  468  578  414  286  217   98   22  白沙
567  647  540  492  539  576  436  249  255  136   39   37  合江
649  767  611  635  563  613  473  324  287  168   59   75  38   瀘州
696  730  768  846  900  894  870  900  876  852  828  804  664  561  477  408  289  228  191  153  121   87   59  樂山
```

（注：表格為三角距離矩陣，完整數據請參照原圖）

210. 本省長途電話綫路損失概況

三十一年

區別	段別	起訖地點	里程（公里）	電綫種類		損失原因
	總計		6 220.70			
鄂東區			2 307.00			
	武英段	武穴至英山	197.10	No. 12	雙銅	淪陷
	浠羅段	浠水至羅田	62.90	No. 12	雙銅	淪陷
	漢浠段	漢口至浠水	183.40	No. 12	雙銅	淪陷
	漢麻段	漢口至麻城	127.20	No. 12	雙銅	淪陷
	麻界段	麻城至界嶺	55.00	No. 12	雙銅	淪陷
	麻國段	團風至麻城	86.00	No. 14	雙銅	淪陷
	團黃段	團風至黃岡	35.00	No. 12	雙鐵	淪陷
	羅團段	羅田至團風	22.90	No. 12	雙鐵	撤除
	漢武段	漢口至武勝關	207.40			淪陷

续表

区别	段别	起讫地点	里程（公里）	电线种类		损失原因
	麻罗段	麻城至罗田	92.00	No. 14	双镀	沦陷
	黄宿段	黄梅至宿松	35.00	No. 14	双镀	沦陷
	漕田段	漕河至田家镇	45.00	No. 12	双镀	沦陷
	英罗段	英山至罗田	24.00	No. 14	双镀	沦陷
	汉黄间线	汉口至黄陂	39.00	No. 14	单镀	沦陷
	汉麻行车专线	汉口至麻城	127.40	No. 14	双镀	沦陷
	新末段	新洲至末埠	26.00	No. 14	双镀	沦陷
	黄广段	黄安至广水	93.00	No. 14	双镀	沦陷
	广应段	广水至应山	24.00	No. 14	双镀	沦陷
	礼宣段	礼山至宣化店	55.00	No. 14	双镀	沦陷
	黄中段	黄安至中途店	55.00	No. 14	双镀	沦陷
	仓逻段	仓子埠至阳逻	28.00	No. 14	双镀	沦陷
	张四段	张店至四店	38.00	No. 14	双镀	沦陷
	松淋段	松子关至淋山河	135.00	No. 14	双镀	沦陷
	黄末段	黄安至末埠	49.70	No. 12	双铜	沦陷
	广梅段	广济至黄梅	50.00	No. 14	双镀	沦陷

续表

区别	段别	起讫地点	里程（公里）	电线种类		损失原因
	英太段	英山至太湖	292.00	No. 16	双铁	沦陷
	英漕段	英山至漕河	74.00	No. 1	双铁	沦陷
	罗松段	罗田至松子关	949.80			
鄂北区						
	汉花段	汉口至花园	128.40	No. 10	双铁	沦陷
	安长段	安陆至长江埠	63.00	No. 12	双铜	沦陷
	汉花区间线	汉口至花园	128.40	No. 14	双铁	沦陷
	花随段	花园至随县	110.00	No. 12	双铁	沦陷
	随老段	随县至老河口	272.00	No. 12	双铜	系第五战区司令长官司令部撤除
	宜漳段	宜城至南漳	63.00	No. 12	双铁	系第五战区司令长官司令部撤除
	随桐段	随县至桐柏	35.00	No. 14	双铁	沦陷
			1 739.90			
鄂西区						
	汉沙段	汉口至沙洋	219.00	No. 12	双铜	沦陷
	汉沙区间线	汉口至沙洋	219.00	No. 12	双铁	沦陷
	汉沙行车专线	汉口至沙洋	219.00	No. 14	双铁	沦陷
	沙十	沙洋至十里铺	45.40	No. 12	双铁	沦陷

续表

區別	段別	起訖地點	里程（公里）	電綫種類		損失原因
	應末	應城至末河	58.00	No. 14	雙鐵	淪陷
	沙荆行車專綫	沙市至荆門	114.90	No. 14	雙鐵	淪陷
	沙宜行車專綫	沙洋至宜昌	167.80	No. 14	雙鐵	撤除
	皂湯段	皂市至湯池	3.30	No. 12	雙鐵	淪陷
	皂鍾段	皂市至鍾祥	127.00	No. 14	雙鐵	淪陷
	岳潛段	岳口至潛江	25.00	No. 14	雙鐵	淪陷
	皂岳段	皂市至岳口	51.40	No. 14	單鐵	淪陷
	漢蔡段	漢口至蔡甸	28.00	No. 12	雙鐵	淪陷
	蔡新段	蔡甸至新溝	25.00	No. 12	雙鐵	淪陷
	蔡川段	蔡甸至漢川	30.00	No. 14	雙鐵	淪陷
	蔡利段	蔡甸至監利	258.00	No. 14	雙鐵	淪陷
	監沙段	監利至沙市	150.00			
鄂南區			1 224.00			
	武陽段	武昌至陽新	209.00	No. 12	雙銅	淪陷
	陽界段	陽新至界首	30.00	No. 14	雙鐵	淪陷

续表

區別	段別	起訖地點	里程（公里）	電綫種類		損失原因
	陽牌段	陽新至界牌	71.00	No.14	雙鐵	淪陷
	陽田段	陽新至田家鎮	40.00	No.14	雙鐵	淪陷
	陽富段	陽新至富池口	40.00	No.14	雙鐵	淪陷
	武羊段	武漢至羊樓洞	210.00	No.12	雙銅	淪陷
	石大段	石灰窰至大冶	25.00	No.12	雙銅	淪陷
	五金段	五里界至金口	26.00	No.12	雙鐵	淪陷
	羊通段	羊樓洞至通城	58.00	No.14	雙鐵	淪陷
	賀大直達段	賀勝橋至大冶	90.00	No.14	雙鐵	淪陷
	賀大區間綫	賀勝橋至大冶	90.00	No.14	雙鐵	淪陷
	金汀段	金口至汀泗橋	145.00	No.14	雙鐵	淪陷
	通界段	通城至上界	30.00	No.14	雙鐵	淪陷
	咸通段	咸寧至通山	56.00	No.14	雙鐵	淪陷
	堰白段	堰市至白沙嶺	36.00	No.14	雙鐵	淪陷
	蔡金段	蔡甸至金口	69.00	No.14	雙鐵	淪陷

211. 本省長途電話綫路

截至三十二年底止

綫別	起訖及經過地點	里程（公里）	經費（元）
	總計	4 272.50	580 483
老白	老河口、谷城、草店、均縣、鄖縣、十堰、白河	377.00	54 000
石鶴	石花街、保康、房縣、竹山、竹谿	389.00	68 600
保南	保康、南漳	84.00	6 606
保歇	保康、歇馬河	70.00	2 738
興歇	興山、歇馬河	170.00	19 436
歇九	歇馬河、馬橋口、范家埡、九道梁	230.00	83 270
房柯	房縣、柯家營	90.00	26 570
興遠	興山、霧渡河、遠安	150.00	9 944
巴沙	巴東、沙鎮溪	55.00	9 915
巴施	巴東、建始、恩施	228.00	41 800
恩來	恩施、宣恩、咸豐、來鳳	187.00	22 280
宣沙	宣恩、沙道溝	100.00	2 408
燕沙	燕子坪、鶴峯、沙道溝	150.00	10 684
採燕	採花台、燕子坪	70.00	5 874
採五	採花台、五峯	60.00	1 404
五都	五峯、漁陽關、宜都	140.00	3 362
資都	資坵、長陽、宜都	120.00	19 020

續表

綫別	起訖及經過地點	里程（公里）	經費（元）
椰五	椰坪、資坵、五峯	125.00	19 812
秭歸	椰坪、秭歸	105.00	14 014
宜施	宜昌、賀家坪、椰坪、野二關、高店子、恩施	400.00	27 740
曹長	曹家畔、高家堰、長陽	50.00	500
巴竹	巴東、九道梁、竹山	320.00	48 928
樊倉	樊振、呂堰鎮、倉台鎮	90.00	22 112
巴巫	巴東、望天坪	35.00	9 449
利石	利川、白陽堂	45.00	16 800
鶴桑	鶴峰、茶果溪	45.00	16 800
漁石	漁主關、良子椰	35.00	12 770
孟老	孟家樓、光化、老河口	28.00	—
均沙	均縣、沙蔴嶺	48.00	—
高建	高店子、建始	40.00	1 324
高巴	高店子、綠葱坡、巴東	129.00	2 458
老呂	老河口、呂堰鎮	60.00	—
南武	南漳、武安鎮	29.00	—
來龍	來鳳、龍山	3.50	814
沙東	沙市、東嶽廟	15.00	—

212. 本省長途電話歷年架設綫路

截至卅二年底

區別	段別	起訖地點	里程（公里）	電綫種類		完成時期
	總計		8 154.50			
鄂東區			1 799.10			
	倉運段	倉子埠至陽邏	28.00	No. 14	雙鐵	二十五年 三月
	潭田段	潭河至田家鎮	75.00	No. 14	雙鐵	二十五年 三月
	漢黃行車專綫	漢口至黃陂	39.10	No. 14	雙鐵	二十五年 十二月
	廣梅段	廣濟至黃梅	50.00	No. 14	雙鐵	二十六年 十月
	黃廣段	黃梅至廣水	93.00	No. 14	雙鐵	二十六年 十月
	團黃段	團風至黃岡	35.00	No. 14	雙鐵	二十七年 七月
	英太段	英山至太湖	295.00	No. 16	雙鐵	二十七年 七月
	英潭段	英山至潭河	295.00	No. 16	雙鐵	二十七年 七月
	禮宣段	禮山至宣化店	50.00	No. 14	雙鐵	二十七年 七月
	黃大段	黃梅至大吉嶺	35.00	No. 14	雙鐵	二十七年 七月

續表

區別	段別	起訖地點	里程（公里）	電綫總類		完成時期	
	黃界段	黃安至界河	50.00	No. 14	雙鐵	二十七年	七月
	英羅段	英山至羅田	42.00	No. 14	雙鐵	二十七年	八月
	松淋段	松子關至淋山河	135.00	No. 14	雙鐵	二十七年	八月
	黃中段	黃安至中途店	55.00	No. 14	雙鐵	二十七年	八月
	羅松段	羅田至松子關	74.00	No. 14	雙鐵	二十七年	八月
	黃花段	黃陂至花園	84.00	No. 14	雙鐵	二十七年	八月
	黃孝段	黃陂至孝感	55.00	No. 14	雙鐵	二十七年	八月
	陂安段	黃陂至黃安	100.00	No. 14	雙鐵	二十七年	八月
	羅麻段	羅田至麻城	92.00	No. 12	雙鐵	二十七年	八月
	張四段	張店至四店	15.00	No. 14	雙鐵	二十七年	八月
	黃應段	黃安至應山棚	60.00	No. 12	雙鐵	二十七年	八月
	羅平段	羅田至平湖	16.00	No. 14	雙鐵	二十七年	八月
	宋家段	宋部①至新洲	26.00	No. 14	雙鐵	二十七年	八月

① 疑爲"宋埠"。

續表

區別	段別	起訖地點	里程（公里）	電綫總類		完成時期
鄂南段			620.00			
	趙通段	趙李橋至通城	58.00	No. 12	雙鐵	二十五年 二月
	五金段	五里界至金口	25.00	No. 12	雙鐵	二十五年 四月
	賀大段	賀勝橋至大冶	90.00	No. 12	雙鐵	二十五年 四月
	富陽段	富池口至陽新	40.00	No. 10	雙鐵	二十六年 三月
	咸通段	咸寧至通山	56.00	No. 14	雙鐵	二十六年 九月
	咸嘉段	咸寧至嘉魚	35.00	No. 14	雙鐵	二十六年 十月
	陽龍段	陽新至龍港	56.00	No. 14	雙鐵	二十六年 十月
	金嶂段	金口至嶂洲	55.00	No. 14	雙鐵	二十六年 十二月
	嘉嶂段	嘉魚至嶂洲	55.00	No. 14	雙鐵	二十六年 十二月
	通荊段	通山至黃金嶺	50.00	No. 14	雙鐵	二十七年 七月
	通上段	通城至界上	30.00	No. 14	雙鐵	二十七年 七月
	龍嶂段	龍港至嶂	15.00	No. 14	雙鐵	二十七年 七月

续表

区别	段别	起迄地点	里程（公里）	电线总颣		完成时期	
鄂北段	阳界段	阳新至界省	30.00	No. 14	双铁	二十七年	七月
	广应段	广水至应山	24.00	No. 14	双铁	二十六年	九月
	秭兴段	秭归至兴山	63.00	No. 12	双铁	二十六年	五月
	兴远段	兴山至远安	150.00	No. 14	双铁	二十七年	十二月
	兴歇段	兴山至歇马河	171.00	No. 12	双铁	二十八年	六月
	保歇段	保康至歇马河	70.00	No. 12	双铁	二十八年	七月
	房县段	房县至柯家营	90.00	No. 14	双铁	二十九年	八月
	保南段	保康至南漳	804.00	No. 12	双铁	二十九年	九月
	歇九段	歇马河至九道梁	230.00	No. 14	双铁	二十九年	十一月
	巴竹段	巴东至竹山	320.00	No. 14	双铁	三十年	四月
	樊仓段	樊城至仓台镇	90.00	No. 14	双铁	三十年	四月
鄂西区			3 425.40				

續表

區別	段別	起訖地點	里程（公里）	電綫綫類		完成時期	
	漢蔡段	漢口至蔡甸	28.00	No. 12	雙鐵	二十五年	三月
	宜巴段	宜昌至巴東	177.60	No. 12	雙鐵	二十五年	九月
	恩來段	恩施至來鳳	187.00	No. 12	雙鐵	二十五年	十二月
	蔡孝段	蔡甸至孝感	65.00	No. 12	雙鐵	二十六年	八月
	蔡利段	蔡甸至監利	253.00	No. 14	雙鐵	二十七年	一月
	岳潛段	岳口至潛江	25.00	No. 14	雙鐵	二十七年	三月
	蔡川段	蔡甸至漢川	30.00	No. 14	雙鐵	二十七年	三月
	漢宜區間綫	漢口至宜口①	336.90	No. 12	雙鐵	二十七年	三月
	京鐘段	京山至鐘祥	85.00	No. 14	雙鐵	二十七年	四月
	沙東段	沙市至東嶽廟	78.00	No. 12	雙鐵	二十七年	五月
	監沙段	監利至沙市	150.00	No. 12	雙鐵	二十七年	七月

① "宜口"疑爲"宜昌"之誤。

续表

區別	段別	起訖地點	里程（公里）	電綫總類		完成時期	
	宜安段	宜昌至安安爾	110.00	No. 14	雙鐵	二十七年	十月
	宜松段	宜昌至松滋	125.00	No. 14	雙鐵	二十七年	十一月
	宜施段	宜昌至恩施	400.00	No. 14	雙鐵	二十八年	三月
	宜沙段	宜恩至沙道溝	100.00	No. 16	雙鐵	二十八年	四月
	資都段	資坵至宜都	120.00	No. 14	雙鐵	二十八年	五月
	椰五段	椰坪至五峯	125.00	No. 14	雙鐵	二十八年	六月
	秭椰段	秭歸至椰坪	105.00	No. 16	雙鐵	二十八年	六月
	採五段	採花至五峯	60.00	No. 16	雙鐵	二十八年	六月
	五都段	五峯至宜都	140.00	No. 16	雙鐵	二十八年	七月
	採燕段	採花至燕子坪	70.00	No. 14	雙鐵	二十八年	八月
	巴石行車專綫	巴東至石門玖	342.00	No. 14	雙鐵	二十八年	十二月
	燕沙段	燕子坪至沙道溝	150.00	No. 14	雙鐵	二十九年	五月
	曹長段	曹家畔至長陽	50.00	No. 14	雙鐵	二十九年	七月

續表

區別	段別	起訖地點	里程（公里）	電綫總類		完成時期	
鄰省連絡綫	巴東段	巴東至沙鎮溪	55.00	No.12	雙鐵	二十九年	十二月
	來龍段	來鳳至龍山	3.50	No.14	雙鐵	二十九年	十二月
			371.00				
	隨桐段	隨縣至冠子嶺	85.00	No.14	雙鐵	二十七年	三月
	棗新段	棗陽至余家莊	50.00	No.14	雙鐵	二十七年	三月
	光孟段	光化至孟家樓	28.00	No.14	雙鐵	二十七年	三月
	均淅段	均縣至沙麻嶺	48.00	No.14	雙鐵	二十七年	三月
	漁石段	漁洋關至子良鄉	35.00	No.14	雙鐵	二十八年	九月
	巴巫段	巴東至望天坪	35.00	No.14	雙鐵	二十八年	九月
	鶴桑段	鶴峰至桑菜果溪	45.00	No.14	雙鐵	二十八年	十二月
	利石段	利川至白楊堂	45.00	No.14	雙鐵	二十八年	十二月
			152.00				
飛行場電話綫	隨縣	飛行場綫	6.00	No.14	雙鐵	二十五年	五月

續表

區 別	段 別	起訖地點	里程（公里）	電綫總頬		完成時期	
	宋埠	飛行場綫	24.00	No. 14	雙鐵	二十七年	一月
	荊門	飛行場綫	24.00	No. 14	雙鐵	二十七年	一月
	襄陽	飛行場綫	24.00	No. 14	雙鐵	二十七年	一月
	老河口	飛行場綫	24.00	No. 14	雙鐵	二十七年	一月
	宜昌	飛行場綫	24.00	No. 14	雙鐵	二十七年	一月
	京山	飛行場綫	7.00	No. 14	雙鐵	二十七年	七月
	橫店	飛行場綫	4.50	No. 12	雙鐵	二十七年	七月
	皂市	飛行場綫	4.50	No. 12	雙鐵	二十七年	七月
	鍾祥	飛行場綫	11.00	No. 12	雙鐵	二十七年	七月
武漢近郊綫	諶口	至怡和村紙坊	200.00	No. 12	雙鐵	二十六年	十二月
	金口	大軍山等地	200.00	No. 12	雙鐵	二十六年	十二月
	愛字堡	防空綫管理處至情報所	149.00	No. 14	雙鐵	二十六年	十二月

213. 本省電話機件數量

三十二年八月

區別	總機			分機		
	程式	單位	數量	程式	單位	數量
鄂西區辦事處	西門子有綫式五門	部	8	西門子膠殼墻機	部	8
	西門子有綫式十門	部	1	西門子鐵殼墻機	部	8
	西門子無綫式十門	部	1	西門子皮盒機	部	10
	西門子無綫三十門	部	1	西門子桌機	部	9
	中國電氣公司十門	部	6	翻新式墻機	部	4
	中國電氣公司五門	部	4	俄國式墻機	部	1
	維昌洋行五門	部	1	維昌洋行墻機	部	7
	維昌洋行十門	部	1	中國電氣公司墻機	部	3
鄂北區辦事處	西門子有綫式五門	部	2	西門子膠殼墻機	部	2
	西門子無綫式五門	部	1	西門子皮盒機	部	5
	中國電氣公司十門	部	1	西門子桌機	部	7
	中國電氣公司五門	部	3	維昌洋行墻機	部	19
	維昌洋行五門	部	2	翻新式墻機	部	1
	維昌洋行十門	部	9	中國電氣公司墻機	部	1
	中天式二十部	部	1			

214. 本省電話所業務概況

三十二年

機別	總機 容量（門）	總機 戶數	分機 桌機	分機 墻機	路綫長度（公里）	每日平均通話次數
共計	150	149	74	18	305	15 500
第一號總機	60	57	29	5	100	6 000
第二號總機	55	57	27	8	100	5 000
第三號總機	20	23	12	2	70	3 000
第四號總機	15	12	6	3	35	1 500

215. 鄂西鄂北人行道概况

截至卅二年底止

名称	起讫地点	经过地点	里程（公里）	路面宽度（公尺）	现在交通情形
		总计	2 806.40		
巴元人行道	巴东—元和观	龙家桥、兴山、欧家店、马礁口、房县、大子坡	311.00	2—2.5	驮载可通行
施利人行道	恩施—利川	方家坶、石板岭、长欠、国保寺、利川县城、乾堰堂	97.00	2.5	人力挑运
宜巴人行道	宜昌—巴东	雾渡河、大峡口、兴山、东滚口	220.00	1.5	人力挑运
宜施人行道	宜昌—恩施	安安溯、曹家畔、长阳、木桥溪、大沙坪、野三关、高店子、红岩子	330.50	1.5	路窄驮载不易通运
宜来人行道	宜恩—来凤	椒园、东门坡、高罗、乾坶、李家河、小河坪	160.00	1.5	人力挑运
咸来人行道	咸丰—来凤	土地关、忠堡、红花岭、宣渡口	61.00	1.5	人力挑运
保竹人行道	保康—竹山	观音堂、小河口	295.00	1.5	人力挑运

續表

名稱	起訖地點	經過地點	里程（公里）	路面寬度（公尺）	現在交通情形
長鶴人行道	長陽—鶴峯	大堰、漁洋關、五峯縣城、岩板河、清水湄、石龍洞	241.00	1.5	人力挑運
來鶴人行道	來鳳—鶴峯	李家河、沙道溝、分水嶺、奇峯關、五里坪、走馬坪、南北墩	220.00	1.5	人力挑運
石保人行道	石花街—保康	同樂、歇馬河、歇家店	145.00	1.5	人力挑運
宜五人行道	宜都—五峯	聶家河、漁洋關、洞口	125.00	1.5	人力挑運
建奉人行道	建始—奉節	杉木梁子、橫漕	35.00	1.5	人力挑運
利咸人行道	利川—咸豐	紅春口、兩河口、毛壩場、石人坪、青崗嶺	106.00	1.5	人力挑運
鄖巫人行道	鄖縣—巫山	薛家河、鮑家店、西界、竹山縣城、官渡蒲、溪溝、如猪、界嶺	303.60	1.5	係設計路線運輸不易
宜恩人行道	宜都—恩施	长陽、都鑛灣、資坵、椰坪（椰坪以後接宜施人行道）	146.80	1.5	人力挑運

216. 本省驛運幹綫概況

三十一年

路綫	起訖地點	經過地點	里程（公里）	業務
川鄂幹綫	萬縣—恩施	萬縣—長嶺崗—長灘井—趕場壩—龍駒壩—青龍嘴—磨刀溪—茅柯—營尚—小箐—利川—黃泥坡—團保寺—長慶—羅鎮田—溫泥壩—恩施	319.5	承運萬縣至利川恩施等地軍米及少數川鹽桐油，其他商貨甚少
施巴支綫	恩施—巴東	恩施—龍鳳壩—魯竹壩—白楊坪—建始—長梁子—董家坪—茅田—趙家台—光河—龍潭坪—綠葱坡—碌砂土—風吹埡—巴東	206.0	進口以川鹽運鄂，出口以鄂土產運為大宗。此外並濟運五、六、九戰區軍用為主要任務
巴河支綫	巴東—老河口	巴東—都家坪—龍家橋—興山—教場壩—棒子樹嶺—歐家店—歇馬河俊坪—保康—開峯啞—同樂—石花街—谷坡—老河口	312.5	以疏運①豫省土產入川，及鄂產茶葉，川湘布疋糖鹽等至豫為主要任務，兼運軍需物品

① 應為"輸運"。

217. 川鄂驛運幹線萬恩線里程

三十二年
單位：公里

	萬縣	長嶺崗	長灘井	趕場壩	龍駒壩	奇龍嘴	磨刀溪	茅槽	營尚	小箐	利川	黃泥坡	團寶寺	長慶	羅針田	濫泥壩
長嶺崗	12															
長灘井	38	26														
趕場壩	62	50	24													
龍駒壩	76	64	38	14												
奇龍嘴	99.5	87.5	61.5	37.5	23.5											
磨刀溪	123	111	85	61	47	23.5										
茅槽	132.5	120.5	94.5	70.5	56.5	33	9.5									
營尚	156.5	144.5	118.5	94.5	80.5	57	33.5	24								
小箐	175.5	163.5	137.5	113.5	99.5	76	52.5	43	19							
利川	194.5	182.5	156.5	132.5	118.5	95	71.5	62	38	19						
黃泥坡	219.5	207.5	181.5	157.5	143.5	120	96.5	87	63	44	25					
團寶寺	233.5	221.5	195.5	171.5	157.5	134	110.5	101	77	58	39	14				
長慶	252.5	240.5	214.5	190.5	176.5	153	129.5	120	96	77	58	33	19			
羅針田	273.5	261.5	235.5	211.5	197.5	174	150.5	141	117	98	79	54	40	21		
濫泥壩	291.5	279.5	253.5	229.5	215.5	192	168.5	159	135	116	97	72	58	39	18	
恩施	319.5	307.5	281.5	257.5	243.5	220	196.5	187	163	144	125	100	86	67	46	28

218. 鄂西北縣鄉道里程

三十二年

單位：華里

(1) 恩野道

恩施

30	向家村								
60	30	熊家岩							
130	100	70	鴉雀嶺						
175	145	115	45	紅岩子					
205	175	145	75	30	石墶子				
240	210	180	110	65	35	高店子			
255	255	195	125	80	50	15	大支坪		
310	280	250	180	135	105	70	55	晏塘	
340	310	230	210	165	135	100	85	30	野三關

(2) 利咸道

利川

45	紅春溝					
95	50	毛壩				
130	80	35	黃府壩			
155	110	60	25	石人坪		
185	140	90	55	30	青岡嶺	
251	170	120	85	60	30	咸豐

(3) 利來道

利川	李子坳	元寶嘴	冷水坪	沙櫟子	後河溝	黑洞	龍潭寺	青岡嶺	耗子壩	老寨	忠堡	三堡嶺	來鳳
15													
30	15												
45	30	15											
60	45	30	15										
90	75	60	45	30									
105	90	75	60	45	15								
195	180	165	150	135	105	90							
230	215	200	185	170	140	125	35						
245	230	215	200	185	155	140	50	15					
275	260	245	230	215	185	170	80	45	30				
305	290	275	260	245	215	200	110	75	60	30			
335	320	305	290	275	245	230	140	105	90	60	30		
375	350	345	330	315	285	270	180	145	130	100	70	40	

（4）利恩道

利川

60	團寶寺			
105	45	石板嶺		
120	60	15	羅針田	
195	135	90	75	恩施

（5）來宣道

來鳳

60	乾壩				
90	30	高羅			
120	60	30	板寮		
150	90	60	30	毛壩塘	
190	130	100	70	40	宣恩

（6）來鶴道

來鳳

30	沙道溝			
120	90	分水嶺		
185	155	65	太平鎮	
215	185	95	30	鶴峯

（7）鶴五道

鶴峯
80　　燕子坪
160　　80　　岩板河
190　　110　　30　　茅莊
270　　190　　110　　80　　五峯

（8）五漁道

五峯
30　　紅岩瑙
60　　30　　洞口
90　　60　　30　　百年關
120　　90　　60　　30　　漁洋關

（9）漁三道

漁洋關
30　　九里坪
60　　30　　灰溪
90　　60　　30　　都鎮灣
120　　90　　60　　30　　楊乂溪
185　　155　　125　　95　　65　　汪家坪
220　　190　　160　　130　　100　　35　　喬家坪
255　　225　　195　　165　　135　　70　　35　　三斗坪

(10) 光巴道

光山

80	潘坪				
60	30	龔家橋			
90	60	30	上白灣		
120	90	60	30	兩河口	
150	120	90	60	30	巴東

(11) 南當道

南淳

180	東鞏						
270	90	劉候集					
300	120	30	許家集				
360	180	90	60	南橋			
390	210	120	90	30	荊門		
460	280	190	160	100	70	浠溪河	
490	310	220	190	130	100	30	當陽

（12）興保道

	興山	火羊埡	唐兒埡	涼風埡	黃梁坪	黃土坡	界牌埡	一碗水	教場壩	慶蘭仁	老鼠村	火水坑	榛子嶺	板廟子	黃界埡	官斗坪	可步梯	歇馬河	大石澗	李松坡	陳家灣
火羊埡	8																				
唐兒埡	15	7																			
涼風埡	22	14	7																		
黃梁坪	29	21	14	7																	
黃土坡	36	28	21	14	7																
界牌埡	44	36	29	22	15	8															
一碗水	52	51	44	37	30	23	15														
教場壩	62	54	47	40	33	26	18	3													
慶蘭仁	67	59	52	45	38	31	23	8	5												
老鼠村	72	64	57	50	43	36	28	18	14	5											
火水坑	87	79	72	65	58	51	43	28	25	20	15										
榛子嶺	99	91	84	77	70	63	55	40	37	32	27	12									
板廟子	124	116	109	102	95	88	80	65	62	57	52	37	25								
黃界埡	139	131	124	117	110	103	95	80	77	72	67	52	40	15							
官斗坪	142	134	127	120	113	103	98	83	80	75	70	55	43	18	3						
可步梯	164	156	149	142	135	128	120	105	102	100	92	77	65	40	25	22					
歇馬河	167	159	152	145	138	131	123	105	107	105	95	80	68	43	28	25	3				
大石澗	194	186	179	172	165	158	150	135	132	127	122	107	95	70	55	52	30	27			
李松坡	229	221	214	207	200	193	185	170	167	162	157	142	130	105	90	87	65	62	35		
陳家灣	244	236	229	222	215	203	200	185	182	177	172	157	145	129	105	102	86	77	50	15	
保康	304	296	289	282	275	263	260	245	242	237	232	217	205	180	165	162	140	137	110	75	60

（13）保老道

保康

20	道觀廟					
40	20	開峯峪				
55	35	15	璐瑪觀			
115	95	75	60	干柴埡		
175	155	135	120	60	石花街	
235	215	195	180	120	60	老河口

（14）保房道

保康

60	寺坪			
120	60	青鋒鎮		
180	120	60	馬欄	
210	150	90	30	房縣

（15）竹竹道

竹山

90	保豐			
125	35	縣河舖		
155	65	30	水坪	
185	95	60	30	竹谿

（16）保谷道

保康

40	開鋒峪		
120	80	龍潭	
240	200	120	谷城

（17）鄖老道

鄖縣
80	安陽鎮			
90	10	均縣		
180	100	90	青山港	
270	190	180	90	老河口

（18）竹鄖道

竹谿
56	得勝堡			
142	86	白河		
232	176	90	天河口	
302	246	160	70	鄖西

（19）老樊道

老河口
30	三汊口				
60	30	石花街			
140	110	80	沙河店		
252	222	192	112	青鋒鎮	
432	402	372	292	180	樊城

（20）襄光道

襄陽
120	南漳					
360	240	馬良坪				
460	340	100	大樹溪			
495	370	135	35	樟村		
515	375	155	55	20	般家坪	
670	455	215	115	80	60	光山

（21）南遠道

南漳

70	響水洞				
150	80	太平鎮			
200	130	50	巡檢司		
230	160	80	30	洋坪	
290	210	130	80	50	遠安

（22）大竹道

大寧場

60	檀樹坪							
120	60	傍坡岩						
180	120	60	羊角洞					
240	180	120	60	老莊子				
300	240	180	120	60	蒲溪溝			
360	300	240	180	120	60	官渡		
420	360	300	240	180	120	60	峪口	
470	410	350	290	230	170	110	50	田家壩
530	470	410	350	290	230	170	110	60	竹山

（23）竹鄖道

竹山

40	欽峪河						
90	50	對河寺					
185	125	75	葉灘				
205	165	115	40	皮鼓灘			
255	215	165	90	50	黃龍灘		
315	275	225	150	110	60	堵河口	
385	345	295	220	180	130	70	鄖縣

219. 本省郵政局所信櫃統計

名稱	三十年	三十一年	三十二年
總計	1 105	1 194	1 380
郵政管理局辦事處	1	1	1
一等郵局	3	3	3
二等郵局	24	24	26
三等郵局	51	45	38
四等郵局	—	3	3
郵政支局	3	2	2
郵政代辦所	478	544	530
郵政信櫃	315	325	528
郵站	196	211	211
郵票代售處	34	36	38

220. 本省郵政業務概況

類別		二十九年	三十年	三十一年	三十二年
各類郵件收寄數目（件）	總計	6 848 737	8 334 188	10 133 871	3 211 845
	平快函件	198 744	211 067	245 271	65 006
	普通函件	5 705 232	7 163 248	8 619 551	2 665 839
	掛號函件	699 179	762 292	1 054 585	402 537
	快遞函件	161 915	137 758	158 479	62 669
	航空函件	80 786	43 021	20 710	6 632
	包裹函件	2 881	16 802	35 329	9 162
郵政儲金（元）	總計	—	643 367.60	4 124 244.16	2 713 350.30
	儲金	—	643 367.60	1 185 918 78	1 171 725.67
	儲蓄券	—	—	2 938 825.38	1 541 624.72
匯兌（元）	總計	18 073 461.69	29 247 360.85	67 403 097.29	54 141 729.23
	匯出	10 489 429.97	16 440 723.94	33 162 456.08	32 336 838.59
	兌付	7 584 031.72	12 806 636.91	31 240 641.21	21 804 890.64

說明：1. 三十二年欄內係一月至六月底止。

2. 儲金包括存簿儲、小額儲金、定期儲金而言。

221. 本省軍郵段局所站統計

名稱	三十一年	三十二年
總計	70	83
軍郵總視察段	2	2
軍郵視察分段	9	9
軍郵局	24	29
軍郵收集所	1	1
軍郵派出所	15	18
軍郵連絡站	19	24

222. 本省郵路里程

單位：公里

年別	郵差幹路	郵差支路	自行車郵路	輪民及民船郵路	汽車郵路
三十年	10 947	3 371	—	360	669
三十一年	11 645	3 128	—	260	720
三十二年	12 201	3 369	92	528	720

第二十類 合 作

223. 歷年合作社組織進度

年別	單位社			聯合社			互助社	
	社數	社員數	已繳股金	社數	社員數	已繳股金	社數	社員數
二十三年	530	10 429	27 614				176	7 671
二十四年	1 000	92 535	126 051	23	283	31 837	1 628	83 125
二十五年	2 501	128 763	177 217	41	503	58 977	2 072	119 083
二十六年	2 777	144 942	219 264	44	655	65 340	2 121	121 753
二十七年	5 615	364 754	981 432	54	743	82 520	2 174	126 073

續表

年別	單位社			聯合社			互助社	
	社數	社員數	已繳股金	社數	社員數	已繳股金	社數	社員數
二十八年	6 607	402 203	1 033 642	58	890	96 320	2 794	126 673
二十九年	7 829	448 912	1 248 840	66	1 091	100 530	3 167	184 903
三十年	8 354	489 248	1 572 187.05	66	1 091	100 530	3 513	207 481
三十一年	10 102	729 642	3 080 624.45	72	1 143	112 580	3 633	215 684
三十二年	11 637	913 033	11 557 381.95	86	1 406	425 940		

資料來源：本表材料根據社會處報表編列。

224. 最近各縣合作社組織

截至三十二年六月底止

縣別	社數	社員數	社股數	股金總額
總計	10 550	750 031	1 469 430	7 871 069
武昌	320	37 522	40 042	107 278
漢陽	253	25 989	32 812	65 624
嘉魚	139	8 237	8 763	25 644
咸寧	249	20 288	20 455	41 738
蒲圻	108	4 816	5 245	10 590
崇陽	72	5 773	5 773	11 546
通城	32	2 020	2 020	4 122
通山	35	1 451	1 140	2 290
大冶	102	5 149	5 149	10 298
陽新	299	18 858	18 858	47 716
鄂城	94	8 262	8 262	27 414
黃岡	198	10 973	10 973	30 762
浠水	107	4 913	4 913	9 834
蘄春	36	1 722	3 887	32 811
廣濟	67	5 461	8 265	127 298
黃梅	86	2 632	2 932	5 864
英山	43	8 339	6 222	47 452

續表

縣別	社數	社員數	社股數	股金總額
羅田	27	1 347	8 115	75 321
麻城	81	2 018	4 392	42 090
黃安	11	306	1 434	4 968
黃陂	125	4 998	4 998	9 996
禮山	18	1 608	1 603	3 216
孝感	147	4 678	5 079	12 158
雲夢	169	13 135	13 175	56 905
漢川	112	8 615	8 800	19 640
應城	241	5 615	5 615	11 280
安陸	289	17 006	17 006	34 012
隨縣	192	10 725	20 599	105 652
鍾祥	19	660	1 011	2 022
京山	143	3 400	3 412	6 824
天門	113	4 400	5 145	10 290
沔陽	198	9 078	9 759	19 618
潛江	64	3 301	3 301	6 502
監利	425	35 719	35 945	91 890
石首	97	7 322	29 028	349 224
公安	55	4 076	40 503	389 477
松滋	149	12 455	49 654	398 302
枝江	113	6 573	7 425	33 204

續表

縣別	社數	社員數	社股數	股金總額
江陵	85	3 748	16 593	149 919
荊門	73	5 605	11 439	67 965
宜城	95	4 302	4 401	8 802
棗陽	430	43 976	81 477	303 857
襄陽	310	25 174	25 878	61 756
光化	111	6 583	8 158	32 313
谷城	54	2 868	3 693	13 181
保康	55	9 983	19 639	48 846
遠安	35	4 843	7 984	41 414
南漳	1	64	2 000	10 000
當陽	20	1 461	2 675	15 845
宜都	181	12 354	36 035	102 495
宜昌	130	7 657	58 753	412 859
興山	6	422	7 030	25 556
秭歸	222	14 894	55 939	490 915
長陽	38	7 317	59 242	657 339
五峯	139	7 574	18 982	57 937
鶴峯	253	15 302	55 684	241 702
宣恩	151	13 470	25 852	197 577
來鳳	328	29 770	31 530	224 305
咸豐	257	26 317	27 775	138 632

續表

縣別	社數	社員數	社股數	股金總額
利川	358	42 099	94 462	502 693
恩施	631	33 032	129 735	855 055
建始	316	17 290	32 433	141 761
巴東	353	16 520	76 711	190 313
房縣	168	8 684	13 039	57 862
均縣	25	2 990	4 442	18 511
鄖縣	34	7 057	13 432	51 856
竹谿	163	19 599	28 083	123 294
鄖西	276	24 635	66 447	248 820
漢口市	66	2 356	2 230	30 844

材料來源：本表材料根據社會處報表編列。

225. 單位合作社分類比較

截至三十二年底止

縣別	共計	供給	鄉（鎮）	保	信用	生產	運銷	消費
總計	11 637	10	587	2 727	5 745	2 067	177	324
武昌	330				330			
漢陽	253				253			
嘉魚	136				17	122		
咸寧	249				167	82		
蒲圻	108				58	50		
崇陽	103		7	19	81	45	1	
通城	32				5	26	1	
通山	35				29	6		
陽新	299				290	9		
大冶	102				58	9	35	
鄂城	94				89	3	2	
黃岡	198			6	74	117		1
浠水	107				2	104	1	
蘄春	97		10	61		26		
廣濟	88		1	36	29	9	13	
黃梅	86				72	5	9	
英山	43		9	3	13	15	1	

續表

縣別	共計	供給	鄉（鎮）	保	信用	生產	運銷	消費
羅田	27	2	6	6	11			2
麻城	31	2		1	14	10	1	2
黃安	22		1	8	8		2	3
黃陂	125				117	8		3
禮山	18				11	7		
孝感	147				140	7		
雲夢	169				124	45		
漢川	112				112			
應城	241				81	158	1	1
安陸	239				141	98		
隨縣	194		17	9	66	101	1	
鍾祥	46		11	16	8	11		
京山	143				11	130	2	
天門	113				75	32	6	
沔陽	193				64	129		
潛江	64				28	27	9	
監利	425				329	96		
石首	97		6	49	33	4	4	1
公安	55		22	12	15	1	4	1
松滋	189		28	107	48	2	1	3
枝江	113		8	47	51		1	6

續表

縣別	共計	供給	鄉（鎮）	保	信用	生產	運銷	消費
江陵	85		6	27	50			2
荊門	80		5	17	51	4	2	1
宜城	95				29	9	57	
棗陽	448		23	61	225	131	2	6
襄陽	310				214	34		2
光化	147		11	61		81	1	3
谷城	54				2	51		1
保康	55		13	10	7	25		
南漳	71		38	32				1
遠安	44		11	32				1
當陽	24		2	5	13	1	1	2
宜都	193		14	57	100	7	2	13
宜昌	139	2	25	19	79	11	1	2
興山	15				12	1		2
秭歸	339		28	148	153	2		8
長陽	331	1	24	138	150	4	1	13
五峯	249		15	114	119			1
鶴峯	147		8	69	41	11		18
宣恩	184	1	13	74	79	12	1	4
來鳳	363		11	103	226	12		11
咸豐	276		16	125	114	12	1	8

續表

縣別	共計	供給	鄉（鎮）	保	信用	生產	運銷	消費
利川	388		16	178	161	11		22
恩施	670		32	153	312	43		130
建始	334		22	81	205	21		5
巴東	386		19	163	189	1		14
房縣	326		25	189	85	24	1	2
均縣	131		21	79	2	23	2	4
鄖縣	41		24		3	8		6
竹豁	163		7	135	15	3		3
鄖西	294		15	257	4	19		5
竹山	63		17	24		11		11
漢口市	66	2			53	1	10	

資料來源：根據社會處報表編列。

226. 歷年合作貸款

截至三十二年底止

年別	貸出金額（元）
二十五年	2 535 524.71
二十六年	6 408 958.84
二十七年	6 523 304.36
二十八年	7 038 017.67
二十九年	9 758 852.41
三十年	13 860 222.02
三十一年	22 412 629.10
三十二年	37 181 437.50

材料來源：本表材料根據社會處報表編列。

227. 各縣合作貸款

截至三十二年底止

縣別	貸出累計數	收回累計數	結欠總額
總計	37 181 437.59	14 303 065.59	22 873 371.91
武昌	403 650.55	146 902.98	256 747.57
嘉魚	141 029.01	19 330.60	121 623.41
咸寧	494 631.00	103 486.15	391 144.85
蒲圻	172 954.68	25 281.94	147 132.74
崇陽	234 440.00	49 837.97	184 602.03
通山	83 807.00	15 462.31	68 344.69
通城	92 560.00	11 093.87	81 466.13
陽新	407 747.00	113 538.96	294 208.04
大冶	157 187.51	22 536.51	134 651.20
鄂城	160 095.31	24 365.26	135 730.05
黃岡	377 522.60	58 457.56	319 065.04
浠水	176 943.82	40 696.00	136 247.82
蘄春	44 823.00	6 661.00	38 162.00
廣濟	52 849.00	19 586.82	33 262.13
黃梅	78 680.41	6 994.19	71 686.22
英山	214 014.00	64 850.49	149 163.51
羅田	269 627.60	70 189.57	199 438.03

續表

縣別	貸出累計數	收回累計數	結欠總額
麻城	174 753.00	44 148.06	130 605.00
黃安	150 647.00	72 202.50	78 444.50
黃陂	146 828.00	35 629.10	111 200.90
禮山	80 703.00	19 383.50	61 319.50
孝感	259 601.50	57 646.94	201 954.56
雲夢	208 690.55	53 172.04	155 518.51
漢川	448 820.00	88 385.32	360 434.68
應城	574 465.77	6 904.43	567 561.34
安陸	224 960.00	52 886.25	178 073.75
隨縣	149 957.80	47 500.00	102 457.80
鍾祥	36 382.70	16 112.70	20 270.00
京山	86 685.00	8 264.00	78 421.00
天門	92 000.00		92 000.00
沔陽	225 699.00	48 758.89	176 940.11
潛江	87 587.00	37 119.83	50 467.17
漢陽	328 349.83	29 184.85	299 164.97
監利	306 158.74	57 429.28	248 729.46
石首	272 543.00	132 803.00	139 745.00
公安	733 138.40		138 138.40
松滋	247 420.00	78 369.00	169 058.00
枝江	121 355.00	52 935.00	68 420.00

续表

縣別	貸出累計數	收回累計數	結欠總額
江陵	65 854.04	5 562.16	60 301.88
荆門	137 033.00	18 764.93	118 268.07
宜城	49 029.50	5 113.35	43 915.65
棗陽	553 434.15	16 892.10	536 542.05
襄陽	747 123.00	312 007.35	435 115.65
光化	518 772.00	19 452.00	499 320.00
谷城	282 223.00	5 476.00	276 747.00
保康	550 900.00	28 789.03	522 110.97
南漳	171 300.00	8 637.00	162 663.00
遠安	117 100.00		11 100.00
當陽	61 644.00	28 893.06	32 750.94
宜都	209 216.80	193 771.80	45 445.00
宜昌	133 138.64	20 849.58	112 289.06
興山	110 000.00	29 177.00	80 823.00
秭歸	1 259 799.00	513 309.00	743 490.00
長陽	682 485.12	251 088.12	431 397.00
五峯	1 128 817.00	535 408.00	592 909.00
鶴峯	1 340 790.00	729 842.04	610 947.96
宣恩	2 088 632.00	1 047 598.00	1 041 034.00
來鳳	2 533 407.70	1 353 261.29	1 185 146.41
利川	2 227 540.80	980 420.30	1 247 120.00

續表

縣別	貸出累計數	收回累計數	結欠總額
恩施	2 467 252.00	1 249 417.49	1 217 834.51
巴東	1 435 221.00	1 173 001.00	262 220.00
房縣	743 407.25	247 980.60	495 126.65
鄖縣	662 900.00	126 489.00	536 411.00
竹山	1 717 593.35	146 916.44	1 570 676.91
竹谿	2 652 935.00	1 648 320.00	1 004 615.00
鄖西	566 363.95	140 742.46	425 621.49
咸豐	1 728 897.38	875 053.47	853 843.97
建始	1 839 787.66	854 737.15	985 010.45
均縣	352 270.00	27 417.69	324 862.31
漢口市	121 047.83		121 047.83

材料來源：本表材料根據社會處報表編列。

228. 合作貸款貸放機關比較

截至三十二年底止
單位：元

機關別	貸出累計數	收回累計數	結欠總額
總計	37 181 437.50	14 303 065.59	22 878 371.91
中國農民銀行	12 310 592.56	2 390 872.22	9 919 720.34
中國銀行	575 242.60	129 342.26	445 900.34
金融救濟處	601 202.40	392 462.90	208 739.50
湖北省銀行	4 085 368.00	1 833 485.44	2 251 882.56
湖北省政府	669 175.09	346 148.56	323 026.53
農行與農本局	186 325.00	80 319.36	106 005.64
湖北省與各行局	18 753 531.85	9 130 343.85	9 623 097.00

材料來源：本表材料根據社會處報表編列。

229. 合作金庫概況

截至三十一年底止

設置地點	成立日期 年	成立日期 月	股金(元) 共計	股金(元) 本省認購	股金(元) 各行局認購	股金(元) 社有	人數	社數	放款(元) 放出	放款(元) 收回	放款(元) 實放	存款(元) 存入	存款(元) 支出	存款(元) 實存
總計			1 325 010.50	151 657.00	1 026 120.00	137 233.50	2 198	115 874	11 073 884.03	4 697 632.92	1 376 207.77	29 026 999.45	28 191 224.45	835 785.00
恩施	28	11	106 228.59	9 210.00	82 760.00	14 258.50	278	19 401	1 148 257.57	513 352.57	634 905.00	212 624.49	211 626.62	997.87
巴東	28	7	113 040.00	18 900.00	83 140.00	11 000.00	266	10 648	1 192 916.00	445 911.00	747 005.00	85 648.32	47 764.03	37 920.29
咸豐	28	7	102 330.00	9 100.00	81 810.00	14 420.00	161	10 335	1 210 614.38	512 003.98	698 610.32	1 365 312.78	1 081 172.52	284 140.26
宜都	28	11	78 090.00	3 890.00	68 200.00	—	—	—	99 215.00	—	99 215.00	—	—	—
建始	28	7	102 490.00	9 040.00	81 260.00	12 190.00	280	13 789	1 029 486.66	693 871.66	335 615.00	1 101 266.54	1 094 955.20	6 311.34
長陽	28	11	101 540.00	9 830.00	88 710.00	3 000.00	133	4 100	223 985.12	116 234.00	107 751.12	56 088.87	54 340.44	1 258.43
五峯	28	11	102 260.00	9 950.00	87 730.00	4 000.00	155	6 322	904 307.00	313 692.00	590 615.00	969 610.87	643 298.29	326 312.58
宣恩	28	6	121 055.00	8 950.00	80 570.00	31 535.00	100	5 591	1 130 731.00	561 721.00	569 010.00	74 061.05	58 909.90	15 151.15
利川	28	7	103 780.00	8 530.00	81 170.40	14 080.00	174	13 406	905 945.30	434 425.00	562 520.30	169 868.30	159 398.21	10 467.09
秭歸	28	11	101 109.00	9 810.00	86 940.00	4 350.00	154	5 319	389 679.00	225 779.00	613 900.00	9 166.36	3 004.56	6 161.80
來鳳	29	8	102 850.00	8 170.00	73 340.00	1 340.00	242	12 267	1 193 565.00	621 767.71	577 997.29	24 361 161.30	34 722 132.29	139 029.01
鶴峯	29	1	106 159.00	9 680.00	86 990.00	9 480.00	257	14 687	1 169 502.00	349 925.00	817 577.00	122 147.57	114 113.39	8 035.18
宜昌	29	5	28 430.00	9 930.00	15 500.00	—	—	—	6 245.00	—	6 245.00	—	—	—
松滋	29	5	19 970.00	9 970.00	10 000.00	—	—	—	10 080.00	—	10 080.00	—	—	—
枝江	29	5	15 997.00	997.00	15 000.00	—	—	—	11 355.00	—	11 355.00	—	—	—
襄陽	29	5	19 700.00	19 700.00	—	—	—	—	—	—	—	—	—	—

材料來源：本表材料根據社會處報表編列。

230. 合作貸款各類比較

截至三十二年底止

種類	結欠總額（元）	百分比
總計	22 878 371.91	100.00
信用	7 645 620.86	33.35
供給	535 867.87	2.47
農業生產	9 931 771.51	43.20
運消	843 891.32	3.64
消費	272 574.00	1.19
農田水利	1 480 298.00	6.51
農村副業	284 714.32	1.04
其他	1 852 639.03	8.10

材料來源：本表材料根據社會處報表編列。

231. 平價物品供應處換入物品

品名	單位	三十一年	三十二年
木柴	斤	304 197	3 578 632.00
桴炭	斤	6 527	—
板炭	斤	8 752	581.50
大米	斤	12 928	1 450.69
苞谷	斤	4 881	—
糯米	斤	12 138	2 181.33
陰米	斤	1 320	52.81
木油	斤	7 564	27 129.74
小麥	斤	183 264	—
黃豆	斤	62 445	1 422.00
麵粉	斤	6 728	7 264.32
蔴油	斤	1 692	—
茶油	斤	106 382	52 141.50
菜油	斤	11 824	—
菜籽	斤	11 098	—
蔴油	斤	17 613	—
猪油	斤	2 845	150.31
猪肉	斤	2 596	242.00

續表

品名	單位	三十一年	三十二年
臘肉	斤	1 742	408.06
火腿	斤	388	—
母雞	斤	24 133	2 731.65
公雞	斤	17 185	1 310.11
鴨子	斤	20 371	191.00
雞蛋	個	281 704	78 173.00
鴨蛋	個	6 164	—
分板	丈	1 518	—
樓板	丈	1 824	—
橡皮	斤	4 259	—
芝麻糕	斤	1 845	—
雞蛋糕	斤	2 105	—
綠豆糕	斤	894	—
月餅	斤	2 890	—
土碗	筒	194	
肥皂	箱	12	—
鮮魚	斤		225.31
灰麵	斤		5 172.22

資料來源：本表根據平價物品供應處報表編列。

232. 平價物品供應處換出物品數量

品名	單位	三十一年	三十二年
白土布	尺	129 691	89 535.29
藍土布	尺	91 885	34 814.00
青土布	尺	59 283	—
灰土布	尺	—	9 472.00
大青布	尺	27 499	345.41
小青布	尺	—	31.15
斜紋	尺	10 904	774.28
青市布	尺	49 566	2 096.28
白市布	尺	1 876	360.00
安安布	尺	40 949	1 109.93
豪俠藍	尺	56 099	479.87
嗶嘰	尺	45 792	—
士林布	尺	49 215	765.57
灰呢布	尺	1 584	—
絹紋布	尺	5 848	—
直黃呢	尺	15 075	—
花嗶嘰	尺	12 774	506.68
草綠布	尺	3 845	—

續表

品名	單位	三十一年	三十二年
花標布	尺	1 842	241.00
花洋紗	尺	4 329	—
見美呢	尺	—	3.20
標準布	尺	—	0.89
棉絮	斤	—	49.25
棉花	斤	—	7.50
食鹽	斤	21 535	87 123.13
紅糖	斤	5 385	841.82
白糖	斤	8 243	481.00

資料來源：根據平價物品供應處報表編列。

233. 平價物品供應處省會各食堂供應人數（甲）

三十一年

食堂別	共計			會餐			單餐		早點	
	桌數	人數	份數	桌數	人數	份數	人數	份數	人數	
總計	13 225	277 331	163 153	13 225	114 178	90 813	90 818	72 335	72 335	
第一食堂	3 686	116 440	82 954	3 686	33 476	82 954	82 954	—	—	
第二食堂	7 316	113 398	51 110	7 316	62 288	—	—	51 110	51 110	
第三食堂	2 223	47 503	29 080	2 223	18 414	7 854	7 854	21 225	21 225	

說明：第二食堂係七月至十二月數字，第三食堂係十月至十二月數字。

材料來源：本表材料根據平價物品供應處報表編列。

234. 平價物品供應處省會各食堂供應人數（乙）

三十二年

餐別	共計		標準餐		經濟客飯		零點		早點	
	份數	人數	份數	人數	份數	人數	份數	人數	份數	人數
總計	224 033	402 104	21 270	199 332	150 883	150 883	265	304	57 585	51 585
一月	19 304	38 910	2 268	21 874	16 327	16 327	64	64	645	645
二月	15 503	27 723	1 366	13 536	13 517	13 517	31	31	589	589
三月	32 141	50 974	2 156	20 985	29 355	20 355	20	24	610	610
四月	28 700	47 595	2 022	20 912	13 569	18 569	54	59	8 055	8 055
五月	25 035	46 093	2 352	23 410	18 280	18 280	69	69	4 334	4 334
六月	13 386	25 063	1 303	12 980	6 534	6 584	57	57	5 442	5 442

續表

餐列	共計		標準餐		經濟客飯		參點		早點	
	份數	人數	份數	人數	份數	人數	份數	人數	份數	人數
七月	20 190	38 910	2 496	21 216	11 064	11 064	—	—	6 630	6 630
八月	19 440	33 738	2 573	21 871	10 870	10 870	—	—	5 997	5 997
九月	18 754	34 558	1 989	17 793	9 573	9 573	—	—	7 192	7 182
十月	10 752	18 152	925	8 325	5 609	5 609	—	—	4 218	4 213
十一月	10 185	17 377	399	8 091	5 361	5 391	—	—	3 925	3 925
十二月	10 643	13 011	921	8 239	5 774	5 774	—	—	3 948	3 948

材料來源：本表材料根據平價物品供應處報表編列。

235. 平價物品供應處配售公務員及民家肉類數量

三十一年六月至十二月

肉類	單位	共計		公務員		民衆	
		數量	金額（元）	數量	金額（元）	數量	金額（元）
總計	斤	85 367	392 426.57	53 744	209 264.22	31 623	183 162.25
	付	1 099	6 723.80	650	3 800.40	449	2 925.40
豬肉	斤	81 538	368 220.60	51 868	201 094.60	29 670	167 126.00
羊肉	斤	2 904	13 896.00	1 802	7 241.50	1 102	6 654.50
其他	斤	925	10 309.97	74	928.12	851	9 381.75
	付	1 099	6 725.80	650	3 800.40	449	2 925.40

材料來源：本表材料根據平價物品供應處報表編列。

236. 平價物品供應處配售民家物品數量

三十一年十月至十二月

品名	單位	數量	金額（元）
總計		47 264	149 821.70
青市布	尺	2 079	8 116.00
安安布	尺	2 285	11 832.00
豪俠布	尺	1 987	10 928.50
嗶嘰	尺	273	1 501.50
士林布	尺	2 831	19 817.00
大青布	尺	2 088	10 022.40
白土布	尺	2 098	2 098.00
藍土布	尺	831	831.00
青土布	斤	325	325.00
棉絮	斤	1 835	38 535.00
棉花	斤	576	11 520.00
木油	斤	532	1 489.60
菜油	斤	1 305	7 830.00
木柴	斤	10 352	2 070.40
黃豆	斤	1 005	1 057.50
麵粉	斤	534	2 029.20
雞鴨	斤	2 574	14 267.00
蛋類	個	13 754	5 501.60

材料來源：本表材料根據平價物品供應處報表編列。

237. 省級各機關員役及眷屬人數

(省會)

三十二年

機關別	共計 大口	共計 小口	職員數	公役數	眷屬 大口	眷屬 小口
總計	9 672	2 442	2 974	1 639	5 059	2 442
秘書處	923	225	209	169	545	225
民政廳	418	97	119	57	242	97
財政廳	1 051	288	310	109	632	288
教育廳	374	99	103	47	224	99
建設廳	475	163	136	61	278	163
會計處	164	45	54	20	90	45
社會處	265	79	100	35	130	79
警務處	424	214	201	5	218	214

續表

機關別	共計 大口	共計 小口	職員數	公役數	眷屬 大口	眷屬 小口
人事室	173	30	67	16	90	30
衛生處	239	69	39	22	128	69
省立醫院	164	35	67	40	57	35
農業改進所	283	71	105	63	181	71
省會警察局	216	52	130	—	86	52
參議會	141	25	34	25	82	25
省幹團	1 022	194	202	279	541	194
文藝委員會	138	27	61	38	39	27
新湖北日報社	272	36	65	133	39	36
實驗民衆教育館	82	13	24	10	74	13
交通管理處	508	117	189	98	48	117
省立圖書館	47	8	13	7	293	8

續表

機關別	共計		職員數	公役數	眷屬	
	大口	小口			大口	小口
科學館	77	29	27	9	27	29
通志館	25	9	9	3	41	9
省府無綫電台	129	7	90	32	13	7
省會電話所	83	7	37	10	7	7
農學院	323	91	66	83	36	91
教育學院	285	62	62	62	161	62
工學院	76	15	14	14	48	15
醫學院	117	25	41	21	55	25
第七高中	113	41	46	4	63	41
第七女高	152	56	47	33	72	56
第二女師	133	33	34	25	74	36
高級農業學院	109	48	31	21	57	48

续表

机关别	共计		职员数	公役数	眷属	
	大口	小口			大口	小口
实验小学	82	24	30	6	46	24
粮政同粮欵清理处	72	21	17	4	51	21
教育学院附小	29	—	16	4	9	—
教育学院附中	76	23	24	10	42	23
第一儿童教养院	65	9	24	18	23	9
鄂西农场	85	20	23	22	40	20
省会七小	12	5	5	1	6	5
水利工程处	178	27	26	26	99	27

说明：省会第一二三四五六八各小学人数并入各厅处内，田粮管理处并入财政厅内。

238. 省級各機關員役及眷屬人數

(外縣)

三十二年

機關別	共計		職員數	公役數	眷屬	
	大口	小口			大口	小口
總計	12 059	5 384	2 058	1 275	8 726	5 387
駐滇辦事處	46	22	10	2	34	22
駐渝辦事處	54	26	12	2	40	26
巴東聯合辦事處	22	10	4	2	16	10
鄂東行署	479	219	39	41	349	219
鄂北行署	367	163	61	41	265	163
第一區專署	377	173	71	31	275	173
第二區專署	258	117	49	19	135	117
第三區專署	377	173	71	31	275	173

續表

機關別	共計		職員數	公役數	眷屬	
	大口	小口			大口	小口
第四區專署	245	113	47	19	179	113
第五區專署	245	113	47	19	179	113
第六區專署	245	113	47	19	179	113
第七區專署	233	107	44	19	170	107
第八區專署	245	113	47	19	179	113
各區訓練班	536	226	71	84	381	226
第一高中	169	77	81	15	123	77
第二高中	551	247	95	57	399	247
第三高中	107	49	20	9	78	49
第四高中	169	77	31	15	123	77
第五高中	169	77	31	15	123	77
第六高中	291	131	51	29	211	131
第八高中	291	131	51	29	211	131

續表

機關別	共計		職員數	公役數	眷屬	
	大口	小口			大口	小口
第四女高	283	127	49	29	205	127
省五峯初中	204	92	86	20	148	92
省巴東初中	139	63	25	13	101	63
省長陽初中	139	63	25	13	101	63
省秭歸初中	143	65	26	13	104	65
省建始初中	234	106	42	22	170	106
第一師範	309	139	54	31	224	139
第二師範	329	149	59	31	239	149
第四師範	165	75	30	15	120	75
第五師範	256	116	46	24	186	116
第七師範	256	116	46	24	186	116
第八師範	338	158	59	34	245	158
第九師範	234	106	42	22	170	106

續表

機關別	共計		職員數	公役數	眷屬	
	大口	小口			大口	小口
省一高農	36	16	6	4	26	16
省八高農	36	16	6	4	26	16
省一女師	204	92	36	20	148	92
省立高工	321	139	54	35	232	139
省立高商	298	134	52	30	216	134
省立初農	129	59	24	11	94	59
省立女職	210	94	36	22	152	94
各師範附小	228	108	48	12	168	108
電機修理室	38	16	5	6	27	16
公路測量隊	168	63	18	32	118	68
鄂北農場	156	60	12	86	108	60
鄂西林場	135	51	9	33	93	51
鄂北林場	142	54	10	34	98	54

續表

機關別	共計 大口	共計 小口	職員數	公役數	眷屬 大口	眷屬 小口
五峯茶場	44	18	5	8	31	18
血清製造場	76	32	10	12	54	32
稻業改良場	61	23	4	15	42	23
水利勘測隊	890	160	45	70	275	160
醫療防疫隊	396	180	72	36	288	180
巴咸段工程路衛生隊	40	18	7	4	29	18
各衛生隊	167	75	30	15	122	75
第二兒童教養院	103	47	19	9	75	47
第三兒童教養院	87	39	15	9	63	39
第四兒童教養院	87	39	15	9	63	39
第五兒童教養院	7	3	1	1	5	3

239. 省營事業機關員役及眷屬人數

三十二年

機關別	共計 大口	共計 小口	職員數	公役數	眷屬 大口	眷屬 小口
總計	5 887	1 632	1 641	1 426	2 820	1 632
建設廳被服部	61	25	11	25	25	25
建設廳手紡工廠	175	15	21	134	20	15
巴咸工程段	153	21	40	11	102	21
湖北省合作社物品供銷處	53	19	25	5	23	19
省銀行及供應處	4 864	1 439	1 399	1 078	2 387	1 439
建設廳造紙廠	108	13	16	77	15	13
建設廳恩施煤礦廠	105	27	12	46	47	27
巴咸運輸段	306	63	91	40	175	63
高橋欄工程工務所	62	10	26	10	24	10

240. 省會中央機關員役及眷屬人數

三十二年

機關別	共計		職員數	公役數	眷屬	
	大口	小口			大口	小口
總計	7 197	1 623	3 067	1 988	8 242	1 623
第六戰區長官部	2 438	274	651	1 224	563	274
警備司令部	90	7	86	—	4	7
兵役處	200	52	89	47	64	52
難民管理所	820	175	221	1	98	175
第六軍用無綫電台	25	4	8	6	11	4
中央通訊社	77	38	26	17	34	38
青年招致大隊	107	16	26	27	54	16
前保四科	82	19	43	18	21	19
六戰區幹訓團	357	85	234	—	123	85

续表

机关列	共计		职员数	公役数	眷属	
	大口	小口			大口	小口
特务团	185	23	145	—	40	23
省党部	253	48	121	43	89	48
三民主义青年团湖北支团部	134	24	69	22	43	24
邮政管理局	527	254	246	14	267	254
军队特党部	43	16	27	9	12	16
武汉日报社	115	31	33	60	22	31
堤工专款保管委员会	15	4	4	5	6	4
审计处	113	17	67	16	30	17
第十救济区	74	3	42	4	28	3
江汉工程局	117	31	62	35	20	31
湖北省税务管理局	233	57	128	32	78	57
缉私处	231	99	110	30	91	99
监察使署办公处	10	1	7	2	1	1

續表

機關別	共計 大口	共計 小口	職員數	公役數	眷屬 大口	眷屬 小口
電政管理局	189	70	97	17	75	70
中國茶葉公司恩施茶廠	39	22	31	29	29	22
中央銀行恩施分行	71	18	18	29	24	18
農民銀行恩施辦事處	81	20	83	28	20	20
農林推廣繁殖站	54	11	83	7	14	11
恩施師管區	387	58	191	100	96	58
郵政檢查所	24	10	10	4	10	10
新聞檢查所	18	12	9	4	5	12
青年訓導團	124	23	39	47	38	23
憲兵第三營	25	9	18	—	7	9
高等法院第三分院	189	54	71	42	76	54
第二監獄	141	24	28	56	57	24
恩施稅務徵收局	154	14	49	13	92	14

241. 各縣縣級機關員役及眷屬人數

三十二年

縣別	共計		員役及眷屬				士兵
	大口	小口	職員數	公役數	眷屬		
					大口	小口	
總計	103 505	428	16 882	7 460	78 947	428	14 899
第一區	14 876	—	2 316	1 097	11 458	—	1 775
武昌	1 398	—	216	106	1 076	—	102
漢陽	1 420	—	221	105	1 094	—	204
嘉魚	1 151	—	173	87	886	—	102
咸寧	1 270	—	197	95	978	—	102
蒲圻	1 627	—	206	99	1 022	—	102
崇陽	1 367	—	213	99	1 050	—	143
通城	1 259	—	195	93	970	—	102

續表

縣別	共計		員役及眷屬		眷屬		士兵
	大口	小口	職員數	公役數	大口	小口	
通山	1 201	—	188	87	926	—	306
陽新	1 649	—	259	113	1 272	—	204
大冶	1 471	—	280	107	1 184	—	204
鄂城	1 353	—	212	101	1 059	—	204
第二區	16 574	—	2 613	1 178	12 773	—	2 856
黃岡	1 654	—	260	118	1 276	—	306
浠水	1 678	—	273	121	1 284	—	204
蘄春	1 673	—	265	116	1 292	—	306
廣濟	1 527	—	243	104	1 130	—	306
黃梅	1 389	—	219	98	1 072	—	306
英山	1 382	—	217	99	1 066	—	204
羅田	1 419	—	222	103	1 094	—	102

續表

縣別	共計		員役及眷屬		眷屬		士兵
	大口	小口	職員數	公役數	大口	小口	
麻城	1 626	—	255	117	1 254	—	204
黃安	1 403	—	220	101	1 032	—	204
黃陂	1 393	—	212	101	1 050	—	204
禮山	1 460	—	232	100	1 128	—	510
第三區	13 938	—	2 173	1 016	10 744	—	2 259
孝感	1 363	—	212	101	1 050	—	204
雲夢	1 151	—	173	87	836	—	102
漢川	1 295	—	202	95	938	—	204
應城	1 238	—	198	91	954	—	204
安陸	1 213	—	188	91	934	—	102
應山	1 243	—	194	91	958	—	221
隨縣	1 337	—	300	129	1 458	—	403

續表

縣別	共計		員役及眷屬		眷屬		士兵
	大口	小口	職員數	公役數	大口	小口	
鍾祥	1 626	—	255	117	1 254	—	204
京山	1 420	—	221	105	1 094	—	204
天門	1 502	—	235	109	1 158	—	306
第四區	14 063	—	2 224	980	10 859	—	3 359
沔陽	1 535	—	241	110	1 134	—	204
潛江	1 238	—	193	91	954	—	204
監利	1 676	—	268	112	1 296	—	510
石首	1 454	—	229	103	1 122	—	325
公安	1 562	—	247	109	1 206	—	449
松滋	1 790	—	286	120	1 384	—	510
枝江	1 477	—	233	103	1 141	—	306
江陵	1 943	—	310	131	1 502	—	345

續表

縣別	共計		員役及眷屬		眷屬		士兵
	大口	小口	職員數	公役數	大口	小口	
荊門	1 383	—	217	101	1 070	—	306
第五區	10 637	—	1 671	762	8 208	—	1 488
宜城	1 361	—	213	100	1 052	—	102
襄陽	1 666	—	263	117	1 286	—	468
襄陽	1 879	—	295	133	1 102	—	204
光化	1 428	—	225	101	1 104	—	204
谷城	1 431	—	225	102	993	—	204
保康	1 295	—	202	95	1 216	—	102
南漳	1 577	—	247	114	3 492	—	204
第六區	11 515	—	1 720	806	994	—	1 033
遠安	1 290	—	201	95	980	—	102
當陽	1 272	—	193	94	1 054	—	137

續表

縣別	共計 大口	共計 小口	員役及眷屬 職員數	員役及眷屬 公役數	眷屬 大口	眷屬 小口	士兵
宜都	1 864	—	214	99	1 324	—	182
宜昌	1 717	—	269	124	1 084	—	204
興山	1 406	—	220	102	1 084	—	102
秭歸	1 406	—	220	102	986	—	102
長陽	1 280	—	199	95	986	—	102
五峯	1 280	—	189	95	986	—	102
第七區	12 242	428	2 150	946	9 038	428	988
鶴峯	1 352	—	211	99	1 042	—	102
宣恩	1 321	—	188	91	934	—	102
來鳳	1 515	—	237	110	1 168	—	102
咸豐	1 441	—	227	102	1 112	—	137
利川	1 606	—	254	112	1 240	—	239

續表

縣別	共計		員役及眷屬		眷屬		士兵
	大口	小口	職員數	公役數	大口	小口	
恩施	2 271	428	607	230	1 434	428	102
建始	1 337	—	208	99	1 030	—	102
巴東	1 399	—	218	103	1 078	—	1 141
第八區	9 660	—	1 505	675	7 370	—	141
房縣	1 753	—	277	126	1 360	—	286
均縣	1 502	—	238	104	1 160	—	286
鄖縣	1 341	—	292	127	1 422	—	306
竹山	1 414	—	221	103	1 090	—	102
竹谿	1 462	—	211	99	1 042	—	102
鄖西	1 673	—	266	116	1 296	—	204

資料來源：根據財政廳報表編列。

242. 省級機關憑證分配物品年需量

(省會)

三十二年

機關別	食米(市斤)	食油(市斤)	食鹽(市斤)	燈油(市斤)	木柴(市擔)	煤炭(市擔)	土布(市丈)	棉花(市斤)
總計	5 188 792	163 410	101 680	145 368	28 872	116 295	21 736	21 786
秘書處	492 663	15 540	9 657	13 776	2 755	11 021	2 071	2 071
民政廳	221 651	6 990	4 344	6 180	1 236	4 944	933	933
財政廳	571 128	17 925	11 187	16 068	3 214	12 354	2 390	2 390
教育廳	205 125	6 360	3 960	5 676	1 135	4 541	847	847
建設廳	263 597	8 340	5 253	7 656	1 531	6 125	1 113	1 113
會計處	39 139	2 805	1 746	2 508	302	2 006	373	373
社會處	146 041	4 560	2 859	4 128	826	3 302	609	609
警務處	261 610	7 965	5 100	7 656	1 531	6 125	1 062	1 062

续表

機關別	食米（市斤）	食油（市斤）	食鹽（市斤）	燈油（市斤）	木柴（市擔）	煤炭（市擔）	土布（市丈）	棉花（市斤）
人事室	38 458	2 820	1 737	2 436	487	1 949	376	376
衛生處	180 995	4 110	2 565	3 696	739	2 957	547	547
省立醫院	35 949	2 715	1 686	2 388	478	1 910	363	363
農業改進所	151 679	4 785	2 973	4 248	859	3 398	637	637
施南警察局	115 034	3 630	2 256	3 216	643	2 573	484	484
參議會	72 271	2 295	1 419	1 992	398	1 594	307	307
省幹訓團	527 913	16 735	10 362	14 592	2 918	11 674	2 238	2 238
文藝委員會	71 541	2 280	1 404	1 930	396	1 584	303	303
新湖北日報社	135 516	4 350	2 664	3 696	739	2 957	580	580
實驗民眾教育館	41 539	1 350	816	1 140	228	912	177	177
交通事業管理局	301 303	9 585	5 922	3 364	1 673	6 691	1 277	1 277
圖書館	23 984	765	471	650	132	523	102	102

续表

机关别	食米（市斤）	食油（市斤）	食盐（市斤）	灯油（市斤）	木柴（市担）	煤炭（市担）	土布（市丈）	棉花（市斤）
科学馆	44 863	1 365	567	1 272	254	1 019	133	183
通志馆	14 271	450	269	408	32	326	59	59
省府无线电台	61 057	1 930	1 263	1 632	326	1 306	265	265
省会电话所	40 081	1 305	739	1 080	216	564	173	173
农学院	176 317	5 535	3 453	4 968	994	3 974	737	737
教育学院	149 188	4 740	2 937	4 164	833	8 331	632	632
工学院	39 441	1 245	764	1 092	218	874	167	167
医学院	61 327	1 935	1 203	1 704	241	1 333	259	259
省七高中	64 607	1 010	1 263	1 843	374	1 478	267	267
省七女高	87 173	2 700	1 704	2 496	491	1 997	360	360
省二女师	72 132	2 265	1 413	2 028	401	1 622	302	320
省立高农	65 016	1 995	1 299	1 884	377	1 507	266	266

续表

机关别	食米（市斤）	食油（市斤）	食盐（市斤）	灯油（市斤）	木柴（市担）	煤炭（市担）	土布（市丈）	棉花（市斤）
实验小学	44 953	1 410	832	1 272	254	1 018	188	188
粮食清理处	39 531	1 230	774	1 116	223	898	165	165
教育学院附中	41 992	1 320	822	1 183	238	950	175	175
教育学院附小	13 224	435	261	343	79	278	58	58
第一儿童教养院	32 511	1 050	639	888	178	710	139	189
鄂西农场	45 140	1 425	835	1 260	252	1 008	190	190
省会七小	7 067	210	138	204	41	163	29	29
水利工程处	89 781	2 330	1 764	2 460	492	1 968	883	383

资料来源：根据财政厅报表编列。

243. 省級機關憑證分配物品年需量

(外縣)

三十二年

機關別	食米（市斤）	食油（市斤）	食鹽（市斤）	燈油（市斤）	木柴（市擔）	煤炭（市擔）	土布（市丈）	棉花（市斤）
總計	7 217 354	221 231	140 853	209 350	4 087 040	16 319 120	29 505	29 505
駐滇辦事處	27 991	855	546	816	16 820	65 280	114	114
駐渝辦事處	32 918	1 005	642	960	19 200	76 800	134	134
巴東辦事處	13 222	405	258	384	7 689	80 720	54	54
鄂東行署	288 255	8 527	5 625	8 376	167 520	670 080	1 177	1 177
鄂北行署	219 349	6 727	4 281	6 360	127 200	508 800	897	897
第一區專署	227 099	6 952	4 431	6 600	132 000	528 000	927	927
第二區專署	152 691	4 672	2 979	4 440	88 800	525 200	623	623
第三區專署	220 099	6 952	4 481	6 600	132 000	528 000	927	927

續表

機關別	食米（市斤）	食油（市斤）	食鹽（市斤）	燈油（市斤）	木柴（市擔）	煤炭（市擔）	土布（市丈）	棉花（市斤）
第四區專署	147 767	4 522	2 883	4 296	85 920	343 680	603	603
第五區專署	147 767	4 522	2 883	4 296	85 920	343 680	603	603
第六區專署	147 767	4 522	2 883	4 296	85 920	343 680	603	603
第七區專署	140 381	4 297	2 739	4 080	81 000	32 640	573	573
第八區專署	147 767	4 522	2 883	4 296	85 920	343 690	603	603
各區訓練班	316 510	9 735	6 180	9 144	182 880	731 520	1 298	1 298
第一高中	101 927	3 112	1 983	2 952	59 040	264 160	415	415
第二高中	330 049	10 117	6 441	9 576	101 520	766 080	1 349	1 349
第四高中	101 627	3 112	1 983	2 952	59 040	118 080	415	415
第五高中	101 027	3 112	1 983	2 952	59 040	118 080	415	415
第六高中	174 485	5 347	3 405	5 064	101 280	405 120	713	713
第八高中	174 485	5 347	3 405	5 064	101 280	405 120	413	713
第四女高	169 561	5 197	3 300	4 920	98 400	393 600	693	693

续表

机关别	食米（市斤）	食油（市斤）	食盐（市斤）	灯油（市斤）	木柴（市担）	煤炭（市担）	土布（市丈）	棉花（市斤）
省五峯初中	122 872	3 750	2 383	3 552	71 040	284 160	500	500
省巴东初中	83 481	2 557	1 629	2 424	48 480	193 920	341	341
省长阳初中	83 481	2 557	1 629	2 424	48 480	193 920	341	341
省秭归初中	85 943	2 632	1 677	2 496	49 920	199 840	351	351
省建始初中	140 518	4 805	2 741	4 080	31 600	326 400	574	574
第一师范	185 245	5 677	3 615	5 372	107 520	430 080	757	757
第二师范	197 555	6 052	3 855	5 372	114 720	458 830	307	307
第四师范	99 11□	3 037	1 935	2 880	57 600	230 400	405	405
第五师范	153 740	4 710	3 000	4 464	89 280	357 120	628	628
第七师范	153 740	4 710	3 000	4 464	89 280	357 120	628	628
第八师范	202 516	6 210	3 954	5 880	117 000	470 400	828	828
第九师范	140 518	4 396	2 742	4 080	81 600	326 400	574	574
第一女师	122 372	3 750	2 338	3 552	71 040	284 160	500	500

續表

機關別	食米（市斤）	食油（市斤）	食鹽（市斤）	燈油（市斤）	木柴（市擔）	煤炭（市擔）	土布（市丈）	棉花（市斤）
省立高工	190 717	5 857	3 723	5 520	110 400	441 600	781	781
省立高商	178 634	5 475	3 486	5 184	103 680	414 720	730	730
省立初農	77 345	2 337	1 515	2 256	45 120	180 480	317	371
省立女職	120 716	3 855	2 454	8 848	72 960	291 840	514	514
各師範附小	138 420	4 230	2 700	4 032	80 540	322 560	564	564
電機修理室	22 432	690	438	648	12 960	51 840	92	62
公路測量隊	93 300	1 380	1 920	2 832	56 640	226 560	404	404
鄂北農場	90 276	1 037	1 764	2 592	51 840	207 360	372	372
鄂西林場	77 820	7 020	1 521	2 232	44 640	89 280	321	321
鄂北林場	81 978	7 290	1 602	2 352	47 040	188 160	338	338
五峯茶場	25 806	795	504	744	14 830	59 520	106	106
血清製造場	44 834	1 380	876	1 296	25 920	103 680	184	184
棉業改良場	25 153	1 087	687	1 008	20 160	30 640	145	145

續表

機關別	食米（市斤）	食油（市斤）	食鹽（市斤）	燈油（市斤）	木柴（市擔）	煤炭（市担）	土布（市丈）	棉花（市斤）
水利勘測隊	228 880	7 050	4 470	6 600	132 000	528 000	940	940
醫療防疫隊	237 995	7 290	4 644	6 912	138 240	552 960	972	972
公路衛生站	23 982	735	468	696	13 920	55 680	93	93
各衛生隊	160 077	3 067	1 953	2 904	38 080	232 320	409	409
第二兒童教育院	61 961	1 897	1 200	1 088	36 000	144 000	253	253
第三兒童教育院	52 113	1 597	1 017	1 512	30 240	120 960	213	213
第四兒童教育院	52 113	1 597	1 017	1 512	30 240	120 960	213	213
第五兒童教育院	4 140	12	81	120	2 400	9 690	17	17
省三高中	64 423	1 972	1 257	1 872	37 400	149 760	263	263
省二高農	21 520	660	420	624	12 480	49 920	88	88
省八高農	21 520	660	420	624	12 480	49 920	88	88

資料來源：根據財政廳報表編列。

244. 省事業機關憑證分配物品年需量

三十二年

機關別	食米（市斤）	食油（市斤）	食鹽（市斤）	燈油（市斤）	木柴（市擔）	煤炭（市擔）	土布（市丈）	棉花（市斤）
總計	3 204 158	100 515	62 757	90 204	18 041	72 193	13 402	13 402
建廳被服部	35 791	1 103	699	1 032	206	826	147	147
建廳手紡工廠	84 585	2 737	1 655	2 280	456	1 824	335	335
巴咸工程段	76 467	2 453	1 503	2 083	418	1 670	327	327
合作社物品供應處	30 229	937	591	364	173	691	125	125
省銀行及供應處	2 677 025	83 752	52 410	75 636	15 127	60 509	11 167	11 167
恩施造紙廠	53 395	1 718	1 050	1 452	290	1 162	229	229
恩施煤鑛廠	56 493	1 777	1 107	1 534	317	1 267	237	237
巴東運輸段	159 633	5 063	3 132	4 428	836	3 542	675	675
高橋壩工程事務所	30 550	975	600	840	163	673	130	103

資料來源：根據財政廳報表編列。

245. 各團隊警察官兵數及年需量

三十二年

團隊別	官兵數	食米（市斤）	食油（市斤）	食鹽（市斤）
總計	12 813	7 021 524	9 576	96 098
保一團	1 873	1 029 856	—	14 085
保二團	1 122	614 856	—	8 415
保三團	1 373	1 029 144	—	14 085
保四團	1 122	614 856	—	8 415
保八團	1 122	614 856	—	8 415
保十二團	1 122	614 856	—	8 415
保安第一大隊	646	354 008	—	4 845
保安第二大隊	646	354 008	—	4 845
保安第三大隊	646	354 008	—	4 845
保安第四大隊	646	354 008	—	4 845
特務大隊	464	254 272	4 178	3 480
無綫電隊	97	53 156	—	728
軍需品倉庫	15	8 220	—	113
防空監視隊哨	809	443 332	—	6 067
施南警察局	600	328 800	5 400	4 500

資料來源：根據財政廳報表編列。

246. 省會中央機關憑證分配物品年需量

三十二年

機關別	食米(市斤)	食油(市斤)	食鹽(市斤)	燈油(市斤)	木柴(市擔)	煤炭(市擔)	土布(市丈)	棉花(市斤)
總計	1 932 418	120 735	74 371	103 030	3 051	31 266	9 195	9 195
共計	389 601	63 415	39 087	54 388	2 304	9 214	8 209	8 209
第六戰區長官部	—	33 625	23 586	32 544	—	—	5 150	5 150
警備司令部	43 273	1 403	352	1 134	233	931	187	187
兵役處	—	3 300	2 112	3 024	—	—	452	452
難民管理所	201 745	6 113	3 930	5 940	1 188	4 752	815	815
第六軍用無線電台	—	405	249	343	70	278	—	—
中央通訊社	47 224	1 440	921	1 380	276	1 104	—	—
青年招致大隊	58 896	1 725	1 059	1 476	295	1 180	230	280
前保四科	43 453	1 373	1 352	1 212	242	969	183	183
六戰區幹訓團 比照扣價	—	5 998	3 723	5 304	—	—	799	997
特務團	—	2 948	1 803	2 496	—	—	363	393

續表

機關別	食米(市斤)	食油(市斤)	食鹽(市斤)	燈油(市斤)	木柴(市擔)	煤炭(市擔)	土布(市丈)	棉花(市斤)
共計	642 812	57 820	35 731	51 192	5 747	22 002	986	936
省黨部	—	4 155	2 565	3 613	722	2 896	554	554
三民主義青年團鄂支團	—	2 190	1 350	4 896	376	1 517	—	—
郵政管理局	—	9 810	6 267	9 372	1 874	7 498	—	—
軍隊特黨部	—	840	523	768	154	614	—	—
武漢日報社	—	1 958	1 221	1 752	350	1 402	—	—
堤工專款保管委員會	—	255	159	223	46	182	—	—
審計處	56 951	1 823	1 119	1 560	312	1 243	—	—
第十救濟區	7 341	233	144	201	41	163	—	—
江漢工程局	63 241	1 983	1 239	1 776	355	1 421	—	—
鄂稅務管理局	124 431	3 923	2 439	3 480	696	2 784	—	—
緝私處	135 917	4 203	2 973	3 960	792	2 168	—	—
監察使署辦公處	4 879	158	96	132	26	106	—	—
電政管理局	—	3 923	2 121	3 103	—	—	—	—
中國茶葉公司恩施茶廠	—	4 203	933	1 332	—	—	—	—
中央銀行恩施辦事處	—	158	747	1 068	—	—	—	—

照限價

續表

機關別	食米（市斤）	食油（市斤）	食鹽（市斤）	燈油（市斤）	木柴（市擔）	煤炭（市擔）	土布（市丈）	棉花（市斤）
農林部推廣繁殖所	—	3 360	552	540	—	—	—	—
恩施師管區	—	6 240	3 831	5 340	—	—	—	—
郵政檢查所	—	435	276	408	—	—	—	—
新聞檢查所	—	350	234	360	—	—	—	—
青年訓導團	—	2 033	1 254	1 764	—	—	—	—
憲兵第三營	—	443	279	408	—	—	—	—
高等法院第三分院	103 410	3 240	2 025	2 917	—	—	—	—
第三監獄	71 952	2 295	1 413	1 980	—	—	432	432
恩施稅務徵收局	74 690	2 415	4 470	2 017	—	—	—	—
農民銀行恩施辦事處	—	1 365	849	1 212	—	—	—	—

照限價

資料來源：根據財政廳報表編列。

247. 各縣自衛隊官兵數及年需量

三十二年

縣別	官兵數	食米（市斤）	食鹽（市斤）
總計	14 899	8 164 554	113 770
第一區	1 775	972 700	20 313
武昌	102	55 896	7 765
漢陽	204	111 792	1 530
嘉魚	102	55 896	765
咸寧	102	55 896	765
蒲圻	102	55 896	765
崇陽	143	78 364	1 073
通城	102	55 896	765
通山	306	167 688	2 295
陽新	204	111 792	1 530
大冶	204	111 792	1 530
鄂城	204	111 792	1 530
第二區	2 856	1 565 088	21 420
黃岡	306	167 688	2 295
浠水	204	111 792	1 530
蘄春	306	167 688	2 295
廣濟	306	167 688	2 295

續表

縣別	官兵數	食米（市斤）	食鹽（市斤）
黃梅	306	167 688	2 295
英山	204	111 792	1 580
羅田	120	55 896	765
麻城	204	111 792	1 530
黃安	204	111 792	1 530
黃陂	204	111 792	1 530
禮山	510	279 480	3 825
第三區	2 259	1 237 932	16 943
孝感	204	111 792	1 530
雲夢	102	55 896	765
漢川	204	111 792	1 530
應城	204	111 792	1 530
安陸	102	55 896	765
應山	321	175 908	2 408
隨縣	408	223 584	3 060
鍾祥	204	111 792	1 530
京山	204	111 792	1 530
天門	306	167 688	2 295
第四區	3 359	1 237 932	25 194
沔陽	204	111 792	1 530
潛江	204	111 792	1 530

续表

縣別	官兵數	食米（市斤）	食鹽（市斤）
監利	510	279 480	3 825
石首	325	178 100	2 433
公安	449	246 056	3 368
松滋	510	279 480	3 825
枝江	360	167 688	2 295
江陵	545	298 660	4 088
荆門	306	167 688	2 295
第五區	1 488	815 424	11 160
宜城	102	55 396	765
棗陽	468	256 464	3 510
襄陽	204	111 792	1 530
光化	204	111 792	1 530
谷城	204	111 792	1 530
保康	120	55 896	765
南漳	204	111 792	1 580
第六區	1 033	566 084	7 748
遠安	120	55 896	765
當陽	137	75 076	1 028
宜都	182	99 736	1 365
宜昌	204	111 792	1 536
興山	102	55 896	765

續表

縣別	官兵數	食米（市斤）	食鹽（市斤）
秭歸	102	55 836	765
長陽	102	55 836	765
五峯	120	55 896	796
第七區	988	541 324	7 411
鶴峯	120	55 896	765
宣恩	120	55 896	765
來鳳	120	55 896	765
咸豐	120	55 896	765
利川	187	75 079	1 028
恩施	239	130 972	1 793
建始	102	55 796	756
巴東	102	55 896	756
第八區	1 141	625 268	8 518
房縣	141	77 268	1 018
均縣	286	156 728	2 145
鄖縣	306	167 683	2 295
竹山	120	55 896	765
竹谿	120	55 896	765
鄖西	240	111 792	1 530

資料來源：根據財政廳報表編列。

248. 省立中等以上各學校學生數及年需量

三十二年

校別	學生數	食米（市斤）	食油（市斤）	食鹽（市斤）
總計	14 296	7 176 592	125 664	107 220
教育學院	500	251 000	4 500	3 750
農學院	500	251 000	4 500	3 750
工學院	60	30 130	540	450
醫學院	76	38 152	684	570
第一高中	300	150 600	2 700	2 250
第二高中	1 200	602 444	10 800	9 000
第四高中	300	150 600	2 700	2 250
第五高中	300	150 600	2 700	2 250
第六高中	600	301 200	5 400	4 500
第七高中	600	301 200	5 400	4 500
第八高中	600	301 200	5 400	4 500
第四女高	600	301 200	5 400	4 500
第七女高	600	301 200	5 400	4 500
教院附中	300	150 600	2 700	2 250
巴東初中	250	125 500	2 250	1 875
建始初中	450	225 900	4 050	3 375
秭歸初中	250	125 500	2 250	1 875

續表

校別	學生數	食米（市斤）	食油（市斤）	食鹽（市斤）
五峯初中	400	200 800	3 600	3 000
長陽初中	250	125 500	2 250	1 375
高農	300	150 600	2 700	2 250
高工	600	301 200	5 400	4 500
高商	600	301 200	5 400	4 500
女職	320	160 640	2 880	2 400
初農	160	80 320	1 040	1 200
第一師範	580	291 160	5 220	4 350
第二師範	580	291 160	5 220	4 350
第四師範	240	120 480	2 100	1 800
第五師範	400	200 800	3 600	3 000
第六師範	360	180 720	3 040	2 700
第七師範	560	281 120	5 040	4 200
第八師範	360	180 720	3 240	2 700
第一女師	220	160 640	2 880	2 400
第二女師	430	215 860	3 870	3 225
第三高中	150	75 300	1 350	1 125
第二高農	100	50 200	900	750
第八高農	100	50 200	900	750

資料來源：根據財政廳報表編列。

249. 各縣縣立初級中學學生數及年需量

三十三年

校別	學生數	食油（市斤）	食鹽（市斤）
總計	19 530	176 040	146 700
武鄂嘉蒲大五聯初中	500	4 500	3 750
崇陽初中	354	3 186	2 655
通城初中	175	1 575	1 313
陽新初中	150	1 350	1 125
通山初中	113	1 017	247
咸寧初中	143	1 287	1 073
黃岡初中	472	4 248	3 540
蘄春初中	571	5 139	4 282
廣濟初中	382	3 438	2 865
浠水初中	338	3 042	2 535
英山初中	409	3 681	3 058
羅田初中	345	3 105	2 588
麻城初中	490	4 410	3 575
黃安初中	287	2 588	2 152
禮山初中	224	2 016	1 680
黃梅初中	401	3 609	3 008
隨縣初中	459	4 131	3 442

续表

校别	学生数	食油（市斤）	食盐（市斤）
锺祥初中	257	2 313	1 928
安陆初中	72	648	540
应山初中	79	711	592
京山初中	100	900	750
天门初中	100	900	750
沔阳初中	280	2 520	2 100
监利初中	214	1 920	1 605
公安初中	300	2 700	2 250
石首初中	389	3 501	2 913
松滋初中	587	5 283	4 402
江陵初中	662	5 958	4 965
枝江初中	315	2 835	2 363
荆门初中	56	504	420
宜城初中	188	1 665	1 387
南漳初中	138	1 692	1 410
光化初中	377	3 393	2 828
枣阳初中	476	4 284	3 570
襄阳初中	923	3 307	4 922
谷城初中	391	3 519	2 933
保康初中	120	1 080	900
宜昌初中	218	1 962	1 635

续表

校别	学生数	食油（市斤）	食盐（市斤）
远安初中	263	2 367	1 972
当阳初中	225	2 025	1 688
宜都初中	303	2 727	2 272
兴山初中	266	2 394	1 995
秭归初中	221	1 989	1 657
长阳初中	300	2 700	2 250
恩施初中	589	5 301	4 417
利川初中	404	4 446	3 705
来凤初中	418	3 762	3 135
宣恩初中	350	3 150	2 525
鹤峰初中	350	3 150	2 625
建始初中	100	900	750
咸丰初中	484	4 356	3 630
郧县初中	12 227	11 043	9 203
房县初中	350	3 150	2 625
均县初中	564	5 076	4 230
竹山初中	240	2 160	1 800
竹溪初中	175	1 575	1 312
郧西初中	539	4 851	4 043

资料来源：根据财政厅报表编列。

第二十一類　金融

250. 湖北省銀行分支行處

三十二年

行別	分佈地域	行數
總計		39
總行	恩施	1
分行	老河口　鄂中　恩施	3
支行	重慶　鄂東　鄂南	3
辦事處	南漳　遠安　棗陽　穀城 保康　宜都　興山　秭歸 長陽　鶴峯　宣恩　咸豐 利川　來鳳　建始　巴東 房縣　鄖縣　竹山　竹谿 鄖西　樊城　屯堡　柿子壩 沙道溝　龍鳳壩　漁洋關　萬縣 衡陽　黔江　均縣　羅田	32

資料來源：根據省銀行報表編列。

251. 湖北省銀行歷年業務概況

單位：元

時　期	資產總額	營業總額	存款總額	放款總額	匯款總額	賣匯總額	純益或純損
十八年上期	3 555 402	219 441 267	25 402 654	2 930 980	2 513 244	2 023 378	(+) 36 370
十八年下期	6 277 621	177 872 873	18 254 879	5 232 927	1 895 285	2 440 243	(+) 76 310
十九年上期	4 544 120	155 349 295	20 892 968	6 281 087	409 744	710 810	(+) 80 649
十九年下期	4 105 647	123 499 379	16 990 805	4 384 829	365 410	397 297	(+) 84 981
二十年上期	3 870 212	120 969 880	19 923 057	2 753 804	249 654	336 496	(+) 93 357
二十年下期	4 133 348	120 349 331	20 148 353	3 482 251	172 076	176 702	(+) 92 991
二十一年上期	4 127 784	125 763 668	26 497 109	2 579 022	758 787	318 400	(+) 73 651
二十一年下期	5 028 861	193 201 302	27 329 348	4 653 575	1 711 406	2 413 265	(+) 80 174
二十二年上期	5 190 068	170 876 543	21 533 984	8 418 792	2 400 475	1 279 093	(+) 87 298

續表

時期	資產總額	營業總額	存款總額	放款總額	匯款總額	賣匯總額	純益或純損
二十二年下期	6 121 278	285 990 574	28 365 793	9 665 774	6 319 130	4 209 628	(+) 110 714
二十三年上期	8 263 170	266 412 908	25 235 048	14 311 433	6 658 918	2 818 718	(+) 126 718
二十三年下期	11 617 122	400 177 347	35 659 657	14 269 569	7 411 475	5 887 375	(+) 182 219
二十四年上期	9 333 276	462 240 199	55 921 380	15 249 049	10 871 423	4 813 479	(+) 170 417
二十四年下期	10 567 846	483 633 726	52 549 478	16 513 578	11 501 416	6 473 156	(+) 189 317
二十五年上期	21 883 804	536 227 502	48 428 924	30 514 701	13 441 140	5 658 130	(+) 194 907
二十五年下期	28 558 982	693 670 275	52 275 843	30 514 701	15 182 868	9 422 353	(+) 349 162
二十六年上期	26 634 377	631 281 589	49 750 127	28 225 236	14 049 004	8 940 232	(+) 330 419
二十六年下期	26 955 213	596 512 228	56 726 303	19 653 730	16 893 329	5 203 313	(+) 147 821
二十七年上期	27 604 708	591 920 910	52 313 413	13 662 259	17 249 278	2 551 984	(+) 54 434
二十七年下期	3 265 396 506	654 400 733	41 792 456	68 302 535	16 580 754	13 721 237	(+) 7 722
二十八年上期	4 164 926 494	808 809 004	52 344 107	19 794 655	24 104 338	2 051 874	(+) 161 769

續表

時期	資產總額	營業總額	存款總額	放款總額	匯款總額	賣匯總額	純益或純損
二十八年下期	51 651 145	1 339 680 649	68 908 631	28 480 152	36 362 492	434 324	(+) 461 615
二十九年上期	6 052 256 898	1 587 046 868	69 378 233	39 548 961	43 424 745	597 700	(+) 970 212
二十九年下期	68 481 445	1 128 859 883	107 039 275	86 334 890	41 588 399	59 300	(+) 1 118 340
三十年上期	82 846 155	1 290 908 12	86 908 098	49 984 848	38 986 189	578 000	(+) 1 255 240
三十年下期	120 082 704	1 837 788 669	177 091 418	71 085 938	49 310 032	19 948 000	(+) 1 482 643
三十一年上期	227 268 526	4 058 809 547	313 485 119	84 514 305	199 917 162	60 770 703	(+) 389 805
三十一年下期	321 703 281	9 008 216 230	372 985 956	201 575 482	408 870 075	77 720 169	(+) 511 475
三十二年上期	347 933 098	11 327 720 174	333 433 398	407 694 390	476 671 735	84 784 419	(+) 144 055

資料來源：根據省銀行報表編列。

252. 湖北省銀行歷年發行券額

單位：元

時期	共計	元券	輔券
十八年上期	184 000	—	184 200
十八年下期	363 400	—	363 400
十九年上期	491 700	—	491 700
十九年下期	816 200	—	316 200
二十年上期	1 202 000	—	1 202 000
二十年下期	1 224 400	—	1 224 400
二十一年上期	1 285 100	—	1 285 100
二十一年下期	2 900 500	—	2 900 500
二十二年上期	2 324 400	—	2 324 400
二十二年下期	4 111 400	—	4 111 400
二十三年上期	3 015 950	—	3 015 950
二十三年下期	6 075 050	—	6 075 050
二十四年上期	3 830 000	—	3 830 000
二十四年下期	11 290 656	3 442 856	7 847 200
二十五年上期	18 811 956	3 442 856	10 369 100
二十五年下期	15 194 859	3 442 856	11 752 000

續表

時期	共計	元券	輔券
二十六年上期	14 569 356	3 442 856	11 126 500
二十六年下期	12 322 856	3 442 856	8 880 000
二十七年上期	11 070 856	3 442 856	7 638 000
二十七年下期	11 422 356	3 442 856	7 979 800
二十八年上期	15 357 256	5 442 856	9 914 400
二十八年下期	16 176 256	5 442 856	10 724 400
二十九年上期	16 294 400	5 800 000	10 594 400
二十九年下期	17 260 000	5 800 000	11 460 000
三十年上期	19 660 000	5 800 000	13 860 000
三十年下期	21 810 000	4 250 000	17 560 000
三十一年上期	36 310 000	15 250 000	21 060 000
三十一年下期	36 310 000	15 250 000	21 060 000
三十二年上期	37 006 264	15 154 000	21 852 443

資料來源：根據省銀行報表編列。

說明：1. 元券包括伍元券、拾元券。

2. 輔券包括伍分、一角、二角及一元等券。

253. 湖北省銀行歷年儲蓄

單位：元

時期	儲蓄總額	活期儲蓄	定期儲蓄
總計	16 589 433	10 867 523	5 721 910
二十五年下期	152 479	123 118	29 361
二十六年上期	383 168	310 019	73 149
二十六年下期	335 551	270 201	65 350
二十七年上期	570 199	531 751	38 438
二十七年下期	434 475	400 942	38 538
二十八年上期	478 624	439 159	39 465
二十八年下期	455 568	413 766	41 302
二十九年上期	493 432	442 330	50 602
二十九年下期	2 602 351	359 417	2 062 934
三十年上期	3 508 895	854 834	2 663 061
三十年下期	663 509	517 068	86 441
三十一年上期	9 595 239	874 729	84 441
三十一年下期	2 220 533	2 021 404	199 229
三十二年上期	3 331 250	3 077 27□	253 985

資料來源：根據省銀行報表編列。

254. 湖北省銀行節約建國儲蓄

單位：元

時期	金額	百分比
共計	6 304 930	100
三十年下期	2 336 274	37.1
三十一年上期	1 605 358	25.5
三十一年下期	1 224 824	19.4
三十二年上期	1 138 474	18.0

資料來源：根據省銀行報表編列。

255. 湖北省銀行歷年資產負債

單位：千元

甲、資產類

時期	現金及存款	各項準備	各項放款	財物	各部基金	內部往來	其他資產	全體純損
十八年上期	916	—	1 117	7	—	—	1 515	—
十八年下期	1 617	—	2 722	9	—	—	1 929	—
十九年上期	1 655	—	1 162	8	100	—	1 619	—
十九年下期	684	—	1 717	975	100	—	629	—
二十年上期	784	—	1 447	987	100	—	552	—
二十年下期	516	—	1 925	982	100	—	660	—
二十一年上期	512	—	1 660	975	140	—	840	—
二十一年下期	988	—	2 050	978	140	—	872	—

續表

時期	現金及存款	各項準備	各項放款	財物	各部基金	內部往來	其他資產	全體純損
二十二年上期	1 129	—	1 957	1 049	140	—	915	—
二十二年下期	1 368	—	2 491	1 158	140	—	964	—
二十三年上期	1 131	2 230	2 839	1 149	140	—	874	—
二十三年下期	2 568	2 870	4 021	1 138	140	—	937	—
二十四年上期	2 561	—	4 308	1 203	140	—	1 031	—
二十四年下期	2 016	—	6 333	1 147	140	—	931	—
二十五年上期	4 955	9 242	7 339	1 215	140	—	1 992	—
二十五年下期	5 903	6 242	12 752	1 290	140	—	1 931	—
二十六年上期	7 178	6 242	9 296	1 270	140	—	2 199	—
二十六年下期	7 892	6 242	8 60	1 291	140	—	2 485	—
二十七年上期	9 125	6 242	7 251	1 375	140	—	3 171	—

續 表

時期	現金及存款	各項準備	各項放款	財物	各部基金	內部往來	其他資產	全體純損
二十七年下期	11 676	6 242	9 032	1 340	140	—	3 802	—
二十八年上期	12 993	6 242	13 635	1 391	140	2 005	4 786	—
二十八年下期	13 613	10 242	17 027	1 332	140	4 543	4 449	—
二十九年上期	15 583	10 600	19 513	1 033	1 440	6 440	5 461	—
二十九年下期	27 533	10 600	18 400	1 067	1 440	4 312	5 119	—
三十年上期	19 173	24 460	26 847	780	2 740	5 093	6 958	—
三十年下期	31 530	26 610	40 380	1 671	2 740	7 886	9 237	—
三十一年上期	73 603	47 587	50 748	1 773	2 740	3 411	12 415	—
三十一年下期	101 027	47 018	116 219	2 970	2 740	26 304	22 375	—
三十二年上期	123 289	49 315	103 916	4 445	2 740	24 710	30 150	—

乙、負債類

單位：千元

時期	資本	公積及匯存	發行領用幣券	各項存款	匯款	內部往來	其他負債	全體純益
十八年上期	1 500	—	—	920	1	—	1 071	63
十八年下期	1 500	25	49	3 549	27	—	1 060	79
十九年上期	1 500	70	—	1 801	—	—	1 093	80
十九年下期	1 500	221	—	2 110	—	—	180	93
二十年上期	1 500	274	—	1 913	—	—	90	93
二十年下期	1 537	326	—	2 225	—	—	3	92
二十一年上期	1 574	379	—	1 898	5	—	198	73
二十一年下期	1 503	424	—	1 624	33	—	1 254	80
二十二年上期	1 836	442	—	1 560	162	—	1 043	87
二十二年下期	1 896	487	—	1 664	548	—	1 311	110

續表

時期	資本	公積及匯存	發行領用幣券	各項存款	匯款	內部往來	其他負債	全體純益
二十三年上期	2 000	547	2 130	1 230	84	—	2 143	129
二十三年下期	2 000	624	2 870	3 172	462	—	2 143	132
二十四年上期	2 000	720	—	3 554	182	—	2 725	170
二十四年下期	2 000	776	—	3 078	300	—	4 224	189
二十五年上期	3 000	366	6 241	4 483	308	—	7 290	194
二十五年下期	3 000	563	6 242	7 988	241	—	10 175	349
二十六年上期	3 000	838	6 242	6 057	603	—	9 504	330
二十六年下期	3 000	1 078	6 242	7 187	363	—	8 938	147
二十七年上期	3 000	1 232	6 242	7 801	668	—	8 607	54
二十七年下期	3 000	1 292	6 242	9 882	969	—	11 154	—
二十八年上期	3 000	1 298	6 242	16 558	1 161	—	12 972	161

续表

时期	资本	公积及汇存	发行领用币券	各项存款	汇款	内部往来	其他负债	全体纯益
二十八年下期	5 000	1 664	10 242	15 454	2 808	—	16 022	461
二十九年上期	5 000	2 626	10 600	20 450	332	2 376	17 871	970
二十九年下期	5 000	3 871	10 600	17 403	—	8 317	22 169	1 113
三十年上期	5 000	5 289	24 460	19 224	—	2 507	25 111	1 255
三十年下期	10 000	4 379	24 619	48 170	—	972	23 469	1 482
三十一年上期	10 000	6 112	41 110	31 043	57 517	182	80 915	389
三十一年下期	10 000	1 601	41 110	32 880	68 725	5 817	141 059	511
三十二年上期	10 000	3 858	42 888	57 716	62 819	7 547	163 961	144

资料来源：根据省银行经济研究室报表编列。

256. 湖北省銀行歷年損益

單位：千元

時期	利益類				損失類			
	利息	手續費	證券及其他益	純損	手續費	證券及其他損	各項費用	各項折舊及攤提	純益
十八年上期	170	—	25	—	—	—	64	3	63
十八年下期	106	1	21	—	—	—	39	14	76
十九年上期	109	2	25	—	—	—	40	17	80
十九年下期	140	2	14	—	—	—	38	22	94
二十年上期	133	2	46	—	—	—	39	48	93
二十年下期	146	1	84	—	—	—	46	41	92
二十一年上期	118	—	48	—	—	—	48	45	73
二十一年下期	138	8	28	—	—	—	89	33	80
二十二年上期	147	1	49	—	—	—	72	89	87

續表

時期	利益類				損失類				
	利息	手續費	證券及其他益	純損	手續費	證券及其他損	各項費用	各項折舊及攤提	純益
二十二年下期	166	10	88	—	—	—	89	65	110
二十三年上期	230	13	40	—	—	—	80	74	129
二十三年下期	230	22	51	—	—	12	94	64	132
二十四年上期	285	17	66	—	—	—	98	101	170
二十四年下期	275	36	287	—	—	1	109	298	189
二十五年上期	359	48	34	—	—	—	120	120	194
二十五年下期	545	143	90	—	—	39	136	244	304
二十六年上期	531	94	114	—	—	30	144	244	330
二十六年下期	465	55	74	—	—	36	208	203	147
二十七年上期	308	53	96	—	—	38	198	166	—
二十七年下期	283	42	68	7	—	40	254	112	—
二十八年上期	524	81	65	—	—	28	241	240	161

續表

時期	利益類					損失類				純益
	利息	手續費	證券及其他益	純損	手續費	證券及其他損	各項費用	各項折舊及攤提		
二十八年下期	578	161	343	—	—	60	322	268		461
二十九年上期	1 059	453	1 168	—	—	82	460	1 169		970
二十九年下期	991	360	931	—	—	52	520	591		118
三十年上期	1 321	238	1 503	—	—	79	735	997		1 255
三十年下期	1 804	302	1 765	—	—	649	1 041	698		1 482
三十一年上期	2 751	1 217	1 969	—	—	1 800	1 900	1 787		389
三十一年下期	4 093	4 409	550	—	—	2 973	4 220	1 942		811
三十二年上期	7 356	5 674	956	—	—	5 866	5 197	2 779		144

資料來源：根據省銀行經濟研究室報表編列。

257. 湖北省銀行儲蓄部歷年資產負債

甲、資產類

單位：千元

時期	現金及本行往來	有價證券	活期放款	定期放款	農業放款	繳存保證準備	其他資產
二十五年下期	253	—	21	—	183	—	—
二十六年上期	87	120	200	300	—	—	—
二十六年下期	71	120	170	300	—	—	—
二十七年上期	202	177	224	300	—	—	—
二十七年下期	112	175	186	300	—	—	—
二十八年上期	159	172	170	300	—	—	17
二十八年下期	133	168	170	300	—	—	31
二十九年上期	196	163	170	300	—	—	15
二十九年下期	185	160	710	1 060	840	—	12

續表

時期	現金及本行往來	有價證券	活期放款	定期放款	農業放款	繳存保證準備	其他資產
三十年上期	344	155	910	1 260	1 240	—	10
三十年下期	175	563	70	150	140	—	9
三十一年上期	40	553	150	270	290	—	37
三十一年下期	639	541	300	400	700	—	103
三十二年上期	1 746	741	220	220	800	745	173

乙、負債類

單位：千元

時期	基金	公款金	活期儲蓄存款	定期儲蓄存款	保證準備	其他負債	純益
二十五年下期	300	—	123	29	—	—	5
二十六年上期	300	—	310	74	—	7	16
二十六年下期	300	4	270	65	—	2	18
二十七年上期	300	8	521	38	—	1	25

續表

時期	基金	公款金	活期儲蓄存款	定期儲蓄存款	保證準備	其他負債	純益
二十七年下期	300	13	400	33	—	1	26
二十八年上期	360	18	439	41	—	—	23
二十八年下期	300	23	413	39	—	—	23
二十九年上期	300	28	442	50	—	—	24
二十九年下期	300	32	542	2 062	—	—	32
三十年上期	300	39	845	2 663	—	—	72
三十年下期	300	53	577	86	—	—	90
三十一年上期	300	72	874	84	—	—	29
三十一年下期	300	78	2 021	204	—	44	35
三十二年上期	300	85	3 077	253	745	92	62

資料來源：根據省銀行經濟研究室報表編列。

說明：本表所列數字係普通儲蓄數額。

258. 湖北省銀行儲蓄部歷年損益

單位：元

時期	損失類			利益類	
	純損	純益	利息	有價證券損益	雜損益
二十五年下期	—	5 964	5 964	—	—
二十六年上期	—	16 598	16 598	—	—
二十六年下期	225	18 721	18 946	—	—
二十七年上期	375	25 291	24 306	1 360	—
二十七年下期	370	26 394	25 404	1 360	—
二十八年上期	365	23 379	21 863	1 800	—
二十八年下期	358	23 820	21 738	2 440	—
二十九年上期	347	24 478	22 543	2 280	—
二十九年下期	337	32 733	30 910	2 160	—
三十年上期	328	72 095	69 823	2 060	—
三十年下期	317	90 962	80 919	3 360	—
三十一年上期	1 191	29 992	26 763	4 420	—
三十一年下期	1 169	35 347	30 956	5 560	—
三十二年上期	62 525	—	62 525	—	—

資料來源：根據省銀行報表編列。

說明：本表所列數字係普通儲蓄損益數。

259. 儲蓄部歷年資產負債

甲、資產類
單位：元

時期	現金及本行往來	基金	活期放款	定期放款	農業放款	其他資產
三十一年上期	111 490	300 000	700 000	800 000	300 000	4 488
三十一年下期	370 434	300 000	400 000	500 000	300 000	176
三十二年上期	734 879	300 000	220 000	220 000	300 000	1 236

乙、負債類
單位：元

時期	公積金	活期儲蓄存款	定期儲蓄存款	其他負債	純益
三十一年上期	4 549	1 566 319	38 429	—	6 071
三十一年下期	5 784	1 125 203	72 622	820	48 201
三十二年上期	15 404	1 000 779	137 699	290	71 943

資料來源：根據省銀行經濟研究室報表編列。

說明：本表所列數字，係建國儲蓄資產及損益數。

260. 儲蓄部歷年損益

單位：元

時期	損失類	利益類
	純益	利息
三十一年上期	6 071	6 071
三十一年下期	48 210	48 210
三十二年上期	71 843	71 843

資料來源：根據省銀行經濟研究室報表編列。

說明：本表所列數字係建國儲蓄資產及損益數。

261. 湖北省銀行農貸部歷年資產負債

甲、資產類

單位：千元

時期	合作社放款	農田水利放款	連帶保證放款	農倉押款	農倉	加工業	縣合金庫放款	其他資產	純損
二十九年上期	52	—	—	—	—	1	—	67	17
二十九年下期	139	—	8	6	96	1	—	94	7
三十年上期	580	3	304	10	79	1	—	127	29
三十年下期	1 237	5	128	78	202	2	—	283	57
三十一年上期	1 702	24	157	48	36	6	—	339	76
三十一年下期	2 286	44	601	10	52	—	532	432	—
三十二年上期	2 022	63	687	10	52	—	1 038	—	67

乙、負債類

單位：千元

時　期	資本金	銀行往來	其他負債	純益
二十九年上期	—	120	16	—
二十九年下期	—	346	15	—
三十年上期	1 000	115	19	—
三十年下期	1 006	963	32	—
三十一年上期	1 000	338	1 053	—
三十一年下期	1 000	2 256	447	153
三十二年上期	1 000	3 038	154	—

資料來源：根據省銀行報表編列。

262. 湖北省銀行農貸部歷年損益

甲、損失類

單位：元

時期	利息	雜損益	農倉損益	加工業損益	農貸所用費	縣合作金庫損益	呆賬	純益
二十九年上期	—	—	—	18 311	—	—	—	—
二十九年下期	—	—	2 946	5 361	—	—	—	—
三十年上期	—	—	24 593	4 713	—	—	—	—
三十年下期	—	—	42 596	20 463	—	—	—	—
三十一年上期	—	364	61 651	63 787	—	—	—	—
三十一年下期	—	—	—	—	9 029	12 464	—	198 808
三十二年上期	5 851	—	—	—	24 655	—	37 400	—

乙、利益類

單位：元

時期	利息	雜損益	農倉損益	加工業損益	純損
二十九年上期	498	—	—	—	17 813
二十九年下期	10 044	—	—	—	2 263
三十年上期	211	—	—	—	29 100
三十年下期	15 097	—	—	—	57 562
三十一年上期	48 821	—	—	—	76 980
三十一年下期	54 903	150 636	14 762	—	—
三十二年上期	—	—	—	—	67 906

資料來源：根據省銀行報表編列。

263. 湖北省銀行信託部歷年資產負債

甲、資產類

單位：千元

時期	銀行往來	購運週轉金	墊付款項	應收資款	暫記欠款	物品	其他資產	純益
二十九年上期	—	587	515	205	58	8 406	126	—
二十九年下期	—	800	515	311	64	5 206	126	—
三十年上期	—	336	515	772	25	5 693	96	—
三十年下期	—	570	2 615	780	88	6 480	101	—
三十一年上期	—	1 537	3 038	2 443	1 136	21 706	158	—
三十一年下期	3 190	—	305	135	1 201	—	314	—
三十二年上期	4 538	—	1	198	9	—	184	—

乙、負債類

單位：千元

時　期	資本金	公積金	銀行往來	預繳償款	暫時存款	提存保險金	其他負債	純益
二十九年上期	1 000	61	6 259	—	803	—	37	1 367
二十九年下期	1 000	335	4 485	—	108	—	53	839
三十年上期	1 000	503	4 795	160	87	88	36	753
三十年下期	1 000	654	6 623	160	99	10	46	2 042
三十一年上期	1 000	1 068	10 931	12 064	1 353	1 164	162	3 231
三十一年下期	1 000	1 529	—	4	1 151	1 354	109	6
三十二年上期	1 000	1 530	—	—	122	1 354	111	812

資料來源：根據省銀行報表編列。

264. 湖北省銀行信託部歷年損益

甲、損失類

單位：千元

時期	手續費	保管費	利息	雜損益	營業費	各項攤提	純益
二十九年上期	269	—	232	11	25	10	1 367
二十九年下期	57	—	265	—	34	10	839
三十年上期	—	—	275	—	80	8	736
三十年下期	—	3	282	33	116	16	2 042
三十一年上期	—	—	315	2	117	8	2 331
三十一年下期	161	—	218	—	78	27	6
三十二年上期	—	—	—	—	—	16	812

乙、利益類

單位：千元

時期	手續費	保管費	利息	雜損益	買賣損益
二十九年上期	—	58	—	—	1 859
二十九年下期	—	51	—	45	1 112
三十年上期	36	16	—	201	867
三十年下期	31	—	—	—	2 462
三十一年上期	129	43	—	—	2 610
三十一年下期	—	—	—	158	332
三十二年上期	—	—	207	621	—

資料來源：根據省銀行報表編列。

265. 本省各縣縣銀行概況

三十二年十一月

單位：元

縣別	資金			開設籌備			申請登記			發給執照			正式開業		
	公股	商股	總額	年	月	日	年	月	日	年	月	日	年	月	日
恩施	300 000	300 000	600 000	31	5	1	31	11	3	32	9	23	31	8	1
利川	100 000	400 000	500 000	31	5	7	31	10	5	—	—	—	31	10	10
來鳳	100 000	200 000	300 000	31	5	25	31	11	16	—	—	—	—	—	—
咸豐	100 000	100 000	200 000	31	12	7	32	5	31	—	—	—	—	—	—
鶴峯	100 000	250 000	350 000	32	1	1	—	—	—	—	—	—	—	—	—
建始	100 000	100 000	200 000	30	9	16	31	12	30	—	—	—	—	—	—
巴東	100 000	400 000	500 000	31	3	12	31	10	3	32	5	28	—	—	—
各城	50 000	50 000	100 000	30	3	1	31	9	1	31	11	13	32	1	1
房縣	40 000	60 000	100 000	31	3	1	—	—	—	—	—	—	—	—	—

續表

縣別	資金			開設籌備			申請登記			發給執照			正式開業		
	公股	商股	總額	年	月	日	年	月	日	年	月	日	年	月	日
襄陽	40 000	40 000	80 000	30	2	21	31	8	6	32	5	23	32	7	1
隨縣	30 000	70 000	100 000	30	2	10	31	2	13	31	9	23	31	11	1
竹谿	87 000	116 000	203 000	31	2	9	32	1	30	32	6	22	—	—	—
秭歸	20 000	30 000	50 000	31	4	6	31	12	9	32	6	30	—	—	—
興山	50 000	150 000	200 000	31	4	10	32	5	27	—	—	—	—	—	—
宜都	20 000	180 000	200 000	31	4	15	32	3	27	—	—	—	—	—	—
長陽	250 000	250 000	500 000	31	10	1	32	3	10	—	—	—	—	—	—
松滋	400 000	600 000	1 000 000	31	2	19	32	2	1	—	—	—	—	—	—
公安	250 000	350 000	600 000	29	12	1	31	6	26	—	—	—	—	—	—
襄陽	500 000	500 000	1 000 000	31	10	27	—	—	—	—	—	—	—	—	—
麻城	50 000	50 000	100 000	30	12	18	—	—	—	—	—	—	—	—	—
遠安	250 000	250 000	500 000	31	9	30	—	—	—	—	—	—	—	—	—

續表

縣別	資金			開設籌備			申請登記			發給執照			正式開業		
	公股	商股	總額	年	月	日	年	月	日	年	月	日	年	月	日
黃岡	25 000	25 000	50 000	30	8	5	—	—	—	—	—	—	—	—	—
枝江	1 000 000	1 000 000	2 000 000	32	10	1	—	—	—	—	—	—	—	—	—
均縣	500 000	500 000	1 000 000	31	4	16	31	12	16	—	—	—	—	—	—
竹山	—	—	—	—	—	—	30	1	19	—	—	—	—	—	—
光化	—	—	—	—	—	—	31	11	9	—	—	—	—	—	—
鄖縣	—	—	—	—	—	—	31	10	27	—	—	—	—	—	—
保康	—	—	—	—	—	—	31	10	1	—	—	—	—	—	—
宣恩	—	—	—	—	—	—	31	10	3	—	—	—	—	—	—
宜昌	—	—	—	—	—	—	32	3	1	—	—	—	—	—	—

第二十二類 工 業

266. 省營工廠概況

三十一年

廠名	廠址	廠長姓名	職工數 共計	職員	工人 計	工人 男	工人 女	資本金額	設備 名稱	設備 數量	產品 名稱	產品 數量	產品 總值（元）	原料 種類	原料 年需量	原料 總值（元）
咸陽紡織工廠	咸陽縣北門外	王瑞基 劉光興	81	78	3			2 000 000	鬆花機	1部	十六支紗布	1 600 疋	5 440 000	中等棉花	6 700 市担	1 474 000
									和花缸	1部						
									清花機	3部						
									梳花機	21部						
									併條機	3部						
									粗紗機	15部						
									細紗機	14部						
									搖紗機	32部						
									小包機	4部						
									鑽床	1部						
									鉋床	1部						
									銑床	1部						
									車床	2部						

續表

廠名	廠址	廠長姓名	職工數 共計	職員	工人 計	工人 男	工人 女	資本金額	設備 名稱	設備 數量	產品 名稱	產品 數量	產品 總值(元)	原料 種類	原料 年需量	原料 總值(元)
萬縣機械廠	萬縣明鏡灘	郭壽銜	228	74	154	154		744 670	車床	23部	車床		456 000	金屬材料		144 840
									銑床	3部	鉋床			木艙材料		
									萬能床	1部	印刷機			雜項材料		
									鉋床	6部	紡織機模及			燃料		
									鑽床	7部	修理船舶					
									插床	1部						
									滾床	1部						
									剪銑床	1部						
									切斷機	2部						
									磨力機	1部						
									打風機	2座						
									熔鐵爐	2座						
									熔鋼爐	3座						
									熔銅爐	1座						
									3.7 KW 交流馬達	1部						
									1.1 KW 交流馬達	3部						
									7.5 KW 交流馬達	1部						
									1.9 KW 交流馬達	1部						
萬縣蔴織廠	萬縣鐘鼓樓	田鎮瀾	515	59	456	166	290	1 337 085	蔴紡機	64部	蔴袋	4 620個	298 430	青蔴	225 600磅	9 778
									蔴織機	38台	帆布	12 020尺		雙馬紗	397 000磅	
									已裝毀布機	25台	棉布	13 161尺		土紗	312 000磅	
									未裝毀布機		錠布	1 300尺				

续表

厂名	厂址	厂长姓名	职工数 共计	职员	工人 计	工人 男	工人 女	资本金额	设备 名称	设备 数量	产品 名称	产品 数量	产品 总值（元）	原料 种类	原料 年需量	总值（元）
万县造纸厂	万县明镜滩	苏骘	111	23	88	88		339 849	8呎经蒸球	2件	本色纸	116分		竹料		2 826 000
									1 000磅打浆机	1座	有色纸	70分		明礬		
									鼓刀	3件	本色信封	88 500個		廢棉		
									25磅打浆机	5座	本色信箋	160 000張		松香		
									抄纸机	1座				漂白粉		
									乾燥機	1座						
									壓光機	1座						
利川硫酸厂	利川南坪	石浚生	292	40	252	252		252 217	鉛室	1座	硫酸	73罈		硫磺	120 000斤	1 296 000
									蒸汽鍋爐	1座	黑色火藥	1 500斤		硝石	40 000斤	
									炙硫爐	1座	硫酸鈉	300斤				
									蒸餾爐	1座						
									給水化驗煉礦煉硝設備	全部						
咸豐化工厂	咸豐縣	馬堅融	95	19	76	76		190 000	蒸汽罐	1座	機油	962加侖		各種植物油		1 624 440
									攪拌機	2座	皮革	31 132斤		各种皮革		
									壓榨機	1部	肥皂	7 535塊				
									鼓風機	1部	衣類	6種				
									壓榨鍋爐機	1部	其他	97件				
									熱氣雙滾銅光機	1部						
									鑲造混合印模機	1部						
									煉合機	1部						

續表

廠名	廠址	廠長姓名	職工數 共計	職員	工人 計	工人 男	工人 女	資本金額	設備 名稱	設備 數量	產品 名稱	產品 數量	產品 總值(元)	原料 種類	原料 年常量	原料 總值(元)
恩施紡織廠	恩施紅廟	王安業	131	15	116			376 755	七七紡紗機	101 部	寬幅土布	6 384 疋		棉紗	6 000 市斤	3 582 000
									七七搖紗機	21 部	棉紗	13 440 並		洋紗	4 500 市斤	
									七七打包機	5 部	襪	672 打		棉花	15 100 市斤	
									彈花機	5 部	毛巾	3 024 打		染料藥品	240 市斤	
									腳踏布機	4 部						
									手拉布機	19 部						
									毛巾機	12 部						
									襪機	11 部						
恩施造紙廠	恩施官坡	熊瑞庭	49	12	37	37			製造紙張	工具設備齊			50 905			952 800
巴東機械廠	巴東梧源源	劉新	173					563 000	車床萬能機	4 部	修理船舶及各種機械			金屬材料 木質材料 雜項		2 414 400
									銑床立式床							
									鑽機床包機							
									壓力機							
巴東縣煉油廠	巴東舊縣	周思齊	126	39	87	87			炒料鍋	16 口	代汽油			桐油	12 034 噸	3 811 920
									蒸溜鍋	80 口	代煤油			石灰	6 012 噸	
									分級管	20 口	代柴油			煤炭	2 880 噸	
									冷凝器	100 只	代機油			木柴	3 600 000 斤	
									儲油桶	500 只						

续表

厂名	厂址	厂长姓名	职工数			资本金额	设备		产品			原料		总值(元)
			共计	职员	工人(计/男/女)		名称	数量	名称	数量	总值(元)	种类	年需量	
宣恩陶器厂	宣恩县小关	张圣興	188	54	134 / 134	290 000	试验窑	1座	各种陶器			瓷土	24 000 擔	
							生产窑	1座				耐酸壮	12 000 擔	
							粉碎装製糢床	1座				長石	10 噸	
							乾燥装製軸	20軸				石膏	360 市擔	
							六尺車床	1張				方解石	1 200 擔	
							大小鐵床	2張				松柴	1 200 擔	
							老虎鉗	5件				颜料	200 斤	
谷城紡織廠	谷城縣	經理王石興 稽核雷震洋	181	54	127 / 137	316 794	磨床	2床				煤	100 噸	
							搖鑽床	2張						
							斧	8把						
							鋸	6把						
							鉋	11把						
							鑿	17把						
							鋼鑽	3把						
光化機械廠	光化縣													

資料來源：根據建設廳檢送表冊編列。

說明：1. 咸陽紡織工廠係本省與中央撥交本省接辦，尚在接交中。
2. 光化機械廠係由中國銀行合辦。

267. 省營工廠三年來營業概況

二十九年度

廠別	資金					營業預算		營業盈虧	
	共計	籌備金	固定資金	流動資金	應借款	歲入	歲出	盈	虧
萬縣機械廠	644 672.84	48 996.05	450 350.99	143 323.80		456 323.00	336 000.00	181 453.20	
萬縣麻織廠	877 033.98	7 944.00	719 139.98	150 000.00		1 120 850.00	76 292.11		37 064.67
萬縣造紙廠									
利川硫酸廠									
咸豐化工廠	87 587.00	1 000.00	27 180.00	59 400.00		834 108.00	710.00	2 504.77	
恩施紡織廠	93 502.55	4 302.00	54 453.02	34 747.55		80 180.00	29 799.00	1 112.99	
恩施造紙廠									
巴東機械廠									
巴東煉油廠									
宣恩陶瓷廠									
咸陽紡織廠	1 000 000.00		430 000.00	570 000.00				733 315.00	
谷城紡織廠	2 702 837.37	62 242.25	1 681 123.99	959 471.33		24 411 333.00	1 152 635.11	918 384.46	

續表

三十年度

廠別	資金				營業預算		營業盈虧	
	共計	籌備金	固定資金	流動資金	應借款	歲入	歲出	盈	虧
萬縣機械廠	744 670.84			100 000.00		672 000.00	436 800.00	312 030.37	
萬縣蔴鐵廠	1 337 083.78			360 000.00	100 000.00	2 500 000.00	1 900 000.00	247 691.03	
萬縣造紙廠	399 841.14	11 364.00	185 010.14	163 467.00	40 000.00	450 000.00	356 000.00		13 000.00
利川硫酸廠	210 175.80	81 75.00	48 000.00	124 000.00		180 000.00	150 000.00		33 365.00
咸豐化工廠	190 000.00			102 420.00	100 000.00	285 000.00	220 344.00	18 100.00	
恩施紡織廠	276 755.02			83 252.00	25 000.00	277 200.00	199 090.00	34 144.85	
恩施造紙廠	125 908.00		24 508.00	76 400.00		96 000.00	34 000.00		28 176.29
巴東機械廠									
巴東煉油廠									
宣恩陶瓷廠									
咸陽紡織廠	2 000 000.00		680 000.00	320 000.00				1 846 002.00	
合城紡織廠	166 993.42	19 539.00	116 793.00	50 000.00		64 000.00	55 000.00		

續表

三十一年度

廠別	資金				應借款	營業預算		營業盈虧	
	共計	籌備金	固定資金	流動資金		歲入	歲出	盈	虧
萬縣機械廠	744 670.84					1 666 000.00	1 486 000.00	1 240 965.00	
萬縣麻織廠	1 337 085.98					2 917 200.00	2 427 135.00	2 067 340.00	
萬縣造紙廠	399 841.14					678 000.00	633 932.00	126 420.00	
利川硫酸廠	360 175.00				150 000.00	1 170 000.00	99 408.00	146 279.00	
咸豐化工廠	190 000.00					1 449 600.00	1 206 938.00	245 375.73	
恩施紡織廠	376 755.02				100 000.00	564 900.00	504 552.00	411 353.80	
恩施造紙廠	282 908.00				157 000.00	312 000.00	285 540.00	31 625.00	
巴東機械廠	250 000.00		100 000.00		150 000.00			325 228.44	
巴東煉油廠	598 000.00	31 000.00	290 000.00	248 000.00	30 000.00	2 130 000.00	1 435 435.00	83 331.00	
宣恩陶瓷廠	290 000.00	50 000.00	120 000.00	80 000.00	40 600.00	194 000.00	208 000.00		
咸陽紡織廠	6 000.00			4 000.00				42 600.00	
合城紡織廠	316 795.42			100 000.00	50 000.00	681 591.00	574 975.00	205 544.00	

資料來源：本表材料係根據建設廳檢送表冊編列。

268. 各縣籌設縣營及合營工廠概況

三十一年

廠名	地址	經營性質	資金	資本來源	業務	設備	每月產量	開工時期	備注
民生工廠	咸豐東門外文廟	縣營	100 000	由縣府籌撥一部餘則向金融機關貸款	暫設紡織磚瓦二部	擬購買紡織機械十部	各色布200疋 磚瓦各50 000枚	三十一年十月十日	
提磚廠	宣恩營街	縣營	5 000	暫由縣府籌撥	磚部	鐵鍬二十把 鐵鏟十九把 木匣二十把	磚20 000塊		
民生工廠	松滋官虎鄉	縣營	50 000	由縣府籌撥	織布 織毛巾 紡紗 漂染部	織布機 紡紗機 及其他應備工具打	各色布三百餘疋 毛巾玖拾餘打	三十一年七月	
民生工廠	保康	縣營	67 000	由縣府申請省府撥借	造紙部 紡織部		印刷公文紙十分 紡紗及白布		
民生工廠	來鳳南門外板橋	縣營	20 000	在縣財政收入項下撥給	紡織部 印刷部	七七紡織機十部 紡紗機十部及木刻活字	紡紗300斤 嗽布300疋	三十一年八月一日	

续表

厂名	地址	经营性质	资金	资本来源	业务	设备	每月产量	开工时期	备注
民生工厂	合坡西关外	合营	75 000	由县府在临时经费项下动支人民捐织布机	织布机	织布铁机十部	各种土布	三十一年十月十二日	
抗敌征属纺织工厂	房县城内西街	合营	10 000	以合作方式员工集股一面向省银行贷款	纺织部	弹棉机 纺织机 织布机 织袜机	纺纱700斤 织布200疋 线袜250打	三十一年九月	
民生工厂	建始	合营	120 000	由县府拨二万元余由人民投股	纺织部 碾米部 畜牧部 编制部			三十一年十一月一日	
第一手纺织工厂	公安陈坪乡	县营						三十一年十二月	
第二手纺织工厂	公安王家厂	县营	30 000	由县府结余项下挪用	纺织部			二十九年十月	
纺织生产合作社	石首谭家溪	县营				铁轮铉机四部纺机六部木纺机十二部织袜机十二部纺纱机十二部			
民生工厂	利川毛坝乡	合营	50 000	省银行与县府各担一半			温记毛边80捆		

续表

廠名	地址	經營性質	資金	資本來源	業務	設備	每月產量	開工時期	備注
民生工廠	宜昌	縣營	70 000	縣府籌撥					
民生工廠	監利	縣營	50 000	縣府籌撥	織布			三十一年八月	
石灰廠	恩施天橋	縣營					石灰 150 000 斤		
民生工廠 V	秭歸茅坪	合營	400 000	由縣府與人民各擔一半	紡織				
民生工廠 V	長陽	合營	50 000	由縣府與人民合集股一萬元向省銀行申貸					
民生工廠	巴東	合營	200 000	由縣府縣商會付籌二萬其餘勸募	石灰 磚瓦 織布 印刷等				
民生工廠	鄖西老聖廟	縣營	40 000	由縣府及地方公益	紡紗 織布	彈花機 1 部七七紡織機 16 部	彈花 2100 斤 細紗 480 斤 絞布 150 疋 寬布 50 疋	三十一年九月	

續表

廠名	地址	經營性質	資金	資本來源	業務	設備	每月產量	開工時期	備注
造船廠	鄖西兩河口	縣營		財政部川東局墊撥			已造成二十二艘尚有十艘正在製造中	三十年十月	
民生工廠	鄂東	區營	165 000	申請貸款	彈花紡織造紙	手紡機 40 部彈花機 6 部		三十年四月	
民生工廠	均縣朝武街	縣營	400 000	由地方公益撥借	紡織	織布機 10 部紡織機 15 部	棉紗 700 斤色布 100 疋白布 100 疋	三十一年十一月	
民生工廠	鄖縣縣城	合營	70 000	勸募	紗織	寬方頭機 2 部寬木機 3 部狹木機 7 部	土布 90 疋寬布 90 疋	三十年十一月	
民生工廠	鶴峯	合營	120 000	向省銀行貸借	紗織				
民生工廠	竹山北門	合營	50 000	縣府 10 000 元商會 40 000 元	紗織	七七紡織機 10 部彈花機 1 部織布 20 部	棉紗 200 斤土布 800 疋	三十一年九月	

資料來源：根據建設廳檢送表册編列。

說明：∨在籌設中。

269. 各縣民營工廠概況

三十一年

縣別	牌名	地址	設立日期	製品	主持人	資本（元）	員工數	備注
來鳳	來鳳縣高洞河造紙工廠	來鳳縣孝原鄉高洞河	三十一年七月	紙張	王紹林	30 000	47	
恩施	恩施官坡日用化工生產合作社	恩施官坡	二十九年十月	燭皂印墨錠水漿糊	張靜軒	100 000	30	
巴東	巴東利川燭皂廠	巴東三道稿	三十年三月	燭肥	魏墨君	20 000	15	
宣恩	鄂西唯美皂燭工廠	宣恩椒園	三十一年五月	燭肥	王鑒民	11 000		員工數無定
宣恩	振興木炭廠	小關堰塘總廠	二十九年十二月	木炭	王華堂	10 000		
恩施	湖北省銀行恩施碾米廠	恩施紅廟	二十九年四月	米	趙學詩	48 800	50	
恩施	湖北省銀行巴東碾米廠	巴東萬三戶陀	二十八年三月	米	黃植夫	50 000	44	
麻城	鄂東大平肥皂廠	麻城第三區南鄉	二十九年八月	肥皂	金鳳諧	6 000	30	
黃岡	振華製革工廠	黃岡第三區三里販	三十年四月	皮革	李柏松	8 000	21	

資料來源：本表材料係根據建設廳檢送表冊編列。

270. 各縣手工業概況

業別	縣市別	家數	主要工具		全年產量	
			名稱	數量	品名	數量
紡織業	黃岡	1			棉紗	7 200 斤
					土布	360 疋
					毛巾	36 000 條
					綫襪	7 200 雙
	恩施	21	織布機	32	土布	10 704 疋
			紡紗機	7	棉綫	40 520 隻
			木機	31	棉帶	27 600 丈
			鋌子	8	絲綫	4 800 隻
	襄陽	1 021	紡紗機	2 145	棉紗	1 606 562 斤
			織布機	960	土布	142 080 疋
			織襪機	175	綫襪	76 750 雙
	谷城	7	織布機	81	土布	12 000 疋
			紡紗機	48	棉紗	27 000 斤
			織襪機	4	綫襪	1 300 雙
	鄖縣	1	紡紗機	10	棉紗	3 600 斤
			織布機	8	土布	1 000 疋
			織襪機	3	綫襪	1 200 打
	均縣	190	紡紗機	350	棉紗	40 000 斤
			織布機	140	土布	4 000 疋
			紡紗機	48	綫襪	3 000 打
	監利	32	織布機	32	土布	6 100 疋
			紡紗機	43	棉紗	12 200 斤

續表

業別	縣市別	家數	主要工具		全年產量	
			名稱	數量	品名	數量
紡織業	公安	2 500	織布機 紡紗機	500 2 000	土布 棉紗	90 000 疋 180 000 斤
	棗陽	1 680	織布機 紡紗機	240 2 496	織布 棉紗	28 000 疋 112 834 斤
	遠安	550	織布機 紡紗機	50 500	土布 棉紗	2 000 疋 180 000 斤
	當陽	5 285			紡紗 河溶絹	22 000 斤 70 疋
	利川	7 370	織布機 紡紗機	777 7 840	土布 土布	100 800 疋 1 224 400 斤
	英山	1	織布機	10	土布	4 500 疋
	枝江	900	織布機	1 200	土布	480 000 疋
	荊門	60	織布機	110	土布	6 100 疋
	光化	1 400	織布機	1 420	土布	51 120 疋
造紙業	英山	1			皮紙	7 200 刀
	荊門	50	水碾	50	火紙	300 000 斤
	谷城	1	水碾	5	火紙	15 000 塊
	保康	67			斗紙	50 000 塊
	遠安	4			火紙	18 900 塊
	興山	1			火紙	7 200 塊
	五峯	16			火紙	269 000 塊
	利川	20			皮紙	2 000 刀
	恩施	1	水槽	8	書報紙	1 200 刀
	建始	3	木槽	9	草紙	10 000 刀
	巴東	22	木車	63	火紙	143 000 塊

续表

业别	县市别	家数	主要工具		全年产量	
			名称	数量	品名	数量
肥皂业	英山	1			肥皂	24 000 条
	谷城	1			肥皂	6 000 箱
	恩施	4			肥皂	10 680 箱
	巴东	1			肥皂	8 000 箱
陶窑业	英山	4			食具	8 000 件
	当阳	1			食具	1 000 件
	利川	12			土碗	24 000 筒
制革	黄冈	1			皮革	360 张
	枣阳	40			皮革	21 600 斤
洗染	英山	35			染色布	90 600 疋
	恩施	1	缸锤	1	染色布	5 600 疋
制烛	谷城	1			腊烛	700 箱
	均县	20			腊烛	20 000 斤
铁业	黄冈	1			锅	6 500 口
	恩施	4	炉锤	4	镰刀	3 840 件
制伞	英山	1			纸伞	7 200 把
	恩施	1			纸伞	108 把
榨坊	远安	20			麻、棉、桐油	5 000 斤
	巴东	1			桐、皮、籽油	10 000 斤
铜器	恩施	2			铜锁、灯台	1 440 件
粉笔	英山	1			粉笔	78 000 条
牙粉	英山	1			牙粉	18 000 包
制扇	恩施	3	钳刀钻车架	3	纸扇	103 把
茶叶	恩施	1			红绿茶	480 担

资料来源：根据各县三十一年度报表编列。

第二十三類　商　業

271. 恩施縣城區商業概況

三十二年

業別	商店數	資本額		
		總額	最低資本	最高資本
總計	801	2 200 739 960		
綢緞布疋	50	1 349 606 000	100 000	35 000 000
百貨	57	201 592 000	50 000	8 800 000
雜貨	250	366 200 500	40 000	1 700 000
文具	39	89 806 500	20 000	3 000 000
煙業	61	79 865 500	10 000	1 500 000
理髮	28	1 309 360	10 000	80 000
屠宰	21	160 200	4 000	10 000
藥業	16	11 590 500	17 000	1 000 000
銅鐵	35	951 400	5 000	40 000
糖食	14	2 580 500	8 000	240 000
菜飯	80	2 952 400	10 000	150 000
旅棧	77	8 725 000	8 000	140 000

续表

业别	商店数	资本额		
		总额	最低资本	最高资本
缝纫	50	3 752 400	5 000	85 000
蔬菜	14	139 400	6 000	12 000
银楼	7	56 957 000	10 000	10 000 000
钟表	7	394 500	8 000	80 000
照像	6	10 946 500	3 000	2 500 000
碾坊	4	492 300	18 000	130 000
茶叶	3	712 000	12 000	350 000
寄售	9	592 900	10 000	
鞋业	15	1 985 400	30 000	200 000
染业	4	170 600	10 000	75 000
其他	9	9 249 300	25 000	1 300 000

资料来源：根据恩施县商会记载编列。

说明：资本总额栏之数字系就时价估计数。

第二十四類　物　價

272. 恩施等三地躉售物價指數

（採用簡單幾何平均法）
二十六年上半年平均＝100

地域別	恩施	利川	樊城
物品項數	31	31	32
二十六年			
一月	92.8	99.0	97.2
二月	93.4	98.8	97.2
三月	98.3	99.4	98.7
四月	100.6	100.6	100.3
五月	104.8	100.8	102.1
六月	107.5	100.9	103.0
七月	113.1	99.9	103.2
八月	114.8	101.3	103.6
九月	115.4	102.0	105.2
十月	115.2	103.0	110.3
十一月	119.8	103.0	117.2

續表

地域別	恩施	利川	樊城
十二月	123.6	104.6	119.8
二十七年			
一月	134.5	108.3	132.9
二月	142.7	108.6	137.4
三月	147.3	110.4	142.6
四月	161.1	111.4	147.4
五月	141.5	112.9	150.2
六月	147.0	116.4	155.1
七月	148.3	118.8	154.7
八月	148.8	118.6	161.2
九月	152.5	125.2	162.9
十月	154.5	126.0	172.1
十一月	161.7	127.5	185.0
十二月	166.3	128.4	197.0
二十八年			
一月	173.9	125.4	204.0
二月	182.5	130.1	239.9
三月	187.3	138.2	251.5
四月	199.5	141.6	263.9
五月	202.0	147.1	275.2
六月	205.2	150.2	279.5

續表

地域別	恩施	利川	樊城
七月	215.9	155.0	287.3
八月	235.0	163.6	302.4
九月	250.5	169.5	318.2
十月	258.8	176.5	340.9
十一月	273.9	196.0	348.5
十二月	287.3	220.8	361.8
二十九年			
一月	299.3	232.8	411.4
二月	331.4	246.0	423.3
三月	354.2	259.3	448.0
四月	403.5	309.3	488.1
五月	470.2	380.3	499.1
六月	536.1	412.3	522.9
七月	579.0	464.7	575.4
八月	630.6	520.0	636.9
九月	678.7	516.0	671.3
十月	744.1	596.0	738.0
十一月	808.9	653.0	784.9
十二月	870.1	758.0	838.3
三十年			
一月	929.2	811.1	933.2

續表

地域別	恩施	利川	樊城
二月	979.0	1 004.1	969.2
三月	1 010.9	1 112.1	1 038.8
四月	943.1	1 236.1	1 000.1
五月	1 670.7	1 304.5	1 183.8
六月	1 160.9	1 354.9	1 265.4
七月	1 281.6	1 429.6	1 844.0
八月	1 425.5	1 522.2	1 435.0
九月	1 476.0	1 711.1	1 538.9
十月	1 580.9	1 728.8	1 625.4
十一月	1 533.2	1 796.6	1760.0
十二月	1 619.2	1 683.8	1 810.5
三十一年			
一月	1 817.8	1 826.0	2 073.5
二月	2 050.8	1 968.7	2 343.3
三月	2 353.8	2 406.9	2 581.4
四月	2 403.3	2 547.3	2 650.7
五月	2 825.8	2 596.4	3 018.5
六月	3 307.2	2 891.8	3 453.0
七月	3 803.6	3 132.7	4 065.4
八月	4 370.2	3 339.7	4 464.9
九月	4 933.0	3 575.9	5 442.5

續表

地域別	恩施	利川	樊城
十月	5 440.0	4 084.2	5 609.9
十一月	5 751.5	4 460.7	6 146.6
十二月	6 287.9	4 604.1	6 387.8
三十二年			
一月	6 845.7	4 723.2	7 436.2
二月	7 672.5	5 439.3	8 137.8
三月	8 663.5	6 413.6	8 254.8
四月	9 843.8	7 323.7	9 359.2
五月	10 212.6	8 444.6	12 661.1
六月	10 517.6	9 043.8	16 632.7
七月	11 749.7	9 327.8	18 797.8
八月	12 745.6	10 615.8	19 743.3
九月	13 777.5	10 967.5	22 635.5
十月	14 967.9	11 688.1	23 970.6
十一月	15 555.0	12 939.7	23 729.0
十二月	17 051.9	13 441.1	24 555.0

273. 恩施縣薑售物價指數

（採用簡單幾何平均法）
二十六年上半年平均＝100

類別	總指數	食物類	衣着類	燃料類	建築材料類	雜項類
物品項數	31	12	4	5	3	7
二十六年						
一月	92.8	94.5	96.4	96.5	82.6	89.9
二月	93.4	94.5	96.4	96.5	85.1	91.6
三月	98.3	98.6	96.4	100.6	96.3	96.2
四月	100.6	107.8	101.0	97.8	102.3	99.5
五月	104.8	104.2	103.6	100.9	111.5	106.4
六月	107.5	104.3	106.6	107.3	117.0	113.5
七月	113.1	107.7	108.4	107.3	129.6	125.6
八月	114.8	105.1	108.4	108.6	134.4	129.9
九月	115.4	103.9	110.7	110.4	137.5	135.7
十月	115.3	103.9	110.7	107.3	137.5	137.2
十一月	119.8	104.8	114.7	110.8	142.4	151.4
十二月	123.6	111.2	114.7	111.3	146.8	155.0
二十七年						
一月	134.5	117.2	119.7	146.3	151.5	162.8
二月	142.7	130.4	125.3	146.3	151.5	171.4

續表

類別	總指數	食物類	衣着類	燃料類	建築材料類	雜項類
三月	147.3	137.4	125.3	147.1	151.5	175.3
四月	151.1	141.1	125.3	147.1	151.5	180.8
五月	141.5	123.3	123.3	150.7	156.2	176.1
六月	147.0	132.8	125.3	153.5	160.8	178.8
七月	148.3	134.9	126.9	153.3	171.0	185.6
八月	148.8	122.2	126.9	156.8	171.4	186.5
九月	152.5	137.5	126.9	156.8	174.1	187.2
十月	154.6	136.9	130.4	159.0	187.2	189.2
十一月	161.7	142.6	130.4	166.4	187.2	208.7
十二月	166.3	151.4	130.4	168.8	187.2	211.0
二十八年						
一月	178.9	156.7	131.6	185.5	189.2	224.0
二月	182.5	169.7	134.8	185.5	198.2	234.0
三月	187.3	179.6	135.6	185.5	198.8	239.0
四月	199.5	193.8	135.6	188.2	198.8	272.8
五月	202.0	198.1	135.6	195.3	203.8	273.4
六月	205.2	201.5	135.6	195.3	203.8	280.4
七月	215.9	210.7	141.4	207.2	213.3	295.1
八月	235.0	226.9	142.0	250.0	252.0	308.6
九月	250.5	282.0	148.3	315.8	254.5	323.1
十月	258.8	238.5	155.7	317.0	271.6	337.2

續表

類別	總指數	食物類	衣着類	燃料類	建築材料類	雜項類
十一月	273.9	250.0	168.4	330.3	271.6	365.3
十二月	287.3	259.9	177.1	339.5	288.6	379.6
二十九年						
一月	299.3	280.0	192.5	345.5	262.7	401.5
二月	331.4	301.5	227.4	393.8	380.0	411.4
三月	354.2	308.0	246.8	435.7	444.3	433.6
四月	403.5	348.0	309.5	478.0	499.7	520.1
五月	470.2	406.0	448.4	608.1	539.6	560.1
六月	536.1	446.0	478.0	648.0	720.6	605.0
七月	579.0	491.0	544.0	756.0	766.0	623.0
八月	630.6	512.0	549.0	828.0	902.0	687.4
九月	678.7	545.0	603.0	831.0	994.6	690.9
十月	744.1	613.0	617.0	1 117.0	1 030.5	745.3
十一月	808.9	700.0	617.0	1 204.0	1 174.0	744.0
十二月	870.1	792.0	587.0	1 317.0	1 227.0	822.5
三十年						
一月	929.2	863.0	903.0	1 445.0	1 342.0	820.3
二月	979.0	930.0	639.0	1 457.0	1 342.0	819.1
三月	1 010.9	972.0	657.0	1 597.0	1 493.0	844.3
四月	943.1	1 012.4	655.9	892.2	1 493.6	841.7
五月	1 070.7	1 257.4	768.2	1 021.1	1 534.0	916.8

续表

類別	總指數	食物類	衣着類	燃料類	建築材料類	雜項類
六月	1 160.9	1 471.1	852.5	1 092.4	1 572.2	978.1
七月	1 281.6	1 705.6	898.2	1 256.3	1 673.4	1 098.5
八月	1 425.5	1 920.9	988.1	1 377.1	1 756.2	1 282.2
九月	1 476.0	1 837.7	1 057.4	1 334.8	1 938.8	1 417.9
十月	1 580.9	1 827.0	1 109.7	1 532.9	2 032.3	1 592.4
十一月	1 538.2	1 751.5	1 085.5	1 506.3	1 938.8	1 525.9
十二月	1 619.2	1 831.3	1 178.1	1 507.3	2 032.3	1 624.1
三十一年						
一月	1 817.1	2 043.7	1 349.8	1 723.3	2 133.6	1 912.5
二月	2 060.8	2 605.1	1 508.1	1 973.5	2 329.1	2 053.0
三月	2 353.8	3 153.4	1 705.6	2 320.4	2 542.7	2 276.8
四月	2 403.4	2 842.4	1 732.3	2 620.4	2 801.3	2 506.4
五月	2 825.8	3 097.0	2 075.3	2 547.0	3 717.3	2 961.0
六月	3 307.2	3 294.8	2 617.8	2 783.2	4 992.2	2 361.7
七月	3 803.6	3 747.0	2 901.1	3 599.3	5 377.4	3 773.5
八月	4 370.2	5 340.5	3 296.5	4 002.5	5 922.8	3 819.3
九月	4 933.0	5 599.6	4 164.1	4 511.7	6 868.3	4 042.6
十月	5 440.0	5 918.4	5 199.1	4 977.3	7 181.0	4 831.7
十一月	5 751.5	5 719.9	5 539.3	5 981.9	7 600.3	4 368.9
十二月	6 287.9	6 888.7	5 477.9	6 156.0	8 529.8	4 960.4
三十二年						

續表

類別	總指數	食物類	衣着類	燃料類	建築材料類	雜項類
一月	6 845.7	7 875.5	6 242.0	6 156.0	8 378.2	5 142.4
二月	7 672.5	9 078.2	7 912.8	4 483.7	9 992.8	5 173.0
三月	8 663.6	11 553.4	9 777.0	6 363.7	10 286.7	6 120.7
四月	9 843.8	12 162.4	12 791.5	7 530.7	11 339.2	6 423.6
五月	10 212.6	13 391.9	13 759.1	7 223.7	11 339.2	7 360.7
六月	10 517.6	12 606.3	14 989.3	7 394.2	12 641.3	7 452.8
七月	11 746.7	15 098.3	16 894.3	7 994.3	13 456.4	8 160.6
八月	12 745.7	15 273.6	18 740.9	8 443.2	15 142.1	9 100.5
九月	13 777.5	16 887.1	19 279.8	10 252.3	15 142.1	9 820.4
十月	14 967.9	17 769.2	20 131.8	11 940.8	16 708.8	10 526.1
十一月	15 555.0	18 302.5	20 573.6	13 444.7	16 708.8	10 762.2
十二月	17 051.9	21 362.0	22 846.3	15 053.8	16 708.8	11 798.9

274. 利川縣躉售物價指數

（採用簡單幾何平均法）
二十六年上半年平均＝100

類別	總指數	食物類	衣着類	燃料類	建築材料類	雜項類
物品項數	31	12	3	4	3	8
二十六年						
一月	99.0	98.7	100.0	96.2	100.0	100.0
二月	98.8	99.2	100.0	96.2	100.0	100.0
三月	99.4	99.7	100.0	96.2	100.0	100.0
四月	100.6	100.2	100.0	103.4	100.0	100.0
五月	100.8	100.7	100.0	103.4	100.0	100.0
六月	100.3	101.2	100.0	103.4	100.0	100.0
七月	99.9	98.7	100.0	103.4	100.0	101.5
八月	101.3	99.4	100.0	108.2	100.0	103.8
九月	102.0	99.8	100.0	108.2	100.0	108.9
十月	103.0	99.8	100.0	114.5	100.0	104.7
十一月	103.0	99.8	100.0	114.5	100.0	104.7
十二月	104.6	100.2	100.0	114.5	100.0	110.7
二十七年						
一月	108.3	100.7	115.5	116.3	111.7	114.0
二月	108.8	101.5	115.5	118.3	111.7	114.0

續表

類別	總指數	食物類	衣着類	燃料類	建築材料類	雜項類
三月	110.4	102.2	115.5	118.3	115.4	117.8
四月	111.9	104.5	115.5	118.8	120.8	117.8
五月	112.9	104.6	115.5	120.9	120.8	119.5
六月	116.4	85.6	115.5	196.5	123.1	119.8
七月	118.8	98.4	115.5	203.0	127.4	120.5
八月	118.8	98.7	115.5	208.5	129.1	120.5
九月	125.2	103.5	128.3	214.0	181.2	124.4
十月	126.0	104.1	128.3	217.1	133.1	124.4
十一月	127.5	105.3	128.3	217.7	136.3	126.6
十二月	128.4	106.2	128.3	219.7	139.3	127.2
二十八年						
一月	125.4	116.4	111.5	138.9	143.8	132.6
二月	130.1	122.3	120.9	138.9	146.6	136.3
三月	138.2	141.3	120.9	140.1	151.5	136.3
四月	141.6	144.4	129.2	140.1	161.4	138.3
五月	127.1	153.8	131.1	140.1	164.7	133.3
六月	150.2	158.0	131.1	140.1	170.9	141.7
七月	155.0	165.5	142.8	144.1	180.5	143.7
八月	163.6	175.7	149.8	151.6	180.5	152.1
九月	169.5	169.5	156.3	154.1	175.6	131.1
十月	176.5	171.0	136.9	170.4	178.1	201.3

續表

類別	總指數	食物類	衣着類	燃料類	建築材料類	雜項類
十一月	196.0	197.3	157.0	192.6	180.5	2□0.0
十二月	220.8	228.7	162.6	243.7	182.9	240.2
二十九年						
一月	232.3	237.4	171.1	245.3	195.3	264.6
二月	246.0	244.0	174.5	255.9	205.6	294.7
三月	259.3	243.2	185.0	263.3	221.0	382.3
四月	309.6	293.5	265.3	316.4	283.1	360.4
五月	380.3	354.0	437.4	435.6	398.3	369.4
六月	412.3	365.0	540.0	485.0	510.0	378.6
七月	464.7	405.0	681.8	520.4	681.1	405.0
八月	520.0	449.1	910.0	550.8	798.5	381.4
九月	516.0	465.2	932.0	559.1	879.1	379.7
十月	596.0	545.2	970.0	724.6	879.1	444.1
十一月	653.0	635.1	841.8	853.7	1 018.0	468.0
十二月	758.0	786.5	949.2	1 048.0	1 301.0	531.2
三十年						
一月	811.1	789.2	944.0	1 034.0	1 399.0	576.1
二月	1 004.1	943.7	968.5	1 294.3	1 610.0	535.9
三月	1 112.1	1 037.2	1 045.6	1 479.4	1 833.3	578.4
四月	1 236.1	1 143.9	1 076.2	1 479.4	2 056.3	612.1
五月	1 304.5	1 255.5	1 181.3	1 664.3	2 442.3	631.3

續表

類別	總指數	食物類	衣着類	燃料類	建築材料類	雜項類
六月	1 354.9	1 304.5	1 234.7	1 664.3	2 570.5	662.7
七月	1 429.6	1 399.0	1 307.3	1 848.6	2 570.5	637.3
八月	1 522.2	1 509.0	1 519.9	1 848.6	3 043.0	632.3
九月	1 711.1	1 552.8	1 668.7	2 353.3	3 367.5	714.3
十月	1 728.8	1 494.9	1 694.2	2 357.1	3 505.0	737.8
十一月	1 796.6	2 047.1	1 935.8	1 960.3	3 726.6	646.7
十二月	1 683.8	1 680.9	1 736.8	1 712.2	3 984.3	745.9
三十一年						
一月	1 826.0	2 096.7	1 741.6	1 840.5	3 710.8	818.2
二月	1 968.7	2 417.6	1 942.5	1 840.5	3 776.7	910.7
三月	2 406.9	3 240.2	2 321.8	1 944.0	4 983.0	1 180.9
四月	2 547.3	3 355.3	2 672.9	2 037.4	4 917.2	1 194.2
五月	2 596.4	3 272.8	2 772.9	2 115.1	5 079.8	1 208.3
六月	2 891.8	3 584.7	3 338.0	2 300.6	5 706.0	1 277.4
七月	3 132.7	3 742.3	3 905.2	2 379.4	6 443.3	1 346.6
八月	3 339.7	4 095.5	4 563.7	2 397.6	6 563.6	1 378.3
九月	3 575.9	4 238.7	4 950.1	2 669.7	6 852.3	1 523.4
十月	4 084.2	4 417.9	6 670.2	3 095.9	7 089.2	1 757.3
十一月	4 460.7	4 872.1	6 883.5	3 398.0	7 871.0	1 968.9
十二月	4 604.1	5 149.9	7 023.3	3 682.7	7 555.7	2 055.8
三十二年						

續表

類別	總指數	食物類	衣着類	燃料類	建築材料類	雜項類
一月	4 723.2	5 714.0	6 798.6	4 641.3	6 730.6	2 046.6
二月	5 439.3	6 271.7	7 046.2	5 564.4	8 294.8	2 333.6
三月	6 413.6	6 939.7	6 991.5	6 132.7	9 919.0	2 578.0
四月	7 328.7	8 125.2	12 626.3	6 097.7	12 040.0	2 819.7
五月	8 444.6	9 335.4	15 927.1	6 201.4	15 541.1	2 996.7
六月	9 043.8	9 567.3	18 059.2	6 201.4	18 235.7	3 079.4
七月	9 327.8	11 258.2	14 671.0	6 666.7	18 618.3	3 556.5
八月	10 615.8	12 219.7	17 394.9	7 161.2	20 970.5	4 223.5
九月	10 967.5	14 549.7	14 319.3	7 395.5	22 266.3	4 626.3
十月	11 688.1	14 830.7	15 555.4	8 972.0	23 253.9	4 654.1
十一月	12 939.7	16 180.4	18 345.0	9 070.0	26 266.7	5 024.3
十二月	13 441.1	17 340.4	19 621.8	10 126.9	24 317.7	5 130.3

275. 襄陽縣樊城鎮躉售物價指數

（採用簡單幾何平均法）
二十六年上半年平均＝100

類別	總指數	食物類	衣着類	燃料類	建築材料類	雜項類
物品項數	32	12	4	5	3	8
二十六年						
一月	97.2	89.7	97.7	99.5	100.0	99.1
二月	97.2	89.7	97.7	99.6	100.0	99.1
三月	98.7	97.5	97.7	99.4	100.0	99.1
四月	100.3	106.3	97.7	98.7	100.0	99.1
五月	102.1	111.4	97.7	100.3	100.0	101.4
六月	103.0	103.0	110.4	100.3	100.0	101.4
七月	103.2	103.0	110.4	100.8	100.0	102.8
八月	103.8	94.4	110.4	101.5	108.2	105.2
九月	105.2	97.5	111.0	101.5	108.2	108.6
十月	110.3	99.1	111.0	112.5	111.5	118.4
十一月	117.2	112.1	121.7	121.3	111.5	119.7
十二月	119.8	112.8	127.7	121.6	111.5	122.7
二十七年						
一月	132.6	121.2	136.7	148.3	124.5	135.2
二月	137.4	122.8	136.7	152.9	137.3	139.1

续表

類別	總指數	食物類	衣着類	燃料類	建築材料類	雜項類
三月	142.6	131.2	142.4	167.8	137.3	145.8
四月	147.4	133.7	142.4	171.0	144.4	148.1
五月	150.2	128.7	145.8	183.0	144.4	154.1
六月	155.1	130.0	145.8	193.4	155.6	157.2
七月	154.7	123.6	141.5	198.3	155.6	164.1
八月	161.2	116.6	148.9	216.2	163.4	172.2
九月	162.9	111.1	155.0	229.1	168.4	172.9
十月	172.1	114.4	175.1	247.3	168.4	181.0
十一月	185.0	134.7	190.5	258.5	168.4	194.3
十二月	197.0	158.5	203.5	266.3	168.4	205.2
二十八年						
一月	204.0	176.6	241.6	321.1	214.0	233.4
二月	239.9	188.0	241.6	335.5	214.0	238.2
三月	251.5	207.1	243.2	365.6	214.0	249.4
四月	263.9	216.3	253.8	411.0	214.0	259.2
五月	275.2	231.5	253.8	446.8	214.0	274.8
六月	279.5	236.6	243.2	480.9	214.0	281.3
七月	287.3	249.6	543.2	508.3	214.0	289.4
八月	302.4	258.0	262.7	526.7	214.0	323.5
九月	318.2	262.6	299.0	555.4	223.4	335.0
十月	340.9	276.9	329.5	592.8	234.4	362.9

续表

类别	总指数	食物类	衣着类	燃料类	建筑材料类	杂项类
十一月	348.5	286.4	329.5	600.6	234.4	386.5
十二月	361.3	309.5	346.9	617.8	234.4	398.6
二十九年						
一月	411.4	367.7	407.0	948.2	278.0	436.9
二月	422.3	377.6	407.0	660.0	299.3	442.2
三月	448.0	423.6	430.2	660.0	327.0	459.1
四月	488.1	468.9	521.3	685.1	343.2	482.0
五月	499.1	468.9	521.3	685.1	343.2	482.0
六月	522.9	468.9	536.3	703.6	412.2	503.3
七月	575.4	576.2	604.5	787.6	426.8	538.6
八月	636.9	631.3	705.2	805.0	521.9	560.5
九月	671.3	668.1	748.0	818.0	521.9	639.3
十月	738.0	749.3	854.0	863.6	577.0	686.5
十一月	784.9	788.1	908.9	914.3	614.5	740.2
十二月	833.3	804.8	951.3	995.6	657.5	801.7
三十年						
一月	933.2	812.8	1 051.8	1 203.8	745.6	922.1
二月	969.6	897.8	1 080.6	1 203.8	779.2	941.6
三月	1 038.8	1 953.4	1 160.9	1 219.8	810.5	1 001.1
四月	1 090.1	1 152.6	1 160.9	1 382.7	810.5	1 026.8
五月	1 183.8	1 451.8	1 226.2	1 463.6	810.5	1 100.9

續表

類別	總指數	食物類	衣着類	燃料類	建築材料類	雜項類
六月	1 265.4	1 604.2	1 226.2	1 555.7	924.6	1 146.7
七月	1 344.0	1 621.0	1 351.4	1 692.1	924.6	1 249.5
八月	1 435.0	1 670.9	1 430.0	1 967.0	981.9	1 318.4
九月	1 588.9	1 832.4	1 430.0	2 385.2	981.9	1 340.5
十月	1 625.4	1 987.5	1 509.9	2 475.5	1 028.6	1 498.0
十一月	1 760.0	2 171.5	1 624.1	2 655.4	1 119.0	1 611.1
十二月	1 830.5	2 287.8	1 727.5	2 791.0	1 156.6	1 610.8
三十一年						
一月	2 073.5	2 427.8	2 089.9	3 483.3	1 262.8	1 743.0
二月	2 348.3	2 814.3	2 217.2	4 457.0	1 324.9	1 917.7
三月	2 581.4	3 098.6	2 879.0	4 709.2	1 377.1	1 981.3
四月	2 650.7	3 351.0	2 895.4	4 791.2	1 435.4	1 961.0
五月	3 018.5	3 830.5	3 104.9	5 598.6	1 613.4	2 337.4
六月	3 453.0	4 252.1	3 428.0	6 090.0	1 824.5	2 675.6
七月	4 065.4	5 071.9	3 869.1	8 532.2	2 124.5	3 121.4
八月	4 464.9	5 600.0	4 766.1	9060.6	2 095.6	3 458.0
九月	5 442.5	6 910.3	6 754.9	9 810.8	2 654.9	3 927.8
十月	5 609.9	7 218.3	6 108.9	10 673.9	2 788.5	4 232.6
十一月	6 146.6	8 147.8	6 314.9	11 446.5	3 166.9	4 703.7
十二月	6 887.8	9 900.5	7 132.0	11 553.7	3 421.5	5 551.1
三十二年						

續表

類別	總指數	食物類	衣着類	燃料類	建築材料類	雜項類
一月	7 436.2	11 855.8	8 820.3	10 288.6	3 637.9	5 309.0
二月	8 137.3	13 478.8	9 558.8	11 958.3	3 807.7	6 086.1
三月	8 254.8	13 625.9	10 033.4	11 958.3	3 807.8	6 161.0
四月	9 359.2	18 081.0	10 911.0	13 292.7	1 136.9	6 619.9
五月	12 661.1	26 654.4	15 313.2	17 604.8	5 881.3	7 699.0
六月	16 632.7	29 412.1	21 021.9	27 375.6	8 533.0	8 814.8
七月	18 797.8	26 631.3	21 945.3	34 845.0	11 668.6	9 877.8
八月	19 743.8	25 770.6	22 968.7	32 860.0	13 966.8	11 459.5
九月	22 635.5	26 637.5	23 709.4	41 899.0	17 521.6	12 842.7
十月	23 970.6	26 232.5	25 009.4	42 647.0	19 985.2	14 152.7
十一月	23 729.0	24 710.0	24 808.3	38 993.6	20 957.6	15 018.3
十二月	24 555.0	25 592.4	24 808.3	40 833.3	20 957.6	16 430.4

276. 恩施等三地零售物價指數

（採用簡單幾何平均法）
二十六年上半年平均＝100

地域別	恩施	利川	樊城
物品項數	31	22	22
二十六年			
一月	95.6	99.2	96.1
二月	95.6	99.4	96.1
三月	98.4	99.7	98.0
四月	101.5	101.0	99.3
五月	103.6	101.7	103.1
六月	104.5	101.9	108.4
七月	107.7	100.8	104.3
八月	107.2	101.8	102.6
九月	107.1	101.9	104.1
十月	107.8	103.0	108.6
十一月	110.0	103.0	121.6
十二月	115.2	103.0	127.3
二十七年			
一月	121.5	103.3	149.7
二月	124.8	110.1	152.0

續表

地域別	恩施	利川	樊城
三月	135.4	110.5	154.6
四月	129.1	110.5	157.7
五月	128.8	110.6	161.5
六月	132.3	105.0	172.1
七月	134.8	105.0	170.2
八月	131.1	107.9	173.0
九月	129.2	105.6	171.6
十月	132.8	105.9	190.2
十一月	137.2	106.1	214.9
十二月	151.5	103.1	237.7
二十八年			
一月	156.6	114.2	271.2
二月	166.0	120.2	280.4
三月	172.8	145.5	286.6
四月	190.7	147.0	306.5
五月	192.8	157.9	326.5
六月	199.3	120.3	334.4
七月	203.3	118.9	346.7
八月	216.6	169.8	359.6
九月	229.6	172.2	375.1
十月	241.7	187.4	407.4

續表

地域別	恩施	利川	樊城
十一月	259.0	210.5	421.2
十二月	270.0	248.0	442.6
二十九年			
一月	283.6	267.3	497.2
二月	309.6	264.0	501.3
三月	348.7	285.9	520.0
四月	378.4	342.5	576.5
五月	447.0	405.6	592.3
六月	468.7	426.5	622.3
七月	516.1	487.2	625.5
八月	547.0	514.2	702.9
九月	582.8	561.2	724.6
十月	671.1	519.4	809.4
十一月	741.2	714.0	863.9
十二月	787.0	769.3	928.0
三十年			
一月	825.8	844.5	1 071.1
二月	856.0	745.6	1 090.3
三月	892.0	816.5	1 185.5
四月	721.1	832.4	1 264.8
五月	864.3	856.4	1 430.3

續表

地域別	恩施	利川	樊城
六月	893.3	890.6	1 500.4
七月	1 096.9	940.4	1 640.4
八月	1 235.8	990.2	1 728.6
九月	1 251.8	1 101.2	1 897.9
十月	1 314.6	1 145.1	2 039.0
十一月	1 337.2	1 374.1	2 249.6
十二月	1 406.9	1 373.6	2 331.5
三十一年			
一月	1 633.1	1 387.4	2 627.5
二月	1 862.1	1 506.6	3 031.6
三月	2 188.2	1 725.6	3 195.9
四月	2 250.1	1 840.5	3 281.5
五月	2 572.7	1 847.7	3 869.4
六月	2 888.7	2 201.2	4 263.0
七月	3 366.8	2 293.8	5 028.9
八月	3 943.3	2 875.3	5 835.8
九月	4 674.7	3 165.9	7 252.3
十月	5 390.9	3 792.9	7 555.8
十一月	5 734.6	4 158.1	8 063.8
十二月	6 205.0	4 277.3	8 803.6
三十二年			

續表

地域別	恩施	利川	樊城
一月	7 050.8	4 865.1	9 119.2
二月	8 090.0	5 327.4	10 494.6
三月	9 048.0	6 135.0	10 790.5
四月	10 745.1	3 920.8	12 801.5
五月	11 274.1	7 669.0	16 940.0
六月	11 466.6	8 195.0	21 712.0
七月	12 800.6	9 595.0	24 712.2
八月	14 035.8	10 462.4	25 394.1
九月	15 480.3	10 737.0	27 894.1
十月	16 630.2	11 435.5	29 135.0
十一月	17 336.8	12 645.9	28 170.7
十二月	18 772.1	14 548.3	29 877.2

277. 恩施縣零售物價指數

（採用簡單幾何平均法）
二十六年上半年平均＝100

類別	總指數	食物類	衣着類	燃料類	雜項類
物品項數	31	12	2	4	3
二十六年					
一月	95.6	94.8	98.5	96.2	96.2
二月	95.6	94.8	98.5	96.2	96.2
三月	98.4	99.0	98.5	98.7	96.2
四月	101.5	102.1	101.5	98.7	103.6
五月	103.6	104.8	101.5	102.6	103.0
六月	104.5	104.3	101.5	107.4	103.6
七月	107.7	108.0	101.5	110.8	107.5
八月	107.2	108.0	101.5	108.4	107.5
九月	107.1	105.1	101.5	111.1	114.2
十月	107.8	107.0	101.5	103.5	114.2
十一月	110.0	109.0	101.5	110.2	120.2
十二月	115.2	116.5	101.5	112.8	120.2
二十七年					
一月	121.5	124.6	103.3	118.1	127.0
二月	124.8	129.1	103.3	118.1	132.7

續表

類別	總指數	食物類	衣着類	燃料類	雜項類
三月	135.4	146.6	103.3	124.0	132.7
四月	129.1	133.6	103.3	124.0	138.6
五月	128.8	187.7	103.3	117.3	129.9
六月	132.3	141.3	103.3	120.8	129.9
七月	134.8	144.9	103.3	123.7	134.6
八月	131.1	138.2	103.3	123.7	134.6
九月	129.2	133.5	103.3	127.1	134.6
十月	132.8	133.5	109.0	127.1	157.4
十一月	137.2	139.2	109.0	127.1	167.8
十二月	151.5	157.2	109.0	137.3	185.5
二十八年					
一月	156.6	158.7	109.8	147.5	202.4
二月	166.0	170.9	115.4	154.3	207.9
三月	172.8	182.0	115.5	154.3	213.3
四月	190.7	197.4	115.5	161.5	290.0
五月	192.8	200.1	115.5	161.5	296.7
六月	199.3	210.8	115.5	161.5	303.2
七月	203.3	214.6	115.4	170.8	316.4
八月	216.6	226.9	119.5	185.5	334.2
九月	229.6	236.9	113.5	214.5	356.9
十月	241.7	251.1	130.5	211.8	368.4

續表

類別	總指數	食物類	衣着類	燃料類	雜項類
十一月	259.0	263.5	136.3	242.3	403.0
十二月	270.0	278.0	142.0	242.7	428.9
二十九年					
一月	283.6	291.1	158.4	247.5	449.0
二月	309.0	380.0	175.1	276.3	458.6
三月	348.7	350.0	241.2	312.3	509.1
四月	378.4	390.0	254.4	324.6	532.2
五月	447.0	449.6	415.3	396.8	537.4
六月	468.7	489.2	429.0	427.0	558.9
七月	516.1	511.6	495.2	480.3	558.9
八月	547.0	550.0	483.3	530.1	605.4
九月	582.5	569.1	558.8	619.8	605.4
十月	671.1	676.5	587.3	735.8	629.4
十一月	741.2	764.0	571.8	821.7	674.7
十二月	787.0	825.4	513.7	902.2	674.7
三十年					
一月	825.8	897.1	572.8	1 010.2	693.1
二月	856.0	930.0	587.8	1 010.2	706.0
三月	892.0	994.0	587.8	1 063.4	675.3
四月	721.1	924.0	569.2	884.0	563.3
五月	864.3	1 201.8	778.2	1 014.7	587.9

續表

類別	總指數	食物類	衣着類	燃料類	雜項類
六月	893.3	1 389.9	958.7	1 094.7	640.8
七月	1 096.9	1 583.6	1 019.2	1 259.5	711.9
八月	1 235.8	1 778.4	1 132.5	1 380.9	837.1
九月	1 251.8	1 701.4	1 148.5	1 341.2	936.4
十月	1 314.6	1 691.2	1 138.4	1 522.2	1 019.3
十一月	1 337.2	1 742.7	1 176.0	1 505.6	1 036.7
十二月	1 406.9	1 700.4	1 283.1	1 535.1	1 169.2
三十一年					
一月	1 633.1	1 925.9	1 496.9	1 727.6	1 428.1
二月	1 862.1	2 457.1	1 556.4	1 983.3	1 585.2
三月	2 188.2	3 020.4	1 741.5	2 326.8	1 873.1
四月	2 250.1	2 676.0	1 759.6	2 326.8	2 339.4
五月	2 572.7	2 902.4	2 087.5	2 554.0	2 830.2
六月	2 888.7	3 125.1	2 596.7	2 723.8	3 150.0
七月	3 366.8	3 561.3	2 771.7	3 608.8	3 607.2
八月	3 943.3	5 032.3	3 013.6	3 982.7	4 004.7
九月	4 674.7	5 279.5	4 013.2	4 523.9	4 959.7
十月	5 390.9	5 623.5	5 348.5	4 929.1	5 696.8
十一月	5 734.6	5 394.3	5 897.1	5 967.3	5 696.8
十二月	6 205.0	6 468.7	6 045.6	6 176.6	6 136.7
三十二年					

續表

類別	總指數	食物類	衣着類	燃料類	雜項類
一月	7 050.8	7 510.7	6 834.1	6 854.6	7 024.7
二月	8 090.0	9 916.3	8 054.0	6 767.2	7 925.4
三月	9 048.0	11 121.8	10 725.1	7 498.0	8 759.2
四月	10 745.1	12 543.3	14 567.0	8 198.8	8 841.6
五月	11 274.1	12 849.1	15 271.5	8 016.0	10 307.6
六月	11 466.6	12 548.8	15 831.8	8 205.4	10 610.5
七月	12 800.6	14 929.0	17 506.4	8 987.4	11 430.3
八月	14 035.8	15 290.0	20 924.3	9 108.2	13 322.7
九月	15 480.3	16 898.6	21 831.0	10 963.6	14 169.0
十月	16 630.2	17 703.2	23 340.0	12 660.0	14 626.6
十一月	17 336.8	18 362.5	24 357.8	14 256.1	14 169.0
十二月	18 772.1	20 695.7	25 991.3	15 966.3	14 458.3

278. 利川縣零售物價指數

（採用簡單幾何平均法）
二十六年上半年平均＝100

類別	總指數	食物類	衣着類	燃料類	雜項類
物品項數	22	12	2	4	4
二十六年					
一月	99.2	99.9	100.0	96.2	98.7
二月	99.4	100.6	100.0	96.2	98.7
三月	99.7	101.2	100.0	96.2	98.7
四月	101.0	101.1	100.0	103.4	98.7
五月	101.7	101.0	100.0	103.4	102.6
六月	101.9	101.3	100.0	103.4	102.6
七月	100.8	99.0	100.0	104.4	103.9
八月	101.8	99.5	100.0	106.1	105.3
九月	101.9	99.6	100.0	106.1	105.3
十月	103.0	99.7	100.0	112.2	105.3
十一月	103.0	99.7	100.0	112.2	105.3
十二月	103.0	99.7	100.0	112.2	103.4
二十七年					
一月	108.8	103.8	104.4	119.6	116.8
二月	110.1	104.5	105.5	124.4	116.8

續表

類別	總指數	食物類	衣着類	燃料類	雜項類
三月	110.5	105.2	104.4	124.4	116.8
四月	110.5	105.4	104.4	118.7	120.7
五月	110.6	106.1	104.4	118.7	120.7
六月	105.0	99.5	104.0	108.0	120.7
七月	105.0	99.4	104.4	108.0	120.7
八月	107.9	100.2	104.4	118.4	123.9
九月	105.6	91.4	122.6	126.9	125.9
十月	105.9	91.1	122.6	128.6	125.9
十一月	106.1	91.3	122.6	129.0	128.2
十二月	108.7	93.4	122.6	134.6	130.5
二十八年					
一月	114.2	98.9	120.4	140.8	139.2
二月	120.2	108.5	120.4	140.8	139.2
三月	145.5	150.9	120.4	147.7	141.0
四月	147.0	153.2	120.4	147.7	142.7
五月	157.9	166.7	153.4	147.7	145.5
六月	120.3	179.7	153.4	147.7	146.7
七月	118.9	180.0	130.6	145.1	150.6
八月	169.8	192.4	111.6	149.3	164.3
九月	172.2	187.4	107.8	159.4	182.3
十月	187.4	187.9	163.4	174.5	213.9

續表

類別	總指數	食物類	衣着類	燃料類	雜項類
十一月	210.5	217.8	166.5	208.5	215.2
十二月	248.0	261.5	166.5	250.6	255.6
二十九年					
一月	267.3	271.5	180.5	252.8	266.0
二月	264.0	280.4	171.4	255.1	282.3
三月	285.9	301.3	210.9	264.2	307.6
四月	342.5	361.1	260.0	336.7	321.9
五月	405.6	431.2	321.4	447.7	344.2
六月	426.5	438.3	356.5	501.2	360.7
七月	487.2	499.1	556.5	537.4	384.4
八月	514.3	549.7	488.5	551.5	403.6
九月	561.2	577.5	449.2	547.3	400.0
十月	519.4	664.3	527.6	807.0	417.5
十一月	714.0	811.5	474.5	949.2	449.4
十二月	766.3	956.7	493.0	1 071.0	558.2
三十年					
一月	844.5	974.7	703.2	1 073.0	559.5
二月	745.6	1 028.0	703.2	1 262.2	473.3
三月	816.5	1 124.7	749.3	1 340.3	536.7
四月	832.4	1 204.3	749.3	1 299.4	558.6
五月	856.4	1 261.0	784.0	1 259.9	579.7

續表

類別	總指數	食物類	衣着類	燃料類	雜項類
六月	890.6	1 381.2	784.0	1 259.9	619.7
七月	940.4	1 521.5	704.2	1 259.9	675.3
八月	920.2	1 521.5	797.6	1 418.2	638.8
九月	1 101.2	1 649.3	790.8	1 778.6	657.3
十月	1 145.1	1 614.0	790.8	1 800.2	748.3
十一月	1 374.1	2 054.8	1 250.2	1 474.2	941.2
十二月	1 373.6	1 748.2	1 204.9	1 766.2	956.3
三十一年					
一月	1 387.4	2 099.0	1 231.6	1 459.4	1 025.9
二月	1 506.6	2 298.9	1 324.1	1 459.4	1 159.7
三月	1 725.6	2 995.1	1 589.0	1 517.9	1 227.3
四月	1 840.5	3 146.6	1 766.5	1 557.3	1 325.6
五月	1 847.7	3 127.4	1 438.3	1 718.7	1 512.6
六月	2 201.2	3 473.2	2 002.9	2 000.4	1 679.5
七月	2 293.8	3 567.8	2 251.6	1 986.0	1 735.2
八月	2 875.3	4 009.9	2 966.1	3 124.4	1 839.0
九月	3 165.9	4 208.6	3 405.8	3 535.2	1 977.7
十月	3 729.9	4 353.1	5 352.4	3 948.1	2 099.7
十一月	4 158.1	4 782.7	5 777.3	4 444.8	2 434.1
十二月	4 277.3	5 064.9	5 348.6	4 769.3	2 590.0
三十二年					

续表

類別	總指數	食物類	衣着類	燃料類	雜項類
一月	4 865.1	5 864.8	6 006.0	5 498.3	2 892.5
二月	5 327.4	6 369.1	5 854.0	6 458.9	3 344.6
三月	6 135.0	7 020.8	8 827.3	7 323.2	3 424.5
四月	6 920.8	7 978.8	9 953.8	7 409.5	3 898.7
五月	7 669.0	9 304.0	11 687.2	7 493.2	4 245.5
六月	8 195.0	9 538.8	13 894.5	7 735.3	4 393.2
七月	9 595.0	11 712.7	16 330.0	8 772.4	5 051.1
八月	10 463.4	13 305.5	17 652.4	9 396.2	5 429.1
九月	10 737.3	12 850.3	16 533.5	10 337.1	6 039.6
十月	11 435.5	13 100.9	16 537.6	12 371.7	6 110.3
十一月	12 645.9	14 300.7	18 843.0	13 756.8	6 898.7
十二月	14 548.3	18 272.1	21 962.0	15 502.1	7 200.3

279. 襄陽縣樊城鎮零售物價指數

（採用簡單幾何平均法）
二十六年上半年平均＝100

類別	總指數	食物類	衣着類	燃料類	雜項類
物品項數	22	12	2	5	3
二十六年					
一月	96.1	89.9	96.4	100.3	98.0
二月	66.1	89.9	96.4	100.3	98.0
三月	98.0	97.4	96.4	100.3	98.0
四月	99.3	106.2	96.4	96.8	98.0
五月	103.1	111.1	96.4	99.1	106.2
六月	106.4	102.9	118.5	99.1	106.2
七月	104.3	102.9	118.5	99.1	98.4
八月	102.6	93.8	118.5	101.2	98.4
九月	104.1	97.3	111.3	102.7	105.5
十月	108.6	98.8	111.3	111.2	115.7
十一月	121.6	111.6	124.5	134.3	117.3
十二月	127.3	111.6	124.5	152.1	124.4
二十七年					
一月	149.7	131.8	176.1	160.3	135.1
二月	152.0	133.3	176.1	168.5	135.1

續表

類別	總指數	食物類	衣着類	燃料類	雜項類
三月	154.6	139.5	176.1	172.1	135.1
四月	157.7	141.7	176.1	183.3	135.1
五月	161.5	136.7	176.1	198.5	142.3
六月	172.1	133.2	176.1	227.3	158.1
七月	170.2	132.4	176.1	227.3	158.1
八月	173.0	126.4	192.9	232.7	158.1
九月	171.6	113.8	192.9	249.7	158.1
十月	190.2	117.4	225.1	374.3	166.4
十一月	214.9	147.8	257.8	284.5	196.8
十二月	237.7	173.1	287.6	292.1	219.6
二十八年					
一月	271.5	193.5	315.0	320.9	276.6
二月	280.4	204.2	315.0	347.3	276.6
三月	286.6	195.8	327.9	368.2	285.5
四月	305.5	234.0	327.9	402.6	285.5
五月	326.5	247.7	327.9	435.9	320.8
六月	337.4	255.0	327.9	470.6	329.5
七月	346.7	269.0	327.9	497.5	329.5
八月	359.6	278.0	327.9	511.4	358.5
九月	375.1	291.4	366.6	529.1	362.7
十月	407.4	295.1	416.8	567.7	390.8

續表

類別	總指數	食物類	衣着類	燃料類	雜項類
十一月	421.2	309.0	416.8	581.2	420.7
十二月	442.6	327.9	431.4	594.2	456.7
二十九年					
一月	437.2	381.6	498.1	650.7	494.1
二月	501.3	394.5	498.1	650.7	494.1
三月	520.0	443.4	498.1	650.7	598.8
四月	576.5	498.2	557.0	716.5	533.8
五月	592.8	523.9	557.0	733.6	576.8
六月	622.2	595.6	610.1	747.7	551.7
七月	625.5	607.8	610.1	772.6	534.2
八月	702.9	657.7	747.3	819.9	605.7
九月	724.6	698.1	747.3	834.3	633.3
十月	809.4	786.5	862.0	895.1	706.6
十一月	863.9	824.8	909.5	954.6	777.7
十二月	928.0	843.0	1 016.9	1 046.9	826.5
三十年					
一月	1 071.1	896.4	1 118.3	1 306.7	961.6
二月	1 090.3	962.5	1 118.3	1 306.7	961.6
三月	1 185.5	1 153.8	1 206.6	1 322.5	1 072.9
四月	1 264.8	1 271.2	1 206.6	1 522.0	1 096.2
五月	1 430.3	1 604.1	1 318.0	1 612.1	1 228.1

续表

類別	總指數	食物類	衣着類	燃料類	雜項類
六月	1 500.4	1 693.0	1 318.0	1 747.4	1 329.9
七月	1 640.4	1 756.0	1 429.5	1 917.5	1 522.4
八月	1 728.6	1 799.8	1 466.6	2 174.4	1 555.5
九月	1 897.9	1 864.5	1 466.6	2 522.2	1 881.4
十月	2 039.0	2 107.8	1 497.3	2 794.4	1 956.8
十一月	2 249.6	2 260.1	1 701.6	3 196.8	2 082.5
十二月	2 331.5	2 383.3	1 920.0	3 103.2	2 082.5
三十一年					
一月	2 627.5	2 550.1	2 128.2	3 773.2	2 324.5
二月	3 031.6	2 944.1	2 459.6	4 270.3	2 731.5
三月	3 195.6	3 133.6	2 542.2	4 566.1	2 863.5
四月	3 281.5	3 493.4	2 465.9	4 672.8	2 880.8
五月	3 896.4	3 945.3	2 812.7	6 170.2	3 365.2
六月	4 263.0	4 416.7	2 933.7	6 360.3	4 007.7
七月	5 028.9	5 138.1	3 305.0	7 548.3	4 964.3
八月	5 853.8	5 708.1	4 525.0	7 869.4	5 706.3
九月	7 252.3	6 856.9	7 162.2	8 698.9	6 477.0
十月	7 555.8	7 345.2	6 559.0	9 915.4	6 882.7
十一月	8 063.8	8 190.8	6 661.3	10 675.5	7 260.8
十二月	8 803.6	9 885.3	7 610.3	10 761.9	7 418.8
三十二年					

續表

類別	總指數	食物類	衣着類	燃料類	雜項類
一月	9 119.2	11 987.3	9 096.0	9 229.6	7 048.5
二月	10 494.6	13 284.4	11 139.3	10 371.7	7 980.5
三月	10 790.5	13 454.4	11 576.8	10 574.0	8 231.3
四月	12 801.5	18 547.8	12 350.3	11 757.8	9 968.3
五月	16 940.0	26 923.8	16 476.3	15 572.9	11 640.5
六月	21 715.0	30 434.3	23 876.7	23 028.9	13 287.4
七月	24 712.2	29 195.3	25 675.9	29 727.9	16 801.5
八月	25 394.1	27 236.9	27 387.5	27 188.8	20 577.7
九月	27 794.1	27 486.9	26 664.1	23 715.0	24 120.0
十月	29 135.0	26 907.1	26 297.8	26 216.2	28 116.2
十一月	28 170.7	26 017.1	25 910.0	34 170.9	28 116.2
十二月	29 877.2	26 772.3	24 910.0	34 255.9	34 880.9

280. 恩施公務員生活費指數

（採用加權總值法）
三十年十月＝100

時期	總指數	食物類	衣着類	房租類	燃料類	雜項類	其他類
三十年							
十月	100.00	100.00	100.00	100.00	100.00	100.00	100.00
十一月	103.86	101.88	100.30	100.00	100.00	107.17	103.83
十二月	104.30	97.55	124.40	100.00	91.14	113.54	104.30
三十一年							
一月	114.85	110.15	139.23	100.00	94.94	137.60	114.75
二月	133.41	134.75	148.15	125.00	109.49	129.14	133.49
三月	158.44	168.33	169.81	125.00	119.00	142.63	159.40
四月	173.67	182.61	164.00	118.75	226.58	143.94	173.63
五月	193.77	204.38	192.20	121.25	339.24	159.83	193.72
六月	214.06	220.30	229.34	131.25	262.15	179.09	214.00
七月	239.05	244.98	250.29	131.25	298.73	209.30	239.00
八月	268.53	268.96	299.15	131.25	335.57	241.54	268.44
九月	310.13	305.85	432.81	143.75	283.61	271.03	310.04
十月	330.44	316.02	494.86	143.75	297.47	287.20	330.33
十一月	351.78	332.61	533.77	143.75	368.35	289.89	151.71
十二月	380.78	346.52	578.01	150.00	412.66	349.89	380.67

续表

时期	总指数	食物类	衣着类	房租类	燃料类	杂项类	其他类
三十二年							
一月	417.91	369.49	643.03	175.00	474.68	404.17	417.83
二月	457.42	393.20	747.20	175.00	518.99	433.54	457.31
三月	510.83	421.02	862.26	202.50	563.29	478.29	510.25
四月	558.77	472.25	1 000.46	202.50	581.01	503.43	558.61
五月	656.22	549.56	1 202.54	250.00	607.59	613.15	656.08
六月	631.42	559.53	1 235.91	287.50	607.59	685.71	631.22
七月	790.23	671.31	1 432.73	317.50	607.59	775.43	790.03
八月	849.39	714.53	1 594.08	350.00	607.59	822.85	849.18
九月	989.77	842.78	1 387.80	350.00	607.59	1 003.43	989.48
十月	1 034.95	939.49	1 772.87	395.00	669.62	986.29	1 034.70
十一月	1 075.06	970.27	1 744.76	440.00	784.81	1 074.43	1 074.80
十二月	1 096.96	968.03	1 841.25	440.00	784.81	1 689.43	1 095.70

附注：其他类包括医药费、教育文化费及其他费用。

丁　文化部門

第二十五類　教育五年計劃

281. 中等學校設校增班及招生分年進度

校名	三十一年		三十二年		三十三年		三十四年		三十五年	
	班數	學生數	班數	學生數	班數	學生數	班數	學生數	班數	學生數
總計	567	22 320	801	45 550	1 064	60 620	1 415	80 970	1 650	95 660
高中共計	59	2 950	84	4 200	101	5 050	111	5 558	111	5 550
一高中	3	150	6	300	9	450	9	450	9	450
二高中	8	400	12	600	12	600	12	600	12	600
三高中	—	—	4	200	7	350	9	450	9	450
四高中	9	450	12	600	12	600	12	600	12	600

續表

校名	三十一年 班數	三十一年 學生數	三十二年 班數	三十二年 學生數	三十三年 班數	三十三年 學生數	三十四年 班數	三十四年 學生數	三十五年 班數	三十五年 學生數
五高中	3	150	6	300	9	450	9	450	9	450
六高中	12	600	12	600	12	600	12	600	12	600
七高中	12	600	12	600	12	600	12	600	12	600
八高中	12	600	12	600	12	600	12	600	12	600
九高中	—	—	4	200	8	400	12	600	12	600
十高中	—	—	4	200	8	400	12	600	12	600
初中共計	397	23 820	550	33 000	742	44 520	1 026	61 520	1 256	25 360
武昌初中	—	—	4	240	10	600	18	1 030	20	1 200
嘉魚初中	—	—	—	—	4	240	10	600	12	720
漢陽第一初中	—	—	4	240	10	600	18	1 080	20	1 200
漢陽第二初中	—	—	—	—	—	—	8	480	10	600
咸寧初中	—	—	—	—	4	240	8	480	10	600

續表

校名	三十一年		三十二年		三十三年		三十四年		三十五年	
	班數	學生數	班數	學生數	班數	學生數	班數	學生數	班數	學生數
蒲圻初中	—	—	4	240	7	420	10	600	12	720
崇陽初中	6	360	8	480	12	720	18	1 080	18	1 080
通城初中	4	240	6	360	8	480	12	720	14	840
通山初中	—	—	—	—	—	—	6	360	10	600
陽新初中	7	420	9	540	12	720	18	1 080	20	1 200
大冶第一初中	—	—	6	360	8	480	12	720	14	840
大冶第二初中	—	—	—	—	—	—	—	—	4	240
黃岡第一初中	22	1 320	22	1 320	24	720	26	1 560	26	1 560
黃岡第二初中	—	—	—	—	—	—	8	480	10	600
鄂城初中	—	—	—	—	3	180	8	480	10	600
浠水初中	6	360	8	480	14	840	14	840	16	960
蘄春初中	10	600	12	720	14	840	18	1 080	20	1 200

續表

校　名	三十一年		三十二年		三十三年		三十四年		三十五年	
	班數	學生數	班數	學生數	班數	學生數	班數	學生數	班數	學生數
廣濟初中	12	720	12	720	16	960	16	960	18	1 080
黃梅初中	—	—	—	—	—	—	8	480	10	600
英羅聯立初中	10	600	15	900	18	1 080	—	—	—	—
英山初中	—	—	—	—	—	—	10	600	12	720
羅田初中	—	—	—	—	—	—	10	600	12	720
黃禮聯立初中	6	390	8	480	10	600	14	840	—	—
黃安初中	—	—	—	—	—	—	—	—	10	600
黃陂第一初中	—	—	—	—	6	360	8	480	12	720
黃陂第二初中	—	—	—	—	—	—	—	—	6	360
麻城初中	6	360	8	480	10	600	14	840	20	1 200
禮山初中	—	—	—	—	—	—	—	—	12	720
孝感第一初中	—	—	—	—	4	240	8	480	10	720

续表

校名	三十一年 班数	三十一年 学生数	三十二年 班数	三十二年 学生数	三十三年 班数	三十三年 学生数	三十四年 班数	三十四年 学生数	三十五年 班数	三十五年 学生数
孝感第二初中	—	—	—	—	—	—	—	—	6	600
云梦初中	—	—	—	—	—	—	6	360	10	360
汉川初中	—	—	—	—	8	480	10	600	14	840
应城初中	—	—	—	—	8	480	10	600	14	840
安陆初中	—	—	—	—	8	480	10	600	14	840
应山初中	—	—	—	—	8	480	10	600	14	840
随县第一初中	10	600	12	720	16	960	18	1 080	22	1 320
随县第二初中	—	—	—	—	—	—	—	—	4	240
钟祥初中	6	260	8	480	12	720	14	840	20	1 200
京山初中	—	—	4	240	6	260	10	600	14	840
天门第一初中	—	—	6	360	10	600	14	840	16	960
天门第二初中	—	—	—	—	—	—	—	—	6	360

續表

校名	三十一年		三十二年		三十三年		三十四年		三十五年	
	班數	學生數	班數	學生數	班數	學生數	班數	學生數	班數	學生數
沔陽第一初中	7	420	9	540	12	720	18	1 080	20	1 200
沔陽第二初中	—	—	—	—	—	—	—	—	6	360
潛江初中	—	—	4	240	8	480	14	840	16	960
監利初中	5	300	7	420	10	600	16	960	18	1 080
石首初中	6	360	8	480	12	720	16	960	18	1 080
公安初中	6	360	8	480	12	720	16	960	18	1 080
松滋初中	200	1 200	22	1 320	24	1 449	28	1 980	28	1 680
枝江初中	—	—	—	—	—	—	8	480	10	600
江陵第一初中	16	960	18	1 080	20	1 200	26	1 560	28	1 630
江陵第二初中	—	—	—	—	—	—	—	—	6	360
荊門初中	—	—	6	360	10	600	16	960	18	1 080
南宜聯立初中	6	360	12	720	14	840	20	1 200	—	—

續表

校名	三十一年 班數	三十一年 學生數	三十二年 班數	三十二年 學生數	三十三年 班數	三十三年 學生數	三十四年 班數	三十四年 學生數	三十五年 班數	三十五年 學生數
宜城初中	—	—	—	—	—	—	—	—	12	720
襄陽初中	6	360	8	480	12	720	16	960	18	1 080
襄陽初中	9	540	12	720	14	840	18	1 080	20	1 200
光化初中	8	480	10	600	12	720	18	1 080	20	1 200
谷城初中	5	300	8	480	9	540	16	960	20	1 200
保康初中	3	180	8	480	7	420	14	840	18	1 080
南黃初中	—	—	—	—	—	—	—	—	12	720
當遠聯立初中	3	180	8	480	8	480	10	600	12	720
宜都初中	6	360	8	480	10	600	12	720	14	840
宜昌初中	—	—	6	360	8	480	10	600	12	720
興秭聯立初中	13	780	16	960	18	1 080	20	1 200	22	1 320
五長聯立初中	12	720	14	840	16	960	20	1 200	22	1 320

續表

校　名	三十一年		三十二年		三十三年		三十四年		三十五年	
	班數	學生數	班數	學生數	班數	學生數	班數	學生數	班數	學生數
宣鶴聯立初中	20	1 200	22	1 320	24	1 440	28	1 680	28	1 680
來鳳初中	10	600	12	720	14	840	18	1 080	20	1 200
利川初中	16	960	18	1 080	20	1 200	20	1 200	22	1 320
恩施初中	25	1 500	26	1 560	28	1 680	28	1 680	28	1 680
建始初中	12	720	14	840	16	960	18	1 080	20	1 200
巴東初中	8	480	10	600	12	720	14	840	16	960
房縣初中	7	420	8	480	10	600	12	720	14	840
均縣初中	12	720	14	840	16	960	18	1 080	20	1 200
鄖縣初中	17	1 020	18	1 080	20	1 200	20	1 200	22	1 320
兩竹聯立初中	4	240	8	480	10	600	12	720	—	—
竹山初中	—	—	—	—	—	—	—	—	8	480
竹谿初中	—	—	—	—	—	—	—	—	8	480

續表

校名	三十一年		三十二年		三十三年		三十四年		三十五年	
	班數	學生數	班數	學生數	班數	學生數	班數	學生數	班數	學生數
咸豐初中	14	840	16	960	18	1 080	20	1 200	24	1 440
鄖西初中	16	960	18	1 080	20	1 200	20	1 200	22	1 320
省會第一初中	—	—	—	—	8	480	16	960	20	1 200
省會第二初中	—	—	—	—	—	—	8	480	20	1 200
漢口第一初中	—	—	18	1 080	20	1 200	24	1 440	28	1 680
漢口第二初中	—	—	—	—	—	—	8	480	13	780
漢口第三初中	—	—	—	—	—	—	8	480	13	700
職業共計	43	2 150	61	3 850	86	4 300	110	5 500	120	6 000
一高農	—	—	2	—	2	100	4	200	6	300
二高農	—	—	—	100	4	200	6	300	6	300
三高農	—	—	—	—	2	100	4	200	6	800
四高農	—	—	—	—	2	100	4	200	9	800

續表

校名	三十一年 班數	三十一年 學生數	三十二年 班數	三十二年 學生數	三十三年 班數	三十三年 學生數	三十四年 班數	三十四年 學生數	三十五年 班數	三十五年 學生數
五高農	—	—	—	—	2	100	4	200	6	800
六高農	—	—	2	100	4	200	6	300	6	800
七高農	6	300	6	300	6	300	6	300	6	800
八高農	6	300	6	300	6	300	6	300	6	800
一高工	12	600	12	600	12	600	12	600	12	600
二高工	—	—	3	150	6	300	9	450	9	450
一高商	10	500	11	550	12	600	12	600	12	600
二高商	—	—	—	—	2	100	4	200	6	300
一護士學校	—	—	1	50	2	100	3	150	3	150
二護士學校	—	—	1	50	2	100	3	150	3	150
三護士學校	—	—	1	50	2	100	3	150	3	150
四護士學校	—	—	1	50	2	100	3	150	3	150

續表

校名	三十一年 班數	三十一年 學生數	三十二年 班數	三十二年 學生數	三十三年 班數	三十三年 學生數	三十四年 班數	三十四年 學生數	三十五年 班數	三十五年 學生數
五護士學校	—	—	1	50	2	100	3	150	3	150
六護士學校	—	—	1	50	2	100	3	150	3	150
七護士學校	8	150	3	150	3	150	3	150	3	150
八護士學校	—	—	1	50	3	100	3	150	3	150
女子職業學校	6	300	6	450	9	450	9	450	9	450
師範共計	68	3 400	106	5 300	135	6 750	171	8 400	171	8 550
一師範	6	300	9	450	12	600	15	750	15	750
二師範	4	200	8	480	15	750	15	750	15	750
三師範	—	—	4	200	8	400	12	600	15	750
四師範	4	200	8	400	12	600	15	750	15	750
五師範	6	300	9	450	12	600	15	750	15	750
六師範	—	—	4	200	3	400	15	750	15	750

續表

校名	三十一年		三十二年		三十三年		三十四年		三十五年	
	班數	學生數	班數	學生數	班數	學生數	班數	學生數	班數	學生數
七師範	9	450	12	600	12	600	15	750	15	750
八師範	12	600	12	600	12	600	15	750	15	750
九師範	9	450	12	600	12	600	15	750	15	750
十師範	—	—	4	200	8	400	12	600	12	600
一女師	9	450	12	600	12	600	12	600	12	600
二女師	9	450	12	600	12	600	12	600	12	600

材料來源：根據教育廳編印計劃教育實施概況數字編列。

282. 國民教育設校增班及招生分年進度

年度	校別	校數 小學部	校數 民教部	班數 小學部	班數 民教部	學生數 小學部	學生數 民教部
三十一年	共計	9 664	9 664	28 063	10 909	607 700	545 540
	鄉鎮中心學校	1 843	1 245	6 225	2 490	186 750	124 509
	保國民學校	8 419	8 419	16 836	8 419	420 950	420 950
三十二年	共計	17 034	17 034	40 314	19 116	1 059 900	955 800
	鄉鎮中心學校	2 082	2 082	10 410	4 164	321 300	208 200
	保國民學校	14 952	14 952	29 904	14 952	745 600	747 600
三十三年	共計	23 583	23 583	53 412	25 665	1 382 350	1 280 250
	鄉鎮中心學校	2 082	2 082	10 410	4 164	312 300	208 200
	保國民學校	21 501	21 501	43 002	21 501	1 070 050	1 070 050

续表

年度	校别	校数 小学部	校数 民教部	班数 小学部	班数 民教部	学生数 小学部	学生数 民教部
三十四年	共计	30 156	30 156	66 558	32 238	1 716 000	1 611 900
	乡镇中心学校	2 082	2 082	10 410	4 164	312 300	208 200
	保国民学校	28 074	28 074	56 148	28 074	1 403 700	1 403 700
三十五年	共计	36 743	36 749	79 742	38 852	2 045 350	2 914 250
	乡镇中心学校	2 082	2 082	10 420	4 164	312 300	208 500
	保国民学校	34 661	34 661	69 322	34 661	1 733 050	1 733 050

材料来源：根据教育厅编印计划教育实施概况数字编列。

第二十六類 教育經費

283. 各年度省縣教育文化費比較

單位：元

年度	省地方		縣地方	
	教育文化費	佔歲出預算百分比	教育文化費	佔歲出預算百分比
二十五年度	2 513 156	12.72	1 948 280	22.17
二十六年度	2 883 080	11.02	3 178 827	33.18
二十七年度	1 441 540	11.02	1 593 963	38.78
二十八年度	3 022 914	11.75	2 989 368	27.67
二十九年度	3 505 865	18.45	2 340 178	19.93
三十年度	12 747 682	27.42	2 851 890	11.20
三十一年度	13 684 883	19.13	9 242 502	9.75
三十二年度	18 954 980	85.06	37 229 797	67.09

材料來源：根據會計處預算數字編列。

284. 各年度省教育及文化費分類比較

單位：元

科目	二十六年度	二十七年度	二十八年度	二十九年度	三十年度	三十一年度	三十二年度
總計	2 883 080	1 441 540	3 022 941	1 505 865	12 747 682	13 634 833	18 954 980
教育行政費	18 240	9 120	97 028	103 780	318 112	392 776	431 268
義務教育費	744 178	372 086	400 000	650 000	—	—	—
高等教育費	159 879	79 939	93 328	123 480	966 672	965 072	1 898 868
中等教育費	987 611	493 806	1 905 807	2 176 473	10 678 485	10 270 918	12 227 955
小學教育費	481 472	246 730	177 903	247 903	177 372	209 404	—
社會教育費	—	—	—	124 809	64 956	134 820	528 247
社會教育及文化事業費	275 958	137 979	142 383	—	—	—	—
教育文化事業費	—	—	—	49 404	308 417	733 572	1 344 840

續表

科目	二十六年度	二十七年度	二十八年度	二十九年度	三十年度	三十一年度	三十二年度
特種教育費	—	—	60 000	60 000	—	—	—
衛生發育費	14 112	7 056	8 460	8 467	—	—	—
軍事教育費	50 836	25 418	18 600	—	—	—	—
補助及津貼費	88 550	44 275	36 321	38 421	1 620	2 400	6 000
設備臨時費	4 000	2 000	25 080	—	—	—	—
修建臨時費	20 000	10 000	26 400	—	—	—	—
修建及設備臨時費	—	—	—	800	—	—	—
教育文化事業預備費	15 349	7 676	9 209	10 000	—	—	—
雜項臨時費	12 900	11 450	1 920	2 400	117 400	384 871	937 620
國民教育費	—	—	—	—	560 000	550 000	1 580 692

材料來源：根據會計處預算數字編列。

285. 各年度省教育文化費與各項歲出經費比較

單位：元

科目	二十五年度 預算數	二十五年度 對教育文化費百分比	二十六年度 預算數	二十六年度 對教育文化費百分比
教育及文化	2 513 156	100.00	2 833 080	100.00
政權行使	205 293	2.17	734 235	25.47
行政	3 255 769	129.55	2 203 321	76.60
司法	1 898 527	75.54	2 062 123	71.52
保安	2 949 273	417.36	5 937 176	205.93
財務	1 053 893	41.94	1 298 881	45.05
衛生及治療	67 174	2.67	109 374	3.79
經濟及建設	2 651 903	105.52	5 894 235	204.44
公務員退休及撫卹	60 000	2.39	60 000	2.08
社會事業	300 000	11.94	300 000	10.40
預備金	374 261	14.89	523 739	18.80
債務	2 974 400	113.35	2 946 400	102.0
武市支出	842 895	33.54	—	—
普通協助及補助	611 873	26.34	1 709 153	59.28
營業投資及維持	—	—	—	—
其他	—	—	—	—
戰時特別預備金	—	—	—	—

續表

科目	二十七年度 預算數	二十七年度 對教育文化費百分比	二十八年度 預算數	二十八年度 對教育文化費百分比
教育及文化	1 441 540	100.00	3 022 941	100.00
政權行使	117 143	8.13	143 827	4.76
行政	1 104 161	76.59	988 846	32.71
司法	1 031 062	71.52	1 291 036	46.02
保安	2 968 583	205.92	4 426 875	162.98
財務	649 400	45.03	827 060	27.36
衛生及治療	54 687	3.79	201 585	6.67
經濟及建設	2 947 118	204.43	2 163 117	71.55
公務員退休及撫卹	30 000	2.08	60 000	1.98
社會事業	150 000	10.40	500 000	16.54
預備金	263 869	18.30	523 812	17.33
債務	1 473 200	120.19	7 651 100	253.10
武市支出	—	—	—	—
普通協助及補助	854 576	29.28	1 554 680	51.43
營業投資及維持	—	—	2 000 000	66.16
其他	—	—	—	—
戰時特別預備金	—	—	—	—

續表

科目	二十九年度		三十年度	
	預算數	對教育文化費百分比	預算數	對教育文化費百分比
教育及文化	3 505 865	100.09	2 747 682	100.90
政權行使	220 019	6.28	311 203	2.44
行政	1 035 024	29.52	3 063 859	24.03
司法	1 211 247	34.55	—	—
保安	4 205 556	119.95	14 419 682	113.12
財務	1 119 679	31.94	1 694 427	13.29
衛生及治療	183 280	5.23	666 688	5.23
經濟及建設	1 567 637	44.97	4 506 091	35.35
公務員退休及撫卹	60 000	11.1	60 000	0.47
社會事業	623 856	17.80	41 628	0.33
預備金	697 121	19.89	497 342	3.90
債務	3 582 171	100.47	1 200 000	9.43
武市支出	—	—	—	—
普通協助及補助	1 289 062	36.77	3 236 193	60.41
營業投資及維持	36 000	1.03	36 000	0.28
其他	34 880	0.94	4 007 005	81.43
戰時特別預備金	—	—	—	—

續表

科目	三十一年度 預算數	三十一年度 對教育文化費百分比	三十二年度 預算數	三十二年度 對教育文化費百分比
教育及文化	13 634 833	100.00	18 954 980	100.00
政權行使	555 968	4.18	—	—
行政	6 482 552	47.40	9 815 829	51.78
司法	—			
保安	14 837 567	109.55	13 185 854	69.30
財務	1 978 759	14.51	690 807	3.64
衛生及治療	1 320 188	9.68	2 581 571	13.61
經濟及建設	9 571 944	70.20	13 607 449	71.79
公務員退休及撫卹	60 099	0.44	25 000	3.96
社會事業	769 393	5.64	1 059 817	5.59
預備金	500 000	3.67	778 000	4.96
債務	3 951 000	28.98	2 830 290	14.23
武市支出	—		—	
普通協助及補助	8 236 193	69.41	—	—
營業投資及維持	1 477 000	10.23	180 000	6.60
其他	6 176 928	45.30	79 085 736	417.22
戰時特別預備金	1 627 988	11.94	3 000 000	15.83

材料來源：參考歷年省地方預算數編列。

286. 各年度縣教育文化費與各項歲出經費比較

單位：元

科目		二十九年度		三十年度	
		預算數	對教育文化費百分比	預算數	對教育文化費百分比
縣財政支出	教育及文化費	2 340 178	100.00	2 851 890	100.00
	政權行使費	—	—	139 248	4.88
	行政費	4 158 414	177.62	5 112 774	179.28
	經濟及建設費	144 997	6.19	277 111	9.72
	衛生及治療費	15 351	0.66	304 206	19.67
	社會事業費	85 152	3.64	118 140	4.14
	保安費	2 175 448	92.96	4 266 200	149.59
	財務費	462 820	19.77	775 414	27.19
	預備金	2 115 566	90.40	6 141 346	215.34
	公務員退休及撫卹費	43 937	1.88	52 946	1.86
	其他	210 944	9.01	630 153	22.09
	營業投資及維持費	—	—	—	—
	債務費	11 600	0.49	—	—
	補助費	—	—	—	—
鄉財政支出	鄉政支出	—	—	4 788 760	176.91
	政教費	—	—	—	—
	建設費	—	—	—	—
	衛生治療費	—	—	—	—
	保安費	—	—	—	—
	政權行使費	—	—	—	—
	預備金	—	—	—	—

續表

	科目	三十一年		三十二年	
		預算數	對教育文化費百分比	預算數	對教育文化費百分比
縣財政支出	教育及文化費	9 242 502	100.00	37 229 797	100.00
	政權行使費	147 956	1.60	1 554 329	4.17
	行政費	12 073 376	130.63	46 325 148	124.43
	經濟及建設費	2 817 333	30.48	9 125 092	24.51
	衛生及治療費	1 072 236	11.60	2 708 805	7.23
	社會事業費	2 508 100	27.14	3 860 137	10.37
	保安費	11 176 947	120.93	19 103 911	51.31
	財務費	1 287 879	13.93	3 725 637	10.01
	預備金	4 731 862	51.20	5 809 563	15.60
	公務員退休及撫卹費	248 736	2.69	246 036	6.61
	其他	1 088 791	11.78	15 467 825	41.55
	營業投資及維持費	2 950 000	31.92	4 170 000	11.20
	債務費	—	—	—	—
	補助費	441 610	4.78	1 010 320	2.72
鄉財政支出	鄉政支出	—	—	—	—
	政教費	—	—	—	—
	建設費	—	—	—	—
	衛生治療費	—	—	—	—
	保安費	—	—	—	—
	政權行使費	—	—	—	—
	預備金	—	—	—	—

材料來源：根據會計處預算數字編列。

說明：社會事業費三十一年前稱爲救災準備金。

第二十七類 國民教育

287. 各縣小學兒童數及教職員數

三十一年八月至三十二年一月

縣別	共計			兒童數				幼稚生		教職員數
	計	男	女	五六年級		四年級以下		男	女	
				男	女	男	女			
總計	471 794	364 010	109 755	38 945	10 734	325 037	93 991	28	30	17 184
省立學校	1 971	1 398	572	388	102	982	441	28	30	123
蒲圻	1 630	960	670	40	20	920	650	—	—	57
崇陽	3 390	2 649	741	420	35	2 229	706	—	—	196

續表

縣別	兒童數							幼稚生		教職員數
	共計			五六年級		四年級以下		男	女	
	計	男	女	男	女	男	女			
通城	3 740	3 098	642	559	41	2 539	601	—	—	161
通山	2 976	2 658	318	150	10	2 508	808	—	—	75
陽新	15 293	15 023	270	493	—	14 530	270	—	—	466
大冶	6 279	4 770	1 509	267	28	4 568	1 496	—	—	98
黃岡	5 971	5 351	620	113	82	5 288	592	—	—	265
浠水	15 586	13 363	2 223	268	66	13 095	2 141	—	—	288
蘄春	10 090	6 850	3 240	269	66	6 581	3 174	—	—	566
黃梅	2 295	1 591	704	574	62	1 017	642	—	—	100
廣濟	4 989	3 213	1 776	302	12	2 911	1 764	—	—	200
羅田	3 442	3 087	355	477	30	2 610	325	—	—	133
麻城	24 878	24 162	716	2 011	38	22 151	678	—	—	378

續表

縣別	兒童數								幼稚生		教職員數
	共計			五六年級		四年級以下					
	計	男	女	男	女	男	女	男	女		
禮山	5 499	4 846	650	382	56	4 467	594	—	—		205
安陸	850	750	100	114	6	636	94	—	—		18
應山	770	725	45	56	2	669	43	—	—		27
隨縣	11 510	6 667	4 843	1 826	1 098	4 841	3 745	—	—		321
鍾祥	6 029	5 263	766	422	20	4 841	746	—	—		225
京山	809	556	253	—	—	556	2 533	—	—		28
潛江	1 997	1 336	661	112	38	1 224	623	—	—		61
監利	5 729	4 949	780	405	88	4 544	692	—	—		327
石首	6 867	4 685	2 133	334	168	4 351	2 015	—	—		250
公安	9 108	6 046	3 062	669	106	5 377	2 956	—	—		265
松滋	10 380	6 456	3 924	943	333	5 513	3 541	—	—		476

續表

縣別	兒童數								幼稚生		教職員數
	計	共計		五六年級		四年級以下					
		男	女	男	女	男	女	男	女		
枝江	4 161	3 689	472	244	20	3 445	452	—	—	131
江陵	5 861	3 654	2 207	516	480	3 138	1 727	—	—	454
荊門	1 518	1 164	345	43	11	1 121	342	—	—	80
宜城	12 559	10 579	1 980	876	56	9 708	1 924	—	—	496
襄陽	19 457	16 219	3 233	1 517	109	14 702	3 129	—	—	739
襄陽	34 960	17 297	17 664	2 090	3 200	15 206	14 464	—	—	790
光化	3 016	1 131	1 885	453	131	678	1 754	—	—	336
谷城	10 957	7 694	3 263	437	274	7 257	2 989	—	—	445
保康	2 795	2 913	182	170	3	2 443	170	—	—	185
南漳	17 378	9 277	8 101	2 922	516	6 345	7 585	—	—	498
遠安	6 860	4 659	2 201	765	255	3 894	1 946	—	—	554

續表

縣別	兒童數								幼稚生		教職員數
	共計			五六年級		四年級以下		幼稚生		
	計	男	女	男	女	男	女	男	女	
當陽	835	647	188	64	11	583	177	—	—	29
宜都	10 939	7 161	3 778	952	435	6 209	3 343	—	—	801
宜昌	6 617	5 530	1 083	583	107	4 946	976	—	—	322
興山	5 666	4 673	993	470	38	4 209	955	—	—	216
秭歸	10 774	8 839	1 835	563	91	8 326	1 793	—	—	520
長陽	12 325	10 779	1 546	1 328	102	9 451	1 444	—	—	391
五峯	4 056	3 561	495	666	18	2 895	477	—	—	159
鶴峯	2 520	1 805	715	482	163	1 543	547	—	—	67
宣恩	6 394	5 534	860	363	26	5 171	834	—	—	233
來鳳	3 259	2 813	446	206	14	2 607	432	—	—	134

續表

縣別	兒童數								幼稚生		教職員數
	共計			五六年級		四年級以下		男	女	
	計	男	女	男	女	男	女			
咸豐	8 850	7 367	1 483	688	34	6 679	1 449	—	—	413
利川	9 902	9 096	806	3 183	164	5 913	612	—	—	640
恩施	14 288	9 088	5 200	1 466	759	7 622	4 441	—	—	502
建始	10 839	6 626	4 263	950	480	5 676	3 783	—	—	418
巴東	8 105	7 129	976	529	70	6 660	906	—	—	331
房縣	11 313	10 180	1 133	282	16	9 898	1 117	—	—	350
均縣	10 042	7 414	2 628	857	151	6 577	2 477	—	—	812
鄖縣	30 754	26 204	4 541	1 603	184	24 601	4 357	—	—	938
竹山	7 426	6 466	960	539	21	5 927	939	—	—	356
竹谿	8 023	7 128	895	583	46	6 545	849	—	—	210
鄖西	9 200	7 490	1 710	1 009	210	6 481	1 500	—	—	393

續表

三十二年一月至七月

縣別	兒童數							幼稚生		教職員數
	共計			五六年級		四年級以下		男	女	
	計	男	女	男	女	男	女			
總計	500 441	395 480	104 961	48 203	11 113	347 222	93 815	55	33	19 172
省立學校	2 596	1 762	834	481	159	1 246	648	35	27	140
嘉魚	3 088	2 280	808	97	23	2 183	785	—	—	116
蒲圻	1 630	960	670	40	20	920	650	—	—	57
崇陽	3 621	2 370	742	514	15	2 365	727	—	—	146
通城	3 740	3 098	642	559	41	2 539	601	—	—	161
通山	2 811	2 274	537	94	7	2 180	530	—	—	97
陽新	15 293	15 023	270	493	—	14 530	270	—	—	466
大冶	7 132	5 601	1 571	151	17	5 450	1 514	—	—	120
鄂城	3 155	2 297	858	396	149	1 901	709	—	—	140

续表

县别	儿童数							幼稚生		教职员数
	共计			五六年级		四年级以下				
	计	男	女	男	女	男	女	男	女	
黄冈	2 362	2 198	164	1 099	82	1 099	82	—	—	265
浠水	1 444	1 228	216	614	108	614	108	—	—	283
蕲春	14 320	12 020	2 300	500	60	11 500	3 240	—	—	394
黄梅	1 399	1 048	351	574	62	474	239	—	—	100
广济	6 869	4 878	1 991	404	182	4 474	1 809	—	—	200
英山	8 893	8 135	758	640	32	7 495	726	—	—	510
罗田	6 050	5 542	508	854	46	4 666	462	—	—	180
麻城	19 419	18 496	923	2 866	31	15 630	892	—	—	682
礼山	5 796	5 127	669	382	56	4 745	613	—	—	216
安陆	750	650	100	14	6	436	94	—	—	18
应山	1 221	1 093	128	76	7	1 018	121	—	—	41

續表

縣別	兒童數								幼稚生		教職員數
	共計			五六年級			四年級以下		男	女	
	計	男	女	男	女		男	女			
隨縣	12 738	7 895	4 848	1 826	1 098		6 069	3 745	—	—	321
鍾祥	6 029	543	766	422	20		4 841	746	—	—	225
京山	3 145	2 555	590	—	—		2 555	500	—	—	120
潛江	1 997	1 336	661	142	38		1 224	628	—	—	61
監利	5 729	4 949	780	405	88		4 544	692	—	—	327
石首	6 868	4 685	2 183	334	168		4 351	2 015	—	—	250
公安	9 108	6 046	3 062	669	106		5 377	2 956	—	—	265
松滋	10 380	6 456	3 924	943	383		5 513	3 541	—	—	478
枝江	4 161	3 639	472	244	203		445	452	—	—	131
江陵	5 859	3 652	2 307	516	480		3 138	1 127	—	—	454
荊門	1 955	1 420	535	45	12		1 375	52	—	—	88

續表

縣別	共計			兒童數				幼稚生		教職員數
				五六年級		四年級以下				
	計	男	女	男	女	男	女	男	女	
宜城	12 650	10 570	1 980	595	45	10 057	1 935	—	—	292
襄陽	21 633	18 050	3 581	1 621	219	16 431	3 362	—	—	770
襄陽	35 935	19 532	16 403	3 282	2 791	16 250	13 612	—	—	329
光化	12 883	10 256	2 627	1 125	168	9 131	2 459	—	—	337
谷城	10 957	7 694	3 263	437	276	7 257	2 989	—	—	465
保康	2 753	2 553	3 182	110	3	2 443	170	—	—	125
南漳	8 528	7 147	1 381	793	165	6 354	1 225	—	—	503
遠安	6 860	4 659	2 201	793	255	3 894	1 946	—	—	554
當陽	1 789	1 517	222	238	69	1 279	153	—	—	81
宜都	10 937	7 159	3 778	952	435	6 207	3 343	—	—	301
宜昌	6 613	5 530	1 083	584	107	4 746	976	—	—	322

續表

縣別	兒童數								幼稚生		教職員數
	共計			五六年級		四年級以下					
	計	男	女	男	女	男	女	男	女		
興山	7 498	6 264	1 234	514	64	5 750	1 120	—	—		254
秭歸	14 371	12 177	2 694	869	132	11 308	2 562	—	—		601
長陽	15 655	14 048	1 607	1 598	156	12 450	1 451	—	—		600
五峯	4 056	3 561	498	666	18	2 895	477	—	—		159
鶴峯	1 130	818	312	432	168	386	144	—	—		67
宣恩	6 885	6 011	874	478	33	5 533	841	—	—		267
來鳳	5 404	4 677	727	1 625	215	3 052	512	—	6		158
咸豐	6 127	7 650	1 477	782	45	6 848	1 426	20	—		300
利川	9 902	9 056	806	3 183	194	5 913	612	—	—		690
恩施	14 288	9 088	5 200	1 466	759	7 622	4 441	—	—		562
建始	13 434	10 427	3 057	1 129	107	9 298	2 950	—	—		554

续表

縣別	兒童數									教職員數
	共計			五六年級		四年級以下		幼稚生		
	計	男	女	男	女	男	女	男	女	
巴東	10 960	9 739	1 221	809	66	8 930	1 155	—	—	485
房縣	11 020	9 595	1 425	1 147	36	8 448	1 389	—	—	328
均縣	9 921	7 046	2 875	1 135	296	5 911	2 579	—	—	539
鄖縣	25 367	21 251	4 616	2 333	422	18 918	4 194	—	—	990
竹山	7 522	6 876	646	1 144	44	5 732	602	—	—	364
竹谿	8 935	8 019	916	873	43	7 145	873	—	—	252
鄖西	12 888	9 833	3 055	1 157	277	8 676	2 773	—	—	384

材料來源：根據教育廳報表編列。

288. 各縣小學學校數及班級數

三十一年八月至三十二年元月

縣別	學校數	學級數			
		共計	五六年級	四年級以下	幼稚園
總計	7 995	13 214	1 621	11 591	2
省立學校	15	56	18	36	2
蒲圻	38	56	2	54	—
崇陽	64	97	12	85	—
通城	101	131	20	111	—
通山	62	436	4	73	—
陽新	390	208	16	420	—
大冶	81	179	9	199	—
黃岡	118	260	23	156	—
浠水	237	291	17	243	—
蘄春	250	61	12	279	—
黃梅	40	160	14	47	—
廣濟	134	106	18	147	—
羅田	30	511	28	78	—
麻城	135	158	42	469	—

續表

縣別	學校數	學級數			
		共計	五六年級	四年級以下	幼稚園
禮山	120	158	15	143	—
安陸	4	15	2	13	—
應山	14	22	2	20	—
隨縣	179	304	68	236	—
鍾祥	121	154	15	139	—
京山	17	25	—	25	—
潛江	47	54	5	49	—
監利	101	183	28	155	—
石首	78	137	28	109	—
公安	109	197	23	174	—
松滋	272	360	51	309	—
枝江	70	116	11	105	—
江陵	159	243	37	206	—
荊門	30	57	2	55	—
宜城	222	430	20	410	—
棗陽	100	508	57	451	—
襄陽	488	621	87	534	—
光化	144	246	38	208	—

續表

縣別	學校數	學級數			
		共計	五六年級	四年級以下	幼稚園
谷城	278	319	24	295	—
保康	66	164	3	101	—
南漳	186	401	121	280	—
遠安	165	188	28	160	—
當陽	17	23	2	21	—
宜都	167	252	34	218	—
宜昌	84	133	20	113	—
興山	97	160	14	146	—
秭歸	177	309	27	282	—
長陽	243	418	46	372	—
五峯	76	118	22	96	—
鶴峯	39	45	8	37	—
宣恩	136	182	15	167	—
來鳳	69	107	9	98	—
咸豐	132	241	20	221	—
利川	165	572	192	380	—
恩施	297	528	89	439	—
建始	132	843	41	302	—

續表

縣別	學校數	學級數			幼稚園
		共計	五六年級	四年級以下	
巴東	119	269	26	243	—
房縣	202	380	8	372	—
均縣	119	220	33	187	—
鄖縣	383	772	60	712	—
竹山	132	233	12	221	—
竹谿	137	184	16	168	—
鄖西	196	249	32	217	—

三十二年二月至七月

縣別	學校數	共計	五六年級	四年級以下	幼稚園
總計	8 731	14 042	1 710	12 329	3
省立學校	16	63	22	39	2
嘉魚	89	104	5	99	—
蒲圻	38	56	2	54	—
崇陽	65	110	16	94	—
通城	101	131	20	111	—
通山	66	84	10	74	—
陽新	390	436	16	420	—
大冶	90	288	11	277	—
鄂城	65	75	10	66	—

續表

縣別	學校數	學級數			
		共計	五六年級	四年級以下	幼稚園
黃岡	118	179	23	156	—
浠水	237	260	17	243	—
蘄春	320	358	10	348	—
黃梅	40	61	14	47	—
廣濟	150	160	13	147	—
英山	143	340	28	312	—
羅田	36	123	38	85	—
麻城	279	486	82	404	—
禮山	131	170	15	155	—
安陸	4	15	2	13	—
應山	23	22	2	20	—
隨縣	179	304	68	236	—
鍾祥	121	154	15	139	—
京山	52	70	—	70	—
潛江	47	54	5	49	—
監利	101	183	28	155	—
石首	78	137	28	109	—
公安	109	197	23	174	—

續表

縣別	學校數	學級數			幼稚園
		共計	五六年級	四年級以下	
松滋	272	360	51	309	—
枝江	70	116	11	105	—
江陵	159	243	37	206	—
荊門	34	59	82	57	—
宜城	222	257	16	241	—
棗陽	222	580	48	460	—
襄陽	476	654	90	564	—
光化	167	297	37	205	—
谷城	278	163	11	153	—
保康	36	94	3	91	—
南漳	185	341	41	300	—
遠安	165	188	28	160	—
當陽	33	36	3	33	—
宜都	167	252	34	218	—
宜昌	84	133	20	113	—
興山	100	165	21	144	—
秭歸	197	407	36	371	—
長陽	265	525	50	425	—

續表

縣別	學校數	學級數			
		共計	五六年級	四年級以下	幼稚園
五峯	76	116	20	96	—
鶴峯	39	45	3	37	—
宣恩	144	201	17	184	—
來鳳	78	134	10	124	—
咸豐	147	244	32	211	—
利川	165	572	192	380	—
恩施	292	528	89	439	—
建始	186	409	40	769	—
巴東	185	402	34	368	—
房縣	158	262	16	246	—
均縣	130	234	24	210	—
鄖縣	406	750	78	672	—
竹山	115	193	25	168	—
竹谿	161	226	25	201	—
鄖西	202	306	38	268	—

289. 各縣小學畢業生數

三十一年八月至三十二年七月

縣別	共計			六年級			四年級			幼稚生		
	計	男	女	計	男	女	計	男	女	計	男	女
總計	65 566	51 325	14 241	10 097	8 493	1 604	55 442	42 815	12 627	27	17	10
省立學校	172	132	40	130	106	24	15	9	6	27	17	10
崇陽	124	124	—	124	124	—	—	—	—	—	—	—
通山	398	355	34	80	75	5	309	280	29	—	—	—
黃岡	2 403	2 201	202	168	164	4	2 235	2 037	189	—	—	—
浠水	8 259	4 397	3 862	595	486	109	7 664	3 911	3 755	—	—	—
黃梅	292	221	71	94	82	12	198	138	57	—	—	—
英山	520	789	31	214	207	7	606	582	24	—	—	—

续表

縣列	共計 計	共計 男	共計 女	六年級 計	六年級 男	六年級 女	四年級 計	四年級 男	四年級 女	幼稚生 計	幼稚生 男	幼稚生 女
羅田	594	390	204	114	86	28	480	304	176	—	—	—
麻城	1 525	1 457	68	347	335	12	1 178	1 122	56	—	—	—
禮山	94	88	6	64	88	6	—	—	—	—	—	—
安陸	10	8	2	10	8	2	—	—	—	—	—	—
應山	192	179	13	58	56	2	134	123	11	—	—	—
鍾祥	539	449	90	78	75	3	461	374	87	—	—	—
宜城	470	414	56	186	172	14	284	242	42	—	—	—
襄陽	2 432	2 196	236	563	495	68	1 869	1 701	168	—	—	—
襄陽	6 143	4 728	1 415	720	478	242	5 423	4 250	1 173	—	—	—
光化	518	123	95	199	177	22	319	246	73	—	—	—
谷城	587	410	177	207	175	32	380	235	145	—	—	—

续表

县别	共计			六年级			四年级			幼稚生		
	计	男	女	计	男	女	计	男	女	计	男	女
保康	14	14	—	14	14	—	—	—	—	—	—	—
南漳	3 528	3 034	494	757	621	136	2 771	2 413	358	—	—	—
宜都	2 934	1 919	1 015	656	451	205	2 278	1 468	810	—	—	—
宜昌	31	23	3	31	28	3	—	—	—	—	—	—
兴山	13 072	10 844	2 228	1 210	1 100	110	11 862	9 744	2 118	—	—	—
秭归	778	678	91	191	161	30	587	526	61	—	—	—
长阳	4 211	2 871	1 340	520	896	124	3 691	2 475	1 216	—	—	—
五峰	231	216	15	119	112	7	112	104	8	—	—	—
宣恩	158	151	7	158	151	7						
来凤	775	775	3	53	50	3	722	722				
咸丰	416	398	18	168	166	2	248	232	16			

續表

縣別	共計 計	共計 男	共計 女	六年級 計	六年級 男	六年級 女	四年級 計	四年級 男	四年級 女	幼稚生 計	幼稚生 男	幼稚生 女
利川	52	47	5	52	47	5						
建始	1 967	1 672	295	314	248	66	1 658	1 424	229			
巴東	1 136	1 029	101	225	206	19	905	823	32			
房縣	1 688	1 498	190	112	110	2	1 576	1 388	188			
均縣	856	597	259	295	175	120	561	422	139			
鄖縣	5 409	4 200	1 209	596	475	121	4 813	3 725	1 088			
鄖山	972	926	46	233	230	3	439	695	43			
竹谿	341	336	5	152	148	4	189	188	1			
鄖西	1 440	1 125	315	260	215	45	1 180	910	270			

材料來源：根據教育廳報表編列。

第二十八類 中等教育

290. 本省中等學校數及教職員數

三十一年八月至三十二年一月

校別	學校數								教職員數								
	計	共計			省立			縣立校數	計	共計			省立			縣立		
		計	男校	女校	計	男校	女校			計	男	女	計	男	女	計	男	女
總計	74	74	69	5	29	24	5	45	2 176	2 020	156	975	888	87	1 201	1 132	69
中學																		
共計	60	60	58	2	15	13	2	45	1 669	1 564	105	468	432	36	1 201	1 132	69
中學（高初合設）	3	3	1	2	3	1	2		142	128	14	142	128	14			
高級中學	6	6	6		6	6			179	168	11	179	168	11			

續表

校別	學校數							教職員數								
	共計			省立			縣立校數	共計			省立			縣立		
	計	男校	女校	計	男校	女校		計	男	女	計	男	女	計	男	女
初級中學	51			6	6		45	1 348	1 268	80	147	136	11	1 201	1 132	69
師範學校																
共計	9	7	2	9	7	2		309	278	31	309	278	31			
師範	9	7	2	9	7	2		309	278	31	309	278	31			
簡易師範																
職業學校																
共計	5	4	1	5	4	1		198	178	20	198	178	20			
工業	1	1		1	1			38	35	3	38	35	3			
商業	1	1		1	1			34	33	1	34	33	1			
農業	1	1		1	1			26	26		26	26				
家事	1		1	1		1		28	22	6	28	22	6			
護職	1	1		1	1			72	62	10	72	62	10			

291. 本省中等學校班級數及學生數

類別		班級數			學生數						
		共計	省立	縣立	共計			省立			縣立
					計	男	女	計	男	女	
總計	共計	587	250	337	23 047	24 066	3 937	10 100	7 707	2 393	17 947
	中學	461	149	312	23 226	20 025	3 201	6 564	4 851	1 713	16 662
	師範	92	67	25	3 950	2 944	706	2 365	1 765	600	1 285
	職業	34	34		1 171	1 091	80	1 171	1 091	80	

(1) 中學

	共計	省立	縣立	共計			省立			縣立
				計	男	女	計	男	女	
共計	461	149	312	23 226	20 025	3 201	6 564	4 851	1 913	16 267

(甲) 高中

	共計	省立	縣立	共計			省立			縣立		
				計	男	女	計	男	女	計	男	女
計	66	66		2 925	2 281	644	2 925	2 281	644			
三年級	17	17		631	490	141	631	490	141	1 488	15 174	1 488

續表

類別	班級數			學生數								
				共計			省立			縣立		
	共計	省立	縣立	計	男	女	計	男	女	計	男	女
二年級	20	20		841	656	185	841	656	185			
一年級	29	29		1 453	1 135	318	1 453	1 135	318			

(乙) 初中

類別	班級數			學生數								
				共計			省立			縣立		
	共計	省立	縣立	計	男	女	計	男	女	計	男	女
計	395	83	312	20 301	17 744	2 557	3 639	2 570	1 069	16 662	15 174	1 488
三年級	117	37	80	4 791	4 210	581	1 408	1 074	334	3 383	8 136	247
二年級	146	32	114	7 510	6 665	845	1 469	1 087	382	6 041	5 578	463
一年級	132	14	118	8 000	6 869	1 131	762	409	353	7 238	6 460	778

(2) 師範學校

(甲) 師範

類別	班級數			學生數								
				共計			省立			縣立		
	共計	省立	縣立	計	男	女	計	男	女	計	男	女
共計	92	67	25	3 650	2 944	706	2 365	1 765	600	1 285	1 179	106
計	54	54		1 835	1 269	566	1 885	1 269	566			

續表

類別	班級數			學生數								
	共計	省立	縣立	共計			省立			縣立		
				計	男	女	計	男	女	計	男	女
三年級	10	10		350	246	104	350	246	104			
二年級	16	16		515	341	174	515	341	174			
一年級	28	28		970	682	288	970	682	288			

(乙) 簡師

類別	班級數			學生數								
	共計	省立	縣立	共計			省立			縣立		
				計	男	女	計	男	女	計	男	女
計	38	13	25	1 815	1 675	140	530	495	34	1 285	1 179	106
四年級	2	1	1	69	68	1	22	22		47	44	1
三年級	5	4	1	253	226	27	220	193	27	33	33	
二年級	4	4		85	68	17	85	85				
一年級	27	4	23	1 408	1 296	112	203	196	7	1 205	1 100	105

(3) 職業學校

(甲) 工業

類別	班級數			學生數								
	共計	省立	縣立	共計			省立			縣立		
				計	男	女	計	男	女	計	男	女
共計	34	34		1 171	1 091	80	1 171	1 091	80			

續表

類別	班級數			學生數							
	共計	省立	縣立	共計			省立			縣立	
				計	男	女	計	男	女	男	女
計	10	10		502	502		502	502			
三年級	3	3		150	150		150	150			
二年級	4	4		173	173		173	173			
一年級	3	3		179	179		179	179			
(乙) 商業											
計	9	9		334	334		334	334			
三年級	2	2		79	79		79	79			
二年級	3	3		112	112		112	112			
一年級	4	4		143	143		143	143			
(丙) 農業											
計	6	6		235	235		235	235			
三年級	2	2		35	35		35	35			

續表

類別	班級數			學生數								
	共計	省立	縣立	共計			省立			縣立		
				計	男	女	計	男	女	計	男	女
二年級	2	2		83	83		83	83				
一年級	2	2		117	117		117	117				

（丁）家事

計	4	4		47		49	49		49			
三年級	1	1		15		15	15		15			
二年級	1	1		14		14	14		14			
一年級	2	2		20		20	20		20			

（戊）護職

計	5	5		51	20	31	51	20	31			
三年級	1	1		12		12	12		12			
二年級	1	1		9	4	5	9	4	5			
一年級	3	3		30	16	14	30	16	14			

第二十九類　高等教育

292. 本省各學院教職員人數

三十二年八月至三十三年元月

職別	共計 計	共計 男	共計 女	農學院 計	農學院 男	農學院 女	教育學院 計	教育學院 男	教育學院 女	工學院 計	工學院 男	工學院 女	醫學院 計	醫學院 男	醫學院 女
總計	217	197	20	86	74	12	85	77	8	28	28		18	18	
教授	50	47	3	25	23	2	14	13	1	5	5		6	6	
副教授	7	7					7	7							
教師	10	10					10	10							
講師	26	24	2	9	8	1	8	7	1	6	6		3	3	
助教	17	14	3	13	10	3	3	3		1	1				
職員	107	95	12	30	33	6	43	37	6	16	16		9	9	

材料來源：根據教育廳報表編列。

293. 本省各學院各科系學生人數

三十二年八月至三十三年元月

院別	科系列	共計 計	共計 男	共計 女	一年級 計	一年級 男	一年級 女	二年級 計	二年級 男	二年級 女	三年級 計	三年級 男	三年級 女	四年級 計	四年級 男	四年級 女
	總計	602	466	136	327	252	75	176	145	31	71	48	23	28	21	7
農學院	不分系	32	71	12	83	71	12									
農學院	農業經濟系	73	60	13				41	36	5	23	17	6	9	7	2
農學院	農藝系	47	39	8				19	18	1	13	9	4	15	12	3
農學院	園藝系	13	6	7				5	4	1	4		4	4	2	2
農學院	植物病蟲害系	7	5	2				7	5	2						

续表

院別	科系別	共計			一年級			二年級			三年級			四年級		
		計	男	女	計	男	女	計	男	女	計	男	女	計	男	女
教育學院	鄉村教育系	71	52	19	40	30	10				31	22	9			
	英語專修科	16	15	1				16	15	1						
	數理專修科	31	21	10				31	21	10						
	史地專修科	57	46	11				57	46	11						
	理化專修科	56	39	17	56	39	17									
	國文專修科	73	59	14	73	59	14									
	音樂專修科	13	4	9	13	4	9									
工學院	水利系	35	35		35	35										
醫學院	普通科	27	14	13	27	14	13									

材料來源：根據教育廳報表編列。

294. 本省各學院學生籍貫

三十二年八月至三十三年元月

省縣別	共計			農學院			教育學院			工學院			醫學院		
	計	男	女	計	男	女	計	男	女	計	男	女	計	男	女
總計	608	465	135	223	181	42	317	236	81	35	35	—	27	14	13
武昌	16	13	3	7	5	2	7	6	1	1	1	—	1	1	—
漢陽	18	15	3	8	7	1	7	5	2	—	—	—	3	3	—
嘉魚	2	2	—	1	1	—	1	1	—	—	—	—	—	—	—
咸寧	3	3	—	1	1	—	2	2	—	—	—	—	—	—	—
蒲圻	4	3	1	1	1	—	3	2	1	—	—	—	—	—	—
崇陽	4	4		2	2	—	2	2	—	—	—	—	—	—	—
通城	1	1	—	—	—	—	—	—	—	1	1	—	—	—	—
陽新	2	2	—	1	1	—	1	1	—	—	—	—	1	1	—
大冶	7	4	3	2	1	1	4	2	2	—	—	—	—	—	—

續表

省縣別	共計			農學院			教育學院			工學院			醫學院		
	計	男	女	計	男	女	計	男	女	計	男	女	計	男	女
鄂城	9	8	1	5	5	—	3	3	—	—	—	—	1	—	1
黄岡	21	16	5	7	4	3	11	10	1	2	2	—	1	—	1
浠水	7	6	1	1	1	—	2	1	1	4	4	—	—	—	—
蘄春	3	3	—	2	2	—	—	—	—	1	1	—	—	—	—
黄梅	11	8	3	5	5	—	5	3	2	—	—	—	1	—	1
廣濟	8	7	1	2	2	—	6	5	1	—	—	—	—	—	—
應山	6	6	—	2	2	—	1	1	—	2	2	—	1	1	—
羅田	1	1	—	—	—	—	1	1	—	—	—	—	—	—	—
麻城	5	5	—	3	3	—	2	2	—	—	—	—	—	—	—
黄安	6	6	—	2	2	—	4	4	—	—	—	—	—	—	—
黄陂	28	16	12	11	5	6	11	7	4	3	3	—	3	1	2
禮山	6	5	1	4	3	1	1	1	—	1	1	—	—	—	—
孝感	8	7	1	3	3	—	4	3	1	1	1	—	—	—	—

續表

省縣別	共計			農學院			教育學院			工學院			醫學院		
	計	男	女	計	男	女	計	男	女	計	男	女	計	男	女
雲夢	1	1	—	1	1	—	—	—	—	—	—	—	—	—	—
漢川	19	14	5	8	6	2	9	6	3	2	2	—	—	—	—
應城	5	4	1	2	1	1	3	3	—	—	—	—	—	—	—
隨縣	14	11	3	7	5	2	3	3	—	1	1	—	3	2	1
鍾祥	20	13	7	4	3	1	13	8	5	1	1	—	2	1	1
興山	1	1	—	—	—	—	1	1	—	—	—	—	—	—	—
天門	23	20	3	11	11	—	10	9	1	—	—	—	2	—	2
沔陽	9	4	5	3	3	—	6	1	5	—	—	—	—	—	—
潛江	2	1	1	1	1	—	1	1	—	—	—	—	—	—	—
監利	5	5	—	—	—	1	5	5	—	—	—	—	—	—	—
石首	2	2	—	1	1	—	1	1	—	—	—	—	—	—	—
公安	4	4	—	1	1	—	3	3	—	—	—	—	—	—	—
松滋	16	15	1	13	12	1	3	3	—	—	—	—	—	—	—

續表

省縣別	共計			農學院			教育學院			工學院			醫學院		
	計	男	女	計	男	女	計	男	女	計	男	女	計	男	女
枝江	9	4	5	3	1	2	5	3	2	—	—	—	1	—	1
江陵	11	5	6	3	2	1	6	3	3	—	—	—	2	—	2
荆門	5	5	—	2	2	—	3	3	—	—	—	—	—	—	—
宜城	9	6	3	5	2	3	3	3	—	1	1	—	—	—	—
襄陽	22	15	7	10	8	2	10	5	5	2	2	—	—	—	—
樊陽	46	32	14	16	11	5	28	19	9	2	2	—	—	—	—
光化	10	8	2	2	2	—	6	4	2	2	2	—	—	—	—
谷城	15	10	5	5	4	1	9	5	4	1	1	—	—	—	—
保康	1	—	1	—	—	—	1	—	1	—	—	—	—	—	—
南漳	8	4	3	2	2	—	6	2	4	—	—	—	—	—	—
遠安	3	3	—	2	2	—	1	1	—	—	—	—	—	—	—
當陽	7	7	—	1	1	—	6	6	—	—	—	—	—	—	—
宜都	9	7	2	1	1	—	3	6	2	—	—	—	—	—	—

續表

省縣別	共計			農學院			教育學院			工學院			醫學院		
	計	男	女	計	男	女	計	男	女	計	男	女	計	男	女
宜昌	6	4	2	3	3	—	3	1	2	—	—	—	—	—	—
興山	2	2	—	—	—	—	1	1	—	—	—	—	1	1	—
長陽	6	5	1	1	—	1	5	5	—	—	—	—	—	—	—
五峯	3	3	—	2	2	—	1	1	—	—	—	—	—	—	—
咸豐	3	3	—	1	1	—	2	2	—	—	—	—	—	—	—
利川	4	4	—	—	—	—	4	4	—	—	—	—	—	—	—
恩施	4	4	—	—	—	—	4	4	—	—	—	—	—	—	—
建始	2	2	—	—	—	—	2	2	—	—	—	—	—	—	—
巴東	3	—	3	1	—	1	1	—	1	—	—	—	1	—	1
房縣	6	5	1	2	2	—	4	3	1	—	—	—	—	—	—
均縣	14	14	—	6	6	—	7	7	—	1	1	—	—	—	—
鄖縣	43	34	9	10	10	—	30	21	9	2	2	—	1	1	—
竹山	2	2	—	1	1	—	—	—	—	1	1	—	—	—	—
竹谿	1	1	—	—	—	—	—	—	—	1	1	—	—	—	—

續表

省縣別	共計			農學院			教育學院			工學院			醫學院		
	計	男	女	計	男	女	計	男	女	計	男	女	計	男	女
鄂西	7	7	—	3	3	—	4	4	—	—	—	—	—	—	—
漢口市	7	4	3	2	2	—	5	2	3	—	—	—	—	—	—
江蘇	5	5	—	2	2	—	2	2	—	1	1	—	—	—	—
浙江	1	—	1	—	—	—	1	—	1	—	—	—	—	—	—
安徽	3	1	2	2	—	2	1	1	—	—	—	—	—	—	—
江西	3	2	1	2	1	1	1	1	—	—	—	—	—	—	—
湖南	5	4	1	3	2	1	2	2	—	—	—	—	—	—	—
四川	1	1	—	1	1	—	—	—	—	—	—	—	—	—	—
福建	1	1	—	—	—	—	1	1	—	—	—	—	—	—	—
廣東	4	4	—	3	3	—	1	1	—	—	—	—	—	—	—
廣西	1	1	—	1	1	—	—	—	—	—	—	—	—	—	—
河北	3	2	1	1	1	—	2	1	1	—	—	—	—	—	—
山東	1	1	—	—	—	—	—	—	—	—	—	—	1	1	—
河南	9	8	1	2	2	—	5	4	1	1	1	—	1	1	—

材料來源：根據教育廳報表編列。

295. 國立大學鄂籍肄業學生數

三十一年八月至三十二年七月

校別	共計	漢口市	武昌	漢陽	嘉魚	咸寧	蒲圻	崇陽
總計	1216	87	130	96	10	18	17	6
國立廣西大學	17	2	1	1	—	—	—	—
國立同濟大學	38	1	4	5	—	—	1	—
國立西北大學	39	1	2	—	—	1	—	—
國立西北農學院	21	—	2	2	1	1	—	—
國立西北工學院	44	2	3	6	1	1	—	2
國立中央大學	161	9	20	8	5	—	2	—
國立東北大學	38	2	2	2	—	—	3	—
國立中央工業專科學校	92	5	17	9	1	2	2	—
國立戲劇專科學校	24	9	—	—	2	1	—	—
國立河南大學	8	—	—	—	—	—	—	—
國立藥學專科學院	28	2	4	1	—	—	—	—
國立江蘇醫學院	13	1	1	—	—	1	—	—
國立牙醫專科學校	2	—	—	—	—	—	—	—
國立廈門大學	3	—	—	—	—	—	—	—
國立雲南大學	9	—	—	3	—	—	—	—
國立西北師範學院	7	2	—	—	—	—	—	—
國立社會教育學院	12	—	—	—	—	1	—	—
國立貴陽醫學院	16	—	2	1	1	—	—	—
國立重慶商船專科學校	13	1	4	1	—	1	—	—
國立中央技藝專科學校	14	2	2	1	—	—	—	—
國立西康技藝專科學校	18	1	2	2	—	1	—	—
國立藝術專科學校	9	—	3	2	—	—	—	—
國立湖南大學	30	1	3	1	—	1	—	—
國立四川大學	36	4	4	1	—	—	—	—
國立中正醫學院	5	1	1	—	—	1	—	—
國立商業專科學校	15	1	—	—	1	—	—	1
國立師範學院	23	1	3	1	1	—	—	—
國立浙江大學	45	5	4	3	—	1	1	—
國立女子師範學校	55	4	6	3	—	1	1	—
國立武漢大學	223	14	25	19	1	6	3	1
國立中山大學	13	3	2	2	—	—	—	—
國立西南聯合大學	119	12	14	15	1	3	—	1
國立西北技藝專科學校	1	1	—	—	—	—	—	—

續表

縣別	通城	陽新	大冶	鄂城	黃岡	浠水	蘄春	廣濟	黃梅	英山	羅田	麻城
國立西北技藝專科學校	1	—	—	—	—	—	—	—	—	—	—	—
國立西南聯合大學	—	—	—	—	3	—	—	2	—	—	1	3
國立中山大學	—	—	—	—	—	5	—	1	—	—	—	—
國立武漢大學	—	2	2	6	8	6	3	5	1	—	3	3
國立女子師範學校	—	—	—	—	2	1	—	1	—	1	2	1
國立浙江大學	1	—	—	1	2	—	—	1	—	—	2	—
國立師範學院	—	—	—	—	—	—	—	—	—	—	—	—
國立商業專科學校	—	—	—	—	—	—	—	1	—	—	—	—
國立中正醫學院	—	—	—	—	1	1	—	—	—	—	—	—
國立四川大學	—	—	3	2	2	2	—	2	4	1	—	4
國立湖南大學	—	—	—	—	1	2	—	1	2	1	—	—
國立藝術專科學校	—	—	1	1	2	—	1	—	—	—	—	—
國立西康技藝專科學校	1	—	—	—	1	—	—	—	—	—	—	—
國立中央技藝專科學校	—	—	—	—	—	—	—	2	—	—	—	—
國立重慶商船專科學校	—	—	2	1	1	1	—	1	—	—	—	—
國立貴陽醫學院	—	—	—	2	—	2	1	1	—	2	2	—
國立社會教育學院	—	1	—	—	—	—	—	—	—	—	—	—
國立西北師範學院	—	—	—	—	—	—	—	—	—	—	—	—
國立雲南大學	—	—	—	—	2	—	—	—	—	—	—	1
國立廈門大學	—	—	—	—	—	—	—	—	—	—	—	—
國立牙醫專科學校	—	—	—	—	—	—	1	—	—	—	—	—
國立江蘇醫學院	—	—	—	1	—	—	—	—	—	—	—	—
國立藥學專科學院	—	—	—	—	1	—	—	—	2	—	—	—
國立河南大學	—	—	—	—	—	1	—	—	—	—	—	—
國立戲劇學校	—	—	—	—	1	1	—	—	—	—	—	—
國立中央工業專科學校	—	—	—	1	7	1	1	2	2	—	—	—
國立東北大學	—	—	—	—	1	1	—	—	2	1	—	2
國立中央大學	—	—	3	3	10	3	—	2	2	—	—	—
國立西北工學院	—	—	1	1	2	—	—	1	1	—	—	—
國立西北農學院	—	—	—	—	1	—	—	—	—	—	—	—
國立西北大學	—	—	—	—	4	1	—	—	1	—	—	—
國立同濟大學	—	—	2	—	3	1	—	2	—	—	1	—
國立廣西大學	—	—	—	—	1	—	—	—	1	—	—	—
共計	2	2	16	24	62	17	10	21	22	2	5	16

續表

校別＼縣別	黃安	黃陂	禮山	孝感	雲夢	漢川	應城	安陸	應山	隨縣	鍾祥	京山
國立西北技藝專科學校	—	—	—	—	—	—	—	—	—	—	—	—
國立西南聯合大學	1	7	—	9	3	8	6	1	—	2	—	2
國立中山大學	—	—	—	—	—	1	—	—	—	—	—	1
國立武漢大學	5	22	—	8	—	7	1	2	2	1	4	3
國立女子師範學校	1	7	—	—	1	—	—	1	—	1	—	—
國立浙江大學	1	4	—	—	—	4	—	—	—	—	—	—
國立師範學院	—	4	1	—	1	—	1	—	—	1	—	—
國立商業專科學校	—	6	—	—	—	1	—	—	—	—	—	—
國立中正醫學院	—	—	—	—	—	—	—	—	—	1	—	—
國立四川大學	1	4	1	—	1	—	3	—	2	1	—	1
國立湖南大學	—	2	—	—	—	1	1	—	—	1	2	—
國立藝術專科學校	—	1	—	—	—	—	—	2	—	—	—	—
國立西康技藝專科學校	—	—	—	—	—	—	—	8	—	—	1	—
國立中央技藝專科學校	—	1	1	—	1	—	—	—	—	—	1	—
國立重慶商船專科學校	—	—	—	—	—	1	—	—	—	1	—	—
國立貴陽醫學院	—	—	—	—	—	—	—	—	—	—	—	—
國立社會教育學院	—	1	—	—	1	—	—	1	—	—	—	—
國立西北師範學院	—	—	—	—	—	—	—	—	—	—	—	—
國立雲南大學	1	—	—	1	—	—	—	—	—	—	—	—
國立廈門大學	—	1	—	—	—	—	—	—	—	—	—	—
國立牙醫專科學校	—	—	—	—	—	—	—	—	—	—	—	—
國立江蘇醫學院	—	1	—	1	—	—	—	—	—	1	—	—
國立藥學專科學院	—	2	—	—	—	—	5	—	—	1	—	—
國立河南大學	—	—	—	—	—	—	—	—	—	—	—	—
國立戲劇學校	—	1	—	2	—	—	—	—	—	—	—	—
國立中央工業專科學校	3	9	—	3	1	4	4	—	1	1	1	1
國立東北大學	—	7	2	—	2	—	—	1	2	1	1	—
國立中央大學	1	16	1	3	3	4	5	3	2	3	3	—
國立西北工學院	—	5	—	2	2	—	3	4	1	—	1	—
國立西北農學院	—	4	—	2	1	2	4	—	—	1	—	—
國立西北大學	1	6	—	—	—	2	1	1	—	1	1	—
國立同濟大學	—	1	—	2	—	1	1	—	—	1	—	—
國立廣西大學	—	—	—	—	—	2	1	1	—	1	—	—
共計	14	112	7	29	16	45	28	14	10	15	19	6

續表

學校名稱	天門	沔陽	潛江	監利	石首	公安	松滋	枝江	江陵	荊門	宜城	襄陽
國立西北技藝專科學校	—	—	—	—	—	—	—	—	—	—	—	—
國立西南聯合大學	2	7	—	—	—	1	—	1	5	—	—	2
國立中山大學	—	—	—	—	—	1	—	1	5	—	1	1
國立武漢大學	4	14	—	4	—	2	1	5	9	3	1	1
國立女子師範學校	7	2	4	—	—	—	1	—	5	1	—	—
國立浙江大學	—	—	2	—	1	—	1	2	5	—	—	2
國立師範學院	2	—	—	—	—	—	—	8	—	1	—	—
國立商業專科學校	1	1	—	—	—	—	—	—	—	—	—	—
國立中正醫學院	—	—	—	—	—	—	—	—	—	—	—	—
國立四川大學	4	—	—	2	—	—	2	—	3	—	—	—
國立湖南大學	2	3	—	2	—	—	—	—	1	—	—	1
國立藝術專科學校	—	1	1	—	—	—	—	—	—	—	—	—
國立西康技藝專科學校	1	—	1	—	—	—	1	2	2	—	—	—
國立中央技藝專科學校	—	—	—	—	—	—	—	1	—	—	—	—
國立重慶商船專科學校	—	—	—	—	—	—	—	—	1	—	—	—
國立貴陽醫學院	2	—	—	—	—	—	—	—	—	—	—	1
國立社會教育學院	—	—	—	—	—	—	—	—	1	1	—	—
國立西北師範學院	—	—	1	—	—	—	1	—	—	2	—	—
國立雲南大學	—	—	—	—	—	—	—	—	1	—	—	—
國立廈門大學	—	—	—	—	—	—	—	—	2	—	—	—
國立牙醫專科學校	—	—	—	—	—	—	—	—	—	—	—	—
國立江蘇醫學院	1	2	—	—	—	—	—	2	1	1	—	—
國立藥學專科學校	—	—	1	—	—	—	1	—	2	—	—	—
國立河南大學	—	—	—	—	—	—	—	—	—	—	1	2
國立戲劇學校	1	2	1	—	—	—	—	—	3	—	—	—
國立中央工業專科學校	—	—	1	3	—	—	1	1	1	—	—	1
國立東北大學	2	—	—	—	—	2	—	1	2	1	—	—
國立中央大學	1	—	6	2	—	—	—	1	14	2	1	6
國立西北工學院	1	—	1	—	—	—	1	—	2	—	1	1
國立西北農學院	—	—	1	—	—	—	—	—	—	—	—	—
國立西北大學	—	—	3	1	—	—	—	1	1	—	—	—
國立同濟大學	2	6	—	—	1	—	2	1	1	—	—	—
國立廣西大學	—	—	—	—	—	—	—	—	3	—	1	—
共計	33	58	10	9	2	6	9	20	57	12	1	19

續表

校別	襄陽	光化	谷城	南漳	遠安	當陽	宜都	宜昌	秭歸	長陽	五峯
國立西北技藝專科學校	—	—	—	—	—	—	—	—	—	—	—
國立西南聯合大學	—	—	—	1	—	—	—	—	—	1	1
國立中山大學	—	—	—	—	—	—	—	—	—	—	—
國立武漢大學	2	—	—	1	—	—	3	4	5	—	—
國立女子師範學校	3	—	—	2	1	—	—	1	—	—	—
國立浙江大學	—	—	1	—	—	—	1	1	1	—	—
國立師範學院	—	—	—	—	—	1	1	1	—	1	—
國立商業專科學校	—	—	—	—	—	—	—	—	—	—	—
國立中正醫學院	—	—	—	—	—	—	—	—	—	—	—
國立四川大學	2	—	—	—	—	—	1	1	—	—	—
國立湖南大學	—	—	—	—	—	—	—	1	1	—	—
國立藝術專科學校	—	—	—	—	—	—	—	—	—	—	—
國立西康技藝專科學校	—	—	—	—	—	1	—	—	—	—	—
國立中央技藝專科學校	—	—	—	—	—	—	—	—	—	—	—
國立重慶商船專科學校	—	—	—	—	—	—	—	—	—	—	—
國立貴陽醫學院	—	—	—	—	—	—	—	—	—	—	—
國立社會教育學院	—	—	—	—	—	—	—	—	—	—	—
國立西北師範學院	—	—	1	1	—	—	—	—	—	—	—
國立雲南大學	—	—	—	—	—	—	—	—	—	—	1
國立廈門大學	—	—	—	—	—	—	—	—	—	—	—
國立牙醫專科學校	—	—	—	—	—	—	—	—	—	—	—
國立江蘇醫學院	—	—	—	—	—	—	—	1	—	—	—
國立藥學專科學院	—	—	—	—	—	—	—	1	—	—	—
國立河南大學	3	1	—	—	—	—	—	—	—	—	—
國立戲劇學校	—	—	—	—	—	—	—	2	—	—	—
國立中央工業專科學校	—	—	—	1	—	—	—	5	—	—	—
國立東北大學	—	—	—	—	—	1	—	—	—	—	—
國立中央大學	2	—	1	1	—	1	1	7	—	—	—
國立西北工學院	1	—	—	—	—	1	—	1	—	—	—
國立西北農學院	—	—	—	—	—	—	—	1	—	—	—
國立西北大學	1	—	—	—	1	—	—	—	—	—	—
國立同濟大學	—	—	—	—	—	—	—	3	—	1	—
國立廣西大學	—	—	—	1	—	1	—	—	—	—	—
共計	13	3	5	6	1	9	8	33	1	3	2
縣別	襄陽	光化	谷城	南漳	遠安	當陽	宜都	宜昌	秭歸	長陽	五峯

續表

學校 \ 縣別	宣恩	來鳳	利川	恩施	建始	巴東	房縣	均縣	鄖縣	鄖西
國立西北技藝專科學校	—	—	—	—	—	—	—	—	—	—
國立西南聯合大學	2	—	—	—	—	—	—	—	—	—
國立中山大學	—	—	—	—	—	—	—	—	—	—
國立武漢大學	—	—	—	—	—	—	—	—	2	1
國立女子師範學校	—	—	—	—	—	—	—	—	—	—
國立浙江大學	—	—	—	—	—	—	—	—	—	—
國立師範學院	—	1	—	—	—	—	—	—	1	—
國立商業專科學校	—	—	—	—	—	—	—	—	—	—
國立中正醫學院	—	—	—	—	—	—	—	—	—	—
國立四川大學	—	—	—	—	—	1	—	—	—	—
國立湖南大學	—	—	—	—	—	—	—	—	—	—
國立藝術專科學校	—	—	—	—	1	—	—	—	—	—
國立西康技藝專科學校	—	—	—	—	—	—	—	—	—	—
國立中央技藝專科學校	—	—	—	—	—	—	—	—	—	—
國立重慶商船專科學校	—	—	—	—	—	—	—	—	—	—
國立貴陽醫學院	—	—	—	—	—	—	—	—	—	—
國立社會教育學院	—	—	—	—	—	—	—	—	—	—
國立西北師範學院	—	—	—	—	—	—	1	—	—	—
國立雲南大學	—	—	—	—	—	—	—	—	—	—
國立廈門大學	—	—	—	—	—	—	—	—	—	—
國立牙醫專科學校	—	—	—	—	—	—	—	—	—	—
國立江蘇醫學院	—	—	—	—	—	—	—	—	—	—
國立農業專科學院	—	—	—	—	—	—	—	—	—	—
國立河南大學	—	—	—	—	—	—	—	—	—	—
國立戲劇學校	—	—	—	—	—	—	—	—	—	—
國立中央工業專科學校	—	—	—	—	—	—	1	—	—	—
國立東北大學	—	—	—	—	—	1	—	—	—	—
國立中央大學	—	—	—	1	1	—	—	—	1	—
國立西北工學院	—	—	—	—	—	—	—	—	—	—
國立西北農學院	—	—	—	—	—	—	—	—	—	—
國立西北大學	—	1	1	—	—	—	1	—	—	—
國立同濟大學	—	—	—	—	—	—	—	—	—	—
國立廣西大學	—	—	—	—	—	—	—	—	—	—
共計	2	2	1	1	2	2	1	5	2	1

材料來源：根據教育廳報表編列。

第三十類 社會教育

296. 各縣社會教育概況

三十一年八月至三十二年七月

縣別	校數		班數		學生數		教職員數		全年經費（元）	
	專設	附設	專設	附設	男	女	男	女	歲入	歲出
總計	36	746	87	827	30 674	6 601	866	16	34 455	34 455
隨縣		8		13	588	414	10			
公安		28		28	903	108	28			
松滋		43		43	815	175	43			
襄陽		220		261	8 301	941	170	3	3 915	3 915

續表

縣列	校數 專設	校數 附設	班數 專設	班數 附設	學生數 男	學生數 女	教職員數 男	教職員數 女	全年經費（元）歲入	全年經費（元）歲出
襄陽		1		2	40	25	2	1	7 200	7 200
光化	6	25	5	29	1 303	243	23	4	12 500	12 500
谷城		25		25	1 073	163	53			
宜都	2	2	2	6	120	18	3		1 440	1 440
宣恩		95		97	2 489	414	97			
來鳳		36		36	829	58	36	2		
巴東		4		6	135	43	28		1 600	1 600
鄖縣		1		2	63	21	5	1		
竹谿		161		166	5 860	202	160	1	7 800	7 800
陽新		88		83	3 034		83			
麻城	28	14	80	30	5 121	3 776	125	4		

材料來源：根據教育廳報表編列。

297. 各縣民衆學校班級數及學生數

三十一年八月至三十二年七月

縣別	班級數					學生數				
	共計	高級		初級		共計	高級		初級	
		成人班	婦女班	成人班	婦女班		成人班	婦女班	成人班	婦女班
總計	3 590	256	135	2 469	730	113 940	8 706	3 325	77 283	24 6266
嘉魚	59	3	—	44	12	1 010	92	1 010	648	270
蒲圻	10	4	2	3	1	285	120	80	65	20
崇陽	9	—	—	7	2	243	—	—	197	46
通山	26	3	3	11	9	777	94	90	330	263
陽新	17	17	—	—	—	407	407	—	—	—
鄂城	65	—	—	56	9	2 250	—	—	1 950	300
黃岡	50	20	15	5	10	1 485	578	396	216	295
浠水	29	12	—	17	—	611	275	—	336	—

續表

縣別	班級數						學生數					
	共計	高級		初級			共計	高級		初級		
		成人班	婦女班	成人班	婦女班			成人班	婦女班	成人班	婦女班	
蘄春	197	—	—	106	91		6 820	—	—	3 710	3 110	
黃梅	28	4	4	14	6		578	98	36	252	129	
廣濟	31	—	—	31	—		1 011	—	—	1 011	—	
英山	170	—	—	134	36		4 082	—	—	3 006	1 076	
羅田	65	35	30	—	—		1 625	1 030	595	—	—	
麻城	577	7	6	301	218		21 578	129	97	12 435	8 912	
禮山	5	2	1	1	1		182	65	32	46	39	
應山	1	—	—	1	—		37	—	—	37	—	
鍾祥	6	—	—	4	2		343	156	—	191	125	
公安	38	4	2	18	14		1 485	—	81	365	383	
荊門	39	—	—	34	5		1 088	—	—	914	174	
宜城	76	11	5	32	28		3 330	880	390	1 231	829	

续表

县别	班级数						学生数					
	共计	高级		初级		共计	高级		初级			
		成人班	妇女班	成人班	妇女班		成人班	妇女班	成人班	妇女班		
襄阳	261	2	—	240	19	9 292	87	—	8 556	649		
樊阳	17	15	2	—	—	989	889	100	—	—		
光化	45	—	—	40	5	1 785	—	—	1 612	173		
谷城	15	—	—	8	7	456	—	—	239	217		
保康	6	—	—	6	—	238	100	—	—	—		
南漳	26	—	1	15	11	1 560	—	—	857	703		
远安	32	4	—	12	15	1 090	115	25	423	527		
当阳	11	—	—	11	—	336	—	—	293	43		
兴山	104	5	4	57	38	3 025	123	92	1 985	840		
秭归	11	3	3	17	18	1 125	150	140	581	254		
长阳	134	15	10	94	15	3 403	363	44	2 169	827		
五峰	8	2	1	4	1	234	84	24	112	14		

續表

縣別	班級數						學生數					
	共計	高級		初級		共計	高級		初級			
		成人班	婦女班	成人班	婦女班		成人班	婦女班	成人班	婦女班		
宣恩	96	5	1	78	12	2 869	179	35	2 298	362		
來鳳	36	—	—	34	2	986	—	—	928	58		
咸豐	67	6	7	28	26	2 414	137	115	1 393	719		
利川	73	13	6	46	8	1 365	276	102	789	198		
建始	90	11	4	69	6	2 361	300	102	1 786	173		
巴東	54	5	1	38	10	1 254	97	6	931	220		
房縣	141	—	—	141	—	3 483	—	—	3 483	—		
均縣	15	—	—	14	1	655	—	—	532	123		
鄖縣	522	52	27	237	70	14 261	1 871	743	10 176	1 471		
竹山	124	—	—	115	9	3 273	—	—	3 033	240		
竹谿	166	—	—	161	5	5 812	—	—	5 652	160		
鄖西	58	1	—	49	8	2 452	50	—	1 903	494		

材料來源：根據教育廳報表編列。

298. 各縣民眾教育館概況

三十一年八月至三十二年七月

館名	地址	館長姓名	職員數			歲出經費（元）
			計	男	女	
總計			192	162	30	497 434
省立共計			21	17	4	96 000
湖北省立民眾教育館	恩施縣城	王延杰	21	17	4	96 000
縣立共計			171	145	62	371 434
崇陽縣立民眾教育館	崇陽高規	劉培福	2	2		9 840
通城縣立民眾教育館	通城縣城	楊開柱	3	3		2 320
黃岡縣立民眾教育館	黃岡毛家鄉	王梓英	3	3		2 940
廣濟縣立民眾教育館	黃梅縣城	梅新吾	4	4		18 840
麻城縣立民眾教育館	麻城龜頭河	劉叔產	3	8		2 230
隨縣立民眾教育館	隨縣環潭	楊在棠	9	7	2	10 800
監利縣立民眾教育館	監利能家嶺	徐鳳岐	2	2		3 600

续表

館名	地址	館長姓名	職員數 計	職員數 男	職員數 女	歲出經費（元）
公安縣立民眾教育館	公安閘口	劉克勳	6	6		18 000
松滋縣立民眾教育館	松滋戴家祠堂	李丹華	6	6		10 800
枝江縣立民眾教育館	枝江博愛鄉	秦啓壽	5	5		12 144
江陵縣立民眾教育館	江陵善濟觀	黃騮中	2	2		2 400
襄陽縣立民眾教育館	襄陽縣城	趙湖	5	3	2	24 240
襄陽縣立民眾教育館	襄陽縣城	張有繩	8	5	3	16 656
襄陽縣立民眾教育館	襄陽峴山	何十滴	3	3		7 200
光化縣立民眾教育館	光化老河口	徐乾甫	3	5	2	10 800
谷城縣立民眾教育館	谷城縣城	楊正域	5	5		10 800
保康縣立民眾教育館	保康縣城	朱傅家	3	3		7 800
南漳縣立民眾教育館	南漳縣城	李開仕	5	5		7 400
宜都縣立民眾教育館	宜都轟家河	向時	4	4		4 836
宜昌縣立民眾教育館	宜昌三斗坪	劉顯登	9	6	3	20 880
興山縣立民眾教育館	興山縣城	朱全善	4	4		5 760
秭歸縣立民眾教育館	秭歸縣城	郭鴻疇	4	4		7 800

续表

馆名	地址	馆长姓名	职员数			岁出经费（元）
			计	男	女	
长阳县立民众教育馆	长阳资坵	王献荣	6	5	1	11 880
五峰县立民众教育馆	五峰县渔［洋］关	裴如春	4	4		2 196
鹤峰县立民众教育馆	鹤峰县城	洪墨林	2	2		3 116
宣恩县立民众教育馆	宣恩县城	周之瀚	5	5		9 000
来凤县立民众教育馆	来凤县城	覃焕春	4	3	1	7 200
咸丰县立民众教育馆	咸丰县城	王兆辉	7	4	3	16 560
利川县立民众教育馆	利川县城	牟鸿彦	6	4	2	10 800
巴东县立民众教育馆	巴［东］野三关	杨林罄	5	5		15 600
房县县立民众教育馆	县房县城	黄国福	8	6	2	20 880
郧县县立民众教育馆	郧县城隍庙	江新民	8	5	3	20 880
均县县立民众教育馆	均县南关	王廷锦	7	6	1	23 496
竹谿县立民众教育馆	竹谿西关	王鈺	4	3	1	7 800
郧西县立民众教育馆	郧西县城	胡亚雄	2	2	2	4 020

材料来源：根据教育厅报表编列。

第三十一類 文化事業

299. 科學館現有儀器

三十二年

單位：件

名稱	共計	物理部	化學部	生物部	其他
總計	6 679	999	4 175	1 054	451
天秤	23	13	14	1	—
温度計	75	28	47	—	—
各種力學試驗儀器	134	134	—	—	—
各種比重測量儀器	246	294	7	—	—
各種氣體測定儀器	32	18	14	—	—
各種熱學試驗儀器	37	35	2	—	—
各種音學試驗儀器	48	48	—	—	—
各種光學試驗儀器	125	125	—	—	—
各種磁電試驗儀器	225	225	—	—	—
屈折平測定器	1	1	—	—	—
分光鏡	2	2	—	—	—
極光管	1	1	—	—	—

續表

名稱	共計	物理部	化學部	生物部	其他
螢光管	1	1	—	—	—
磷光管	1	1	—	—	—
X 線管	3	3	—	—	—
望遠鏡	3	2	—	1	—
安培計	8	8	—	—	—
弗計	4	4	—	—	—
大標準鐘	1	1	—	—	—
停表	3	3	—	—	—
分子量測定器	2	—	2	—	—
桿稱	7	—	7	—	—
有機物蒸餾器	2	—	2	—	—
放大鏡	68	—	7	61	—
透析器	2	—	2	—	—
玻璃瓶	1 713	—	1 504	209	—
玻管類	688	—	641	47	—
玻杯類	424	—	363	61	—
量筒	325	—	325	—	—
各種漏斗	314	—	287	27	—
各種亂鉢	109	—	109	—	—
乾燥器	35	—	33	2	—
各種照類	410	—	379	31	—

续表

名稱	共計	物理部	化學部	生物部	其他
各種坩鍋	27	—	27	—	—
酒精燈	58	—	33	25	—
顯微鏡	48	—	—	48	—
解剖立體鏡	1	—	—	1	—
解剖器具	63	—	—	63	—
接物鏡頭	14	—	—	14	—
接目鏡頭	5	—	—	5	—
解剖盤	98	—	—	98	—
蓋載玻片	200	—	—	200	—
切片機	2	—	—	2	—
照明器	1	—	—	1	—
蒸汽消毒器	1	—	—	1	—
孵卵器	1	—	—	1	—
發酵管	1	—	—	1	—
發酵壺	1	—	—	1	—
以脱水凍器	1	—	—	1	—
幻燈	1	—	—	—	1
收音機	1	—	—	—	1
各種標本	151	—	—	—	151
各種模型	12	—	—	—	12
滅火器	1	—	—	—	1

续表

名稱	共計	物理部	化學部	生物部	其他
造水器	1	—	—	—	1
各種儀器	22	—	—	—	22
倒影箱	1	—	—	—	1
刨床	1	—	—	—	1
車床	2	—	—	—	2
鑽床	4	—	—	—	4
發電機	2	—	—	—	2
電動機	4	—	—	—	4
雪弗蘭引擎	1	—	—	—	1
煤氣發生爐	1	—	—	—	1
老虎鉗	3	—	—	—	3
煤油噴燈	5	—	—	—	5
各種機械工具	234	—	—	—	234
最高最低溫度計	1	—	—	—	1
雨量計	1	—	—	—	1
風力計	1	—	—	—	1
氣象測候百葉箱	1	—	—	—	1
各種雜儀器	628	107	369	152	—
折光率測定器	2	—	2	—	—

300. 科學館現有圖書

三十二年

部別	共計	中文	英文	日文
總計	847	677	147	21
物理部	152	98	54	—
化學部	321	252	69	—
生物部	219	184	18	21
其他	155	147	8	—

戊 附錄

湖北省政府統計室職員

三十三年十二月

甲、現任人員

職別		姓名	性別	年齡	籍貫	到職		備注
						年	月	
統計主任		倪德剛	男	39	武昌	30	8	
第一股	股長	張裴然	男	31	黃岡	26	1	
	科員	陳書華	女	26	黃陂	31	8	
	科員	裴昌發	男	28	宣恩	31	8	
	科員	楊維幹	男	26	武昌	31	8	
	科員	劉德惠	女	22	天門	32	10	
第二股	股長	劉朝鑫	男	24	天門	30	1	
	科員	張振嚴	男	24	松滋	33	7	
	科員	趙銳恩	男	23	監利	33	7	
	科員	周運光	男	23	天門	33	7	

续表

职别		姓名	性别	年龄	籍贯	到职		备注
						年	月	
	股长	张斐然	男	31		33	10	
第三股	科员	张乐书	男	37	武昌	33	7	
	科员	王威	男	24	恩施	33	5	
	录事	欧阳鸿	男	20	湖南			

乙、已离职人员

职别	姓名	性别	年龄	籍贯	到职		离职		备注
					年	月	年	月	
统计主任	罗迪煊	男	38	宜都	24	2	32	8	现任军政部军需署计划委员兼统计主任
专员兼股长	曾庆鈺	男	47	南漳	21	5	31	8	现任财政部缉私署统计主任
股长	李定馀	男	30	武昌	30	1	34	3	现任湖北省平价物品供应处食盐部督察
科员	曹德修	男			26	1	31	12	三十一年十二月调任本府民政厅主办统计，三十三年十一月准假免职，现任恩施邮局邮务员

續表

職別	姓名	性別	年齡	籍貫	到職 年	到職 月	離職 年	離職 月	備注
科員	張尚志	男	37	安徽	30	5	31	12	現任湖北省銀行辦事員
科員	譚笑鴻	男	37	湖南	31	1	34	3	現任施南衛生事務所課長
科員	詹世誠	男	28	安徽	30	1	31	1	現任經濟部資源委員會繪圖員
科員	吳光宣	男	29	漢口	30	1	31	12	現任財政部統計處科員
科員	盛吟秋	男	29	江陵	32	11	33	12	現任本府人事處科員
科員	胡樹人	男	25	南漳	30	1	31	12	
科員	劉鵬志	男	23	武昌	30	1	31	12	已故
科員	李弼亮	男	23	昌宜	30	1	31	12	現任財政部統計處科員
科員	胡守先	男	24	湖南	30	1	31	12	
科員	王光國	男	23	武昌	30	1	32	6	已故
科員	柳西波	男	24	黃陂	30	8	34	3	升學

续表

職別	姓名	性別	年齡	籍貫	到職 年	到職 月	辭職 年	辭職 月	備注
科員	蘇道達	男	27	天門	31	8	32	12	現任軍政部軍需署統計室科員
科員	岳殿儒	男	27	山東	31	5	31	12	現任財政部緝私統計室科員
科員	陸海奎	男	24	江蘇	30	1	31	12	現任湖北師範學院會計主任
科員	朱國路	男	23	京山	30	1	31	12	現任中國農民銀行行員
科員	余世寧	男	23	蒲圻	30	1	30	7	現任襄陽郵局職員
科員	廖幼華	男	24	鄂城	30	1	30	7	現任中國農民銀行行員
科員	饒禹	男	23	浠水	30	1	30	6	
科員	陳家琦	男	28	黃陂	30	1	32	6	現任襄陽郵局郵務員
科員	何靜清	男	22	禮山	31	8	33	2	現任新生活指導委員會科員

湖北省各級機關統計人員

三十三年十二月

甲、省屬機關

機關	統計人員姓名		備注
	主辦人員	佐理人員	
秘書處	張斐然	楊維幹	均兼任
民政廳		匡筱山	暫代主辦人員職務
財政廳	關錫英	王濟生	
		閔文	
教育廳		劉振達	暫代主辦人員職務
建設廳	饒舜	張承柱	
		劉源清	
人事處		吳若驁	暫代主辦人員職務

续表

机关	统计人员姓名		备注
	主办人员	佐理人员	
社会处		卢先月	暂代主办人员职务
		龚在恒	
卫生处		徐志良	暂代主办人员职务
		萧家廉	暂代主办人员职务
湖北省地方行政干部训练团		李启明	暂代主办人员职务
湖北省农业改进所		牛宏志	暂代主办人员职务
湖北省交通事业管理处		司马谦	
		郭义方	暂代主办人员职务
湖北省长途电话鄂西区办事处		欧阳国钧	暂代主办人员职务
湖北公路巴咸段		谢湘辉	
湖北省银行	曾宪杰	陈家平	
		邢国玉	

續表

機關	統計人員姓名		備注
	主辦人員	佐理人員	
湖北省平價物品供應處		李志彥	
		戴喬松	
		劉鳴岐	
		張家順	
		石家珧	
		魏柱青	

乙、專員公署及縣政府

機關	統計員姓名	機關	統計員姓名
第一區專員公署	周明遠	枝江縣政府	樊靜民
第二區專員公署	王訪萁	江陵縣政府	王云舞
第三區專員公署	謝摹超	光化縣政府	秦文超
第四區專員公署	王定民	谷城縣政府	張造

續表

機關	統計員姓名	機關	統計員姓名
第五區專員公署	榮翱生	保康縣政府	馬登祀
第六區專員公署	黃一南	保康縣政府	黃一仁
第八區專員公署	秦正秉	南漳縣政府	周飛雲
蒲圻縣政府	余林周	荊門縣政府	胡彥勤
通城縣政府	周鍾衡	當陽縣政府	劉復漢
陽新縣政府	蕭世作	宜都縣政府	張開宗
大冶縣政府	章信陔	宜昌縣政府	黃梅雨
鄂城縣政府	胡正心	秭歸縣政府	魯誠
黃岡縣政府	張理清	長陽縣政府	劉寄枝
浠水縣政府	劉梅村	五峯縣政府	李晨歐
蘄春縣政府	張理陽	興山縣政府	宋平夷
廣濟縣政府	董昇	來鳳縣政府	沈世壽
黃梅縣政府	鄧劍寒	利川縣政府	萬大權

续表

機關	統計員姓名	機關	統計員姓名
羅田縣政府	王儉菴	咸豐縣政府	陳宗驊
黃安縣政府	秦嘯谷	恩施縣政府	王仲欽
安陸縣政府	艾愛民	建始縣政府	蘇孔彰
應山縣政府	張煜	巴東縣政府	崔厚菴
隨縣縣政府	王世昶	房縣縣政府	李璞
鍾祥縣政府	楊鯉先	鄖縣縣政府	韋華
京山縣政府	蔡典鎰	竹山縣政府	汪訓謨
石首縣政府	趙壽青	竹谿縣政府	李伯遐
公安縣政府	朱茂之	鄖西縣政府	李星南
松滋縣政府	袁序糵		

"黄一仁"：係該縣政府科員佐理統計業務。